国家"十二五"重点图书

国际共产主义运动历史文献
第34卷

主　编　王学东
副主编　戴隆斌（常务）童建挺

共产国际第四次代表大会文献（1）

本卷主编　童建挺

《国际共产主义运动历史文献》顾问委员会

贾高建 俞可平 顾锦屏 高　放 张中云 殷叙彝 胡文建
宋洪训 顾家庆 洪肇龙 沈志华 杨光远 林勋建

《国际共产主义运动历史文献》编辑委员会

主　　编：王学东
副 主 编：戴隆斌（常务）　童建挺
编　　委：（以姓氏笔画为序）
　　　　　王　瑾 邢艳琦 许宝友 张文成 张文红 陈新明
　　　　　林德山 胡振良 姚　颖 彭萍萍 薛晓源

参加本卷译校工作的有

林荣远 魏　威 潘海峰 李逵六 郑伊倩 赵晓红 朱章才 姜雅南
王亚汶 余瑞先 秦　牧 刘　宏 刘昌业 李晓辉

参加本卷编辑出版工作的有

李媛媛 郑　锦 薛晓源

丛书编务统筹

苗永姝 郑　锦 李媛媛 董　妍

总　序

国际共产主义运动，是由以马克思主义为指导的无产阶级政党领导的国际性的无产阶级革命运动，其宗旨是推翻资产阶级统治和一切剥削制度，建立和发展社会主义制度，进而最终实现人的彻底解放，建立共产主义社会。

国际共产主义运动迄今已有一百六十多年的历史。19世纪40年代，马克思、恩格斯在创立科学社会主义理论的同时，努力把它与当时西欧无产阶级的革命实践相结合，于1847年6月创建了第一个国际性的无产阶级政党——共产主义者同盟，亲自拟定并于1848年2月公开发表了同盟纲领《共产党宣言》。这标志着国际共产主义运动的兴起。

自从共产主义者同盟建立以来，历经第一国际（国际工人协会）、第二国际、第三国际（共产国际），国际共产主义运动由小到大、由弱到强，从西方推进到东方、从欧洲扩展到全球，终于突破资本主义链条上一个又一个薄弱环节，取得了社会主义由一国到多国的胜利。二战后社会主义阵营的建立、民族解放运动的胜利进军、社会主义国家革命与建设的重大成就，为国际共产主义运动史书写了辉煌的篇章。20世纪末，由于东欧剧变、苏联解体，国际共产主义运动遭遇了严重挫折。但是，历史并没有因此而终结。由《共产党宣言》奠基的国际共产主义运动仍在曲折中前进。各资本主义国家中的共产党、工人党仍在不断探索无产阶级取得解放的道路；中国等社会主义国家仍继续高举社会主义伟大旗帜，为完善社会主义、最终实现共产主义而不懈奋斗。

国际共产主义运动一百六十多年跌宕起伏的发展历程，积累了卷帙浩繁的文献档案，留下了丰富的历史遗产。深入发掘和充分利用这些文献档案，对于我们准确地了解和把握国际共产主义运动的发展进程及各个时期的特点，科学地研究和总结国际共产主义运动丰富且宝贵的经验教训，具有极其重要的意义。特别是无产阶级国际组织，作为国际共产主义运动的重要载体，其文献档案对于国际共产主义运动史研究更是具有特殊的重要意义。

早在1984年春，中国国际共产主义运动史学会就发起编辑出版《国际共产主义运动史文献》。当时由中共中央编译局、中国社会科学院马列主义毛泽东思想研究所和近代史研究所、中共中央党校和中国人民大学等单位共同组建了编辑委员会。编委会商定：这套文献主要收编共产主义者同盟、第一国际、第二国际、第三国际、共产党和工人党情报局这五个国际组织已发表的全部文献档案，包括历次代表大会、代表会议和其他重要会议的记录、决议和有关文件；收编材料力求齐全；凡外国有选编完整的版本者，根据外国版本翻译；凡文件散见于外国不同出版物者，尽力搜集完整，组织力量统一编译；文件完全按照原件翻译，译文力求准确，不作修改删节，以便读者根据完整、准确的第一手材料了解这些国际组织的历史。在当时代管全国哲学社会科学基金的中国社会科学院科研局的资助下，经过编辑委员会、编译工作者和中国人民大学出版社的共同努力，这套文献于1986年开始陆续出版，截至1997年共出版了21卷。

到上世纪末，文献的编辑出版工作遇到了巨大困难。首先是编委会发生了重大变故，主编林基洲、副主编王颖和校纪英相继谢世；其次是出版经费难以为继。为继续出版这套文集，中国国际共产主义运动史学会多方努力，组成以会长顾锦屏为主编的新编委会，从全国哲学社会科学规划办公室争取到一笔资助，于1999—2001年又出版了两卷。此后，因缺乏经费，编辑出版工作完全陷于停顿。

2010年，在中共中央编译局和中国国际共产主义运动史学会的鼎力支持下，中央编译出版社以这套文献申报国家出版基金项目，获得立项资助。中共中央编译局对此项目高度重视，在国家出版基金资助的基础上，给予了相应的资金支持，组建了新编委会，成立了专门机构负责文献整理和编辑工作，并将这套文献纳入"中央编译局文库"出版规划。

经新编委会研究决定，这套文献定名为《国际共产主义运动历史文献》，在其前身《国际共产主义运动史文献》的基础上重新编辑出版。通过进一步广泛搜集资料和适当改变编辑方式，新《文献》的资料更详尽、收文更齐全。例如，在原《文献》的某些卷次中，对已出版的马克思主义经典著作中译本只列目录，不收正文，而新《文献》则全部依据最新的中译本收录，以方便读者查阅。此外，《国际共产主义运动历史文献》扩大了文献资料的搜集和选材范围，采用开放式结构，规模暂定60卷，约2500万字。

中共中央编译局和中国国际共产主义运动史学会对这套文献的编辑出版工作给予了强有力的支持，中央编译出版社为这套文献的立项和出版做了大量艰苦细致的工作，文献的前两任编委会和编辑工作者在十分困难的条件下为这套文献奠定了良好的基础，中国人民大学出版社为这套文献的重新编辑出版提供了帮助，在此一并表示衷心感谢。

《国际共产主义运动历史文献》

编辑委员会

2011年12月20日

编辑说明

共产国际第四次代表大会于1922年11月5日在彼得格勒开幕,9日移至莫斯科继续举行,12月5日闭幕。62个国家66个政党和组织的408名代表出席会议。大会的议程包括:共产国际执行委员会的工作报告,苏维埃俄国和世界革命的前途,资本的进攻,共产国际纲领,工会问题,东方问题,土地问题,黑人问题,青年运动,妇女运动,合作社运动,法国、意大利、捷克斯洛伐克、挪威、西班牙、丹麦以及其他国家支部的状况和其他一些问题。列宁在大会上作了《俄国革命五周年和世界革命的前途》的报告,这是他最后一次参加共产国际的代表大会。中国共产党代表刘仁静参加了大会,在大会上作了有关中国革命的报告,并与日本代表一起向大会提交了"关于日本帝国主义者占领俄国萨哈林岛问题的决议"。大会总结了俄国十月革命和苏维埃俄国建设的经验并指出了其国际意义,讨论了资本的进攻和法西斯主义危险的加剧,进一步发展了统一战线策略,提出了工人政府的口号,并概括了共产国际在民族解放运动中的战略和策略,为东方民族和殖民地的革命运动提出了反帝国主义统一战线的口号。此外,大会提出了建立"一个真正集中制的世界政党的任务",对共产国际执委会的组织机构进行了改组,进一步加强执委会的集中领导体制,并强调要在共产国际及其支部内部贯彻最严格的纪律。

《共产国际第四次代表大会文献》分两卷出版,收录的内容包括三个部分:(1)共产国际第四次代表大会会议记录;(2)共产国际第四次代表大会决议；（3）附录，包括未在大会上宣读的声明、抗议书和公开信，以及列宁有关共产国际第四次代表大会的材料。前两部分及附录一的材料译自1923年共产国际出版社出版的德文本《共产国际第四次代表大会记录（彼得格勒—莫斯科，1922年11月5日至12月5日）》（Protokoll des Vierten Kongresses der Kommunistischen Internationale, Petrograd-Moskau, vom 5. November bis 5. Dezember 1922, Verlag der Kommunistischen Internationale, 1923）。附录二选自《列宁全集》中文第2版。书中除编译者加的译者注外，本卷主编加的注释标明为编者注。决议单独列出，按议程顺序编排。

本卷是根据中国人民大学出版社1990年出版的《共产国际第四次代表大会文件》中译本重新编辑的。本卷主编对照原文对原中译本中的明显错误作了修正，依据中共中央编译局编译马克思主义经典著作的标准重新统一了人名、地名、组织机构名、报刊名等专用名，并增加了对原书中一些名词和引语的注释。书中引用的马克思、恩格斯的论述均采用中共中央编译局编译的最新版本。

本卷内容为共产国际第四次代表大会1922年11月5日至11月21日会议记录。

目 录

共产国际第四次代表大会会议记录

(1922年11月5日至11月21日) ·················· 1

开幕式（1922年11月5日）·················· 3

 克拉拉·蔡特金主持开幕式 ·················· 3

 选举主席团 ·················· 3

 季诺维也夫致开幕词 ·················· 4

 宣读贺电 ·················· 16

 克拉拉·蔡特金关于欧美政治犯的讲话 ·················· 19

 费利克斯·柯恩宣读《告欧美政治犯书》·················· 22

 贝龙宣读《告意大利工人和农民书》·················· 25

 阿扎里奥宣读《告俄国劳动人民书》·················· 28

 片山潜宣读《告俄罗斯社会主义联邦共和国红军和

  红海军书》·················· 30

 柯拉罗夫宣读《告红色彼得格勒男女工人和红军战士书》·················· 33

第二次会议（1922年11月9日）·················· 36

 通过会议议程和议事规程 ·················· 36

 选举各委员会 ·················· 36

  季诺维也夫作共产国际执行委员会工作报告 …………… 42
第三次会议（1922年11月10日）……………………………… 68
  季诺维也夫作共产国际执行委员会工作报告（续）…… 68
  讨论共产国际执行委员会工作报告 …………………… 82
第四次会议（1922年11月11日）……………………………… 109
  继续讨论共产国际执行委员会工作报告 ……………… 109
第五次会议（1922年11月11日）……………………………… 146
  宣读贺信 ………………………………………………… 146
  继续讨论共产国际执行委员会工作报告 ……………… 148
第六次会议（1922年11月12日）……………………………… 180
  继续讨论共产国际执行委员会工作报告 ……………… 180
第七次会议（1922年11月12日）……………………………… 212
  继续讨论共产国际执行委员会工作报告 ……………… 212
  季诺维也夫作执行委员会工作报告的讨论总结 ……… 225
  表决通过关于共产国际执行委员会工作报告的决议 … 251
第八次会议（1922年11月13日）……………………………… 256
  俄国革命的五年和世界革命的前途 …………………… 256
第九次会议（1922年11月14日）……………………………… 283
  俄国革命的五年和世界革命的前途（续）…………… 283
第十次会议（1922年11月14日）……………………………… 312
  俄国革命的五年和世界革命的前途（续）…………… 312
第十一次会议（1922年11月15日）…………………………… 339
  拉狄克作关于资本的进攻的报告 ……………………… 339
第十二次会议（1922年11月16日）…………………………… 371
  博尔迪加作关于法西斯主义的报告 …………………… 371
  讨论资本的进攻和法西斯主义问题 …………………… 394

第十三次会议（1922年11月17日） ······ 408
　　埃贝莱因作代表资格审查委员会报告 ······ 408
　　讨论通过代表资格审查委员会的报告 ······ 416
　　继续讨论资本的进攻问题 ······ 419
　　拉狄克作讨论资本的进攻问题的总结发言 ······ 439
　　季诺维也夫讲话 ······ 452
　　瑞士代表团的建议 ······ 452

第十四次会议（1922年11月18日） ······ 456
　　共产国际和各国共产党的纲领 ······ 456

第十五次会议（1922年11月18日） ······ 501
　　共产国际和各国共产党的纲领（续） ······ 501

第十六次会议（1922年11月20日） ······ 511
　　共产党人在工会中的任务 ······ 511

第十七次会议（1922年11月20日） ······ 549
　　讨论共产党人在工会中的任务问题 ······ 549

第十八次会议（1922年11月21日） ······ 607
　　继续讨论共产党人在工会中的任务问题 ······ 607
　　讨论共产国际和各国共产党的纲领问题 ······ 618
　　明岑贝格作关于工人援助问题报告 ······ 621

共产国际第四次代表大会会议记录

(1922年11月5日至11月21日)

开幕式

(1922 年 11 月 5 日)

开幕：晚 9 时，彼得格勒人民大厦

克拉拉·蔡特金主持开幕式

克拉拉·蔡特金（德国）：

同志们！我受共产国际执行委员会的委托，宣布第四次世界代表大会开幕。今天我们在这里聚会，适逢这个时代最伟大的世界历史事件五周年的日子，在这一天，无产阶级世界革命以俄国革命的形式，得以英勇果断而又胜利地举行，使得世界资产阶级遭到了第一次决定性的失败。共产国际第四次代表大会现在开幕。（鼓掌）

同志们！我受共产国际执行委员会扩大全会的委托，建议我们的**季诺维也夫**同志担任这次代表大会的主席。（鼓掌）请季诺维也夫同志上台来担任主席。（暴风雨般的掌声）

选举主席团

主席季诺维也夫：

代表大会选举主席团。根据执行委员会扩大全会的决定，同时根据世界代表大会各国代表团的特别协商，我们提出如下主席团委员名单作为建议：

贝龙和昂列（法国）

卡尔（美国）

片山潜（日本）

柯拉罗夫（保加利亚）

莱基（英国）

列宁和托洛茨基（俄国）

马拉比尼（意大利）

诺伊拉特（捷克斯洛伐克）

舍弗洛（斯堪的纳维亚）

瓦尔斯基（波兰）

蔡特金（德国）

我们对这项提案进行表决，反对的，请举手。——主席团被一致选出。请到会的各位委员就座。

季诺维也夫致开幕词

同志们，我获得了向你们致开幕词的光荣使命。今天，有这么多事件和回忆涌向我们的心头，真让人不知道应该首先从何说起。是啊，我们要总结一下在俄国工人阶级征服的这块土地上所发生的事情，总结一下在敌人交叉火力攻击下存在五年之久的苏维埃共和国内所发生的事情。今天，有52个国家的先进无产者参加的第四次世界代表大会开幕了。我认为，同志们，我们有理由说，我们能够同时经历这些伟大的、在历史上意义重大的事件，机会是难得的。当然，我们应当把我们要说的话首先献给那些在过去五年的战斗中牺牲的同志们，正因为有了他们，共产党的旗帜才没有从许多国家目前只是少数的英雄先锋队手中倒下。我们牺牲了的同志是不计其数的，仅仅我们国家牺牲者何止千千万万。

今天我偶然收到一本小小的年鉴，这是献给在保卫独一无二的苏维埃城市时——在保卫我们的彼得格勒时——牺牲的一支部队的。1919年由施吕塞尔堡工人组成的小队同其他小队一起保卫了我们美丽的彼得格勒，这本年鉴是为纪念这支小队而出版的。施吕塞尔堡与整个苏维埃俄国相比——更不消说与我们的同志们生活和战斗的整个世界土地相比了——意味着什么呢？它不过是小小的一角，一座工厂小镇，一家独一无二的大工厂。这本年鉴是特意献给这支工厂小队的，这个小队在1919年守卫在彼得格勒城外，其中手持武器的数十名施吕塞尔堡工人在保卫苏维埃俄国城市时牺牲了。同志们，让我们想一想，如果我们把整个俄国的工人、把全世界共产党人当做全部的、"集体的施吕塞尔堡"来计算，在无产阶级的战斗中牺牲的人更是多得难以计数。

这几天，我还见到另外一本书。莫斯科的一位同志想为编写这几年死去的许多优秀同志的传记做一些准备。单单列举这些同志的名字用小号字印成的一本书，就至少有整整20个印张①，而书中搜集的还只是我们党和苏维埃政府比较熟悉的那些同志的名字。我们知道，还有成千上万个无名英雄，他们的名字现在还不为历史所知，他们在保卫苏维埃旗帜的战斗中倒下去了。

这几年在德国没有任何一座城市甚至没有任何一座大城市的广场没有染红为共产主义旗帜而奋斗的工人的鲜血。在匈牙利，在工人起义的最初几次尝试中，我们成千上万的兄弟牺牲了，现在还有许多人在监狱里受着煎熬。在布达佩斯，两星期前有170名共产党员被捕。在我们的近邻芬兰，工人首次试图举行起义，几千名工人死亡，几千人现在还被

---

① 一个印张一般为32页，20个印张640页。——译者注

关在监狱里。在巴尔干、在罗马尼亚,我们整个党从代表大会直接走进牢房,许多人在半路上被枪杀了。在希腊,资产阶级革命把一大批共产主义战士投进了监狱,只有其中的一部分人被起义的士兵解放了。这些士兵——大家想必在这里听说了——高喊着"列宁万岁"的口号解除了他们自己部队中的资产阶级军官的武装。在美国,这几年几百名我们优秀的工人被关进了牢房。现在美国资产阶级对参加共产国际的人至少判处20年徒刑。在意大利,我们的同志进行内战已经几年了,有时成功,有时失败。你们大概知道,在第四次世界代表大会开幕的时候,意大利工人阶级正遭受着法西斯匪帮的蹂躏,而这些匪帮的首领——我们必须在这里指出——正是从原来社会党人行列中蜕变出来的分子。正像我们在这次革命中经常看到的情况一样,这些社会主义的叛徒特别凶残,是工人阶级的特别无情、特别残忍的刽子手,他们受命于资产阶级,以最恐怖的手段对本国的无产阶级进行清算。

同志们,如果我们现在回顾一下我们革命开始时的情景,如果我们计算一下在最初五年中世界工人阶级为无产阶级革命胜利进行的伟大而卓越的战斗的总数,我们首先怀念的是那些已经不在我们当中的、为了苏维埃俄国和全世界的共产主义事业而牺牲的我们的优秀同志、我们的优秀领袖和兄弟。让我们永远怀念无产阶级世界革命的先驱战士。(全体起立,乐队奏哀乐。)

同志们,自从这个城市——第四次世界代表大会刚刚在这里宣布开幕——的工人推翻资产阶级,把政权夺到自己手中的从那一天起,时光已经过去五年了。在这五年中,每一天对于我们国家的无产阶级、对于全世界的无产阶级都是有益的一课。去年对于共产国际在许多方面又是决定性的一年。在第三次和第四次代表大会之间有15个月时间,正是这15个月,在某种意义上决定了共产国际最近的命运。不言而喻,从历史意义上看共产国际是一定会胜利的。即使我们的战斗组织,像巴黎公社和第一国际那样,被反动派的炮火从地面上消灭,共产国际仍然会再生,并且仍然会最终带领无产阶级走向胜利。但问题是现在的共产国际、我们这一代战士是否能够完成共产国际自己承担的历史使命。

这个问题正是在第三次和第四次代表大会期间得到解决。当全世界资本主义和反动势力的进攻以前所未有的、目标明确的力量展开的时候,第三次代表大会结束了自己的工作。在第三次代表大会上我们清楚地看到,一部分不可靠的同路人开始离开我们。第三次代表大会闭幕时,共产国际的敌人曾预言,共产国际即使不会灭亡,也会削弱和没落。我们年轻的、部分还很弱小的国际共产党能否坚守在自己的岗位上,这个问题正是在最近15个月进攻的资本主义向我们交叉开火时得到了回答。

现在已经不止56个党参加了共产国际,其中有些党就人数而言,超过了五年前推翻资产阶级的俄国共产党。但是也有一部分党还不强大,既没有具备完整的形式,也没有度过最初的困难时期。

在第二国际中联合起来的国际资本主义和孟什维主义的力量,在长达15个月之久的时间里向共产国际的各个党发动了猛烈的攻击。资产阶级世界及其帮凶的一切努力,第二国际和第二半国际的一切努力,在这一时期的目的就是企图接近我们的党,把个别支部从我们的队伍里拉出去,消灭共产国际。对共产国际来说,这是严峻的岁月。

即使在最可怕的时刻,自欺欺人和过高地估计自己的力量都不是我们的习惯。共产主义的伟大力量在于,它在任何时候都可以说出真话,即使在说出真话时是痛苦的。如果共产国际目前的状况像我们的敌人所希望的那样,我们就会在第四次代表大会上有失体面地掩饰我们的弱点。我们必须把实际情况说出来,我们也是这样做的。在我们回顾我们走过的这段路程、总结我们第四次代表大会可以期待的力量的时候,我们有充分理由并且毫不夸张地说,共产国际度过了最困难的时期,共产国际已经壮大起来，它现在不必害怕世界反动派的进攻了。正是这困难的一年，全世界国际资本家有计划进攻的一年，第二国际和第二半国际联合的一年，苏维埃俄国饥荒的一年，极端贫困的一年，工人阶级屡遭失败的一年，正是这一年证明，共产国际打下了牢固的基础，它现在生存着，而且会生存下去，使它的敌人胆颤心惊。（鼓掌）

在这一年里也发生了其他具有决定性意义的事件。我们的最重要的代表大会——国际无产阶级的最高立法机关——制定的共产国际的纲领路线和策略，同样经受了火的考验，并且被证明是正确的。

你们大概还能回忆起最近在德国发生的事件。我们在著名的哈雷党代会上讲话的声音才刚刚落下。在著名的哈雷表决以后，我们曾以共产国际的名义指出，右派独立党人既然拒绝了二十一条，那么留给他们的就只有一条道路——倒向社会民主党和诺斯克的道路。当我们说出这句话时，右派独立党人空前激动，他们认为，我们的声明是恶意的捏造。现在，事实摆在大家面前，共产国际的预言应验了，右派独立党人正站在诺斯克一边，站在屠杀工人阶级的刽子手一边。

共产国际在检验在目前就某种意义上说成了国际事件的焦点的意大利的策略时，同样得到了一个极其重要的经验。当里窝那发生分裂时，我们对那些愿意追随共产国际的人说："在你们面前有两条路：或者同改良派和第二国际一起站在资产阶级的营垒一边；或者认识自己的错误，回到共产国际的队伍中来。"我不知道，意大利社会党的一些领袖是怎样考虑意大利事件教训的，但是，我很了解追随意大利社会党的绝大多数工人的态度。意大利社会党的大多数工人在最近召开的罗马代表大会上认识了自己的错误，同时也认识了共产国际观点的正确。他们回到我们队伍中来了，我们当然要像欢迎自己的兄弟一样欢迎他们。（鼓掌）

同志们，国际工人运动中的这两个例子，向世界上一切正直的、有阶级觉悟的无产者清楚证明，第二次代表大会提出的二十一条并不是臆造，并不是刁难和教条，而是符合无产阶级谋求自身从资本主义锁链中解放出来的整体认识的。共产国际的策略是正确的，而且经受了生活的考验。在我们面前有一条既定的、明确的道路；我们知道我们向何处去，我们也知道我们把国际无产阶级引向何处。我们将以较大或较小的牺牲——这并不完全取决于我们——在较长或较短的时间内，领导国际无产阶级（对此我们保证）战胜资产阶级，取得最后的胜利。（鼓掌）

最近一个时期最重要的事件之一，是第二国际和第二半国际的合并。共产国际的预言被证实了。工人的革命斗争只有通过联合才能取得胜利。第二国际和第二半国际本来就是一丘之貉，都是反革命组织。对于革命的无产阶级来说，少一点掩饰和虚构只会有好处。如果我们的斗争在简单而明白的范围内进行，我们会获益匪浅。

两个阵营——两个地区。一方面是第二国际，诺斯克的国际，社会主义叛徒的国际，工人阶级事业罪人的国际；另一方面是我们全世界兄弟的联盟，即我们称之为共产国际的各个国家的工人联合会。

我们在这里必须着重指出，第二国际和第二半国际的合并又是对谋求自身解放的工人实行白色恐怖的一种准备。也许我们这些话又要引起社会民主党人的怨恨了，就像在哈雷或者就里窝那发表声明时的情况那样。在全世界工人面前，我们对我们的声明负责：第二国际和第二半国际的合并不过是国际资产阶级对革命工人进行一次新的、空前绝望的炮击的准备工作；第二国际和第二半国际的合并为那些新的加利费、诺斯克和墨索里尼分子以及屠杀工人阶级的其他新刽子手们创造了条件；在此意义上，第二国际和第二半国际的领袖们客观上正在完成世界资产阶级的新任务。

我们对第二国际和第二半国际合并的态度，已经不仅仅是一个党内政策和策略问题，而是一个世界性政策问题。

在所有重要国家，无产阶级革命取得胜利的一切客观前提都已成熟，一切经济前提也变得明显了，全世界工人阶级唯一缺少的就是所谓**主观**因素——足够的阶级组织，足够的阶级觉悟。从这个意义上说，社会民主党的作用在现时是很大的。

我们可以毫不夸张地说，我们现时的——也许是我们整个时代的——最迫切的任务就是**战胜社会民主党**，这个国际反革命的最重要的国际因素，这个国际工人阶级胜利进军中的绊脚石。对于这一点，我们刚刚建立的共产党应该更为注意。我们同国际孟什维主义的斗争、同合并了的第二国际和第二半国际的斗争，显然不像有些人认为的那样是社会主义的宗派斗争，是社会主义运动不同流派的冲突。不，不，事实上这是从资本主义桎梏下解放出来的国际工人阶级最后的、决定性的斗争，是反对国际资产阶级最后代表人物和最后代理人的斗争，是反对孟什维克的斗争。（鼓掌）

我认为，在我们庆祝俄国革命五周年的时候，我们必须恳切地向全世界的工人阶级说明这一点。

请允许我就我个人的情况说几句话。

我觉得，在革命五周年的时候尤其要说明一下。同志们，你们知道，五年前我同其他同志犯了一个很大的错误，这是我生平中最大的错误。那时我未能充分认识孟什维克的整个反革命路线。从根本上说，这是我们十月革命前的错误所导致的结果。我在同孟什维克并肩战斗了十多年以后，当时我——像我们的许多同志一样——在重要时刻未能懂得，孟什维克和社会革命党人并不是工人阶级的一部分，他们的右派、他们的右翼固然如此，事实上就是那些"左派"也是非常圆滑、非常精明、因而始终是国际资产阶级的危险一翼。因此我觉得，我有必要对我们的同志们说，对其中有一部分刚刚开始同国际孟什维克进行决定性斗争、目前还处在这个斗争交叉火力攻击之中的同志们说——我们有责任把当前革命中的教训告诉你们,对你们说:你们要警惕,不要在这个问题上迷失方向,不要低估了从孟什维克营垒中发生的、在第二国际营垒中产生的威胁着我们的巨大危险:敌人的狡诈和他们领袖的阴险。你们要警惕,要把孟什维主义看做自己运动的右翼,你们必须把他们看做最可恶的敌人,国际资产阶级的帮凶,资产阶级能够生存下来正是得力于他们的帮助。问题就在这里。资本主义所以能存在下来,正是要归功于第二国际中社会民主党叛徒的仁慈。劳动阶级现在人数众多,如果没有社会民主党人的掣肘,他们举手就可以把国际资产阶级打倒。

在庆祝十月革命五周年的时候,我们必须对国际无产阶级说明:孟什维克分子曾经断言,十月革命是我们的一个错误,我们存在不了几个月。他们先是说,协约国将在几个月内把我们粉碎,高尔察克和尤登尼奇的铁掌将把我们打倒。继而他们又预言,饥饿将消灭我们,我们的策略是完全错误的。现在事实证明,我们的错误最多是我们在发动革命的那一个月,天不作美,下了雨,如此等等。(鼓掌)但是,尽管下着"孟什维克"的雨,彼得格勒还是举行了声势浩大的起义,而且我觉得,今天彼得格勒的游行队伍也粉碎了孟什维克的论调。①(鼓掌)

再说一说"新经济政策"的国际意义。

同志们,去年在第三次代表大会上,当我们刚刚开始实行新经济政策时,我们还只能就新经济政策在第一个工人共和国生活中的作用向你们提供一个相当模糊的理论上的设想。现在我们有了一些认识,我们感到有责任向你们、向各国的同志们说几句话:你们当中许多人开始时对苏维埃俄国又恢复资本主义感到惊讶,你们出于好意,对我们说:"是呀,我们知道,你们是被迫实行新经济政策的,因为我们各国工人的力

---

① 第四次代表大会开幕那天,彼得格勒下着大雨,但是大雨并不能阻止成千上万的劳动者参加庆祝十月革命五周年和第四次代表大会召开的游行。

量太弱了，不能帮助你们。"这当然是事实；但是，这个理由还不够充分。同志们，我们认为，实行新经济政策不仅是因为一系列资本主义国家的共产党太弱了。不，还有另一个原因。我们感到有责任向你们说——当然开幕式讲话不是说明理由的场合，"新经济政策"也许是许多国家将要经历的一个阶段，甚至是那些具有强大工业的国家，工业无产阶级占居民绝大多数的国家。只有几个国家可能例外地绕过这个阶段。俄国代表团将在代表大会上阐述这个思想。我们之所以要坦率地说明这一点，是因为我们希望第四次代表大会的整个战略以及今后几年我们的作战计划能够建立在这种思路的基础上。我们认为，"新经济政策"不仅仅是几个资本主义国家共产主义力量弱小的表现，而且它向我们标明，无产阶级在估计自己力量的时候，一定要同时估计农民的力量，一定要明确指出一切国家工业无产阶级和大部分农村居民之间的关系。

　　这一点，我们在开始时没有注意到，因为我们当时还没有掌握准确的尺度，这并不奇怪。我们的革命所以伟大，就是因为它在实践中着手解决这个问题。"新经济政策"不是插曲，也不是我们资本主义国家兄弟党力量弱小的表现。不，它是策略上的明智，它是一个农民国家在第一次伟大的无产阶级革命中经过痛苦之后获得的明智，它是第一次胜利地建立起共和国的工人阶级斗争的结果。最初，这个国家的工人阶级企图以飞快的速度前进，但是后来不得不看到，为了不失去同广大农民群众的联系——在某种情况下，这对于革命的成败具有**决定性**的意义——必须采取某些措施，这些措施后来就被称为"新经济政策"。同志们，如果我们在第四次代表大会上谈论**农业问题**，提出农业国家的纲领，如果我们讨论我们共产国际的纲领和其他许多现实问题，我希望我们能考虑一下我刚才表达的思想。对于这个思想还需要进一步提出论证，我们将在代表大会过程中继续深入地研究这个问题。

我们还想对你们说，就我们的预见所及，中欧、巴尔干和其他一系列国家也必然要经历一次新的"经济政策"。为了使农民或者至少使他们中间的一部分人保持中立，你们将不得不实行"新经济政策"，当然根据不同的情况会有这样或那样的改变。

苏维埃俄国感到自豪的是，它可以帮助国际无产阶级了。我们的革命过去了五年，我们可以向你们叙述一下执政五年的成果。有一点我们可以说，五年的艰苦斗争、无数的牺牲、大量的困难、饥饿、前所未闻的封锁、武装干涉等等，都没有摧毁俄国工人阶级的力量。在革命五周年的时候，群众没有离开我们的党，尽管他们已经很疲惫了。——我们向你们说这一点，因为我们充分认识到，在共产党人的国际代表大会上，我们没有权利美化我们的形势；我们说这一点，因为这是事实。工人群众不仅没有离开俄国共产党，相反，我们感到，他们越来越靠近我们党了，是这样的热烈，如同五年前革命起义时的那些日子一样。我们今天在彼得格勒所看到的，你们在苏维埃任何一个城市都可以看到，在任何一个地方、任何一个工厂、任何一个矿山，在任何有工人、有劳动群众的地方都可以看到。劳动群众在五年的可怕斗争中确实非常疲乏了，他们完全有权利得到喘息的机会。尽管如此，他们今天比任何时候都更坚定地站在我们一边，比任何时候都更坚信苏维埃共和国的胜利。我们当中的每一个人，凡是有幸站在俄国劳动群众密集的行列中，站在像红色的彼得格勒这样美丽的城市中的人，都能感到这一点。

如果说，过去工人中有一部分人，他们在内心深处怀疑、动摇，一直以为我们也许会被打败，可是现在这部分工人又相信我们了，他们不再动摇了。我们党从来没有像现在这样感到，它的道路是正确的，它得到了劳动群众的充分信任，它同劳动群众紧密地在一起。俄国共产党在庆祝伟大的十月革命五周年的时候，托付给第四次代表大会的是坚强的、生机勃勃的、健康向上的、相信自己力量的劳动阶级。（鼓掌）

因此,在十月革命五周年的时候,我们可以当面嘲笑过去的阴影,社会革命党人、孟什维克和第二国际的俄国爱国主义者。我们的道路是正确的。在这五年中,完全相信自己的事业是正义的共产党,有时在工人群众中是少数;有时由于空前巨大的牺牲,工人的队伍发生了动摇,但是光荣的俄国共产党的贡献和它可以引为自豪之处正是:它是共产国际的一支突击队,在工人发生动摇的这些时刻,它没有放下自己的旗帜。

因为我们意识到,我们**一定会**经过前所未有的牺牲和困难把工人阶级**引向**胜利。在十月革命五周年的时候,我们说:最困难的时期已经过去了,我们已经把我国工人阶级引上了坦途。我们的党在十月革命以后走过了一条空前艰巨然而也是极其光荣和伟大的道路。我们的党只是共产国际的一个支部,它把自己的思想灌输给世界上最大国家的工人阶级,它架设了通往最偏僻乡村的桥梁,从而领导起整个苏维埃俄国。同志们,我们感到自豪的是,在我们的背后是一个纵使遇到困难时期也不会放下自己旗帜的党。我们深深感到自豪的是,我们在革命处在最困难的时刻也意识到,我们要为全世界的工人阶级及其组织开辟道路。

我们知道,在几年时间内会有许多工业更为先进的国家,在进行了无产阶级革命之后超过我们,并且在共产国际中处于首要地位;而我们,正如列宁同志所说的那样,将会成为在其他较先进的苏维埃国家中的一个落后的苏维埃国家。我们知道这一点,我们期待着这一天的到来,因为这是首先进行革命的那些国家的最伟大的胜利。同你们一样,我们也知道,你们在自己的道路上将会遇到什么样的困难,你们所面对的是一个更有组织、更有野心的资产阶级。你们将同那些还没有被战胜的第二国际的叛徒们进行唇枪舌战。

你们昨天在工厂和车间里遇到的彼得格勒工人,他们不会坐等观看世界革命胜利后的欢乐火焰。他们也知道你们在道路上会碰到的困难。

共产国际**反对**一切不成熟的行动，反对没有准备的起义，因为这样的起义将会在工人的血泊中窒息，将会摧毁无产阶级的宝贵财富——组织起来的国际共产党。我们在踏着巴黎公社的足迹前进，但是我们所希望的是一个**胜利的**公社。共产国际决不允许资产阶级利用各个分散的冲击摧毁我们的力量，把运动窒息在工人的血泊中。

在东方，运动在今年进一步扩大，运动不仅取得进步，而且目前几乎没有一个东方国家没有共产党的核心，尽管这个核心到现在还不强大。是的，我们东方国家的党在数量还不是很多，不过，1883年我们的"劳动解放社"在俄国也不强大，但是它的建立意味着俄国一个新纪元的开端，意味着革命在俄国开始了。在这些蕴藏着社会主义无产阶级革命无穷后备力量的国家组织共产党——组织这样的党——是一个历史事件，这意味着那里的先进工人的力量已经聚集起来，这些力量将引导被压迫民族取得国际革命的胜利。在这一年中，被压迫人民的民族运动就规模而言得到了巨大的发展，这在客观上是对国际资本的一次打击。在印度、中国、埃及，日益频繁的起义威胁着资产阶级政权的生存。同志们，我们在座的某些同志，如果有幸再活五年——我们暂且不作过分的奢望——如果我们能庆祝十月革命10周年纪念日，我们将看到，我们现在所做的还微不足道；我们将看到，世界将在无数次的起义下震动，亿万被压迫人民将起来反对帝国主义；我们将看到，共产主义的红旗不仅为少数人——当然是英勇的少数人高高举起——而且世界也将为亿万被压迫人民和劳动者所有。

国际革命万岁！

为国际革命奠定基础的、在敌人无情火力下受尽苦难、进行搏斗的、深知自己不仅为自己国家而且也为国际无产阶级事业而战的俄国无产阶级万岁！

俄国工人是真正的国际主义者。俄国工人，尤其是彼得格勒工人在五年的时间里从不敢奢望获得比今天更好的犒赏。

彼得格勒同志们,你们当中有多少人是我们军队的第一批前哨,是苏维埃政府的第一批战士?你们当中又有多少人在五年前拿起武器、开始加入第一批当时还很弱小的赤卫队队伍、投入无比英勇斗争的时候,希望过欢庆五周年纪念日呢?又有多少人希望过在你们自己苏维埃所在地内召开共产国际第四次代表大会呢?现在我们一一经历了,我们所希望的再没有比这种犒赏更美好了。代表大会一定会使得彼得格勒和全俄国工人产生新的力量。我们将开始我们伟大共和国的经济建设。我们不仅要在内战阵地上,而且要在真正恢复社会主义经济的战线上做出英勇的榜样。我们将帮助我们的兄弟把自己组织起来,使他们有可能坚持下去,使他们有能力置资产阶级于死地。(鼓掌)

打倒国际资产阶级!(鼓掌)

打倒国际资产阶级的代理人——第二国际!

全世界共产主义者万岁!

投身于新的战斗的、踏上共产主义道路的工人万岁!

共产国际万岁!(高唱《国际歌》)

宣读贺电

同志们!下面我要向你们宣读列宁同志的电报。这份电报是发给共产国际第四次世界代表大会、彼得格勒工人和农民代表苏维埃的。同志们,我可以作证,弗拉基米尔·伊里奇是很想今天到彼得格勒来的。我们应该感到满意的是,他虽然现在不能来,但以后会来的,而且不会很久我们就可以在我们这里欢迎弗拉基米尔·伊里奇。(鼓掌)我们暂且来听一听这份电报吧:

列宁同志致共产国际代表大会和彼得格勒苏维埃

致:1. 季诺维也夫同志,彼得格勒,共产国际第四次世界代表大会
 2. 彼得格勒工人和红军代表苏维埃

非常遗憾,我不能出席代表大会第一次会议,只好写信致贺。

尽管在各国共产党的道路上存在着巨大的困难,但共产国际还是在成长壮大。主要任务仍然是争取大多数工人。这个任务我们无论如何要**完成**。

第二国际和第二半国际合并对无产阶级的革命运动是有好处的,因为少一些假象,少一些欺骗,对工人阶级总是有好处的。

彼得格勒工人及其新一届苏维埃在自己的城市里接待了共产国际第四次代表大会,谨向他们致最良好的祝愿和崇高的敬礼。

彼得格勒工人在经济战线上也应当站在最前列。

我们高兴地获悉,彼得格勒的经济已经开始复兴。你们邀请我去彼得格勒,我希望能以早日成行来回答。

俄国苏维埃政权正在庆祝成立五周年。它比任何时候都更为巩固。国内战争已经结束。初步的经济成就已经取得。苏维埃俄国认为,能够帮助全世界的工人进行推翻资本主义的艰苦斗争是最大的骄傲。胜利一定属于我们。

共产国际万岁!

弗·乌里扬诺夫(列宁)
1922 年 11 月 4 日于莫斯科[①]

[①] 见《列宁全集》中文第 2 版第 43 卷第 273—274 页。——编者注

季诺维也夫（继续）：

同志们，我的意见是，我们可以以全体代表和全体彼得格勒工人的名义写一封回信。弗拉基米尔·伊里奇在电报中说：共产国际万岁。让我们回答说：共产国际所有领袖中最英明、最卓越的领袖弗拉基米尔·伊里奇·列宁同志万岁。（暴风雨般的掌声）

会场上响起：列宁同志万岁！

季诺维也夫：

同志们，我还要宣读一份托洛茨基同志发给彼得格勒苏维埃的电报。（鼓掌）

敬爱的同志们！

我感到非常遗憾，由于许多刻不容缓的、主要同共产国际代表大会有关的事务缠身，我不能像五年前那样同彼得格勒无产者在一起欢庆节日。谨向红色的彼得格勒和无产阶级的第一个苏维埃致以衷心的祝贺。

你们的托洛茨基

欢呼：红军领袖万岁！（鼓掌，乌拉声。）

季诺维也夫：

同志们，代表大会向我们在欧洲和美洲无数监狱中受苦的许许多多共产党员同志和革命工人表示敬意，并致以兄弟般的问候。蔡特金同志还要为此向我们讲几句话。请蔡特金同志讲话。

克拉拉·蔡特金关于欧美政治犯的讲话

每当无产阶级革命先锋队、共产国际开会回顾过去和展望未来的时候，我们总是要想起那些永远留在战场上的牺牲者，我们刚刚怀着沉痛和骄傲的心情悼念了我们敬爱的、难忘的死者。我们的尊敬之情同样也是为了纪念千千万万在监狱和牢房中受苦受难的人，因为他们正勇敢地挣脱无产者的锁链。

在**罗马尼亚**、在**南斯拉夫**、在**希腊**，监狱人满为患，无产者、共产党员受到追捕、迫害和刑讯。

同样在**匈牙利**，那里的霍尔蒂白色恐怖一直在蔓延。**波兰**呢？波兰议会中贫农选出的代表**东巴尔**同志，尽管享受人民代表的豁免权，但仍被判处多年的劳役，其根据是已经与现行的法律互相矛盾的被打倒的俄国沙皇的规定。在这次选举斗争中有500多个共产党员被关进了监狱。在波兰许多边远地区，无产阶级遭到无耻的镇压，政治犯由军事法庭按照战争法规来判决。波兰还自称是一个民主国家！

我们来看一看波罗的海沿岸的国家。在**芬兰**的监狱里，至今还关着许多革命时代的男女勇士。曼纳海姆勾结德国哥尔茨匪徒把这场革命血腥镇压下去了。

在**爱沙尼亚**，我们永远不会忘怀的金基塞普同志停止了呼吸，他成了一心想复仇的资产阶级的牺牲品。那里的监狱塞满了受着酷刑的政治犯。

在**拉脱维亚**，克拉瓦-克拉文同志被判处死刑，还有许多同志在监狱里正面临着白色法庭的判决。

我们再看一看**德国**，这个国家的总统还一直自称是社会民主党人，尽管原来社会民主党纲领中几乎没有一条原则不是被他出卖、被他践踏的。在德国**巴伐利亚**的囚牢和监狱里,还一直关着共产党员和**慕尼黑苏维埃共和国**时期的革命战士,尽管这个共和国已经过去三年多了。那些受到白色恐怖折磨的人的呼救声不断从监狱的围墙里传出,却丝毫不能触动第二国际和第二半国际领袖们的同情心,不能影响他们的宣传,而他们对审判社会革命党人这个在苏维埃俄国的反革命前哨却在声嘶力竭地叫喊。去年参加**三月斗争**的所有受害者远未获得释放,英勇的革命战士马克斯·赫尔茨身陷囹圄,广大无产阶级群众一致要求结束他的苦难生活。所有这一切都发生了,虽然资产阶级社会民主党的联合政府颁布了大赦法,这种大赦越来越证明不过是对革命无产阶级的无耻嘲弄。不久前,柏林的街道又一次染红了无产者的鲜血。这些流血无产者所进行的斗争还不是为了他们自身的最终目的,而是为了保卫资产阶级共和国、反对军人—君主反动政府。反革命的这些残暴的行为、这些可耻的行径一直没有受到惩罚和治罪。莱比锡法庭对杀害拉特瑙一案的审理不过是对政治杀人犯的一次奖赏。德国的司法部长竟是一个社会民主党人!

在**法国**,英勇的黑海舰队的水兵们至今仍被关押在狱中,因为他们拒绝对苏维埃俄国这个革命工人和农民的共和国作战。在大规模的勒阿弗尔罢工斗争中,工人们自始至终英勇无畏,他们洒下了鲜血,许多革命工人被投进了监狱。

在**意大利**,反革命不满足于法西斯分子捣毁工会和合作社的房屋,谋杀革命工人,迫害一切具有自由思想的人士。资产阶级的阶级法律,资产阶级的无耻法律更变本加厉,正在把法西斯主义开始的行径进行到底。

从**英国**这个民主的故乡和民主的典范国家出发,法律恐怖遍及**爱尔兰**,笼罩着海外殖民地。在**南非**,几百名在今年大罢工中为了保卫自己生存的权利、反对剥削者的工人,至今还在监狱里过着非人的生活。在印度，在埃及，统治这些国家的英国资产阶级的司法机构，残酷镇压争取祖国自由和独立、反对掠夺成性的英国帝国主义的民族革命者，以及那些争取被剥削者解放、反对任何奴役——包括本国资产阶级奴役——的无产阶级革命战士。

在**美国**，革命的无产者，尤其是共产党员，受到空前野蛮、空前狡诈的迫害和虐待，受到极其残酷的暴力和奸计的蹂躏，他们的一切权利都被剥夺了。

现在，无产阶级战士遭受迫害和监禁，资产阶级国家进行法律恐怖已经成了一种普遍的国际现象。它向我们说明了什么呢？它不仅向我们说明，无产者越来越不堪忍受剥削和奴役，越来越要求人的权利，并为此而斗争；它还向我们预示了统治阶级死亡前的恐惧以及由此而产生的复仇心理。是的，资产阶级看起来似乎很强大，但尽管如此，它已经感到，它的阶级统治的基础在不可抗拒的、历史性革命力量的冲击和挤压下正在发生动摇。因此，资产阶级费尽心机，运用诡计和暴力，企图运用民主的骗局和阶级法律的残暴，来维护自己的统治。可是，尽管如此，资产阶级在当前的历史时期已经无法用自己的力量来维护政权了。资本主义经济的衰退，资产阶级制度的解体，再明显不过地说明，资产阶级进行统治和剥削的世界已经临近灭亡了。资产阶级如果没有一切国家改良主义工人领袖作为同盟者，它作为统治阶级的命运早就完蛋了。这些改良主义的工人领袖成了资产阶级统治的保护墙，正是他们使得成千上万的无产阶级优秀儿女成了囚徒和犯人，不能把自己的力量投入到消灭资本主义的斗争中去。

同志们！我们的光荣职责就是向那些——不论他们是谁，叫什么名字，在哪一个所谓的祖国受苦受难——忠诚和坚强地进行斗争的人们致以我们最衷心的兄弟般的问候。（鼓掌）他们未能取得胜利，这完全不是他们的过失。我们向他们致以最热烈的祝愿，并且相信，他们一定会有足够的勇气投身于反对世界敌人的斗争,他们一定会不顾敌人的复仇火焰,坚强地、不屈不挠地挺起胸膛,坚持到底。我们向他们致意,并且坚信,他们的解放并不能依靠资产阶级口头上承认的人道、正义或者其他什么美妙的言词,而只能依靠革命的无产阶级群众以不可抗拒的力量向前挺进的行动。从长远来看,这种行动的力量是监狱的大门所不能阻挡的。我们认为,无产阶级进行这样一种为了争取革命战士解放的斗争,将不仅仅是一次团结的行动,而且是无产阶级对单独与敌人搏斗的先驱者应有的报赏。我们向被捕的兄弟姐妹们致意,同时相信,他们会毫不动摇地坚持自己的思想和信念,哪怕他们获得解放的日子也许要等到镶着苏维埃红星的无产阶级革命的胜利旗帜在一些国家、在全世界上空飘扬的那一天。

季诺维也夫:

同志们,现在我们来宣读用俄文起草的告被捕同志宣言草稿。主席团委托一位曾经多次亲身经受了沙皇铁窗之苦的同志来宣读这个文件,请费利克斯·柯恩同志宣读。

费利克斯·柯恩宣读《告欧美政治犯书》

费利克斯·柯恩(俄国):

资本主义的囚徒们!为了工人阶级的解放而被资本主义政府戴上镣铐的战士们!出席共产国际第四次世界代表大会的全世界革命无产阶级的代表首先向你们致敬。

同志们!年复一年,革命无产阶级先锋队的世界代表大会在统计工人阶级胜利的时候,总要向斗争中在刽子手屠刀下倒下的和被投进监狱的牺牲者表示敬意。而这一次,自资本联合成一个阵线发动进攻的时刻起,其残酷程度更是暴露无遗。无产者的鲜血又一次洒在整个资本主义世界,无产阶级在世界各地正在同它的阶级敌人进行着"最后的斗争"。无产阶级的优秀分子死于牢房之中,白色恐怖的恶浪淹没了一切资本主义国家。

在意大利,法西斯分子用火和剑威胁着无产阶级,他们捣毁工会房屋、工人合作社和党机关的房屋,他们甚至肆无忌惮地捣毁那些为了工人阶级的解放而进行斗争的战士们的私人住宅。

英勇的法国海员,因为他们拒绝对工农俄国作战,仍然在监狱中受苦。在勒阿弗尔起义中,资本主义的卫士们又一次采集了他们习以为常的流着鲜血的果实。

德国首都柏林的街道又染红了工人的鲜血,反对君主匪帮的战士被投进了监狱。

巴伐利亚苏维埃领袖今天仍被关在监狱里,虽然巴伐利亚苏维埃政权被推翻以后已经过去了三年。尽管颁布了大赦令,可是许多三月斗争的参加者至今仍没有被释放出监狱。

在芬兰,监狱人满为患,逮捕和刑讯层出不穷。

在爱沙尼亚,我们永远怀念的金基塞普同志被杀害以前,那里的监狱就塞满了革命无产阶级的代表。

在拉脱维亚,绞刑架又竖了起来,克拉瓦-克拉文同志被判处死刑,几百名被捕工人的命运尚未决定。

在"民主的"波兰,为共产主义而斗争的战士们,将依据沙皇的立法被判处强制劳动。资产阶级的法院践踏了自己制订的法律,"不可侵犯"的议员东巴尔同志已经被判刑,正受到监禁。选举委员会的委员一一被捕,500多人由于参加了选举运动而被关进监狱,边远地区实行了戒严令,设立了临时军事法庭。

在罗马尼亚，同志们惨遭杀害，敌人惯用的借口是说他们"企图逃跑"。监狱审讯时所使用的酷刑，甚至在资产阶级中也引起了不满和抗议。

在南斯拉夫，逮捕、监狱中的酷刑、对工人的侮辱和折磨已司空见惯。

在希腊，无产阶级领袖在所谓的革命之后一直被关在监狱中。

在匈牙利，血腥的霍尔蒂政府从没有停止处决和酷刑。

在南非，英国资产阶级以极其残暴的手段对付反抗的工人。

在民主的、为自己的自由感到自豪的美国，被怀疑参加共产党的人士遭到最严厉的惩罚。美国资产阶级的警察捣毁工会，逮捕数以百计的工人，用刺刀和警棍驱散罢工工人。

在印度、埃及和其他所有的殖民地，哪怕是最微小的不满的表示、最微小的反对肆无忌惮的剥削的尝试，也会受到武力的镇压。

同志们，在所有这些血腥的行动中，社会民主党人总是以资产阶级帮凶的面目出现。是他们，使用欺骗手段，阻挠工人阶级参加斗争，许诺工人阶级只要改良，无需斗争。是他们，破坏无产阶级的每一次行动。是他们，把一些国家群众的注意力引开，使他们不去注意资产阶级粗暴反对其他国家工人的事实。是他们，破坏工人阶级的统一战线。

同志们，工人们！共产国际还需要习惯于牺牲吗？革命的每一次胜利都是用战士的鲜血换来的，都是在血泊之中产生的。斗争越激烈，牺牲就越大。但是人倒下去了，思想是不会死亡的。同志们，资本主义监狱的囚徒们！今天，在我们伟大的节日里，在俄国革命五周年的伟大日子里，我们和你们怀着共同的信心，怀着坚如磐石的信念，革命无产阶级摆脱资本主义桎梏的时刻，从奴役和剥削中解放出来的时刻，打破你们监狱的铁锁使你们获得解放、使你们重新光荣地参加革命无产阶级行列的时刻已经不远了。你们是革命无产阶级的骄傲，是革命无产阶级最优秀的同志。

打倒资本主义刽子手!

工人阶级解放斗争万岁!

社会革命万岁,全世界劳动人民的解放者万岁!

季诺维也夫:

同志们,代表大会召开的时刻,意大利无产阶级正经历着严重而危急的岁月。但是,毫无疑问,意大利革命最终一定会得到迅速的发展。目前,意大利无产阶级正处在困难的形势下,因此主席团认为,代表大会在开始工作之前,应该就意大利问题发表一个相应的声明,现在由法国代表团代表贝龙同志宣读这个声明。

贝龙宣读《告意大利工人和农民书》

贝龙(法国):

亲爱的意大利兄弟们,同志们,工人们,农民们!

值此第三国际第四次世界代表大会庄严开幕和俄国无产阶级革命胜利五周年之际,共产党人的国际要向你们说几句话,因为你们国家最近几天发生的事情,把你们对赤裸裸的反动势力进行的斗争推到了重要地位,这种反动势力正起来向你们逼近。

两年以前,共产国际曾竭力劝告当时还是统一的意大利党的领袖们要转入进攻。共产国际曾明确主张,应摆脱热衷于妥协的机会主义派别,利用资产阶级惊惶失措、劳动群众遭受战争的磨难、对和平开始失望而革命情绪高涨的时机,给旧秩序以决定性的打击。

可是,倾向于姑息和谨小慎微的那些人的意见竟占了上风。这些人对无产阶级专政惊慌失措,却去遵循据说在人民中已经扎下根的民主和法律的习惯。

共产国际曾经向你们预言的，现在终于发生了：当中派同右派忙于争论时，资产阶级得到了休养生息，反动势力转入了进攻，政权落到了强盗们手中。这帮强盗带着阶级敌人的最野蛮的仇恨正在反对你们和你们的理想。

法西斯党人已经控制了局势，他们已经建立起独裁，并把曾经赢得软弱的意大利社会党领袖们的天真赞美的骗人装饰，即民主和法制践踏无遗。过去，他们在意大利国家政权——现在已经完全掌握在他们手中——的支持下，对工人组织进行了残酷的斗争；今天，他们正在用火和剑完成消灭工人组织的工作。

可是，不要绝望！

战斗并没有完全失败，如果你们有坚定而正确的策略，就一定能够胜利。

在最重要的工业中心都灵、米兰、威尼斯和的里雅斯特，无产阶级的力量还没有被摧毁，还能在较短的时间内做好防御的准备。

意大利共产党已经及时地同不坚定分子断绝了关系，因为那些人在最高纲领的幌子下奉行削弱自己和节节让步的策略，一年前甚至同法西斯匪帮签订了和约。现在，共产党正高举红旗，它不仅号召一切还能采取革命行动的社会党人以及全体工人群众和一切有阶级觉悟的农民，而且还号召一切以恐惧的心情注视着迫近的反动乌云的正直人士都站到它的旗帜下面来。

你们必须记住，意大利的革命力量并不像那些散布恐慌情绪的人所说的那样薄弱，而法西斯势力却比他们的朋友和赞美者所说的要小得多。不仅会有很大一部分思想激进的民主人士离开他们，而且同你们面对面的阶级敌人阵营本身也不是团结的。

法西斯党人主要是大地主手中的武器。工商业资产阶级正在不安地注视着这一疯狂反动的实验,并把它看做是一种黑色的布尔什维主义。

另一方面,除像反动学生、复员军人和纯粹流氓这类政治上不稳定然而在参加直接斗争时还是很凶猛的分子之外,法西斯党人还拥有若干由劳动人民、农村无产者和部分农民组成的队伍。这些人很快就会认识到,诱使他们参加这种反革命冒险行动并使他们成为一支反对自己人的地主军队的种种诺言,是多大的骗局。

最后,法西斯主义代表一种国际冒险的政策。没有纲领、没有理想、没有一致的坚实的阶级基础的法西斯主义,很快就会激起一种反对它自身的同仇敌忾的运动。我们必须把这种运动引导到我们的道路上来,我们必须把以共产党为首的意大利工人,把这场反对反动势力的抗议运动尽可能地引向前进。

亲爱的同志们,整个共产国际同你们在一起,共产国际正在密切地注视着你们这一艰巨而责任重大的斗争所经历的不同阶段。它正在唤起各国无产者去注意意大利事件,把它们看做是机会主义和半机会主义这种策略上的严重错误所造成的后果的前车之鉴。此外,它将会高兴地提醒你们注意这个运动进一步发展的历史,把它当做纠正这种错误的范例来介绍。共产国际愿意在这一斗争中支持你们,给你们以一切可能的援助。

意大利工人在反对反动势力斗争中的团结万岁!

全世界工人在反对资本斗争中的团结万岁!

第三国际和无产阶级革命的未来胜利万岁!

季诺维也夫:

根据许多代表团的倡议,代表大会决定在十月革命五周年纪念日之际向各苏维埃共和国发出共产国际呼吁书。意大利代表团的一位代表请求发言;我们将有机会,通过他来表达我们同意大利无产阶级的关系。

现在请我们的老战士、铁路工人阿扎里奥同志讲话。

阿扎里奥宣读《告俄国劳动人民书》

阿扎里奥（意大利）：

同志们，你们在你们的斗争中需要我们的援助和支持，我们在我们反对资本斗争的决定性时刻更需要世界第一个无产阶级国家的援助。你们要保卫我们共同取得的成果——你们的和我们的苏维埃政权。五年前你们冲破了资本主义的战壕，夺取了在未来建立我们无产阶级祖国的基地，希望你们牢牢地掌握这条无产阶级战线。由于我们共同的胜利，这个祖国将包括整个世界。

伟大的十月革命及其英雄们万岁！

俄国工人阶级万岁！

苏维埃政权的故乡、红色的彼得格勒万岁！

打倒世界资本及其最重要的支柱、背信弃义的社会民主党人和改良主义分子！

无产阶级世界革命万岁！

世界苏维埃共和国联盟万岁！（鼓掌）

告俄国劳动人民书

共产国际第四次代表大会在彼得格勒——这个无产阶级世界革命发源的城市、苏维埃政权诞生的城市——召开第一次大会，它向正在庆祝十月革命五周年的苏维埃俄国的工人、红军士兵和农民们致以热烈的问候。

同志们！五年前，你们英勇地向旧世界的堡垒发动了猛烈的进攻，推翻了你们国家的地主和资产阶级的统治,并从资本那里夺取了地球上六分之一的土地。你们在反对世界资本的艰难困苦的内战中,保卫了你们的苏维埃国家——整个世界无产阶级的胜利果实。因此,你们现在能够日益行进在和平和社会主义建设的道路上。你们的胜利来之不易。成千上万的工人和农民为共产主义事业牺牲了。工人阶级不得不年复一年地忍受巨大的痛苦和贫困,但是,每日每夜都能听到饥饿孩子哭声的工人们没有放下红旗,他们在自己坚强的先锋队——俄国共产党的领导下,英勇果敢地走过了苦难道路上最困难的历程。有前几次代表大会大多数代表参加的第四次代表大会,同你们一起向数不清的无产者和红军士兵墓地鞠躬致意,他们为了我们共同的事业,在辽阔的苏维埃土地上倒下去了。第四次代表大会高兴地指出,苏维埃俄国在庆祝十月革命五周年、和平建设两周年的时候,很快医治了战争的创伤。苏维埃俄国的工农业正处在令人注目的重建之中,工人阶级的物质境况正在改善,掌握了科学和技术知识的新一代工人青年正在成长,工农红军的力量正不断加强,俄国工人阶级同以前一样牢固地掌握着国家政权。

第四次代表大会在苏维埃土地上举行时,正是资本主义反动势力的乌云越来越笼罩在全世界工人阶级上空的时候。资本主义在广大的阵线上向工人阶级的经济成果发起了攻势:到处都在降低工资,取消八小时工作制,限制工会的权利。政治方面,反动势力也在抬头。在意大利,法西斯掠夺集团——资产阶级在生死存亡斗争中的最后后备军——篡夺了国家政权。在德国,维护君主政体的势力正纠集起来,准备进攻。在英国甚至劳合-乔治政府也被认为过于自由,被保守政府取而代之。阶级对抗尖锐起来,种种迹象表明,欧洲正处在无产阶级和资产阶级激烈冲突的焦点之中。但是,欧洲的夜间越是黑暗,从苏维埃北方照射过来、你们的也是我们的无产阶级专政的星光就越是明亮。在这里,铁锤和镰刀在红军五角星的保卫下正管理着这个国家。其他国家工人在气势汹汹的资本主义的桎梏下受到的苦难越深，全世界工人阶级对于地球上掌握国家政权五年之久的工人政府的希望就越是强烈。

同志们！你们在艰苦的斗争中，需要我们的援助和支持，但是，也许我们在同资本主义斗争的关键时刻更需要世界上第一个无产阶级国家的援助。你们要维护我们共同的成果——你们和我们的苏维埃政权。你们要英勇地保卫无产阶级的这条战线，在这条战线上，你们在五年前冲破了资本主义的战壕，夺取了建立无产阶级故乡的基地。这片土地将随着我们共同的胜利而扩大到整个世界。

伟大的十月革命及其英雄们万岁！

俄国工人阶级万岁！

苏维埃政权的故乡、红色的彼得格勒万岁！

打倒世界资本及其主要支柱——背信弃义的社会民主党人和改良主义分子！

无产阶级世界革命万岁！

世界苏维埃联盟共和国万岁！

季诺维也夫：

主席团根据许多组织的要求，决定向红军发出特别宣言。主席团指定日本工人阶级最年长的领袖片山潜同志作为这个问题的发言人，这不是没有某种历史意义的。现在请片山潜同志讲话。

片山潜宣读《告俄罗斯社会主义联邦共和国红军和红海军书》

片山潜（日本）：

同志们！我能够在这次大会上讲话，能够向苏维埃俄国的红军和红海军致以我的祝贺，是很自豪和感激的。我们为俄国革命取得的胜利感到高兴。我们知道，苏维埃俄国在前线和国内经受了何等的艰难困苦。我们知道，世界资本主义在企图破坏俄国革命。但是，我们也知道，红军和红海军保卫了俄国革命，并且赢得了胜利。我们感到高兴的是，我们能够向俄国革命祝贺胜利，这次革命保卫了自己，打击了世界帝国主义和资本主义。

我们这些聚集在这里庆祝俄国革命五周年的人们，感谢俄国士兵和水兵，不仅因为他们把自己国家的革命胜利进行到底了；我们感谢他们，还因为他们给其他国家的无产阶级带来了希望。苏维埃俄国的红军是世界无产阶级的希望。

同志们！我们第四次在这里召开代表大会，为的是确定国际社会主义革命的路线，这是世界历史上的重大事件。我们感到高兴，我们内心充满希望，因为我们知道，我们在这里，在工人共和国这里是安全的，我们受到为俄国人民赢得了胜利的红军和红海军的保护。

我们也期望，俄国海军和俄国军队能面向未来。你们保卫和取得了俄国革命的胜利，你们为自己也为同志们进行了战斗。现在，更伟大的事业摆在你们的面前。我们期望于你们的是，你们也要为其他国家的革命而工作。未来不仅要靠俄国革命的胜利，也要靠世界上所有国家革命的胜利。

同志们！我们期望，不，我们要求苏维埃俄国红军和红海军，要为世界革命斗争做好准备。如同你们在过去组织和保卫了共产国际一样，你们在将来也一定会这样做的。我们必须承认，迄今为止我们在一些国家的工作过于分散了，今后，苏维埃俄国的红军应该成为国际性的。你们不仅要为苏维埃共和国、还要为世界革命而战斗。我们在共产国际中是以国际尺度组织世界革命斗争的。我们要求你们同我们一起工作，以保持这种国际的性质。

现在我宣读共产国际通过的决议：

告俄罗斯社会主义联邦苏维埃共和国红军和红海军书

在俄国工人和农民首都举行的共产国际第四次代表大会,向红军和红海军的英雄们致以谢意和问候。苏维埃俄国是世界革命工人代表能够组织劳动人民从资本主义的桎梏下获得解放,而不必担心任何干扰的世界上唯一的国家。由于有了红军的胜利,有了红军的安全保卫,代表们才能云集在这里召开第四次代表大会。

红军士兵和水兵们!全世界革命工人和你们一起为你们的胜利感到高兴,为你们的失败感到痛苦。全世界有觉悟的工人都知道,你们所进行的斗争不仅是为了俄国工人的利益,也是为了全世界劳动群众的利益。在前几次代表大会上,我们对共产国际的新的战斗同志表示了我们的敬佩之情,你们是为人类进行斗争的英雄!

同志们,红军士兵和水兵们!在过去的斗争中,我们感到遗憾的是革命工人太弱小了,不能在紧急时刻赶来援助你们。由于这个原因,你们反对联合的资本主义力量的斗争是困难的,但是全世界共产党人并没有白白浪费掉时间,他们为启发和联合群众准备推翻资本主义做了辛勤的工作。第四次代表大会将把自己的全部力量贡献给无产阶级的这个重要任务。

我们祝贺你们,红军士兵和红军水兵们,祝贺你们最近在远东取得的伟大胜利。共产国际第四次代表大会也不得不请你们注意,休息的时刻,普遍裁军的时刻,也就是说没有战争的时刻还没有来到,因为资本家在他们掌握政权的地方,正利用军队为自己的杀人目的服务,把几百万工农的生命供奉在资本主义的祭坛上。只要这种状态持续下去,就会永远有战争,各国人民——所有苏维埃共和国的各族人民也不例外——就要在战争的阴影下生活。红军士兵和红军水兵英雄们,你们要提高警惕，危险还没有过去。第四次代表大会高兴地看到苏维埃共和国在改组红海军并把红海军用于保卫革命等方面所作的努力。

红军和红海军万岁！

季诺维也夫：

同志们，代表大会准备以共产国际的名义，向我们的彼得格勒发出贺信，以表示我们对彼得格勒工人的极大敬意。现在请共产国际最老的领袖之一、巴尔干共产主义者联盟的老战士柯拉罗夫同志讲话。

柯拉罗夫宣读《告红色彼得格勒男女工人和红军战士书》

柯拉罗夫（保加利亚）：

告红色彼得格勒男女工人和红军战士书

值此共产国际第四次代表大会开幕和十月革命节日之际，我们向红色彼得格勒英雄的无产阶级致以问候。

彼得格勒男女工人们在卫戍部队士兵兄弟般的支援下，发动了英勇的攻击，终于在1917年2月—3月把万恶的沙皇从血淋淋的宝座上推翻下来，并以工人和士兵代表苏维埃的形式为以后的组织奠定了基础，以便接着把革命事业进行到底，开创无产阶级国家建设的新纪元。

在值得纪念的1917年10月，彼得格勒的无产阶级迈出了巨大的步伐，从而开始了世界历史上的新阶段。

彼得格勒工人遵循1871年不朽的巴黎公社的榜样，摆脱了资产阶级的桎梏，宣布实行无产阶级专政，从而开创了俄国和全世界社会革命的时代。

在随后进行的多年外部和内部战斗中，彼得格勒的无产阶级始终站在最前列，把彼得格勒的儿子送往各条战线，作出了无数血和汗的牺牲。

彼得格勒的榜样鼓舞了俄国广大劳动群众。五年以后的今天，俄国工人阶级可以祝贺自己在外部和内部战线上取得的完全的胜利了。

现在，当和平重建工作开始的时候，彼得格勒的无产阶级同往常一样继续在劳动战线上占有光荣的位置。由于他们的努力，彼得格勒现在正开始医治创伤，成为工业和无产阶级的中心。

红色彼得格勒不仅为工农俄国，而且为全世界无产阶级建立了伟大的功勋。如果说苏维埃俄国成了国际工人运动的脊骨，成了它的支柱和希望，如果说俄国革命点燃了全体工人心中的热情，大大地促进了社会革命的国际斗争，这首先应该感谢红色彼得格勒。由彼得格勒工人创造的真正不朽的英雄主义的榜样，鼓舞着全世界的工人为了自己的彻底解放，为了创造一个包括全世界的苏维埃共和国社会主义联盟，而不倦地继续进行斗争。

因此，世界无产阶级也把无产阶级的红色彼得格勒看做是自己的堡垒之一；因此，全体工人的充满了同情和热爱的心也同北方公社的劳动人民一起跳动。

正因为如此，今天在庆祝光荣的十月革命和共产国际第四次代表大会隆重开幕的日子里，劳动人民国际代表大会的代表们首先想到的是红色彼得格勒，我们正是在这座好客的城市中纪念全世界无产阶级的伟大节日。

光荣永远属于红色彼得格勒的英雄无产阶级！

彼得格勒工人——社会革命的开路先锋、全世界无产阶级的光辉榜样万岁！

柯拉罗夫（用俄语继续发言）：

男女工人们！你们首先把革命旗帜高高举起，你们要紧紧握住这面旗帜，这面旗帜在全世界上空飘扬的时刻已经为期不远了。（鼓掌）

季诺维也夫：

共产国际第四次代表大会第一次会议结束。我提议，唱无产阶级的《国际歌》。（唱《国际歌》）

第二次会议

(1922年11月9日)

会议开始:晚7时,莫斯科克里姆林宫会议大厅
主席:柯拉罗夫

通过会议议程和议事规程

主席:

这次会议的第一项内容是确认执行委员会提出的议程。这个议程已经在《国际新闻通讯》和所有共产党的报刊上发表了,因此没有必要再宣读了。估计所有的同志都知道了。

对议程有修改意见吗?现在进行表决。(通过)

第二项内容是通过扩大执行委员会会议提出的我们代表大会的议事规程。有反对的吗?(通过)第三项是组织几个委员会,详细地审查一些专门问题。请安贝尔-德罗同志讲话。

选举各委员会

安贝尔-德罗(瑞士):

主席团向各代表团提出了一系列委员会的建议名单。代表团相互进行了磋商,并对主席团的建议提出了一些修改意见。

照顾了代表团的所有愿望,由主席任命的委员会是:

西班牙问题委员会

西班牙:尼恩。
瑞士:安贝尔-德罗。
意大利:格拉齐亚德伊。
德国:施赖纳。
法国:帕克洛。
青年:多里奥。
召集人:安贝尔-德罗。

黑人问题委员会

美国:比林斯,萨沙,约翰斯通。
俄国:萨法罗夫。
日本:片山潜。
法国:塔纳尔·布当加。
荷兰:扬森。
英国:约斯。
荷属印度:马拉卡。
南非:邦廷。
召集人:美国代表。

法国问题委员会

俄国:列宁,托洛茨基,季诺维也夫。
德国:蔡特金,塔尔海默,贝克尔。

保加利亚：柯拉罗夫。
捷克斯洛伐克：诺伊拉特。
意大利：博尔迪加。
挪威：格雷普。
波兰：瓦列茨基，科斯切娃。
美国：卡尔。
瑞士：韦尔蒂。
日本：片山潜。
英国：米尼·伯奇。
匈牙利：库恩·贝拉。
比利时：范奥弗斯特拉滕。
奥地利：施特恩。
西班牙：冈萨雷斯。
青年国际：许勒尔。
红色工会国际：洛佐夫斯基。
曼努伊尔斯基和安贝尔-德罗——法国执行委员会代表。
主席：托洛茨基。书记：安贝尔-德罗。

意大利问题委员会

俄国：托洛茨基，季诺维也夫，拉狄克。
德国：蔡特金，舒曼，鲁特·费舍。
法国：苏瓦林，福尔。
英国：墨菲。
捷克斯洛伐克：塞登。
保加利亚：卡巴克奇耶夫。

挪威：迈耶尔。

波兰：米哈尔科夫斯基。

奥地利：施特恩。

美国：沙利文。

南斯拉夫：拉多瓦诺维奇。

匈牙利：拉科西。

瑞士：安贝尔-德罗。

青年国际：武约维奇。

红色工会国际：尼恩。

委员会书记：拉科西。

与意大利社会党代表协商的小委员会

卡巴克奇耶夫，拉狄克，季诺维也夫，托洛茨基，蔡特金。

挪威问题委员会

俄国：布哈林，拉狄克，科别茨基。

芬兰：库西宁。

德国：乌尔班斯。

瑞典：萨穆埃尔森。

捷克斯洛伐克：什麦拉尔。

青年国际：沙茨金。

书记：科别茨基。

捷克问题委员会

德国：鲁特·费舍，黑克尔特，乌布利希。

法国：罗斯默，迪雷。
奥地利：弗里德兰德。
意大利：特雷索。
俄国：拉狄克，季诺维也夫。
波兰：凯勒。
保加利亚：伊沙科夫。
青年国际：武约维奇。
红色工会国际：美尔尼昌斯基。
书记：黑克尔特。

美国问题委员会

俄国：布哈林，洛佐夫斯基，拉狄克。
德国：埃贝莱因。
巴尔干：科布勒。
日本：片山潜。
意大利：阿扎里奥。
芬兰：库西宁。
英国：莱基。
青年国际：库雷拉。
捷克斯洛伐克：席费尔德。
波兰：多姆斯基，瓦列茨基。
荷兰：拉维斯泰因。
召集人：库西宁。

南斯拉夫问题委员会

意大利：邦巴奇。

保加利亚：柯拉罗夫。

罗马尼亚：保克特①。

匈牙利：库恩·贝拉。

青年国际：李可夫。

奥地利：弗里德兰德。

捷克斯洛伐克：科任。

德国：黑克尔特。

波兰：普鲁赫尼亚克。

法国：莱西亚尼。

召集人：科任。

主席：

这些委员会的代表是由各个国家代表团任命的。如果有什么修改意见，请各代表团提出来。没有修改建议了吗？现在就书记宣读的各委员会组成人员名单进行表决。（通过）

如有需要，还将组织其他委员会。对已经建立的委员会还没有提出代表的代表团——例如奥地利代表团，请尽快提出来。

主席团决定，任命一名代表大会总书记，建议由安贝尔-德罗同志担任这个职务。有反对的吗？同意安贝尔-德罗同志的任职。

波兰党曾任命一位同志担任代表大会主席团成员，这位同志后来由马尔赫列夫斯基同志代替。现在就这个小小的变动进行表决。（通过）

现在进行大会议程的第一项：执行委员会工作报告。

---

① 此处原文为保克尔（Pauker），根据下文推测应为保克特（Paukert）。——编者注

季诺维也夫作共产国际执行委员会工作报告

同志们,我的任务首先是向你们报告我们的执行委员会在第三次至第四次代表大会期间的工作。此外,我还要谈一谈共产国际将来的实践活动,因此,我的报告分两部分。

关于执行委员会这15个月工作的事实和数字,我在一篇文章中写过,此文已译成各种文字刊印出来,因此我不想再谈这个问题了。

我们有两点需要审查的:第一,我们的执行委员会是否正确地执行了第三次代表大会的决议?第二,这些决议本身是否正确?现在,在15个月之后,我们掌握了比以前更多的材料。

第三次代表大会结束时,决定我们整个政策的形势是怎样的呢?很明显,第三次代表大会刚刚结束,世界资本立即几乎在全世界开始了反对工人的正规的、有组织、有系统的进攻。工人阶级处于某种退却地位。我们这15个月的工作主要是在全世界组织许多十分重要的、大规模的罢工。但是,如果我们对这些罢工的结果作进一步考察,我们又不得不看到,绝大多数罢工是以失败结束的。工人阶级的经济组织减少了,例如,1920年工会有会员2500万人,1922年只有1800万人了。我不知道,这最后的数字是不是还有点夸大。仅仅从这个事实我们可以看到,工人阶级在报告年度里处于多么困难的形势。

不可低估的还有**苏维埃俄国**这段时期的形势。你们想必还能回忆起来,第三次代表大会刚刚结束,一场大的饥荒已经明显地在俄国开始。这种情况虽然在第三次代表大会期间还不明显,但是代表大会一结束,我们就不得不立即以共产国际执行委员会的名义向全世界的工人请求在这饥饿的一年援助俄国无产阶级。

这个事实具有十分重要的政治影响。你们知道，人们常常指责我们，说什么国际不过是俄罗斯苏维埃共和国的工具，甚至有些"朋友"也这样认为。现在清楚了，在第一个无产阶级共和国和反对资产阶级的共产国际之间确实存在着、也必须存在着一种重要的、十分紧密的相互影响。从我们共产党人的立场出发，很显然共产国际对于苏维埃共和国是很重要的，反过来说也是这样。如果一定要问，以谁为主，以谁为副，那是十分可笑的。二者好比一个楼房的地基和屋顶，是相辅相成的。

我们在这一年所处的形势被我们的敌人充分利用了，其目的是反对整个无产阶级专政的思想。整个第二国际企图以俄国的饥荒为契机，开展一场反对共产国际的运动。第二国际还企图以这个事实为根据，开始一场尤为喧嚣的运动，说什么共产国际不过是苏维埃共和国的工具。俄罗斯苏维埃共和国是一个重要的政治事实，这当然是谁也不能回避的，问题在于站在营垒的哪一边。

我们就以英国工党领袖克林兹先生最近的一封信为例。我想，你们当中的大多数人已经看过这封信了。克林兹先生是近几年最著名的"工人领袖"之一。他给苏维埃共和国写了一封信，此信现在已经发表了。在信中克林兹先生建议，苏维埃共和国尽快批准同厄克特先生签订的众所周知的协议，以便使工党在现在的选举中能增加成功的希望。克林兹先生还说明，他不是以个人名义，而是以所有同事的名义说话的。英国现在正经历帝国主义发展的一个引人注意的阶段，那里的选举同苏维埃俄国的形势密切相关。工党，这个在第二国际中最重要的政党之一，或者说最重要的政党，也不能漫不经心地回避这一点：它是有立场的。但站在营垒的哪一边呢？站在厄克特先生一边，站在资产阶级一边。因此，如果第二国际指责第三国际，说什么你们总是同俄罗斯苏维埃共和国走在一起，你们充其量不过是苏维埃共和国的一个工具，我们可以这样回答：你们也不能避开苏维埃共和国，你们也必须对此表明自己的立场。你们这样做不过是以另一种形式，即你们企图利用第一个无产阶级苏维埃共和国，以利于资产阶级，不利于无产阶级罢了。

如上所述，对第二国际和第二半国际来说，苏维埃俄国的饥荒正好是它们掀起一场非常激烈的宣传运动的起点。我们必须公开承认，他们获得了某些成功。对一个普通工人来说，他现在不得不清楚地看到，在第一个苏维埃共和国确实饥荒蔓延，工农的生活非常困难。一个无党派工人、一个在政治上没有受到什么教育的工人必然因此会对整个革命产生某种失望。这虽然令人悲伤，但也是可以理解的。工人群众战后处于这样的形势，也是绝对不可避免的。当然，我们的敌人丧尽天良地利用了这个形势。但是他们应该知道，这次饥荒是怎么产生的。他们应该知道，第二国际和第二半国际的叛徒们，帝国主义的整个封锁策略是造成饥荒的罪魁祸首。很明显，第二国际在反对我们的斗争中是一定会利用这个形势的，它也这样做了。

所以说，这一年共产国际的处境，第一个苏维埃共和国的处境是相当困难的。我们那些丧尽天良的敌人、第二国际和第二半国际企图利用这种形势，他们也成功地利用了。

如上所述，罢工就工人这方面来说具有防御的性质。我不想向你们提供过多的表格（这可以在书里发表），我只想提出一个国家来说一说。这个国家在统一战线的策略问题上对我们特别重要，这就是法国。法国同志曾经是统一战线策略的最坚决的反对者，现在情况不同了。但我认为，我们的法国朋友在严厉批评共产国际时只要注意一下我在下面提出的一些数字，他们对统一战线的策略就一定会持另外一种态度了。在法国，具有进攻性的罢工，就是说工人为了提高生活水平、为了增加工资而进行的罢工有以下几次：1915年，也就是在战争期间，法国只有8000工人举行了进攻性罢工；1916年，也是在战争期间——37000

人；1918年——131000人；1919年——1053000人；1920年，在这一年的前半年——628000人。但是接着立即出现了下降的趋势，1920年的下半年只有57000人；1921年，这是我们要总结的一年，只有9000人参加了进攻性罢工。而在1921年的前8个月有160000名法国工人参加了防御性罢工。这说明了什么呢？这说明，1921—1922年资本主义的进攻是最激烈的，法国工人阶级不得不把自己限制在防御性罢工方面；他们没有力量进行进攻性罢工了，因为资产阶级在整个战线上处于进攻之势。

这个事实，在法国，我认为在其他国家也一样，对统一战线的策略具有决定性的意义。如果我们的法国朋友注意到了这些数字，很好地观察了他们国家罢工运动的发展，我想，他们大部分大概一开始就会放弃他们反对统一战线的立场了。

这就是报告年度我们的工作开始时的普遍形势。第三次代表大会在这种形势下第一次划清了同所谓"左倾分子"，如德国共产主义工人党这些半无政府主义组织的界限，也彻底划清了同右派组织的界限。我想到的有莱维派，这个组织在第三次代表大会上还是我们讨论的对象。我想到的有意大利社会党，对这个党我们在第三次代表大会上也谈论过很多。在第三次代表大会上我们看到，组织真正的共产党还刚刚开始。第三次代表大会留给我们的遗愿就是著名的口号："到群众中去"。在关于策略问题的决议中，第三次代表大会指出我们的任务在于：争取工人阶级的大多数，把无产阶级中起决定作用的社会阶层引导到斗争中来，并使他们成为具有战斗力的力量。

正是从这种普遍的形势中产生了统一战线的口号，这个口号是我们执行委员会在1921年12月第一次提出的。我相信，同志们，现在在举行了两次扩大的执行委员会会议——实际上是小型的世界代表大会——之后，形势的发展已经达到了这样的程度，甚至法国共产党人以及工联主义者也放弃了他们反对统一战线策略的立场了。这样，我们在此次代表大会上也就不必过多地谈论这个策略了。很显然，我们的执行委员会1921年12月声明，"接近群众"的口号必然会导致统一战线的策略，这是正确的。从根本上说，我们整个策略无非是把统一战线策略实际运用到各个国家的具体情况中。直截了当地说，我认为，这也是我们明年、可能是今后几年的任务。

统一战线策略其实是执行委员会试图进行的第一次大规模的国际行动。你们知道，我们多次说过，共产国际应该成为行动的国际、活动的国际，应该成为集中的、国际的、共产主义的世界性政党，等等。原则上说这是完全正确的，我们必须坚持这一点。但是要真正做到这一点，我们需要好几年时间。通过一个决议，在决议上说我们必须采取国际行动，这是比较容易的。第三次代表大会以后我们试图立即采取的行动——原则上说这同第二国际的行动没有什么区别——失败了，因为我们各个党还非常参差不齐，有的还不是共产主义的，本身还带着许多社会民主党的东西，因为我们的组织还有许多缺陷，因为组织一次国际行动困难是很大的。

去年我们试图开展一些行动，例如援助俄国的救灾行动，以及同社会革命党人案件有关的行动。但是执行统一战线策略的宣传运动特别重要。这里我不得不公开承认，这个行动在执行中并不是没有遇到很大干扰的。关于这个问题，我们还要在代表大会的特别议程上详细谈到。

事实表明，我们共产国际的一些组织太喜欢把第二国际的习惯带到第三国际中来了。我认为，同志们，我们不可能毫无异议地容忍在法国发生的事实。在共产国际应该成为无产阶级集中的世界性组织的时候，在共产国际用统一战线策略开始一场大规模的反对第二国际行动的时候，我们的队伍纵使没有铁的纪律，也至少应该有一般的无产阶级的纪律，但是情况并非如此。我必须指出，法国党和意大利党的部分行为干扰了我们的组织所发动的国际行动。这一点我们应该清楚看到,而且应该采取必要的措施。因为这次行动在政治上是很重要的,然而它还没有使千百万同志行动起来。如果这样的行动竟遇到了这样大的干扰,我们不得不有理由担心,在更困难的时候,在我们必须用武装的拳头进行直接斗争的时候,相同的干扰又会出现在我们的面前。

同志们,我认为,我在执行委员会工作报告中最好是一个国家一个国家地来谈。这里我必须说一说我的总的看法:我们从过去的社会民主运动中接受的成分越多,我们党内的中央集权主义和社会民主主义的残余就会越大。你们从我的简短报告中会清楚地看到这一点。

我先从**德国**开始。

德国在第三次世界代表大会上几乎是我们所有讨论的中心。德国党在第三次世界代表大会期间的形势,你们大家都知道,是相当困难的。我们的敌人说德国党完全瓦解了,我们的一些朋友也由于德国兄弟党内的形势出现了暂时的困难而惊慌失措。执行委员会感到自豪的是,它在解决这次危机时成功地向我们的德国兄弟党提供了某些帮助。我想,我们可以完全有理由而且毫不夸张地说,我们的德国兄弟党是作为队伍最为巩固、组织最为精良(当然是相对而言)、政治最为明确的政党之一出现在第四次代表大会上的。这在今天可以说是对我们的安慰,尤其是当我们看到我们的一些大党仍处在困难形势的时候。例如法国党现在对这次代表大会的许多参加者来说就是最令人悲观的对象。我想,我们有德国党的事例在先,我们可以安慰代表大会说,只要代表大会正确地处理,就能成功地帮助法国党,使它很快得到恢复。德国的政治形势一般说来是革命的,对于德国唯一的真正的革命政党来说是有利的,这里指的是我们的共产党。

我们在哈雷关于德国独立社会民主党和德国社会民主党联合的预言,现在已成为事实。我清楚地记得,在哈雷,在著名的历史性的表决以后,我们在结束语中说,右派没有别的出路,只有倒向社会民主党,这引起了很大的愤怒:有人认为,这是恬不知耻的蛊惑宣传,等等。其实,不需要真正成为预言家,人们就能预言到这一点。谁不愿赞成共产主义,谁在内战时期必然会倒向社会民主党,这一点是一清二楚的。它现在事实上已经成为现实。

我认为,对于革命运动来说,这是一个积极的事实。列宁同志在他给代表大会的贺电中说得对,第二国际和第二半国际的合并对于革命运动来说,是前进了一步。少一些假象,少一些欺骗,少一些幻想,对工人阶级总是有好处的。我相信,在德国不要太久我们就可以感到,这次合并对于我们确实是前进了一步。我们只要看一看德国那些守旧的革命家,像老累德堡那样的人,就可以完全有把握地知道,对于他来说只有两条道路:或者同共产党人合作,或者与社会民主党人为伍。德国无产阶级在几个月内就可以看到这一点。

如果要问哪些党在实践中最好地运用了统一战线策略,可以说是**德国党和捷克党**——当然这也是相对而言的。我们有时也觉察到,我们的德国兄弟党对于我们自己路线的独立性不总是给予足够的强调,因为在整个策略中我们认为最主要的是,在共产主义的宣传中保持行动的自由。这一点并不总是奏效的,但一般说来德国兄弟党很正确地运用了这个策略。如德国铁路工人的罢工,就是正确运用统一战线策略的一个典型的例子。这次罢工的实例说明,任何一次经济罢工都可以发展成一次政治罢工。我在德国的《国际》上读到一篇文章,文章要求第四次代表大会明确说明德国现在出现了什么形势?现在是激烈的**经济**斗争时期,**还是激烈的政治**斗争时期?提出这个问题就是完全错误的,因为现在出现了激烈的经济斗争时期,**与此同时**政治斗争也在加剧。问题就在于此。铁路工人的罢工非常清楚地说明,在当前的形势下几乎每一次经济冲突都有可能演变成一次政治冲突。

大家都知道现在进行的**工厂委员会运动**，这个运动无疑是有远大前途的。社会民主党人虽然指责我们党，说我们党想召开一次工厂委员会代表大会，然后给德国造成既成事实，就像布尔什维克党1917年召开第二次工兵代表苏维埃大会那样（但那是在推翻了资产阶级的统治以后）。这个指责，或者说得更确切一点，这个恭维，德国党可惜还不能接受。德国共产党可惜还没有强大到如此地步，去进行布尔什维克党在1917年10月进行的工作。但是工厂委员会运动会有很大的意义，它将在共产党周围聚结成真正的革命群众运动。

我们的德国党在数量上没有得到很大的增长。今年的特点就是，那些在群众中增强了政治影响的党，在数量上没有以同样的程度增长起来。这里面有许多原因，如失业、无产阶级的贫困，无产阶级甚至无法缴纳可怜的一点点党费。同时，还有政治原因。这在德国看得最清楚不过了。没有人否认，我们德国兄弟党的政治影响大大加强了。但是，它的党员人数没有增加。我在俄国共产党的一次集会上说过，德国应该提出一个口号，使党员人数达到100万。然而，这是不容易的。我并不是说，无产阶级革命要等到我们达到100万以后再进行。我想到，例如俄国党在无产阶级革命爆发时最多有25万党员。相对来说，德国党现在比俄国党1917年时要大些。但是我们可以肯定，德国社会民主党的土崩瓦解会以很快的速度进行。我们有一种预感，德国发生决定性事件要比我们之中有些人所期望的要早一些。我们的德国党虽然还有意见分歧，还要进行许多斗争，例如在党纲问题上，我们看到，在上次中央委员会会议上意见还没有完全一致。但是，如果我们把现在的运动同14个月前的运动比较一下，我们必须指出，德国党是向前迈了巨大的一步。如果并非所有的特征都是假象的话，可以说，无产阶级革命的道路正从俄国通向德国。因此，我们德国党的康复具有头等重要的政治意义。我们在德国只有两个党。对累德堡派我们预言，几个月之后它或者靠拢共产党，或者变成一个废物。事情究竟如何发展，我们且拭目以待。很显然，我们在德国只有两个重要的党——未来必定属于我们的党。

执行委员会同德国党的关系在组织上是最好的，这当然不是说，已经很理想了。许多事情未能办成，部分责任在执行委员会，部分责任在德国党。但我们之间的联系是相当好的，相当牢固的。没有任何一个政治事件不是在执行委员会和德国兄弟党之间相互协商下处理的。

我来谈一谈**法国**。我们还要专门谈这个问题。但是我不能不在总的报告中也谈到这个国家。几个月以前我写了一篇文章，题目叫《共产党的诞生》。我在那里说，共产党的诞生是一件相当困难的事。同志们，现在如果我们看一看巴黎党代会以后的情况，我们不得不说，共产党在法国诞生比我们所预想的更为困难。这里你们对我提出的公式可能会了解得更具体些：我们从老党中接受的社会民主党分子越多，我们需要克服的困难也就越大。这一点你们还会从挪威以及从其他国家的例子中看到。我们在法国突然把老党中的大多数争取到了我们这一边，现在我们需要相当长的时间来克服由这个事实而产生的弊病。执行委员会及其代表，他们当中有些人，例如安贝尔-德罗在法国待了几乎半年，他们得到的最重要的政治认识是（这一点必须公开说明）：为了发展共产党，我们必须在工联主义分子、共产主义的工联主义分子队伍中挑选出一大批人来。这也许奇怪，但事情就是这样。

法国运动的传统使我们现在——1922年，在法国共产党已经存在了两年的时候——不得不说，将会成为我们未来共产党优秀分子的一大批共产党人，目前还在共产党之外，他们在工会的队伍中。我认为，我们代表大会和法国问题委员会最重要的任务之一，就是把这一批真正无产阶级的、真正革命和事实上是共产主义的分子争取到我们这方面来。法国的传统总是把党看成政治家的党——可惜不得不这样说——并不是完全没有道理的！（你们听着，你们听着！）

我们在第三次代表大会上对法国党的批评太少了。法国党太年轻了，我们在那次代表大会上又有其他事要做。这也许是执行委员会的错误——我们可以承认这一点，但事实是：我们在第三次代表大会期间对法国党批评太少，这对于我们法国兄弟党是不利的。

三四个月以前，法国党领导以左的批评者面目出现，同执行委员会采取对立的态度。法国党批评统一战线策略，是从这样一个立场出发的，即认为执行委员会太机会主义了。我不知道，是否有许多共产国际的成员会如此幼稚地认为，法国党真的是从左的方面来批评我们的。我不相信，会有许多共产国际成员相信这一点。幸好，这个时期现在已经过去了。

法国党不善于把共产国际的策略运用到自己国家，一个由于这些事件而使这种策略尤其成为必要的国家。我已经提到了法国罢工的一些数字。这些数字表明，如果法国党理解真正的群众运动，它也会理解统一战线，并把这个策略很快变成接近群众的起点。法国资产阶级正在为反对八小时工作日进行着有计划的斗争。我必须公开承认，执行委员会未能促使我们的党采取有计划的对抗运动。我们曾试图在法国开展一次在统一战线意义上的维护八小时工作日的运动，但是未能成功。

我想到我们在法国看到的最近一次"总罢工"，关于这次罢工我们应该完全公开地说一说。我们在1908—1910年期间在法国已经习惯地看到，官方的工联主义分子几乎每天都在宣布总罢工。可惜没有人理会。这是工联主义分子最倒霉的日子。我认为，我们党最重要的任务之一就是铲除这个传统。遗憾的是我们党到现在还继续保持着这个传统。几周前人们要求法国工人（勒阿弗尔）参加的总罢工，实际上是在一小撮无政府主义分子的压力下进行的。我们的报纸，法国最大的工人报《人道报》被人利用去号召工人阶级参加罢工，而且是在我们党毫无准备的时候。从这次现在已经成为过去的罢工中，我们必须得出结论；而且我们必须实现这一点，即从现在起在法国再也不可能发生这样的事情。工人阶级处境悲惨。作为共产国际一个支部的党允许进行这样的罢工，同时把这样一个如此重大的责任放在自己和我们身上，对此我们实在不能负责。

法国党在其代表大会上又一次一致重申了二十一条。我对于二十一条有点忘记了，今天又看了一遍。这二十一条中的第一条是，报纸应该是真正共产主义的。我必须公开承认：在法国，这二十一条中的第一条还没有实现。《人道报》想成为一张共产党报纸，但它还不是共产党报纸。它的发行量很大，而且在有些方面做出了辉煌的成绩——这是必须承认的，但它还不是共产党报纸。第四次代表大会应该以此为起点，至少使二十一条的第一条真正得到实现。我希望，我们能真正成功。

你们知道，我们现在在法国党内有三个主要派别、两个次要派别。我不准备对这些派别作一一叙述了。一般说来有以下几派：中派；我们过去说过，中派不是中央派。这一点我们写过也说过。我们对法国同志也许过于乐观了。他们不是地地道道的中央派分子，但显然具有中央派的气息。所以说这一派有两方面的特点：中心和中央主义。我们应努力保持中心的特点，而把中央主义抛出门外。他们大多数是从老的社会民主党跑到我们这方面来的领袖人物，虽然为共产国际建立了很大的功绩，但还没有摆脱掉社会民主党的毛病。我们只要读一读马塞尔·加香最近有关工会的文章，就不得不说这些文章比韦弗伊的文章好不了多少，而后者是被我们在巴黎党代会上开除的。

第二个派别是一条中间路线，就是勒努派。关于这一派，我们必须说，这一派中有非常优秀的无产阶级分子。他们当中有些人真诚地从左的方面批评过统一战线策略，但是他们终将会相信我们策略的正确性，并准备到我们这方面来。

第三个派别是一个真正的共产主义派别。我们当然没有义务接受这一派同志所做的一切。在巴黎代表大会上他们犯了很大的错误。我个人认为，我们左派负责同志辞职是一个重大错误，但我们也必须说明，共产国际道义上的援助是属于这一派的。这一派已经开始为统一战线策略进行斗争，它在这中间也许犯了一些错误，但它是法国唯一一个真正捍卫马克思主义统一战线策略并把这个策略引向胜利的派别。

同志们，我必须向你们说明，从我们同所有法国同志的最初几次谈话来看，我们相信，分裂是可以避免的，当然，共产国际要尽一切努力，目的是真正避免分裂。从这个例子我们可以清楚地看到，共产党的诞生是多么困难。同志们，你们想一想，法国党还没有发动过一次群众运动；你们想一想，如果这样的群众运动来了，我们会遇到什么情况呢？我想提醒大家注意，德国共产党内出现真正的分歧是在展开行动之后。（德国代表喊道：非常正确！）是出现坏的分歧还是好的分歧，我们暂且不谈，但是真正的分歧是随着行动开始的。从这个意义上说，行动对于一个党是一剂良药，它可以拯救党，医治党，但行动又是新分歧的起点。我们不想预言，但是如果法国党遇到一次真正的行动，一次群众性的行动，而且又是关系到生死存亡的行动，那时我们才会真正见到法国党内的分歧，那时我们才能看到，谁是真正属于共产党的，谁不是。

我认为，第四次代表大会的任务并不在于，像第三次代表大会那样小心翼翼地回避这一切问题；而在于阐明形势，在道义上支持那些真正是同志的同志。当然这不是说，我们要把其他同志排除在国际之外，但我们必须向他们说清楚，他们的缺点在什么地方，我们必须同他们争论明白，怎样才能成为真正的共产党人。

现在我来谈**意大利**。

意大利的例子也许可以成为各国共产党和共产国际策略的范例。如果真要编写一本共产党策略入门的话，我想，最重要的一章，最重要的例子就是意大利。意大利并不是共产主义运动的典型国家，然而我们看到，在那里发生的有些事情是有鲜明的典型性的，这在其他国家是没有的。

在1920年秋，意大利成为共产主义运动中的一个顶峰。我们同意大利的意见分歧，并不是我们当时向意大利同志说：你们无论如何要立即进行革命。共产国际从来没有向意大利党说过这样的话。假如我们党1920年秋在意大利夺取了政权，匈牙利的例子也许会得以重演，这在理论上说是正确的。我不是说，这是确定无疑的。我不知道，是不是随之而来的一定就是一场封锁，我怀疑这一点，但不能排除这种可能性。假如我们1920年在意大利夺取了政权，有可能我们在那里走了一条同匈牙利一样的道路。我们从来没有要求意大利同志：你们无论如何要进行革命。那时不夺取政权也许是正确的。如果大多数人是这个立场，那么因此而同意大利社会党决裂就没有道理了。

分裂并不是因为他们不愿意夺取政权而产生的。当时我们的立场是：形势是革命的，人们应该对一切可能发生的情况有所准备；人们首先应该把改良主义分子清除出去，以便能组织一个真正的革命党。正是由于这个原因，我们才要求把那些破坏革命的人清除出去；共产国际并没有要求在1920年发动起义，夺取政权。这样一个看法在史实上也是错误的。你们知道，现在达拉贡纳公开承认，改良主义分子留在党内就是为了阻止革命。因此，必须把他们清除出去。这里的问题仅仅是使党对革命的可能性有所准备，而不是立即发动革命。

你们知道，意大利党的大多数党员并没有履行我们提出的消除改良主义分子的要求。他们不想为一个革命党做好准备，不想同这些资产阶级代理人决裂。当我们在一份电报中称改良主义分子为"资产阶级代理人"时，"资产阶级代理人"一词曾引起了骚动，我们的法国朋友还流下了辛酸的眼泪，说我们这样称呼人家太伤人感情了。现在，在达拉贡纳自己承认了这一点以后，我想，把改良主义分子称为资产阶级代理人，大概是对这些大人先生们最好的称呼了吧。我真不知道，还能怎样更好地称呼他们。改良主义分子，这些资产阶级代理人所以留在意大利党内，所以使出了全身的解数，目的就是为了破坏革命，把工人阶级出卖给反革命。

意大利同志争论的问题是，现在在意大利究竟发生了什么事：是一次政变，还是一出喜剧，可能兼而有之。从历史的角度看是一出喜剧。几个月或者几年以后，事态的结局将有利于意大利的工人阶级，但在目前，这是一场极其严峻的转变，一次非常严重的反革命行为。因此，我们意大利同志的过失不在于他们没有在1920年的某个时刻"发动"革命，他们的过失，从某种意义上也可以说他们的罪过在于，他们把资产阶级的帮凶留在党内，使这些帮凶有可能进行典型的叛变活动，把工人阶级拱手送到法西斯分子的魔掌中。

你们大家都知道执行委员会在意大利问题上所运用的策略。你们也知道，在第三次代表大会上争论很多的问题是，我们在里窝那的行动是否正确。我想，现在清楚了，我们在里窝那的行动是正确的。现在也清楚了，我们去年的行动也是正确的。我们的意大利共产党在许多意大利问题上同执行委员会的策略背道而驰。同志们，我认为，我们必须像过去那样行动，我们必须在必要的时候以铁一般的决心同意大利社会党决裂；如果我们不这样做，那整个共产国际就要完蛋。同时，我们又要尽一切努力，便于他们回到共产国际队伍中来。很显然，无论怎样说，不用几个月，现在还留在最高纲领派中的很大一部分工人一定会归属共产国际。因为这部分工人是属于我们的，我们必须尽一切努力，使他们比较容易地、像兄弟一样回到我们中间来。共产国际的目的、我们的目的，就是要为工人阶级的一部分，在他们认识了自己的错误、愿意回到我们中间的时候，铺平道路。当然我们要求得到保证，我们也是这样要求的。意大利发生的事不能再重演了。共产国际必须得到严肃的保证，这样的事不能再在那里重复了。尽管如此，我们还是要作出一切努力，以便同这些同志联合起来。

我听说，在法国共产党内有些同志有这样一种看法：同共产国际闹翻了也许并不那么危险；人们或许现在会骂一骂我们，可是到了第五次、第六次代表大会又会邀请我们，同我们联合的。他们看到的是意大利的例子。同志们，这是什么意思？说这种话的人忽略了一点，意大利党在此期间几乎垮了，意大利工人阶级落到了最凶恶的法西斯分子手中。他们看问题只是从个人立场出发：今天人们骂我，一年以后我还不是又可以回来，人们还会欢迎我。至于党和工人阶级走向灭亡，对于他们是次要的。我相信，个别人可能有这种看法，法国党的多数党员是不可能有这种看法的……

意大利党的教训，并不是这个或那个领导人同我们吵了两年，现在又到莫斯科来了，这是次要的问题。人员问题无关紧要，这也不是意大利党的教训。更深刻的教训是：谁对改良主义让步，改良主义就要得寸进尺。谁犯了这样的错误，自己的党就会灭亡，自己国家的工人阶级就会受到重大损失。

我们还会争论下去，不仅同最高纲领派分子，而且也会同意大利共产党人争论下去。

我们在某些问题上意见是不一致的。他们通过了一个非马克思主义的纲领，我们批评和拒绝了这个纲领。有些看法在意大利党内根深蒂固。"取消主义"的色彩还留在意大利党内。我们的朋友博尔迪加为意大利运动创建了很大的功勋。同志们英勇斗争，竭尽全力，在最困难的情况下举起共产国际的旗帜。意大利党尤其是博尔迪加同志的功劳理应受到称赞。但是，我们又必须同时指出，我们同意大利党存在着严重的意见分歧。"取消主义"的色彩一直存在。博尔迪加现在不赞成反议会主义了，他顺从了，但原来的思想没有变化。这一点我们在纲领和统一战线策略中可以看出来。

关于统一战线策略，意大利党的领导现在还抱着这样的观点：统一战线策略在经济上是允许的，但在政治上是不允许的。依我们看，这是无稽之谈，二者是相辅相成的。他们在意大利错过了时机，没有正确地运用统一战线策略，在意大利提出工人政府这个口号也太迟了。我自己也有错误，对博尔迪加同志让步了，在上一次扩大执行委员会的会议上，放弃了关于意大利问题的公开讨论。这是一个错误。人们本来是应该进行公开讨论的。

无论如何，意大利共产党是共产国际最英勇的部队之一，最优秀的党之一。正是在这样困难的时刻，才显示了意大利党的能力。今天我看到了一份意大利党的秘密号召书，收到了我们党秘密出版的第1期中央机关报，这证明意大利党在最困难的形势下没有放下手中的旗帜。(热烈的鼓掌)我们选出了意大利问题委员会。这个委员会将要审查两件事：第一，党的联合问题；第二，在法西斯主义阶段，我们应如何重新组织我们的力量。我们不知道，这个阶段会延续多久，我们必须对最坏的情况有所准备。

现在谈一谈**捷克斯洛伐克**。执行委员会在捷克斯洛伐克——当然是在捷克斯洛伐克党的热情帮助下——成功地进行了联合工作。第三次代表大会期间这里有两个党和一些小的派别。当时人们还不清楚，能不能在民族问题起着重要作用的这样一个国家建立统一的党。我们成功了。

在工会问题上有些事我们是疏忽了，但是一般说来，我们党成功地把参加工会组织的工人的大多数聚集在红旗下面。捷克斯洛伐克党可以说模范地运用了统一战线策略。人们只要注意一下捷克斯洛伐克资产阶级报纸，只要读一读敌对组织机关报关于事态发展的报道，人们就不得不承认，我们党的行动是正确的，我们党成功地把大部分本来属于敌对组织的工人争取到我们这边来了。我们希望，在这个国家里，人们能根据实际情况继续出色地运用统一战线策略。

你们知道，有一个问题我们同捷克斯洛伐克党（也可能同国际范围内的其他党——这一点是会表现出来的）存在着某种意见分歧。这就是开除所谓反对派的问题。我们任命了一个委员会，这个委员会将讨论这个问题。但是我不得不就这个问题说一说我们的观点。捷克斯洛伐克兄弟党在党的代表会议上开除了7名中央委员，其中有前主席什图茨，因为他们违反了党的纪律。这个决定对于执行委员会是非常突然的，没有人事先征求过执行委员会的意见。执行委员会认为自己有责任立即宣布这个决定无效。当然，这并不等于说，反对派是正确的。执行委员会站在党的多数立场上。我们不想把这个反对派称为左派反对派，我们也不想在政治上支持它，但是我们认为，决定过于匆忙，而且并不是没有其他办法了。在剧烈的唇枪舌战中，有人企图把这部分人的过失同莱维先生的过失相提并论。这部分人的过失在于，他们不顾中央委员会的禁令发表了一项声明。从共产党纪律的观点来看，这一步无疑是不能受到赞同的。但是拿这种违反纪律的行为同保尔·莱维的行为相比较，那就把事情颠倒了。莱维是在我们的兄弟遭到枪杀的时刻背叛了工人阶级的。那时，保尔·莱维为德国的国家检察官写了一本小册子。这是对工人阶级的背叛，对这种行为的回答只有一个：开除！至于捷克斯洛伐克同志们的所作所为，虽然是一种严重的违反纪律的行为，但绝不是背叛。因此我们要尽一切努力，使这部分人留在党的队伍中，当然，条件是不能再有违反纪律的行为发生，要执行通过的决议。我们要有一个遵守纪律的党。但是，如果不能证明所有的调解办法都用过了，我们就不能轻易地把哪怕是很小的一部分工人开除出去。在这个事件中，并未证明一切办法都用过了。我们希望，我们邀请来的同志们能够明白，执行委员会邀请你们来,并不是为了向你们喝彩叫好,对你们说:"你们可以践踏纪律"——当然不是。我们请你们来,是想使你们重新回到党内来,是想对你们说,党的纪律是最神圣的。如果事实证明同志们不能维护无产阶级的纪律,那也没有办法。代表大会作出的决议对这部分同志来说也是法律。

形势变得尖锐,还由于捷克斯洛伐克已经有60万人失业。工人阶级的困苦令人吃惊,工人的不满一触即发。群众被激怒了。现在要组织一个工联主义的派别,组织一个共产主义工人党或者捷克斯洛伐克共产主义工人小组是容易做到的。但是你们应该明白,你们可以组织这样的派别,这样的派别也许能维持半年时间,但是它会给工人阶级带来损失,而且在政治上也会出丑的。我们应该如实地看待形势。像捷克斯洛伐克这样的国家,失业人数之多令人可怕,我们应该尽力防止建立分裂的捷克斯洛伐克共产主义工人党。共产国际必须尽力避免这样的事情发生。我希望,共产国际能够成功。

现在我来谈谈**挪威**问题。我在前面已经说过,我们从旧的运动接受的分子越多,一个真正共产党的诞生就越困难。在挪威,我们差不多把整个老党都接受过来了,现在我们在那里有很大的困难,我不想隐讳这些困难。挪威和法国是同样的问题,当然存在着很大的差别,但原因是同样的。在法国,我们从老党中接受了许多传统;在挪威,根深蒂固的联邦主义传统十分活跃,组织原则又十分奇特。挪威党一直是在工会组织上建立的。还是在哈雷我们同挪威党的领袖屈勒·格雷普同志以及其他同志谈过,他们当时答应我们对党进行改组,但是到现在还没有实行,甚至机关报名称也没有改变。挪威的这张报纸今天仍叫《社会民主党人》。(叫喊:"你们听着,你们听着!")各个省有11家报纸也叫《社会民主党人》。(再度喊:"好好听着!好好听着!")正像你们看到的一样,着手干预这个国家的问题,贯彻共产国际的要求,现在已经是迫在眉睫了。

我们是共产党，但我们有的党还没有完全摆脱社会民主主义。是的，我们是在第二国际的母体内诞生的，我们接受了第二国际的一些传统，这些传统不可能一夜之间消失。但是，如果这个"一夜之间"延续了几年，我们就必须要求，过程进行得快些。你们可以在我们挪威党的报纸上看到支持谢德曼之流、反对德国共产党人的文章。我们在挪威也有不好的工联主义的残余。特兰美尔同志过去属于世界产业工人联合会，在他身上还留有一些工联主义的传统。他不懂什么是纪律，在一篇文章中他写道："纪律，纪律，我忍受不了这个字眼，这是对自由人尊严的侮辱。"这是我们一个同志说的话，他并不是一个很坏的知识分子，他是工人阶级的一个真诚、正直的战士；但传统比他本人更强烈。传统是这样强烈，竟然在我们最好的一个挪威同志身上发生了这样坏的影响。挪威有一部分大学生，出版了一本很像《光明》杂志一样的杂志，叫《莫特·达格》，他们同莱维派维护着同样的原则。我们党容忍了这样一个派别，没有干预。

今年，我们必须坚决行动起来。这里有挪威党少数派代表，我们坚信，我们能以一致的意见或者至少是多数的意见达到我们必须达到的目标。挪威同志们，你们必须明白，共产国际不能再允许现存的状态继续下去了。我们知道如何高度评价挪威运动的好的方面，挪威运动是同工人群众紧密结合在一起的，运动中有不少同志，他们对于无产阶级革命是绝对忠诚的。但是运动必须最终去掉社会民主党的灰尘。你们必须认识到，挪威运动如果不解决这些问题，是不会成为真正共产党的。

我谈一谈**波兰**。在波兰，我们有一个秘密的群众党。把公开工作和秘密工作协调起来是一个非常重要的问题。据我看，去年的经验说明，协调工作并不如我们想象的那么容易。俄国共产党人有1905—1906年的经验。我们的意见是，在公开的运动不可能进行的地方，应该把公开的运动和秘密的运动协调起来，领导权应该在秘密运动方面。现在许多国家的经验证明，协调是不容易的。在波兰是可能的，而且是这样做了。那里有一个秘密党，同时又是一个群众党。我们在那里有一些公开的小据点，它们是在党领导下的。波兰之所以可能，是因为波兰党已经进行过一次革命，因为波兰党1905年在工人阶级中处于领导地位，又因为这个领导当时是秘密的，曾经站在整个工人阶级阵线的最前列进行过战斗。它得到了共产主义工人的普遍承认，波兰党是通过自己在革命中的才干而得到这种承认的。在波兰可行，在别的国家，例如在美国，就困难得多，因为在那里秘密党还没有在整个工人阶级运动中起过领导作用，因为在那里领导还没有经受过如此的考验。公开和秘密的协调关系，在那里完全是另一个样子。

我在前面说过，我们在波兰有一个秘密的群众党。这是一个老党，一个有着光荣历史的党。然而在一些问题上，执行委员会同波兰党也存在着某些意见分歧，而且是在一些很原则的问题上：土地问题、少数民族问题，部分地也表现在统一战线问题上。关于土地问题我们还要同我们的波兰同志专门讨论。我们的波兰同志长期以来对土地问题一直存在着一种照我看可以称为陈旧的、差不多是社会民主党的观点。我想请同志们回忆一下，第二国际对这个问题采取什么态度。我们当时建议，为了争取农民，也应该解决大地主的土地分配问题。我们提出这个建议，也遭到部分意大利社会党人的反对。现在证明，法西斯分子为了蛊惑宣传的目的，为了自身的利益，巧妙地提出这样一个纲领。这个错误必定会使我们在波兰和其他国家受到许多损失。可喜的是，波兰党内发生了变化，我们希望，我们同波兰党在土地问题上会取得一致意见，这样我们也能有一个吸引农民的行动纲领。共产党是一**个工人党**，但这不等于说，它只提出工人的要求；它虽然是一个工人党，但它也能领导一切被压迫阶层去进行反对资产阶级的斗争。

我们和波兰同志在民族问题上也存在过类似的意见分歧。像我们希望的那样，这些分歧也消除了。

在统一战线问题上，有少数人，如果我没有弄错的话，有极少数人在波兰党内反对统一战线。非常典型的是，在一个最老的党中居然开始出现了反对派。我们相信，波兰党自己能克服、也许已经克服了这些意见分歧。这也证实和说明了，实际运用统一战线策略是多么困难。

关于**巴尔干**我不准备多说了。我必须指出，我们的巴尔干联盟没有很好地发挥作用。我们的组织几乎没有作为巴尔干联盟而存在。几次大会都不正规，我认为，我们必须坚决要求巴尔干联盟变得强大一些，保加利亚党应该对这个问题多关心一些。

关于**罗马尼亚**，我说几句。我们深感有责任替罗马尼亚同志向代表大会说明，罗马尼亚代表团是在这里承担了职责的一个代表团，罗马尼亚同志不顾重重迫害忠诚地履行了自己的职责。你们知道，整个党的代表大会，几百个罗马尼亚同志是从会场直接走进监狱的。他们之中有些人被枪杀了，有些人至今还在监狱里。社会民主党同资产阶级结成了可耻的联盟，以对付这些共产党人。我们的罗马尼亚朋友，在如此困难的形势下对共产国际的旗帜忠贞不渝，真诚地履行了自己的职责和义务，他们的功绩更为伟大。

在**南斯拉夫**，党正经历着一场危机。在那里，公开和秘密的问题也表现出来了。这个问题在南斯拉夫还没有解决。我们还有很大的困难。但我们看到，南斯拉夫正在前进。一个新的运动在工会中开始了，我们希望，我们党能重新获得自己原有的力量。关于南斯拉夫的意见分歧，必须有一个委员会加以讨论。

在**英国**，在这样一个具有重要作用的国家，我们党的发展太慢太慢了。也许没有一个别的国家共产主义运动发展得像英国那样缓慢。我们党隶属于工党的问题，现在已经得到很好的解决。我们党决定参加工党。我认为，未来执行委员会的一个特别任务，就是对英国应该比以往更加关注。我们应该开始研究英国。我们对发展缓慢的原因还不了解。英国根本就不是一个拥有庞大政治群众组织的国家。你们知道，在英国，社会民主党的党员人数不是很多，共产党的党员人数也不是很多。我们在那里遇到的问题不同于在德国。那里笼罩着奇特的传统。英国的失业人口很多，无产阶级又极为贫困，但共产主义的发展却令人奇怪地缓慢。这是一种停滞，我们有充分理由对英国的运动给予比以往更多的关注。

我们成功地派了一名代表到**美国**，他在那里待了比较长的时间。我们必须研究一下整个运动的经验。在美国，运动的最大困难是公开和秘密的结合问题。那里的形势同波兰、南斯拉夫、芬兰和拉脱维亚完全不同，在这些国家我们进行了革命，工人阶级领袖站在工人阶级的前列，并且得到了承认。在美国情况是另一个样子：在那里，我们有一个比较强大的左派工会运动和一个充满激烈派别斗争的共产党。因此，我们在美国遇到了一个特别困难而又必须研究的问题。

在**奥地利**，尽管有许多困难，我们党取得了非常重要的进步。

在**匈牙利**，形势是令人遗憾的。有些同志非常热衷于派别斗争，形势越来越糟。请允许我在共产国际会议上剖析一下他们的行为。许多过去在革命中处于领导地位、立过功劳的同志，现在不顾一切地恶化形势，损害他们自己的党；执行委员会现在力图消除这些争端。我不想对整个流亡运动说坏话。我们从历史上知道，流亡运动对事业可以很有益处。也许意大利党现在需要流亡一段时间。但是流亡与流亡不同。有的流亡，是因为革命被镇压之后有许多困难需要克服，但是我们的匈牙利同志在流亡这方面做得太多了，有些过分了。我认为，第四次代表大会应该十分严肃而坚决地指出，我们再也不愿看到这类事情重复了，再也不能允许有一丝一毫这类事情发生。几周前，在匈牙利一天之中就有

170名共产党员被捕。虽然那里的革命运动在工人阶级中处于上升的趋势，但是我们党的形势可以说不能再坏了。现在我们的职责和义务就是，在工人运动上升的时候，在资产阶级又开始逮捕几百名我们同志的时候，消除流亡派别，组织一个秘密的党。

附带说一下，在匈牙利公开和秘密的结合问题是比较容易解决的，因为共产党人在那里有严格的传统。

在**日本**有一个小党，这个党在执行委员会的参与下，同优秀的工联主义分子联合了。这是一个年轻的党，然而是一个重要的核心。日本党现在应该提出一个纲领。曾经在莫斯科这里召开的远东各政党和人民代表大会，对日本具有特别重要的意义，因为日本运动的重要人物第一次在这里会晤了。

在**印度**，我们取得了重要的成就。我可以告诉大家，我们同志的工作最近几个月很有成效。我们的同志成功地开辟了通往印度的道路，他们打通了与报纸的联系，他们深入工会组织，正在聚集印度的共产党人。我认为，这是向前迈进的一大步。

在这一年间，我们在**土耳其**、**中国**和**埃及**还建立了力量不等的党的核心。我们当然不抱什么幻想，这都是些很小很小的核心，但毕竟是前进了一步。我们应该帮助那里的同志做好两件事：第一，精心培育无产阶级运动的核心；第二，作为整个解放运动的先锋率先反对资产阶级。

澳大利亚和其他国家也迈出了重要的步伐。

我现在想谈一谈**红色工会国际**问题。同志们，你们知道，红色工会国际1921年不得不经历在德国党内、在这样一个最好的党内掀起的一股反对自己的取消潮流。在德国党内有人煞有介事地讨论过红色工会国际是不是早产、是不是应该消灭等问题。发生这样的事，当然是受了莱维之流的影响，但是带上这样的色彩不仅仅是受了莱维之流的影响。这对红色工会国际是最危险之点。执行委员会理所当然地要把反对这股取消潮流视为自己的职责。我们认为，红色工会国际根本不是早产。

现在这股潮流在德国已经完全消失，我希望在其他国家也如此。红色工会国际正行进在取得成功的大道上。可以预言，红色工会国际在最近几年、甚至在最近几个月一定会有巨大的发展，取得巨大的胜利。你们知道，阿姆斯特丹分子正企图加速分裂活动。他们在法国完成了分裂活动，在捷克斯洛伐克进行了分裂活动。在德国我们正面临着工会的分裂。我们认为，我们的任务，红色工会国际的任务就是反对这种分裂。我们需要的是工人运动的团结，阿姆斯特丹分子需要的是工人运动的分裂。我们的影响越大，这些家伙就越想分裂工会，因此我们应该加倍地进行斗争。我们应该在这个问题上组织起来，采取对策。什么样的对策，我们还要专门讨论。但是，如果他们迫使我们在德国和其他国家独自组织起来，像在法国和捷克斯洛伐克一样，我们必须声明，作为分裂结果而产生的我们的那些工会，它们诞生时口里还喊着团结。它们的诞生是因为它们被开除了，它们落地时的第一声喊叫就是：工会的团结！

捷克斯洛伐克、德国和其他国家的同志，如果迫不得已，只好在各个部门或者一个部门组织独立的工会，但他们喊出的第一个口号必须是团结，为了工会运动的团结而斗争！我在报告的第二部分还要详细地谈到这个问题。

我们的运动在**合作社和青年**问题上取得了重要的进步。我想特别谈一下**青年国际**这个组织。青年国际迁至莫斯科是经受了考验的，担心是没有根据的。青年国际工作得很好。虽然我们应该指出，在一些国家有衰退的现象，这是令人不安的。德国青年同其他国家的青年一样也度过了困难时期。这是工人阶级处境普遍困难的表现。但是尽管如此，青年国际和青年运动一直是共产国际的尖兵。这次代表大会之后，我们还要召开一次青年代表大会，对此我们应该给予最大的关注。我们应该知道，我们的青年组织要进行成功的斗争，必须有新的方法。我们还必须在青年中争得最大多数。第二国际和第二半国际的合并使社会民主党在青年运动方面受到了特别重大的损失。为了能深入到变得有点冷漠的青年群众中去,必须要有新的方法。我们有可能做到这一点。

以上是我们15个月的工作概况。当然我们犯了许多错误,你们应该批评我们的这些错误。但是,我们要不要保留二十一条呢?例如我们的法国同志批评了第九条,法布尔是根据这一条被开除的。我不知道,是否有同志会说我们在这个问题上做错了。开除是绝对必要的。有一部分法国同志对此进行指责,他们说我们没有权利这样做,我们对第九条的解释太随便了。代表大会应该说明,我们是否有权像以往一样运用第九条。

还有一个问题。执行委员会决定,**各国共产党代表大会**通常在世界代表大会之后召开。可以允许有例外的情况。我不想坚持一定要研究一下是否绝对必要。但这项决定的意义何在呢?意义在于:我们希望成为一个集中的世界党,我们希望成为一个能集中指挥自己的党。我们希望,世界代表大会能真正成为一个对于各党都具有决定作用的机构。我们不希望,共产国际仅仅是一个各党的大杂烩。这个看法在法国受到了严厉的批评。

法国的例子说明了什么?如果在我们这次代表大会之后就召开党的代表大会,不知道情况是否会好些。我说过,如果你们想改变这个决定,我并不特别反对,我表示赞成。但这个决定的意义在于,我们必须是一个集中的世界组织。对二十一条我们执行得太马虎了。如果你们想就这件事敲打我们,你们是完全正确的。现在必须严格执行二十一条。我不是说,我们过去什么也没有做。共产国际成立到现在只不过三年半时间。同志们,为了在世界范围内把我们的共产党组织起来,这是很短暂的时间。最大的不幸并不是我们太马虎了。最大的不幸是我们把二十一条当做纸上的东西了。但我相信,代表大会将说明,执行委员会一定会执行二十一条。我们必须努力使我们成为一个真正的国际的党。原则上说，我们过去一直主张必须使决议成为行动。

这就是执行委员会 15 个月的工作报告。关于共产国际未来的策略，我下次再谈。

主席：

征得各位代表的同意，今天晚上的会议到此结束。下次会议明天上午 11 时开始。

（会议休会时间：晚 10 时 35 分）

第三次会议

(1922年11月10日)

会议开始：上午11时30分
主席：柯拉罗夫，季诺维也夫

季诺维也夫作共产国际执行委员会工作报告（续）

同志们，我希望，关于这个问题的提纲已经或者正在发给你们。我这次讲话仅限于对提纲作一些解释。

我们必须先谈一谈下面几个问题：国际经济形势、国际政治形势和工人运动内部的形势。

关于第一个问题，我想没有必要在第四次代表大会上对我们第三次代表大会的决议进行原则性修改。我在提纲中建议，第四次代表大会只要对第三次代表大会托洛茨基、瓦尔加同志关于世界经济形势的提纲加以确认就可以了。我们可以也应该说明，过去15个月的形势发展一般说来确实从根本上证明了这个提纲的正确性，事态发展的进程一般说来也确实同我们在这个提纲中所预见的一样。我们虽然在美国、英国、日本和法国，也许还在其他一些国家看到了一段暂时的经济繁荣时期，但是很清楚，这是一个瞬息即逝的现象，瓦尔加同志在他最近出版的一本书中把这种状况称为资本主义的一个衰亡时期，这是正确的。我们现在还在经历的并不是资本主义周期性危机中的一次危机，而是资本主义的总危机，是资本主义的黄昏、资本主义的瓦解。世界经济形势尽管在许多国家出现了某种转机，但依旧是原来的形势。资本主义不能摆脱这种形势，拯救自己。唯一能拯救人类、拯救生产力的是社会主义革命。从这个意义上说，我们对资本主义的诊断完全是原来的诊断，我们完全可以放心地重复在第三次代表大会上说过的话：客观形势仍然是革命的。资本主义在自身中找不到力量从整个资本主义世界决定性危机中拯救自己。

再谈一谈国际政治形势。关于政治形势我们也可以说：对抗在一天天加剧，国际形势客观上仍然是革命的。过去15个月中，协约国在迅速瓦解。我们所经历的，是以多种形式对凡尔赛和平进行真正的清算，凡尔赛和平正在继续瓦解。以劳合-乔治为最杰出领袖的资产阶级的"和平主义"完全破产了。热那亚和海牙会议证实了资产阶级和平主义的破产。现在正在英国展开的选举斗争证明了资产阶级党派的思想空前枯竭。在这个最老的资本主义国家，在古老而正统的资产阶级党派之间展开的这场斗争也证明，斗争中已没有丝毫原则可言。这是资产阶级在思想上的一次彻底的失败。这是小集团之间的争斗，它再一次说明了迄今为止的一个明显的事实，资产阶级和平主义已经完全破产，资产阶级已经没有能力进行重大的原则斗争了。

我们叙述了世界革命的进程，作为这个进程最重要因素之一的殖民地、半殖民地国家在这期间把它们的斗争提到了一个很高的水平。我们看到，在这期间一大批受压迫国家不顾帝国主义政府的种种倒行逆施把解放运动继续向前推进了。我相信，我们中间今天没有人怀疑，这场斗争在客观上现在是、将来也必定是一场反对资本主义政权的斗争，尽管它还不是社会主义或共产主义性质的。在这期间，我们在印度以及在其他殖民地和半殖民地看到的大规模运动，虽然还不是共产主义的运动，但从客观上看这些运动具有反对资本主义政权的首要因素的意义。

我们注意到，几年来资产阶级的民主已日薄西山了，现在正在一天天地烂下去。

意大利发生的事说明了什么呢？这不是对资产阶级民主的空前打击吗？意大利过去不是天赐的资产阶级民主国家之一吗？是的，意大利曾经是这样的一个国家。法西斯的突然袭击不仅是对君主政体思想的一次打击，也是对资产阶级民主思想的一次打击。法西斯匪帮在政治上把意大利君主排挤在一边，不仅使意大利君主的威望丧失殆尽，也使整个资产阶级民主政权信誉扫地。我们必须明白，在意大利发生的事件绝非地域性的现象，今后，我们必然会在其他国家也许以另外的形式看到同样的现象。如果法西斯分子在意大利能够维持下去——这在最近的一段时间里完全是可能的，那么可以绝对肯定，同样的现象也许会在德国、也许会在整个中欧发生。斯汀尼斯政府在德国的胜利也许在形式上不完全相同于我们在意大利见到的现象，但是从内容上看，很可能同我们在意大利见到的血腥现象一样。

我们现在在奥地利所经历的事情，同意大利的变乱非常相近，这也是对资产阶级民主的一次打击，不仅奥地利资产阶级政党，而且第二国际以及第二半国际至今一直在维护资产阶级民主。

在捷克斯洛伐克也正在酝酿这种反革命变乱，匈牙利更不用说了。法西斯分子企图在匈牙利如法炮制。

在巴尔干国家，尤其在南斯拉夫，我们见到的现象如同我们在意大利所见到的一样。我们必须正视这种形势。这样一个时期是必然的，它不会持续太久，但对我们共产党来说却是一个考验时期。我们在中欧要经历这样一个或多或少是法西斯变乱的时期，也许是不可避免的。因此，我们党会有整整一段时间不可避免地要转入地下斗争。几个月前执行委员会专门派了一些同志到各地，提醒一些重要党注意，必须准备进入地下活动时期，就像现在我们在意大利所看到的这种形势。在第四次代表大会召开的时刻，我们所见到的政治形势，不幸证实了我们的预言。我们必须清楚地看到这个危险，但这不等于说，世界革命会停息下去。恰恰相反，这是一个革命化过程。当然这个过程不可能是直线的。不，可能出现许多不同的插曲。我们在意大利见到的，只是反革命的一幕。但是从长远来看，这是形势尖锐的一个插曲，是无产阶级革命在这个国家趋于成熟的一个插曲。其他一些重要国家的无产阶级运动也是这样。

因此一般说来，国际政治形势在此期间普遍尖锐了。第三次世界代表大会十分正确地指出，我们在资本主义欧洲没有可靠的均势，重大的事件，甚至议会冲突、大规模的罢工等，都有可能轻而易举地成为革命斗争。我们向你们指出的这种情况当然是非常表面的，但它证明我们的判断是完全正确的。国际政治形势变得越来越尖锐了，巴尔干形势引人注目。这些事件以及希腊—土耳其战争都意味着，新战争的魔影一时间已经非常明显了。新战争的魔影已经是再明显不过了。其实，这是未来新的世界大战的一个小小的前奏。在我在这里向你们说话的时候，我们能感到问题非常尖锐，而且很可能演变成更为错综复杂的形势。我们纵观一下形势，也可以看出，现在还不会发生战争。但是，如果社会主义革命不在此之前发生，如果不制止资产阶级国家组织新的战争，那么我们在巴尔干所看到的，只是将要和必定会发生的事件的一个小小的征兆。

因此形势仍然是不稳定的。资本主义政权的腐朽在政治上也表现出来了。与此同时，我们看到，俄国的政治地位得到了前所未有的加强，这个唯一的革命的国家已经存在五年了。

在讨论俄国问题的时候，我们还要详细谈到新经济政策。因此我不想先来谈论这个问题，我只想强调一点，就是我在代表大会开始时说过的，我们相信，苏维埃俄国的新经济政策并不是偶然的，并不是由于我们的一些共产党力量弱小才出现的,它有着更为伟大的意义。你们以及苏维埃俄国的最好朋友说得完全正确:俄国之所以必须采取新经济政策,是因为德国、法国和英国工人的力量太弱小了,不能推翻资产阶级。这是正确的,但还不能说明形势。我们相信,不仅我们这个农村人口众多的国家,也许所有或者几乎所有无产阶级人口众多的国家也会以这样或那样的形式经历这样的政治阶段。新经济政策不仅仅是我们或者世界无产阶级力量弱小的结果;它是由无产阶级同农民和小资产阶级的力量对比关系引起的。

当然,俄国这样一个国家的农民同德国的农民不一样。但是,即使在德国和其他发达的、拥有大量工业无产阶级的资本主义国家,工人阶级在关键时刻也必须采取一系列措施,以便使农民中起决定作用的一部分人保持中立,这些国家的工人阶级必将采取许多我们在俄国也不得不采取过的措施。我说过,我们在讨论俄国问题时还要谈到这些事。

我们在观察世界政治形势的时候,不能不注意作为世界形势首要因素的苏维埃政府。现在,在世界的一端,协约国分崩离析,殖民地和半殖民地人民投入了激烈的斗争,战争的魔影正在巴尔干出没,资产阶级世界的均势发生了动摇。正是在这时候,苏维埃俄国采取一种新的经济形式巩固自己。因此,苏维埃俄国成了世界政治的一支巨大的力量,第一个无产阶级共和国的红星正高高升起,因此才产生了客观上是革命的形势。

资本的进攻是一种国际现象,也是革命因素之一。工人阶级还不能阻挡这次进攻,但在法国和其他国家有许多迹象表明,近期在这方面形势将发生变化。工人阶级的日益反抗将打退资本的进攻。

我现在想谈谈工人运动的内部形势。在这方面最重要的现象是第二国际和第二半国际的合并。不要太久这件事就会成为事实。在德国,合并已经完成,昨天我们收到了瑞典那里的合并消息,布兰亭把"左派"

社会民主党人吸收到自己党内了。在瑞典和德国发生的事，在其他党内也会发生。合并，虽然在组织上尚未完成，但在政治上已经完成了。这是具有重大历史意义的事实。第二国际是工人阶级的敌人。第二半国际合并到第二国际中去，这个过程是不可逆转的——这一点我在这里无须证明了。如果确实有必要，我只想引用马尔托夫先生的一段话；他是第二半国际的精神领袖之一，在思想上甚至超出他的某些同辈。马尔托夫在最近一期《社会主义信使》杂志上谈到第二国际问题时写道：

"不要有幻想！两个国际的机械联合在**现存的关系**上意味着退出第二国际的那些党又回到改良主义的第二国际中来了，它们当时退出第二国际是希望建立一个完全不同的国际。这是它们的一次失败。"

马尔托夫在这里非常明白地说出了自己的意见。当然马尔托夫最后还是为第二半国际找到一些安慰，他说："在第二国际内部我们将捍卫马克思主义。"这只是说说而已，实际上不过是第二半国际返回第二国际，不过是第二半国际的一次惨重失败。

所以，我们会看到改良主义党派的合并。现在这两个改良主义国际的合并将以空前的规模加速工人阶级的分裂。我们也要说：不要有幻想！第二国际和第二半国际的合并意味着两点：首先意味着反对共产党人的白色恐怖已在准备之中。法西斯的变乱、以斯汀尼斯为首的政府的变乱是同世界政治形势联系在一起的。第二国际和第二半国际的合并是空前分裂和削弱工人阶级的准备。不要许多时间我们就会认识到，这次合并的确是在为反对共产党人的整个白色恐怖时期做准备。因此，现在站在意大利反革命运动前列的是一个叫墨索里尼的人，就绝非偶然了，他是第二国际的奸细，原来是社会民主党人。在德国，有一个叫艾伯特的人，一个叫诺斯克的人，身居政府的要职。在波兰一个叫皮尔苏茨基的人跻身于政府之中。这些都绝非是偶然的。同样绝非偶然的是，在一些国家，如在英国和德国，第二国际的作用居然成了决定性的。因为在德国这样一个国家，要急剧改变力量对比关系，单单靠工会转向工人这一边就够了。因此，不要有幻想！这次合并不过意味着反对共产党的白色恐怖的重炮已经安装就绪了。

其次，这次合并意味着工人阶级的分裂。我们现在致力于工会的统一，这并不是没有成效的。改良主义分子清楚地看到，他们失去了脚下的基础。从历史上看，这是不可避免的。

之所以说不可避免，是因为这些工会——如果我们面临的是一个正常的发展过程——将作为整个组织落到共产党人手中。这一点，改良主义分子已经感觉到了。他们的嗅觉并不差。他们感到也知道，这是不可逆转的。你们看到了，共产党以及整个革命运动在工人阶级中的影响正在增长。改良主义分子本能地感觉到了，因此试图加以阻止。他们就像从资产阶级那里接受了直接任务那样，要把工会砸烂。他们在离开之前，一定会搞垮工会的。我不是说，这是一个直接任务。你们知道，在政治上没有那么简单，譬如说斯汀尼斯没有给工会下达一个什么直接的书面的任务。但从政治上看，这是资产阶级的委托：在社会民主党领袖退出之前，要把工会砸烂。他们在离开之前，会把工会的大门都闭上，把工会组织的所有门窗玻璃都砸得稀巴烂。问题就是这样。

我们说过，现在还不知道，这个过程什么时候结束，要延续多久，是几年还是几个月；但从历史上看，这个过程是绝对不可避免的，这一点，我们的第二国际的"上帝们"已经有所感觉了。因此，我们到处都能看到这样的现象，凡是他们感到工人大部分要转向我们的地方，他们就在那里彻底地准备着分裂。他们企图削弱和粉碎工人阶级及其工会，这样，当我们在工会中取得领导权的时候，留给我们的是一大堆碎片。如上所述，这正是资产阶级所需要的，这是空前未有的背叛，甚至1914年的背叛与他们今天在准备的背叛相比也相形见绌。现在，他们正准备着有计划的背叛。他们企图肢解和分裂工人运动，从而使工人群众在准备反对资产阶级的时候，失去组织力量，处于被削弱、被分割的分裂状态。这就是第二国际和第二半国际合并的策略。

今天的分裂并不是一个小小的插曲——并不是区区小事，这是一个重大问题。工人阶级尽管自己犯了种种错误，经历了他们的领袖的背叛和各种各样的失败，但仍然以工会的形式争得了声势浩大的组织，并且把亿万工人群众团结了起来。在现在这个时刻，这个组织对于我们的斗争具有决定性的意义。现在从历史的角度来看，当这个时刻临近时，第二半国际却同阿姆斯特丹分子沆瀣一气，对工人阶级进行了最大的背叛。第二半国际一定会竭力破坏工人阶级的这个最后的组织、最后的避难所，这样，我们在取代社会民主党人的时候就会一无所获，就会失去真正的群众组织。这便是我们应该估计到的最严重的事实。所以说，社会民主党人和阿姆斯特丹分子注定要成为工人阶级的职业分裂者，他们不仅要背叛工人阶级，不仅要破坏工人阶级的政策，他们还要直接把工人阶级的武器、工人阶级的组织打碎。这样的任务，现在联合的第二国际和第二半国际的整个政策在下一阶段是一定会完成的，这是我们应该估计到的一个新的实际情况。

因此，同志们，我们的统一战线策略不只是反对我们敌人的战略。是的，我们完全有权利和义务制订反对敌人的战略计划；然而，统一战线是由整个历史形势产生的，是由资本主义的整个形势、它的经济和世界政治形势以及工人运动内部的形势产生的。我刚才向你们谈到了第二国际和第二半国际的政策，我还说了，他们正准备在将来有意识、有计划地分裂工会和工人阶级的策略，如果这些话是正确的，那么结论就必然是，我们必须执行统一战线策略，我们必须根据这些原因以及其他许多原因有计划地开始反对第二国际的计划。

这正是统一战线策略。

我们在第三次代表大会上提出了争取工人阶级大多数的任务。这个任务完成了吗？没有，还没有完成。我们必须明白地指出这一点。我们党的影响在一些国家得到了很大的增长，但是我们在我们的第四次代表大会上（也许在第五次代表大会上）还不能说，我们已经争取了工人阶级的大多数。为了争取工人阶级的大多数，还有繁重的工作摆在我们的面前。因此我们说，在这样的形势下统一战线策略是争取工人阶级大多数的最重要的办法。还必须说明一点：统一战线策略并不是我们斗争中的一段插曲，它是包含一个时期、也许是整个时代的策略。

也许在不同的情况下，我们要对这个策略进行修改，但总的看来，由于第二国际成了主要敌人，成了资产阶级的主要支柱，因此我们必须坚持这个策略。

资本主义在经济上已经为社会主义准备了成熟的条件。世界政治形势已经可以说具备了革命的特征。第二国际是资产阶级的主要支柱。没有第二国际和阿姆斯特丹国际的帮助，资产阶级是维持不住的。因此，我们同第二国际的关系，不仅仅是党的策略问题，而且是世界革命的问题，我们阶级的整个策略问题。因为，我在前面说过，合并后的第二国际，将会在以后几年直接进行分裂勾当。正因为如此，我们要运用统一战线策略的形式同它对抗，把工人阶级的大多数争取过来。

我们已经从这个策略中收到了效益，我们已经从中取得了某些成功。统一战线策略在这一年为共产国际带来了很大益处，这一点我们不应忽视。当然，这里不是说我们已经争取了多数，不是这个意思。如果达到了这个程度，那我们就几乎什么都有了。但我们确实获得了许多东西，我们成功地使工人阶级看清楚，共产党不是分裂者，我们的敌人才是分裂者。以前，工人们有另一种看法。这也是有原因的。过去有一段时间，我们为了捍卫全体工人的利益，不得不分裂老的社会民主党。如果那时我们不进行这种分裂工作，那我们就成了工人阶级的叛徒了。有一段时间，为了争取机会向工人阶级说明真相，为了争取他们，我们**不得不分裂**老的社会民主党。在老社会民主党内部我们没有这种机会，因此我们必须分裂老社会民主党，我们必须为我们阶级的真正的解放运动创造一个集合点，这就是共产党的创立。在一段时间里，我们不得不忍受别人称我们是分裂者。是的，我们不得不分裂老的社会民主党。没有别的办法，采取别的办法我们就不能为自己创造一个集合点，我们就不能创造解放工人阶级的工具。

现在开始了一个新的历史阶段。这个任务我们完成了。我们现在有了众多的共产党，尽管这些党还带有社会民主党的残余，还带有疾病，孩儿时和成长的疾病，简言之，还带有许许多多我们必须医治的疾病；但是，现在主要是争取多数工人的问题，是拯救和争取工会——这个世界无产阶级手中最重要的武器的问题，因此，才有了统一战线策略。同志们，我相信，我们在这次代表大会上在这方面是不会出现很大斗争的。在法国，反对统一战线的最后斗士已经放下了武器。最重要的是，在法国不仅共产党人，甚至一大批工联主义分子现在也抓起这个策略了。昨天，我们同法国统一总工会的朋友们进行了一次十分匆促的交谈。我们问他们：你们现在还反对统一战线吗？他们非常简单地回答：我们也在搞统一战线。凡是注意法国实际情况的人都知道，现在在法国，人们——包括法国统一总工会的工联主义分子在内——普遍有意识、有计划地开始运用统一战线的策略了，因为没有别的办法。无产阶级日常斗争的要求必然会导致所有愿意捍卫工人阶级利益的人，在经济和政治方面不得不运用统一战线策略。在法国，把反对统一战线的人争取过来是一个很大的胜利。这个胜利表明，我们的队伍团结起来了，我们将有计划、有意识地执行我们的策略。

统一战线应该是什么？不应该是什么？它绝不应该是法国人所说的

"选举联合"。我们就执行统一战线策略的问题进行过一次调查,这次调查在一定程度上是成功的。我们不仅从我们党的中央机关,而且从同志们那里收到了三四百份答案。这些同志都是生活在工人阶级中间,工作在群众中间的。我们正在对这次调查进行整理,也许要出一本书,因为这是值得的。这次调查表明,在我们同志的头脑中对于统一战线策略到底是什么还存在着许多糊涂思想。统一战线,我们说过,不是选举的联合,当然也不是同社会民主党在组织上的联合。意大利和法国党机关送来的答案向我证明,有些同志奇怪地认为,统一战线就是我们准备同社会民主党进行组织上的联合。如果我们这样做,将是最大的犯罪。我们中间任何人,宁可让人把手砍断,也不愿意在同工人阶级最大的叛徒、我们现在的敌人、资产阶级的最后支柱的联合协议上签字。这根本不是统一战线。**统一战线是工人群众反对资本主义的共同斗争**。统一战线应该是我们准备同所有工人,不论是无政府主义者、工联主义者、基督教社会党人、社会民主党人或者其他什么人,在争取面包、反对降低工资、反对取消八小时工作制的日常斗争中,共同为反对资本主义和资本家而进行的斗争。为了这个目的,我们有时不得不同背叛了的领袖们坐在一张桌子旁边。这才是统一战线的含义,而不是别的。我相信,这个问题对共产国际来说已经解决了,甚至对还有许多糊涂思想的党,如法国党来说,也解决了。

我们还要为工人阶级的每一个局部要求进行斗争。今天有人把我们过去的同志哥尔特的一篇文章给我看了。哥尔特在文章中写道:我们必须反对任何一次罢工。你们会问:"为什么反对任何一次罢工?因为我们要把力量积蓄起来,进行宣传,进行革命。我们留下的人不多了,我们的力量,德国共产主义工人党的力量很小,我们不能再进行罢工了,我们必须集中力量进行革命。"

这样一种糊涂思想,真使人对这样一位政治家的幼稚思想感到无可奈何。他没有时间帮助工人进行反对资产阶级的日常斗争，因为他想帮助整个革命。任何一个对工人阶级怀有感情的人，任何一个不仅在主观上忠实于工人阶级、而且对工人阶级的生活有所了解的人，任何一个在工人阶级中同工人阶级一起工作的人，都会拒绝这种幼稚的想法。正因为我们要为无产阶级的革命进行斗争，因此我们必须参加任何一次罢工，我们必须走在工人阶级的前头，为每一个局部要求进行斗争。我们是革命者。这并不是说我们不懂得改善工人阶级状况的必要性，哪怕是为了工人孩子的一滴牛奶，我们也应该进行斗争。我们反对改良主义，但是我们不反对改善工人阶级的状况。我们也知道，在资本主义现存的情况下，改善工人阶级状况的可能性是很有限的；我们知道，只有革命才能真正提高工人阶级的生活水平。同时，我们也知道，我们只有为工人阶级的局部要求进行斗争，才能把他们组织起来。从这个意义上说，我们认为统一战线不是短暂的现象，也不是一个插曲，而是在资本主义目前的情况下贯穿整个时期的策略。

工人政府这个口号没有被充分地解释清楚。统一战线策略几乎可以运用在各个方面，我们很难举出一个国家，在那里存在着作用重大的工人阶级，但统一战线策略现在却是不适用的。这个策略在美国，如同在保加利亚、意大利和德国一样都是合适的。这个策略在目前的形势下几乎是普遍适用的。但是对于工人政府这个口号却不能这样说。人们决不能对工人政府这个口号作非常笼统的理解，它是有限定意义的。这个口号只能为这样一些国家所接受，在那里，力量对比关系的确已经发展到如此程度，以致政权问题、政府问题，无论在议会内还是在议会外都提到了首要的地位。当然今天在美国也可以用"工人政府"这个口号进行出色的宣传工作，例如可以向工人说：你们要自己解放自己吗？那就应该把政权掌握到自己手中。但是我们不能说，在美国现有的力量对比形势下，工人政府的口号会引起如此的反响，如同在捷克斯洛伐克已经发生的情况一样，如同在德国可能发生的情况一样，如同在意大利已经和可能发生的情况一样。

工人政府的口号不如统一战线策略那样普遍，这个口号是在一定的情况下对统一战线策略的一定的具体运用。在这个问题上容易发生一些错误。同志们，我认为，我们应该反对有些人有时企图把这个口号理解为万应灵方，认为我们无论如何都是要经历工人政府这个阶段的。我认为，如果可以预言的话，我们可以说，工人政府变为事实只会是例外，工人政府只有在非常特殊的具体情况下，在这个或那个国家成为事实。此外也不能说，我们一定会经历一个半和平阶段，工人政府一定会减轻我们的斗争负担。如果工人政府只建立在议会的基础上，那是没有什么价值的。工人政府仅仅是斗争的一个小插曲，它是不能阻挡内战爆发的。这当然不等于说，工人政府的口号在特定的情况下不能运用。工人阶级应该明白，工人政府只可能是一个过渡阶段，工人政府不可能取消斗争，取消内战。这一点必须说清楚。我们只有看清了这个口号的危险性，才能冷静地运用这个武器。

当然，统一战线策略也是有其危险性的，关于这一点执行委员会在十二月提纲中已经指出了。最大的危险隐藏在工人政府这个形式中。在一些具有议会传统的国家，例如在法国，有人认为这似乎是同无产阶级专政完全不同的东西。我们对这个口号的理解不是别的，就是无产阶级专政的运用。即使出现了工人政府，我们也不能避免内战的发生。在某种情况下，内战可能因工人政府而变得更为激烈。

我不得不就工厂委员会运动再说几句话。我在提纲中对这个问题特意写了一段话，我提出了以下的论点：一个党，如果在工厂里没有党组织，没有党支部，这样的党是不能受到人们的严肃对待的，它不是一个严肃的群众性的共产党。现在我要进一步说：工人运动如果不善于支持和组织工厂委员会的群众运动，这样的运动就不是严肃的革命群众运动。这些论点我认为是可以在我们时代几乎所有的大的工人运动中加以运用的。我们时代的一个标志是，在德国这样一个比较迅速地接近重大决战的国家，运动的整个先锋作用是由工厂委员会运动来完成的。说到其他国家，我们要劝告我们的同志，首先在工厂建立起共产党支部；第二步，支持工厂委员会。只有这样，我们才能成为群众运动。我们许多党没有接受我们严肃的忠告。在第三次代表大会上，我们通过了一个非常好的决议，这是由库西宁同志起草的。决议告诉我们，共产党应如何工作，整个工作的机构应该怎样以及如何建立支部等等。但是我们必须指出，如果我们不去执行这些很好的决议，那这些决议岂不是白白通过了。现在的问题是真正地执行这些决议，建立支部。只有这样，运动才能继续发展下去。

关于国际纪律，我还要说几句。在巴黎召开党的代表大会上，由勒努派提出的统一战线策略提纲中写了一大段国际纪律问题。提纲中字字闪着金光。这一派极好地证明了，没有纪律什么事也办不成，共产国际不执行纪律就会失败。字字闪着金光！但是，这个在提纲中写下了有关国际纪律条文的勒努派却证明了，在我们这里有时候行动和言语之间相差是多么遥远。这一派本来是可以做得更好的。国际纪律只有通过行动才能产生。我们的统一战线策略现在是一个非常复杂的策略。现在有一个"国际"已经同资产阶级拴在一起了，它正在顽固地执行一条反对我们的策略。为了反对这个"国际"，我们必须严密地组织起来，我们必须有一个纪律严明的真正的国际。第四次代表大会的任务就是要宣布和贯彻这一点。

在今后一段时期，我们将面临着决定性的斗争。我从我们尊敬的同志们那里听到了一些反对意见。他们说，现在世界革命停滞了，只有当俄国工人的物质生活状况超过了欧洲和美国工人的平均水准，世界革命才会前进。只有这样，俄国工人的经济生活状况的例子才能起到革命影响，革命的浪潮才能重新掀起。同志们，我认为，这种观点客观上是机会主义的，是巧妙的机会主义，尽管维护这种观点的我们的一些朋友主观上是革命的，是国际的忠诚战士。我不想说得太多了——只说两句话。俄国工人的生活状况正在逐步提高，这是事实。欧洲普通工人的生活水平正在下降，俄国工人的生活状况正在提高，这一点是明显的。虽然这种提高是缓慢的，但是在提高。总有一天，俄国工人的状况在经济上也会好于欧洲工人。如果有人说，只要俄国的形势困难，资本主义国家的工人就不可能进行革命斗争，这是地地道道的机会主义，这是赤裸裸的机会主义。

许多国家的工人阶级发动起真正的革命，并不是为了给别的国家树立榜样，也不是为了给别的国家工人以更多的面包，更多的肉食。不！革命之所以发生，是因为这些国家的工人阶级要推翻资产阶级没有别的道路可走。因此，我们在我们的宣传工作中决不能允许意味着停顿的调子存在。俄国工人曾经有过许多障碍需要克服，其他国家的工人阶级再也不会遇到这么多障碍了。每一个国家的工人阶级都会得到俄国工人的支持。俄国工人首先起来进行革命，因而首先受到整个资产阶级世界的反对。其他任何一个国家的工人阶级以后很难遇到这样的困难了。我们应该向全世界工人阶级如实地说明俄国无产阶级的状况，他们在受封锁，他们在挨饿，还有瘟疫、疾病。但是，也要说明他们是伟大的。我们现在必须认识到，俄国工人阶级在经历了这一切痛苦之后已经度过了最困难的时期，现在一天天好起来了。这才是我们对俄国革命的认识，这才是我们整个策略的基础。（鼓掌）

讨论共产国际执行委员会工作报告

主席：

现在请博尔迪加同志讲话，他想说明一下关于表决程序的提案。

博尔迪加（意大利）：

同志们，我以意大利代表团的名义建议：（1）首先讨论，然后再表决季诺维也夫关于共产国际执行委员会第四次代表大会以前的工作和策略的报告。（2）然后再转入讨论和表决第四次代表大会以后国际的策略问题。

我不想过多地叙述这个建议的动机。我认为，它是十分合乎逻辑的。这两个问题的性质不同，另外我们已经得到了两份文件，是供代表大会通过用的：一份是第四次代表大会关于共产国际执行委员会报告的决议草案，另一份是季诺维也夫同志编写的关于共产国际策略提纲初稿。

我想，每个人都会同意，我们先讨论执行委员会过去在国际一般性政策方面的工作，然后——也许依靠一个专门委员会，是否有必要组成一个这样的委员会，代表大会将作出决定——再审查共产国际策略提纲草案，即提出共产国际以后遵循的策略路线。

拉狄克（俄国）：

请允许我说明如下对这个提案的反对意见。

代表大会的全部日程本来是一个整体：总结过去和计划未来的工作。两者之间在季诺维也夫的报告中并没有明显的界限。现在产生了一个问题，是不是在讨论过去时，不必展望未来的远景呢？在第四次代表大会和我们的未来工作之间也没有发生新的事件，足以打破和改变我们的策略。根据这个理由，我认为对过去工作的决定同时也就是对未来策略的初步决定。如果我们在这次代表大会上声明，我们同意统一战线策略，我们同意执行委员会支持各个国家的工作方法，这样实际上就是对以后的工作作出了决定，我们代表大会下面的任务就只是在细节上阐述这些决定。在政策方面，我们在这里作出决定之后，就不能再提出新的意见了，我们只能在细节上制订出我们的战略，以便各个国家加以运用。由于这个原因，我认为，我们应该从总的方面讨论一下报告：过去的策略正确吗？应该继续执行吗？

主席：
没有其他人要求发言，现在对博尔迪加同志的提案进行表决。
（提案被否决）
讨论开始。现在请第一个报名发言的捷克斯洛伐克同志讲话。

瓦伊陶尔（捷克斯洛伐克）：
我想先就季诺维也夫同志在昨天的讲话中关于捷克斯洛伐克问题作几点说明。季诺维也夫同志昨天对捷克斯洛伐克问题作了判断。使我们感到非常惊奇的是，他作为国际主席居然没有感到有必要听一听双方的意见。他大概只认识到什麦拉尔同志那里去的路，他说的情况看来也是由什麦拉尔提供的。我们的工人如果看到了季诺维也夫同志讲话中那些完全不符合事实的内容，他们会说什么呢？季诺维也夫同志说，捷克斯洛伐克模范地执行了统一战线。真是模范吗，同志们？当经济形势在几天的时间里日益尖锐的时候，工人群众翘首引颈，希望有谁会对他们说些什么，有谁会领导他们，这时候共产党没有对工人群众说一句话。直到其他政党纷纷表明了自己的立场，制订了自己的决议，共产党才提出了要求。而这些要求是列宁同志1917年6月写的。当时的情况同今天我们捷克斯洛伐克的情况完全不同，在当时的情况下，这些要求还可以说是击中要害。统一战线是这么搞的，即我们的领导同志应邀参加了民族社会党大会，并在会上通过了反革命决议。共产党发言人根本没有反对这些反革命决议，共产党工人不得不对这些由民族社会党人提出的决议进行表决。结果在我们的党员中引起了愤怒和混乱。主动性完全转到民族社会党方面了。现在只是在两个小的地区建立了两个委员会，两个小的统一战线委员会。这就可以称为"模范"。

更为模范的是统一战线影响的扩大。当时政府正处在危机之中，多次搞过形形色色的联合政府。马萨里克在同一个外国记者的谈话中说：我们也许可以同共产党很好地合作，但是共产党必须把左派分子清除出去，然后我们才能同捷克斯洛伐克党认真谈判。以后，同志们，内容相同的社论和要求在所有资产阶级和社会爱国党人的报纸中相继发表。因此，什麦拉尔开始了对左派的讨伐。他得逞了，他通过一次挑衅活动把左派赶出了党。在开除这些左派同志的前两天，土地派代表温可夫在发表这次开除的消息时，好像已经是完全决定的事实，虽然开除的决定是在两天后才作出的。统一战线不仅扩大到民族社会党人，它已经扩大到资产阶级右派、扩大到马萨里克那里了。工人们大批大批地站到被开除的同志一边，因为他们看到了这个危险，如果他们不反对什麦拉尔、沃塔瓦和其他人心目中完全建立在议会基础之上的工人政府，那我们真可能有一个堪称模范的统一战线了。这将是共产党同社会民主党、同大地主、同布尔格和马萨里克的统一战线。谁要是推荐这样一个统一战线运动，谁真是共产党的好朋友了！

其后果是党分成了两部分，它们现在是没有战斗力的。（喊：噢！）季诺维也夫还说，被开除的捷克斯洛伐克共产党党员大多数的政治路线是不正确的，我们不能支持左派。好！但是工人会说：共产国际既然要批准我们党执行委员会的一切行动，共产国际也要批准党在所有经济斗争中完全消极的行动吗？共产国际甚至批准，克拉德诺的共产党五金工人在他们的机会主义共产党领袖带动下，干了破坏罢工的工作，捷克斯洛伐克共产党执行委员会对此一言不发。共产国际还批准，不久前克拉德诺矿工书记出卖了奥斯特劳矿工的罢工。他不作任何反抗竟同意降低20%的工资，尽管奥斯特劳工人正是为此进行罢工的。执行委员会还批准工会运动中的整个混乱状态，最近举行的全国工会代表大会是这种状态的顶峰。由于机会主义分子的无能，这次代表大会完全瓦解了。工人会说：对这一切负有责任的国际，一定是一个非常特别的国际。反对派所希望的难道就是无政府主义？（喊叫声）所有被开除的地方组织和工会组成一个大的工业协会，这也是无政府主义？献身于工会工作，使工会免受机会主义的破坏，进行细致的工作，这也是无政府主义—工联主义？宣布总罢工，这也是共产主义工人党主义？想要使党成为一个有战斗力的、有活动力的党，这也是无政府主义？什麦拉尔说，把失业工人组织起来，引导他们参加斗争，不可能是共产党人的愿望，只能是无政府主义者的愿望，因为失业工人是叛乱分子。什麦拉尔这样说也是正确的？通过行动和战斗纲领产生统一战线委员会，阻止什麦拉尔把统一战线变成一个从教会、马萨里克到政府的民族统一战线，这也是无政府主义？以经过法律手续合法产生的统一战线委员会同在议会基础上建立的骗人的工人政府相对抗，这也是无政府主义？如果所有这一切对共产国际来说都是无政府主义和共产主义工人党主义，那每一个工人都会同我们一起说：我是一个真正的无政府主义者，我永远是一个无政府主义者，因为我永不背叛我的无产阶级职责。

承蒙季诺维也夫同志承认，我们的问题同莱维的问题不一样。但是他没有去想一想，是什么动机促使什麦拉尔按照自己的标准把优秀分子开除出党。我们只想对季诺维也夫同志说：这不仅同莱维的问题不一样，而且根本就不是什么破坏纪律的行为。让工人注意威胁党的危险，这是神圣的职责。现在在政治上避免欺骗行为，这也是神圣的职责。我们这样做了，我们向季诺维也夫同志声明，这样破坏纪律的行为我们会常常去做，只要有人——不管来自何方——准备谋杀我们的党。

主席：

我想请这位同志说明，你的奇谈怪论是代表你个人，还是代表捷克斯洛伐克代表团？

捷克反对派叫喊： 代表全体反对派和被开除的同志。

托洛茨基（俄国）：结尾部分也是代表整个反对派吗？

答： 对！

恩斯特·迈耶尔（德国）：

同志们，德国代表团对于第三次代表大会以来执行委员会的立场以及季诺维也夫同志昨天和今天的讲话，在基本方面表示完全同意。我们只是建议，在对各个国家的问题进行研究以后，再对决议作出表决。

同志们，季诺维也夫同志所叙述的当前形势，其主要的基本特征同我们在第三次代表大会上分析过是一样的。我们必须指出，并不是所有国家轻易地接受了这种对形势的认识。有许多国家在叙述这种形势时过于夸张了，分析时夸张，从中得出的结论因而也夸张了。另一方面，有许多派别，有一部分在德国，根本就不承认这种分析的正确性。

除了机会主义性质的错误外，有些同志从这种形势得出了一种结论，似乎应该把自己封闭起来，而由许多国家的一些同志提出的策略，其结果把共产国际搞成了一个宗派。德国党——我认为，上次代表大会以来它的实践证明了这一点——表明了，德国党在努力执行在同志式辩论的基础上所作出的有关国际事务的规定。

统一战线问题是我们现在首先要研究的问题。按照季诺维也夫同志的说法，不应该把这个问题看成是共产主义策略的一个插曲，而是一个时期问题。统一战线问题恰恰在德国讨论得最多。我个人觉得，季诺维也夫同志在讲话中似乎应该指出，这个策略的讨论和运用从根本上说是由柏林大会推动的。我们可以说，通过这次大会不仅在我们党内使问题得到了根本上的澄清，这次代表大会以及我们党和共产国际对代表大会的评价也使得非共产主义的工人相信，共产党人是愿意与他们共同斗争的，共产党人绝不是共产党的敌人所诬蔑的那些人。

当然，这个策略在运用时，甚至在我们的朋友中间也产生了一系列的误解。季诺维也夫同志已经指出了几种误解。在德国以外，有些同志把统一战线策略看成是同社会民主党、甚至是同资产阶级政党为了选举的需要而达成的共同协议，他们把它看成是组织上联合的一种准备。不可否认，有些地方在工人中，甚至在党内的一些工人中出现了这样一些误解。

此外有人担心，同上层人物的谈判，而不是发动工人的共同行动，已经损害了我们的事业。人们在这里忽略了，我们同上层人物谈判的唯一的目的就是为了工人的共同行动。我们可以根据拉特瑙运动的经验直截了当地断言，在许多地方，在一些地区，共同的合作、共同的斗争正是通过上层人物的谈判和讨论而产生的。有些同志认为，统一战线只能在经济基础上，不能在政治基础上建立起来。这也是错误的。我们的经验告诉我们，在目前的形势下，政治和经济是根本不可能分开的。季诺维也夫同志在反对德国党内出现的某些论调时指出，这是把共产党人领导的斗争形式机械地分割开来，他这样说是完全正确的。

除了可能出现的误解外，也出现了一些正常的错误，包括我们的党在内。在我们党组织的一些会议上，这些错误在讨论中和在决议中已经受到完全公开的讨论，这里没有必要再重复了，因为在大会上，在中央委员会和报纸上已经谈论得很多了。我们只想提醒大家注意一点：谈论错误之所以非常必要，目的是为了在将来防止这类错误发生，但是批评决不能导致这样的结果，即使在一大堆错误面前根本看不到正确的和必要的方面。例如，这位捷克同志在谈到执行统一战线策略的缺点时，其结论就是根本拒绝这个策略。如果捷克反对派同志在关于破坏纪律问题，关于策略和实践问题上同我们没有话可说了，或者没有别的话可说了，我认为，刚才在我前面的发言人所代表的同志，大概是最后一次同共产党人坐在一起了。

统一战线策略当然不允许机械地运用，它要经过许多不同的阶段。把统一战线策略总是看成同上层人物的谈判或者党与党的谈判，也是错误的。统一战线策略应根据形势有所变化。有的同志有时把德国党在拉特瑙运动和铁路工人罢工期间的立场同工厂委员会运动对立起来，那不过是一种误解。

巩固和扩大工厂委员会运动不过是德国党在第三次世界代表大会以后所采取的立场的结果。如果我们不在坚持运用统一战线策略时越来越接近群众，不深入到工厂和工会中去，不深入到工人群众中去，我们也不可能有这样规模的工厂委员会运动。（德国同志表示赞同）

德国独立社会民主党和社会民主党的联合也是执行党的比较正确的策略的结果。我们排除了从过去不同的情况中产生的误解，使敌对的工人组织更加难以发动对我们的进攻，从而迫使社会民主党和独立社会民主党进行联合。这对于我们意味着一个进步，只要这种联合能排除这样一种错觉，仿佛在一个国家中在改良主义党和共产党之间可以有什么中间产物。

我们在运用统一战线策略时，需要解决的最困难的问题是工人政府问题，这个问题也许我们还没有克服。我们必须把社会民主党政府和工人政府区别开来。在德国国内，社会民主党政府现在存在于萨克森和图林根——过去也在哥达——这些政府，我们是应该支持的，但是这些政府同我们所理解的工人政府没有关系。我们期望，国际能支持工人政府这个口号；我们尤其期望，这个口号也能为在大致相同的条件下工作的兄弟党所接受，但这并不意味着，我们要求他们为社会民主党政府而努力或者参加这些政府,而是要求他们为工人政府而斗争,从而便于我们的斗争。工人政府在本质上不同于社会民主党政府,不仅因为工人政府带有社会主义政策的标志,而且因为在实践中,它是真正执行社会主义—共产主义政策的。因此,工人政府的基础不是议会的,或者只是在次要方面上是议会的,它必须有广大的群众作基础,它的政策在原则上同我们目前在德国一些州所见到的社会民主党州政府的政策是不同的。

现在出现了季诺维也夫同志也谈到过的这个问题:工人政府是许多国家工人运动必须经过的阶段吗?我们的回答是:不,它不是必然的产物,它只是一种历史的可能。建立这样的工人政府,而且在一段时期维持下去,这是**可能的**。这里还要回答第二个问题:工人政府能够长期存在下去,还是只能暂时存在下去?为了回答这个问题,我们必须弄清楚,工人政府究竟是什么?工人政府和无产阶级专政之间是否有区别?季诺维也夫同志今天指出了工人政府和无产阶级专政的区别。过去在讨论这个问题时,不总是很清楚的。季诺维也夫同志在关于扩大的执行委员会会议报告的第123页上有以下一段话:

"工人政府和无产阶级专政是同一样东西,它是苏维埃政府的别名。(德国代表喊:"你们好好听着,好好听着!")一般工人容易接受,因此我们用了这个习惯的形式。"

我们认为,这是不正确的。工人政府不是无产阶级专政。(德国代表喊:"非常正确!")它首先是一个口号,我们提出这个口号是为了争取工人,使他们认识到,无产阶级在反对资产阶级的共同斗争中必须组织起来。如果大多数工人接受和执行这个口号,并且真正为这个口号而斗争,那么要不了多久我们就会发现,实现工人政府的尝试,至少在大多数有大量无产阶级人口的国家,或者直接导致无产阶级专政,或者引起长期的激烈的阶级斗争,也就是说引起各种形式的货真价实的内战。

因此，我们把工人政府看成是争取群众的必要的和有益的口号，它的实现将导致一个激烈的阶级斗争时期，最终产生无产阶级专政。

最后我还想指出，德国党的工作在前一时期尽管富有成果，但也受到一些兄弟党由于对我们的问题缺乏理解和认识而造成的干扰。在我们讨论工人政府和统一战线时，法国党和党报的某些言论扰乱了我们的宣传工作。因此我们有必要指出，今天可以说没有一个问题是可以在一国范围内解决的。所有问题都会直接影响到兄弟党的宣传工作。我们现在应该强调这个认识，即任何一个国家的任何一个党的立场都会产生国际影响，这才是真正的国际纪律；这不仅因为，我们是通过一个最高领导联系在一起的，我们执行国际代表大会所通过的决议；而且还因为，我们的国际纪律，我们的国际团结在于，每一个党应该了解另一个党，每一个党在采取自己的步骤时应该注意到对其他兄弟党的影响和作用。前一段时期，我们试图通过同法国同志交换意见达到互相了解，特别是在凡尔赛和约的问题上。科隆会议首先是为了这个目的而召开的。我们可以说，这些努力获得了成果。我们感到，我们的法国同志在这个问题上帮助了我们。但是我们也必须指出，法国党的危机大大阻碍了科隆协议的实施。我们迫切地希望，法国问题能够在这里得到完全的澄清和解决，这不仅是为了法国兄弟党的利益，而且也是为了我们自己本身的利益。我们感到，第三次代表大会对这个问题有所忽略，国际没有及早地关心这个问题。错误已经发生，而如果现在在坚决采取原则性的决定时，不把组织措施限制在最小的范围内，这似乎也是在犯错误。

最后，德国代表团还想指出，一般说来，如果各国党的代表大会在世界代表大会之前召开，可能更合适些。例如，法国党在世界代表大会之前在自己的党的代表大会上解决了自己的问题，而并没有表现出危机迹象的德国党却不能很好地利用由于德国独立社会民主党和社会民主党的联合而产生的形势，这就造成了一种有些奇怪的印象。我们承认，一个国家的党的代表大会在世界代表大会以后召开在许多情况下也可能是比较合适的，但是不能一概而论，各种情况应该通过同执行委员会的磋商作出规定。

瓦尔加（匈牙利）：

尊敬的同志们，我只想谈一谈季诺维也夫同志报告中的最后一个问题，就是他个人以非常友好的方式指责一个同志有机会主义思想的问题。这个被他指责为犯有机会主义错误的同志——我想揭开这个无名氏的秘密——就是我。事情本身完全建立在误解的基础上。我绝对记不起来我说过，欧洲工人在俄国工人的生活状况得到改善以前应该放慢他们的斗争。我只是说过，赈济饥荒运动以及这样一个事实，即在欧洲工人头脑中存在俄国工人的生活目前非常糟的错误认识，对于彻底胜利的前途，也就是说，对于建立新的无产阶级专政的前途，对于我们工作的前途会产生多么有害的影响。同志们，你们会说：这是个人问题，不值得在代表大会上讨论。但事实恰恰是，季诺维也夫同志认为有必要在这里特别提出这件事，并且指出，他认为这不是我个人的问题，因此他很重视这种思想。否则，他肯定不会在这里提出这件事的。因此，我认为应该讨论一下这件事。

季诺维也夫同志认为，一个国家的工人阶级之所以起来革命，是因为它从现存的状况中，从工人阶级现存的困苦中找不到出路。事实又是怎样的呢？资本主义各国的工人目前在资本主义的衰亡阶段都在遭受着苦难。

工人们在寻找摆脱这种状况的道路。这里有一个有觉悟的革命核心，这就是共产党，它指明了道路。共产党说，道路是通过无产阶级专政过渡到社会主义建设。我们说，这条道路意味着匮乏，意味着斗争，意味着饥饿。我们不需要隐瞒。因为我已经被人指责为机会主义了，因此也许可以容我提出，我对俄国的情况不了解，我的根据纯粹是匈牙利专政的经验，以及资本主义向社会主义过渡阶段不可避免的经济变化的理论。我在一本关于《无产阶级专政的经济问题》的书中说过，在专政阶段，作为斗争先锋队的工业无产阶级的生活状况不可避免会有所下降。

是的，同志们，但是工人的大多数，在他们还没有具有自觉的革命认识的时候，他们会问：这个困苦和饥饿阶段要延续多久呢？孟什维克对这个问题的回答是：只要专政存在，这个阶段就会一直延续下去！同志们，各种各样的情况导致了俄国的饥荒，部分是同专政必然联系在一起，有的是同俄国孤立地实行专政的事实有关，还有的是带有偶然性的，例如恶劣的气候、1920—1921年的大旱灾，因此，俄国无产阶级才向资本主义国家的无产阶级求援。这个运动当然也有好的方面。但是，同志们，每一个生活在俄国以外的人一定会同意我这样说，这次赈灾运动引起了工人阶级的广大群众对革命和无产阶级专政的某种恐惧心理。同志们，孟什维克肯定会一百遍、一千遍地重复说：你们说，我们应该通过革命把我们从现在的实际情况中救出来，你们看看俄国的例子吧，在那里，俄国的无产阶级专政已经四五年了，可是现在他们不得不向我们求援了。德国、意大利和法国的工人们，你们如果再搞革命，10年以后你们就要向依然是资本主义的国家中的工人求援，或者用他们的话来说，向他们乞讨了。同志们，我说的是：我们必须驳倒由于孟什维克和赈济饥荒而在广大群众中产生的观念，即俄国工人生活非常糟糕的观念。我们必须彻底批驳这种观念，因为它不是事实。同志们，在这里街道上的游行队伍中，我在很近的地方非常注意地观察了成千上万的工人，我必须说，他们的营养比柏林工人要好。他们的衣服也许比较差些，但他们的面容要健康得多。同志们，你们观察了群众的情绪，他们不都是共产党人，90%还是非党群众，我想问你们：你们在欧洲的街道上见过工人像这样愉快、这样满意吗？我不是说，所有的俄国工人都有这样的情绪，我离开俄国已经很长时间了，但是莫斯科工人的营养很好，情绪很好，这个事实应该是确定无疑的。

另一个事实是，俄国工人的状况9个月以来是向前发展了，而整个欧洲大陆工人的状况是倒退的。在有些国家，例如在德国，下降的趋势更为突出。同志们，这一点我们必须通过数百篇文章向德国的非党群众讲清楚，我们必须向他们说：俄国工人的生活也许现在还不会，但是再过3个月或6个月会比奥地利工人实际上要好些。我们必须讲清楚这一点。我们必须反对那种认为专政**意味着永久饥饿**的思想。我认为，这是非常重要的，因为这是同我对世界范围内革命运动进程的普遍认识紧密相关的。

同志们，昨天我在德国代表团里说了一句也许不十分恰当、过于尖锐的话。我说，当年俄国资产阶级有点儿被人突然袭击，匈牙利资产阶级几乎完全让人突然袭击，今后任何一个国家的资产阶级再也不会那样让人搞突然袭击了。我想说明什么呢？我想说，俄国资产阶级没有进行他们本来也许可以进行的那种反抗，因为它以为，布尔什维克政权，无产阶级专政在几周内就会崩溃。至于匈牙利，同志们，我必须说，资产阶级根本不知道，无产阶级专政意味着什么、是什么。我想说，资产阶级几乎是毫无抵抗地滑进了无产阶级专政。这不会重复了。现在，当资产阶级看到俄国的无产阶级政权已经存在了五年，当欧洲没有一个稍有理解能力的人会相信，俄国无产阶级将在不太长的时间内崩溃时资产阶级，各国的统治阶级就会时刻处于戒备状态，而且会最大限度地武装自己。现在他们的注意力全部集中在共产党的每一个运动上。我认为，突然袭击的情况是完全不可能发生的。这是什么意思呢？这就是说，我们应该向我们的部队、我们的战士讲清楚，他们不能设想依靠力量比较小的英勇的共产党，依靠力量比较小的一部分同志就能推倒资产阶级的堡垒。我们必须把群众争取过来。正因为如此，我说过，如果我们不揭穿俄国工人正在挨饿以至饿死的传说，我们就不可能争取某些动摇的工人群众。我不知道，这是不是机会主义。我不认为是这样。这是对实际情况的明晰的观察，是对西欧工人、非共产党人的思想状况的明晰的观察。

同志们，这个问题既同统一战线问题又同这次代表大会将要讨论的《土地问题行动纲领》问题紧紧联系在一起。我认为，《土地问题行动纲领》就其本质来说，无非是把统一战线的思想运用到农业人口上去。正如我们在贯彻统一战线时应该联系到无产阶级群众的日常需要一样，我认为，我们在土地运动中，也必须把那些希望通过革命变革有所获益的阶层的日常需要联系起来。这就是说，我认为，我们要在俄国以外的国家取得革命的胜利，就一定要有广泛的群众。这样，在我们向资产阶级发动进攻时，我们可以依靠他们，或者至少不使他们倒向资产阶级阵营，对我们进行斗争。

我所说的这些话，我认为并不是机会主义的，而是对西欧各国真实情况的认识。只要我们不断听到非党群众的声音：专政是饥饿，饥饿，饥饿，我们就不可能把这些群众争取过来。因此，在国际范围内明年的最重要任务之一，就是要揭穿俄国工人正在挨饿和饿死的传说。

鲁特·费舍（德国）：

同志们，季诺维也夫同志的报告为我们的讨论提供了丰富的材料，但是我只准备谈两个关于德国的问题。这两个问题也许会引起代表大会的兴趣。首先一个问题，第三次代表大会对德国党的发展产生了什么影响？应该说，德国党内为数不少的人并不完全像季诺维也大同志的报告那样从好的方面来看待对德国党问题的处理。第三次代表大会对莱维派的政治观点没有提出明确的看法，代表大会也未能对三月行动加以纠正，因此造成的印象，好像保尔·莱维只是由于纪律的原因被开除的。德国党内有一大部分人认为，德国党恰恰在这个问题上的困难情况，耶拿党代表大会的不幸结局以及弗里斯兰特派的发展，大部分正是受了第三次代表大会不明确态度的影响。我们的工作失去了几个月的宝贵时间。我在这里提起这件事，并不是想揭开旧的伤疤，我只是想说，共产主义工人党集团问题同违反纪律问题不一样。这个错误应该作为我们处理其他一些问题的教训。任何一个纪律问题都是一个政治问题。

现在我谈第二个问题，统一战线策略在德国的运用以及我们把这个口号运用于实践的经验。首先，什么时候都有必要说明，我们应该怎样理解统一战线策略，因为对这个口号的解释实在太多了。统一战线策略的发展在德国也经历了一段非常复杂的历史。这个发展由公开信开始，一直到工厂委员会运动结束。我们应当明白，我们的工作必须适应于为提高工人生活状况而进行的联合斗争。但是，同志们，提出部分要求，就是像著名的、具有象征意义的拉狄克式的"小块面包"，是一个很不完全的概念。应该进一步指出，仅仅**宣传**这些要求是不够的，除此以外还应该创造一个基础，在群众中创造组织的基础，以便有可能**为这些要求进行斗争**。

同志们，关于同上层人物谈判的问题，我们讨论很多了，这纯粹是一个目的问题，一个策略问题。我们的错误在于，从一开始我们就把一切重点放到同上层人物谈判这个神圣的事业上了。过分强调这种谈判，崇拜这种谈判，同上层人物亦步亦趋，这里面隐藏着什么呢？这里面隐藏着一种十分危险的幻想。这种幻想导致了对共产主义、对革命的修正，就像下面这种情况：我们经受过的无比严重的失败、可怕的打击和血的教训，使得德国工人内部的一部分无产阶级产生了一种情绪，好像他们在反革命面前退让仅仅是由于分裂和组织上的软弱造成的，好像坚强的组织——这是一个典型的德国式的幻想——就可以成为战胜反革命的主要手段。德国社会民主党利用这种幻想，使德国独立社会民主党就范。社会民主党还利用对统一战线的这种认识，在所有专区的党员代表大会上，把独立社会民主党的工人吸收进了社会民主党。人们还公开宣称，这就是无产阶级的统一战线。

现在，我们的观点同孟什维克的观点之间的差别已经不大了。有人虽然没有明白地说出来，但是相信，要进行一次真正的反对反革命的**斗争**，非把人数众多的社会民主党和全德工会联合会争取过来不可。这些人的观点也就是不再需要同上层人物谈判了，不再需要同上层人物合作了，他们认为，共产党什么时候都太弱小了，不同社会民主党人结成牢固的联盟就不能前进。这是一种非常危险的思想。（喊声）我马上谈这个问题。当然，在座的德国代表团完全排除在外。（笑声）季诺维也夫同志在讲话中批驳了同全德工会联合会和社会民主党的联盟是真正行动的唯一前提的思想，他说，我们目前最凶恶的敌人是第二国际以及参加第二国际的政党。这种思想也为下列事实所驳斥，就是现在这些党在各个地方向我们发起了猛烈的攻势。

你们会问：这种思想在什么地方有呢？我向你们坦率而不加掩饰地说：这种思想存在于一些在反对资本主义和资产阶级的斗争中遭到迫害的共产主义工人的头脑里。谁想自己欺骗自己，谁想自己抱有幻想，可以听其自便。但是，工厂工作的实践、工会工作的实践证明了下面的看法是正确的：我们作为一个群众性的政党不可能摆脱群众的幻想，我们生活在他们中间，他们的幻想会影响我们并且会在党内得到一定的表现。

尽管时间不多了，我还是要说，这种认为有可能同社会民主党结成联盟的思想也被近几年革命的全部经验彻底驳斥了。我们的挪威兄弟党在讨论中令人高兴地公开指出，这种思想导致了在组织上同社会民主党联合的思想。这不仅是对统一战线的错误认识，在它的后面更隐藏着修正革命的倾向，以"西方"方式美化革命，在我们的现实和愿望之间创造出各个民主过渡阶段。它企图隐瞒内战的困难，企图通过**很好的组织及与社会民主党结成联盟，没有多大困难**就推翻资本主义。

季诺维也夫同志强调指出，形势是困难的，德国的形势也是困难的，正因为如此，正因为我们这里没有人会指望欧洲后天就能胜利，正因为我们面对着一个狡猾和危险的敌人——我们不应该被德国社会民主党的软弱迷惑，德国党和共产国际才应该在日常工作的实践中以极大的毅力反对修正主义的危险。一有人这样说，就会有人说他长着"孟什维克的鼻子"，说他不满现状，歪曲批评者的观点。我想十分明确地说：危险在德国党内还不是很大，危险是可以很容易克服的。但是在共产主义工人党集团危机中我们是不幸的悲观主义者，种种事件证明我们是正确的。

党员同志们，最后我想简单地谈一谈统一战线策略在实际运用中的情况。我想首先指出，铁路工人罢工是一场有深刻意义的运动，它也许在国外没有被完全正确地估计。这次铁路工人罢工完全正确地运用了德国党的策略。我们当时就向群众说：八小时工作制在危险中，结社的权利在危险中。我们投身于群众运动中，但是我们没有提出纲领，据说这是同我们的观点相矛盾的。

拉特瑙运动是另一种情况。应该明白指出，拉特瑙运动反映了统一战线策略的消极一面。在拉特瑙运动中，当群众激动起来要求我们的时候，我们却首先进行了**秘密**谈判，好几个星期同全德工会联合会和社会民主党进行了外交式的谈判，而这两个党是在有意同我们周旋。他们想长期地谈下去，直到可以把我们牵制住为止。我们在谈判中顾虑重重，没有提出进攻性的要求。我们不敢大胆地在报纸上、集会上亮相。

我们是应该有所顾忌的，但是在激动的群众面前、在可以争取的群众面前以外交家的姿态出现，不进行革命宣传，不说明真实情况，这是最大的错误。拉特瑙运动中的错误,德国党是不能洗刷的,即使试图这样做,也是办不到的。这个错误留给我们德国党党员的印象是深刻的。他们不信任我们了,不信任的程度比我们在这里所能想象的要严重得多,这就是共产主义工人党集团危机的教训。

同志们,关于工厂委员会运动,最后我还想说几句。这个运动又表现了这些错误的积极一面。我想同样坦率地说,工厂委员会运动的好的一面并不能算在我们的账上,这是社会民主党人的过失,他们一脚把我们踢出去,使得我们不可能继续我们的拉特瑙策略。同志们,我可以向你们保证,如果德国的运动变得激烈,社会民主党人一定还会重复他们在拉特瑙事件中的把戏,因为他们认为这是一个很好的手段,可以在危急时刻麻痹共产党的力量。

我们不应过高地估计工厂委员会运动,我觉得,它的真正意义在这里还不能估量。但我认为,这个运动有三个主要好处:第一,它粉碎了整个社会民主党人和独立社会民主党人关于联合的陈词滥调以及自以为唯一能救世的大党社会民主党的全部叫嚣;社会民主党人现在不再为那个大社会民主党作广告了,他们不得不转而反对我们党了。他们不得不反对我们的口号、不得不写文章,他们已经处于守势,已经不能像他们所希望的那样利用党代会的影响了。

第二,两年以后,人们第一次把工厂委员会的主动性问题提到日程上了。谁如果对工厂委员会在德国的沉没有些了解,谁就会知道应该怎样估价现在这个胜利的重要性。

第三,也是最重要的一点,即监督生产的问题又在工人中讨论起来了,尽管讨论的方式还不太灵活、不太熟练,讨论的声势还很弱小,但是这个问题在工厂里讨论起来了。不仅共产党人讨论起这个问题——这很有必要,这两年他们把许多事忘记了,而且社会民主党的工人也讨论起这个问题了,回避这个问题的《前进报》也讨论起来了。

如果德国党和共产国际继续对这个运动给予必要的重视，把它看做是在建立有战斗力的统一战线，如果在运动中正确地运用统一战线策略，这个运动一定会给我们带来很大的胜利。为了把工厂委员会争取到我们这方面来，过去我们在运动中很注重同全国性的协会打交道，把它作为策略方法。为了使工人们相信全德工会联合会既不愿意召开代表大会又不愿意进行斗争，我们写信给全德工会联合会，说我们同意在工人的实际问题上同它结成联盟。

工厂委员会运动也向兄弟党证明了，统一战线策略如果被正确理解了，根本不存在什么危险，问题仅仅在于，我们应清楚地阐述这个策略，并且要知道我们希望的是什么东西。同时，共产国际和第四次代表大会也应该明白，统一战线策略问题在某种意义上也提出修正主义的问题，如许多党以许多不同的形式所遇到的那样。我受柏林组织的委托在这里表示：我们祝愿第四次代表大会能密切注意这个问题，以使共产国际摆脱各种机会主义思想。（德国代表鼓掌）

诺伊拉特（捷克斯洛伐克）：

同志们！首先我想请大家注意，我们对于季诺维也夫同志的报告将发表我们代表团的声明。我先不谈这个问题，因为我想用一些事实回答瓦伊陶尔同志的讲话。

同志们！也许有的代表在听了瓦伊陶尔同志的讲话后会认为，在捷克斯洛伐克党内存在着一个左的反对派，而这个反对派似乎是以瓦伊陶尔同志为代表的。同志们，这是错误的。捷克斯洛伐克左的反对派在联合代表大会召开之前曾经反对过以什麦拉尔同志为代表的机会主义。但是在代表大会以后，什麦拉尔同志回到了第三次世界代表大会决议的基础上，因此也就具备了反对派同什麦拉尔同志合作的实际前提。大约在去年12月以后存在的所谓新反对派，在过去8个月中，没有提出同我们的策略原则根本不同的原则。只是在几周前反对派提出了一个像是纲领的东西，我准备向大家介绍一下其中的几点。不过我要首先请大家注意的是，在捷克斯洛伐克，我们在联合代表大会以后立即经受了一系列极其艰苦的斗争，捷克斯洛伐克共产党执行委员会善于站在斗争的最前列，善于对工人群众的最广泛阶层施以尽可能最大的影响。我想到的例子有国家文职人员的斗争，有私人企业职员、五金工人、矿山工人和玻璃工人的斗争。在这些斗争中，被人们称为什麦拉尔分子的多数派提出了一些原则，这是为共产党可靠人员制订的原则。这些原则得到了承认，而且是行之有效的。这些原则也从来没有受到反对派成员的攻击或驳斥，他们也没有提出同我们的原则相对立的原则。在我们进行这些斗争的时候，尤其是在矿工斗争期间我们提出了对工人群众发生很大影响的口号的时候，我们发现，有几个为共产党所信赖的人干了一些蠢事。当然，为共产党所信赖的人也是可能干出蠢事的。在矿工罢工时，有些代表在同工厂主谈判时自作主张地说了一些话，我们对此是不能同意的。我们立即召回了这些人，严厉地责备了他们，并且向他们指出了错误之所在，我们还向他们说，改正这些错误应该做些什么。当时反对派对这些事没有表态，他们也没有发现这些错误，这些错误是我们及时发现的。

这是在大规模斗争中发生的事。我们为统一战线也开展了一些活动，组织了一些大型集会和鼓动工作。反对派是同意的，至少他们从来没有向我们透露过他们的不同意见；他们保持了沉默。在党的新书记扎波托茨基开始担任工作时，他讲了下面一段话：反对派虽然没有向我们透露过他们的原则，但是他们反对我们，他们不同意我们的意见。反对派讲话的基本内容就是：什麦拉尔是机会主义者，但是他们对此没有提出一点点证据；第二，是说他无论如何想当部长；第三，是说他背着党同反革命进行谈判；他们对这两点也没有提出证据。那些凡是试图同什麦拉尔合作的人都成了什麦拉尔分子，都是突然改变了主意。这就是反对派所代表的纲领的全部实际内容。

我们在复活节会议上对反对派说，这场游戏应该结束了。你们给我们说说，你们想干什么，你们总要给我们说说你们纲领的内容吧，你们总要提出你们的原则吧；但是如果你们没有原则，如果你们不知道你们同我们的区别是什么，那也总该把这一点讲明白吧。在那次会议上，我们提出了统一战线原则，我们提出了党的工作提纲，我们作出了一个共产党会议所能作出的认真的决定。反对派没有开口，反对派同志没有向我们说一个字表示他们对什么有不同意的，只字未提对我们提出的统一战线原则和党的其他任务有不同意的，因此，我们认为他们最终同意了我们提出的原则。因为，我们对他们说，如果他们有不同的意见，请说出来。尽管我们一直要求他们发言，他们始终没有发言。会议之后，这场游戏又继续了。很遗憾，我不得不这样说，因为这的确不怎么高尚。旧的游戏又继续了。除了愚蠢的论据外，没有原则，没有纲领，没有更为严肃的思想，不外乎说什麦拉尔同志想从老什图茨背上爬上部长的交椅。后来呢，同志们，伊列克同志到了莫斯科。他作为捷克斯洛伐克党的代表一会儿去这里，一会儿到那里。在莫斯科，最有经验的同志坐在一起，研究了材料。他们问伊列克：你们有什么纲领？他在会上讲了话，什麦拉尔也讲了话。结果呢？执行委员会强调指出：捷克斯洛伐克党内没有原则性政治分歧，只有组织上的缺点。我们不想找什么借口，说我们所以不能克服这些缺点，是因为这几个月来我们在党的执行委员会的各种会议上，不得不忙于应付反对派的可笑攻击。我们没有寻找借口，我们只是声明：国际执行委员会是正确的。我们将努力克服这些缺点。伊列克同志在莫斯科同意了决议，他声明，在我们捷克斯洛伐克没有政治分歧。可是他一回到捷克斯洛伐克就组织起了反对派，并且有了组织形式，而且以比从前更为激烈的方式继续进行反对派的活动。

同志们，那么该怎么办呢？拉狄克同志发表了一篇文章，执行委员会公布了决议。文章和决议都说，捷克斯洛伐克有组织上的缺点。我们讨论了这些缺点，这些缺点是会被克服的。政治分歧既然不存在，党可以着手解决重大任务了，但是不行。遗憾的是，在捷克斯洛伐克党内，我们只能把很少的时间放在重要的任务上，我们几乎不可能注意运动的重大问题，因为我们不得不一而再、再而三地应付老问题。我们不得不在会上花七个小时时间，反复向什图茨说明，什麦拉尔不想当部长。

后来，我们又开了一次会，共产国际的代表参加了。会议指出：反对派没有提出任何论据，足以证明存在着理论分歧。同志们，我不想详细说了，我只想提一点，在刚才提到的那次会议召开之前，在《共产党人》杂志上发表了一篇文章，内容很坏，是一个反对派成员写的。在这篇有220行的文章中，有180行是从托洛茨基同志的著作《新阶段》中抄下来的，从中得出了反对派的原则。（布哈林："加引号了吗？"）没有，同志们，没有加引号。

接着发生了什么事？反对派继续进行他们的斗争。我们没有别的办法，只好再开一次代表会议，全国代表会议。所有的同志疲倦到了极点。我们实在不能再坚持下去了。关于矿山工人和冶金工人斗争的严肃决议，是我们在从赖兴贝格到布拉格的路上讨论的，因为在会上我们不可能研究这些事。扎波托茨基和其他所有同志声明：再这样下去不行了，再开一次全国代表会议吧，如果反对派问题不解决，我们是不可能再同反对派代表工作了。于是开了全国代表会议。共产国际有两位代表参加了这次会议。会上，反对派终于向我们提出了几条纲领性的原则。我不想耽搁时间了，现在我就向你们介绍一下这个纲领的几条原则。反对派在纲领中对经济危机以及共产党对经济危机的态度表示了自己的观点。在关于目标一章中是这样写的（读）：

"工人受到双重剥削，先是受雇主剥削，接着是受商人剥削。中间商人哄抬物价，使工人受到的剥削比受资本家的剥削更为沉重。

大小商人是工人最激烈的阶级敌人，即使不是最大的敌人。商人这个阶级同样是资本主义制度最热烈的捍卫者，在一定的情况下也是资本主义制度最热烈的斗士……

工人阶级必须而且可以使用的最重要的两个手段是：

1. 抵制资本主义的产品；
2. 发展和集中所有生产合作社和消费合作社。"

至于如何抵制，瓦伊陶尔同志说了如下的一段话：

"抵制，至于如何运用抵制的手段，目前的形势是最合适不过的了。资产阶级从来都毫不犹豫地利用工人阶级对它的依附性；因此工人阶级对利用资产阶级对工人阶级的依附性，也绝不能犹豫。资本家解雇了几千名工人，目的是通过这个残忍的手段降低工资。当前，工人可以通过抵制运动使得那些生产昂贵必需品或者残忍对付工人阶级的公司倒闭破产。工人不应放弃这种手段，因为如果工人不使用这种有效的武器，就只会使大资本加速集中，使自己进展缓慢。属于被抵制之列的公司，应该是与生产成本相比过分追逐高价的公司；其次是对工人怀有敌意的公司。是的，压价会使许多小商人受到不公平的压制，因为他们没有能力较为便宜地购买原料。但是抵制行动并能因遇到这个障碍而陷于失败。破产的危险会迫使那些从事小本经营的商人同其他商人合并成生产合作社，参加工人生产合作社组织。在合作社里他们可以通过比较廉价的大规模购买，以符合工人的要求。"

执行委员会称之为左派反对派的纲领性声明在全国代表会议召开之前就是如此而已。

同志们，我认为，这出残酷的游戏可以收场了。我不可能向你们隐瞒反对派关于工人政府这个最重要的问题的意见，因为你们已经听说了。反对派认为，执行委员会的看法，即我们履行了自己的职责，是错误的；反过来说才是正确的，即我们违反了自己的职责。

我们要问问同志们，第一，我们在哪些地方违反了职责？第二，请向我们说说，反对派对工人政府这个问题究竟是如何考虑的？同志们，第一个问题，我们在哪些地方违反了职责，我们到现在没有得到回答。但是反对派却向我们说了，他们对工人政府这个问题是如何考虑的。这一点恕我不能不提一下。他们说：

"工人政府的任务是：

创造一个最高峰时期，使生产和分配在集体资本主义的意义上进行集中。"（笑声）

同志们，我根本不理解这句话，我相信，我也永远不会理解这句话。

"2. 把军国主义转变成民兵制度。

3. 同苏维埃俄国建立组织上的联系。

工人政府问题，应由捷克斯洛伐克共产党在同共产国际保持绝对紧密联系的情况下，尽可能同时与一切非资本主义国家的共产国际其他支部一起加以解决。我们坚决拒绝讨论工人政府的性质，并劝告大家，不要只是抽象地讨论这个问题。"

应该说，不要抽象地说，这一点倒是具体的。（笑声）

我的发言时间也许过了。我快点说，很快就结束。我还要向大家说几句话，这是真正的实际材料。我们在全国代表会议上才听到了这些原则，或者说这些原则的一部分。在全国代表会议上，共产国际代表站起来声明："你们反对派的代表和成员应该认识到，你们没有理由在政治上反对多数，你们必须同他们一道工作。"

在全国代表会议之前，由于我们对工人政府和统一战线原则的宣传和鼓动采用了正确的方式，因此我们还能对今天追随捷克民族主义分子的所有群众起到几乎是意料不到的影响。我说的是"捷克民族主义分子"，因为鲁特·费舍同志（柏林）把捷克民族主义分子同德国民族主义分子混淆了。在捷克，民族主义分子受到广大群众的支持，我们对这些群众曾经有过如此巨大的影响，以致他们的领袖被迫到我们的办公室来，同我们谈话，请我们参加会议，目的是同他们一起，如瓦伊陶尔同志所说，对政府施加影响。但是，难道瓦伊陶尔同志不知道，我们是怎样回答民族社会主义分子的？我们对民族社会主义分子说：统一战线吗？好，但是同谁搞统一战线呢？同你们吗？我们不需要同你们搞统一战线。我们拒绝同你们搞统一战线，但是同你们一起支持你们的工人是可以的。你们不是想为工人争取多一点的工资吗？你们不是想对资产阶级发动攻势吗？好的，我们准备同你们一起战斗，但前提是，我们的原则，对这次战斗起着决定性作用的原则，必须得到承认。因此，瓦伊陶尔同志才提出了他今天在这里所说的原则。在如此严峻的形势下，我们国家的形势比其他任何一个国家都较为有利，但反对派却跑出来声明说：如果中央不实现我们的一系列要求，如果中央不把报纸完全供我们使用，我们立即向各组织散发传单，一一列举中央犯下的种种罪行。这是在全国代表会议开会前的 48 小时。当时我们已经不能阻止这件事的发生。传单散发出去了，传单上真的提出了对我们的谴责。如果这些谴责真的有道理，我们现在就不会站在这里了。我们在共产国际中也不会有位置了。这是些人们能够提出的最恶毒、最下流的谴责。我们参加了全国代表会议并且说：现在你们说吧，在这些谴责中有哪些是真的？这些同志们除了对什麦拉尔同志表示不信任外，在会上也没有其他话可说。接着人们在会上作出了决议，把反对派开除出去。这个决议为捷克斯洛伐克共产党的绝大多数党员所了解。我们同反对派斗了八个月、十个月，他们从来没有说出自己的思想，从来没有下决心一道工作，也从来没有表现得比我们更能干。斗了十个月，所有重要问题都被耽搁了。为了党的利益，为了党的发展，我们不得不履行和承认纪律原则。我们问反对派，他们是否愿意收回他们的传单以及传单上的内容。反对派回答说：不。共产国际代表几乎是在请求他们，他们还是拒绝了。

最后，我认为，有一种说法是不真实的，企图用童话来诓骗不明真相的同志。有人说，在捷克斯洛伐克党内有很可观的一部分党员站在反对派的立场上。关于这个问题我们准备在委员会讨论时提供重要的证明。我要对你们说，只有唯一的一个县，而且不是全体党员，是站在反对派立场上的，这就是普罗斯尼茨县，24个县中的一个县。

共产国际执行委员会的决定损害了中央的权威，破坏和动摇了中央的权威。尽管如此，我们不单单是获悉了这个决定，我们还发表了这个决定。我们遵循了这个决定。我们之所以遵循了这个决定，同志们，因为我们相信，在这次代表大会上，大多数代表一定会作出决议，允许我们在捷克斯洛伐克进行工作和斗争；因为我们相信，这次代表大会的多数代表一定会作出这样的决议，使得原则发生效力，使得这些原则不仅对无产阶级组织、甚至对元老协会也能起到决定性作用。

我们再也不能忍受反对派的这个态度了，我们再也不能允许有人以这样轻率的方式来阻止一个身负重任的党的工作，来阻止它履行自己的职责。（鼓掌）

主席：
比利时代表团要求有自己的代表参加黑人问题委员会，决定由范奥弗斯特拉滕同志参加。有反对的吗？（通过）

南美代表团要求派阿根廷的佩纳隆参加法国问题委员会，派平托斯同志参加西班牙问题委员会，派墨西哥的施蒂纳同志参加美国代表团。

有反对的吗？（通过）

　　主席团建议拉柯夫斯基同志作为委员参加法国问题委员会。有反对的吗？（通过）

　　（会议休会时间：下午 4 时 30 分）

第四次会议

(1922年11月11日)

会议开始：11时15分
主席：柯拉罗夫

继续讨论共产国际执行委员会工作报告

贝克尔（德国）：

执行委员会的报告对德国党讲了许多溢美之词，然而同志们，我们感到有些不安。我们想到，如果人们现在把我们当做共产国际这个大家庭中的优秀儿子之一，下一次，当我们做了错事，人们也许要加倍打我们的屁股。因此，我们报告的重点是想在这里着重说一说我们的缺点。

在德国执行统一战线策略时，我们也遇到了两种阻碍我们执行这个策略的倾向。我们这里的倾向同意大利和法国的不一样，它们不是公开的，不是从观点变成理论的流派，也不是在原则上反对统一战线策略。我说过，在我们那里只是倾向而已。但是同志们，我认为，对于那些现在正准备实际贯彻统一战线的国家来说，认识这些倾向的本质，同样是有意义的，因为这些国家也估计会出现这些倾向。

同志们，这种倾向不仅在上层人物中起着一定的作用，它的根源还在于，有一部分党员——不是一小部分党员，在无产阶级表现软弱无力、漠不关心的困难局面下，他们不去认识自己作为共产党人的任务，不去充当积极的因素,不是恰恰在这样的局面下高高举起阶级斗争的旗帜,不是为了动员群众去做细致的工作,而是表现得悲观失望,灰心丧气。一部分群众受到这种情绪的感染,失去了自己的积极性,对于与无产阶级的日常困苦相结合的努力不报任何希望。

同志们,我们一部分党员的情绪在最近几个月,可以说大大地低落了。这种情绪正是对党的上层人物发生影响的那些倾向的基础。这两种倾向虽然正确地估计了政治形势,但是其声调、作用是在促使消极悲观主义的发展。同志们,这种悲观主义既可以表现在左的倾向中,也可以表现在右的倾向中。同志们,此外还有一些其他因素也在领导同志们那里起着作用,一些天然的因素。有少数同志——大多是左倾同志——不完全了解执行统一战线策略的各种可能性,因此过分地害怕机会主义的危险,他们的害怕心理往往成了执行统一战线策略的内部阻碍,他们感到有责任去阻止统一战线的执行。右的倾向在一部分领导同志那里所起的作用无论从何种原因来看都具有消极的性质,在执行统一战线策略时,它同样没有发挥必不可少的积极性。我们在德国的经验是,只要我们着手执行统一战线策略,社会民主党人也会搞起统一战线来。我们经历过紧急的情况,也就是这样的情况,即不总是我们首先要求采取团结统一的行动,而是社会民主党人走到我们前面了。这首先是一些领导同志的被动态度使得社会民主党人走到我们前面了,使得别人从我们手中夺走了统一战线政策的领导权。

同志们,我们在德国拉特瑙危机时期采取统一战线行动时,这两种倾向都表现出了不安和恐惧。有右倾的同志在同上层组织谈判时十分恐惧,他们害怕很快同上层组织分手,这种恐惧心理甚至发展到党在某种程度上不能足够鲜明地表现自己的形象。

至于说到左的倾向,它也表现出对自己缺乏信心。我只想提一提柏林的情况。昨天发言的费舍同志也知道,柏林组织在拉特瑙危机时期采取行动时发动了"静默游行",也就是没有演说的游行。你们完全可以寻找你们想要的借口为之辩护,但是这类事件能够在党的左派分子中出现,现在是而且永远都是失去信心的表现。如果我们一起举行游行,我们就应把重点放在自己的形象上。费舍同志昨天说,在德国党内可以看到过高估计同上层组织谈判的现象。我必须指出,我在党内没有看到这种倾向。我看到的是相反的情况:我说的是右倾消极倾向,不仅在谈判中消极,在准备谈判时也表现了缺乏信心的观望态度。我们没有看到乞求谈判的现象,相反,常常有些谈判,我们本来应该举行而没有这样做,如果做了可以更好地运用统一战线策略,可以更多地通过群众来揭露社会民主党领导。

费舍同志还说,党在拉特瑙危机中放过了中断谈判的有利时机。这又是所谓左倾分子缺乏信心的表现。但对我们来说,当时根本没有理由中断谈判,我们应该努力去做的是逼迫社会民主党人自己中断谈判,假如他们不愿实现已经提出的要求。

费舍同志说,关于统一战线在党内存在着希望在组织上同社会民主党联合的观点。我不否认,在一些同志的头脑中存在着这种思想倾向,但问题在于,党是不是在助长这种倾向。在这里我必须说,党不仅没有助长这种倾向,而且它是反对这种倾向的。在工厂委员会运动中,如同在过去所有活动中的情况以及以后的情况一样,我们看到了一些软弱无力的分子,工厂委员会委员、工会干部,他们由于害怕我们的策略会由于阿姆斯特丹分子的作祟而导致工会的分裂,因而破坏了党的政策。我们干脆把他们开除出党了。这些分子在执行统一战线策略时所表现的机会主义倾向并不能证明党在支持这样的倾向。

还有一种现象,就是你们在所有国家将会见到的现象:机械地理解统一战线策略的贯彻。一次行动之后,社会民主党领导人在统一战线行动中表现出严重的背叛之后,这种倾向就会立即反映到本来是很好的同志身上。他们说，这样的共同行动，同社会民主党领导人的谈判应该是最后一次了，我们现在要的是从下面搞起统一战线。我们在德国一再向抱有这些机械认识的人说：好的，假如你们能够表现出积极性，使我们在两个月内能够说，我们不需要同社会民主党人再进行谈判了，因为他们背后没有群众了，到那时候，我们永远不会同他们谈判了。但是，只要这些领导人还能够把群众组织在自己身后，我们就必须继续谈判。在工厂委员会运动中我们成功地运用了这种方法，同时在群众中组织起了自己的阵线。

同志们，还有一个问题，这对于德国以外的同志来说也是重要的，这就是**工人政府**问题，尤其重要的是在法国同志那里引起了错误认识的问题——支持社会党的州政府和德国一些州的工人政府的问题。

同志们，第一，我们从来没有把工人政府——无论是州政府还是全国政府——首先看成是议会形势发展的结果，而是把它看成我们在动员群众争取日常要求的工作中所取得的胜利成果。我们没有急急忙忙地宣传工人政府，这本来就是不现实的，因为成立工人政府的形势还不存在。

社会民主党的州政府同一个州的工人政府的区别是什么呢？它的区别是：一个州的工人政府应该在德国工人阶级争取全国工人政府的斗争中成为最重要的前哨。就是说，它应该进行反对帝国主义和资产阶级的斗争。但是，今天所有的社会民主党的州政府都遵照考茨基的理论，即必须同资产阶级一起建立联合政府，或者说，在建立社会民主党政府时除了考虑工人利益外，还必须考虑资产阶级的利益。我们支持这些政府完全是一个策略问题。这取决于我们在多大程度上成功地或者尚不成功地说服已经有了这样的政府的德国地区的工人群众，使他们相信社会民主党政府的政策是错误的、危险的。

我们对于工人政府问题不抱幻想，在这方面并不存在那些从外部观察事物的同志所估计的危险。

拉狄克（俄国）（受到鼓掌欢迎）：

同志们，在执行委员会作工作报告时，我们都在暗暗发抖，怕从右的和左的方面掀起反对执行委员会立场的轩然大波。右的方面，如果它真的存在的话，到现在还没有讲话。瓦尔加同志诚心诚意地企图证明，他不属于右派，我们相信他的每句话。因此，我有必要首先谈一谈作为"左"的攻击表现出来的攻击，和这些攻击争论一番，虽然我认为，现在无产阶级在国际范围内所处的局面，对我们的危险不是来自左的方面，而是来自右的方面。（"非常正确！"）右的危险首先在于，在群众退缩不前时期，推行共产主义政策是十分困难的。在进攻时期每一个工人本能地感到革命行动之必要，党在这时候不仅是调节器，而且是推进器。我们现在处在两个革命高潮之间相互连接的准备阶段，共产主义首先意味着进行艰苦的党的思想准备工作。一方面，我们各国共产党现在还年轻；另一方面，它们又承袭着社会民主党的过去，因此要把党的群众性同党的共产主义性质二者结合起来，不仅不容易，而且非常困难。如果我们拿法国共产党和挪威党这两个最典型的共产国际右翼党的形势进行讨论，这恐怕是我们代表大会最困难的一部分工作了。我现在只谈一谈两位左派同志的发言，并不是因为我把左的危险看得过重了，而是到现在为止没有一个右的代表发言。

我就从捷克斯洛伐克反对派代表瓦伊陶尔同志开始。我想先说明，瓦伊陶尔同志的讲话同费舍同志的讲话是有明显区别的。费舍同志的讲话谈的是党的错误。费舍同志对这些错误的分析正确与否，我们且不去说它。但是，听了这篇讲话之后，大概没有人会得到这样的印象，在这里讲话的同志不是党员。每个人都知道，这里涉及的是德国党的不可分割的一部分，而不是说德国党的最坏的那一部分。

瓦伊陶尔同志的讲话必然会引起另一种印象。党员同志们，什么是捷克斯洛伐克的左派，什么是捷克斯洛伐克的反对派，你们大概对此是有一些了解的，尽管在理论上认识这个问题是非常困难的。当诺伊拉特试图解释这个问题时，我的朋友布哈林同志（他绝不是右派）情绪激动得几乎失去知觉，我们真想抓住他的胳膊，把他这个气得发昏的人扶出会场。（笑声）尽管如此，如果对这种现象掉以轻心，或者一笑了之，这在政治上也是极不正确的。捷克斯洛伐克左派理应受到更认真的对待，不仅因为在左派里有许多优秀的党的老的无产阶级分子，如什图茨同志；而且还因为它发出危险的信号。在捷克斯洛伐克我们有60万失业工人。在这种形势下，党内如果出现了一个派别并提出纲领：我们直接面临着夺取政权的斗争！如果出现了这样一个派别——我们就不应该只根据这个派别表达的思想是否清楚，而应该看到，这表现了在处于危急形势下的捷克斯洛伐克党内，有一部分党员对党的态度是不满意的。这部分党员认为，党进行的斗争太少了。尽管这部分人今天人数不多，但是60万失业工人总是提供了足够的材料，从**反对派的小小核心中**产生一个可以促使党过早投入斗争的策略。

出于这个原因，因此我说，我们要认真对待这些事。但是我也必须指出，反对派已给我们带来了不少麻烦。如果我们在共产党内和工人运动中有幸结识才两年的瓦伊陶尔同志以无产阶级反对派——这一派人在捷克斯洛伐克党内就是这样自称的——名义，以一个对无产阶级地狱般的生活表示怀疑的反对派的名义出现；如果瓦伊陶尔同志在进行了其极其光荣的革命活动之后到这里来说：什麦拉尔和党领导机构的大多数成员同资产阶级和马萨里克搞阴谋活动，捷克斯洛伐克资产阶级要求捷克斯洛伐克共产党：把瓦伊陶尔的头交出来，我们才愿意结成联盟！如果瓦伊陶尔同志跑来对我们说，当他通过自己的活动使得共产国际喜出望外的时候，克拉德诺的情况要困难得多——我们久经考验的阶级战士穆纳同志，现在正在那里以一个革命者的身份履行了自己的职责；如果瓦伊陶尔以反对派的名义说：在克拉德诺，穆纳等党的领导破坏了罢工；如果他用这些事到处游说，然后又跑到我们这里来说：在我和这些叛徒之间，你们作出选择吧；如果他说：我这里所做的，假如说是无政府主义，那好吧，我们宁愿还是继续当无政府主义者。如果他这样说，那我们要说：瓦伊陶尔同志，放谦虚点！我们要说：如果您在这里登上讲台并且说，你们选举我，好，我遵守纪律。如果这样，我们虽然还要同反对派对话，但首先要对反对派说：对不起，如果你们想以反对派的面目出现，你们就让那些虽然不是无产者——并不是每个人都有幸作为无产者出生的，但至少有一点无产阶级政党的责任感的人做代表吧。

同志们，现在谈谈正题吧！瓦伊陶尔在这里说了些什么呢？他替什麦拉尔解梦，他说什麦拉尔想当部长，但他又不肯明说，吞吞吐吐、闪烁其词，这是同瓦伊陶尔的无政府主义的历史相吻合的。他没有说，什麦拉尔在哪一天说要当部长。因此，容我直言，他大概自己想当部长。他说出了什麦拉尔的梦，这也是有原因的。瓦伊陶尔过去从事过科学的解梦工作，他把这个方法转用到共产国际来了。（笑声）我们要问：对这些梦话，共产国际执行委员会该怎么办呢？只能把它放进梦的历史书中去。

共产国际执行委员会所掌握的是以下几个事实：今年3月前，反对派在执行委员会中占多数，这是第一个事实。第二个事实：今年7月举行了扩大执行委员会会议，会上我们非常详细地讨论了捷克问题。经过长时间的工作，伊列克同志同我们签署了决议：在捷克斯洛伐克党内不存在原则的对立。这是7月的情况。而9月，党处在这样的一种危险中，即瓦伊陶尔同志梦见什麦拉尔在出卖自己，季诺维也夫同志周围的人都是些轻率之辈，因为他们不相信瓦伊陶尔的梦。（叫喊："特别是国际不相信他的梦！！"）

党员同志们，如果瓦伊陶尔威吓我们，他要把我们这个国际宣布为一个特别的国际，这一点我们早已领教过了。在第三次代表大会上，共产主义工人党代表们就是这样说的。——我现在要奉劝你们读一读哥尔特同志最近的一篇文章。共产主义工人党分裂后，哥尔特宣布任何一次罢工都是一次反革命行为。他宣称，一切都要向右转。共产党人的任务就是站在这里说：除非革命，没有别的办法。如果在哥尔特的声音里又加上了瓦伊陶尔同志的声音，他们两人一起宣布我们是一个特别的共产国际，我们会以共产党人所特有的勇气来承受这个命运，而且准备冒着也许还有第三者自愿同瓦伊陶尔和哥尔特同志结伙的危险。

如果人们不愿把瓦伊陶尔同志的讲话视为戏言，那就应该对他进行反驳，使他再也不敢在这样一个有52个共产党参加的代表大会上以同样的方式讲话了。我们在这里不可能在这个讨论阶段彻底解决捷克斯洛伐克问题。这个问题要由委员会非常仔细地去研究。同志们对于党的现状的告诫，凡是正确的，代表大会都会十分认真地加以考虑；因为我们愿意公开说明：现在从右的方面来的危险十分严重，在这样的时期如果有几位真诚的无产者发出他们告诫的声音，人们是没有权利保持沉默或者嘻嘻哈哈地转入其他日程的。我们暂时可以这样说：执行委员会应该坚持它对捷克斯洛伐克以往工作的结论，这个结论粗略地说就是：捷克斯洛伐克党的政策是正确的；因此，我们向高举反抗旗帜的反对派的同志们说过，你们的行为是错误的。但是我们不愿意轻率地抛弃无产者，甚至在他们以最令人难以理解的方式进行批评时，我们也试图一再规劝这些同志们，同他们进行辩论。因此我们撤消了捷克斯洛伐克党的决议。诺伊拉特同志说：你们毁灭和动摇了中央的权威。我要说：如果说我们毁灭了中央的权威，我们就不可能使之动摇；如果说我们动摇了中央的权威，我们就不可能毁灭了它。如果经过委员会的工作之后，情况表明，中央所做的一切是为了把捷克斯洛伐克共产党变成一个优秀的、有战斗力的党，那么这样的一种希望是有的，即它的权威通过这次大会得到加强。捷克斯洛伐克党是不是已经成为这样的党了，恐怕谁也不能断言。瓦伊陶尔同志说，季诺维也夫同志说过，你们看看什麦拉尔这个小伙子，这是一个榜样！在他的领导下你们是会胜利的。我不知道，季诺维也夫同志是在什么时候说这句话的。我个人对什麦拉尔同志的评价是很高的，高于其他许多左派同志。我相信他的善良愿望，他是会贯彻代表大会决议的。我对什麦拉尔同志没有丝毫的怀疑——许多同志把怀疑什麦拉尔作为使命，虽然我曾对什麦拉尔非常严厉。但是我知道一点，十全十美的共产党还没有，哪一个国家也没有。原因很简单，一个堪称榜样的小伙子总是要经过几年摔打的（笑声），这不仅根据我们在代表大会上从俄国革命中学到的道理，而且根据西方自己的革命经验。没有现成的十全十美的共产党，这样的党人们只有通过无数次革命去创造，必须在内战的烽火中去创造。捷克斯洛伐克党还缺乏这样一些经验。

现在我来谈一谈费舍同志的讲话。费舍同志在讲话中列举了拉特瑙行动中的许多缺点，在我们得到了有关事件进程的详细消息后，我们在莫斯科执行委员会上也立即感到这些缺点的存在。如果党内有呼声说：群众性的行动是不应该对群众保密的！在任何情况下都不能按社会民主党人的规定办，我们同他们谈判，应该向我们的同志公开通报谈判的细节！如果党内有呼声说：共产党报纸对任何事件都应坚持共产党的立场，不要跟在拉特瑙僵尸后面高喊什么共和国、共和国！如果是这样的呼声，我们只能说，我们希望，这不是反对派的叫喊，而是全党的觉悟。（"非常正确！"）

德国党在拉特瑙事件开始时犯了错误，这件事只有想充当所谓党的领导机关的陪审律师的人才会予以否认。我们在这里读到《红旗》以后，季诺维也夫同志说了好几遍：真见鬼，他们要这个共和国干什么，要这个拉特瑙干什么！他们没有一句话是批评这件事的！——这是我们当时的共同感觉。党由于害怕孤立而过分地依靠社会民主党了。

如果费舍同志的批评仅限于此，那是完全正确的。但是她的批评还包含了其他内容。费舍同志说，她在原则上既不反对又不同意同上层人物进行谈判，不过事情应小心进行。很好，但她的策略，她在这次行动后在中央、在中央委员会上对党的批评并不仅限于这些理所当然的一般问题。她那个反对派太模棱两可了：你们太过于独善其身了。（"非常正确！"）

费舍同志说：我们进行了铁路工人罢工，这是一个没有上层人物参加的光辉行动。我们一次又一次地深入群众，说了群众想说的话。她还夸大其词地说：只有群众，群众！没有上层人物参加。第二次行动来了上层人物，虽然她原则上不反对，但是灾难降临了。（有人喊道："俄国工厂委员会代表大会？"）我马上谈这个问题。

同志们，究竟是怎么一回事呢？每次只要我们碰上同上层人物谈判的倒霉形势，以鲁特·费舍同志为首的反对派就要急躁起来。在第三次执行委员会大会上，我亲自经历了这种情况。只要有一天我们不同其他人破裂，这一天对于费舍同志和反对派来说就好像是失败的一天似的。在拉特瑙危机中，谈判开始时，反对派每天都给中央送一份提案：是最后通牒还是最后决裂？为什么？这正是左派同志全部认识的机械反映。我们的统一战线策略不是按一个模式进行的。总的来说我们现在懂得了一点：我们比较弱小。在通往群众的道路上，我们会遇到最大的障碍；社会民主党企图把他们的工人同我们隔绝开。如果现在群众的压力大了，社会民主党就不得不同我们谈判。社会民主党同我们谈判，我们要中断谈判，只能在我们认为有必要的时候，只能在我们有可能把广大群众发动起来、或者是在每个人都很清楚群众不希望谈判的时候。过早地中断谈判，或者根本有一种欲望，尽可能不要同这些家伙坐在一起，一小时甚至半小时也不愿意，这只能证明：我们把自己看得过于虚弱了。假如党从第一天起就在报纸上表明立场，从第一天起就在报纸上对群众说：是的，我们是在同社会民主党人谈判；如果你们不行动，社会民主党就要背叛你们。这样，我们就能继续谈判下去，直到社会民主党的背叛行径被完全证实。但是，你们不是要求党向群众表明立场，而是硬拉着党的手不让它去谈判。神经紧张，这对于党是没有益处的。

情况大体是这样的：我们去谈判时清楚地认识到，这一次也好，下一次也好，他们实际上是要欺骗我们的。为了不受骗，我们应该向群众原原本本地说清楚。但是决裂的政策，应该在我们有能力单独去做、他们不愿意同我们一起去做的时候再开始。

我们在执行委员会上非正式地议论拉特瑙危机时，我总是问自己（这也是根本考虑所在）：党能够冒风险单枪匹马地去反对君主主义者吗？如果党单独行动，我敢说，这个错误要比所有已经犯过的错误都大。（"非常正确！"）我们在卡普暴动后有了经验，社会民主党总是在等待时机，然后同君主主义者一起向我们扑来。党避免了这一点，不仅不是错误，而且是一个贡献。

同时我们也要指出：党在这样的形势下，不要让自己头脑里的认识固定不变，以为我们永远是弱小的！（"非常正确！"）我们可以在行动中，通过群众的情绪变得强大起来，因而立即独立地转入进攻。在这样的形势下，我们的策略艺术就是谨慎从事、不要过早地决裂，但是对决裂要有准备，而且要通过我们宣传工作的政治路线以及我们对整个事态的处理，使群众对决裂也有所准备。

总的说来，去年季诺维也夫同志在统一战线提纲中也说了，统一战线是同极大的危险联系在一起的。这些危险在于，我们生活在一个通往新革命高潮的过渡时期，在这个过渡时期广大群众的情绪是：人们又能做些什么与众不同的事呢！这不是有可能采取革命行动的情绪。在党内也很容易产生一种模糊不清的情绪：我不想自我表现；我们共产党人只能同谢德曼手挽手地在菩提树大街上散步。党的领导、党的报纸在这种情绪下很容易滑到社会民主党政策一边去。危险是存在的，人们在开始一个行动时，不仅要意识到在街上会有挨打的危险，而且要意识到共产党混同于群众的危险，同社会民主党混成一锅粥的危险。

至于工人政府问题，我只想强调一下费舍同志在讲话中的一句非常得体的话。她说，目前存在着把共产主义进行一番西方式美化的危险。我想就这一危险说几句话。季诺维也夫同志在扩大执行委员会上说过，工人政府对于我们来说就是无产阶级专政的别名——这是迈耶尔同志在这里引用的。我不知道，季诺维也夫同志是不是一字一字地这样说的，我认为，这个定义是不正确的。这个定义正是由于担心如费舍同志在这里所说的"西方化"而产生的。这样一来，对许多同志来说工人政府的思想成了一个催人睡觉的软枕头。人们会说：专政，鬼知道什么时候才会有专政，但在专政口号下进行宣传工作是非常困难的；还是提工人政府吧，这听起来柔和而且无害。谁也不知道，工人政府是什么，也许会成为什么，不管怎么说，好像不那么危险。

我们必须通过我们的宣传来克服这个危险。工人政府不是无产阶级专政，这是很清楚的。它可能是达到无产阶级专政的过渡阶段中的一个阶段。这个过渡阶段之所以可能，是因为西方的工人群众不像东方的工人群众那样在政治上不定型，不隶属于什么组织。西方的工人们加入各种党派，他们对自己的党派依依不舍。在东方，在俄国，当革命风暴开始时，工人群众比较容易地倒向共产主义阵营。但在你们那里要困难得多。德国、挪威和捷克斯洛伐克的工人会很容易地说：不同资产阶级结盟，宁愿同能保证我们八小时工作制的、能多给我们一块面包的工人党结盟，等等。这样，无论是在战斗的准备阶段，还是在议会联合的基础上，都是可以产生工人政府的。因此，拒绝这种形势的可能性是瞎胡闹，教条主义地拒绝是瞎胡闹。

现在的问题是，我们是躺在枕头上休息，还是努力根据群众的幻想把他们引到为实现工人政府的纲领的斗争中去？我们如果把工人政府理解成一个枕头，那么工人政府不仅要破产，我们在政治上也要被打倒；我们会和社会民主党人一起被人看成是新的骗子。如果我们让群众保持这样一种清醒的认识，即工人政府如果没有手持武器、组织工厂委员会、推动工人政府前进并且不允许它同右派妥协的工人做后盾，那它不过是一堆一钱不值的垃圾。那样，工人政府才可能成为为无产阶级专政而斗争的出发点，以后才会让位给苏维埃政府，才不会是枕头，而是用革命手段夺取政权的一个斗争阶段的开始。

我记得，有一个同志说过：工人政府不是历史的必然，而是历史的可能。我认为，这个说法是正确的。如果说人从猴子到人民委员的发展一定要经过工人政府这个阶段，这也许是完全错误的。（笑声）但是，这个变化在历史上是可能的，尤其是在这样的一些国家，在那里除了强大的无产阶级运动外，还有农民运动，或者在那里像在英国一样，工人阶级很强大，资产阶级没有掌握直接的强大的统治手段来对付工人。在英国，工党有可能在议会中取得胜利。这个胜利将不会在当前的这次大选中出现，但胜利的可能性是存在的。接着就会产生这样一个问题：这个工人政府是什么样的呢？仅仅是资产阶级—自由主义政府的新的翻版？或者我们可以强加进更多的内容？我认为，奥斯汀·张伯伦说得对，他说：如果工人政府在英国掌握了政权，它是以克林兹政权开始，以左派政权结束，因为工人政府必须解决失业工人问题。

因此，同志们，在这个问题上，执行委员会的态度总的说来是对的。执行委员会一方面警告不要采取不妥协的态度，即所谓或者苏维埃政权或者什么也不要的态度；另一方面它又警告不要存在幻想，仿佛工人政府能变成一个降落伞，确保安然无恙。

党员同志们，我在讨论议程时曾简短地说过，我们在大会其他各项议程上所应决定的问题仅仅是我们战役计划的实施细则。你们什么时候说：好的，扩大执行委员会决定的统一战线是我们下一步必须走的道路。这时候战役计划就产生了。我认为，我们这一年的经验甚至使盲人也会相信，我们没有其他道路可走，或者是这条道路，或者是哥尔特道路。哥尔特道路就是独自在星光下漫步，嘴里喊着革命的词句。统一战线的道路比起我们1919年的策略要困难得多，那时我们说：打碎一切！把一切打得粉碎，要容易得多、痛快得多。但是，如果没有打碎一切的力量，如果这条道路是必要的，我们只有走下去，同时意识到会有危险，来自右面的危险，并且坚决相信，这条道路不会给我们而会给社会民主党带来损失。否则，第二国际就不会这样歇斯底里地拼命企图切断通向我们的桥梁。我们这样做并不是想同谢德曼之辈同流合污，而是坚信，我们在互相拥抱时会把他们掐死。（热烈鼓掌）

主席：

下一个发言的是迪雷同志，是法国共产党反对统一战线策略的一位代表。这位同志请求我们多给他一些时间，这样他可以更好地阐述他的观点。主席团不反对——有反对的吗？好，通过了。主席团准许他发言三刻钟。

迪雷（法国）：

同志们，我在这里代表一种派别讲话，这就是被人称之为反对统一战线策略的法国反对派。我请求发言的时间长一些，因为我认为，在国际内人们并不非常清楚，我们究竟是些什么人。

现在，当统一战线策略被提到议程的时候，法国共产党的绝大多数党员是反对这个策略的，这是无可辩驳的事实。我可以肯定地说，反对和拒绝这个策略是法国无产阶级的一个正常的举动。

事实上人们不应忘记，法国首先是社会党叛徒的国家，是白里安、米勒兰的国家，是患选举呆小病的国家。因此，没有立即了解整个统一战线策略、把它视为不过是同我们刚刚抛弃的改良主义分子的联合的法国工人的这种行动，这种**拒绝**，是一个好现象，它证明了法国无产阶级追求革命行动的愿望。

然而，各种各样嫁接到法国无产阶级这个健康的运动中的思想意识并不总是具备这种性质的。你们想必知道，现在附和统一战线策略的、堪称党内最大派别的中派，当时是一致反对统一战线的。但是他们的斗争方式和方法，他们列举的原因不是革命的，而是纯粹的机会主义的性质的。他们——我们姑且这样说——反对统一战线策略，是因为党已经进行了正确的行动，因此，为了改变现存的形势而改变方法似乎是多余之举了。

我所属的那部分人当时还非常弱小，我们当时的态度是另一种态度。

我们这些人也反对统一战线策略，但是反对的原因同中派是针锋相对的。中派说：我们反对统一战线，因为我们是一个好的共产党。我们说：我们反对统一战线，因为在法国不存在真正意义上的共产党。我们党**表面上**是共产主义的，实质上是改良主义的。

我们为什么会有这种态度呢？如果说中派反对统一战线，是因为他们同时也反对为工人阶级的直接要求而进行日常斗争的原则。苏蒂夫2月在《国际》上发表的题为《毫无价值的论据》一文，在谈到执行委员会有关论据时说："为什么我们要为直接要求，要为改良而斗争？我们知道，资产阶级不会大发慈悲给了我们什么东西。资产阶级会给予我们的只能是我们将从它的手里夺取的东西。但是，我们如果强大到足以让资产阶级允许改良，那我们也就强大到足以夺取政权和建立无产阶级专政了。"

这些话出自中派和党的多数派中一个很有代表性的成员。我们反对这种态度。我们在《共产主义公报》上发表的提纲以及我在回答苏蒂夫同志的文章中，表示了我们的反对意见。

我们认为，法国党的任务是争取工人阶级的多数赞成共产主义思想；我们还认为，为直接要求而进行的日常斗争是法国共产党的当务之急。

我们在我们的提纲中声明，我们在反对统一战线策略的同时，也要揭露那些借口反对这个策略、实际上推行懒汉政策的人，那些希望靠革命废话来医治革命"哮喘病"的人。

为了说明我们在统一战线问题上的态度以及我们对法国的这个问题的看法，我不得不在这里分析一下统一战线策略，回忆一下季诺维也夫在扩大执行委员会第一次会议上的讲话。

共产国际提出统一战线口号的主要论证是什么呢？

季诺维也夫说：整个欧洲经历了某种革命消沉时期。战后群众陷入疲惫状态。他们只有在党提出夺取政权口号时才跟随共产主义旗帜。他们所考虑的也只是得到每天的面包。所以说他们在当时就受到了改良主义组织的影响。由此说明，形势在客观上有利于改良主义思想的发展。但是在资本主义进攻的时候，广大群众高喊着为了日常要求而斗争和在斗争中团结起来的口号投入了战场。这个口号可以具有两种形式：对于共产党有危险的反革命形式，对于共产主义运动有利的革命形式。季诺维也夫所说的危险形式是要把所有现存的政党组成为一个大的无产阶级政党的企图，而革命形式则是把所有无产阶级组织的全部分子联合成一个行动。共产党人必须要求进行以工人阶级的大多数去反对资本主义力量的革命尝试。共产党人必须明确指出，共产党人不能为分裂负责，整个责任应该由改良主义分子承担。此外，季诺维也夫还说，群众害怕共产党把他们推进危险的冒险行动。因此，在党提出这个口号时，群众对执行口号是犹豫不决的。如果我们现在要组织统一战线，要走到运动的前面，就必须向群众证明，共产党不是冒险的党。我们必须依靠这个证明把群众引向斗争。

我想，我大致如实地转述了季诺维也夫的论点。

我想试图说明，应该以什么样的特殊方式才能把这种对形势的分析运用到法国。为了说明这个问题，我想向你们介绍一下法国的形势，我想把法国的形势拿来同德国的形势作一对比。至于德国形势，季诺维也夫同志已经多次提到了。

这两个国家形势的根本区别在什么地方呢？

在德国，无产阶级的绝大多数在政治上或者在经济上是有组织的；而在法国，无产阶级的绝大多数是没有组织的。

因此可以说，如果说德国群众处在改良主义组织的影响下或者属于这些组织，那么法国群众是不受任何影响的，他们对待所有政治组织，不论其牌号如何，总是抱着极不信任的态度。

因此我们认为，统一战线问题在法国完全不同于德国。

在法国没有真正的群众性政党。甚至可以说，在法国运动的发展历史上，从来没有大的政治性的群众党；只有意识形态的组织，只是围绕一种思想、一个旗帜而聚集在一起的战士组织。

我们在法国当然也能见到追求统一的愿望。季诺维也夫说得对，资本主义攻势的展开是会引起统一的愿望的。但是在法国，这种统一的愿望反映在工会方面，而不反映在政治方面，因为群众并不把政治党派看成他们各部分的代表，而认为只是为了选举这个目的而建立起来的大的选举组织。因此，人们在法国的群众中见不到要求把政治组织联合起来的倾向。

我们和我们的朋友都认为，如果在法国有统一的愿望，有建立工人阶级反对资产阶级联盟的企图,这个联盟将不会是只代表工人阶级中的人数日益减少的少数派的政治组织联盟。如果统一战线在法国成为现实,它会以工厂委员会,或者以工人委员会或者以相似的组织形式出现,这些组织将把工人阶级的大多数联合起来,在它们中集中起工人阶级反对资本的力量。

在法国,如果群众对共产党抱有合理的不信任的态度,这说明,共产党从来没有为开展群众行动做出了什么努力,也不能证明它是无产阶级的先锋队。

正如季诺维也夫所说,那时的形势是有可能开展行动的,但是那些维护统一战线策略的人犯了一个错误,他们断言在法国不存在开展革命行动的可能性。

如果在一个国家出现了雇主们向工人的全部要求发动进攻的现象,共产党的重要任务就是把无产阶级力量组织起来,反对资产阶级势力,共产党也可以容易地把所有自发的、相互分离的行动变成一个大规模的有计划的运动。

人们可以以两种方式理解统一战线策略:

1. 可以给改良主义组织一封请帖式的信,上面写着:我们准备开展什么什么行动,为此我们建议采取一定的斗争手段,开展群众行动、罢工,等等。你们愿意参加吗?——这一种策略在统一战线口号提出以前很久就得到运用了。这是公开信的策略,在德国是经常运用的。

2. 也可以去找改良主义组织,但是口号的措辞和行动的方式不要过于强硬。可以建议采用经过慎重考虑的口号措辞,可以建议运用共产党不常用的行动方法。但是在行动过程中,应设法证明已经提出的口号不够革命,因此要努力超出已经采取的行动的界限,把改良主义—和平主义的行动变成革命的行动。

我必须说,这后一种办法只能由坚强的、有觉悟的、有组织的共产党加以运用，那些徒具空名的共产党是不能运用的。

因此，我们反对过对统一战线策略的第二种解释。

甚至在德国也出现过令人不快的混乱现象。我想问一下法国代表团，如果人们试图要我们这样一个党执行这个策略，要一个没有能力开展革命行动的党，要一个受各种组织支配的、自己没有能力提出口号、开展行动的党执行这个策略，那会发生什么样的事情呢？

如果我们想在工人群众中开展日常的工作，如果我们想为了他们的要求进行日常的斗争，而这种斗争又可以使我们同这些群众的关系密切起来，那么我们就不应该同异端组织、同社会党的组织亦步亦趋。我在这里必须说明一下，人们应该对有组织的无产阶级政党为无组织的广大群众开展行动的意义作出详细的解释。在德国这样的国家，那里劳动人民的大多数是有组织的。如果一个政党提出口号，是可以吸引无产阶级广大群众的。正是在这个事实的基础上，德国共产党去年提出进攻的理论。在目前的形势下，任何一个组织提出的口号，如果不适应革命的紧张局势，都不会在群众中引起反响。

法国的群众运动必须具有一种基础性的运动所具有的性质。即使社会党和共产党的意见一致，这种具有基础性质的运动也是不易产生的，因为斗争必然由共产党独自进行。

统一战线策略还有另外一个方面。尽管我花了很大的气力，但对这一方面还未能完全理解，我说的是工人政府问题。

塔尔海默同志出于好意写了五六页同我讨论工人政府问题。但我的脑袋瓜太笨，仍不能领会。拉狄克同志也向我作了详细的解释，我也没有弄懂。可见我的理解力是很差的。但是我在尽最大的努力想把它搞懂。我的问题是，究竟什么是工人政府。有人对我们说，工人政府不是无产阶级专政，而是无产阶级专政和目前状态之间的中间物。

同时又有人告诉我们，工人政府不依靠议会。那么我要问，它依靠什么东西呢？估计你们会解释说，依靠**群众**。"群众"，这是一个不明确的表达方式，人们必须弄清楚，这后面还有什么意思。如果人们把它理解成群众组织，如果它指的是工人委员会，如果人们说，工人政府必须依靠工人委员会和工厂委员会，那我们完全同意。但是这样一来工人政府的口号就意味着：一切权力归苏维埃，一切权力归工人委员会。这样我认为工人政府和无产阶级专政之间没有本质的区别。相反，如果工人政府必须依靠议会的多数，那就是另外一回事了，工人政府的口号也就具有另一种政治性质了。

季诺维也夫同志向我们说："工人政府"这个口号不是普遍性的口号，它不适用于一切国家，它是一种历史的可能性。我记得，他也说过，工人政府是同工人委员会的存在联系在一起的。

我们又应该怎样解释在法国提出的勃鲁姆—弗罗萨尔工人政府的口号呢？大家知道，在法国还没有工人委员会。我们党的大部分战士根本不知道什么是工人委员会，更不用说没有组织的群众了。

（**拉狄克**喊道："这是党造成的！"）

当然，你们必须公正地对待我们，你们必须承认，我们这个组织是最早在这个意义下进行战斗的。（**洛里当**喊道："那么法国统一总工会呢？"）勃鲁姆—弗罗萨尔工人政府的口号曾经由一位左派同志、我们塞纳联盟的普兰雄同志探讨过，他建议对弗罗萨尔—苏瓦林提案进行修改。上述提案说：这个适合于动员群众在未来举行起义的口号就是勃鲁姆—弗罗萨尔工人政府口号，由于在法国尚不存在工人委员会，因此勃鲁姆—弗罗萨尔政府在此期间必须依靠议会的多数。

我认为，这样来理解工人政府，从共产主义和革命的观点来看完全是错误的。

有人对我们说，勃鲁姆—弗罗萨尔政府口号不是具体的、立即能实现的口号，而是适合于引导法国工人群众发起强有力的行动的口号。这真有点像索列尔散布的老社会党的神话了,使人回忆起他提出的"总罢工"的神话。

一个国家政治运动、群众运动口号的价值应根据它对工人群众的政策和策略的影响来衡量。

用什么方式呢?具体的方式。如果人们在法国提出普兰雄所解释的那种勃鲁姆—弗罗萨尔工人政府的口号,这必然导致给议会主义以新的支持,使议会主义重新复活起来。法国没有工人委员会,一个工人政府又必须依靠多数。于是人们就必须尽一切力量使议会拥有社会党的多数,当然不是共产党的多数,而是一般说的人民代表的多数。

我们看到,这会把我们引向何处。这会把我们引向选举呆小病和议会主义复活的地步。因此我们说,在法国党的目前形势下,提出勃鲁姆—弗罗萨尔工人政府的口号是危险的,它的结果就是装饰还在我们党内存在的改良主义分子的徽章。这是我们反对统一战线策略的一个原因。

统一战线必须是行动的口号。人们必须弄清楚,在法国共产党内什么叫行动。行动在法国党内意味着:写文章!(好些声音喊道:"非常正确!")我们在议会中发表演说,但我们不加改变而保留的却是统一社会党的一套办法。

压在一大批西欧共产党身上的过去的历史,现在双重地压在法国共产党身上。我们当然不拒绝参加选举。我们也不愿意排斥和平斗争的方法。但是这些斗争方法只有引起群众行动,才有价值、有影响、有力量。我们希望以群众行动的观点来观察无产阶级斗争的全部形式。我们行动的目标必须是工人群众的行动,必须是深入无产阶级阶层的行动。

在法国党内公开宣布采取群众行动的人还占少数。我们知道,如果人们把统一战线以它在法国被赋予的那种解释——那里的人把它视为选举策略——公布,那么这矛头将首先是对准法国党内最优秀的革命分子的。

有人会反驳说：你们要搞群众行动，你们想用这个口号怂恿无产阶级群众走上街头，可是你们知道，改良主义分子是不会跟着干的。他们可能愿意和我们共同采取行动，但只是和平的行动、议会的行动，共同举行的提出共同的请愿书的大会，如果是群众行动，他们就不干了。

如果我们唠唠叨叨地劝说法国党、这个还不是真正共产党的党采取行动，行动失败了，责任就要落到党的头上。如果我们没有可靠的保证，就宣布统一战线策略，那就意味着给党内改良主义和机会主义分子增加新的力量。

遗憾的是我们必须指出，改良主义和机会主义分子在党内、在国际内人数还是很多的。第二半国际的瓦解有好的方面；但是，也有坏的方面。其消极面之一就是一大批第二半国际党员看到第二半国际的失败，于是很快摇身一变，跑到共产党里来了。

我们看到，我们亲爱的塞拉蒂同志已经坐在这个会场上了，暂时还是作为客人，也许不久就会成为我们大家庭的一员了。在塞拉蒂之后，其他人也会跟着来的。他们将转向共产主义运动，也将把他们旧有的成见，旧有的斗争方法，社会民主党的方法带到运动中来。因此，我们大概必须懂得，祸害不在左面，而在右面。

拉狄克同志已经指出了这一点。

左派总在喋喋不休。中派却一言不发，右派也噤若寒蝉；但在实践中，他们都继续玩弄着他们的小把戏，进行着他们的机会主义工作。

在巴黎代表大会上左派受到了批评，正因为如此，所以这次大会的主要任务应该是防止右派制造混乱。拉狄克同志非常正确地指出了这一点。

当形势发展使人能估计到将发生革命的痉挛时，就会出现一种人们称之为左的非机会主义倾向，这是必须克服的。

但是，左的非机会主义，只要它还没有使人想到荷兰学派，还没有完全脱离群众，就不会构成危险。

相反，瓦解了德国社会民主党的右的机会主义却非常危险。如果在代表大会上不防止右的机会主义抬头，还留在我们共产国际内的改良主义分子的势力就会增加。

必须弄清楚，我们这方面应该为工人阶级的日常要求做些什么。

我们应以什么方法争取这些要求呢？我认为，国际必须毫不含糊地声明，共产党人在他们为日常要求进行斗争时，没有权利对改良主义的客观影响放松哪怕是一时一刻的批评。共产党人即使为改良而斗争，也应明白，改良决不会减轻工人阶级的责任。共产党人必须明白，资本主义制度，只要其基础不遭到动摇，它也是会打起改良的旗号的。共产主义运动不应该只停留在为改良而进行的斗争上，而应该在改良斗争开始的时候，立即把工人阶级的各个阶层吸引到斗争中来。

党必须把斗争的领导权拿过来，并且把这个斗争变成反对现存社会基础的斗争。

因此我们认为，在法国，由特兰宣扬的理论，即所谓今天如能获得资产阶级改良的成功，其意义相当于革命，其价值相当于把资产阶级社会的整座大厦炸毁——这样的理论，无论从实践的观点还是从理论的观点来看，对工人运动都是危险的。

季诺维也夫同志说，是我掀起一场主张在共产国际代表大会召开之前召开各国党代表大会的宣传运动，由于法国共产党今天的形象不佳，因此我在这里总该变得聪明了些。我不是这样认为的，因为共产党正是现在才让你们看到了它的真正形象。你们现在才认识了这个党，现在，在你们知道了巴黎党代会的情况后，你们会明白你们对这个党能抱什么希望了。

形势是清楚的，你们现在也知道，应该以什么方式对待法国党了。

我认为，巴黎党代表大会并没有给法国共产主义和共产国际带来什么损失。

正如你们所知，我们这一派曾反对过统一战线的某些形式。尽管如此，我代表我的朋友在这里声明，我们愿意尊重和执行共产国际第四次代表大会的全部决议。如果第四次代表大会命令我们在实践中运用统一战线策略，如果第四次代表大会向我们指明，我们应以什么形式运用这个策略，我们会尽我们最大的努力去做的。

但是我们知道，在法国共产党内有人接受统一战线策略的唯一原因，是因为这个策略对于他们意味着实现统一的第一步。我们将一如既往地反对这些分子。这些分子同我们之间的斗争是生死存亡的斗争。如果法国党接受统一战线策略，它自己必须把自己清洗一番，它必须把全部改良主义分子和乱七八糟的分子从自己的队伍中清洗出去。

只有这样，它才能成为真正的、值得共产国际称赞的共产党。（鼓掌）

博尔迪加（意大利）：

季诺维也夫同志——为了强调起见——回忆了第三次代表大会提出的、意大利共产党同意的某些原则。

第一点，关于资本主义形势的说明。现在存在的危机不是暂时的，它意味着资本主义的没落，也可以称为最终的危机。

第二点，为了在这种形势下取得革命的胜利，共产党有必要将自己的影响扩大到广大群众中去。为了实现这一点，共产党应参加一切为了工人阶级具体利益的斗争。

意大利共产党人在理论上和实践中都不支持暴动方法，更不幻想一个小的革命党就能够夺取政权。意大利共产党人只是不接受工人阶级"多数"这个不确切、随意性很大的说法。它是不确切的，因为它没有向我们说明，这里指的只是无产阶级，还是也包括半无产阶级的阶层以及一切政府或工会组织。我们认为，这个说法在如下意义上同样具有随意性，即我们虽然处于拥有多数的形势，但是由于力量的对比，我们并不可能发起革命的攻势；另外也不能排除，我们在取得多数之前就可能发起攻势。

我们对于国际的任务和季诺维也夫同志的报告的意见是，国际到现在并没有很好地解决重大的策略问题。人们习惯性地从对革命将在近期内爆发的信心，来识别左的倾向。我在这方面比季诺维也夫同志还要悲观一些。

如果说大规模的资本主义危机的存在是革命必要的前提，人们也应指出，强大的共产国际存在的主观前提以及共产国际对群众发生影响的主观前提，在某种意义上受到危机对工人的经济组织、工会及类似的组织的直接影响的威胁，我们把这些组织叫做工人阶级的"原始"的自然组织，而客观形势的发展也对这些组织产生直接影响。争取群众的直接方法是加强工会的工作。经济危机和工人失业使得这个任务更为困难。机会主义分子解决这个问题的办法，是让人们在进行无产阶级解放事业之前等待资本主义新繁荣的到来。

是的，如果人们坚持采用传统的解决办法，是应该在资本主义繁荣时期为革命党争取尽可能大的影响，以便在危机爆发时把经济组织吸引过来，参加革命行动。机会主义分子一直阻止这一点，但是共产国际不会放弃动员世界无产阶级的革命任务。

这个问题在当前处于困难的条件下，但人们不能把它视为不可克服的。我的看法是，现在除某些国家外，一般说来，经济形势越来越恶化，随之而来的是工人失业和工会衰落。

由于新的战争的危险，不满情绪不仅在无产阶级、而且在半无产阶级中会有所增长。把这种混乱的不满情绪变成适合于革命斗争的形式——这是一个很大的问题。这个问题的解决要看国际是如何解释资本进攻所造成的条件：**统一战线策略**就是这样产生的。

总的说来，我们接受这个策略的思想。我们想从以下几方面来说明我们对国际领导的总的工作所持的保留意见。

诚然，赢得群众是我们的主要目的，但这不是说，我们一定要在一成不变的机械的发展过程中强行实现这个目的；也不是说，我们一定要在某一时刻强行找到一条出路，以便跨越大的阶段赢得群众。在一定时期人们有可能看不到党的力量增长，但是即使这样，我们也应该在这时期努力工作，以保证我们能够在以后去掌握群众。季诺维也夫说过，尽管国际成员的数字有所下降，但国际某些部分的影响在不断增长。

赢得群众并不仅仅反映在统计数字的波动上。这是一个辩证过程。这个过程首先是由社会客观条件的演变决定的。我们的**策略主动性**只能在一定的限度内，或者说得更明白一些，只能在我们认为是前提的某些条件下，促进这个过程的发展。我们的策略主动性，就是说党在行动中的灵活性，只会对在无产阶级的心理中产生的现象发挥影响。我在这里使用"心理"这个词，是广义而言的，指的是工人群众的觉悟、精神状态和斗争意志。我们应该在这里回忆一下，从我们全部的革命经验来看，有两个因素起着首要的作用：党内有十分明确的思想，在党的建设和组织中坚持严格和灵活的原则。所以我们说，所谓赢得群众，就是把无产阶级的新阶层吸引到有能力采取革命行动的党的周围；在真正赢得群众的道路上，如果为了党的表面上的改善而损害了这些条件，那就是把事情办坏了。是否有能力采取革命行动取决于能否未雨绸缪，而这种准备不可能即兴产生，它存在于我们在上面说的因素之中，即学说上的明确和组织上的巩固。

在指出这点之后，我们说，我们完全遵循国际的路线，如果这条路线的目的，如第三次和第四次代表大会之间所做的那样（也如我们党甚至在自己的代表团从第三次代表大会返回之前率先所做的那样），是从资本主义进攻的普遍现象中争取一切有利的条件，以便把还在跟随社会民主党或者分散的工人阶级群众争取到共产党这方面来。我们在这里不想重复对资产阶级进攻的原因和性质的分析了。统治阶级正因为危机是不可避免这个事实而铤而走险的。我们代表大会的一项日程将专门讨论这个问题。在讨论意大利法西斯主义时我们将指出，资产阶级在进攻时又是如何同时运用它的全部反对革命的防御方法的。

企业主们的进攻使工人大众普遍提出与他们的利益直接有关的政治要求和经济要求，也为共产党提供有利时机，以支持工人阶级的统一行动，并通过事实证明，其他无产阶级政党是没有能力捍卫无产阶级的直接利益的。所有这些，必然会引起双重的革命影响，使得重振岌岌可危的资本主义的企图困难重重，也使得共产党对群众影响得到提高。我们说过，我们在运用这个策略时应注意到某些界限，所谓界限，就是不应危及党对群众产生影响的其他因素以及党员内心的革命准备。我们绝不能忘记，我们党不是我们可以随意拿来使用的僵死的机械；我们党是有生命的东西，外部因素可以影响它，我们的策略方向也会改变它。因此我们说，由许多不同的无产阶级政党的代表组成常设的领导机构是同统一战线的策略原则相矛盾的。

无论机会主义者是拒绝共同行动，还是接受共同行动，我们当然都应有所准备，但是行动的责任应该由工人群众通过协调自己的经济组织而产生的、原则上任何一个党都可以掌握的机构来承担。这样，共产党就可以把这个机构置于自己的领导之下，并且以自己站在无产阶级统一行动最前列的行动作出榜样，而不是站在群众的对立面，去承担在无产阶级组织内由非共产主义的多数人强行采取的行动所造成的恶劣后果的责任，因为在争取对群众及其心理产生影响这方面，人们必须考虑到各政党、政治派别和群众所追随的人物的责任和过去的传统。

所以，问题不在于从统一战线的许多要求中去掉政治问题，只保留经济问题，也不在于出于原则的考虑，或者出自什么"矜持"情绪，拒绝同机会主义者当中最坏的领导人进行暂时的谈判。问题仅仅在于，不要拿无产阶级最广大阶层对革命形势——在这种形势下只能按照共产党的方法采取行动——的准备作孤注一掷，结果产生把全体无产阶级引向失败的危险。问题在于，使我们党在统一战线向各方面发展的时候，完全有可能按照自己的意向去进一步组织无产阶级的力量。如果党在工会和工厂中发起运动的时候，不做组织群众的工作，那统一战线策略就是毫无意义的。

我们认为，把统一战线贬低为某种共产主义修正主义的危险是存在的，为了避免这种危险，人们不得逾越这些界限。

现在谈一谈**工人政府**。如果人们像在6月扩大执行委员会上那样向我们重新确认，工人政府"是为了推翻资产阶级统治对工人阶级的革命动员"，那么我们认为，在某种情况下可以同意把这个口号作为无产阶级专政这个术语的代名词。无论如何我们不会反对，除非有人把我们隐藏着真正纲领的需要称之为太机会主义了。如果"工人政府"这个口号在工人群众中引起了这样的印象：（1）不只是一个过渡性的政治形势，或者，（2）不是社会力量的暂时对比，而认为工人阶级和国家关系中的最重要问题（这个问题是我们的纲领和共产国际组织建立的基础）可以不通过武装夺取政权和采取无产阶级专政的形式行使权力，而可以通过另外的方式解决，那么我们就拒绝这个策略方法，因为它为了取得那种令人怀疑的受大众欢迎的结果而危及了无产阶级和党执行革命任务的基本条件。

有人会说，工人政府并不是我们担心的那种东西；但是，我不得不说明，我已经不止一次地听到过解释，什么不是工人政府，我只从季诺维也夫同志、还有另外一个同志嘴里才知道，工人政府究竟是什么。

如果这里指的是在无产阶级专政之前客观上要考虑实现的一种过渡

政权，那么我认为，既然无产阶级的胜利不是决定性的，倒不如等待这个过程先经过对反动势力的打击再过渡到资产阶级联合政府，机会主义右派也许会直接参加联合政府，而中派分子将在政治舞台上消失，因为他们作为同伙和社会民主党人已经演完了自己的角色。

例如，我们在德国看到，在工业危机普遍爆发前夕，工厂委员会运动中出现了生产监督问题。这里我们看到了同1920年9月的意大利形势的某些相似之处，意大利无产阶级以后遭到了惨重的失败。如果出现相似的革命情况，德国共产党应该准备好毫无例外地认清一切机会主义倾向，拒绝对监督这个口号给予哪怕是最微小的支持。或者共产党从现在起发挥自己的独立作用，或者存在这样的可能性，反革命形势向前发展，准备组成政府，而在这个政府中德国法西斯会有右派社会民主党叛徒们的支持。

这一切说明，我们既不能完全接受季诺维也夫同志的提纲草案，也不能完全接受共产国际的工作指示。这不仅涉及策略，而且涉及建立我们的国际组织的工作。

我们听到，季诺维也夫同志抱怨在我们的国际行动中缺乏集中、缺乏纪律。我们同意最大限度的集中，同意最高中央政权的最大权力。

但是能够保证整个组织系统对中央领导的主动权采取顺从态度的，不仅是对纪律的庄严宣誓，也不是对职责最真诚的允诺。

更不是在形式上严格运用内部民主和实行组织内的群众监督——这常常会引起混乱。纪律要靠其他办法来保证。我们必须运用马克思主义的辩证法，想一想我们的组织是什么形式的组织，它既不是机器，也不是军队，而是一个真正的统一的整体，它的发展，第一是历史形势发展的一个结果，第二是历史形势发展的一个因素。

为了保证纪律，必须划清运用我们行动方法的界限，说明最重要的策略决议和组织措施。俄国革命为国际革命运动提供了重新建立革命思想和革命战斗组织的基础。这是一个巨大的收获，它以后将成为联结俄国革命和国际无产阶级运动的纽带，产生持续不断的影响。我们批评在组织措施和策略方法上自由过多的倾向，正是因为它使我们离目的越来越远。采取什么组织措施，运用什么策略方法应该由中央领导作出选择。这种选择——我们重复说一遍——只能由中央而不是由各国组织作出。有些国家的组织认为，它们可以更好地判断它们国家情况的特殊条件。但是，如果对这个权利理解过宽，中央有时又缺乏预见，违反纪律的现象就会灾难性地增多，我们革命的世界组织的建设和威望就会被葬送。我们认为，国际组织的中央机关应少采取联邦制形式；这些机关不能只由各国支部的代表、而应由国际代表大会产生。

很显然，只有俄国革命才能给我们带来共产国际的大本营和总参谋部。但是，为了有把握地领导国际力量的运动，这个总参谋部应该同国际力量协调一致，共同决定无产阶级革命战略计划，对于这些计划在任何情况下都不允许有人拒绝服从。

在选择斗争方法上，由于过大的灵活性和折中主义而造成恶劣后果的例子可惜不是不存在，法国党的恶劣状况就是最令人信服的例子。我们还必须提到一个特别明显的事实，即所有那些自己拥有在政治上有组织的工人的绝大多数支持的党，那些直接起源于传统社会民主党的党，现在都经历着一场危机。法国、捷克斯洛伐克和挪威都为我们提供了证明。我们不得不说，在某种意义上，这是一个自觉自愿的错误，错就错在人们把工人党的国际在其结构上过分地看成近似于国家和军事组织了。

为了取得伟大的革命胜利，人们想不顾一切地找到决定性的手段，这样做也许能走出一条能使我们度过我们无力阻止爆发的危机的道路，但很难能取得可靠而坚实的结果；也可能发生令我们惊奇的决定性转折，使我们面临困难的问题。我认为，这些经验在某种意义上说是必要的。请允许我在这里发表一点意见，它不是抽象考虑的结果，而是一个党在共同的战线上，坚守岗位，进行战斗的经验总结。

人们常常认为，我们的国际似乎处在隶属于它的一些政党之外；有时候，这些党或者这些党内的派别同国际进行公开的和侮辱性的论战。于是国际不得不在这些党内制造服从其指示的派别，我看这是荒谬和危险的。

这样我们不得不被迫解决过多的组织和纪律问题，而且正是在我们确定我们的敌人在发起反动行动、在这种情况下所必要的谈判和步骤实际上都不可能进行的时刻。

我想以季诺维也夫提出的口号来结束我的发言：让我们成为一个真正的共产主义的国际党，它具有高度的集中并充满革命的战斗精神！

我还想补充一点，在这样一个党里，不能因为这一地区和那一地区的情况不同而改变国际的结构和组织。一个地区的代表，如果他们不同意组织的一般原则，他们不能参加全国的代表大会。

在集中的共产国际内，我们一定会有必不可少的思想和行动的一致，任何违反纪律的行为将如同叛变行为一样受到惩处。

格拉齐亚德伊（意大利）：

我以意大利共产党少数派的名义在这里发言。我们不想再过多地讨论意大利问题了。研究这个问题有一个委员会。我们愿意尽力帮助这个委员会，这个委员会一定会深入研究我们政治形势的所有特点。在委员会的工作结束以后，如果我们有什么补充意见的话，我们将请求代表大会允许我们发言。

现在我们还是谈谈提纲和代表人会建议的议程问题。

季诺维也夫同志的报告包括两部分。

首先，人们已经向代表大会提出了决议的建议意见。我代表少数派声明，我们现在就准备同意这些决议。

至于意大利问题，我们声明，我们认为共产国际对我们国家和我们党的形势的处理总体上说是正确的。当然我们保留谈判解决意大利共产党和社会党未来关系的条件和保证的权利。

季诺维也夫同志报告的第二部分，我们认为更为重要一些，因为它涉及到共产国际策略的根本问题。

我提请大家注意，在策略方面，意大利共产党在罗马代表大会上已经提出了建议提纲。去年5月的扩大执行委员会认为，这个提纲不够具体，必须进行修改。这个意见得到了罗马代表大会少数派的支持。

但是人们事实上没有进行执委会所要求的修改。

相反，多数派同志认为——这是他们的正当权利——提纲很好，他们现在已经是第二次通过博尔迪加同志向代表大会提出这个提纲。

关于统一战线问题，我觉得，在这个口号提出一年之后，居然还要长时间地在理论上进行讨论，未免有点可笑。统一战线是争取工人阶级最广泛阶层的手段。

从这个观点出发，我不理解博尔迪加同志的忧虑，他在以算术的公式研究什么叫"多数"。多数问题不仅仅是一个修辞学问题，它必须从许多相互补充的角度进行观察。看一看党是否已经成为一个群众性的党了，党是否有力量开始行动，这完全取决于一个国家政治领导人的机智。

一般说来，统一战线是在最短时期内争取工人阶级最广泛阶层的工具。

许多同志对于时间问题没有给予足够的重视。由于这个原因，现在时间对我们不利了。

统一战线的形式是什么？请代表大会允许我断言，统一战线有两种形式。一种是，共产党努力把曾经属于社会党的、现在靠近共产党或者自认为正靠近共产党的工人组织合并到自己的组织中来。我承认，这第一种形式是特别危险的。人们有时企图创造一个表面上比较好的形势，结果反而造成组织状况越来越坏而不是越来越好的危险。

尽管如此，我们总不能因为策略有危险而摈弃它吧。生活本来就充满了危险。共产党是一个战斗的党，它不能借口困难放弃战斗的方法。

意大利共产党在提纲中声明，共产党在世界各国只能允许个人参加。博尔迪加同志也说过差不多同样的话。提纲中的这一条正是少数派在意大利党的三月代表大会上反对过的。这个提纲如果真的完全为所有国家和一切时代所接受，那么我们将造成这样一个印象，共产党没有能力达到自己的目的，也就是说，共产党没有能力争取到工人阶级的多数。

只要在社会党内还有工人存在，我们就必须抱着把他们争取过来的希望。要争取他们，就必须把他们成批地而不是个别地吸收进来，因为他们曾经参加过另一个党的组织，他们会带来道义上的以及常常是财政上的资本。由于他们的政治的良知，我们已不能要求他们作为个人参加进来。

正如一年半以前德国的情况一样，意大利也有过吸收原社会党的一些派别的问题，这个问题现在还存在着。我想问，在德国人们接纳了独立党左派，是不幸呢还是大幸？我想，现在人们可以从总体上说，德国共产党的这个做法是非常有益的，当然人们在某些时候也可能必须预防和克服这一行动的危险。

现在在意大利出现了有点类似的形势。意大利共产党奴性十足地声明，意大利社会党本身是绝不会分裂的。共产党一直到最后的时刻都相信这一点，但是意大利社会党还是分裂了。这是毋庸争辩的。

在一个缺乏坚强性格的国家，人们不能有把握地断言，最高纲领派已经变成共产党人了。我尽量避免胡言乱语。我只想说，最高纲领派和改良派的分裂是一个意义重大的事实,是与党的多数派的前提条件以及他们的愿望相矛盾的。这个事实也是我们面临的统一战线的困难问题之一。

我们来说统一战线的第二种形式。这种形式就是不愿把过去属于社会党的新工人吸收到共产党内来。尽管共产党拼命想保持自己组织的独立性,但也在努力同其他工人党和合作社进行谈判,并且暂时同它们结成联盟,以鼓动它们采取共同行动。共产党一直注意到保持自己组织的自由和特性。

即使在这种统一战线策略的形式中,我看,我们党的多数派也犯了错误。意大利共产党确实真诚地相信,它已经接受了这个第二种形式的统一战线的策略思想。我还想指出一点,意大利共产党是最先提出统一战线这个口号的政党之一,尽管含义并不完全,但是在它成为共产国际的口号之前,意大利共产党就提出了这个口号。

意大利共产党多数派在统一战线提纲中以及在采取第二种形式运用统一战线时的错误在哪里呢?

无论是统一战线的第一种形式还是第二种形式都存在着困难。生活本身总是给我们带来困难。婚姻大事不是也充满困难吗?(笑声)但人们还是缔结良缘了。婚姻上有困难,策略上也有困难。博尔迪加以为可以通过机械的、人为的途径克服这些困难。他想区别对待。我们不同党派搞统一战线,但是希望同工会搞统一战线,因为工会是工人阶级的最自然的产物,因为我们在工会里行动可以更自由一些,在那里少丢面子。但他忘记了,同工会也同党派一样困难重重,在那里同在党派里一样,也有社会民主党人。(鼓掌)

因此,博尔迪加同志的区别对待是经不起实际考验的。在工会里会出现人们认为在党派里必须克服的困难。

是的,工会和党派存在着当然的区别。但是统一战线既是一个经济问题，也是一个政治问题，甚至是一个最困难的政治问题。正是由于这个原因，在统一战线策略上把工会和党派区分开是完全不可能的。

博尔迪加同志说：我们反对由社会民主党人和共产党人共同组成常设机构。但是统一战线并不意味着组成这样的常设机构。恰恰相反，统一战线意味着反反复复的谈判破裂和重新接触。

因此我们不能把统一战线看成一个经常性的联合，就像上次斗争之前社会民主党人同共产党人不得不维持的那种局面那样。这样的联合对于共产党的统一战线策略无异于自杀。

然而局限在有共产党人的工会中的那种统一战线策略也是不够的，即使从工会的角度来看也是如此。在有些团体当中没有一个我们的同志，例如在基督教或天主教团体中。这种团体在一些国家，在意大利是大量存在的。

为了同工会联系——在某些情况下，为了实现统一战线这是必要的——人们必须同工会的政治领导人谈判。

统一战线策略在意大利就是以如此抽象、如此教条的形式宣布的，可以说，目前它在日常生活中还不具备具体形式。

让我们再来看看关于工人政府的观点。博尔迪加同志和我参加了五月扩大执行委员会会议以后，我们回到了意大利。我使出了自己的全部力气，为的是要向同志们解释清楚什么是工人政府。显然错误完全在我这方面，但我相信，同志们根本没听懂我的解释。（笑声）

如果统一战线这个概念现在已经非常清楚，以致试图继续在理论上讨论这个问题已经没有什么意义，那么我想，工人政府的思想现在也有了完整的表达。

我从来不同意季诺维也夫同志的看法，开始时他似乎相信，工人政府就是无产阶级专政的同义词。我高兴地注意到，他自己和共产国际执行委员会改正了这个看法。我们认为这里的问题是：在工人阶级有可能夺取政权的国家，工人政府是统一战线的结果。

事实上，仍在受社会民主党影响的工人阶级的那一部分，目前还不相信无产阶级专政。为了促使他们能够把政权夺过来，我们不得不满足于工人政府这个形式。

人们可以承认历史的可能性，工人政府可能是资产阶级政府和无产阶级专政之间的一个现实阶段。在这种情况下，工人政府很有可能具有议会的形式。

这个可能性正是许多同志难以理解工人政府的原因之一。在意大利，由于过去社会党反议会派别在建立和组织我们共产党方面起过非常巨大的作用，因此这样的困难是很典型的。我们许多优秀的同志对工人政府的思想之所以感到吃惊，是因为他们害怕议会形式。

这也是一个很大的错误；我们向我们党的多数派一直是这样说的。

在工人阶级大部分还受到民主—资产阶级思想或者半资产阶级思想影响的国家，有可能发生这样的现象，即工人政府在一定时期一方面依靠工会组织，这个人们应该努力赋予越来越大的政治作用的组织，另一方面依靠议会形式。我们不能因为工人政府在某些时候具有议会形式而抛弃它。这样做是一个很大的错误。在俄国，共产党在三月革命①后尽了一切努力，提高苏维埃的政治权力，当时共产党在苏维埃中还是少数，但是共产党人并没有因为政府纯粹是社会民主党性质而离开议会。在德国，在推翻了威廉帝国以后曾经有过议会，同时也有过苏维埃。

当然，共产党在工人面前应该永远坚持这样的观点，即一个真正的工人政府，只有通过反对资产阶级的武装斗争并且在阶级组织日益加强的监督下，才能组成和巩固。另外，我们还必须强调指出，如果人们不

---

① 按俄历通称为1917年二月革命，而按公历，此次革命发生在3月。——译者注

及早地达到无产阶级专政，工人政府也是不能抵御资产阶级的进攻的。

我想对博尔迪加同志所作的讲话的最后一部分再说几句话，以结束我的发言。

我们的博尔迪加同志要求共产国际执行越来越严厉的纪律。我们完全赞成博尔迪加同志的这一部分讲话。但是我们认真地请求，我们意大利党多数派同志不要把纪律只看成是形式，而应当从共产国际的全部实践出发，把纪律变成党在日常生活中的活生生的现实。（鼓掌）

主席：

在我们把格拉齐亚德伊同志的发言翻译出来之前，我想指出，发言者的名单还很长。我们必须更紧张地工作，才能结束讨论。因此，主席团建议，晚7时继续开会，明天这一天由各委员会支配。有反对的吗？（通过）

（会议休会时间：下午4时）

第五次会议

(1922 年 11 月 11 日)

会议开始：晚 7 时 30 分
主席：柯拉罗夫

宣读贺信

主席：

请安贝尔-德罗同志讲话。他先宣读几封主席团认为很有必要向代表大会宣读的贺信。

安贝尔-德罗（瑞士）：

代表大会主席团从俄国及世界各地收到了近 1000 封贺信。我们不可能在这里宣读所有的贺信，其中有两封信，主席团认为特别重要。一封是符拉迪沃斯托克工人、农民、红军战士代表苏维埃给全世界无产者的祝贺。(鼓掌)（宣读）：

同志们！在苏维埃红星的照耀下，我们从太平洋海滨向你们致以无产阶级的敬礼。经过 4 年日本侵略下的无比困难的岁月和白俄分子令人发指的浩劫，今天工人、农民和红军战士代表苏维埃终于在解放了的符拉迪沃斯托克集会了。俄国劳动人民的无数牺牲不是徒劳的，在长期的流血战争之后，红军夺回了日本军国主义雇佣军强占的俄国的最后一块土地。沿海地区的无产阶级热烈庆祝自己的解放，诅咒和谴责仓皇逃跑的匪帮。

强大的工农队伍第一次高举着自己的胜利旗帜，穿过解放了的城市的街道。苏维埃俄国和全世界工人阶级坚强的不可战胜的力量在这支胜利的队伍中表现出来。这支坚如钢铁的队伍在入侵者几小时前刚刚离开的城市中出现，在劳动人民心中激起了这样一个不可动摇的信念：艰苦的、可怕的时代过去了。现在，在入侵者已经撤退、农民的军队占领了符拉迪沃斯托克以后，劳动人民已不需要远东共和国缓冲国了。1920年有必要建立这个共和国，是为了避免当时还不巩固的苏维埃俄国和好战的帝国主义之间的冲突。同志们，你们知道，在过去两年中苏维埃俄国得到了加强和巩固，它在国际关系中也取得了胜利。你们看到，苏维埃俄国的代表在热那亚和海牙代表了自己国家的利益。你们知道，在大连和长春会议上，日本的吞并计划被挫败了。苏维埃俄国，由于激发了整个人类历史上前所未有的热情，由于创造性地鼓起了无产者和农民的干劲，变得更强大了。无数敌人的阴谋被粉碎了，破坏所造成的巨大的不幸被克服了，日本的吞并政策由于俄国人民的反抗，由于日本内部的动乱和毗邻大国的压力也被粉碎了。日本的邻国对日本影响的增长已不感兴趣。沿海地区的解放，标志着苏维埃俄国被分割地区最终重新联合在一起了。符拉迪沃斯托克的无产阶级完成了极其伟大的任务，表现了不屈不挠的意志。被武装干涉者和白匪分子分割的沿海地区同祖国联合了。符拉迪沃斯托克的劳动人民发挥了革命积极性，今年11月5日在符拉迪沃斯托克的各工会中，进行了工人代表苏维埃的选举。各行政区的农民和红军也加入了这个伟大的创举，同样派去了他们的代表。一切被压抑、被凌辱和被剥削者的最美好梦想变成现实的这一天来到了，这不仅是沿海地区工人和农民的胜利，也是俄国全体劳动人民的胜利；是全世界无产阶级的胜利，也是你们的胜利。同志们，从现在起沿海地区是俄罗斯社会主义联邦苏维埃共和国不可分割的一部分,苏维埃共和国是世界社会主义革命的根据地和策源地。从现在起,红十月标语将在沿海地区多年来为黑暗势力的污浊空气所毒害的城市和房屋上空闪烁着光芒。同志们,在你们同你们国家的资产阶级进行艰苦斗争的时候,请接受我们的敬意。符拉迪沃斯托克无产阶级的一切同情属于你们。我们刚刚获得解放,我们渴望见到你们在惨无人道的资本主义剥削的桎梏下得到解放。解放的日子不远了。在第一个革命的城市莫斯科召开的共产国际世界代表大会为此提供了保证。同志们,沿海地区的工人阶级胜利了。但是,只要在符拉迪沃斯托克港口上还停泊着外国军舰,工人阶级享受完全的安宁、开拓和平生活和胜利发展国家的可能性就不会得到保障。在俄国水域还在继续进行着的武装干涉又燃起了被剥夺了权力的白匪分子的希望,他们妄图对沿海地区年轻的无产阶级苏维埃进行新的打击。我们在等待你们表态。我们相信,你们的语言会像火山一样从你们心中迸发,向你们的政府提出抗议,发出要求:不准干涉苏俄!

责任书记:帕哈尼琴
干事长:阿萨诺夫

另一份是从亚历山大港拍来的电报:

"值此11月7日大会召开之际,谨表示对国际的真挚诚意。祝大会在世界无产阶级事业上取得完全的胜利。埃及社会党中央委员会。"(鼓掌)

继续讨论共产国际执行委员会工作报告

米哈尔科夫斯基(波兰):

季诺维也夫同志对波兰共产党说了相当多的溢美之词,但也不无指责。他赞扬我们，是因为我们作为老革命者善于把合法活动和非法活动结合起来。在共产党人不断受到迫害的国家，共产主义应怎样开拓公开的政治工作的道路，波兰上次的竞选运动是一个生动的例子。当省里同志从报上看到，在华沙组成了城乡无产阶级联盟中央选举委员会时，各省在几天内几乎是自发地组织了45个专区和地方选举委员会。选举委员会必须以签名产生，选举名单提出时也必须征集签名。我们现在虽然还不知道选举的最后结果，还没有得到各区的消息，但是在华沙、栋布罗瓦和罗兹三个地区投票选举共产党的选民数大约有10万人。在选举舞台上出现这种现象使资产阶级及其政府感到相当突然，无产阶级联盟因而才能公开亮出了竞选号召。但不久这一切都被禁止和查抄了，甚至印有我们名单号即5号名单的纸条也被抄走了。利用合法的可能性，即使是微乎其微的可能性，几乎是很自然的事，它是同志们的传统和本能所致。

季诺维也夫同志也批评了我们党的某些问题。我想先对波兰统一战线策略说几句话。是的，开始时，我们的同志对这个口号有些不理解。扩大执行委员会之后不久，我们召开了党的代表大会，会上对这个问题有三种意见。第一种意见，在统一战线策略上同执行委员会的意见完全一致，这种意见最后在代表大会上占大多数。第二种意见，赞成统一战线策略，但在开始时反对同上层人物和解，这种意见后来同第一种意见联合了。我们党5月1日以前向波兰社会党寄去了一封公开信，邀请该党在5月1日组织集会，提出部分的现实要求。这个建议当然被波兰社会党的执行委员会拒绝了，但是产生了效果，统一战线策略在共产党人中，在波兰社会党的工人中，尤其是在广大的没有加入组织的群众中引起了很好的反响，因为向主要领导人提出的公开要求，使得统一战线策略建立在比较广泛的公众的基础上。这样群众比较快就知道各个党派的态度，从而相信我们是主张团结的，而别人是反对团结的。

此外，在我们党的代表大会上还有第三种意见。这种意见并不是仅仅反对运用统一战线策略时的这种或那种方式，而是根本拒绝统一战线的策略观点。

但是这个反对派是同其他问题上的策略观点相联系的，正是这些问题使他们成了地地道道的共产主义工人党。季诺维也夫同志正确地评价了这一派，他说，我们波兰党自己可以解决这个派别，而且——我认为——这是很容易的。这一派人在共产党的性质和作用问题上，在利用议会主义问题上，在统一战线策略问题上，在苏维埃政府的政策以及俄国共产党作为执政党、同时作为共产国际领导党的作用问题上所持的观点，是同我们党的观点相抵触的。在这些重要问题上，这一派是以极明显的共产主义工人党的面貌出现的。但是它相当虚弱，尤其是在思想上，因此我们很容易解决这一派问题。它在思想上比德国和其他地方的类似派别还幼稚和贫乏。（有人喊道："怎么可能呢？"）是啊，怎么可能，在波兰什么都可能，因为小资产阶级的波兰在思想上要比其他国家贫乏得多。

因为这个共产主义工人党的第三派领袖在莫斯科，因此我们代表团决定邀请他，让他在代表团里有发言权，承认他有权在这里公开登台，介绍他那一派，发表他那一派的观点。我希望，施赖伯同志能以同样的勇气和同样的直率在这里陈述他的思想，就像在我们党的会议上那样。

季诺维也夫同志在报告中还谈到了波兰的**土地问题**。他说，我们党在这个问题上的观点有点守旧。他这样说语气未免过于强烈了，我们还有机会谈这个问题。我对于守旧并无特别的爱好，波兰党内现在正就这个问题展开热烈的讨论。为了便于讨论，我们出了一本书，此外我们还要把讨论文章在我们的报纸上发表。但是有一点我现在就可以说：从我们党最近的一次代表大会可以看出，几乎全党的一致意见是，工人阶级为了进行革命，必须同少数的农民、同小农手挽手前进。我认为，这对于像波兰这样一个小农占劳动群众绝大多数的国家是最重要的了。如果我们党有了这个观点，认为人们必须在实践上、在政治和经济上找到一个能把工人和小农联合成革命力量的形式，我看主要的工作事实上已经做了，至于纲领之类的东西是很容易制定的。

我还想就工人政府这个口号说几句话。我先说明一下，我们在我们党的代表大会上，在我们党的刊物上还没有讨论过这个问题，党关于这个问题也没有作过决议，因为这个问题在波兰现在不现实，而且极可能在最近的将来也是不现实的。我的看法是，对这个问题空想太多，而且可以说是胡思乱想。（德国代表喊道："非常正确！"）

对这个问题的批评有三点：第一，它不是谢德曼政府，就是共产党人同社会党叛徒的联合政府。第二，它不是依靠议会制的政府，就是依靠工人委员会的政府。第三，它同时是无产阶级专政的表现，或者不是。同志们，我认为在这个问题上，我们根本不需要闭着眼睛捉麻雀，我们有真正的实际的历史经验。我问你们：1917年布尔什维克在夺取政权前做了什么？他们当时要求实现的口号是：一切政权归苏维埃！当时这意味着：把政府的权力交到在苏维埃中占多数的孟什维克和社会革命党人手里。这在当时来说也是一种形式的工人政府，在这个政府中有反对专政的社会党叛徒存在。这是指社会和政治而言的，工人政府的口号也是这样，而且是以苏维埃的形式出现的。另一个问题是，什么时候、怎样实现这个口号？从根本上说，工人政府不过是一个口号，它使布尔什维克进行了很好的宣传工作。

在德国，十一月革命后我们遇到了同样的形势。斯巴达克联盟盟员要求：一切权力归工人和士兵代表苏维埃，就是说归谢德曼和独立党人，当时他们在苏维埃中占多数，是专政的反对者，也不是共产党政府！

在波兰以及在建立工人委员会的各个地方都是这样。我看，这是问题的核心。在我们的宣传工作中曾出现过一个阶段，在这个阶段中时局造成了一个在历史上很重要的形式——委员会，但核心是工人政府。当革命浪潮再度发生、工人群众再一次涌上街头、工人委员会又一次得以建立时，我们根据我们的历史经验很可能又要提出这个口号，并要求把政府的权力交到工人委员会手里！然后，我们将要求实行无产阶级专政，然后像1917年和1918年那样又会有许多同志跑来批评我们：怎么啦，你们要求无产阶级专政，你们要求一切权力归苏维埃，我们在苏维埃里还不是多数！很有可能在我们还没有争取到工人阶级多数的时候，又要进行一次革命运动。通过革命的酝酿，通过革命本身，我们会比现在更快地掌握多数，革命很可能在这时发生。倘若很可能我们又要提出这个口号，那么从根本上说，这是同执行委员会已经以这种或那种方式提出的口号一样。从根本上说也是同样的政府，不过所依靠的是群众运动。执行委员会到现在还没有能找到这个口号的正确形式，我认为，这是因为我们把两件事混淆起来了。我们想提出一个口号，同时又试图给这个口号一个形式，但是我们又做不到这一点，因为形式取决于革命的形势，而只有在这种形势下，我们才可能有比现在更广泛的基础。我认为，在这个问题上，我们回忆一下我们在革命阶段做过的事，是有益处的。这样我们可以立即发现，在有些左派同志目前看起来是应该受到批评的目标，在当时，当他们的观点比现在还革命的时候，根本就不被认为是批评的对象。

墨菲（英国）：

同志们，我们党在总的路线上完全同意执行委员会的报告，我们认为，报告对世界资本主义形势的看法也是正确的。我们认识到，目前资本主义对工人阶级的进攻并不是一个对自己的力量有认识的阶级的进攻，而是以防御为目的的进攻。全世界也许没有一个国家的进攻像英国那样老谋深算。但是，尽管资本家费尽心机，采取种种圆滑手段，他们自己证明了他们没有能力解决自己的根本问题。我们刚刚经历了劳合-乔治的垮台。劳合-乔治的垮台是英国资本主义瓦解过程的新阶段的开始，尽管目前的选举是为巩固各帝国主义政党这个目的服务的。这也证明了他们是很圆滑的。英国工党对于这次普选虽然抱着很大的希望，但我相信，这个希望是不会如愿以偿的。这件事本身是一个很重要的事态，因为这是一个新时期的信号，预示我们在英国将经历比现在更大的运动。

季诺维也夫同志在报告中说，法西斯运动只限于意大利。但是这里有一个事实，当意大利法西斯分子向共产党、工会、合作社等攻击时，伦敦的资产阶级报纸报道了特种警察兵团组建的消息，并且说，这就是英国未来的法西斯分子。

由于一般地说在各个地方存在着相同的形势，因此我们分析这些事件并制订我们的未来政策，就具有十分重要的意义了。我们听到了很多关于统一战线的意见。毫无疑问，反对统一战线的派别会慢慢在共产国际的队伍中消失的。

但是在英国实行统一战线却引起了一些值得注意的后果，英国党像是遭到了一次电击。党还年轻，还没有很多经验，因此在一些地方，要求实行统一战线开始时引起了相当数量的党员退党。在实际上党还处在诞生过程的时候，要求实行统一战线还使得党产生了内部分歧。

第二次代表大会的时候还没有共产党，当时只有一些党派，小的党派，带着形形色色的社会主义的色彩，从粉红色到鲜红色。第二次代表大会要求它们举行会议，联合起来，并立即申请加入英国工党。但是把社会主义各党派联合起来，把他们称为共产党，并把这些力量变成真正的共产党，则是完全不同的另一回事。以后几个月，党内不断在进行斗争，以摆脱自己队伍中的种种困难。工党问题、参加工党问题，已经把各党在联合之前就分开了,现在,当它们又走在一起的时候,这个特别问题在第一次代表大会上仅以微弱的多数得以决定。

大概还要经过一年的时间,这个特别问题才能为党的工作宝库增加些实际经验。工党在布赖顿会议上把这个问题拖延了,不自觉地帮了我们的忙;现在12个月过去了,同工党的关系问题对我们党来说变得现实了。在此之前,这个问题更多的是党内理论上讨论的对象,而不是同工党实际斗争的对象。同工党的斗争在今年工党爱丁堡代表大会上达到了高潮。

为了使大家充分了解我们在这个问题上的困难,我想提醒本次代表大会注意,我们不仅要克服参加工党问题的困难,而且直到今年10月,党在全国代表大会上才选出中央委员会。从这个事实可以看出党内某些成员的工联主义特性。

由于党内存在着这些分歧,由于必须解决一致行动这个更为重大的问题,大家一定能够理解,我们所承担的任务是不轻松的。但是一旦党学会走路以后,它和整个工人运动都学到了许多有益的东西。

工党在普选期间和之前被资本主义政党通过狡猾的手段排挤了,工党试图得到中产阶级的好感,结果失去了工人阶级的支持。工党为了得到中产阶级的选票而采取的策略就是把共产党人开除出自己的队伍,爱丁堡决议把共产党人同工党的斗争推到了顶点。在会上,建议通过的两项决议禁止接纳任何提出议会候选人的政党,禁止接纳与工党处于对立地位的政党。

这样我们面临的形势是:工党提出的条件使我们不可能参加工党。形势变得更为激烈还由于,工党强迫参加工党的工人组织,将凡是反对它(工党)开展议会运动的党派的全体党员开除出党。因此我们采取了一个对策,党立即撤回了反对工党的议会候选人,接受了工党的党章。通过这个办法,共产党人在工人运动中赢得了重要的胜利。尽管我们在开始时损失了一些党员,但是共产党的影响在工人阶级许多部分中有了很大的增长。

在格拉斯哥、设菲尔德、曼彻斯特、伯明翰工党完全无力执行自己的决议。在其他一些地区,共产党人控制着巴罗、巴特西等地的工党组织。

此外,我们还看到,工党企图把共产党人开除出工党,为工党带来了许多无法克服的困难,例如工党是由工会联合会各组织组成的,开除共产党人,必须要通过工党代表大会。在代表大会上,工党面对着强大的工人组织,这些组织不会个个听从工党的领导。已经有一个工人组织、一个很重要的工人组织拒绝执行工党的决议,工党立即看到一个工人联合会——一个群众组织——脱离工党。在这条道路上工党是不敢继续走下去的。

我们从中可以看到,统一战线政策并不是削弱共产党的政策,它有助于共产党的加强。

工会运动的进步具有同样的意义,这里我可以说,这个运动取得了同样重要的进步,例如在工人联合会代表大会上,我们就有可能提出巩固工会运动的纲领,让所有工会领袖以及他们的错误公之于众。

在工厂或工会运动的现实斗争中,我们取得了很重要的影响。在反对解雇机械工人的过程中,共产党人和红色工会国际的支持者领导了斗争,他们是这些斗争的推动力。

这里我想对季诺维也夫报告中的一个问题提出反对意见,就是他关于工厂委员会运动的论断。他说,一个共产党,如果在工厂和作坊、在矿山和铁路等处还没有坚实的影响,就不能算是真正的群众政党。在目前情况下,一个运动,如果工人阶级及其组织在这个运动中没能成功地建立起工厂委员会,这个运动就不能被看成组织精良的无产阶级群众运动。

对此我们提出异议。我们觉得，报告人在说这段话时太过分地拘泥于德国的情况了。在英国有一个强大的车间代表运动，但是这个运动无论过去还是现在只能在一定的客观条件下存在，目前英国不具备这些必要的条件。有175万工人在街道上闲逛，你怎样建立工厂组织？失业大军浩浩荡荡，你总不能把工厂组织建立在空无一人的车间里吧。

在这种情况下，运动采取了另外的形式，以工会少数人运动的形式去推动大规模失业工人委员会运动。在反对解雇机械工人的斗争期间，正是这些组织领导着斗争，很少是真正被工厂解雇的工人领导斗争。

因此，共产党必须适应由历史情况决定的各种斗争形式。在一个国家情况允许到工厂去创建工厂委员会；在另一个国家的工会和失业工人委员会的日程上，则可能是搞少数人的运动。共产党，只要它已经深深地扎根于群众斗争之中，只要它能够适应符合情况的群众组织的各种形式，它就是一个真正的共产党，不管它所采取的是工厂委员会的群众组织形式或者其他什么形式。

我们来看一看统一战线政策所引起的国际联系。第二和第二半国际代表大会以后，我们看到了什么情况呢？我们看到，在各个国家进行了一系列的斗争。当英国解雇机械工人的时候，在另一些国家正在举行冶金工人要求增加工资的斗争，这些国家的共产党没有一个党知道另一个党在做什么，它们之间缺少有效的联系。它们没有提出同样的口号，甚至没有采取措施以实现共产党内的统一战线。在这方面，共产国际要把许多耽搁的事情做起来，以便改善这种状况。

另外，我们还听到了许多关于东方和殖民地人民觉醒的消息。我们听说，在印度、埃及、美索不达米亚和爱尔兰，革命运动正在发展。但是，为了使这些国家掌握和领导人民的政党互相接近，为了使这些政党了解正在斗争的群众的问题，我们做的事太少了。只要我们改正了这方面的错误，我们就可以更好地继续运用统一战线，发展共产国际！

哈康·迈耶尔（挪威）：

敬爱的同志们！我不想过多地谈论挪威问题；这个问题将由挪威问题委员会讨论，然后再回到代表大会上讨论。我想对季诺维也夫同志在报告中粗略谈到的执行委员会的工作说几句话。挪威代表团的多数成员在这个问题上不完全同意国际的意见，尤其是季诺维也夫同志谈到的挪威共产党的诞生问题。这首先是一个组织问题，但主要也是党的策略问题，这是在挪威问题上要解决的两个主要问题，主要不是挪威党报叫什么名字的问题。季诺维也夫同志过去参加我们的讨论时，以及在这里的代表大会上，都谈到了报纸的名称问题，执行委员会在最近给挪威党的信中也谈到了党报的名称问题。季诺维也夫同志说：挪威的全部报纸仍然叫《社会民主党人》。挪威党是一个比较强大的党，它不是从另外一个大党派生出来的党，它本身就是一个大党，拥有几乎所有的报纸。《社会民主党人》这个名称在我们的语言中从来没有被看做是攻击性的骂人的语言。（笑声）是的，同志们，这听起来可笑，事情就是这样。当然，这不是最主要的问题，最主要的是，季诺维也夫同志大概也知道了，我们党的中央一致建议，改掉那些还叫社会民主党人的报纸名称。我们党大约有40—50份报纸，在挪威这样一个小国有40多份报纸为俄国革命、为革命思想宣传了五年之久，这是一大贡献，是报纸的名称所不能抹杀的。季诺维也夫同志知道，关于这个问题我们党中央已经提出了动议，这个提案在9月党的代表大会上也许已经讨论了，如果不是国际要求把大会推迟到1月举行的话。执行委员会知道得很清楚，这些报纸1月份将要改名。

我想谈一点有关"莫特·达格"派的问题。季诺维也夫同志称挪威党内的这一派为莱维派。我是属于这一派的，这一派主要由青年学者组成，这一派作为一个有组织的小组参加党，它同党内一些同志的争执很激烈，但是没有一个同志叫我们莱维派。所谓莱维派，一般的理解是指在行动上采取反对党的背叛行为的派别,可是我们这一派根本不是这个情况,我们这一派从来没有以任何方式背叛过党。因此根本就没有理由突然在挪威党内找出一个什么莱维派来。

工人政府问题在代表大会的讨论中被提到了相当重要的地位,这个问题在挪威党内很少讨论过,甚至根本没有在党的讨论会上报告过。但是我们知道,党内有一派人,他们的政策就是有计划地争取组织工人政府,并把它建立在统一战线的基础上。可是统一战线,这里面不仅有工人政党,也有资产阶级团体啊。我们反对这个政策,并不是因为我们不相信这是一个正确的政策,主要因为,要公开走这条道路的同志是党内的议会派,他们在议会里执行了一条完全是机会主义的政策。在讨论党和政府问题时,我们党的议会派副主席说:"我对政府问题的看法早就说过了。我并不是在任何情况下都反对资产阶级政府。我的意见是——我们党是不同意我的意见的——在某种情况下,我们应当承认为人鄙视的所谓'部长社会主义'。许多年前,在我说这番话的时候,我把自己放到了同党对立的立场。因为我有过这样的意见,因此我希望,在以后的全国议会选举时,人们不会接受我。这当然要看形势而定。也许会出现这种形势,也许我们正处于这种形势,我们不能直截了当地说:在任何情况下我们都反对任何的资产阶级政府。"

如上所述,党不是这个意见,党认为必须反对任何形式的自由—资产阶级政府。这不是偶然的,相反,这是我们党的议会派全部政策的预兆。如果这一派同志一再回到这个政策上,尤其是回到党内议员赞同的强制仲裁法这个问题上,以致党不得不接受这项法律;如果他们一再推行这一项机会主义政策,那么人们就能理解,为什么我们不相信可以在我们的党不被这一派的议会主义完全腐蚀的情况下,以这种方式来执行促成工人政府的政策。我们可以举出许多事情来说明,这一派的全部政策是机会主义的,例如这一派人讨论过,如果危机到来,要不要支持拥有国家资本的资产阶级银行。他们主张在有些情况下无论如何必须支持这一类的资产阶级银行。我们还可以举出许许多多事来证明这一点，尤其是——如上所述——在强制仲裁法这个问题上。

执行委员会在给我们党的前一封信上说，议会派在这个问题上所持的立场是一种受议会机会主义影响的立场，但在上一封信上却说，这是一个非常困难的策略问题。这一派在这种形势下选择了这条道路，认为为了全体工人的利益应该接受强制仲裁法，它这样做不仅仅是考虑了工会组织的利益。这同样也是这一派机会主义政策的表现，正如它在以前所表现的那样。它这样做，是因为它想支持自由政府，或者如它所说——部长社会主义，而不想再来一个更保守的政府。如果我们不时注意到，这一派执行的是一种地地道道的机会主义政策，一个促成工人政府的政策，而这个工人政府又是这个样子，它不仅包括工人，而且还包括资产阶级政党的其他派别，那我们对这一派就不能不有所怀疑了。

最后，我还要对大会提出供讨论的决议说几句话。代表大会也许知道，挪威党中央多数人对执行委员会致我党的上一封信是不同意的，我们在其他许多问题上是根本不同意执委会的意见的。如果我们接受决议，就必须接受我们所代表的中央多数人所不愿接受的东西。因此，我们只能在决议经过这样的修改后才能接受，即决议只说一般地同意执行委员会的工作，而不是在各个问题上，把各个问题排除在外，因为这些问题要由各委员会去讨论。但是，我们也不会投票反对这个决议，那样人们会认为，我们是在全盘反对国际了。不是这样。如果决议不修改，我们将不参加表决。"我们"指的是党中央多数派代表，就是代表团的三位代表。（挪威代表鼓掌）

布哈林（俄国）（受到鼓掌欢迎）：

敬爱的党员同志们！我想先指出一点：令人奇怪的是，在这个共产国际世界代表大会上,没有一个发言人谈到国际形势,谈到各党的形势。几乎每一个发言人毫无例外地只谈了他自己党的形势,甚至从柏林组织来的、热情的鲁特·费舍同志也几乎只谈了柏林组织或者最多只谈了德国党的问题。我们现在所要讨论的是季诺维也夫同志的报告,他在报告中分析了整个国际形势。他分析以后,我们期待的是我们的朋友、各个兄弟党代表对这个总形势的讨论。因为正如你们所知,我们还有许多单独的问题,这些问题所涉及的是各党的形势,到那时候我们可以详细地讨论。这说明,我们太社会民主党化了,我们还不习惯把形势放在整个国际范围内进行分析。我想在这里试图在整个国际范围内,根据共产国际内部不同的派别和不同的倾向,对执行委员会的策略作一分析。

我们应回答这样一个问题,即共产国际执行委员会的工作是否正确。国际执委会的工作正确与否分两个主要问题:(1)国际对国际内部许多不同倾向的判断是否正确,国际是否很好地正确地执行了这种内部策略;(2)国际决定的总的策略路线是好还是坏。对于这两个主要问题,我们是应该得到答案的。在国际内部,我划分了以下不同的策略派别和倾向。我想先列举一下:第一种**中派**倾向;第二种**半改良主义**倾向,这种倾向戴着左的面具,口头上以左派出现;第三种许多不同的过渡形式,部分是工联主义,部分是改良主义,或者在同一时期内两种派别同时体现;第四种真正的左派。我所理解的左派包括犯过所谓左的错误的组织。我们还有国际的根本核心,我们希望,这个核心执行的政策是正确的。

中派在国际全部活动中以及在这次代表大会上最明显的代表是两个党的代表。一是法国党的一部分,一是挪威党的一部分。他们的代表(多数派)在这里发言了。

法国中派倾向是过去社会民主主义的思想残余,**这一派也有一副白色的面具**,这副面具是,凡是人们向他们提出来的他们都接受。向他们提出二十一条，他们接受。向他们提出关于党的工作的很好的决议，他们立即一致通过了。（笑声）总是这样。凡是所谓莫斯科指令，他们都同意。然后呢，当然就使出全部的共产主义劲头来咒骂莫斯科指令，但他们也签署人们希望他们签署的东西。从外表上看，他们一开始总是非常忠诚，但是巨大的危险在于这一切都是纸面上的东西。接受了这些好的决议后，他们什么也不做。这种离经叛道的倾向，这种在策略上离经叛道的倾向是实实在在存在的，但是从来没有见诸于文字。他们从来不想把这些离经叛道的观点用文字清楚地表达出来。

一位法国同志说得完全正确——这也许是他讲话中很少的几处正确的地方之一，他说：我们左派总是讨论来讨论去，可中派总是采取防范措施，因此人们不知道，这些人到底想干什么。这是最危险的。因为，我们看法国中派，总认为他们的策略是为了夺取政权，但是事实上这夺权是在他们自己党内。（笑声）至于说到党对群众的态度，我们必须说，他们没有采取任何步骤真正支持法国工人阶级运动。工会方面的斗争，这是法国社会工人生活最重要的本质，现在已经不依靠党了，党也不关心这些事。这一点我们可以从各部门——法国党中央和中央机关报——的工作看出来。中央机关报直到现在并不是共产党的机关报，这一点我们必须向我们的法国兄弟讲清楚。《人道报》至今不是共产党报纸，虽然《人道报》有极大的可能性以共产主义的思想影响工人。法国同志如果能更多地关心工人生活，我们在法国工人中是可以产生比现在更大的影响的。在法国党的这一派中，还有一种非常强烈的和平主义思潮，这一思潮染上了很强烈的人道主义色彩，它的唯一美德就是使法国资产阶级的传统得以长存。

还有一点，在这一派中还存在一种反对共产主义的倾向，就是一种直接反对共产国际国际纪律的倾向。这是共产国际内部最大的危险之一，我们应该反对这种右的危险。

至于挪威党，我们刚才在这里听到了左派一位同志的发言，他向我们说了什么呢？他说，挪威报纸的名称《社会民主党人》，像任何一个名称一样，不过是一些排在一起的字母。（笑声）但是，我们为什么不叫自己是社会民主党人呢？比方说是为了表示对一些特殊字母的爱？这位挪威同志就是这样考虑问题的。我们认为，名称是一个象征，它历来就确定着我们的路线。我们容忍《社会民主党人》报已经两年了。你们不觉得，名称对报纸的内容有影响吗？我们可以在这里证明这一点，我们还会证明，这些报纸在内容上部分是半社会民主党的，在这些报纸上，我们有时可以读到怀着直接的敌意攻击共产国际的文章。

这是绝对真实的。如果这位同志在这里说，所有这些都是鸡毛蒜皮的小事，1月份——这是在两年半以后——我们就要办好我们的报纸，那我们也可以向你们说，这一点你们多次向我们保证过了，但是从来没有实行。国际纪律在哪里？这位同志完全忘记了纪律。我们常常直截了当地指出，国际的决定，执行委员会的决定，我们代表大会过去的决定，不能容忍这种情况存在。尽管如此，还是有人说这是小事。不，同志们，这不是小事。根据国际的决定，你们不能认为这是小事。纪律就是这样。这里我们又见到了另一副面具。我想结合另一个问题马上谈一下。

有几个中派和半中派分子组成了一个特别的派别，之所以特别，是因为他们总是戴着左的面具出现。

我们在纲领方面，也在土地问题上和民族问题上，有两位批评者。在土地问题上，我们的朋友塞拉蒂从左的方面非常激烈地批评了我们。他说：他们把一部分土地分给了农民和小资产阶级，这叫什么马克思主义，这是对小资产阶级的让步，我们是真正的革命的正统的马克思主义者，我们要对小资产阶级无赖宣战。听起来多美，但是经验告诉我们，这仅仅是外表。塞拉蒂同志，我希望，你也不会否认，内核已经有点腐烂了。

在民族问题上也是这样。在民族问题上，我们有过一个很原则的反对者——这就是莱维先生。他说：民族问题——你们作了多少让步？你们的正统还留下多少？没有留下一点点。然后，我们经历了莱维同志十分辉煌的发展过程。这件事的核心是什么，这是显而易见的。这不过是戴上了正统倾向的面具，以掩饰机会主义的核心。我们的孟什维克分子和社会革命党人在各条大街上大喊大叫，他们反对新经济政策，他们代表真正的工人利益。这是诡计，我们应该揭露这个诡计。

现在我来说说一些具体问题。先说法国同志，他们策略的主要特征是纯粹的消极态度，他们不支持任何罢工。但他们有一件外衣：统一战线的种种危险。他们说：我们为什么要同这些流氓谈判？他们根本不是社会主义者。他们还以一位更左的同志——迪雷同志——为自己的榜样。迪雷同志几天前反对开除韦弗伊及其同伙。他过去是、现在也是赞成工会自治的，然后他到我们这里来，指责我们是机会主义。几天前他还反对开除韦弗伊。韦弗伊是一个地地道道的资产阶级无赖。迪雷同志来了，并且说：你们是怎样一个机会主义的国际啊，你们要求我们执行统一战线，你们要求我们接纳塞拉蒂，等等。这意味着什么？这意味着，迪雷同志，我们从你身上看到了国际还有改良主义的残余，你想用空话来欺骗我们。（鼓掌）

我们看了法国文件。我们很高兴，法国同志正在康复中（笑声），但是在政治上康复的征兆还不是一切，还要作一些检查（笑声），看看以后的身体状况会怎样。我们在完全相信他们之前，必须要有实际的检验，要有许多实际的证明。我们知道，这些人总是摇摆不定。但是，如果一个同志以这样尖锐的方式、几乎是以蔑视的口吻谈论国际，那我们要重复一遍拉狄克同志对一个同志说过的话：你应该谦虚一点，你应该首先把自己真正革命活动的证明拿出来给我们看看。

说到迪雷同志的实际论据,有以下几个。第一个论据——我把最重要的论据概括一下:人们不能同我们党一起行动,因为我们党没有能力行动。这是反对统一战线的第一个论据。这个论据也被我们的朋友博尔迪加捡起来了。但我要说:认为应该先把党彻底组织好,连最后一个人都组织好,然后再开始行动,这种看法是完全错误的。我们是不会这样干的。我们认为,党应先开始行动,尽管它还不健全,但是只有在行动中才能组织起真正的党。你想等呀等呀,等到有党的时候,而且在等待中总是希望什么时候一下子就可以得到这个党,这正是你一直批评法国同志的那种被动策略。你用手指着中派的同志说:都是些消极分子,什么事也不愿干。但是你自己在等待党的诞生,你犯了同样的错误。不,党是在斗争过程中产生的,在法国也应该是这样。

迪雷同志又举出了另一个论据:"社会党的机会主义分子不同意和我们一起前进。"这真是一个有力的论据!社会党的机会主义分子不同意和你一起前进,你就失去共产党的耐心了。这是什么论据!如果他们不同意,你应该揭露他们,应该写文章反对他们,用你的宣传反对他们。这是你的职责!你应该利用这一点。这就是社会爱国党罪行的材料。又是这个该死的消极态度。我只想对你说,你太懒了。(鼓掌)

第三个非常滑稽的论据:对于德国嘛,统一战线策略当然非常好。机会主义分子一直是这样说的。战争期间在德国有人也这么说:俄国革命——请吧!我们支持;但在德国,那就是另外一回事了。你在这里也是这样提出论据的。德国群众是有组织的,这里的群众是没有组织的;因此在德国可以用统一战线策略得到群众,这里不行。为什么?证据在哪里?哪怕是一点点捕风捉影的证据,证明这是真正的论据嘛!第一,我们不仅有参加组织的同志,而且这里的情况也是同德国完全类似的。同样,那些没有参加组织的人会来找你的。如果你再有一些有组织的同志,而这个集聚的核心又不断扩大,你会更快得到没有参加组织的阶层。你的论据是什么？在德国人们管这个叫"真他妈的聪明"！（笑声）（**季诺维也夫：**"这可不是议会的表达方式！"）季诺维也夫同志说，这不是议会的表达方式。我承认，这种语言有点有伤风化。（笑声）可我不是议员。

同志们，请允许我谈一谈我们集体的另一类人，就是所谓既向左派又向改良主义过渡的派别，他们的典型代表是瓦伊陶尔同志。他说：我是一个左派。是有一个左派反对派；在捷克左派反对派中存在着不同的分子，现在我选择瓦伊陶尔同志作为所谓竭尽全力要从左派反对派中搞出一个思想体系的人。我认为，人们不要从右的方面，而应从左的方面进行批评。瓦伊陶尔同志在报告中所说的，首先同共产主义毫无共同之处，而是同小资产阶级的蒲鲁东主义有许多共同之点，是彻头彻尾的蒲鲁东主义。在工人运动中就有这样的怪人，例如在德国有一个叫伯恩施坦的博士。他在反对资本主义的斗争中号召罢育，女人不应生孩子，因为没有孩子，军国主义就无法生存了。（大笑）现在来了个瓦伊陶尔同志，建议我们在纲领上确定这样一种打断资本主义脊梁骨的手段，而且是唯一的手段：不要在残忍地对付工人阶级的资本家那里买东西。

这实在是妙极了。我不知道，瓦伊陶尔同志对不残忍地对付工人的资本家要进行什么样的斗争。这完全是博爱主义的术语，好像瓦伊陶尔同志是一位女性（笑声），同时又是出身于贵族。（笑声）同志们，事情的确是严肃的。这不是马克思主义，这在理论上彻头彻尾都是错误的。这个理论命题，即工人受商业资本的剥削甚于生产资本的剥削——这是骇人听闻的，因此，我奉劝瓦伊陶尔同志，去上马克思主义预备学校一年级（笑声），但我并不是想说这种理论是一级的。（笑声又起）问题是：这种理论的基础是根本错误的。这种策略是可笑的，不仅可笑，而且是机会主义的，是十足的机会主义。人们不去发动群众，宣传罢工，等等，反而用甜奶去喂养资产阶级世界，而不是革命的无产阶级。他们然后跑来说：这真是一个奇怪的国际，俄国党还同它一起搞了十月革命。同志们，这当然无须认真对待。但需要认真对待的是，这些愚蠢的思想居然会引起某些附和，甚至我们的朋友博尔迪加同志对瓦伊陶尔的全部谈话报以掌声。这究竟意味着什么？这意味着，有些人在我们内部的策略行动上以完全不正确的方式行动。当然，我不认为，同志们是有意识这样做的，但是有意识或者无意识只具有完全次要的性质，客观效果才是决定的因素。

关于瓦伊陶尔同志本人，我只能一般地说一说。

我听说，瓦伊陶尔是哲学家，但这种哲学并不是纯理性的体现，而是对理性的辩证否定。（笑声）这里的问题是：执行委员会的行动是否正确？执行委员会当时马上意识到，有一些真诚的工人参加到这里面来了。在法国问题上，执行委员会坚决进行了反对右派的斗争，要求把他们开除出去。至于中派，执行委员会要他们忍耐，当然是有一定的限度。这正确还是不正确？这是正确的。我们知道，在捷克问题上，支持瓦伊陶尔同志愚蠢思想的还有一些工人。我们做了什么？

我们忍耐了。我们说过，捷克党应尽量把支持这些愚蠢思想的工人留在党内。捷克党应该去试试。你们现在可以在这里决定，这是否正确。

我还想对所谓左的错误说几句话，首先说一说鲁特·费舍同志的发言。她的主要错误是夸大了几个危险，在有些方面，她的批评是正确的。并不属于左派的拉狄克同志虽不是官方地但半官方地说过：她的批评是有道理的。但错误在于鲁特·费舍同志说：改良主义和修正主义达到了全盛时期。这夸大了，这是对很具体的情况和行动作了完全非辩证的判断。她的错误在这里，这一点我们想公开指出来。在鲁特·费舍同志的发言中我听到的第二个错误是这样一句话，我在这里记下了："组织上的强大是社会民主党思想的残余。"

这绝不是社会民主党思想的残余。我们不可以形成这样一种政治观念，即组织问题对于我们几乎没有什么意义，而整个资产阶级却为它的组织找到了新的形式。法西斯主义不是一种资产阶级过去就有过的简单的组织形式——这是一种适应新运动的新形式，把群众裹挟进去了。也就是说：资产阶级也懂得必须有一个群众性的党。可惜，甚至博尔迪加都不懂得这一点。这是一种完全不同的组织形式，我们当然不敢说组织形式没有意义。不，正相反。决定的当然是群众；群众将起决定性作用，但核心必须有组织形式。这不单单是社会民主党的问题，而是任何一个战斗党的问题。（有人喊："非常正确！"）

再说第三点。费舍同志说，针对德国党的盲动策略人们进行了许多斗争，因此现在出现了某种沮丧情绪。可能是这样！但是大家知道，在生活中，我们不可能预先确定和勾画每一个步骤。如果我们过去不对盲动主义进行坚决的斗争，那么对于党可能会更糟。

现在谈一谈**博尔迪加**同志。博尔迪加同志开始发言时向我们说，他接受统一战线策略思想。说得很高雅，表达得很理想，很有灵性。但是博尔迪加同志，你的思想却有点太干巴巴了。（笑声）我们不需要干巴巴的思想，我们需要一些更真实的东西。博尔迪加同志的主要错误是，他对于不熟悉的事物不愿作生动辩证的认识，而是僵硬地套用规章制度。博尔迪加同志说，人们应该首先把一切可能发生的情况估计到，然后再订出各种安全措施，这样才不致犯下原罪。（笑声）但是，生活是复杂的，人们不可能先验地估计到一切，于是博尔迪加同志只好把自己藏在大套鞋里（笑声），就像我们俄国人习惯说的那样（意即：处境尴尬）。

博尔迪加同志还说：灵活性和折中主义！博尔迪加同志把这些概念用做同义的概念。这是什么意思？凡是俄国党认为是很大成就的事，对于博尔迪加同志来说等于没有原则，等于小资产阶级的玩世不恭。这当然是一个很大的错误。这样，人们当然不能度过艰苦的环境。博尔迪加同志在发言中还反对统一战线的策略，他说：首先是党的组织，然后才是党的行动。这是同一个错误，关于这点我已经说过了。

关于国际纪律，博尔迪加同志也用他的思想能力作了特别的解释。他向我们说：是的，我是中派，我甚至反对由各党代表组成的联邦式的中央，我赞成一个绝对的中央集权的执行委员会。然后，他用了"但是"这个词，他说：我们不是士兵，国际不是兵营，人们不能把军队里的法律机械地搬到国际里来；实际上，他要求各党有更大的民族自主权。博尔迪加同志谈了许多辩证的矛盾。我们在这里所听到的不是矛盾，而是荒谬。这外面披着一件小小的外衣，当然是一件很高尚的外衣。国际纪律不能作这样解释：国际是有充分的权力的，但我们是自主的，我们愿意怎么干就怎么干。

再说明几点：现在请你们看一看意大利形势。大家都在喊要实现无产阶级力量的联合。在意大利最重要的问题是同社会党组织上的联合问题。博尔迪加同志到这里来，对这个重要问题不发一言，他的全部发言是企图给行动哲学涂上最抽象的贝格松学说的色彩，这种行动并不是行动。他没有一句话谈到具体问题。这又是思想贫乏的结果，而贫乏的思想事实上不是无产阶级斗争的健全工具。所以，这是纯教条主义、宗派主义观念的残余。意大利党做过很好的工作，正如在"人民冲锋队"问题上犯过错误一样，它在土地问题上也犯过错误。意大利党所犯的这些错误，也是在博尔迪加同志的发言中所表现出来的错误的结果和逻辑的继续。

同志们，不论执行委员会、我们的国际组织对这些问题采取过什么态度，我们改正了这些左的错误。我们改正了这些错误，不是从"右的"或"左的"立场出发，而是从**正确的无产阶级策略**的立场出发。正确的无产阶级策略不必是左的或右的策略，它只需要适合各国无产阶级所处的具体情况。因此我要求你们，把执行委员会的策略当做你们自己的策略接受下来，继续支持这个策略，直到我们有了现实的力量，赢得整个无产阶级。（鼓掌）

卡尔（美国）：

同志们，虽然布哈林同志认为各党代表在这里只谈论自己党的事务是一个错误，我还是要重犯这个错误。也许对于像我们这样一个小党来说这是最好的、至少是最谦虚的办法。正如季诺维也夫同志所说，事实也确实如此，我们党的革命经验太少了。

我想先声明一点，我今天晚上的发言是受党的代表团的委托。我以美国共产党的名义表示，我们对过去一年执行委员会的策略完全同意，不仅仅是一般的同意，而且在执行委员会关于美国问题作出的具体决议上也表示同意。

我先谈一下一般的问题。我们从第三次代表大会接受的口号是：到群众中去！是的，长期以来，在美国对于共产党的任务存在着不正确的看法，但是现在，在美国只有很少的同志——在这个口号下，宣传已经搞得很好——会像拉狄克同志所说的那样，愿意孤独地在星光下漫步，直到美丽早晨的来临，然后让革命的红日照耀着自己的面庞，并以此为美德。现在几乎每一个党员都懂得，党的任务就是在群众中工作，他的整个工作不能仅限于党员同志之中，而应该扩大到工人的许多组织中去。在美国党内再没有人反对这个口号了。

第二个口号，统一战线的口号对于美国也是一个好口号。但是美国那里的情况同欧洲国家的情况有些不同，这是很自然的，因为在美国没有受群众支持的工人党，没有群众支持的社会党。黄色社会主义工人党在美国像老巫婆一样到处游荡，但是没有人再理睬它了，而且群众是不属于它的。当统一战线口号传到美国时，很自然在党内存在一定的误解。有的同志立即把这个口号当做命令来解释,认为我们必须同社会党和其他组织的政治家和领导人达成小小的协议,甚至建议,如果我们要提出一个候选人,应该把这个名额让给黄色的迈耶尔·伦敦,而且在选举中我们还应该支持他。但是,这种看法现在在党内已经不存在了。现在每个人都知道,这里所涉及的不是这些事,而是要组织行动,在行动中我们可以和所有的工人和组织联合起来,反对资产阶级。

我再谈谈具体问题。你们知道,我们在美国是一个非公开的共产党,党的各小组是秘密组织的。过去有两个党,1921年5月合并成一个党。合并后,党如何在群众中工作的问题被提到重要地位上来。国际提出的口号,其必要性是大家都看到的,可是我们应该如何实现这个口号呢?

这时许多同志认为,有必要组织一个公开的党,以便更好地深入群众,在他们当中工作。在是否应该和如何组织公开党的问题上,党分裂了。这个问题在莫斯科这里受到讨论,与此相关的提纲被制定出来,提纲建议组织一个公开的党。口号也被提了出来。下列内容也被肯定地指出:人们不应该屈服于被消灭的危险,而应该继续有效地保持和加强地下党,另外把创建公开的党作为共产党的工具,以便更好地在群众中开展工作。这些提纲被送到美国,受到了大多数党员的热烈欢迎。但也有反对意见被提出,而且是从两个极端提出。党外的左派反对派声明反对,因为这是对他们宣传的批判。党内也不是所有党员都热烈欢迎这些提纲的。有的同志认为,这些提纲在原则上是错误的。他们说这些提纲是建立在错误的基础上,执行委员会对于美国形势没有掌握正确的情报,因此执委会才把这样的提纲寄给我们。但是,提纲还是正式被接受了,对提纲中提出的问题的讨论持续了数月之久。这也许是季诺维也夫同志说在美国有严重派别之争的原因。这些斗争现在结束了。去年夏天引起全党关心的问题在党的代表大会上,通过共产国际参加大会的代表的大力帮助获得了解决。在这里人们也许听到了什么，但人们听到的只是暴雨中的雷声和闪电，这场暴雨现在已经过去，而且正在减弱。这些问题引起的风暴过去了，共产国际寄给我们的关于美国共产党最近任务的提纲，关于公开党和非公开党问题的提纲，现在为压倒多数的党员，我想说，至少十分之九的党员所接受。他们认为，这些提纲是正确的，是符合美国情况的，提纲提出了美国工作的正确路线。

去年冬天，共产国际执行委员会命令党重新联合起来。左派反对派的同志曾来过这里，要求人们承认他们是美国共产党。后来他们得到指示，要他们再回到党内去。党也得到重新接纳他们的指示。美国党的统一是按照执行委员会的指示办的，在这个问题上，执行委员会的工作也是正确的，这是今天党内大多数人的意见。

但是对这些指示，两个反对派都有某种反对意见。分裂了党的左派不愿回来，党的许多"右派"领袖也不愿他们回来。他们对外公开说：好吧，我们接纳他们。但是回到党内的人没有像人们所期待的那样，受到热情的欢迎。围绕这个问题，那些真正愿意整个美国共产主义运动统一起来，希望所有有权称为共产党的党员应该留在一个党内的人，同那些认为所有左派分子留在党外可以更好为党工作的人产生了严重的争执。争吵了几个月之后，执行委员会的命令终于得到了贯彻：上月两派又联合了，并且是无条件的联合，当时在美国的共产国际代表参与了联合工作。这在件事上，美国共产党今天认为，执行委员会的行动也是正确的。

现在我不得不再就季诺维也夫同志报告的一两个问题说点意见。

季诺维也夫同志说，我们是一个很小的党。这是事实。他还说，在美国工人中有一个规模很大的左派运动。他似乎没有把握，不知道我们在美国是否走上了正确的道路。左派工人运动今天大部分是我们党的工作。我们的党员同志在工会支部活动，有几个著名的工会领袖被迫到莫斯科这里来过，就是因为他们受到工会共产党支部工作的推动。因此，如果把党和工会分开来，并且说，这里是党，它很小，那里是大规模的左派工会运动，这是不完全正确的。这是不正确的。党在工会中的工作还不尽如人意，但是我们天天在学习更好地影响它们，把反对右派龚帕斯分子的整个左派工人运动组织好，逐步使工人运动革命化。

同志们，由于国际执行委员会今年建议的路线正确，今天我们在美国第一次有了一个真正统一的党。在党内，党员的大多数对于党所面临的问题有了一致的看法。我们说，这个党是赞成国际执行委员会工作的，这个党希望并相信，明年的工作会沿着这条路线进行下去。

福尔（法国）：

同志们，执行委员会作出了非常正确的决定，有关各国支部内部的冲突应由为此而决定设立的委员会来磋商。在这个意义上我必须声明，我现在不是以一派的发言人在这里讲话，而是主要想利用这个机会，以法国共产党发言人的身份参加我们对季诺维也夫同志报告的讨论。

对于季诺维也夫同志的报告，在大的路线方面我们的意见是完全一致的。事实是，在世界上所有重要国家工人阶级的形势经历了一段时期的巨大混乱和猛烈危机以后，目前看来已有所好转，可以说，我们国家也是如此。

我们国家的形势怎样？布哈林同志刚才说，大多数发言人只谈了他们自己国家的情况。我深知这一点，但是这些发言人一个接一个地谈论自己的国家，我们也可以把这些发言综合起来，从而得到对国际形势合理的、正确的认识。我不认为，我个人能够对毗邻国家的支部提供什么情况，我认为这些支部的同志比我更有资格。

我想尽量向你们介绍一些有关我国的形势，当然是有关工人阶级的形势。

我说，形势似乎有所好转了。我说"似乎"，因为出现的转机事实上仅限于失业现象的所谓消失。当然，在法国还有失业工人。但是在大约两年前经历了可怕的危机之后，我们现在可以说，危机已经过去了。目前我们可以说，在我们国家的失业工人越来越少了。上次危机殃及了几万名工人。借此机会我们可以总结一下，共产党的工作在活动的宣传和组织方面至少对法国来说是有益的。

这就是这个国家的事实，而在这个国家，失业的工人们曾提出过这样一句非常著名的口号：或者在劳动中生存，或者在战斗中死亡。

我们通过失业危机这一时机也认识到这一点，即资产阶级自己也感到，如果失业问题不仅继续存在，而且日趋恶化，同样可能危及他们的特权。

我个人在工人集中的地方为党工作，积极开展了宣传工作，目的是让工人认清产生失业的真正原因。

如果爆发了新的失业危机，我们开展的宣传工作又将会是什么样呢？我们将对法国工人说："你们的统治者在整个战争期间对你们说，你们是胜利的国家。他们不是对你们说过：你们一定要夺取这个胜利，因为如果你们国家失败了，这对战后时期的工人来说意味着苦难。他们还补充说：如果相反，你们成了胜利者，你们坚持过来了，就会出现繁荣和积极劳动的时代，法国就会成为真正的极乐世界。

但事实是：

你们赢得了胜利，你们坚持过来了，结果呢，150万人死亡，80万人残废。对你们来说仍然是苦难和失业。"

同志们，你们看到，我们可以用什么方式开展我们的宣传工作。由于战争，没有人需要工人。尽管有150万人死去，但活着的人没有工作。这就清楚地证明，资本主义政权一团糟。这也证明，如果我们没有掌握像这样的具体事实，我们是很难使所有工人在思想上接受我们的宣传的。

我们特别强调这个问题，可以说，我们的宣传工作取得了成果。

我们目前也处在物价上涨和工资危机之中。我们可以认为，在我们国家工资大大降低了，在矿工工会，工资每天大约降低3法郎，有人还想继续降低。生活指数，按照官方的声明，大约为战前的350％，日工资大约为6法郎；因此，今天要得到正常的工资，每天应为18法郎—20法郎。

一般情况是，至少在我工作的地区，工人的平均日工资大约为12法郎。

同德国、奥地利或者意大利的工人相比，虽然这不是困苦状况，但已接近困苦状况。如果资本主义继续进攻，如果进攻的后果是再次降低工资，那么工人的生活还会越来越困难，这对我们的宣传工作会更为有利。

由于生活指数上涨，工资的降低变得更加突出。投机商人和放高利贷的人不受惩处，另外，全国工资普遍下降使得工人的经济情况越来越困难，我们的宣传工作因此可以收到更好的效果。

房荒同样使工人群众叫苦不迭。房租越来越高，新房未见建成。例如德国盖了17万栋住宅，英国花了近100亿建造了廉价住房，而战胜国法国只花了3亿。我们生活在一个共和国，但这对于我们只是徒具空名，国家没有采取措施保护工人阶级。

上述这些考虑，迫使我们不得不预言，法国工人阶级在不久的将来，会遭受整个欧洲和全世界工人阶级所遭受的那种不幸和困苦的命运。

这种形势还会由于财政危机而更加激化。季诺维也夫同志在报告中也指出了这一点。这场危机将把我们带到如此地步——加香同志在《人道报》上发表了一篇内容清楚的文章，他援引法国财政部功劳卓著的金融家博卡诺夫斯基先生的观点说，1929年我们将负债4300亿，目前整个国家的财政，即使德国偿付了赔款，也无力应付行政开支、公共债务和利息。

你们可以看到，即使德国付了赔款，我们又会如何呢？可以说，在法国没有人相信会出现德国会支付赔款的奇迹，没有人相信能从石头里榨出油来。我们想起一句成语：在不毛之地，皇帝也丧失了权利。

不久前在法国财政部传出"德国要赔款了"这句话时，所有的议员都嗤之一笑，现在没有人再愿意说这句话了，因为每个人都清楚，德国是不会赔款的。

没有人愿意拿出钱来，法国资产阶级如此，其他人也如此。资本的进攻说明资产阶级在打法国无产阶级的主意，世界所有国家的情况也都如此。对工资、工作时间的直接进攻，对工资、销售额的控制，所有这些沉重的负担都越来越多地压在劳动群众的身上。

因此我们可以说，如果我们把我国的形势看成革命的形势，而且是日益革命的形势，我们是不用担心自己犯错误的。国际提出的关于革命战线联合的要点以及统一战线的要点，对我们国家来说是及时的；我们必须考虑到将来会出现的一切可能性。关于法国党的态度，人们讲了不少坏话，我并不生气，对那些进行了最严厉批评的人也不恼怒，因为我认为，人们这样严厉地批评我们，这证明人们是寄希望于我们的，而人们寄希望于我们，这是件好事。

然而人们不可以忘记，如果我们在法国有幸受到依仗着强大军队的全国阵线和彭加勒先生一帮人的统治，如果法国像人们所说的那样成了反动派的疯狗，威胁着世界、尤其是德国的每一种革命的可能性，如果法国真正成了彭加勒计划的发起人，成了彭加勒称之为包围俄国的有刺铁丝网——那么这一切都不是我们的过失。人们不要以为，法国的军队是以威胁德国为满足的，这支军队也重重地压在我们的身上。我请你们不要忘记这一点。

这当然不是说，我们不会鼓起勇气去履行我们的职责。但是，如果我们看一看明天将要出现的形势，如果我们认识到资产阶级一旦意识自己的利益受到威胁就会拼命反抗的事实，我们就有理由要求国际信赖我们，并且正确地估计我们的巨大困难。我们也要求，国际承认我们以最大限度贯彻决议以及在这条道路上继续前进时所作出的努力，从而使我们在不久的将来成为共产国际中最优秀的党派之一。

此外，对于我们来说，不仅应有服从的天职，也应有保全自己的本能。比方说，如果没有俄国革命，没有共产国际，只有今天应该消灭的这场帝国主义战争，你们难道会认为，我们不会感到有必要去思考必须采取的行动？其实，只要看一看资产阶级对我们的行动，就足以说明这个问题了。人们谈到了法西斯主义，谈到了在德国存在的类似组织，但是我们在法国也不能幸免于难。在全国阵线统治之下的法国，资产阶级正组织起来，它组织了所谓"公民维护秩序志愿军"。这个志愿者组织置于政府主席的保护之下。在1920年大罢工中，这些首次粉墨登场的志愿者登上火车取代火车司机，登上汽车取代汽车司机，完成了资本家破坏罢工的卑鄙使命。据官方文件透露，他们的装备是最新式的，为了打消他们对其任务的顾虑，他们每个人领到了八盒子弹。

这是我们明天面临的形势。目前还有一支以轻武器装备的宪兵队也组成了，仅圣艾蒂纳地区就有200名宪兵。我们知道，对于这样一个工人集中的地方这意味着什么。资产阶级不仅采取了这许多措施，它现在还计划把城市的警察变成全国性的。

因此，资产阶级明天所渴望的究竟是什么，已是显而易见的了。资产阶级之所以采取这一切防范措施，是因为它认为，工人阶级只要看到资产阶级有所准备，就不会采取由保存自己的本能所诱发的手段了。

在法国，资本家正在利用联合的力量死守住自己的钱柜。

法国形势的这个概况证明了，我国工人阶级本身正在考虑组织所有革命分子参加的统一战线。我们认为，有必要尽快实现一切无产阶级战士、工会和政治组织的大联合，以便对付资产阶级的反革命势力。

我们要完成的第一个任务就是革命战线的联合。我们如果不能成功，就没有力量进行自卫。因为，如果自家的房子先烧起来了，再联合就晚了。我们还应该有丝毫的犹疑吗？

我们还应该继续发表长篇演说，议论这个组织或那个组织的革命价值的多少吗？

在法国，人们还未曾有时间去适应有机联合的思想，但是在勒阿弗尔实现了这种有机的联合。共产党员和工联主义者在法国共和国的监狱中认识到有机的联合是可以接受的。实现牢固的联合，进行自卫总比忍受政府的严酷对待要好些。通过过去的历史事实，我们明白了这个道理。

我们只要回忆一下公社的血的教训，就不会对资产阶级的态度存在任何幻想了。资产阶级的宪兵、公民志愿军和军队都在警告我们，我们必须有所准备。

因此我们相信，我们在法国党内不久就会取得一致的意见，这就是必须建立有一切革命分子参加的统一战线。

如果我们建立了统一战线，我们当然可以更好地到群众中去，向他们说明，工人为了维护切身的利益应该联合起来。这对于我们会更为有利，因为我们有可能采取明确的立场，并且可能迫使改良主义领袖阐明他们的思想。

粗略地说，这就是我们的态度，这也是国际关于党和工会的关系以及全体工人统一战线的态度。

我认为有必要作这样的声明。我重复一遍，我是自己愿意这样做的，而不是屈从于别人要我在这个讲台上驳斥对法国党的攻击的请求。

但是我不得不说，我对这些攻击深表遗憾。我感到，人们在发给我们的决议中，把这个有争执的问题完全交给被授权的委员会处理了，但是这并不妨碍在大会的讲台上谈论这个问题。我们也要求，在不妨碍法国问题委员会从总的方面解决这个问题的前提下，人们能够公正地对待我们所作的一切努力。我们希望，人们能考虑我们提出的正式声明。我们愿意永远成为共产国际的忠诚战士。我看见苏瓦林同志在笑，我不知道，这个声明是不是让他好笑。（**里厄**："不是声明，笑的只是你的讲话。"）我的讲话？请允许我说，是你们的态度才令人可笑。

有的同志完全沉溺于一种想法，他们断言，我们党还渗透着社会民主党思想。还有的人正在绝望地努力把所有那些有点儿能耐的人都派来找我们，派到我们这里来。现在，当早就明了真相的同志——即使他们不是早就明了真相，但他们最终还是这样去做了，那就更加值得赞扬——当这些同志到大会的讲台上来，说出他们深刻的信念，不管是新是旧，此时有的人发笑了。这位同志说："你的讲话令我好笑！"（**里厄**[法国]："这是一篇在公众集会上的演说，不是在国际代表大会上的演说。"）这也许是你的看法，因为你总是喜欢把巴黎代表大会上的流言飞语带来。我则宁愿向共产国际通报我们国家发生的实际情况。你们并未表明你们怀着诚挚的愿望，要为自己增添新的人员，如果你们采取这种态度的话。

你们断言，你们得到共产国际的道义上的支持。我不揣冒昧地对你们说，人们可以这样认为，即你们在维护一个工厂的商标。我本来不想说这样一些话，但是你们的态度使得我不得已而为之。然而，我们的决心将不会因此而有丝毫的变化。

我是属于那些从青年时代、从25周岁起就一直坚守岗位的人——你们也许又要发笑了。我从未离开过我的组织，从未变换过党派，我来到了共产国际，并将继续待下去。我到国际来，这样做正是为了保持我原来的本色。你们可以坚信，尽管有些小小的诽谤，尽管你们在这里散布关于我们的社会民主党的思想，我们仍将永远朝气蓬勃，意气风发，继续按照这次代表大会的决议精神，开展我们的行动。

你们在法国乔装为俄国革命的代表，这给予你们以一种你们感到得意洋洋的英雄主义的神圣光彩。但是，我尊重俄国革命的斗争，我有权断言，这张狮子皮披在你们身上是很不合适的。你们没有权利把我们的工作场所看成是已经占领的领域。我们把它看做是一个充满危险和斗争的场地。

我们非常清楚，我们在法国会被逼迫到何等地步。我们了解我们将要进行的这场比赛，这一点你们知道得跟我们一样清楚。如果同志们在令人信服地对你们说话，如果他们不得不用自己的行动和工作在最低限度上引起你们给予同志们相互间应有的尊重，那么，你们就不应该笑。笑是没有什么意义的，在这里作出决议和阐述合理的缘由，也许会更正确一些。为了结束这段插曲——我对延长这一插曲深表遗憾，我再次强调我们永远忠于共产国际的坚定意志。

这一点在我们党的全国代表大会上证明了，通过我们过去的整个工作证明了，而我们未来的工作将会进一步证明。我们将拭目以待，看谁有权认为他们自己是一个纯洁的支部。我们不要求奖赏，不折不扣地履行我们的义务，我们就感到心满意足了。（法国中派鼓掌）

（会议休会时间：晚11时45分）

第六次会议

(1922 年 11 月 12 日)

会议开始：中午 12 时 30 分

主席：先是柯拉罗夫，后是马尔赫列夫斯基

继续讨论共产国际执行委员会工作报告

主席：

发言人名单上还有大约 20 位同志，我认为够多的了，报名发言必须到此为止。没有反对的吧？报名发言就此为止。

主席团提议，组成一个委员会来草拟有关执行委员会报告的决议。一些代表团已经派出下列同志参加这一委员会：博尔迪加、鲁特·费舍、勒诺·让、罗易、韦尔蒂、格雷普、施特恩、佩纳隆、阿塞韦多、拉维斯泰因、米哈尔科夫斯基。

博尔迪加（意大利）：

这个委员会所要研究的是季诺维也夫讲话的两个部分吗？

主席：

不，只是就报告起草决议。

许勒尔（奥地利）：

我们建议武约维奇同志作为青年代表。

主席：

没有人反对吗？通过。

请委员会立即开会，以便在讨论结束前准备好决议。

罗斯默（法国）：

我不打算趁执行委员会报告的时机同法国代表团的一个同志展开争论。在讨论法国问题时我们有足够的机会，不必要现在就开始争论。

然而福尔同志昨天晚上讲话结束时发表了一个声明，我认为，这个声明非常重要，非同一般，所以我想现在就分析一下这个声明。

福尔同志在讲话结束时，对一些发言的人抨击法国党表示非常遗憾。这是一个很严重的声明，因为它不仅仅表明了福尔同志的看法。我们都知道，在法国，甚至在担负党的领导工作的同志中间，这种看法相当流行。共产党员或者共产国际的代表的一切干预，都经常被看做是对法国党生活的不能容许的和难以忍受的侵犯。

对共产国际的这种完全错误而又危险的看法，正是最近15个月以来在共产国际和它的法国支部之间频繁出现困难局面的根源。

我们大家都是共产党人，在我们之间讨论并研究国际形势。法国同志间出现的特殊问题，不仅法国同志关心，其他国家的同志也极为关注，因为自从帝国主义战争以来，法国采取的态度至关重要。法国军队处处充当反对革命的工具，别的党的同志完全有理由在这里对法国党的行动提出他们认为必要的批评。

例如，迈耶尔同志正确地指出，法国共产党的行为严重地阻碍了德国共产党的行动。我们知道，这是真的。对我们这位德国同志的看法，我们可以有争论，但是，我们知道他是对的。我们知道，法国共产党在支持德国同志的日常斗争所需要的行动上，没有履行他们的义务。

我们的迈耶尔同志接着说道：不久前，在科隆举行了一次会议，在那次会议上，法国共产党和德国共产党的代表聚集一堂，会议作出了决议，但是，由于法国共产党内部发生了不和，这些决议没能得到贯彻。

作为结论，他说道：我们坚持在这里明确而彻底地解决法国的问题。

我个人认为，这是一个完全合理的要求。

如果还需要举出另外的例子来，说明外国同志有理由对法国革命者的行动提出批评，我还想举出一个特别严重的事实，即法国的、意大利的、英国的组织之间1920年7月21日一致同意的总罢工。（**勒诺·让**插话："当时还不存在共产党！"）大家知道，当时发生了什么事情。法国总工会当时承担一项义务，它答应宣布总罢工的口号。然而就在最后时刻它作出新的决议，决议中说，在法国总工会当前困难的处境下，面对政府的威胁，它不能履行已承担的义务，参加已经宣布的罢工运动。

我们随即看到了后果。

就在这次示威失败之后，法国资产阶级感到有足够的把握，用最残酷的方式，开始反对匈牙利苏维埃共和国的战争，下令法国军队进军匈牙利，并摧毁那里的苏维埃制度。

勒诺·让同志说，当时还不存在共产党。这话不错。无须再给法国共产党加码，它负的债已经够多的了。我并非站在法国共产党的狭隘立场，我是把法国工人运动作为一个整体来看的。

我要着重指出，外国同志们在今天这样的代表大会上完全有理由问我们，并要求我们予以说明，你们是否竭尽全力做好准备？为了建立一个能够胜任当前形势所赋予它的任务的共产党，你们是否加强、巩固了组织？（**多尔穆瓦**插话："这完全是我们的看法！"）斐迪南·福尔同志昨天晚上讲的话,并不太适合于让外国同志相信那是法国代表团的一致看法。我之所以要回到福尔同志单独就这一点所做的声明,只是因为我认为在共产党内有一种完全不能容许的民族主义思想,我们必须克服这种思想。多尔穆瓦同志知道,有些法国同志,其中也有有影响的党员,他们认为,一个外国同志来评价和批评法国党的政策是不能容许的。如果有一个同志从意大利、从德国或者从俄国到我们这里来,那么对于我们来说,他不是一个外国人,而是一个共产党人。可是,多尔穆瓦知道,对于法国党的党员来说,这样一个同志首先不是共产党人,而是一个外国人,他来是为了干预跟他毫不相干的事情。

现在,我想进而谈谈季诺维也夫报告中所提出的那些问题,尽可能快地探讨一下统一战线、章程的第九条和法国党的危机以及执行委员会对这一危机的态度等问题。

迪雷同志昨天讲到,在法国,只要一谈到这个统一战线策略,所有法国工人就马上爆发出一种可以说是一致的愤怒。他接着说,归根到底,这是对一种非常危险的策略的正常反应。

我认为,迪雷同志关于这个问题的讲话需要加以补充。

为什么法国工人会产生一种可以说是一致的愤怒?

要说明这个问题很简单,只要回想一下统一战线是以何种方式向法国工人提出就够了。统一战线是作为否定共产主义的一种策略,作为退回到改良主义,作为放弃直充当共产国际基础的那些原则的一种策略向他们提出的。人们谈到解除革命的武装和其他一些同样重要的事情。法国工人感到不安和忧虑是完全不足为奇的,难怪他们心中想的是:我们绝不参与必然导致我们同反对派和解并放弃共产主义的这种策略。

为什么对统一战线所作的这种离奇的解释能够在法国如此容易地传播呢?

因为在那里,人们对于世界工人阶级运动所关心的所有那些问题一无所知。这个统一战线问题完全不是一个新问题,我们对它早已熟悉。这个问题最早在德国得以运用;然而它在法国还是新鲜事,似乎建议他们采纳的这个策略实际上违背了他们以前执行的全部策略。

在统一战线这件事上表现出这种可怕的离奇想法的那些同志,毫无疑问是坦率的;他们对共产国际执行委员会提出的新的建议会如此坦率地感到惊愕,这只是由于他们对国际运动一无所知。

如果现在把法国有关第一阶段开展的统一战线的言论全部归纳一下,可以用这样一句话来总结:一切都与统一战线无关。

如此可怕地歪曲这一策略的共产党人,在这个问题上得到了与他们同样缺乏洞察力和比他们更加不懂这一策略的工团主义同志的支持。的确,当执行委员会在法国提出这个建议时,工会组织中发生了分裂。当工人运动由于改良主义领袖的过错而陷于分裂,当这种破坏还在进行时,要马上运用统一战线策略,当然是困难的。然而,对统一战线的对抗不是限于个别方面或者方式方法。统一战线的整个策略被看做是来自共产国际的危险建议而受到拒绝。

他们促使法国工人的大多数去反对统一战线的策略,在那些工人这样做了以后,他们又利用那些工人向共产国际表明,在法国不可能运用这种策略。他们说:我们遭到全体工人的反对,工人们对统一战线策略不感兴趣。

法国党派了一个代表团参加执行委员会的二月扩大会议,这个代表团包括了除去左派以外的所有各派的成员,回忆一下这个情况还是有益的。加香同志代表中派,丹尼尔·勒努代表他那一派,还有另一位同志代表极左派。所有这些同志都完全同意统一战线策略。当时,他们并未想到迪雷同志昨晚所作的事后声明,即法国共产党是一个太年轻的党,它没有什么革命的经历,它不敢冒险参与群众运动。那些同志完全没有跟我们谈这些。他们跟我们说:建立一个统一战线?同谁?不同见解的人？他们已经不存在了。那是一个无足轻重的派别，完全不值得花力气去谈论他们。拉斐特路上的总工会？它处于彻底瓦解之中，它的工会是空架子，要到那里去扩大势力，简直是荒唐的。

这些同志反对统一战线的理由就是以此为根据的。

我再说一遍，他们是除了左派以外的具有各种色彩的同志们。他们是一致的，他们形成了一个不可触犯的集团，并决心不让任何人接近他们。

法国同志——至少在代表团里的法国同志——表现出一种干劲，人们希望在别的情况下，即在他们需要作为真正的共产党员采取行动的时候，看到这种劲头。在这个统一战线问题上，他们表现出了值得赞扬的劲头，进行了一次讨论。他们看到国际没有一个支部和他们有同样的观点。然而，他们在意大利同志那里找到支持，意大利同志特别是在关于一个共产党应该是什么样的党的问题上没有独自的看法。意大利人当时同法国代表团签署了共同声明，从而对后者表示一定的支持。这就使得法国代表团保持其对抗行动并坚持他们对统一战线的态度。

代表团在回到法国以后，召开了全国委员会，会议重新研究了统一战线问题，讨论结果是通过一项决议，一项人们难以想象的、确实是最放肆的决议。决议不仅表现出法国共产党对统一战线策略一窍不通，他们还说，共产国际和运用统一战线策略的各国共产党不再是革命的，并且倾向于改良主义和社会民主主义。

这就是法国共产党，他们就是这样说的。

斐迪南·福尔同志抱怨一个德国同志对法国党进行批评，可是他太健忘了，竟然忘掉法国党当时的所作所为。要想假装成具有左派思想的共产党人，也并非容易。有一些党和小组采取这样一种态度有它的道理，然而法国党也许是最后一个敢于狂妄地假装左派共产主义的党。如今，在国际经常讨论法国问题，所有的同志对这个问题的细枝末节都了如指掌，而一致的看法是，法国党要做一个真正的共产党，不仅不是太左，而简直是右得太过头了。

后来，对于统一战线的这种盲目的敌意逐渐减弱了。尽管如此，在统一战线已经相当普遍地实现，甚至在法国也已实现之时，法国党仍然倾向于坚持这种敌意。当他们宣称完全不可能在法国实行这一策略时，已经可以看到这种策略的实例，而且主要是在工会运动中。位于拉斐特路的总工会曾被看做是一股不复存在的力量，人们无须再考虑它。我们完全没有兴趣去幻想我们所拥有的真正力量。当第一个代表团抵达这里时，我们刚刚离开巴黎。

在几天里并没有发生什么可以改变局面的事情。人们不能言过其实。拉斐特路仍然是一股力量。我们把这一点告诉那些同志们，他们曾经回答我们："不，不，那里什么也没有了，那里只有分裂、瓦解和崩溃。"

这个策略在法国仍在继续。关于统一总工会和总工会的现有人数，流传着一种错误的、荒谬的说法。要提出详尽的数字当然是困难的，但是，人们知道，无须列举详细的百分比，拉斐特路仍然存在着由某些团体组成的、不可低估的巨大的力量。某些行业，某些有重大经济意义的工业，如矿工，仍然拥有巨大的力量。没有他们，我们就不可能采取工人阶级的行动。

对统一战线的抵制，尽管不是很快地，但总还是遭到某种程度的削弱。但人们可以指出这样一个异乎寻常的事实，在各种已经认识到目前形势下的团结必要性的组织提出的统一战线实现的时刻，法国同志却说："不，这不重要，我们六个月以后再看吧。"

起初他们曾说，统一战线不可能实现；而当统一战线实现了，他们又说："我们以后瞧吧。"

这种做法的结果如何呢？法国党不仅被置于布哈林同志所谈到的那

种被动局面，而且它还加剧了消极被动。迪雷同志一直在探索群众行动，他希望党投入到群众行动中去，这是完全正确的。他想使党摆脱长期以来所处的停滞状态，可是，当机会到来时，他又畏缩不前。他告诉我们说，统一战线是不可能的，不过如果要建立工厂委员会，那倒是有可能的，因为人们可以依靠它。所以应该先建立工厂委员会，然后才轮得上统一战线和群众行动。

执行委员会第二次扩大会议结束以后，弗罗萨尔同志回到法国。我不能说他深信统一战线策略的适时，也不能说他已经决心采纳这一策略。但是，他说过，在这方面不应该对国际的意见抱任何幻想。法国党完全孤立了，今后继续坚持孤立是不可能的，等待第四次代表大会的决议也是不可能的。实际上人们说，执行委员会没有资格、也没有权力在这样一个安排问题上强施纪律，只有第四次代表大会才能对此作出决定。

弗罗萨尔在回到法国以后说，不应该再犹豫，要同意统一战线策略。他成功地争取了一大批同志，在代表大会上统一战线的策略以多数票获得通过。

于是我们看到，为了采取最小的行动，人们进行了无休无止的讨论，而统一战线实际上已经得到贯彻。统一战线的贯彻违背了共产党的意愿，因为共产党曾不断地反对统一战线。

这就是一个已经实现了的行动。对此，党不仅什么事也没有做，而且给人一种印象，好像它是统一战线的反对者，好像它没有其他建议可提。如果这些统一战线的反对者们能够提出些较好的建议，他们就会处于最有利的地位。但是，他们没提出什么建议。

如果法国党一开始就懂得作为共产国际的一个支部所应该起的作用，它会处于何种地位呢？如果法国共产党正确地理解了统一战线的策略，那么，这种策略就不会在一天之内被强加于它。它将会大体上有一段时间，较快地贯彻目前正在实现的统一战线，共产党就可以从这件事上得到一切好处。它可以赢得群众的信任，还可以加强同工人阶级之间仍然不能令人满意的微弱联系。

现在谈谈统一战线的危险。

统一战线策略，正如同其他策略一样，当然也会出现许多危险，这些危险必须予以提防。法国有着民主的传统，对党来说，这种传统本身就孕育着同异己分子联合和重新统一的危险。但是，纵然我们不提出统一战线的策略，我们就会避免这些危险吗？危险经常出现，我们应该了解它。

试图要求法国反对统一战线的人支持自己的鲁特·费舍同志向我们表明，她的态度同那些人的态度没有什么共同之处。她曾较详尽地说明了这种策略的一些危险，这样做是很有益的。我们必须经常对我们的行动提出批评，必须说明我们错到何种程度，从什么意义上说我们走错了路，才能从现有经验中汲取教益，为未来者戒。但仅此而已，绝不允许否定整个策略。

1920年，共产国际不许革命者脱离改良主义工会，它挽救了国际工人运动。在情况完全发生了变化、力量涣散的时刻，它以统一战线的策略重新挽救了工人运动。

1920年也有很多同志和优秀的革命者认为组织工会的时期已经过去了。他们认为，在改良主义的工会里不再需要采取什么措施把这些工会争取到我们这边来。只要我们没有把它们争取过来，我们就还没有证明我们是有能力干革命的；在革命者面前，这是首要的任务，而不是无足轻重的任务。

共产国际运用统一战线的策略同样为工人阶级做了好事。

分裂发生了。我们必须想办法团结各个不同组织的人进行共同的斗争。

在这个问题上表明态度，对于工人行动本身来说，是大有益处的。分裂的结果已经造成很大的损失，为了减轻这种后果，为了聚集工人反对资本主义，这种共同的行动是完全必要的。

现在来谈谈第九条。令人吃惊的是，恰恰是法国党提出了这个问题，它对共产国际章程竟如此感兴趣。共产国际文件的文本在法国通常既没有人读，也鲜为人知。他们发现了第九条，因为有一个法布尔事件，因为很难就法布尔事件进行抗争，于是他们抓住第九条进行斗争。这个条文似乎不十分明确。在此文件中提到，共产国际可以开除一个支部。如果它能够开除一个支部，它当然也可以开除那个支部的一个成员。但是，法国同志说："不，共产国际不能这样做。此外，第九条赋予执行委员会的权力过大，这一条必须修改。"

那些提出这个第九条的问题的同志同样反对有关从现在起在国际代表大会之后再召开各国党的代表大会的建议。他们说：共产国际想在代表大会上讨论各国支部的事务，而后者也就再也没有什么话可说了。如果各国支部在国际代表大会之后再召开代表大会，那么他们除了贯彻已作出的决议之外，还有什么别的事可做呢。他们说，这是不能容许的，共产国际是群众所有，必须由群众自己来领导。

在法国，他们就是这样说的。法国共产党是由各种不同来源的人所组成，他们反映了形形色色的很难于融合在一起的观点。法国共产党只是同共产国际结合在一起才生存下来。可是，正是这种结合遭到了动摇、削弱和损害，并被说成是某种不能容忍的做法，它迫使各国支部在国际中，不论在制订原则，还是贯彻**策略路线**方面，都处于被动地位。

在法国，持这种观点的同志们今天也许认识到他们已经走上了一条对法国共产主义来说十分危险的道路。迪雷同志自从离开巴黎以来有了很大的变化。我们已经认不出他来了。可是，从来没见过他的布哈林同志却把他看得很透，并且给我们这样描述了他的立场，我认为没有必要再去谈它了。（**迪雷**插话："为什么？"）因为主席已经提醒我注意，我的发言时间已经超过了。

我只想就季诺维也夫报告中不明确的一点讲几句话，即关于工厂委员会问题。

在该报告的法译本中说道，一个共产党，只要它没建立起工厂委员会，就不能被人严肃看待。墨菲同志说，一个共产党只是有决心还不足以建立工厂委员会，要建立工厂委员会，必须有各种条件的总和，他完全有理由强调这一点。我完全支持这一看法。他向我们指出，在英国，问题是怎样提出的。在法国，同样的问题被提出。非常明显，在法国，现在建立工厂委员会所遇到的困难，同英国遇到的困难一样大，尽管有着不同的原因。在这方面所做的尝试仍然是个别的，不能够说，这个问题在法国正在解决之中。人们不可能非常明确地预见工厂委员会的建立，它也就不能说是一个引起全党兴趣的现象。（许多人的声音："会建立工厂委员会的。"）当然有必要强调这一点。眼前的决议草案中写道：共产国际第四次代表大会赞同共产国际执行委员会所作的关于法国共产党党内危机的决定。

现在，我已经没有时间来谈法国党的危机，即使只是简要地谈也没有时间。这个问题随后还要讨论。到那时我们将指出，为什么共产国际执行委员会所作的决议不能够解决这一问题，以及法国共产党前一次代表大会上出现的这个如此尖锐的危机，其重要性的原因何在。（掌声）

主席：

荷兰代表团提出一项建议，在建议中他们要求，每一个报名发言的人，讲话时间要限制在 5 分钟内。报名要发言的还有 20 人，其中，有一些人是还没有发过言的党的代表，而另一些人，他们的党虽然已经发过言，但是他们代表该党的反对派。我们必须通过某种建议来压缩讨论时间，否则我们还需要3天才能结束，而我们又没有足够的时间，因此必须采取措施。

拉狄克（俄国）（谈议程问题）：

我建议，发过言的那些党内新报名发言的人，可以划掉，除非他是有关党的少数派的代表，这样就可以给余下要发言的人10分钟时间讲话。5分钟时间绝对讲不了什么，还不如干脆结束这场辩论。

主席：

还有人提出建议吗？

佩卢索（意大利）：

人们必须发表的声明是不是作为例外？

主席：

书面声明随时都可以宣读。

拉维斯泰因（荷兰）：

同志们，荷兰代表团建议，把报名发言的人的讲话时间限制在5分钟以内。我们认为，会议这样开下去是不可能的，柯拉罗夫同志说过，这么一来，我们至少还需要两天时间。不过同志们，我们同时建议，给那些几乎没有在这里发过言的东方各国人民的代表以较长的发言时间。我们建议，给东方的和殖民地的民族——我们选择了这种表达方式，而没有选择另一个也许更好一些的提法，不过这次大会是会理解我们的意思的——以通常的发言时间。同志们，如果我们的会议再继续一段时间，那么东方民族的代表就有可能——当然，我不了解那些已经报名发言的同志的顺序——像西欧代表团那样发言。这就是荷兰的建议，我请求，首先就整个建议，然后分项表决这一建议。

兰德勒（匈牙利）：

同志们，季诺维也夫同志也谈到了匈牙利问题，在他的讲话中还猛烈地抨击了匈牙利的流亡者。在匈牙利，现在已有200多位同志被捕，他们中间的一些人也许在今天或者明天将被判处死刑。季诺维也夫很少谈及匈牙利的运动，虽然如此，他却要求大会十分坚决地对这一问题表态。我认为，这件事情在5分钟之内是谈不清楚的，代表大会不能够在听了一个5分钟的讲话以后就作出判断。我请求同志们给我半个钟头时间来谈这个问题，就像别的党的同志们所得到的时间一样长。

主席：

主席团建议，发言时间限制在10分钟内。没有人反对吧？通过。

阿塞韦多（西班牙）（由施蒂纳同志翻译）：

在讲话之前他表示歉意，他除了西班牙语外不会讲其他语言。尽管如此，他希望能有足够的代表留在大厅听他的讲话。

他接着说道：除了有关工人政府的问题以外，西班牙代表团完全同意季诺维也夫同志的论述。他感到特别高兴的是，执行委员会在法国、意大利、挪威和捷克党的问题上进行了完全有益的、严厉的批评。他说道，只有当共产国际经常不断地运用这样一种批评，它才能维护它的策略。

他接着说：虽然我们早先反对过统一战线的策略，我们在共产国际执行委员会的代表曾经跟意大利党和法国党一起共同签署了一项决定，决定中规定，这几个党有责任在每个国家贯彻统一战线策略。尽管如此，在法国，他们有系统地抵制统一战线策略，而西班牙党——虽然在西班牙存在着大得多的困难，特别是面对工团主义分子——还是尽了一切可能，忠实地履行统一战线策略。

当安贝尔-德罗同志到西班牙时，西班牙共产党写给社会党人、改良主义的工团主义者、工团主义者和无政府主义者一封公开信，其目的就在于趁一次矿工罢工之机组织共同行动。矿工遭到削减工资20%的威胁，矿工联合会的书记向企业主建议，延长工时1小时而不要削减工资，这就导致放弃工人阶级的最神圣的成就——八小时工作日。于是，西班牙共产党按照统一战线的精神进行了斗争，并进行了3个月的罢工。这次罢工的结果是，工人接受了削减工资5%后复工。这非常清楚地向我们证明，统一战线是可以带来成果的。第一个成果是阻止了资本主义的进攻；第二个成果是顶住了近年来在西班牙日益蔓延的反动势力。

然后他接着说：遗憾的是，我不能更详尽地报告在西班牙能够如何用统一战线策略去对付反动势力，因为我没有时间了。

接着他还非常简略地谈到工人政府问题，他说：我们认为工人政府问题纯属一种改良主义的幻想。遗憾的是我没有时间更详细地说明这一点，因为主席已经用铃声提醒我该结束发言。我将设法在以后的问题上补充说明，但是，我们认为，工人政府这个问题，在共产国际的许多党内将导致改良主义的道路。

不论大会的决议和决定如何，西班牙党在任何情况下都将从各个方面支持共产国际，并遵守国际纪律。（**季诺维也夫**插话："关于列宁论述党的幼稚病的讲话，他说了些什么？"）关于这个问题他说：列宁关于共产党的幼稚病的讲话必须同工人政府的问题放在一起来研究。但是，对此他没有谈进一步的看法，只是说，他没有时间仔细地阐述这个问题。

多姆斯基（波兰）：

尊敬的同志们，首先，我想就我非常尊重的米哈尔科夫斯基的声明说几句话。他说，在波兰共产党内存在着一个共产主义工人党人的派别，该派在上次党的代表大会上共计有四分之一的代表。我深信，米哈尔科夫斯基同志绝非有意中伤我党。按照季诺维也夫的说法，在欧洲，我党是一个受过很好的革命锻炼的党。如果说这个党多年来容忍共产主义工人党人留在党内，这些共产主义工人党人的领袖、即在这里出席大会的施赖伯同志，六年来总是被选进党的中央，那的确是对党的诽谤。如果说，他们是真正的共产主义工人党人，如果我们不是早就解决了他们的问题，那就是我们党的耻辱！不是这么回事！这些同志不是共产主义工人党，这些同志是共产主义的一个左派。就拿施赖伯同志来说，由于他的反议会制的观点，我与他并非一致，他在有关暴动策略、工会工作和组织上的集中制等问题上的看法与共产主义工人党人是完全对立的，而且在实际行动中千百次地证明了，他不是共产主义工人党人，而是一个共产党人。（**拉狄克**喊道："共产主义工人党人是骂人的话。"）

我现在讲话并非受到这个反对派的直接委托，因为我们的非法处境妨碍了党的个别派别进行这种委托。（**季诺维也夫**："非法活动的唯一好处！"）是的，它带来的这个好处是，我在这里讲话只是以我自己的名义。

关于季诺维也夫同志讲话中所提到的问题，我想作如下说明：统一战线近半年来已经经历了相当的考验。我们积累了大量经验，我认为，这些经验对于统一战线这一策略的拥护者们来说，并不像这一策略近来已得到运用那么令人鼓舞。当然，如果有人用某种方式来反对统一战线这一策略时，他得到的回答就是：是的，你不懂，一定要有工人的大多数做后盾！可是在莫斯科，人们时常说得更加刻薄：只有驴子才不懂，等等。自然这是一个很有力的论证，可以用它来打倒一头大象。（笑声）但是这一论证并未击中要害。我们一定要争取无产阶级中的大多数人，但是我们必须争取他们拥护共产党，而不是争取他们拥护在含糊不清的口号的基础上形成的甜言蜜语。

我们到处搜集有关统一战线的经验，首先在德国，也在我们波兰。鲁特·费舍同志在这里谈到一些德国统一战线的情况，并且很准确地描述了在运用这一策略时所犯的错误。

对此，我还要说几句。当德国中央的同志们为这个策略辩护时，他们说：上帝啊，我们因此获得了何等的胜利。也就是说，在德国，我们这样做所取得的成就首先是加强了我们的党。同志们，如果我们也有像德国那样的一种形势：税收妥协、外汇短缺、物价上涨等，当我们说，党的所有成就都是由于我们的策略获得的，我们就一定会十分慎重。不，促使德国共产党令人可喜地壮大起来的完全是其他客观条件。可是，如果我们像现在这个样子来实施统一战线策略，那么我们就会看到，它在德国究竟是有助于取得成就，还是削弱了效果。

拉狄克同志举出了这个策略的另一"成就"，他说：我们在拉特瑙行动期间，用我们机智的策略阻止了社会民主党对我们的突然袭击。他们没有能够像卡普暴动时期那样同整个反动势力一起对我们进行突然袭击。我们的策略阻止了他们这样做。至少我是这样理解他的。可是，我认为在卡普暴动时期我们的策略比在拉特瑙行动期间的策略更加无害得多，它的确并没能阻止社会民主党公然与反动势力联合。为什么？之所以如此，是因为在拉特瑙行动期间我们的策略不很革命，而且与卡普暴动时相比较，形势的革命化也差多了。如果我们又碰上革命的形势并采取革命的行动，那将还是没有任何机智的策略能够阻止社会民主党同反动势力联合向我们突然袭击。（**拉狄克**的喊声："反动势力是什么？"）是的，要是你不知道的话……（笑声）

迈耶尔举出了另一个"胜利"，德国独立社会党同德国社会民主党联合起来了。是的,是一个伟大的胜利,但不是我们的胜利。那是社会民主党人的一个胜利,我们不应该否认他们的这种胜利。他们还有另一个胜利。独立社会党的工人对这种联合完全没有提出抗议。独立社会党的绝大多数工人心平气和地转入社会民主党,之所以会如此,是因为我们的统一战线策略很好地创造了条件,使德国独立社会党的工人在不知不觉中滑到了社会民主党内,累德堡依旧是孤立的。(喊声)如果这就是你们的胜利,那么我祝愿你们少一些这样的胜利。你们会被这种胜利置于死地的!

幸好共产党在共产国际执行委员会的帮助下认识到这种错误。现在,统一战线的运用完全是另一种样子。他们现在所推行的策略——我指的是德国的工厂委员会运动——会得到每一个共产党人的赞同。这才是正确的策略。

我们在波兰,也有许多有关统一战线策略的经验。米哈尔科夫斯基同志已经谈到这些经验。我们曾要求社会爱国者进行一次联合游行示威。结果如何呢?在华沙我们放弃了自己的示威,在克拉科夫我们有15个同志却惨遭波兰社会党的毒手。实际上那可是个令人高兴的成就。我们的党中央没有在场,就是这点是好事。(哄堂大笑)这种策略在理论上也表明了它的影响。在波兰政府更迭期间,当皮尔苏茨基的稻草人希利温斯基上了台,华沙的共产党人就断定,这意味着有同苏维埃俄国发生一场战争的危险,但是在理论上却有另一种说法。在这里我必须逐字引证,不然的话,有人会说我是在瞎揣摩。我们党的一个领导人写道:"人们应该相信,社会民主党的首要责任是要求立即政治大赦和为工人阶级革命派要求自由……共产主义的宣传鼓动必须从这一点开始反对希利温斯基政府。"

这就是说,因为出现了皮尔苏茨基的新政府,我们就开始要求政治大赦,其实那原是个战争政府。(**拉狄克**的喊声:"那可不是战争政府。")它只有在大选以前不是战争政府。我还要继续往下引证:"一个民主政府,很好。从它的存在和到目前为止的做法来看,这个政府没有民主行动的基础,它不会有这种基础。只有广大群众争取民主的斗争才能提供这种基础,如果希利温斯基先生有勇气依靠群众,如果他为此目的以大赦和宣告工人阶级的政治自由而开始他的任期,那么共产党就能赢得很多东西。而且至少可以肯定,民主的政府同样可以赢得许多东西,它至少在一定时期争取了群众,并在群众中找到广泛的、牢固的支持。"(喊声:"这简直是在说,似乎我们的党在投票支持这个政府。")(喊声:"他还会解梦哩。")这就是我们波兰的经验,幸亏这种经验相当少(主席的铃声:"发言的时间已到。"喊声:"延长发言时间!"),因为在我们波兰不存在运用这种统一战线策略的条件。在德国,有这种基础。在法国,实施统一战线策略的要求只是加剧了党内危机,没有给党带来好处,至少到现在为止,没有。(喊声)

主席:

发言时间已超过。(喊声又起:"延长!")

黑克尔特(德国):

我提议发言时间延长5分钟。

主席:

谁反对?通过。

多姆斯基(波兰):

我必须压缩我的讲话,直接转到我们这里讨论的局部要求问题和工人政府问题。由于工人政府问题,我已经和我的朋友迪雷处于同样境地，我不懂工人政府在我们的策略中意味着什么。现在，我终于在这里听到了这个政府的明确定义——这就是同样依靠议会多数的一个政府，正如同……拉狄克同志曾私下安慰我，对于波兰来说，不考虑这种政府（**拉狄克**插话："我没有说过这话。"）喏，波兰也将由于这种政府而受到惩处。看来这是一个国际性问题。

拉狄克同志说：成立工人政府不是必然性而是一种可能性，而不接受这种可能性是荒谬的。现在的问题是，我们是否要竖起为所有可能性而斗争的大旗，我们是否要从而加速这些可能性的实现。我认为，一个还不意味着无产阶级专政的所谓工人政府，在最后一刻出现是可能的。但是，我认为，如果出现了这种政府，那么它将是各种思潮的产物：我们争取无产阶级专政的斗争，以及社会民主党人反对无产阶级专政的斗争等的结果。期待这种结果对不对呢？我认为不对，我认为，我们必须一如既往地进行争取无产阶级专政的斗争。如果会出现工人政府，那么，当我们为我们的整个纲领去宣传鼓动并进行斗争之后，它同样会出现。

在我们的斗争中，的确可以产生不同的结果。可能发生这样的事，像我们的上西里西亚那样，工人群众离开了国家工人党，并涌向波兰社会民主党。这毕竟是一个进步。但是为这种进步而宣传鼓动并非我们的责任，我们必须一如既往地为我们的共产党进行宣传，只有这样做，我们才能更好地推动这种进步。

然而，有些同志对工人政府这一解决问题的办法作出另一种解释。我们的斗争是争取无产阶级专政，只是我们不这样说。工人群众害怕共产党专政，即使我们说无产阶级专政不是共产党专政，他们也不会相信我们。

我的看法如下：如果我们在争取共产党专政的斗争中遇到对手，他们用最恐怖的色彩来描绘这种"委员"专政，那么我们就不能通过提出一些"醉翁之意不在酒"的口号去对付他们,就像季诺维也夫同志曾恰如其分地指出的那样。在斗争中,我们用"名不正言不顺"的办法就会一无所获,只会制造幻想。我们必须十分明确地提出我们革命的口号。当然,我们也必须提出局部要求,而且我们已经在每一场斗争中提出了这种局部要求,只要是在无产阶级群众争取改善自己处境和挣脱自己枷锁的斗争中有这种必要的话。我们必须拟定、提出并支持这些口号。但是,我们不可以提出连我们自己也不相信的口号,不可以提出可以被揭穿的口号,不可以提出耍手腕的口号。我们必须拿出我们自己相信也愿意为之奋斗的局部要求的口号和最终目标的口号。

我的讲话就要结束,我只是还想讲下面一点点。工人阶级并非像某些人想象的那样愚蠢,那样胆怯,工人阶级愿意为革命而斗争。谁要是能够多少拿出些时间用工人阶级的语言跟他们交谈,他们是会理解他的。不要工人阶级的理解,而把他们看做今天可以命令其向右、明天可以命令其向左的一支军队,就是对无产阶级斗争的一种误解。只有当每一个士兵都理解我们,每一个士兵都完全明白我们的口号和我们的思想,这种斗争才能走向胜利。因此,不要提出那些使工人迷惑的、可以被揭穿的口号和耍手腕的口号,而是要提出可以向他们说明我们真正目的的现实要求。只有这样做,工人阶级才能始终不渝地进行他们的斗争。

柯拉罗夫(保加利亚):

我以巴尔干共产主义联盟的名义发言。

季诺维也夫同志说,我们这个联盟去年几乎没有起作用。遗憾的是,这与事实太相符了。我们努力使联盟成为巴尔干各党的一个政治中心,这种努力只是取得局部成效。工作还仍然处在初步阶段,还需要巴尔干各个党的继续努力以及国际执行委员会的大力协助,以使这一工作取得圆满结果。现在，由于罗马尼亚党已站稳脚跟；南斯拉夫党正要改组，以适应它所处的不合法的地位，我们可以有理由希望，巴尔干共产主义联盟在最短的时间内将成为巴尔干革命运动的一个重要因素。

我必须声明，巴尔干党完全赞成第三次代表大会以来执行委员会所遵循的总的政治方针。他们看到执行委员会正确地解释了共产国际代表大会的决议，并按照决议的精神办事。巴尔干党从一开始就接受统一战线策略。保加利亚共产党在它的第一次代表大会上，在一个详尽的决定中研究和指出了在保加利亚运用这一策略的条件。南斯拉夫党和罗马尼亚党在不久前举行的会议上也是这样做的。就连土耳其共产党（君士坦丁堡）也接受了这一策略。巴尔干各党除了在理论上赞成统一战线策略，还作出了在实践上运用它的尝试。保加利亚党多次有机会来运用这一策略，并获得良好结果。他们借助于这种策略，使无产阶级在官僚机构中工作的这一部分人——全国无产阶级中最富有惰性的这一部分人行动起来，在共产党人的切实领导下引导他们进行斗争。资产阶级和小资产阶级政党一向把这些无产者视为自己的监护对象，他们现在也看出，他们对这些人的整个影响怎样在消失。在南斯拉夫和罗马尼亚，社会民主党人断然拒绝同共产党人结成统一战线，可是，他们这样做没能阻止共产党人不断地促使这些国家里的群众在斗争中团结起来。巴尔干国家的经验证明，统一战线策略如果正确地解释和运用，即使在工业落后的国家里，也适合于促进群众的革命化和团结。

在巴尔干的农业国里不用考虑工人政府的问题，所以我不在这个问题上浪费时间。

鉴于执行委员会某些措施——尤其是它对法国、意大利、捷克斯洛伐克、挪威等共产党内部事务的干预——非常重要，我必须声明，巴尔干的各个共产党总的说来赞成执行委员会在干预中所持的立场。

这种干预，尽管它可能是痛苦的，但只要共产国际内部还有一些党在许多方面还需要改进，这种干预就是必要的和有益的。

必要的最严格的纪律，不仅对于国际而且对于它的支部来说是生死攸关的，这是一个基本真理。所有的共产党都承认并强调这一真理。遵守国际纪律的唯一实际保证就是在共产党的纲领、组织和策略等所有重大问题上的共同看法。正如法国、意大利和另一些党的例子所表明的那样，不同的见解不由自主地要导致目无纪律。共产国际的主要任务之一就是要建立和促进这种见解的一致性。

塞登（捷克斯洛伐克）：

同志们，谨以捷克斯洛伐克代表团的名义，但不包括瓦伊陶尔同志，我宣布，我们赞成第三次代表大会以来执行委员会的工作。

在几次严重危急的时刻，执行委员会富有成效地、出色地介入了捷克斯洛伐克共产主义运动的发展。这个国家居住着讲捷克语、斯洛伐克语、德语、波兰语、匈牙利语和乌克兰语的无产者。

去年的一个重大成就是，在我们那里建成了一个统一的、具有国际性的、在组织建设上真正集中化的党。在我们中间有个别人担心，在不同民族的工人中，在历来发生民族矛盾的地区，不可能如此迅速地克服传统的差异、民族的偏见、成见和错觉以及与语言差异相联系的技术上的困难。今天我们能够断言，捷共党内有争执的问题已经解决。之所以能够做到这一点，执行委员会以其决议和建议对此作出了重大贡献。在我国已经证明，执行委员会就党的组织缺陷、统一战线问题以及工会策略问题作出的决议是很有益的。

这次代表大会的委员会将研究我们党内出现的违反纪律的具体事例。在这些具体问题上，执行委员会所持态度与捷共执行委员会和全国代表会议所持态度不同。在委员会上我们会有机会详细说明，为什么捷共执委会认为自己的立场正确，以及我们认为它正确的理由。但是，我们承认共产国际的纪律是一项至关重要的事情，所以我们在国内立即执行了执委会的决议。我们希望本届代表大会的委员会将认真地考虑我们的理由。共产主义的纪律对于我们来说当然是有约束力的。因此，我们声明，我们将承认代表大会的决定；我只是提醒代表大会注意，执行委员会的决定已经大大地损害了捷共执行委员会的权威，如果党中央没有足够的权威和可能性去贯彻纪律，在捷克斯洛伐克工人运动的复杂形势下，可能导致太严重的后果。

关于执行委员会未来的工作，我们认为完善执行委员会的联络和情报工作是可能的。

主席：

同志们，现在兰德勒同志发言，他刚才谈到议程问题，并要求给他半个小时的发言时间。我想征求全体代表的意见，兰德勒同志的这一请求是否有人同意（喊声："不同意。"）。兰德勒同志要求发言20分钟。（喊声又起）按照我们的规定，发言时间是10分钟。所以我要征求大会代表的意见，谁同意给兰德勒同志20分钟发言，请举手。同志们参加表决的太少，主席团不好决定。我想请大家再表决一次。

布哈林（俄国）（针对议程问题）：

同志们，我必须说明一下。在匈牙利党内，不同派别之间发生了一场斗争。如果我们给他20分钟发言，我们就必须也给其他匈牙利代表同样多的时间。因此，我建议，不要超出规定的时间。

主席：

现在表决，谁赞成给兰德勒同志20分钟时间发言，请举手。多数反对。那么仍然是10分钟。

兰德勒（匈牙利）：

同志们，季诺维也夫同志非常简短、非常圆滑地谈到匈牙利问题，也就是匈牙利的运动，并出人意料地坚决反对政治流亡。他说，共产主义运动在匈牙利正在兴起。他说，在一天里有170个共产党人被捕，就是一个证明；联系到这一问题他还说，在匈牙利，政治流亡是前所未有的，这种流亡，对于匈牙利的运动以及对于国际来说是一种莫大的损害。最后他要求代表大会表示坚决反对这种政治流亡。我认为，这种说法未免过分玩弄外交手腕。我可以非常肯定地说，会场里没有一个人听明白这件事。听完他这个报告，每一个人都会问道：匈牙利的共产主义运动难道是圣灵唤起的吗？也许是国际排除了流亡者居心不良的干扰直接掀起了这场运动？或许这些流亡者曾经极力反对在匈牙利掀起这一运动？

任何人都可以按照自己的想法去理解这个报告，这正是这个报告的巧妙之处，因为在这件事情上，只有用这种办法才能作出一项反对政治流亡者的有力的决议。正因为季诺维也夫同志一向不曾如此激烈地指责过任何派别，这件事也就更加令人诧异。他是一个老好人，这是他的美德。例如，季诺维也夫同志曾经用父兄般的语气谈到法国党的同志和挪威党的同志的错误，只是对匈牙利的政治流亡者他才大发雷霆。这不是他的习惯。如果我来找一找他要这种态度的原因，我看，就因为季诺维也夫同志使用了一种屡试不爽的办法，因为他知道，在匈牙利问题上执行委员会会遭到抨击，现在他采取了攻势，正是为了迫使我们陷于守势。

季诺维也夫同志作为个人，作为国际的主席，我很尊重他，但是我不能听凭他逼我处于守势来讨好他，因为我受到匈牙利组织的委托，要毫不掩饰地把一切都讲出来。关于宗派问题，我一句话也不讲，因为没有宗派，但是我必须以匈牙利政治流亡者的名义开诚布公地向同志们报告事实真相。如果我想做个忠实的人，我就只能如此，在代表大会上坦率地谈出关于匈牙利组织必须谈的一切，并且不能像季诺维也夫同志那样讲得那么简短，那么有外交手腕。

事实真相是：据这几天的权威性的报告，现在在匈牙利活动的共产党的一个领导小组，很有可能会受到特别法庭的审讯并被判死刑。这个领导小组的大部分人是政治流亡者，并且只是属于一派，很有幸，我也是这一派。这些政治流亡者在一年前，或是7个月以前已经回到匈牙利。当时，派别斗争正处于高潮，我们那个派的人彼此隔绝，他们都单人匹马地反对社会民主党和霍尔蒂政权，丝毫没有过问过派别斗争。他们以献出一切、英勇牺牲的精神，富有成效地进行工作。他们在布达佩斯出版了一份秘密的周报，这个报纸已连续出了29期。在社会民主党较大型的群众集会上，如果不用长达数分钟的时间表明支持共产国际，这种集会就不可能举行。至于政治影响，我只能指出，社会民主党的机关报每周而且常常是每天都在抗议共产党的破坏工作。尽管有迫害和社会民主党的告密，所有政治流亡的领导人都没有逃跑，而是工作到最后一分钟。我再一次强调：无论是在报纸上，在宣传中，还是在整个工作中，宗派斗争都未被提及，虽然这种斗争在政治流亡者中十分激烈。他们定期通过联络员向执行委员会送交报告，这个联络员过去也是属于反对库恩的小组的。但是，执行委员会连一份报告也未予答复。（"听啊，听啊！"）

（主席的铃声）同志们，我请求再给我10分钟时间发言。（弗里德兰德提议，发言时间延长10分钟。建议以多数通过。）

在这种情况下，我完全有理由最坚决地批驳季诺维也夫同志在这里所采取的对待政治流亡者的方式方法。自执行委员会扩大会议以来，也就是9个月以来，没再发生过宗派斗争，现在又提出这段时间的政治流亡问题，这就是忘掉了匈牙利的政治流亡者从苏维埃政权崩溃的第一天起就在作出牺牲。每一个月、每一个星期都有同志到匈牙利去为事业献出自己的生命。所以，我不懂季诺维也夫同志怎么能作出这样的指责。我只是以个人名义和现在遭到逮捕的同志的名义讲话，但是我必须说，这样一种对待整个政治流亡的态度是不公正的，是有损于事业的。我不懂，在这个世界代表大会上怎么能够不提出任何证据就作出这种反对共产党人的论断。季诺维也夫同志也许会提出两件所谓破坏纪律的事。他可能说，执行委员会曾经指定了一个中央委员会，而这个中央委员会没有到匈牙利去。但是，可以证明，匈牙利组织的一个领导人曾经到柏林，并说，我们不需要不能进入工厂的同志来工作。他说，例如，要是一个在苏维埃政权时做过警察局长的同志到下面来作秘密工作，那地下工作就更加充满危险。他们往这里送过有关报告，但是他们并未得到对这个报告的答复。

直到 8 月份，我一直在莫斯科。人们处理匈牙利问题非常简单化，似乎他们想把国家消亡的理论运用到匈牙利问题上来。例如那个在莫斯科担任匈牙利问题特派员的布兰德勒同志，他把匈牙利的报告不加处理就搁置一旁，还对此洋洋得意。当布兰德勒同志到外地去时，他们又指定一个只会讲保加利亚语和俄语的同志担任匈牙利问题特派员，因为我们不掌握这两种语言，我们中间没有一个人能够同他说话。当我们就此提出意见，人们只是耸耸肩膀。从执行委员会方面说，这算什么呢？也许是对匈牙利事务的 种客观处理？此外，季诺维也夫同志也许还会说，我们违反执行委员会的决议，一个月以前在柏林出版了一种报纸。

但是，我们曾经报告执行委员会，匈牙利组织要求出版一种报纸。它要求出版一种四版或八版的周报，借助于这种报纸，它可以了解苏维埃俄国和国际的局势。在这个报纸上，没有登过一句关于宗派斗争的事。如果这种形式上的违反纪律竟然成为一件如此了不得的大事，以致人们不得不为此谴责政治流亡；如果像季诺维也夫同志所作的一个如此简单的报告就能够做到这一点,那么我认为,他是一个天生的外交官。但是,同志们,我认为世界代表大会是不会干这种事情的。

在这种情况下,我不得不请求代表大会通过下述决议:

代表大会决定:

1. 除了主席团所指定的匈牙利共产党代表团外,允许匈牙利地下组织的代表团参加。

匈牙利组织现在只有一个来自匈牙利的代表,还有两名代表代表政治流亡者。这两名尚处在政治流亡中的代表没有被允许出席大会,因为他们属于我们过去的那个派别。我请求同志们作出决议,允许他们参加代表大会。

2. 把匈牙利问题、匈牙利现有组织的问题列入大会议程,指定一个与其他委员会同样组成的委员会,为解决问题进行准备工作。

3. 代表大会抗议审讯新近被捕的共产党人的非法暴行,抗议国家法庭对他们进行审讯并判处他们死刑。代表大会赞赏他们不顾白色恐怖的折磨为革命工作的胆略和勇气。

同志们,我请求通过这一决议。它不是关系到一次宗派斗争,而是关系到使匈牙利问题最终平息下来。这个问题不能用外交手腕来解决。研究在匈牙利问题上发生了什么事和在匈牙利发生了什么事,是完全没有危险的。只有把匈牙利当前的运动看做起点,并不再人为地、挖空心思地去臆想某些形式,才谈得上最终解决匈牙利问题。现在,问题不是谁在匈牙利曾经是人民委员,谁有——像季诺维也夫同志所说——一个历史性的名字,谁曾立过大功;现在,问题是谁在当前匈牙利共产主义的艰苦细致的琐碎工作中将赢得功勋——这一点,只有留在家里工作的同志做得到。只能心平气和地解决这个问题,而不能使用外交手腕。经过准备,代表大会是可以这样做的,那么匈牙利问题也就得到解决了。

(掌声)

片山潜（日本）：

同志们，日本代表团表示同意季诺维也夫同志的报告。在这里，我只想联系日本的情况来谈谈统一战线。日本共产党是不合法的，还很年轻。我们是通过工会和另一些途径接触公众的。我们的工会是战斗的工会，没有传统的负担。我们没有韩德逊，没有龚帕斯，因此，我们的党一经组织起来，就能深入到工会中去，并能使工会处于它的影响之下。同志们，我们过去在一些事情上运用了统一战线。当我们着手反对华盛顿会议的宣传时，所有的工会都支持我们，并帮助我们揭露资产阶级的、资本主义的和帝国主义的华盛顿会议。当政府提出一项反对日本一切激进运动的法律草案时，各种政治色彩的工会，无政府主义者、工团主义者、共产党人和温和派都联合了起来，开始进行一场极为有效的宣传攻势，使政府不得不放弃他们的计划。

我们还有一次名为"不许染指苏维埃俄国"的运动，它跟英国的运动相似。所有工会和所有的激进团体都联合行动，反对干涉苏维埃俄国并要求承认这个国家。起初，我们没能够为俄国的饥荒做什么事情。然而在政府更迭以后，我们也开始了这项工作，不仅工会和激进团体，就连小资产阶级也帮助我们去战胜俄国的饥荒。共产党虽然处在极其不合法的地位，这一切却都是在它的左右下进行的。

现在，我想谈谈近几天来的印象。在统一战线问题上，我们共产党内遇到困难。在国内，甚至在党内，统一战线都还没有建立起来。可是，同志们，我们有一个危险的敌人，最大的敌人，不论付出多么大的代价，我们都必须同这个敌人斗争。你们，从法国、意大利以及别的国家来的同志们，你们忘掉了敌人，你们忘掉了最重要的事情是同他们作斗争。你们反而同你们自己作斗争。你们应该为维护统一战线、反对帝国主义和资本主义而斗争。我必须再一次告诉你们，在大会上我们还没有听人谈起过国际统一战线。为了与别的国家联合起来建立反对帝国主义和资本主义的统一战线，你们应该做些什么？到现在你们什么也没有做。直到现在，我没有听到一句关于建立国际统一战线的话。我们要同世界上所有强大的共产党建立统一战线。为了战胜资本主义，殖民地国家需要统一战线。我希望你们意识到，第四次代表大会一定要使所有即将离开这里的同志牢记统一战线的重要性，不仅在自己的国家里，而且是在所有国家里，这样我们才能达到目的。有人曾经说，统一战线是一种妥协。不错，它是一种妥协，不过那是为了达到我们目的的一种妥协。它不会削弱而是加强我们的运动，那不是同小资产阶级的妥协，不，它是一种同工人领袖们的妥协，以便争取那些仍然追随这些领袖的工人。它将加强共产主义运动，并使我们能够达到我们的目的。

拉科西（匈牙利）：

同志们，我必须坦率地承认，我不喜欢在这里谈到匈牙利问题。匈牙利问题正像匈牙利一样，此时此刻是一件十分棘手的事情，你们从兰德勒的讲话中已经得知，任何一个考虑不周的步骤，关于这个问题的任何一句不当的话，都会使成百个优秀的无产者丢掉性命。我不能像兰德勒同志那样慷慨，在这里大谈不论是过去还是将来都可能以我们最好的战士生命为代价的秘密活动。然而，我想从另一个角度谈谈匈牙利的政治流亡和匈牙利党的问题。

同志们，匈牙利的政治流亡是怎么回事呢？它是共产党、匈牙利工人运动中逃到国外的一个部分。匈牙利共产党过去如何呢？它有一个生气勃勃迅速发展的兴旺时期，但是，这一时期只持续了 4 个月。匈牙利共产党在 4 个月的时间里夺取了政权，它又保持这个政权有 4 个半月之久。这 8 个半月自然不足以使一个共产党在形成和发展的过程中，在原则问题和策略问题上产生的所有意见分歧都争辩个明白。匈牙利共产党流亡国外，它不能够在流亡中通过实践，通过日常斗争来解决大量的策略上和原则上的意见分歧。

这些分歧,是不可能在政治流亡过程中通过积极工作,通过群众行动,通过日常工作,在群众中予以解决的。分歧继续存在,其影响主要表现在个人之间的摩擦和辱骂。执行委员会研究这个问题长达10个月之久,并力争尽可能快地解决这些原则上的分歧。因为这些原则上的分歧都是很细致的,所以人们无法采取相应的措施。此外还存在着这样一个实际情况,政治流亡者大吵大闹了10个月,写了一些使社会民主党人可以从中捞到大量好处的小册子,成为《前进报》数周之内的中心话题,给我们的革命、我们的苏维埃专政和共产国际抹了黑。对于这个事实,执行委员会必须表明态度。执行委员会的第一次扩大会议讨论了这一事实。在这种情况下,用快刀切开这一脓包,不只是执行委员会的权利,也是它的义务。粗木要用阔斧劈。经过这样的胡吵乱闹,执行委员会除了竭尽全力切开这一脓包外,已别无他法。这就是宗派斗争的主线。

关于匈牙利共产党,我还想谈上几句。兰德勒同志在这里打算用匈牙利共产党的创伤和损失来美化他那一派。对此,我要强烈抗议。匈牙利共产主义运动不是哪一派的产物,它是匈牙利无产阶级的产物,匈牙利无产阶级曾经掌握政权4个半月,并一天比一天更为清楚地看到年轻的苏维埃专政失掉了什么东西。

匈牙利共产党以及现在遭到监禁的人,不是只属于以前双方好打派仗的人,而是属于布达佩斯和匈牙利共产党人的优秀分子。可是把这一事实只归功于一派,我必须予以坚决的批驳。

还有一点!如果世界代表大会闭会后大家带着匈牙利党内派别纠纷的印象离开此地,那是不利于匈牙利无产阶级和匈牙利共产党的。不能够按照宗派斗争来判断匈牙利共产党的力量。只要看一看匈牙利资产阶级的活动也就够了,还有60%资产阶级惧怕共产党和共产党人返回匈牙利。想用火和剑把每一次共产主义运动扼杀于萌芽状态中的匈牙利反革命,已经被迫为自己的将来而武装起来,组成了秘密的十人小组,使之在将来跟正在勃兴的匈牙利共产主义运动进行秘密斗争。匈牙利无产阶级已经于1919年表明他们愿意为自己的解放而斗争,他们现在不顾白色恐怖的镇压,在闻所未闻的困难情况下,还在继续解放斗争。我希望,匈牙利共产党以及和它在一起的匈牙利无产阶级,将来会找到历史、国内主要形势和革命的过去向它指出的那条道路。

同志们,我想再说一遍,如果执行委员会曾努力插手这个烂摊子,并在那里进行了整顿,那肯定是很令人不快的。当党躺在执行委员会的解剖台上,我们都曾深深感到切肤之痛;当我们看到,我们的工作、我们的斗争竟然得到这种结果,每一个匈牙利同志都确实深感痛心。我完全同意兰德勒同志建议的最后一部分,在那部分中,他建议世界代表大会对遭受刑讯者表示同情,并抗议对他们的刑讯。同时,我还要说,共产国际只要有可能,就不要放过任何机会帮助匈牙利无产阶级。同志们一定知道,我们已成功地把400位匈牙利同志从霍尔蒂的监狱中营救出来,我可以告诉你们,为了从白色司法机构的鬼门关和霍尔蒂的魔掌中营救这批遭到逮捕的人,执行委员会当即采取了必要的措施。我们绝不反对调查匈牙利事务,但是我坚决抗议,把匈牙利的事情再一次以宗派的形式,即使是像兰德勒同志在这里遮遮掩掩地提出的那样,提到执行委员会或世界代表大会上来。匈牙利党和匈牙利的流亡组织曾经给第二国际和第二半国际提供了足够的材料,兰德勒同志在这里搬出来的无非是人们早已扔掉的陈谷子烂芝麻。我反对本届代表大会接受他那带有宗派色彩的建议。(掌声)

主席:

同志们,我们现在就要开始午休。但是午休前我还要通知几件事。

晚上的会议7时开始。

还要解决这样一个问题：加拿大代表团希望能够提出一个代表，也就是施佩特克同志，参加法国问题委员会，麦克唐纳同志参加美国问题委员会。

对此有反对的吗？

没有反对的。

几位法国代表提议，曾出席巴黎代表大会的代表斯考西·马罗同志也参加法国问题委员会。对此有无异议？——没有异议。

这一建议被接受。

（会议休会时间：下午4时15分）

第七次会议

(1922 年 11 月 12 日)

会议开始：晚 8 时
主席：马尔赫列夫斯基

继续讨论共产国际执行委员会工作报告

主席：

同志们，由主席团所有成员参加的各个委员会，还需要大约 20 分钟至半小时的时间，所以我们必须推迟一下讨论。如果你们希望不等他们，我们还是开始讨论，那我们现在就可以继续进行。（喊声："继续进行！"）那么，请格律恩同志（奥地利）发言。（**格律恩**喊声："我放弃！"）（掌声）

马歇尔（美国）：

同志们！卡尔同志说过，美国党内有一派，他们不按照共产国际执行委员会的方针、路线办事。作为这一派的代表，我在此声明，从根本上说，这一派无论如何在一切问题上都赞成本届执行委员会的方针路线。

我不得不就卡尔同志的讲话谈上几句。首先要指出，卡尔同志把自己局限在只谈美国共产党的内部问题，于是他犯了布哈林同志已经批判过的一个错误，他指望本届代表大会的代表在不了解美国的形势和具体情况下会相信他的话。他认为，考虑到党在美国还很弱小，宜于谦逊，他也的确十分谦逊，尽管只是从思想上来说。可是依我看，不能因为党的人数少，我们就看不到，一个国家的问题是属于世界革命的最大问题之一。在资产阶级统治仍处于鼎盛时期的国家里，在工人运动远为落后的国家里，有待于一个革命的党去解决的任务的确十分困难。卡尔同志说，美国党内的生活，无非是根据执行委员会在莫斯科所通过、然后弄到美国来的提纲进行的，是对提纲的争论。过了一段时间，莫斯科通过了另一个提纲，并命令我们停止争论，然后我们也就干脆停止了争论。一个非常简单的过程。但是事情本身的发展并非如此简单。莫斯科终究不是老派的普鲁士士官，我们也不是只会等待命令，服从命令的来自乡下的新兵，更何况党本来就没有理由等待莫斯科的命令。

过去，美国党内发生了哪些对立？国际决定运用统一战线的策略。美国党就必须估计形势，全面地运用这一策略。针对当时中央委员会多数人的这一估计，反对意见被提了出来。中央委员会说，在美国运用统一战线，从政治上说，不是联合不同的、大体上革命的团体或党派，因为我们没有这种团体或党派。统一战线策略在美国的运用，就是要首先唤起工人群众的政治觉悟，接着领导他们参加斗争。在解决这一问题时，资本家可帮了我们的忙。他们全面出动了反对工人阶级的一切统治工具，工人今天罢工反对企业主，明天就会面对警察、国民卫队、国家机构和联邦军队。你们一定从报纸上看到，在一次机车车辆修理厂的工人罢工中，芝加哥的一个法官干脆用禁止罢工的办法，结束了这次罢工。正是美国资本出动了这些政治统治工具才唤起工人群众的觉悟，使他们意识到他们也有自己的利益。以前，在群众中还没有这种觉悟，过去工人阶级在政治上完全溶化于资产阶级政党里，即共和党和民主党里。可是，现在工人阶级觉醒了，大的工人组织，诸如拥有约50万成员的铁路工人互助会，拥有约50万成员的矿工联合会，以及拥有20多万成员的机械工人组织，纷纷作出决议。在这些决议中，在他们的代表大会上，美国工人要求建立一个组织，使他们能够独立地、单独地作为一个阶级参加政治斗争。这些决议表明了两点：第一，从决议的由来看，表现了工人们政治上正在觉醒的阶级觉悟；第二，从决议是以五花八门的形式出现在群众中来看，表现了领导集团试图把这种正在觉醒的思想引入某种歧途。

在这种情况下，我们共产党人应该怎么办呢？我认为，在我们面前有三条路可走。一条是反对最终将导致工党建立的倾向，并以此反对工人阶级单独进行政治活动的倾向；或者是同这种倾向消极相处；或者是把这一运动的领导权拿过来。当时中央委员会的多数人主张采取最后一条途径，也就是说，打算左右这一运动，不仅仅是试图插手，而是试图取得领导权，为这些觉醒起来的群众的进步，采取主动行动。对于美国党来说，由统一战线策略引起的基本冲突就在于此。卡尔同志说，这意味着不去为自己的党进行宣传，而是背叛自己党的任务。党的建设毕竟不是一个演变过程。在工人群众性政党的活动中，我们党将能够把所有那些由于我们党的纲领而向党接近的人吸引到我们这边来。同时，它也将在还不怎么革命、对我们党来说尚不成熟的美国工人中形成一种政治性的群众运动，从而使我们向无产阶级革命前进一大步。通过这种还在党形成过程中就开展的工作，我们可以在这一运动中获得主导地位。我们希望在工人打算下定决心拥护我们之前，就成为这一运动的一个不可缺少的组成部分；我们希望我们作为造成这一群众运动的那股力量的一部分，将真正是一种推动前进的力量。这样做，我们就能够给美国的运动做一件极为有益的工作。这种看法，这种估计，并不违反国际的任何提纲和决议，也不违反国际的指示。如果我们估计错了，那么第四次代表大会的责任就是告诉我，这是一个错误。

最后，还要就支持候选人迈耶尔·伦敦的问题讲几句话。卡尔同志说，他认为这样一种做法是值得尊敬的，即如果党内有一派人出于对迈耶尔·伦敦的友谊，撤回共产党的候选人，从而使迈耶尔当选。这究竟是怎么回事呢？迈耶尔是社会党唯一的候选人。他已经被提为候选人了，而我们则刚刚开始在犹太工人群众中站住了脚跟。我们还没有强大到可以跟在那里有着最强大阵地的社会党争地盘。有一些工人群众仍然认为社会党的候选人是他们的候选人，他们还不像我们那样懂得，无论他们选举迈耶尔·伦敦，还是选举民主党的一个候选人，对工人来说都无足轻重。如果我们直到选举时尚未提出一个候选人参加竞选，就会招致这些人的反对，也会给社会党以把柄，他们就可以指责我们帮助夺走工人候选人的胜利机会，让资产阶级候选人得以获胜。我们不能把这种口实留给社会党利用。我们做了些什么呢？我们提出了一个候选人，作为共产党人跟社会党展开了一场竞选，但是在选举的最后时刻，我们撤回了我们的候选人，并向这个选区的工人说明，我们撤回这个候选人，不是因为我们认为迈耶尔·伦敦是工人的一个好代表，而是因为我们还没有使工人相信，他不是一个好代表，我们想给他一次机会，向我们的选民亮相，并证实他是什么样的代表。我认为，这一策略是美国党内所提出的唯一的一个策略，也是唯一可以贯彻执行的策略。然而，卡尔同志和他的朋友们是反对这一策略的，而且他们谦虚得很，直到现在都没有提出其他任何建议。我认为，此时此刻谦逊是不适宜的，那是我们必须解决的一个问题。要么我们解决这一问题，要么我们就不能再当马克思主义者和共产党人。

沙利文（美国）：

同志们！你们已经听到美国的两个代表发言。昨天中派代表卡尔同志讲话，他至少有良好的愿望，我不同意他的意见。他抱有各种美好的幻想，例如，认为在美国党内右派和中派可以共同为共产主义而工作。我认为，这种幻想是有害的，尽管如此，但至少他是诚实的。你们刚才也听到美国党的另一个代表发言，即右派的马歇尔同志。他是孟什维克的代表，他是不诚实的。他脸上戴着一副面具。他到你们面前，只让你们看到一小块他的真实面孔，并且说，我们必须把迈耶尔·伦敦这个社会爱国者选进国会，不然的话，美国的共产主义运动就会休矣！

我代表党内的左派，在左派中有4000人被开除，1000人在去年1月主动离开了党，是直到今年9月在党内仍占上风的马歇尔派把我们开除的。

我不得不对共产国际执行委员会的工作有所批评，即执行委员会过分支持美国共产党的右派。其结果，我们今天在美国已经看得很清楚——党正在衰落。如果我们现在取得一致，那也只是一种局部的、人为的一致，这种一致是不会持久的，因为右派、左派和中派不能够合作，不能够长期待在同一个组织里。我不得不批评执行委员会，因为它忘记二十一条也要运用于美国。如果它这样做了，那么我们今天在这里就不会听到右派代表的发言。为了给大家证实左派所从事的宣传的性质，我要引用一些材料，而且是引用党的正式的机关报，在马歇尔及其中央委员会控制下的正式的、合法的、党的机关报。引用的第一个材料是论述热那亚会议的，从事共产主义宣传的正式的党的机关报写道：

"热那亚会议仍不失为欧洲统治者们弥补战争造成的损害的第一个真诚的尝试。"

马歇尔在这里以共产主义的名义称赞帝国主义强盗的热那亚会议。

马歇尔（美国）：

那篇文章是我写的吗？

沙利文（美国）：

你当时在中央委员会里，对此你要负责任。机关报绝对要受你的检查，你没有把它撤掉。那是党的一篇正式社论：《欧洲统治者们的第一个真诚的尝试》！这就是你用共产国际的名义讲给人们听的那种共产主义宣传。还有更出色的呢。请问主席团，是否能在神父助手行刺列宁的图片间或者在社会革命者的图片间别上一期马歇尔发行的美国党的正式机关报，因为他要对他的政策负责，他说：

"姑且不论政治形势，目前过分严厉地惩处革命初期的行为，岂不是十分愚蠢。"

这是共产党的政策吗？

马歇尔（美国）：

请你把报纸拿出来。

沙利文（美国）：

我会把它送交美国问题委员会的。你也许不相信我有这些报纸，可是，你知道这些报纸确实存在。

主席：

请不要打断发言人，发言时间有限。

沙利文（美国）：

如果我在此激怒了某些人，我也别无他法，我甚至对此感到高兴。还有一篇论及在柏林召开的三个国际的会议的社论。在同一家报纸又用宣传共产主义的名义向我们胡扯了些什么呢？那篇文章是由一位战斗的领导人、某某先生写的，在党的正式报纸上一直没有更正。某某先生仍未忘掉王德威尔得的亲吻——他的冒牌同志、君主的最忠顺的奴仆，于1914—1915年冬对他的一吻。他仍思念着那次亲吻：

"统一战线的号召（第三国际柏林会议）有某种吸引力。它使我们神往并唤起一点希望，只有一个社会党和一个国际的时代又要到来。"

它使我们如此"神往"并唤起一点希望，只有一个社会党（不是共产党）和一个国际。这就是美国右派所进行的那种宣传鼓动，也就是说，是在共产国际——不自觉地——支持下的美国孟什维克的宣传鼓动。我对共产国际执行委员会的批评，根据就在这里。

这样一来，你们对革命者离开党就不会感到奇怪了。我还可以举出孟什维克活动的很多例子。党已经落入孟什维克手中，他们攻击共产国际的二十一条，替保尔·莱维和塞拉蒂辩解，反对共产国际对合法的党组织的监督。他们在统一战线的基础上宣传同孟什维克在组织上联合，鼓吹选举社会爱国者迈耶尔·伦敦进入国会。

马歇尔认为没有必要告诉别人，他和党的右派坚持必须解散秘密的党。他已经掀起一个运动来解散秘密的共产党，企望只保留一个合法的组织，其纲领应为资产阶级合法性所容许，正像旧俄取消派1906年和后来所做的那样。他们想要的也是那种庞大的群众性政党。他们要在美国建立一个拥有10万党员的大型群众性政党，而现在按照他们自己的说法已减少到1.4万人——一个中央集权的、孟什维克的党，也就是一个小小的政治派别。

我无法把要讲的话都说出来，我没有时间。但是，只要共产国际不坚持把右派孟什维克开除出党，在美国就不会有健康的共产主义运动。相反，你们将看到，真正的革命者、工人将会离开党，党将成为小资产阶级的运动，它认为它最大的责任就是把社会爱国者迈耶尔·伦敦送进国会，就像几分钟以前有人在这里所建议的那样。

主席：

同志们，瑞士、奥地利和荷兰的代表团提议结束讨论。按照这一提案，只有青年组织和一个东方民族的代表可以发言。武约维奇同志代表青年组织，爪哇的马拉卡同志代表东方民族报名发言。现在由弗里德兰德同志说明结束讨论的提案。

弗里德兰德（奥地利）：

同志们，辩论已十分充分。各种派别都发了言。毫无疑问，可以看出人们有一些松懈了。此外，季诺维也夫同志还要作一个比较长的总结发言，回答一些发言的同志。因此，在这种情况下，完全没有必要继续发言。有几个党还没有发过言，只有他们的一个代表和青年组织的一个代表发言才有意义。我想，所有的同志经过几乎四天的讨论以后，理所当然会同意这个建议。

主席：

有人反对这个提案吗？没有人反对。我们进行表决。（通过）

武约维奇（南斯拉夫）：

同志们！青年共产国际过去赞成共产国际执行委员会所奉行的政治路线，今后将继续支持这一路线。青年共产国际认为，在过去的 15 个月中，执行委员会从思想上到行动上都贯彻了第三次代表大会的决议。

青年共产国际不仅表示同执行委员会的政治路线在理论上一致，而且尽一切努力在青年组织中贯彻这个策略。

我们可以断言，凡是在我们运用了统一战线策略的所有青年组织和所有国家里，统一战线的贯彻执行都是卓有成效的。德国、法国、捷克斯洛伐克和其他一些国家的青年组织，遵照共产国际执行委员会的既定路线，运用了统一战线，实践经验已经证明这一路线的正确性。

执行委员会在本届任期内，曾不得不干预法国、意大利、挪威、捷克斯洛伐克和另一些国家，在这种特殊的情况下，青年共产国际宣布它同共产国际执行委员会的态度完全一致。青年共产国际认为，各个国家所表示的为具体贯彻第三次代表大会的决议而工作的愿望，不仅得到执行委员会的理解，而且在各个国家里，特别是在捷克斯洛伐克和意大利得到实际贯彻。这一愿望的内容就是在各个国家里争取工人阶级的大多数。

在此，我以青年共产国际的名义发言，青年共产国际觉得在季诺维也夫同志的讲话中有一点十分重要，想特别着重地谈谈。就是在各个工厂或企业内建立共产党基层组织的问题。共产主义青年组织认为，现在已经是切实具体地贯彻第三次代表大会所通过的提纲的时候了。

共产主义青年组织力图通过自己的工作，使这一提纲的贯彻成为现实。我们可以举出具体的例子，其中包括法国里昂地区的情况。在那里工厂中建立的组织很有成效，在工厂和企业中，共产党基层组织的建立已经成为现实。

青年共产国际认为，在不久的将来，所有共产党都必须在这方面开展切实的工作。

我们认为，还有一点非常重要，这就是共产国际必要的集中和共产国际内部的纪律。

共产国际在各个国家特设组织的工作表明，它不仅在口头上而且在实践中，都主张共产主义的纪律和集中。

在法国和另一些国家里，执行委员会遇到来自共产党内的某种阻力时，青年组织总是第一个给予执行委员会以支持，我们总是在共产党内捍卫执行委员会的立场。

在本届执委会任期内出现的几次违反纪律的事件，都受到青年的最严厉的批判。我们相信，将来不会再发生这类事件，但愿不仅所有共产党口头上表示赞成历届代表大会上多次通过并构成共产国际基础的提纲和决议，而且每个组织都要在未来斗争中切实表明，共产国际的纪律是一种有生气的纪律。我们希望，共产国际执行委员会能够比以前更加有把握期待一切决议都会得到贯彻。我们希望，从现在起，共产国际的口号——如统一战线口号——将会得到无保留的接受和贯彻执行。青年共产国际认为，共产国际执行委员会已经度过它的第一阶段，在这个阶段里，它不得不特别忙于给所有共产党制订一个共同的政治路线。现在要紧的是，在下一阶段执行委员会应从事组织问题，应比过去更加积极地促使共产党的组织成为真正的群众性政党。我们还希望，共产国际的各个支部，在共产国际的工作涉及政治领导时，不要再用公开的或隐蔽的对抗来影响执行委员会的工作。这样，它就可以在各个国家里，在深深扎根于工人群众中的工厂委员会的基础上，更多地致力于改组共产党。

这样，共产国际和它的执行委员会就能够更加精力充沛、更加有效地进行未来的革命斗争。（掌声）

马拉卡（荷属印度）：

同志们，听了季诺维也夫同志和拉狄克同志以及其他欧洲同志的讲话，我认为，鉴于统一战线问题对我们东方也十分重要，必须以爪哇共产党的名义，代表东方亿万被压迫人民讲话。

我不得不向季诺维也夫同志和拉狄克同志提几个问题。也许季诺维也夫同志没有想到爪哇的统一战线，也许我们的统一战线是另一回事。但是，共产国际第二次代表大会的决议实际上指出，我们必须同革命的民族主义建立一个统一战线。我们必须承认，在我们国家里，统一战线也是必要的。只是我们的统一战线不是同社会民主党人的统一战线,而是同革命的民族主义者的统一战线。但是,我们经常遇到民族主义者反对帝国主义策略的种种不同的形式,如抵制及穆斯林解放战争和泛伊斯兰主义。我尤其想到这两种形式,因此提出如下问题:第一,我们应该支持民族的抵制运动,或是不应该支持?第二,我们需要支持泛伊斯兰主义吗?是需要还是不需要?如果需要,我们必须支持到什么程度?

必须承认,抵制肯定不是共产党人的做法,但是它是一种做法,在东方的政治军事奴役下,这种做法是一种最厉害的武器。而近两年我们也许已经看到,1919年,埃及人民对英帝国主义的抵制以及1919年底1920年初中国的伟大的抵制运动,都取得了卓越的成效。最近一次的抵制运动发生在英属印度。我们可以预料,在今年或今后几年,另一种方式的抵制在东方还会得到运用。我们知道,抵制不是我们的办法,它可能是小资产阶级或民族主义的资产阶级所采取的办法。我们还可以讲更多,我们可以说,抵制就是支持本国的资本主义。但是,我们也看到,在英属印度现在还有1.8万名带头人因抵制运动在狱中受难,一种非常革命的气氛也因抵制而形成,的确,通过英属印度的抵制运动,英政府甚至被迫请求日本,在抵制运动过渡到公开武装起义的情况下,进行军事援助。我们也知道印度的穆斯林领袖基希来夫博士、哈斯雷·马霍尼和阿里兄弟,实际上他们都是民族主义者;在甘地被捕以后,我们不得不放弃起义。但是,在印度,人们都十分清楚地知道,连最普通的革命者也知道,一次局部的起义,必然以失败告终,因为我们在那里没有武器和其他的作战物资。因此,抵制运动的问题在目前和将来对我们共产党人来说就是首要的问题。我们知道,在印度和爪哇许多共产党人倾向于在爪哇号召开展抵制运动,也许是因为早已忘掉来自俄国的共产主义气氛,也许是因为在英属印度能与整个运动竞争的共产主义的声音被唤醒。总之,我们面临一个问题:我们是否必须支持这种策略,支持还是不支持？我们究竟能走多远？

泛伊斯兰主义，这说起来话长。首先我要谈谈我们在印度的经验，在那里，我们同穆斯林合作。我们在爪哇同许多非常贫困的农民在一起，结成一个非常大的团体"沙勒卡特—伊斯兰"（伊斯兰联盟）。这个团体在1912年和1916年间约有100万人，也可能是300—400万人。这是一个很大的人民团体，它是自发产生的，很革命。在1921年以前，我们曾经同它合作，由1.3万名党员组成的我们的党，参加了这个人民团体，并在那里进行宣传。1921年我们做到让沙勒卡特—伊斯兰接受我们的纲领。伊斯兰联盟在农村也宣传"监督工厂"，赞成"一切权力归贫农"、"一切权力归无产者！"这类口号。所以沙勒卡特—伊斯兰也跟我们共产党进行同样的宣传，只是它有时用另外的名义。但是，1921年，由于对沙勒卡特—伊斯兰领袖的一次不适宜的批评，出现了一次分裂。政府通过它在沙勒卡特—伊斯兰内部的特务利用了这一分裂，也利用了共产国际第二次代表大会"向泛伊斯兰主义作斗争！"的决议。政府对普通农民说些什么呢？它说，看吧，共产党人不只是想分裂，共产党人也想消灭你们的宗教。对于一个普通的穆斯林农民来说，这太过分了；农民寻思，在这个世界上，我已经失去了一切，难道还要我连自己的天堂也失掉吗？这不行！普通的穆斯林就是这样想的。那些搞宣传的人、政府的特务十分巧妙地利用了这一点。于是我们就分裂了。（**主席：**"你的发言时间过了。"）我从印度来，走了40天。（掌声）沙勒卡特—伊斯兰教徒相信我们的宣传，是因为，说得通俗一点，他们的肚子在我们这边，而他们的心仍在沙勒卡特—伊斯兰、在他们的"天堂"那边。因为我们不可能给他们那个"天堂"，所以他们抵制我们的集会，我们无法再进行宣传。

去年初，我们着手恢复同沙勒卡特—伊斯兰的联系。我们在去年十二月代表大会上说，在高加索和其他国家的穆斯林，他们同苏维埃合作，共同进行反对国际资本主义的斗争，他们对自己的宗教理解得更透彻。我们也说过，如果你们想为你们的宗教作宣传，你们可以宣传，但是不要在集会上，而应该在礼拜寺里宣传。

当时，在公众的集会上有人问我们：你是穆斯林吗？——是，还是不是？你信真主吗？——信，还是不信？我们是怎么回答的呢？是的，我说，当我站在真主面前时，我是一个穆斯林；可是当我站在人们的面前，那么我就不是穆斯林（热烈的掌声），因为真主说过，在人们中间有许多恶魔！（热烈的掌声）我们用手中的古兰经使他们的领袖遭到失败，我们在去年的代表大会上通过沙勒卡特—伊斯兰的成员迫使他们的领袖跟我们合作。在这种情况下，去年3月爆发了一次总罢工，穆斯林工人非要我们不可。因为铁路工人在我们的领导下，沙勒卡特—伊斯兰的领袖说，你们想跟我们合作，那你们得帮助我们。我们当然来了，并对他们说，是的，你们的真主有威力，可是你们的真主说，在这个世界上铁路工人更有威力！（热烈的掌声）在这个世界上，铁路工人是真主的执行委员会。（笑声）但是，问题并未因此得到解决，如果我们又一次分裂，我们就可以确信无疑，政府的特务们又会重新拿出他们的泛伊斯兰主义来进行破坏。所以，这个泛伊斯兰主义问题还是很有现实意义的。

不过，我们现在必须首先理解泛伊斯兰主义这个词究竟意味着什么？从前它有一个历史性的含义，叫做伊斯兰教必须用手中的剑征服整个世界，这必须借助于哈里发所领导的圣战来实现，哈里发必须是阿拉伯人。在穆罕默德去世约40年后，穆斯林就分裂成三个大国。圣战对于整个穆斯林世界来说也就失去了它的意义。从以真主的名义为哈里发和伊斯兰宗教而征服整个世界来说，神圣战争失去了意义，因为西班牙的西方哈里发说：我是真正的哈里发，我得掌大旗，埃及的哈里发也说同样的话；而巴格达的哈里发说：我是真正的领袖，因为我是阿拉伯考拉西蒂的后裔。于是泛伊斯兰主义就不再具有它原来的意义,实际上,它现在具有一种与过去完全不同的意义。泛伊斯兰主义现在意味着民族主义的自由奋斗,因为对于穆斯林来说,伊斯兰教就是一切:不仅是宗教,而且也是国家、经济、食物和一切。所以泛伊斯兰主义意味着所有穆斯林人民的兄弟情谊、自由奋斗,不仅指阿拉伯人,而且也包括印度斯坦人、爪哇人和所有被奴役的穆斯林人民。这种兄弟情谊现在实际上也就是自由斗争,不仅反对荷兰资本主义,也反对英国、法国、意大利的资本主义,也就是反对全世界的资本主义。这就是现在在印度,在被奴役的殖民地人民中的泛伊斯兰主义所包含的意思,他们在地下也宣传为反对世界各帝国主义列强而斗争。对于我们来说,这是一项新任务。正如我们要支持民族战争一样,我们也要支持在帝国主义列强压迫下进攻凌厉、非常活跃的2.5亿穆斯林人民的自由战争。因此,我还要问一次:难道我们不应该支持具有这种意义的泛伊斯兰主义吗?我用这个问题结束我的发言。(热烈的掌声)

季诺维也夫作执行委员会工作报告的讨论总结

同志们,请允许我首先较详细地谈谈工人政府这个问题。我不是十分清楚,我们中间在这个问题上是不是真正存在严重分歧,或者是不是这个问题只是没有得到完全清楚的阐述,或者是不是它不仅仅涉及部分术语。这一点将在本次代表大会进程中以及草拟关于我们根据俄国革命问题所讨论的策略问题决议的过程中表现出来。对我来说,这绝对不是这里引用过的"醉翁之意不在酒"的问题。我非常愿意在围绕这句话的争论上让步。但是,这是一个看法问题。同志们,我认为,如果我先把下面的情况讲一讲,这个问题就会非常清楚。任何一个资产阶级政府,同时也是一个资产者的政府,一个资本主义政府。很难设想一个资产阶级政府,一个资产者的政府,同时不是一个资本主义政府。但是可惜不能倒过来说,不是每一个工人政府都是社会主义政府。这个逆命题是很深刻的。它清楚而扼要地说明,在我们的阶级内部资产阶级有它的前哨,但是不能反过来说。在资产阶级阵营里,我们不可能有自己的前哨。

因此,每一个资产阶级政府都是一个资产者的政府,甚至有些工人政府根据其社会内容也应该是资产者的政府。但是不能倒过来说。我认为这是个关键:有种种不同的工人政府。我认为,可以设想有四种工人政府(这还远远不能包括全部可能性)。可能有一种工人政府,按其内容是一个自由主义的工人政府,例如澳大利亚工人政府。有一个澳大利亚工人政府,而我们有些澳大利亚同志说,工人政府的口号是不对的,因为在澳大利亚已经有过这种工人政府,它是资产阶级的。那里的确有工人政府,可是根据其内容则是自由主义的,它是资产阶级的工人政府,如果可以这样称呼它的话。

如今,英国正在选举。虽然从理论上可以设想一个非常好的形势,但是在这次选举中显然不可能导致出现一个工人政府,一个与澳大利亚工人政府相似的、就其内容说是自由主义的工人政府。这种自由主义的工人政府,在英国当前的局势下,也可能成为酝酿全国革命的起点。这是可能的。但是就其本身来说,它无非是一个自由主义的工人政府。我们共产党人现在在英国投票支持工党。似乎我们投票支持一个自由主义的工人政府,这是同一回事。英国的共产党人在当前形势下不得不支持一个自由主义的工人政府,这是一个绝对正确的策略。为什么?因为这在客观上是前进了一步。因为在英国一个自由主义的政府最利于为资本主义垮台做准备。我们在俄国的克伦斯基时期就已经看到,虽然自由派是资本主义的代理人,但资本主义的局势已受到震荡。普列汉诺夫把

1917年2月至10月那个时期的孟什维克叫做半布尔什维克，我们认为那是错误的，他们不是布尔什维克，连一半的一半也不是。我们这样说，是因为我们同他们处在激烈的斗争中，是因为我们看到他们对无产阶级的背叛行为。但是普列汉诺夫在客观上是对的，孟什维克政府最适合于搅乱资本主义，使它无法控制局势。我们跟孟什维克进行斗争的党员同志当时还不能看到这一点。

我们彼此在进行斗争，我们只看到他们是工人阶级的叛徒。他们不是资产阶级的对立面，可是当资产阶级的武器暂时塞在他们手里时，他们就采取某些行动，客观上反对资产阶级国家。所以我们在英国支持自由主义的工人政府，也支持工党。当英国资产阶级说：工人政府自克林兹开始，也许以左派告终，他们说得是对的。

这是工人政府的一种类型。

第二种类型是社会民主党政府。我们可以看看德国，德国人民社会党建立了一个纯"社会主义"政府。这也是一种工人政府（当然是带引号的）。可以设想一下，如果我们给予这个政府有条件的援助，如果我们给这个政府有保留的支持，局势又将如何？可以想象，在一定的情况下，一个"社会主义"政府也是形势革命化的一个阶段。

这是第二种可能性。

第三种类型是所谓的联合政府，也就是，一个政府里面有社会民主党人、工会领袖、无党派人士，也许还有共产党人。可以想象这种可能性。这种政府还不是无产阶级专政。它也许是无产阶级专政的起点。如果顺利的话，我们将把社会民主党人一个接一个地从这一政府中请出去，直到政权落在共产党人手中。这是一种历史可能性。

第四，我想到一种工人政府，它是一个真正的工人政府，也就是一个共产主义的工人政府，而其他任何一个都不是真正的工人政府。就第四种可能性来说，我认为，它是无产阶级专政的别名，真正的——一个名副其实的工人政府。

问题远非到此为止，可能出现第五或第六种类型，它们都可能是形势进一步革命化的起点。

我担心，我们在追求一个严格的科学的定义时忽略了政治。我觉得这不是一个在科学定义上咬文嚼字的问题，而是不要错过革命形势的问题。我们常常觉得，有些同志把事情想成我们只要跟社会民主党人走到一起，就可以有一个工人政府。他们在这里忘掉了一点，必须首先推翻资产阶级，资产阶级不会自愿地退位，他们将争夺他们的政权。

我们不应该忘记，除了工人政党，还存在着一个资产阶级，他们执政已数十年，并尽一切努力维护这一政权。

因此，要建立一个革命意义上的工人政府，必须首先推翻资产阶级，这是最重要的。我们不可忘记，我们必须区别两件事：第一，我们的宣传方法，我们怎样才能够更明白地对普通工人讲话，怎样才能够让他们更好地理解他们的处境。我认为，工人政府的口号很适宜于做到这一点。第二个问题，事情如何历史地发展的问题，革命如何具体进行的问题。

我们不妨稍微揭开一点未来的帷幕。

革命将如何前进？我们可以提出一些设想：通过工人政府、联合政府再加上内战等各个阶段。我们大家都喜欢预言革命的下一步进程，但是我们只能预言，所有我们的预言都不会言中，革命的到来很有可能与我们的设想完全相左，而另辟蹊径。这一点我们在俄国革命中已经看到。五年前，有人设想封锁、饥荒将迫使我们屈服，如此等等。人们考虑到可能出现的各种情况，只是没有人预见到可能出现新经济政策和今天的革命道路。

各个国家的形势迥然不同，革命的到来，在德国和在英国很可能完全不一样。这并不是说，我们作为有觉悟的革命者不能揭开未来的帷幕。我们都是有思想的人,我们想走在工人阶级的前面,我们必须尝试着从各个方面阐明事物,但是,要在这里做出某种预言,的确是很困难的。如果我们从这一立场出发,把工人政府的口号看做无产阶级革命道路的具体问题,那么就有人可能怀疑,是否世界革命一定要通过工人政府的途径才能行得通。昨天,我们的朋友拉狄克说,工人政府是向无产阶级专政过渡的一种可能。要叫我说,这只是一种可能性,或者完全准确地说,这是一种十分例外的可能性。但这并非说,工人政府的口号是不对的。它是正确的。在力量对比适合建立工人政府的地方,这个口号在宣传上会给我们带来巨大成效。但是如果我们考虑道路这一问题,是否革命一定要通过这个途径的问题,那么我说,这是个在这里无法解决的问题。这可能是一个最特别的道路。在资产阶级的发达国家里,我们只能在内战中夺取政权,别无他法。如果说我们将在国内战争中消灭资产阶级,那么在一个较长的时期内很难有一个间歇。这是可能的,但不值得为此争论,不过可以提出猜想。我们需要做的唯一的事情,是看清革命道路的一切基本的可能性。可能有一个工人政府,这种政府无非是一个自由主义的工人政府,就像在英国、澳大利亚那样。这种工人政府在客观上对工人阶级有好处。为这种工人政府宣传鼓动是对的,在这种宣传鼓动中我们可以做很多事情。不过在这方面我们不应该忘记的事是革命的前途。

我有一段妙文,引自捷克斯洛伐克贝奈什部长的一期报纸,我给你们读读这一段,贝奈什部长的机关报《卡斯》在9月13日写道:

"在为反对失业而斗争的口号下,共产党正在扩大工人统一战线。不能否认共产党人的机智。他们懂得用不同的方式向工人说明同一件事情。例如,当初一开始共产党宣传建立苏维埃;当这一宣传没有获得效果,共产党人就停止了建立苏维埃的宣传,而一年半以后它又在统一战线委员会的幌子下重新开始了这一宣传。如果进步的思想构成无产阶级统一战线的基础,那么它一定会成为一支巨大的力量。如此等等。"

我认为，这个资产阶级分子说得不错。如果我们经常得到这样一种称赞，简直是太称心如意了。是的，我们共产党人是与工人阶级打交道的，工人阶级数十年甚至数百年来在思想上受着资产阶级的奴役，我们必须努力用一切手段对我们的阶级进行宣传教育。我说过，也许有一种工人政府，它实际上是一个资产阶级政府，但是也可能有一种工人政府，它办起事来真正是革命的。如果想比较容易地做到这一点，我们必须努力用不同的方式对工人阶级中的落后部分进行宣传教育——包括用统一战线的方式。但是我们宣传工作的内容必须始终保持不变。

还有一点，同志们，苏维埃政府并不总是意味着无产阶级专政，绝对不是。在俄国，除了克伦斯基政府以外，一个与之并存的苏维埃政府也存在了8个月，它不是无产阶级专政。然而我们当时还是赞成苏维埃政府这一口号。

因此我认为，同志们，我们应该冷静地继续奉行工人政府的口号，唯一的条件是我们要清楚问题之所在。如果我们在宣传中哪怕就是一闪念地想到，一定会出现一个工人政府，这个政府可能和平产生，会有一个稳定的巩固的时期，这个时期可以代替国内战争，如此等等，我们就会遭殃。如果我们中间存在这种看法——也许在某处存在这种看法——那么我们就必须坚决反对这种看法，并教育工人阶级，告诉他们说：是的，朋友们，为了建立一个工人政府，首先必须推翻并战胜资产阶级！

这就是这一口号的实质。如果你想要一个工人政府，好吧，那么我们甚至会赞成社会民主党人；当我们同样说他们会出卖你时，我们也的确赞成这种工人政府，只是有一个条件，他们得愿意跟我们肩并肩地同资产阶级作斗争。如果你愿意，我们就开始进行反对资产阶级的斗争，如果在这种斗争中出现一个工人政府，它就会立于稳固的基础之上，并将真正是无产阶级专政的序幕和开端。本来，这跟"醉翁之意不在酒"这句话毫无关系——我非常愿意把这句话赠与迈耶尔同志，而是涉及我们在这个问题上要有一个明确的路线。这绝不是我们可以骗取资产阶级放弃内战的一种权术。国际应该制定一个完善的战略，但是不会有一个可以避免内战并极为顺利地实现一个工人政府的战略。当然不会有这种战略。决定性的问题是斗争，是制服资产阶级，如果我们制服了资产阶级，就会出现各种形式的工人政府。

在英国目前的形势下，一个工人政府可能客观上起到促进革命的作用，我们甚至会支持一个有局限性的孟什维克—自由主义的工人政府。但是，这绝不是回避阶级斗争，这只是阶级斗争的另一种形式。这种工人政府的存在并不意味着我们可以避免使用最有效的方式——内战的方式。绝不！我们懂得，在某种条件下，这种孟什维克—自由主义的工人政府反对起我们来会比资产阶级更加嗜血成性——诺斯克已经证明了这一点。这绝不意味着有可能防止内战。所以，同志们，我认为，如果我们真正懂得从革命的角度来分析这个口号，那么它作为宣传口号是绝对正确的，例如我们在法国采取了勃鲁姆—弗罗萨尔政府的口号。提出这个口号执行委员会是有责任的。在讨论中我们向同志们建议提出这一口号。但是在法国提出这一口号为时过早。为什么呢？因为按照党的传统，在那里这一口号会被理解成一个议会联盟。当执行委员会说我们不能放弃工人政府的口号时，它在理论上是完全正确的。那是一种可能出现的情况，一种可能性，一种革命的前景，但是就具体环境和条件来说，它的提出为时过早。如果我们在那里从八小时工作日问题着手搞统一战线策略，也许更好一些。于是有人立即开始探听，他们说，也许人们已经开始谈判把各个党联合起来，等等。人们必须实事求是，一些左派朋友也许有点言过其实。如果我没记错，我们的朋友苏瓦林同志曾经写道："在俄国也有一段时期，人们提出了马尔托夫—列宁政府。"不对。俄国没有这样一段时期。应该懂得，在我们这里推翻沙皇统治差不多就是推翻资产阶级。二月革命开始时固然是资产阶级革命，但其性质并非完全是资产阶级的。二月革命从一开始就是伟大的人民革命，而且当时就已孕育着十月革命，在革命的第一天就有了士兵代表苏维埃，但不是像诺斯克所做的那样，几个月之后就把人们打发回家的那种士兵代表苏维埃，而是一开始就掐住了克伦斯基的脖子的士兵代表苏维埃。

在这样一种形势下，孟什维克的确是一个同时并存的政府，如果说，我们愿意建立一个联合的工人政府，那是完全正确的。正如大家知道的那样，客观上什么事情也没有做成。接着打起了内战。我们只是用手中的武器才达到了目的。我们首先不是跟马尔托夫，而是跟代表农民的革命分子的左派社会革命党人建立联盟。在此意义上，这个口号是正确的。但是，如今在法国又拿出这一论据，说什么这同马尔托夫—列宁政府完全是一回事，那就是一个不正确的看法。

甚至我们最好的朋友在这里也犯了一个小小的错误。我认为，我们在这次代表大会上，在各个委员会的工作的基础上进行的讨论，将不会导致放弃工人政府这一口号。这个口号作为接近群众的手段仍然是正确的，这一点无可争论。这个口号仍然是正确的，只是我们必须懂得正确地去运用它。它跟统一战线策略一样，本身含有同样的危险。当人们一开始谈到政府，自然会想到瓜分部长职务的议会制联合政府，如此等等。在这种政府中存在的困难比统一战线策略中存在的困难还要大。但是我们不能因此就说，必须放弃这一口号，因为它太难了，就像我们法国同志所提出的借口那样。他们说，是的，我们这个党毫无用处，我们什么也不能做，我们的党太软弱无力了！你们太软弱吗？那么你们就必须强大起来。你们不会游泳，那你们跳进水里学游泳，只有这样做你们才能学会游泳。为了能够对付危险，我们也必须着重指出危险。在我们还要经历的这些沉寂的年月里，肯定会存在着机会主义细菌的危险。当拉狄克同志说，现在的危险是右的观点，这一点他说得完全正确，迄今我们所举行的六次会议也该使我们对此深信不疑。

我们在这个问题上必须奉行一条坚定的路线，必须告诉同志们：是的，工人政府，那好极了；但是要建立一个工人政府，首先就要推翻资产阶级，资产阶级目前还存在，为了推翻资产阶级，首先必须手中有武器，必须组织起来，必须明白会有艰苦的斗争，采取别的办法，我们就不能取胜。同志们，我想，我作的总结的这一部分也就可以到此为止。

现在我要讲讲几个最重要的党，我还是按照我第一次讲话中的顺序来讲。

首先是德国。鲁特·费舍同志，她已表明，它的情况看起来并非像一些人所想象的那样可怕（笑声）。她责备我们说，第三次代表大会没给德国党以很好的影响。这个责备，她应该冲着第三次代表大会提，而不应该冲着第四次代表大会提。不过提出来也好，我们是第三次代表大会的接班人，也可以给以答复。我认为，这个指责没有说到点子上。我们无须夸口，无须说我们挽救了德国党。不是我们挽救了它——德国的无产阶级自己把他们的党扶了起来。至于第三次代表大会，我认为第三次代表大会做得对。（喊声："说得很对！"）他们说，莱维集团没有受到正确对待，他们被一锅煮了。我看这是不对的。您不要忘记，在第三次代表大会期间，优秀的革命战士在这个问题上都有怀疑。甚至在我们俄国代表团里，对此也有分歧，而且是我们最好的同志。当时人们认为，是的，莱维倒是一个聪明人，也许比他的许多对手更会办事情。事实表明，并非如此。第三次代表大会的任务和责任，就在于让莱维先生一个人到诺斯克先生那里去，或者带走尽可能少的一批人。像盖尔之流的那些人算不了什么。我们可以毫不在乎地看着那些人跟他走。他可以从容不迫地再带走几个盖尔。至于说他可能把我们党内一部分人带走，这个危险是存在的。

在这件事情上，第三次代表大会倒真是帮了我们的德国党一点小忙，使我们采取了正确的态度，为革命挽救了一些优秀的同志。所以，在这个问题上鲁特·费舍同志并不全对。

关于拉特瑙事件，拉狄克同志已经强调我们同意这一批评。正当拉特瑙惨遭杀害的时候，我们就在事情发生的时候给德国党送去一封密函。我们向德国中央提出了要求，告诉他们我们对事情的看法。

请允许我引述信中的一些段落，这封信注明的日期是6月18日，也就是在非常匆忙之中写的：

"现在谈党的态度。我们尽可能地注视在德国所发生的一切，我们非常注意地读了你们的报告，感谢你们详尽的叙述。我们大家都觉得，在《红旗》中所表明的最初的策略，似乎太没有力量了。在你们那样的处境，不应该高叫共和国！共和国！你们应该从第一分钟起就向群众明确指出，现在的德国是一个没有共和主义者的共和国！广大的工人群众，对共和国并不像对他们的经济利益那样关心。在这种动荡不安的时候，应该向他们指明，资产阶级的共和国不但不是无产阶级阶级利益的保障，而且恰恰相反，在当前形势下，它是压迫工人群众的最好形式。我们不应该跟社会民主党人和独立社会民主党同吹一个喇叭，统一战线绝不应该排除我们宣传鼓动的独立性，绝对不能，永远不许。对它来说，这是一个不可缺少的前提。

我们准备跟德国社会民主党和独立社会民主党谈判，但是，不是作为一个穷亲戚去谈判，而是作为一支独立的力量，这支力量一向保持自己的面貌，在群众面前原原本本表示党的主张。"

我认为，上面这段引文足以证明，我们在适当的时刻曾促使我们的德国党注意拉特瑙运动之不足之处。我们没有到此为止，我们曾问过，德国党采取更加坚决的态度是否不可能。我们肯定不会轻率地说什么你们应该立刻行动，宣布一次罢工，等等。这必须由党决定。但是我们提出了这样的问题，即我们的党立即采取独立的和坚定的态度是否不可能。据我对形势的判断，我相信这是不可能的，这会导致血腥的屠杀。中央没有犯这种根本性错误，他们尽管犯过其他的局部性错误，却充分利用了这一局势。

在上面的引文中说，绝不应该放弃宣传鼓动的独立性，绝对不能，永远不许这样做。我们讲这句话，无非是要说明那样做简直是共产党在自杀。（喊声："一点不错！"）例如，我们也曾想要英国共产党人加入工党，可是我们把宣传鼓动的独立性作为条件。工党没有接受这一条，我们说，好吧，我们到此为止，我们没有别的办法。建立共产党主要是以独立宣传为目的。战斗任务来了，但独立性是首要任务。我们必须永远保持自己的面貌。我们一刻也不能忘记，这个卑鄙的资产阶级共和国无非是缠在工人阶级脖子上的一根绞索。《红旗》怎么能够只提共和国这个概念！就是现在，我们也应该告诉工人，这种可耻的共和国要扼杀你们，这关系到你们无产阶级的利益。在特定情况下，我们也会跟社会民主党人一起去反对民族主义者。你们永远不要忘记"共和国"究竟意味着什么。

在这样的时刻，这样做就是尽了最大的责任。从远处观察，我们觉得我们的党有点过分听从最高领导机关的摆布。在德国我们不是穷亲戚，我们是一个独立的党，胜利是属于党的。正因为他们无论如何都需要我们，在这种时候，我们没有丝毫理由作为穷亲戚出现。很明显，在拉特瑙运动初期，谢德曼一伙人的战略就是要稍微孤立一下我们。我们必须懂得这一点，不应放弃同他们进行一次谈判。但是在这个时候，我们应该在各个报纸上写文章，敲响一切警钟，告诫人们诺斯克之流是什么人。我认为，这个例子对于每一个党都是有意义的。

关于柏林的组织我还要谈上几句。在第一次报告中，我忘记告诉大家，在本届执委会任职期间，我们跟柏林的组织发生了一次小小的冲突，这件事在报纸上也可以看到一些表现。同志们，当我说，这一冲突使各个方面都很难堪，我们绝对愿意尽一切力量，想避免甚至是一次对立投下的阴影，我认为，我是用执行委员会的名义在说这话的。我们许多地方组织的弱点，执行委员会全都了解。柏林的组织，正如巴黎的甚至彼得堡的、莫斯科的以及一些别的组织一样，也有自己的短处。我们不能说，那种先是吵吵嚷嚷而后溜之大吉的做法，表明了柏林组织的光辉的一页。可是我们知道，它是一个无产阶级的组织，我们也懂得，不能把这件事说成似乎存在着无法解决的分歧。当我们观察事情时，存在细微的差别，这在组织中也是不可避免的。当时我们曾要求柏林的同志们亲自到我们这里来，尽可能快地解决这一冲突。这一点没有能够做到。我只好在代表大会上着重指出，无论如何要消除这一冲突。我们深信，我们的柏林组织总的说来将会继续最大限度地为党效力。

对费舍同志的讲话，我还想作一些说明。费舍同志，请允许我这样说，您的讲话除了许多正确的东西之外，还包括许多不正确的东西，这一点很突出。这也没什么关系，这种事在最和睦的家庭里都会发生。例如您说，由于统一战线的幻想，独立社会民主党上了社会民主党的圈套。这是不对的。您在这里恭维了独立社会民主党。他们没有上圈套，而是他们自己想钻到圈套里去的。我们正是要把这一点告诉德国工人，德国独立社会民主党自己想当俘虏，这是一个政治事实。他们本来就死缠住社会民主党不放，这是事实，现在要想把独立社会民主党的工人重新争取过来，这个事实十分重要。您在小事情上也言过其实，您说，我们已跟最高领导机构谈判了数周之久，谈判是拖得长了些，但是没有数周之久。我想，还不到一个星期。正如人们所说的，如果不出大岔子，这种小事情可以不屑一顾。

特别是在私下谈话中，德国同志们说，您把德国党的情况讲得太好了，在我们那里并非一切都如此美好。同志们，因为有许多别的代表对我提出相反的责难，我认为，我把一个党的情况说得过于好些，过于理想些，也没有什么不好。但事实是，德国党于一个星期内解决的问题，别的党却争论数月之久。经过三月战斗，经过拉特瑙运动，经过我们在德国党内的讨论，我们可以毫不夸张地说，德国兄弟党已经克服了最大的困难，正在成为一个真正的、重要的共产党，它已经懂得要机动灵活地工作。我们在这里有了一个机动灵活的主体，一个真正的共产党，我希望这个党（我这样说不是为了恭维你们，而是因为我深信不疑）在德国不久将做出具有决定意义的大事——而且也许比我们中许多人和许多德国同志自己所想象的还要早一些。

现在我来谈谈法国的同志们。很遗憾，在这次辩论中，共产国际的各种不同见解的人并不是都充分地发了言。有些人沉默了，这不是值得称赞的。迪雷同志曾说，左倾的小伙子们心里想到什么，就会立刻跑来，非常坦率地，有时甚至过于坦率地讲出来，他说得一点不错，这是左派的一个长处。但是，那些较为右倾的同志却保持沉默，这是一件坏事。如果只注意到在这个大厅里谈到的事情，谁也不会想到，在共产国际的队伍里还存在着一种中派的、半社会民主党的气氛。

然而，我们不仅要讲在这里公开谈出来的问题，也要讲人们对之保持沉默的问题，因为只有这样我们才会获得一个真实的概念。可惜我不能选出法国中派同志的一篇生动的讲话，并进行讨论，但愿在这次代表大会的进程中能够做到这一点。

至于迪雷同志的讲话，我认为，布哈林同志对他的责备未免有点儿过分严厉。当然，迪雷同志和他的那些人在那个运动中犯了个大错误。可是，如果我们考虑一下，在巴黎举行的党代表大会上，这些人有800个席位，其中有一些优秀的工人，如果我们想一想，有些同志（也包括迪雷同志）非常真诚地认识到自己的错误，并愿意改正，那么我们就不应该用一句玩笑，把一切一推了之，认为明天他会照老样子做。要是他明天又犯老毛病，那么，请原谅，整个国际是一定会跟他作斗争的。但是当他说，我们承认错误，那我们就没有理由不相信他。相反，我确信，前勒努派的大多数是真正忠于国际的，是真正愿意纠正、也会纠正这一派犯过的错误的。

可是，我们也得更仔细地看看他的论证。他的一些论据已经遭到驳斥。他说，在德国那里群众是组织起来的，在法国群众是涣散的，因此，统一战线适合德国，可是不适合法国。我认为，我们必须告诉迪雷同志，他完全不知道争取工人大多数是什么意思。一群涣散的人就像海边的沙子，散散漫漫，没有受过宣传教育，那是我们的不幸。我们必须教育培养散散漫漫的群众，这样做，在法国要容易得多，因为法国没有习惯势力。在德国，一个工人更换他自己的会员证，一定要经过艰巨的内心斗争，在法国却并非如此。在共产国际初期，我们已说过，社会民主党是革命的最大障碍，而且我们可以提出这样一个论点：社会民主党越强大，革命的道路也就越艰难。你们法国很走运，社会民主党从来都不是那么强大。

如果你们奉行一种真正的革命政策，如果你们进一步建成名副其实的共产党，你们就可以更容易地掌握群众。有人还说，在我们法国，人们把统一战线直接理解为政治生活中的联合竞选。不错，有可能。但是，你们为什么不从工会方面，为什么不从经济方面着手？这一原则性对立是博尔迪加同志虚构的。这是错误的。请问，为什么你们没有抓住八小时工作日问题？现在你们到这里来说，我们的党还太弱小，如此等等。为什么你们太弱小？因为你们没有正确地处理这一问题。

此外，我还想针对罗斯默同志谈两句，这样来结束法国问题。他今天早上引用了我的话，据他的引用，凡是没有深入企业的党，凡是没有开展工厂委员会运动的党，就不会让人认真对待。罗斯默说，第一个前提是对的，但是第二个不对。他认为，应该估计到客观困难，而且这些客观困难都是无法克服的。不过，我必须坚持我的看法，因为这是一个很重要的问题：工厂委员会运动是我们时代的运动。当然，有客观困难，也不应该低估这些困难。例如，在英国许多地方，车间代表运动已渐趋平静。这表明，在这个国家里，还没有革命的群众运动。但是我们必须说清楚：在的确拥有一支真正革命的群众力量的地方，这种力量用不了多久时间就会掀起这样一种运动的。

我深信，如果我们的法国兄弟党真正恢复了健康，半年之内就会着手一场真正的工厂委员会运动。因为那里有罢工，如勒阿佛尔的罢工，还有持续3—4个月的一些罢工。在勒阿佛尔群众几乎没有组织，党在起初什么也没有做。有这样光辉灿烂的罢工历史，一个像我们这样的党，一个中央机关报拥有20万读者的党着手一场工厂委员会运动可能是不需要多久时间的。所以我认为，把这种取消主义分子弄到党里来，还说什么事情很难办，有困难！这样做就不好了。当然，障碍是存在的，但是许多事情取决于我们自己。因此，我认为必须坚持上面说的这一句话。

关于迪雷同志的讲话我还想谈一点。他说中派分裂以后，存在的危险是一部分人会到我们这里来，并传染我们。在这一点上，他说对了。过去中派分子想到我们这里来，我们拒绝过他们，于是他们自己联合起来并宣布：我们建立一个自己的国际。这就是第二半国际。然后它又发生分裂。这些人中的多数与第二国际合并起来，他们中的一部分人还会来再一次敲我们的门，我们必须十分谨慎，一定要再一次闭门不纳，必须再一次当面责问他们对二十一条的态度。是的，我们将不得不告诉他们，这二十一条对你们这种人来说，不够用！我们必须向你们提出四十二条。（欣然赞同）否则，这些人会对一切都忍气吞声，而明天我们又要经历同样的内部斗争。

我现在谈谈意大利。

这是我们这次代表大会的最重要的问题之一。我们确信，以博尔迪加同志为首的党其实是一个健康的工人党，一个革命的工人党，这个党做了许多好事，虽然如此，我们还是不得不常常跟他们在理论上和政策上进行斗争。这是令人不愉快的一个方面，可是我们又不可能避免，党的责任要求这样做。博尔迪加同志已经开始反对我们关于争取工人阶级大多数的论点。他说，这是一个含混的提法，我们不懂我们要做什么。他要求，决议中凡有"我们希望有个多数"的地方统统删去。

当时是列宁同志跟特拉奇尼同志的第一次交锋。我应当承认，我们当时有一点同情特拉奇尼；我们想，列宁同志对他有点儿太粗暴。在这期间，法西斯分子取得胜利，意大利社会党发生分裂，另一些世界大事相继发生。博尔迪加同志在这里登上讲台，张嘴说道："多数是一个含混的提法。"现在我不得不承认列宁是对的。这些同志似乎害怕多数。博尔迪加走来，非常严肃地问道，究竟应该怎样估计多数？在我们的决议中提到，我们应该争取影响工人阶级的多数。我们怎样才能断言，我们拥有多数呢？我们又不能去找公证人。我们不会要求博尔迪加同志把我们带到一个意大利公证人那里去，也不会要求他从墨索里尼那里弄一纸证明，证明共产党人在意大利拥有多数。我认为，工会可用来作为衡量的首要标准，当然还有别的一些标准可以告诉我们什么时候我们拥有了多数。但这不是说，只有当我们把工人中的多数组织起来才能开始斗争。不过，博尔迪加说这都是一些琐事。他的看法是，执行委员会今天右，明天左。我说，有这样一种错误就必须予以根除，如果不这样做，党就会垮台。

事实上，一个党连争取群众的主要目的是什么都不理解，我们对它还能有什么指望呢？这不是一个含混的提法。博尔迪加责备我，说我说过，有些党虽然在人数上减少了，却增强了自己的影响。这倒是一个事实，但那只是在谈影响。要把工人阶级中的大多数组织起来——那是不可能的，只有在无产阶级夺取政权以后才有这种可能。就是在俄国，我们也是在革命五年后的今天，才开始组织这个大多数。

在别的国家现在还不可能做到这一点，但是他们现在可以扩大影响。现在有一些党在人数上减少了，然而却保持了它的影响。问题就在于这个影响。我可以给你们举出一个例子，一个远方的国家新南威尔士。在那里，我们有一个党，共有500名党员。在我们接纳他们参加共产国际之后，党员人数上升到约900—1000人。正是这个小党已经使那里的工会——25万工人——严守纪律、热情高昂地全部加入红色工会国际。这是一个很好的例子。我们不会说，请吧，去组织多数。我们完全懂得少数的主动性的价值，那900名工人真是一支了不起的队伍，他们影响了23万工人。问题也就在于他们真正地维护了共产党人的影响。这不是一碗粥。博尔迪加说，争取影响，为了什么？为了共产主义纲领，是的。难道是为了一碗粥？不，不是这么回事。（喊声："也不是为了一杯啤酒。"）

是的，我们也主张为了革命而争取他们。可是如果多姆斯基同志认为，南威尔士的所有23万工人都读过布哈林的纲领，还将会读塔尔海默和卡巴克奇耶夫等同志的所有纲领草案，那就不对了。工人们完全知道他们要干什么，他们要战胜资产阶级，这一点对我们来说暂时就够了。

关于意大利工会，还要谈上几句。不久前我看到一篇文章，这篇文章也许出自特拉奇尼之手。他在文章里写到法西斯工会。法西斯分子在意大利建立了自己的法西斯主义的工会，真正是一个新的、重要的现象。他们想成为一个群众性组织。那么工人在做什么呢？我可以给你们举一个例子，在一个大工厂里，工厂主把所有工人都撵了出去并宣布，只雇佣有法西斯证的工人。工人们稍微考虑一下，然后所有工人都弄到了法西斯证，于是又被工厂雇用。过了不久，这个工厂举行工厂委员会选举，这些法西斯分子得到1%的选票，绝大部分当选者都是共产党人。这是工人群众的一种天才的"表演"。这些群众理解问题之所在。他们在想，我们拿着那个证，不过，我们仍然是要革命的，我们要智胜残暴。值此法西斯分子夺取或是新建工会的时刻，我们的任务是什么呢？不言而喻，我们必须钻到这种法西斯工会里去；必须夺取它。可是，我们的朋友在做什么呢？他们写了一篇文章，在文章里他们分析什么是法西斯主义，什么是工团主义以及什么是无产阶级专政？那篇文章包括了各种非常"严密"的定义，只是缺少一样：生机勃勃的灵魂，生机勃勃的群众；缺少我们唯一要说的话：我们必须进入到工会里去，抓住资产阶级的要害不放。仅仅缺少这一条原则，因此口号是死的。我想这篇文章已刊登在《国际新闻通讯》上。你们读读这篇文章吧。你们能在文章里找到一个富有生命力的口号，可以让一个普通工人从而学会深入敌人要塞吗？不，这是缚在意大利共产党脚上的铅块，这个党在其他问题上是很了不起的、优秀的、勇敢的。

再就西班牙党谈上几句。我认为阿塞韦多同志的讲话很有意思，他所说的重要的一点，是西班牙在统一战线策略上已取得巨大成就。西班牙同志过去是反对统一战线策略的。有一个西班牙同志在执行委员会扩大会议上曾跟勒努一起反对统一战线策略，现在实践表明，我们的西班牙同志在对待工团主义分子和无政府主义分子的问题上也取得了重大成就。这是我们应该学习的榜样。因此，我建议我们的法国党的朋友们要以他们为榜样。

现在再谈谈捷克斯洛伐克。我不会再去挑剔瓦伊陶尔同志，因为这个问题已谈了不少。我只是想提醒一下，对于我们来说，诺伊拉特同志已经表示，反对派的纲领毫无价值，但问题并未因此完全解决。是的，他们是无可奈何的，我们可以很容易地想象这种形势。虽然我们无法确保他们中的有些人读过蒲鲁东的著作，或者也许根本不曾听说过蒲鲁东的名字，我们甚至可以十分科学地向他们证明，他们是蒲鲁东主义分子。这样说并未解决这一问题，我们必须使它十分具体而又生动，还问题的本来面目。

大家知道，捷克斯洛伐克党中央的同志们指责我们，说我们撤销开除反对派的决议是犯了一个错误；有些德国同志支持他们。他们说，这样一来我们就损害了捷克斯洛伐克党中央的权威。我认为不是这样。我希望捷克斯洛伐克党中央和捷克斯洛伐克党的权威很高，即使它犯了这样一种错误也不会因此受到损害。我认为，瓦伊陶尔同志的讲话有助于在那里提高权威，并向工人指明那是怎么回事。克雷比赫同志说，我们是有能耐的，他们是低能的。同志们不要像他那样连篇累牍地发表文章。这样做无法给工人们以启迪。我不知道我们的辩论会有什么结果。我不会抢在委员会作出决议之前行动，难以预料的事也有可能发生，因为如果同志们不服从执行委员会的决议，那么除了同他们决裂之外没有别的办法。因此也可能出现十分背离我们期望的结果。然而，国际是做得对的，它邀请同志们来，把问题提到国际代表大会上。如果他们被开除，那就是由国际处理的，而不是党的领导干的。以后，在德国和别的什么地方，人们就不能说：你们看，他们开除了左派工人，而没有倾听后者的意见。不，意大利的、德国的，简而言之，所有的同志都应该看到，是否有可能留下这种人。当我们开除韦弗伊、法布尔和另一些右派时，我们很好办，因为我们有第九条。但是，工人们，甚至于崇拜蒲鲁东而又不自觉的工人们，我们不能马上开除；应该耐心等待一段时间并努力说服这些同志。各个国家来的所有的同志都应该说话。你们不要忘了，这件事情——就在世界代表大会前不到一个月——是突然发生的，人们为什么这么匆忙？把这种事情提交国际是我们的责任和义务。我们感到，他们也许还有许多比蒲鲁东主义更糟的东西。我希望，在国际说了话以后，真正属于国际的工人再要同党决裂，将会首先三思而行。

有些德国同志认为，我们执行委员会在捷克问题上开始嗅到有一点儿德国共产主义工人党的气味。但是我认为，我们在德国共产主义工人党问题上完全正确。在做出一切努力以后，那个党仍是一个不可救药的集团，我们就把它开除了。当他们中最优秀的人参加了我们的联合共产党后，国际才说话。现在他们只是一群无害的人，对政治不再感兴趣，仅对历史尚感兴趣。但是在幸福中陶醉的莱维做了些什么？他做的完全是另一回事。他做得匆匆忙忙。当一些工人说，这件事或者那件事他们不喜欢，他就同他们决裂。斯巴达克联盟在这个问题上追随莱维是他们的一个错误。于是，资产阶级贵族莱维表现得淋漓尽致，工人对他来说只是个物，他从来不用同志式的语言给工人解释他们的错误。我们的捷克中央也要在共产主义工人党问题上犯这种错误。

这是同样类型的错误，当时我们出面制止，并且说，等一等吧，同志们，就要开第四次代表大会了。我们希望最优秀的人会回来。如果他们不来，那就是决裂。事情已经变得比我们想象得要复杂些。这件事不是涉及权威问题，而是关系到许多更为重要的事情，关系到整个党的利益，整个国际的利益，这不仅是捷克的一件事。我听说过，一些同志在柏林有意识地在这个问题上煽风点火。我想对这件事置之不理，但是存在着某种不安，这一点是确定无疑的了。这不只是一个捷克问题，而是一个国际问题，是我们对待这种工人团体的态度问题。我认为，我们大家必须在这次代表大会上努力解决这一问题，不管这些工人有什么错误，要让他们留在我们中间。对于那些不那么看重国际的人——按照某位瓦伊陶尔的哲学——是没有别的办法了。但是我希望，对于多数人来说问题将会是不同的。在关键的问题上他们将会想起，我们不是瓦伊陶尔向他们所描述的那样一个国际，而是只有一个唯一的无产阶级国际，这个国际对于每一个工人来说都是至关重要的。我认为，正是这些工人将会有这种看法并回到我们这里来。

我现在谈谈波兰，谈谈多姆斯基同志的讲话。首先我不能不提醒多姆斯基同志一件事，就第三次代表大会以前，他曾犯过一个重大的政治错误。在俄波战争时，有一篇文章里说道：是的，是红军、苏维埃政府的刺刀把社会主义送到波兰——这不是共产主义的政策；多姆斯基就是写这篇文章的那个人。（**多姆斯基**同志的喊声："我没有写过！"）多姆斯基同志，我认识你已经 10 年了，我知道，要是别人批评你，你很难保持冷静。但是，我还是要请你保持冷静。先是在一封信里，后来又在《红旗》上，你表示了这种态度，我们当时称之为最巧妙的民族主义的立场。每一个具有正常理智的无产者都会说，在一个国家里，要是资产阶级用刺刀镇压无产者，我们将会为了有一支红军，不论是匈牙利的、俄罗斯的或是意大利的，或者甚至是法国的红军，能够帮助邻国无产者而感到高兴。这是任何一个工人的正常的看法。（掌声）多姆斯基同志当然不是民族主义者，那只是波兰社会党思想的小小的残余。波兰知识分子作为整体来说是受了民族主义的毒害的，甚至在一些很好的同志的思想中存在着一定程度的民族主义。多姆斯基同志在 15 个月以前犯了这种错误。我这样说他，不是为了置他于死地。要是有人今天还想教训我们，我们倒很乐意领教。但我们不会忘记，他犯过这个重大的政治错误。

现在谈谈这个教训。多姆斯基同志就多数问题所说的话，我已经批评过了。我们清楚知道，我们今天在波兰还没拥有多数，我们不能把皮尔苏茨基现在刚搞完的那场选举当做衡量的尺度。我们知道，皮尔苏茨基是个骗子，资产阶级在选举中弄虚作假，这一切我们知道得很清楚。另一方面我们也知道，我们很接近于拥有多数。我们现在还不具备多数，要得到多数，必须工作。

他还说，对于所有其他国家来说，统一战线也许是好的，但是在波兰，它毫无用处。这正是我们如今已经熟悉的那种思想。在所有其他国家里，执行委员会可以独断专行，可以运用统一战线，但是在我的国家里情况就完全不同了，在这里情况特殊，在这里完全是另一种工人阶级，另一种党。我说，恰巧在波兰这样一个国家里统一战线最适合。你们是处于地下的，但这并不能妨碍你们。我在华沙波兰社会党的中央机关报上每天都看到一个栏目，题为《工农政府万岁》。我可以用波兰语念给你们听。这是什么意思呢？这就是说，工人政府这个口号在工人和农民中已深入人心。你们曾经说，我们这样鼓吹，因为这个口号在工人中可望收到成效。多姆斯基同志说，我们必须反对工人政府，反对统一战线。我要说的正好相反，如果它在群众中如此深入人心，甚至于社会民主党的叛徒们也每天重复这个口号，那么我们更加需要使用统一战线的口号。我们必须每天给他们讲这个口号。我们知道，波兰工人和波兰农民不赞成资产阶级政府，而是主张工人政府。我们必须告诉社会民主党的叛徒们，尽管你们是叛徒，我们还是向你们提出建议，建立一个工人政府，建立一个统一战线。

这应该是宣传鼓动中的特色。波兰形势当然有它的特点，正是这些特点迫使我们在那里运用统一战线的策略。

波兰同志还给了我一份波兰反对派的一个代表希武萨尔斯基的讲话稿，可惜他没有来。多姆斯基私下跟我说，我不应该把他同那个人混为一谈，不应该把他同那个人的态度等同起来。那个希武萨尔斯基在党的代表会议上的发言中说：

"当列宁同志说：'我们不继续前进'，我还以为那是他的真正主张。可遗憾的是，这是不可能的。俄国经济的主宰是农民。

这里有一个关于共产国际如何对待这一政策的关系问题。苏维埃共和国想利用一切手段来支持自己的政策。在这方面，社会掮客和机会主义分子的影响对政府政策有很大的作用。为跟机会主义分子建立接触的统一战线的策略使施加这种影响成为可能。"

这是人们对苏维埃政府所能提出的最恶毒的指责。（喊声："莱维！"）我不认为希武萨尔斯基跟莱维有许多共同之处。但愿他早已纠正了这一错误。如果还没有，那么他至迟在今晚会纠正这一错误。（笑声）但是这是出自莱维的思想。所以，希武萨尔斯基同志，你已经看得很清楚，你是在什么样的斜坡上走动。

他们从"左面"提出批评，而他们又相当迅速地、几乎是转眼之间，在莱维那里找到归宿。这是一条十分危险的行进路线。必须尽可能快地停止这一错误。

现在，还要就挪威问题谈几句。我说过，在挪威有12种叫做《社会民主党人》的报纸。哈康·迈耶尔同志告诉我，有40种报纸。大概这些报纸都叫《社会民主党人》。我们的挪威党是强有力的，正因为如此，我们必须提出严格要求。当我们听到年轻的大学生迈耶尔同志的短短的讲话以后，我们不由得马上想到，同志们正在犯错误。"莫特·达格"集团的一部分人是好的，但是，另一部分人是不受党的领导的，他们就是那些年轻的大学生；关于他们，我们可以说，在25岁以前是暴躁的革命者，26岁时他们在转变，30岁时是富裕的律师，接着他们就反对工人阶级。我们担心这些大学生。那些真正学到些东西的大学生，应该受党的领导，应该到工人中间去，帮助他们进行自己的解放斗争。但是，在他们参加运动一年半以后，又认为共产国际不够独立自主，这是不能容忍的。我们必须坚持，在挪威问题上创造一种队伍纯洁的局面，我希望他们也一定会这样做的。

现在再就瓦尔加同志的讲话谈几句。他十分详细地论证了吃饱比挨饿好、面包比饥荒好，饥荒的传说必须揭穿。但是，问题不在这里。首先，那不是传说，那是真正的饥荒。这一点，我们必须告诉工人群众。现在情况开始好转，饥荒已经过去，当然——在这个问题上，我同意瓦尔加同志的看法——我们会告诉工人阶级，俄国工人不会再挨饿，他们的境况在一天天地改善。当然我们不会说大话，我们还要看一看，直到它变成确凿的现实。我们将把事实和数字告诉工人。我们将逐步改善我们工人的处境，并把这些告诉别国的工人。但是，引起争论的不是这个问题，而完全是另外一个问题。俄国不再有饥荒了。但是，在别的国家里无产阶级专政会带来饥荒——我们不能掩饰这一点。虽然这是一个严酷的事实，难道我们就可以不告诉工人吗？对此我们不能避而不谈。我们必须告诉工人真实情况。在俄国，那是令人恐惧的五个年头，在别的国家时间也许会短一些。专政也可以不带来饥荒，那要取决于各种因素。但是，在有些国家里，专政可能会带来饥荒。不愿意把这一点告诉工人，就是机会主义，是缺乏信心。我们不能对工人说明天你们就可以过好日子，你们会有肉吃，会有好房子住。改良主义分子会用这种办法来打垮我们的。问题不在于我不愿意告诉别的国家的工人，俄国不再有饥荒；而在于要告诉他们，在什么情况下在他们那里也会发生饥荒的。一定要大胆地把这些告诉他们。工人懂得生活，他们会忍受不可避免的事情。而我们，走在工人阶级先锋队前面的我们，必须坦率地、直言不讳地把这个问题当面告诉他们。

  对于兰德勒同志的讲话，还要说上几句。我本来希望代表大会上避免这种令人不快的争辩，可是办不到。兰德勒同志把事情说成是似乎我反对一切流亡。同志们，你们都听过我的讲话，当真是这样的吗？我说，也许我们的意大利朋友不可避免地要在现在建立一个流亡基地。芬兰人曾经有这种基地，我们俄国人也有过这种基地。我懂得如何评价流亡，评价为了革命斗争而进行的流亡。我们将永远不会像艾伯特先生谈外国"集团"那样来谈论流亡。但是，兰德勒同志，你说话走了板，你没打到点子上。有那么一种流亡，它危害运动、毒害运动，我们从流亡维也纳的一部分人身上看到了这种情况。兰德勒同志本人今天代表他们在这里说，我是个外交官。这种外交的内容是什么呢？我坦率地告诉兰德勒同志，他和他的朋友损害了我们的事业，他指责我耍外交手腕！

至于在狱中的同志们，他们理当受到我们的尊敬。彼得格勒举行的这次代表大会在庄严的开幕式上，第一个讲话就是致在押的同志们的一个宣言，尤其是致在狱中的匈牙利兄弟们。当然，我可以支持兰德勒同志动议中的一部分，即应该向狱中的兄弟们致意，向殉难者致哀，不言而喻，这一点我也是赞成的。但是，他动议的第二个部分，即还要给两个流亡者以代表权，并在这次代表大会上再组成一个委员会来复查维也纳的事，这一点我不能苟同。问题究竟在哪里呢？在匈牙利为共产主义的斗争中牺牲的同志们，对我们来说永远是神圣的。但是，这种用死者名义讲话的方式——这是不能容忍的，这种风气在社会革命党人中是常见的。我们说，所有在解放斗争中牺牲的人都是值得我们敬仰的，但是你们不应该用死者的名义讲话。我也这样劝过兰德勒同志。整个国际可以用死者的名义讲话，但不能是哪一位个人，不应该把维也纳的风言风语同这些事情联在一起。这完全是另一回事，不应该把它们扯在一起。

兰德勒同志说，匈牙利有4000名共产党人，我希望甚至还要更多。但是我很想知道这4000位同志的意见，究竟他们赞成共产国际执行委员会、拥护共产国际，还是赞成兰德勒同志在这里如此俏皮地阐述的维也纳的风言风语。我希望他们将赞成我们，而不是赞成维也纳的风言风语。

兰德勒同志以匈牙利狱中同志的名义讲话，可惜的是，我们无法跟这些同志谈谈。可是我们也许能够把他们从霍尔蒂的魔掌下解救出来，再把他们接到莫斯科，然后我们就可以同他们交谈。在这里，我们也有来自匈牙利监狱并被判处死刑或终身监禁的人，我们把他们救到俄国来。这些同志说什么呢？他们赞成兰德勒同志吗？不，他们反对兰德勒同志，反对维也纳活动，赞成国际。我们的确尽了一切努力去解决那里的问题。那使得第二半国际非常开心。你们大家记得，德国的、法国的、英国的以及所有的同志们都会记得,他们在报纸上干了些什么,他们是怎样以此伤害了我们。这正是这些人求之不得的,这是弗里德里希·阿德勒的一份维也纳煎牛排。(笑声)这就是兰德勒同志做的事,而且他现在认为这还太少了,我们应该再来一次。我们是反对这类委员会的。国际向你们担保,我们将使那里的局势恢复正常,但是只有在他们不再谈什么新的流亡活动,而是开始工作的情况下才能做到。我们对支持这一运动的流亡者致以崇高的敬意,但是要打倒向第二国际和第二半国际提供材料的那种流亡,我们对此已经厌烦了。

同志们,总的说来,我的答复到此为止。我只是还要讲一个小小的问题。拉狄克同志昨天说,危险不是来自左边,而是来自右边。我想强调一下这句话,我完全同意这种看法。这不取决于同志们和集体的善良愿望,而是取决于客观情况,我们必须清楚地看到这一点。还可能出现一些困难的年头,还会出现不好的年头。只有我们明白,我们是一个不仅在口头上而且在行动上同任何机会主义的苗头进行斗争的真正的国际组织,我们才会使共产国际得到加强,并使它永远成为无产阶级的先锋队。我今天在一个委员会上说,我们有时从朋友那里听到,他们"原则上"同意执行委员会做的一切事情。麻烦就在于他只是"原则上"同意。我不得不引用俾斯麦的一句话,他曾经说:"我们老外交官一向是这样的——当我们说我们原则上赞成时,我们实际上是反对的。"我们在共产国际用不着这一套。谁要是反对共产国际的策略,今天可以明白表示。谁要是赞成,就要全心全意地为它赴汤蹈火。那么,我们就将建成一个真正的共产国际,不管世界有多么黑暗,这个国际一遇机会将真正地引导工人阶级去进攻,去夺取胜利。(热烈的掌声)

表决通过关于共产国际执行委员会工作报告的决议

主席：

在我们开始宣读决议和表决决议之前，还有一些同志要发表声明，斯考西·马罗同志发言。

斯考西·马罗（意大利）：

意大利代表团的多数派不得不声明，格拉齐亚德伊的讲话虽然有所保留，但讲话的论据绝大部分涉及意大利事务，对他的这些论据将在代表大会的专题讨论中得到答复。

然而，在列举的事实中有两处不准确的地方必须予以纠正：

1. 意大利共产党代表大会的提纲绝没有包含如下提法，即意大利社会党内的任何分裂都变得不可能了，它只是排除了通过与意大利社会党左翼合并而修改意大利社会党章程的可能性。

2. 意大利共产党的多数人在表决时弃权，这绝非事实。

在中央机构的战士群众中仅有少数人在表决时弃权，不过，在一般情况下他们很有纪律，服从国际的策略。在代表团里只有几个人，他们中间只有一个人是少数派，格拉齐亚德伊正是以少数派的名义讲话的。

格拉齐亚德伊（意大利）：

意大利共产党的少数派保留权利，在意大利问题受到详细讨论时证明他们和其他人一起普遍持有的论断的真实性。

我个人声明，当我想客观地解释某些意大利同志在工人政府问题上的思想方法，并同时谈到过去的反议会派时，我只是想说明，在意大利共产党的创建和组织过程中，由于很容易说明的原因，这一派曾经起过而现在还在起着十分重要的作用。

迪雷（法国）：

同志们，我到这个讲坛上来，是要说明我所属的那一派在表决时的意见。

大家知道，我们这一派曾经是反对执行委员会所解释的统一战线策略的。大家知道，我们这派直到最终还是坚持反对意见。另外你们也知道，我本人在这里、在主席团的会议上，直到最后一分钟投票反对执行委员会的决议，因为在那个决议里，他们完全赞成执行委员会所理解的统一战线的策略。

在其他方面，特别是执行委员会对待各个国家支部的策略问题，我们还得作一些补充。例如，在法国问题上，我们认为，执行委员会打算依靠中派和左派的政策，不是一项正确的政策。我们认为，不论是在法国，还是在国际的任何一个支部，都不能把共产主义的政策建立在仍然受社会民主党人偏见束缚的那些人的基础上，他们在法国尤其是聚集在中派之内。

我们这一派在巴黎代表大会上曾经声明，将服从共产国际的一切决议。我们这一派在法国问题委员会的会议上也曾声明，我们将服从共产国际。我们看到，有人正在考虑同共产国际决裂的可能性，我们想证明，法国党的绝大多数都是共产国际的成员。这就是我们尽管有我刚刚提出的种种异议，但仍然将投票支持这一决议的原因。

苏瓦林（法国）：

法国党的左派赞成这一决议，并声明如下：左派认为，本决议涉及执行委员会对法国党危机一事的态度的章节，不得预先成为代表大会将就法国问题所作的专门决议的立场。

多尔穆瓦（法国）：

法国中派代表团遵照巴黎代表大会的决议投票赞成季诺维也夫报告的结论。

代表团保留权利，将在辩论法国问题的过程中说明自己的态度，并纠正在讨论执行委员会报告过程中所提出的某些不准确或不正确的看法。

佩卢索（意大利）：

本决议若干条文涉及共产国际最高机构的全权、国际章程第九条以及第三次世界代表大会对该条文的运用，意大利代表团同意这一部分条文。

但是，意大利代表团在表决执行委员会的报告时将弃权，因为它反对决议中的另外几点，特别是反对关于统一战线问题，关于国际对意大利政策所持异议的态度问题，这些异议有待于代表大会讨论过程中加以阐述。

迈耶尔（德国）：

在我们听了就表决决议问题发表的声明以后，还是把决议本文宣读一下为好。决议原文如下。①

同志们！委员会本来只讨论了一个问题，即有关表达第四次代表大会批准执行委员会在各个国家问题上采取的态度的字句，是否现在就写进决议，或者是否等到有关各个国家的委员会结束了它们的工作以后再表决这一章节。各委员会已表明，这样等待委员会的工作是不必要的，

---

① 见本丛书第 35 卷收录的《关于共产国际执行委员会报告的决议》。——编者注

尤其是这些委员会更多的是研究各个党的未来的工作，而不是研究执行委员会以往的态度。此外，这一章节已经作了这样的解释，即从总的方面批准执行委员会的观点，而在各国的具体运用则由各委员会审查。因此，根据一个代表团的提案，在最初的决议草案上补充了一句话，这一句我已经念过了：

"与这些党有关的纯属具体的细节问题将由各专门委员会处理，各委员会的决议还将由代表大会审查。"

补充了这一句以后，在最后表决时，除两个代表团以外，其他所有的代表团都表示同意这一决议。各委员会请求代表大会批准这项决议。

佩里克（法国）：

在争取运用共产国际决议的斗争中，与法国党左派政策完全一致的法国共产主义青年全国联合会声明，毫无保留地赞成关于共产国际执行委员会报告的决议。

主席：

还收到下面一个书面声明。（**拉狄克**："不要再发表声明了，进行表决吧！"）

"挪威代表团的托尔普和迈耶尔同志就主席团扩大会议提出的决议发表如下声明：他们将赞成这一决议，但是，他们希望在记录上补充说明，他们不同意执行委员会在挪威党内争执问题上所持的立场。"

对决议的某些方面或整个决议提出反对意见的那些代表团在这里发表了他们的声明之后，我想，我们可以按照全体代表而不是按照代表团来表决。

如果没有人提出反对，我将提请表决。

看来没有一个人反对。

我们进行表决。赞成决议的代表请举手。谢谢你们。

反对这一决议的代表请举手。

弃权的代表请举手。

（决议以绝大多数票通过。1票反对。16票弃权。）

由博尔迪加同志发表个人声明。

博尔迪加（意大利）：

我放弃发表声明。

主席：

由多姆斯基同志发表个人声明。

多姆斯基（波兰）：

季诺维也夫同志在阐述我的民族主义时产生了一些小小的误会。（笑声）那篇受到指责的文章并非在进攻华沙时刊出，而是在这次进攻之前很久，当时还没有人知道会发生那场进攻。那篇文章并没有表示根本反对任何刺刀尖上输入的社会主义。文章只是提到，在具体的条件下……（笑声。一些同志开始唱国际歌。与会的全体代表同声合唱。发言人没有继续讲下去。）

（会议休会时间：夜1时11分）

第八次会议

(1922年11月13日)

会议开始：上午11时40分
主席：贝龙

俄国革命的五年和世界革命的前途

列宁（俄国）（列宁同志出现时，全场热烈鼓掌、欢呼，经久不息。全体起立，高唱《国际歌》。）：

同志们！在发言人名单中，我被列为主要报告人，可是你们知道，我在久病之后不能作大报告。我的讲话只能作那些最重要的问题的引子。我的讲题范围是很有限的。《俄国革命的五年和世界革命的前途》这个题目太广、太大了，要一个人在一次讲话中把它说透彻，那是根本不可能。因此，我只来谈谈这个题目中的一小部分，即关于"新经济政策"的问题。我有意只谈这一小部分，是要让大家了解目前这一最重要的问题，至少对我来说是最重要的，因为我此刻正在研究这个问题。

这样，我要讲的是我们怎样开始实行新经济政策，我们靠这个政策取得了哪些成果。如果只讲这个问题，也许我能作一个总的概述，使大家对这个问题有一个总的了解。

如果从我们怎么会实行新经济政策谈起，那我就应当提到我在

1918年写的一篇文章①。1918年初，我在一次短短的论战中恰巧谈到我们对国家资本主义应当采取什么态度的问题。我当时写道：

"国家资本主义较之我们苏维埃共和国目前的（即当时的）情况，将是**一个进步**。如果国家资本主义在半年左右能在我国建立起来，那将是一个很大的胜利，那将极其可靠地保证社会主义一年以后在我国最终地巩固起来而立于不败之地。"②

在说这段话的时候，我们当然比现在要愚蠢一些，但也没有愚蠢到不会研究这种问题。

可见，我在1918年就认为，国家资本主义较之苏维埃共和国当时的经济情况，是一个进步。这话听起来很奇怪，甚至可能很荒谬，因为那时我们共和国就已经是社会主义共和国了；那时我们每天都在非常匆忙地——也许是过于匆忙地——采取各种新的经济措施，而这些措施只能说是社会主义的措施。但我那时还是认为，国家资本主义较之苏维埃共和国当时的经济状况，是一个进步，而且我为了进一步说明这个思想，还简单地列举了俄国经济制度中的几种成分。这些成分依我看来有以下几种："（1）宗法式的，即最原始形式的农业；（2）小商品生产（这里包括大多数出卖粮食的农民）；（3）私人资本主义；（4）国家资本主义；（5）社会主义。"③ 这几种经济成分当时在俄国都存在。那时我给自己提出了一个任务，要说明这些成分彼此之间的关系和是否应当把非社会主义成分之一即国家资本主义看得高于社会主义。我再说一遍，在一个宣布为社会主义的共和国里，竟把一种非社会主义成分看得

---

① 见《列宁全集》中文第2版第34卷第264—293页。——编者注
② 见《列宁全集》中文第2版第34卷第274页。——编者注
③ 见《列宁全集》中文第2版第34卷第275页。——编者注

比社会主义还要高，还要优越，这在大家看来是非常奇怪的。但是，如果你们回想一下，我们绝没有把俄国的经济制度看成是一种单一的和高度发达的东西，而是充分认识到，俄国除了社会主义形式的农业之外，还有宗法式的农业，即最原始形式的农业，那问题也就很清楚了。在这种情况下，国家资本主义究竟能起什么作用呢？

我进而自问：这几种成分哪一种占优势呢？显然，在小资产阶级环境里，占主要地位的是小资产阶级成分。我那时认识到小资产阶级成分占优势。不可能有别的想法。当时在一次与现在的问题无关的专题论战中，我给自己提出的问题是：我们怎样对待国家资本主义？我回答自己说，国家资本主义虽然不是一种社会主义形式，但对我们和俄国来说，却是一种比现有形式更为适宜的形式。这是什么意思呢？这就是说，我们虽然已经完成了社会革命，但我们对于社会主义经济的萌芽或基础都没有估计过高；相反，我们当时在某种程度上已经认识到，如果我们先实行国家资本主义，然后再实行社会主义，那就好了。

我所以要特别强调这一方面，是因为我认为只有注意到这一点，第一，才能说明现在的经济政策是什么，第二，才能由此作出对于共产国际也很重要的实际结论。我不想说我们事先已有一个准备好了的退却计划。这是没有的。这短短几行论战性的文字，在当时绝不是什么退却计划。例如，很重要的一点，即对国家资本主义具有根本意义的贸易自由，在这里就一个字也没有提到。但这毕竟提出了一个大致的、还不明确的退却思想。我认为无论从经济制度至今还很落后的国家来看，或是从共产国际和西欧先进国家来看，我们都应当注意到这一点。比方说，我们现在正在制定纲领。我个人认为，我们最好现在对所有的纲领只作一般的讨论，即所谓一读，然后送去付印，但不在现在，不在今年最后作出决定。为什么呢？我想首先当然是因为我们对这些纲领未必都很好地考虑过。其次还因为我们几乎根本没有考虑过可能的退却和保障这一退却的问题。而这个问题在世界上发生了像推翻资本主义和十分艰难地建设社会主义这样根本变化的时候，是我们必须注意的。我们不仅必须知道当我们直接转入进攻而且取得胜利的时候，应该怎样行动。在革命时期这并不怎么困难，也不怎么重要，至少这不是最有决定意义的。进行革命时，常常会有敌人张皇失措的时候，如果我们在这样的时候向他们进攻，就会容易取胜。但这还不说明什么问题，因为我们的敌人如果相当沉着，他就会预先结集力量，等等。那时他会很容易挑动我们去进攻，然后把我们抛回到好多年前的境地。所以我认为，我们应当做好有可能退却的准备，这种思想有很重要的意义，而且不仅从理论上来看是如此。即使从实践上来看，凡是在不久的将来准备直接向资本主义进攻的政党，现在也应当考虑一下如何保障自己退却的问题。我认为，除了从我国革命经验中吸取其他一切教训外，如果我们还能注意到这个教训，那么，这对我们不但没有任何害处，而且在许多场合下很可能对我们有好处。

我已经着重谈了我们还在1918年就把国家资本主义看做一条可能的退却路线，现在我来谈谈我们实行新经济政策的结果。我再说一遍，当时这还是一个很模糊的思想，但是到了1921年，当我们度过了，而且是胜利地度过了国内战争的最重要阶段以后，我们就遇到了苏维埃俄国内部很大的——我认为是最大的——政治危机。这个内部危机不仅暴露了相当大的一部分农民的不满，而且也暴露了工人的不满。当时广大农民群众不是自觉地而是本能地在情绪上反对我们，这在苏维埃俄国的历史上是第一次，我希望也是最后一次。这种特殊的、对于我们自然也是极不愉快的情况是由什么引起的呢？是因为我们在经济进攻中前进得太远了，我们没有给自己留下足够的基地；群众已经感到的，我们当时还不能自觉地表述出来，但是过了几个星期，我们很快就认识到了，这就是：向纯社会主义形式和纯社会主义分配直接过渡，是我们力所不及的，如果我们不能实行退却，即把任务限制在较容易完成的范围内，那我们就有灭亡的危险。我觉得危机是从1921年2月开始的。就在当年春天，我们一致决定实行新经济政策，关于这一点，我没有看见我们中间有什么重大的意见分歧。到现在，即过了一年半以后，在1922年底，我们已经能够作一些比较了。究竟发生了些什么事情呢？这一年半多的时间，我们是怎样度过的呢？结果如何呢？这次退却对我们是不是有利，是不是真正拯救了我们，或者结果还不清楚呢？这就是我给自己提出的主要问题，而且我认为这个主要问题对于各国共产党也有头等重要的意义，因为回答如果是否定的，那我们大家就注定要灭亡了。我认为，我们可以问心无愧地对这个问题作肯定的回答，就是说，过去的一年半，绝对肯定地证明我们经受住了这一考验。

我想现在来证明这一点。为此我应当简略地谈谈我国经济中的各个组成部分。

首先谈谈我们的金融体系和出了名的俄国卢布。俄国卢布的数量已经超过1000万亿，我看，单凭这一点，俄国卢布就够出名的了。（笑声）这可真不少。这是天文数字。我相信，在这里甚至不是所有的人都懂得这个数字是什么意思。（全场大笑）但是，我们并不认为这些数字有什么了不起，即使从经济学观点来看也是如此，因为零是可以划掉的。（笑声）在这种从经济观点来看也是完全不重要的艺术中，我们已经获得了一点成就，我相信今后还会在这种艺术方面取得更大的成就。真正重要的是稳定卢布的问题。我们在研究这个问题，我们的优秀力量在研究这个问题，我们认为这一任务具有决定意义。如果我们能够使卢布稳定一个长时期，然后永远稳定下来，那我们就胜利了。那时这些天文数字，什么万亿、千万亿就算不了什么。那时我们就能把我们的经济放在一个坚固的基础上并在坚固的基础上继续发展下去。关于这个问题，我想可以向你们列举一些相当重要而又有决定意义的事实。1921年，纸卢布币值的稳定期不到3个月。1922年虽然还没有结束，但是稳定期已经持续5个多月了。我认为，这一点已经足够了。如果你们要我们科学地证明我们将来能够完全解决这一问题，这当然还是不够的。不过要完全充分证明这一点，我看是根本不可能的。上述材料证明，从去年我们开始实行新经济政策以来，到今天我们已经学会向前行进了。既然我们学会了这一点，那么我相信，我们今后还可以学会在这条道路上取得进一步的成就，只要我们不干出什么特别的蠢事来。可是，最重要的是商业，即我们所必需的商品流转。两年来我们虽然一直处于战争状态（因为大家知道，符拉迪沃斯托克①几个星期以前才拿下），到现在才开始真正系统地进行我们的经济工作，但我们还是使商业开展起来了，而且使纸卢布的稳定期从3个月增加到5个月，因此我认为，可以大胆地说，我们可以对此感到满意了。要知道，我们是孤立无援的。我们过去和现在都得不到任何借款。那些把自己的资本主义经济组织得如此"出色"，以致眼下还不知道走向何处的资本主义强国，哪一个都没有帮助过我们。他们通过凡尔赛和约建立了一种连他们自己也搞不清楚的金融体系。这些资本主义大国的经济管理尚且如此，那我认为，我们这些落后无知的人居然懂得了最重要的一件事，懂得了稳定卢布的条件，也就可以心满意足了。这一点并不是用什么理论分析，而是用实践来证明的。我认为，实践比世界上所有理论争论都更为重要。而实践证明，我们在这里取得了决定性的成就，就是说我们开始朝着稳定卢布的方向推动经济，这对于商业，对于自由的商品流转，对于农民和广大小生产者有极其重大的意义。

现在我来谈谈我们的社会目标。最主要的当然是农民。1921年，无疑有很大一部分农民心怀不满。当时还发生了饥荒。这对农民说来，是一次最严重的考验。当时外国都大叫大嚷地说："看呀，这就是社会

---

① 即海参崴。——编者注

主义经济的结果！"这是很自然的事情。实际上饥荒是国内战争的恶果，他们当然对这一点默不作声，这也是很自然的。1918年开始向我们进攻的地主和资本家，都把事情说成这样，仿佛饥荒是社会主义经济的结果。当时的饥荒确实是一场严重的大灾难，这场灾难有葬送我们整个组织工作和革命工作的危险。

这样，现在我要问一下：在这场空前的意外灾难之后，在我们实行新经济政策之后，在给农民以贸易自由之后，现在情况怎样呢？答复是很清楚的，是有目共睹的，就是：一年来农民不仅战胜了饥荒，而且交纳了大量的粮食税，现在我们已经得到几亿普特的粮食，而且几乎没有使用任何强制手段。在1921年以前，农民暴动可以说是俄国的普遍现象，而今天差不多完全没有了。农民对他们目前的境况是满意的。我们可以放心地下这个论断。我们认为，这些证据比任何统计数字的证据都重要。农民在我国是决定性的因素，这是谁也不会怀疑的。农民今天的状况，已经使我们不必担心他们会有什么反对我们的活动了。我们这样说是心中完全有数的，一点也不过甚其词。这一点已经做到了。农民可能对我们政权这一那一方面的工作不满意，他们可能对此有怨言。这当然是可能的，也是难免的，因为我们的机关和我们国家的经济情况还很糟糕，还不能防止这种现象，但无论如何，全体农民对我们已经完全没有什么严重的不满了。这是在一年中取得的成就。我认为这已经很不少了。

下面谈谈轻工业。在工业方面我们应当把重工业和轻工业区分开，因为两者的情况不同。至于轻工业，我可以有把握地说：在这方面出现了普遍的高涨。我不想来谈一些细节。我的任务不是列举统计数字。但这个总的印象是有事实根据的，我可以担保，这个印象的基础丝毫没有什么不可靠的或不确切的东西。轻工业有了普遍的高涨，因而彼得格勒和莫斯科的工人的生活状况都有了一定的改善。这一点在其他地区要差一些，因为那些地区主要是重工业，因此不能一概而论。我还是要再说一遍，轻工业无疑正处于高涨状态，所以彼得格勒和莫斯科工人生活状况的改善也是毫无疑问的。1921年春天，这两个城市的工人有过不满。现在已经完全没有了。我们天天都在注意工人的生活状况和情绪，在这个问题上我们是不会看错的。

第三个问题是重工业问题。我应当说，这方面的整个情况还是严重的。在1921—1922年，这方面情况有了某种转变。因此我们可以期望，不久的将来情况会有好转。我们已经多多少少筹集了为此所需的资金。在资本主义国家，要改善重工业的状况，就需要有若干亿的借款，否则是不可能的。资本主义国家的经济史证明，落后国家要有几亿美元或金卢布的长期借款，才有可能发展重工业。我们过去没有这样的借款，我们直到现在也没有得到什么借款。现在关于租让等等所写的一切，不过是一纸空文而已。我们近来关于这个问题，特别是关于厄克特的租让合同问题写得很多。我们的租让政策，我觉得是很好的。不过，尽管如此，我们还没有一个有利可获的租让项目，这一点请大家不要忘记。可见，对我们这个落后的国家来说，重工业的状况实在是一个很严重的问题，因为我们不能指望富有国家的贷款。虽然如此，我们还是有了明显的改善，并且我们看到，我国的商业活动已经使我们得到了一些资本。诚然，目前还是很少的，才2000万金卢布多一点。但总算有了一个开端，我们的商业使我们得到了资金，我们可以用来发展重工业。不管怎么说，目前我国的重工业仍然处于很困难的状态。但是我认为，有决定意义的是我们已经能够积蓄一点资金了。我们今后还要这样做。这些资金往往是取之于民的，我们现在还是应当节约。现在我们正在研究怎样削减我们的国家预算，精简我们的国家机关。我在下面还要谈谈我们的国家机关。无论如何，我们必须精简我们国家机关，我们必须尽可能节约。我们在各方面都实行节约，甚至在办学上也实行节约。必须这样做，因为我们知道，不挽救重工业，不恢复重工业，我们就不能建成任何工业，而没有工业，我们就会灭亡，而不能成为独立国家。这一点我们是很清楚的。

要挽救俄国，单靠农业丰收还不够，而且单靠供给农民消费品的轻工业情况良好也还不够，我们还必须有重工业。而要使重工业情况变好，就需要好多年的工作。

重工业是需要国家资助的。如果我们找不到这种资金，那我们就会灭亡，就不能成为文明国家，更不用说成为社会主义国家了。所以我们在这方面采取了坚决的步骤。我们已开始积累为重工业的自立所必需的资金。固然，我们至今搞到的数目才2000万金卢布多一点，但总算是有了，而且是专门用来发展我们的重工业的。

我想，我已经照我所答应的，概括地向你们叙述了我国国民经济最主要的部门；我想，根据这一切可以得出结论说，新经济政策现在已经收到了成效。我们现在已经有证据说明，我们这个国家能够经营商业，能够保持农业和工业的巩固阵地并向前走。实际工作证明了这一点。我想，这对我们来说暂时是足够了。我们还有很多东西要学习，我们也懂得我们还必须学习。我们已经执政五年了，而这五年我们一直处于战争状态。可见我们是有成绩的。

这是容易理解的，因为农民拥护我们。很难有比农民更拥护我们的人了。农民知道，他们在世界上最痛恨的地主是拥护白卫分子的。所以农民十分热诚地拥护我们。使农民保卫我们、反对白卫分子，这是不难办到的。过去痛恨战争的农民，尽一切可能支援了抗击白卫分子的战争，抗击地主的国内战争。但这还是不够的，因为实质上这里所涉及的只是政权留在地主手里还是留在农民手里的问题。对我们来说，这是不够的。农民明白，我们是为工人夺取政权的，我们的目标是通过这个政权建立社会主义制度。所以对我们最重要的是为社会主义经济做好经济准备。我们不能用直接的方法来进行这种准备工作。我们不得不用迂回的方法来做到这一点。我们在我国实行的国家资本主义，是一种特殊的国家资本主义。它与国家资本主义的通常概念不同。我们掌握了一切经济命脉，我们掌握了土地，它已归国家所有。这一点是很重要的，不过我们的敌人却把它说得毫无意义。这是不对的。土地属于国家这一点是非常重要的，在经济上也有很大的实际意义。这一点我们已经做到了，我还要说，我们今后的一切活动都应当只在这些范围内展开。我们已经使我国农民满意了，使工业和商业都活跃起来了。我已经说过，我们的国家资本主义同从字面上理解的国家资本主义的区别就在于我们无产阶级国家不仅掌握了土地，而且掌握了一切最重要的工业部门。首先，我们租出去的只是一部分中小工业，其余的都掌握在我们手里。至于商业，我还想着重指出，我们在设法建立合营公司。我们已经在建立这种公司，这种公司的资本，一部分属于私人资本家，而且是外国资本家，另一部分属于我们。第一，我们通过这种方式可以学习做生意，这对我们是必要的。第二，如果我们认为必要，我们随时都可以取消这种公司，所以可以说，我们一点也不担风险。我们向私人资本家学习，仔细研究我们怎样才能提高，我们犯了哪些错误。我觉得，我能够谈的就是这一些。

另外，我还想谈几个不很重要的问题。毫无疑问，我们过去干了而且将来还会干出许多蠢事来。这一点，谁都不能比我判断得更好，看得更清楚。（笑声）为什么我们会干出蠢事来呢？这是不难理解的，因为第一，我们是个落后的国家。第二，我国的教育程度极低。第三，我们得不到外援。没有一个文明国家帮助我们，相反地，它们都在反对我们。第四，由于我们国家机关工作人员的过错。我们接收了旧的国家机关工作人员，这是我们的不幸。国家机关工作人员常常反对我们。事情是这样的，1917年我们夺取政权之后，国家机关工作人员曾对我们实行怠工。当时我们被吓住了，便请求说："请回到我们这儿来吧。"于是他们全都回来了，而这就是我们的不幸。现在我们有一大批职员，但是缺乏有相当真才实学的人来在这里，在上面，在切实地管理他们。实际上经常发生这样的事情：我们执掌国家政权的地方，机关工作人员还在勉强履行其职责，可是在下面，他们要怎么干就怎么干，而且常常反对我们的措施。在上面我们有多少自己人，我不知道，可是我想总共不过几千人，最多也不过几万人。但是在下面，却有几十万沙皇和资产阶级社会留下来的旧官吏，他们部分自觉地，部分不自觉地反对我们。在这方面，短时期内是没有办法的，这是毫无疑问的。在这方面我们要作多年的努力，才能改善机关，改变它的面貌并吸收新的力量。这个工作我们做得相当快，也许太快了。我们办了苏维埃学校和工人预科，有几十万青年在学习，也许学得太快了，但是，工作总算是开始了，我想，这个工作一定会收到成效。只要我们做得不是太匆忙，几年之后就可以培养出大批能根本改变我们机关面貌的青年来。

我说过，我们干了许多蠢事，但在这方面我也应当谈谈我们的敌人。如果我们的敌人责难我们说，列宁自己也承认布尔什维克干了许多蠢事，那我要回答说：是的，但是你们知道不知道，我们干的蠢事跟你们干的蠢事毕竟是全然不同的。我们刚刚开始学习，但我们是在进行系统的学习，我们深信，一定会取得良好的成绩。如果我们的敌人，即资本家和第二国际英雄们强调我们干的蠢事，那让我在这里引一位俄国著名作家的话来作个比喻，我把这句话稍微改动一下，改成这样：布尔什维克干蠢事，好比是布尔什维克说"二二得五"，而布尔什维克的敌人，即资本家和第二国际英雄们干蠢事，就好比是他们说"二二得蜡烛"。① 这是不

---

① 这里是借用俄国作家伊·谢·屠格涅夫的长篇小说《罗亭》中一个地主毕加索夫的话。毕加索夫极端蔑视妇女，认为妇女愚昧无知，缺乏逻辑思维。他说："一个男人，打个比方说，也许会说二二不得四，而得五或者三个半；可是一个女人却会说二二得蜡烛。"——编者注

难证明的。就拿美、英、法、日同高尔察克签订的条约来说吧。请问世界上还有更文明更强大的国家吗？而结果怎么样了呢？它们不先盘算一下，不思索一下，也不观察一下，就答应帮助高尔察克。这是一次失败，我认为，即使从人的常识来看，这种失败也是难以理解的。

或者再拿凡尔赛和约这个更近更重要的例子来说吧。请问"了不起的"、"显耀的"列强究竟在这里干了一些什么呢？它们现在有什么办法来摆脱这种一团糟的混乱状态呢？我再说一遍，我们干的蠢事比起各资本主义国家、资本主义世界和第二国际一起干的蠢事来，简直算不了什么，我看这样说不是过甚其词。所以我认为，世界革命的前途（这是我应当简略论及的一个问题）是美好的，而且在一定的条件下，我认为还会更好一些。现在我就来谈谈这些条件。

在1921年第三次代表大会上，我们通过了一个关于各国共产党的组织结构及其工作方法和内容的决议。决议写得很好，但它几乎全是俄国味，也就是说，完全是根据俄国条件写出来的。这是它的好的一面，也是它的坏的一面。它所以坏，是因为我相信几乎没有一个外国人能把它读完。我在讲话之前，又把它读了一遍。第一，这个决议太长，有50多节。这种东西外国人通常是读不完的。第二，即使读完，也没有一个外国人能够读懂，因为俄国味太重。这倒不是因为它是用俄文写的——它已被出色地译成各种文字——而是因为它浸透了俄国气味。第三，即使作为例外，有个把外国人能读懂，他也无法执行。这是决议的第三个缺点。我同几个到这里来开会的代表谈过话，我虽然不能亲自参加大会——这对我来说是很可惜的，但是，我希望在代表大会今后的进程中，能够同更多的来自不同国家的代表详细谈谈。我觉得我们写出这样的决议是犯了一个很大的错误，就是我们自己给自己切断了今后走向成功的道路。我已经说过，决议写得很好，对它的50多节我都赞成。但是，我们不懂得，应该怎样把我们俄国的经验介绍给外国人。决议中所说的一切都成了一纸空文。如果我们不懂得这一点，我们就不能继续前进。我认为，对我们大家来说，无论是俄国同志还是外国同志，最重要的一点是，在俄国革命五年之后，我们应当学习。我们现在刚刚有了学习的机会。我不知道这个机会能够保持多久。我不知道资本主义列强能让我们安心学习多少时候。但是，我们应当利用不打仗、没有战争的每个时机来学习，而且要从头学起。

全党和俄国各个阶层都有求知的渴望，就可以证明这一点。这种学习的愿望说明我们今天最重要的任务就是学习再学习，外国同志们也应当学习，但不是像我们那样学习——我们必须学习读、写和理解读过的东西，这对我们还是需要的。有人在争论，这属于无产阶级文化，还是属于资产阶级文化？我不来答复这个问题。但是无论如何，我们必须首先学习读、写和理解读过的东西，这是毫无疑问的。外国人不需要这样做。他们需要更高深一点的东西，在这方面首先是他们也要理解我们关于共产党的组织结构所写的、他们没有读过也不理解就签了字的东西。这应当是他们的首要任务。必须执行这个决议。这不是一朝一夕所能办到的；那是绝对不可能的。决议的俄国味太浓了，它反映的是俄国经验，所以外国人完全不理解，他们也决不会满足于把这个决议像圣像那样挂在墙角，向它祷告。这样做是什么也得不到的。他们应当吸收一部分俄国经验。至于怎样才能做到这一点，我不知道。也许，例如意大利法西斯分子会帮我们很大的忙，因为他们会向意大利人说明，意大利人还不够文明，他们的国家还不能保证不出现黑帮。也许，这是很有好处的。我们俄国人也应当设法向外国人解释这个决议的原理。不然的话，他们是绝对不能执行这个决议的。我坚信我们在这方面不但要向俄国同志说，而且也要向外国同志说：目前这个时期，最重要的是学习。我们的学习是一般的学习。他们的学习则应当是特殊的学习，是要真正理解革命工作的组织、结构、方法和内容。如果这一点做到了，我深信，世界革命的前途不但是美好的,而且是非常美好的。① (热烈鼓掌,经久不息。高呼"我们的列宁同志万岁!"再次热烈欢呼。)

克拉拉·蔡特金(德国):

同志们!今天,俄国革命在我们面前仍然像五年前一样是当代世界历史最伟大的事件。当这个巨人刚刚勇敢地站起来,并且开始为争取自己的生存和进一步发展而进行顽强而热情的斗争、向前迈进的时候,在各个国家的工人阶级中,思想和道路比以往任何时候都更加急剧地进行分化。这里是改良,那里是革命!这就是来自各个国家的回答俄国革命的呼声。这种形势使俄国革命具有一个非常明确的深远的意义。在工人阶级中,大约从90年代中期以来就形成了一种思想政治观念,这种观念是帝国主义的资本主义思想意识及其对工人阶级阵营的反作用的反映,理论上我们称之为修正主义,实践中称之为机会主义。它的实质是什么呢?就是一种看法,我称之为空想,即认为革命是多余的,是可以避免的。资本主义——修正主义分子,当今的改良主义分子这样说——本身就产生了一些组织形式,它们可以克服自身固有的经济和社会矛盾,或者至少使这些矛盾在程度上有所缓和,直到贫困化理论、危机理论和崩溃理论都失去了意义。按照修正主义的看法,资本主义本身不再是产生了一场必要的、不可阻挡的革命的客观因素。按照同一种看法,革命的社会因素,工人阶级要革命的愿望也不存在了。民主和社会改良将"逐渐掏空资本主义,社会将从资本主义长入社会主义",他们是这样说的。

在社会民主党、第二国际的有影响的党的代表大会上,这种看法固然在理论上受到拒绝。它在1900年和1904年巴黎和阿姆斯特丹的国际

---

① 参见《列宁全集》中文第2版第43卷第274—288页。

代表大会上遭到摈弃,尽管在上面提到的前一次代表大会上,这种摈弃还不够明确和尖锐。只是在第二国际各个党的实践中,这种看法越来越占支配地位。这一点在斯图加特、哥本哈根和巴塞尔的国际代表大会上,在对帝国主义、军国主义和一场迫在眉睫的世界战争诸问题的看法上,业已表现得一清二楚。

世界大战爆发了。交战国的资产阶级用机枪、坦克、潜水艇和制造死亡与毁灭的飞机来进行哲理的探讨。世界大战无非是所有危机的危机,将以一种恐怖的崩溃、世界资本主义的崩溃而告终,这一点,在世界大战爆发时已很清楚,在战争进行的过程中越来越清楚。事情的发展证实了危机理论和崩溃理论,而在高度发达的资本主义国家里,有组织的工人阶级的最大部分却坚持抛弃革命的理论,坚持改良主义的理论,这真是历史的辛辣讽刺。这在战争爆发之时导致了第二国际的可耻的破产。

无产阶级没有用国际大联合跟资本主义算总账的办法来回答世界大战的教训,而是相反,无产阶级同他们所谓的祖国的资产阶级进行了联合。当世界大战结束时,资本主义表明它无能扭转崩溃的结局,资产阶级表明他们没有能力并缺乏信心在自己制造的混乱中重建世界,这时机会主义的工人领袖们依然坚持他们的改良主义理论。他们找到了一种新的解释:社会主义、共产主义不能由资本主义的崩溃而产生,只能由资本主义的复苏,由它的重新繁荣而产生。不是通过革命的阶级斗争,只有通过合作,通过和睦,劳资合作,通过资产阶级和无产阶级的联合,战争的灾害才能消除,社会才能重新建设。不要为了在共产主义基础上建设社会的革命!恰恰相反,要跟资产阶级联合去重建资本主义。这就是改良主义的口号。

同志们,在这种令人窒息的气氛中,俄国革命是一场净化空气的暴风雨。俄国无产阶级是从帝国主义战争和资本主义崩溃中合乎逻辑地得出实践结论的第一个无产阶级,而且令人遗憾的是,至今仍是唯一的一个得出这样结论的无产阶级,如果我们撇开在从前大俄罗斯领土上曾经建立的一些小苏维埃共和国不谈的话。

俄国革命实际上是从肃清修正主义、肃清改良主义开始的,也就是世界革命本身正在进行的那种肃清工作开始的。俄国革命毫不含糊地、清晰地表明了无产阶级大众的认识和意志,即要一劳永逸地结束资本主义。它是世界革命的第一次重大行动,是资本主义的世界法庭。

某些同志,孟什维克分子、社会革命党人及其在俄国以外的弟兄们持有一种理论,认为俄国革命无非是一个国家的小事,它必须保持在一种纯粹资产阶级革命的轨道上。其目的就是要退回到二月—三月革命。可以完全肯定,俄国革命表现出一种既定的历史状况,它迫切要求在俄国土地上消灭沙皇制度,在政治上建立新的国家形式。但是,从革命的第一天起就可以看出,尽管如此,俄国革命不是一个国家的小事,而是世界无产阶级的伟大事业;可以看出,不能够把它禁锢在一条资产阶级的单纯政治革命的狭窄的河床上,因为它是无产阶级世界革命伟大事业的一个部分。在俄国革命中,不仅革命的社会力量,即在俄国本土形成的种种客观和主观的趋势,充满生机、朝气蓬勃,而且国际资本主义、全世界资产阶级社会的经济的、社会的、革命的趋势和力量,在俄国革命中也在起作用。这在国际上已经从下述事实中得到证明,革命是由于那次世界大战而爆发的;世界大战并非偶然事件,而是在金融资本、帝国主义的资本主义统治下,世界经济和世界政治关系盘根错节地交织在一起的不可避免的结果。帝国主义的世界资本主义,不论在俄国本土还是在俄国以外的地区所造成的所有那些经济、政治和社会关系都在俄国革命中显露出来。而俄国革命也反映和凝聚了各个国家无产者关于革命的历史性认识和革命意志。国际的、革命的社会主义唤醒并培育出精神和道义的力量,具有这种力量的社会主义在俄国革命中是生机勃勃的,是起了作用的。

所以,俄国革命是历史发展的社会因素的生命力、强大力量和不可抗拒性,也就是希望战胜资本主义和实现共产主义的无产阶级群众的认识、意志、行动和斗争,在世界历史上的伟大明证。

有人曾说,无产阶级革命恰恰从俄国开始应归因于俄国资产阶级的软弱。这种软弱使得世界革命在俄国土地上——直到今天还不是在别的什么地方——迅速地发展起来。这虽然是对的,但是也只说对了一部分。同志们,我说,还有比俄国资产阶级软弱更为重要的因素,就是俄国无产者革命思想和革命行动的强大力量。布尔什维克党使他们思想上受到教育、得到提高,使他们充满革命的精神,组织上把他们联合成一种力量,使他们成为自觉的历史的主人。下面这一事实证明了我的看法:俄国的无产阶级在革命爆发时本来就能够对比较软弱的资产阶级发起突然袭击,并将其打倒。但是,革命进一步取得胜利,它继续存在已五年,在这五年中,每一天都是跟强大的世界资产阶级进行斗争的战斗日子;这个胜利表明,对于俄国革命来说,还有比俄国资产阶级软弱这一因素更为重大、更加有决定意义的因素:力量、热情、坚韧的毅力,简言之,进行俄国革命的坚定意志。在布尔什维克党的领导下,这种意志激励着无产者群众。

同志们,从一开始就可以看出,俄国革命不论从它最重要的社会支柱无产阶级来看,还是从它的内容来看,都不可能是一场纯粹的资产阶级革命。通过革命争取和平,土地交给农民,工人监督生产,尤其是"全部政权归苏维埃,全部政权归工兵代表苏维埃!"的口号,这些要求越来越响亮。这些要求跟资产阶级革命是不相容的。当然,这些要求起初提得不响亮,在二月—三月革命的月份中,还没有充分起作用。可是,后来,这些口号提得越来越坚决,逐渐变得有影响,遂从宣传口号变成为奋斗的目标。

资产阶级参加了这场革命并组织了起来，他们控制了某些大城市的自治局、杜马以及在世界大战期间出现的许多工业协会和联合会，等等。相反，俄国无产阶级却没有自己的革命的战斗组织，只是在革命的进程中，无产阶级的组织才以工兵代表苏维埃的形式出现。值得注意的是，工兵代表苏维埃起初并没有在革命的基础上，为革命的目的，以革命的坚定性进行斗争。开始，在工兵代表苏维埃中，孟什维克和社会革命党人掌握大权。他们在俄国无产阶级中坚持改良主义活动，坚持无产阶级在资产阶级政权面前自愿退让，缺乏负责的勇气，缺乏对自己力量的信心。

具有典型意义的是，1917年4月在彼得格勒举行的、82名工兵代表参加的会议作出了一项决议，决议中说，资本与劳动之间的斗争，必须考虑到革命尚未完成和战争环境所造成的局势，在决定斗争形式时必须考虑到这一点。俄国无产阶级乃至其工会组织中的优秀分子的怯懦，也表现在同年6月20日同样在彼得格勒召开的全俄工会代表会议作出的决议中。这次会议所通过的要求表明，布尔什维克党作为无产阶级的革命的阶级政党，其影响已日益增长。除了其他激进要求以外，工人监督生产的要求也被提了出来。但是，无产阶级不能单独承担起国家机构调节经济的职能——后来又作了这样的补充。这一任务是如此艰巨，如此复杂，必须请所有生产者，居民中的所有阶级共同承担。

有组织的工人采取的这种态度完全是在无产阶级与资产阶级结盟政策的影响下产生的，小资产阶级的、改良主义的政党以及社会党、社会革命党自从二月—三月革命以来推行的正是这种政策。它实际上是资产阶级政策，披着民主外衣，表现了资本主义的阶级统治。它非常露骨地表现在：以7月进攻取代和平，以枪杀起义农民取代满足农民对土地的渴望，以放弃一切社会改革和通过资本家对经济的掠夺和破坏取代工人监督生产以恢复经济，尤其是采取敌对态度，拒绝对无产阶级和农民的下述要求作出任何让步：全部政权归工兵代表苏维埃。

在反对向革命挺进的无产阶级的斗争中，民主很快就背弃了自己的原则，它日益暴露出自己只是赤裸裸的资产阶级的阶级统治，并急剧地转变为资产阶级专政。因为结盟的小资产者和知识分子对资产阶级有所顾虑并受其约束，不敢越资产阶级政治革命的雷池一步，结果是9月份独裁者就来叩门了。在这个独裁者的背后，不论是军人还是克伦斯基，都完全一样，都在伺机重建沙皇制度。

就在此时，在布尔什维克领导下的无产阶级果断地插手，它赶走了与"纯民主"和谐的政府，把全部国家政权交给工人、农民、士兵的代表苏维埃，并由他们的代表组成一个临时政府。在这个关键性的历史时刻，无产阶级证明他们已不再怀疑自己的力量，并且已经获得完成摧毁一个旧世界、建设一个新世界的使命所需要的勇气。俄国无产阶级是第一个，而且直到今天仍是唯一的一个不再作历史的客体的无产阶级，它从现在起已成为历史的主体，它不再忍受历史，而是要自己独立地创造历史。

在布尔什维克领导下无产阶级夺取政权首先教给我们一个原理，这就是革命武装起义的权利和重要意义，即使只有少数人拥有武器也是如此。但是，俄国革命的这一原理跟左倾、右倾理论有严格的区别。它说明，在历史上，那种把革命当做一种简单的加减法运算的狭隘的算术游戏，是没有根据的；那种认为革命斗争、无产阶级夺取国家政权的斗争只有在一个条件下——即要确保大多数拥护这一斗争，无论如何，事先要有胜利的保证——才"允许"的自以为聪明的论调，也是没有根据的。这样的看法把革命贬低为一桩不假思索的现金支付的保险交易，俄国革命证明它是弥天大谎。不过，彼得格勒和莫斯科的无产阶级的决定性革命起义，同时也有别于一切充满幻想的冒险暴动，它不是一个跟无产阶级群众没有稳固联系的轻举妄动的小党，在天花乱坠的革命口号和词句指引下的一次行动。不，布尔什维克的行动是一个组织成政党的少数人的英勇行为，这个少数在最广泛的战线上取得同群众的联系，并深深扎根于无产阶级的群众之中。

在历史上，以布尔什维克为先导的苏维埃夺取政权，似乎是一件一蹴而就的辉煌的孤立的行为。可是，事情并非如此。在这次英勇的行动之前，布尔什维克在群众中进行了数月的最辛勤、最顽强的鼓动宣传和组织工作。这样一来，斗争不仅有最广大群众的支持作保证，而且还有另一种保障。布尔什维克的战斗口号被群众所理解，也就成为群众自己的奋斗目标。所以，起义的行动不是一个冒险的党的革命体操，而是最广大革命群众的一次革命行动。关键是敢于行动。这个问题的答案是：尽管群众有着一切准备，胜利或失败都不能事先断定。勇敢冒险的行动无法避免，也不可以避免。谁要是一直等到有胜利把握再举行革命起义，谁就会把胜利推迟到遥遥无期，最终他不仅不赞成革命斗争，还要放弃革命。一个党的革命行动无论多么英明，在无产阶级群众中准备得不论多么谨慎、多么周密，也不能够确保胜利。也就是说，为得虎子，须入虎穴。如果说布尔什维克、革命的无产者在俄国革命中第一次果敢的冲击赢得了胜利，那只是因为他们有勇气，敢于斗争。这是俄国革命的一条经验，各国无产阶级必须牢记这一条经验：二思，当然需要，但是三思时不要放弃果敢的行动，三思只能是果敢行动的基础和准备。

同志们，一旦俄国工人在俄国农民支持下夺得政权，开始在苏维埃制度下建立自己的专政，另一个历史性认识也就得到证实。早在1884年，我们的导师恩格斯在12月11日给倍倍尔的一封信中就讲到这一认识。它与各国改良主义者所说的民主本身是导致无产阶级解放的途径的陈词滥调截然不同。这种认识与资产阶级同无产阶级精神和谐的政策是无法调和的，与联合政府的政策是无法调和的。恩格斯指出，在危机的日子和革命以后，无产阶级面临的敌人没有比"纯粹民主派"更加凶恶、更加顽固的了。我想把有关的部分念一下：

"在革命关头，纯粹民主派作为最后的救命稻草又重新获得意义。于是，所谓的大批封建官僚（1848年3—9月）增强自由派的力量来压制革命群众。不管怎样，在危机的日子和危机后的日子，我们唯一的敌人是聚集在纯粹民主派周围的整个反动派，这一点，——我认为——是不能忽视的。"①

同志们！引人注目的是，形形色色的改良主义先生们竟然如此忙于引用恩格斯和马克思的话来否定俄国革命的权利，否定无产阶级革命的权利，那些先生们都在如此忙于交口赞颂民主，而却似乎偏偏忘掉前面引用的恩格斯的观点。怪也不怪。显而易见，俄国革命已证明恩格斯是多么正确。就在革命的日子以及苏维埃政权建立后的初期，"纯粹民主派"就已经显露出自己是无产阶级阶级统治的最凶恶的敌人。"纯粹民主派"自从二月—三月革命以来就被俄国无产阶级看做是资本的阶级统治，看做是资产阶级的专政。"纯粹民主派"在开始进行反对苏维埃民主、反对工人民主的斗争中所用的口号就是：要立宪会议，不要苏维埃政权！"纯粹民主派"以要求立宪会议来反对苏维埃政权，反对革命所确认的政权、革命的产物、革命的最优秀的代表。这一点使我们感到奇怪。"纯粹民主派"曾经有近8个月的时间可以用来选举并召开一个立宪会议。他们没有这样做，他们没有去实现他们称之为最纯粹地表达人民意志的那种东西。为什么？没有无产阶级革命这个幽灵和土地革命这

---

① 《恩格斯致奥·倍倍尔的信1884年12月11—12日)》，见《马克思恩格斯全集》中文第1版第36卷第252—253页。——译者注

个幽灵咄咄逼人的出现，立宪会议本来是不可能召开的。土地革命幽灵体现在农民对土地与和平的要求上，无产阶级革命的幽灵则体现在如下口号上：和平与工人监督生产。所以，"纯粹民主派"先是拖延立宪会议的选举，继而一再拖延立宪会议的召开。现在，作为压制苏维埃政权的手段，要求立宪会议一下子又成为"纯粹民主派"的奋斗目标和战旗。立宪会议被说成为最不可侵犯的、最神圣的，只有它才有建立一个具有法律效力的"国家制度"的创造力。

立宪会议的要求，不仅是由各国小资产阶级的社会党人、跟资产阶级结盟的改良社会党人提出，它在我们自己的革命队伍里也有反响。大家想一想，不是别的小人物，作为天才的共产主义理论家罗莎·卢森堡在某一时期也曾持有这种要求：立宪会议和苏维埃！立宪会议和苏维埃作为无产阶级国家政权的脊柱！这一呼声消沉后不久又重新出现，说明它值得重视。在喀琅施塔得暴动中，它由一部分社会革命党人提出，最后遭到另一些人的驳斥，甚至立宪民主党领袖米留可夫也提出了这一要求。立宪会议与苏维埃，要求是这么提的，但是，当然是"没有共产党人"的苏维埃，其结果是：没有灵魂的躯体，没有实质的内容，没有行动的空话。

然而撇开这点不谈，在无产阶级夺取政权以后情况又怎样了呢？如果在广大的工人阶级群众中，今天仍经常有人不断地指责革命政府，说它在立宪会议1月5日开会时驱散了这个议会，这样的指责难道有道理吗？让我们非常冷静地看看事实。立宪会议开会时当即宣称，不跟苏维埃合作，而且作为苏维埃的对头，否认苏维埃政权的合法性，从而也否定了革命的权利本身。由社会革命党人、孟什维克和资产阶级组成的立宪会议多数派，不肯像承认由他们组成的临时政府那样去承认苏维埃政权，甚至于只是讨论一下这个问题，他们也拒绝了。立宪会议里的布尔什维克和跟他们在一起的左派社会革命党人，对这种肆无忌惮的宣战给予了必要的回答，他们退出立宪会议，苏维埃政权宣布解散立宪会议，并把他们驱散。

在欧美无产阶级阵营中，许多俄国革命的批评者对待布尔什维克党的政策，所见略同，认为布尔什维克的政策是地地道道的俄国革命的政策。苏维埃政权有理由——他们这样承认——驱散立宪会议，因为那是在另一些前提下选出的，绝不可能再反映广大人民群众的意见和愿望。此后举行的苏维埃选举已清楚地、无可辩驳地表明了这一点。但是——他们这样补充说——苏维埃政府本应提出重新选举。然而，不利于宣布重新选举、不利于召集一次新的立宪会议的，不仅有立即使这一措施成为不可能的技术上的和外在的原因。也就是说，在交通遭到破坏，政治生活中心同边远地区缺乏联系的情况下，很难在短期内实现真正忠实地反映人民心愿的选举。

不，还有一些远为深刻的历史和政治的原因不利于此。召开立宪会议，把国家制度的抉择和国家权力交付给他们，最后就意味着否定苏维埃政权，否定苏维埃制度，否定革命和它的权利。除了苏维埃还有一个立宪会议，它究竟应该起到什么作用？它究竟能够起到什么作用？也许立宪会议果真只起咨询机关的作用，难道决定权真的掌握在苏维埃手中？这是对"纯粹民主派"毫无用处的一个解决办法。"纯粹民主派"并不想做咨询和评议工作，而是要统治、要执政。而苏维埃政权不能容忍自己降格为一个咨询机构。革命把这个政权完全置于俄国无产阶级的铁拳的掌握之中，俄国无产阶级不允许同资产阶级平分政权，或是干脆把政权拱手奉还。如果苏维埃和立宪会议并存，就会出现双重政权，这种双重政权必然很快导致夺权之争，革命的事业就会成问题，就会受到威胁。与苏维埃并存的立宪会议，无非是反革命进行公开煽动和秘密颠覆的一个合法的中心而已。所以，不要立宪会议，全部政权归苏维埃！如果要把政权真正地保留在无产阶级手中的话，俄国革命政策的口号就必须如此。

与拒绝立宪会议相关联的俄国革命政策的另一措施也曾引起严厉的批评家的愤愤不平,这就是苏维埃选举法。大家知道,就一切剥削者被剥夺选举权来说,苏维埃选举法是一种有限的选举法。剥削者既没有选举权也没有被选举权。此外,对于所有劳动者来说,一般要超过18岁。这一限制是剥夺资产阶级政治权力的一项必要措施。苏维埃制度把全部政治权利都交给广大劳动群众。他们在企业和工厂,在农村,把自己的代表选进苏维埃,这样就可以避免由于选举权和被选举权把一部分政治权力交还资产阶级。

有人认为,不给这个权利是一种胸襟狭窄的手段,它会使劳动者失去勇气和畏缩不前,不能欢欣鼓舞地去参加新制度的建设。当然,得不到选举权的资产阶级人数不太多,但是在革命开始时,资产阶级手中掌握的社会和经济势力还很大,想建立自己政权的无产阶级的确没有任何理由把哪怕是一丝一毫的政治权力或权利交还给先前剥削和统治他们的阶层和老爷们。

此外,还有另外一面,被剥夺选举权是为社会所不齿的标志。谁要是不劳动,不论脑力劳动或体力劳动,谁要是剥削者,谁要是社会上的寄生虫,他就没有权利直接、间接地参与决定改善政治和社会现状。还有一点要考虑的是,为什么剥削阶级不应得到苏维埃选举权。选举法的根本意义就是要从政治上、法律上表明一个社会制度的性质。从选举法的性质可以识别社会的经济基础,不同阶级的权力和权利的经济基础。经过革命而产生的资产阶级制度的选举法,本来只是意味着旧的封建不动产的所有者的政治权利和政治权力扩展到拥有动产的资本所有者,因此它受到财产、收入、捐税等的制约。普选权的实行表明了在有产阶级之外一个崭新的阶级、无产者的阶级开始崛起这一事实。在普选法中,除了财产外,也把劳动、个人对社会的贡献看做政治权力和政治权利的基础。不过苏维埃政府不是在资产阶级和无产阶级、劳动与财产之间权力分配的基础之上,而只是在劳动的基础之上建设社会。按照苏维埃国家作为工人国家的性质,按照新社会制度的本质,选举权只能是劳动者的一种选举权,而不能同时是剥削者的选举权。

然而,同志们,苏维埃共和国作为政权,作为无产阶级专政,只写成条款、纸上谈兵是不够的。它必须获得生命力,必须付诸行动。这只有在同资产阶级、同反革命进行的激烈斗争中才能实现。它几乎从存在的第一天起就必须进行防御,不仅要跟俄国资产阶级作斗争,也要跟世界资产阶级作斗争,后者立即就感到与前者休戚与共。苏维埃共和国必须在自己的土地上、在各条战线上跟反革命作斗争。年轻的无产阶级政权必须在国内外敌人面前捍卫自己。

苏维埃政权的第一句话就是和平这个词。我说和平,但不是像我下面还要谈到的和平主义的和平。苏维埃俄国退出世界大战,进行了复员,可是看看它得到的报答吧。德国帝国主义的军队,其中有背囊中放着爱尔福特纲领的社会民主党人,继续向彼得格勒进军,他们还占领着乌克兰和别的一些地方。协约国正准备袭击苏维埃政权,并从政治上、财政上、军事上援助反革命。如果要想保住苏维埃政权,就必须建立红军,也就是聚集和组织暴力,运用暴力,以抗拒暴力。红军就是保护国家的暴力的一种形式,红军在战场上捍卫工人国家的生存和独立。暴力的另一种形式是无产阶级专政,直至恐怖行动。暴力的这两种形式都是严酷的历史必然性,都是不可避免的正当自卫,这样,苏维埃俄国才能生存,才能建设和发展。

由于改良主义领袖的影响,仍然有大量工人群众不理解革命防御战争的必然性和恐怖的本质,他们听任别人辱骂"红军"是所谓"苏维埃帝国主义"的产物,他们特别对恐怖的"残暴"感到愤怒。但是,让我们看看事情究竟如何。俄国革命中的红色恐怖,是对仍然掌握着强大统治手段的资产阶级的白色恐怖的回答。资产阶级不仅着手通过阴谋、暴动等来摧毁无产阶级政权，他们还利用他们的全部影响，破坏为了恢复经济和社会生活而进行的建设工作。苏维埃的红色恐怖无非是针锋相对的正当自卫。俄国革命所要做的，也就是履行马克思在他精辟的文章《法兰西阶级斗争》中称之为一切革命的首要责任：它必须"打倒敌人"。[①] 不仅需要打倒敌人，在某种情况下，无产阶级专政要强化为恐怖；无产阶级专政还必须完成另一任务：反革命分子妄想重新夺回他们失去的剥削权力和统治权力，必须狠杀他们的气焰，要把他们心中的最后一线希望连根除掉。穿着女子学校的霓裳羽衣，穿着洁白挺括的节日盛装，手里拿着象征和平的棕榈枝，是不能使一场革命遍及全国、去救苦救难的。革命必须脚踏铁鞋，腰系利剑，因为敌人要我们这样做，逼我们这样做。无产阶级专政的严酷，它的恐怖措施，并非革命自由选择的任意行为，而是反革命强加给革命的。这类措施有很大的用途，它们的实质是以小恶防大恶。反抗的必要性本身就包括了预防的必要性。人们为成百的人、成千的人在内战中成为恐怖的牺牲品而悲伤。人们对所谓无产阶级专政和恐怖扼杀了"民主"，扼杀了资产阶级的自由而绝望，而气恼得发疯，但是没有人谈起成为反革命牺牲品的成千上万的人，没有人想到，如果不是革命的暴力摧毁反革命的暴力，同样的命运也会落到另外多少万人头上。在改良主义者的圈子里，没有人想到这样的事实，即没有革命的严酷，千百万人将不得不更长期地在资本主义的野蛮剥削和奴役下受苦受难，遭受不幸和死亡。

同志们，我是不是可以休息一下？

---

① 参看《马克思恩格斯文集》第 2 卷第 88 页。——编者注

主席：

蔡特金同志要求现在休息。（纷纷表示赞同）对此没有反对意见吧。

主席团建议，明天上午 11 时继续今天的议程。

（会议休会时间：下午 4 时 8 分）

第九次会议

(1922 年 11 月 14 日)

会议开始：上午 11 时 50 分
主席：诺伊拉特

俄国革命的五年和世界革命的前途（续）

克拉拉·蔡特金（德国）（全场鼓掌欢迎）：

同志们，昨天我的讲话谈到苏维埃政权为了保卫自己和生存下去离不开暴力，但是，反对我们的改良主义者和资产阶级分子说，苏维埃政权的存在只是归功于暴力，再也没有比这种说法更加错误的了。一个国家的政权不可能长期建立在刺刀尖上。在俄国，联合政府的 8 个月，特别是社会革命党人的克伦斯基政府执政的几个月已经清楚地证明了这一点。这一点特别适用于革命的时期，在那个时期里，日子是以月计算，年份是以数十年为单位，甚至时常以世纪为单位计算。苏维埃政权必须通过自己创造性的政策，通过积极的政策获得生存权利。苏维埃政策的国际性作为一个重要特征引起人们注意，它毫不含糊地表现在对待战争与和平的问题上。和平是这个无产阶级国家的第一个呼声。战争浩成的灾难是要求和平的一个重要原因，战争迫使农民和无产阶级群众要求和平。它的另一个、至少是同样重要的原因，是全世界工人、劳动者的国际主义革命团结的觉悟。

马克思在《法兰西阶级斗争》一文中写道:"在法国宣布了彻底变革社会。但是在法国不能实现这一变革;社会的变革在国家的院墙内根本不能实现。"① 这种信念从第一天起就是俄国革命、布尔什维克革命政策的主导思想之一。临时政府的第一批公告就包括了向各国政府和人民呼吁和平。这个呼吁清楚地表明,它不是出自资产阶级和平主义的幻想,而是作为无产者的革命行动,作为一个通往世界革命的大门,作为走向世界革命的第一步而要求和平。在这个呼吁书中特别赞扬德国、英国、法国工人已经为人类作了伟大和宝贵的贡献。因此——公告接着说——他们现在也必须为人类摆脱战争灾难尽到自己的责任。

苏维埃共和国的呼吁——通过无产阶级革命实现和平——却无人理睬,尽管在如此有利的环境中,和平与革命无疑就像俄国无产阶级革命的直接延续一样,可以极为方便地实现。人们本来可以少遭受一年的罪恶和暴行以及生命财产的毁坏。而最重要的是,当时广大的无产阶级群众手中有武器,可以掉转枪口狠狠地打击剥削阶级。世界和平并没有能够通过世界革命来实现,苏维埃共和国不得不以两国同盟的方式单独媾和,缔结布列斯特—里托夫斯克和约。这一和约极大地加重了年轻的无产阶级国家国内局势的困难。它被社会革命党人、苏维埃俄国的最顽固、最严密地组织起来的反革命力量利用来无耻地煽动反对苏维埃政权。军事上的溃败被透过于苏维埃政权。

但是,实际情况又是怎样的呢?由于克伦斯基政府六月攻势的罪恶和蠢行,年轻的苏维埃国家不得不付出的代价是接受苛刻和屈辱的布列斯特—里托夫斯克和约,它不得不为"纯粹民主派"的帝国主义付出代价。社会革命党人、反革命分子——他们特别利用这个作为反对苏维

---

① 引文有误,在《1848年至1850年的法兰西阶级斗争》中并无此段,但有类似的表述,参看《马克思恩格斯文集》第2卷第155页。——编者注

埃政权的攻击点——进一步断言，苏维埃国家通过布列斯特—里托夫斯克和约，以牺牲协约国帝国主义分子的如此辉煌的"民主"和"文化"为代价加强了德国霍亨索伦王朝的军国主义，然而，德国帝国主义却从布列斯特—里托夫斯克径直地走上通向凡尔赛的道路，向凡尔赛和约挺进。德国帝国主义对胜利的狂热爆发，使获胜的欲望从另一方面上升到到白热化的程度。布列斯特—里托夫斯克所发出的征兆令人吃惊！它促使人们把全部权力手段都投入战争之中，因而导致德国军国主义与德国帝国主义的崩溃。

但是毫无疑问，俄国革命及其作为拖垮德奥军队顽固坚持到底的意志的一个最强大的道义、政治因素的榜样，也应该属于造成这种崩溃的力量。当德国无产者开始拒绝为德国资产阶级的利润，为德国资产阶级的目的继续长期在战场上流血时，军人反抗的第一句话就是：士兵代表苏维埃！当军事上的瓦解变成政治上的革命时，当德国发生革命时，革命的第一句话就是：工人农民代表苏维埃！德国劳动群众从哪里学来这种说法，来表达他们的愤怒与对自由的渴望？他们从俄国革命中学来。

可惜的是，它只停留在拼写革命的 ABC 上。德国无产阶级当时还没有学会如何驾轻就熟地进行革命。俄国工人和农民，那些"落后的"文盲，八个月中从历届联合政府的资产阶级政策、资本主义政策中学到的东西，德国无产阶级没有学到。而且直到今天，在四年之后，他们还没有学到这些东西。德国工人把集中在苏维埃里的政治权力又交还到资产阶级手中。他们用"民主"，也就是用资产阶级的阶级统治代替无产阶级专政。于是，俄国革命领袖的期望暂时落空，他们曾经期望世界革命的汹涌波涛会迅速地滚滚向前。布尔什维克坚信，俄国革命是世界革命的开端，世界革命将迅猛地向前发展。敌人讥笑布尔什维克，对他们的这种坚定信念也冷嘲热讽。

同志们！这种嘲笑是轻率的，是没有根据的。俄国革命的领袖们清楚地认识到已经爆发了的世界革命的方向和目标。但是速度,他们可能估计错了。为什么?历史发展的目标和方向可以被明确地断定,明确地掌握,并被勾画出前景,它们是社会上客观力量作用的结果;但是速度在非常大的程度上取决于历史演变的主观力量,也就是说取决于无产阶级群众的革命认识、革命意志和行动。在估计这个因素时,要考虑许多无法预料的情况,所以人们不能有把握地预言世界革命发展的速度。对世界大事抱怨不休的人们指责布尔什维克估计错误,但是,对于俄国革命中坚持到底的基本力量来说,他们指责的东西已成为一种最强大的推动力。这种估计错误所产生的效果已远远超出俄国的疆界,它比那些自负的数学大师的据说是九倍聪明的办法,更加十倍、百倍地富有成效。世界革命一定要前进,它将完成在俄国土地上已经开始的事业,这是不可动摇的信念。俄国无产阶级正是要把对于世界革命,对于全世界无产者的革命团结的那种信赖力量,那种几乎是宗教的信仰,归功于这一信念;经过五年的火热斗争和前所未闻的苦难,直到今天这种信念仍然使苏维埃俄国的群众保持着朝气蓬勃、斗志昂扬、热爱劳动、勇敢无畏和坚定不移的精神。

　　从俄国革命的和平政策再谈到它的经济政策。经济政策应该创造革命无产阶级的稳固的基本力量,它应该彻底变革社会。革命从一开始起就显示出它的无产阶级性质,它的经济政策必须以共产主义的最终目标为方向。如果苏维埃政权在政治上的任务是实现共产主义,那么它就必须废除生产资料的私人所有制。而且这还不够,它必须有计划地用共产主义精神重新组织整个社会经济,这是一项非常重大的任务。在实现这一任务时,发生了俄国革命的悲剧。一方面是要尽可能快地建设并完全实现共产主义这一极为明确、极为强烈的愿望,另一方面是当前经济、社会状况落后的这一弱点,这个悲剧就在于这二者之间存在着矛盾。

　　如果我们要理解俄国革命的经济政策,我们就必须了解无产阶级国家所拥有的进行共产主义变革的各种社会力量。俄国革命在变革社会中所能依靠的究竟是哪些力量？

与乌托邦主义相反，马克思主义的出发点是：通过经济技术的尽可能发展，奠定社会革命的基础，这种经济技术的发展大大推进生产力的发展，建立最完善的劳动手段和劳动方法以及组织形式和组织方法；另一方面，也造成了一个无产阶级，在人口中占绝大多数的无产阶级，一个从事体力劳动和脑力劳动的无产阶级，它能够完成向共产主义转变和建立共产主义的经济与社会的任务。

在这方面，苏维埃俄国的情况是怎样的呢？苏维埃国家按其经济、社会结构而言，就像一个由于革命而倒置的金字塔。在下面作为支柱的基础，是一个年轻的、落后的还相当不发达的现代机械化大工业，一个年轻的、人数比较少的无产阶级；就运用生产设备、管理、领导，使之充分发挥最大生产效益的技能和才干来说，它也还年轻，管理和领导公众事务和国家事务也还相当没有经验。在这个薄弱而狭窄的基础上面，是一个小农经济的、小农聚居的巨大的岩石；一个小农经济，它的经营方式还是最落后的形式，如罗莎·卢森堡所说的"如同回到法老的时代"那样"落后"。不言而喻，与此相应的精神状态也是如此。

同志们，如果我们了解了这些情况，我们就不能不说：尽管五年来一切反革命势力和反革命风暴都在摇撼这个倒置的金字塔，可是直到今天，它仍然屹立不动，这真是一个奇迹，一个历史性的奇迹。但是这样一种状况是不能长期继续下去的，即使有最了不起的平衡术也不能避免金字塔最终倾覆，或是上面巨大沉重的岩石压垮了下面狭窄、薄弱的基础。只有当现代工业、现代无产阶级这个狭窄的基础有所扩展，有所增长，变得广阔而坚固，能够经受得住来自上面的压力，情况才会有所不同。或者，当苏维埃俄国以外的地方通过革命同样建立一些苏维埃共和国，这个窄狭的基础从而得到外部的支持时，情况才会有所不同；当经济、文化高度发达的——像资产阶级社会中有人说的那样——这些新的苏维埃国家中的无产阶级能够以兄弟团结的情谊迅速加宽和加固苏维埃俄国的这个狭窄基础，并从而加速向共产主义的转变，情况才会有所不同。这样的事情并没有发生，这样一些苏维埃国家并没有产生。结果是，俄国革命及其产物——俄罗斯无产阶级国家——不得不同农民妥协，不得不同外国的和俄国的资本家妥协。这种妥协就是新经济政策。在评价这个政策时，我们绝不能忘掉俄国当时特殊的社会条件。我们不能根据他们所采取的措施是否符合任何一个在书斋中想出来的非常完善的社会改革计划来评价这一政策。标准是，根据现有的而非自由选择的环境，看看这些措施是不是朝着共产主义方向发展的步骤，这些措施不是以共产主义为目标。

首先，布尔什维克的农业政策就必须从这个角度来研究。布尔什维克的农业政策已经在改良主义者和小资产者队伍中受到严厉批评，在共产党人中也有批评。关于这个农业政策我要说几句话。对农业政策的大致了解——当然具体的做法我们在这里不可能研究，对于理解俄国的革命是完全必要的。此外，这种了解对于解决世界无产阶级在各个国家夺取政权以后所应该完成的任务来说，也是非常重要的，尽管各个国家的境况与俄国不同。那些吹毛求疵的孟什维克，就其方式、方法而言，是玩弄逻辑的思想家，他们由于推行自己的土地政策而彻底背弃俄国革命。虽然他们有权自称为马克思主义思想家，不过那完全是另一回事。

在评价布尔什维克的农业政策时必须看到，资本主义虽然拥有大量统治手段，它依然束手无策，长期无法取消小农经营代之以更为高级的经营方式。当然，资本主义曾使广大地区甚至整个国家的小农无产阶级化。但是尽管如此，小农的经营方式依然存在。在这里我们无须考虑巴尔干国家，它们仍带有浓厚的小农性质。我们也无须考虑意大利和法国的小农群众。即使在工业高度发达的德国，也还有为数众多的小农。甚至在美国也存在着大量的小农生产，当然，那里的小农场不能按照欧洲经济的尺度，而应该按照美国的尺度来定。

所以怎么能够期望俄国革命、布尔什维克的农业政策转眼之间就能结束小农生产呢！从小农的人数已可看出，没有一项可以使小农群众满意的政策俄国革命是不可能的。俄国人口的80%是小农，其中9/10是劳动农民。如果违背这些群众的意愿，无产阶级的革命和夺取政权就会是不可能实现的事情。我认为这样说还不够，没有这些群众的支持，革命也是不可能的。在俄国，谁要是想进行无产阶级革命，就不能不去解决布尔什维克的农业政策这一难题，没有选择的余地。这一点是无法改变的。

临时政府第一批法令中的一个法令废除了土地私有制，布尔什维克的农业政策就从这里着手。土地使用权按人头交给每一个人，不分性别，只要他们亲自耕种土地。随后的一段时间，大地产被农民分割，被随意乱分；大农庄的机器、农具、牲畜等动产也被分掉。接着是一个试验阶段，人们尝试按照一定的规定进行土地分配，避免瓜分大地产，有计划地把小农经济纳入整个国民经济。在"战时共产主义"时期，人们不得不实行"征集委员会"，"余粮收集制"。对土地的渴望使农民群众走向革命，这种渴望得到满足使他们成为苏维埃政权的强大支柱。

罗莎·卢森堡所担心的这种农业变革的后果并未发生：俄罗斯农民在政治上并没有麻木不仁。他们种自己的小块土地不是为了在灶旁消磨岁月。满足他们对土地的渴望，使他们成为苏维埃共和国的英勇保卫者。在苏维埃政权中，他们捍卫自己的土地，不许地主还乡。但是，俄国革命领袖们所期待的事情也未发生。土地分配并没有加剧农村的阶级对立，也没有促使贫苦的农民群众走到工业无产阶级一边，同他们一起解决工人同资本家之间的阶级对立。出现了一个广大的中农阶层，他们由于自己的利益很快就同战时共产主义发生了对立和冲突。他们掌握着活命的面包和杀人的步枪,所以他们迫使苏维埃政权采取新政策措施,采用实物税取代强制缴纳全部农产品,取消食物配给。他们还迫使苏维埃政权采取自由贸易,以及与此相关的众所周知的其他经济革新措施。

同志们!有些人反对布尔什维克农业政策的理由是,它不是共产主义的政策,偏离了共产主义,它同苏维埃国家准备和进行共产主义革命的任务相抵触,尤其糟糕的是,它甚至堵塞了通往这一变革的道路。情况怎么样呢?第一个问题是:是否可能进行一场继续保留大地产、建立另外一些大农庄并进行最现代化的大农场的生产经营的农业革命呢?提出这种主张的人是在不着边际地说话。

苏俄农业经济的特征不是现代化大农场,而是小农经营。值得一提的大农场在革命爆发时,只存在于波兰、临近波罗的海地区和乌克兰的一些地方。对于用旧的社会主义的方案所规定的解决农业问题的办法,这说明了什么呢?这里没有这样的农业生产机构可以在这方面奋勇向前,可以建立大企业。此外也还缺少一个能够运用、管理、领导这样一种生产机构的、真正的现代农业无产阶级。在俄国,我们不断听人们说"农村贫困",但是没有听说过一个农民无产阶级、一个农业无产阶级,这个情况很有代表性。真正意义上的农业无产阶级并不存在。原有的大地产是由地主按照古老的封建方式经营的,不按照现代资本主义的方法和手段来经营,只有极个别自由化的贵族这样经营。

因此,俄国革命的农业政策以建立农业大企业为开端是绝对不可能的。情况既然如此,再加上最初中央权力还较弱,进行农业改革,首先就必须确确实实是农民群众自己的事情,只能是杂乱无章的。它只能是像过去已经做过的那样办。

难道在布尔什维克农业政策的基础上必然产生农业向共产主义方向发展的不可逾越的障碍吗?我不这样认为。当然,在人们对农业方面的革命措施进行批评时,经常说到"自古以来的私有心理",这种心理在俄国小农阶层中还很有影响。这种心理在许多人身上暂时有所加强,无疑也得到巩固。但是,是否会长此以往则是另外一个问题。农民对战时共产主义措施的反对甚至反抗,不仅是由于一种所谓天生的要强烈表现的小资产阶级的—农民的思想,肯定还有另一种情况起着决定性作用。

对土地的渴求使农民成为苏维埃国家的拥护者和保卫者,对工商业商品的渴求又把他们从共产主义那里赶回去,让他们在经济方面跟资本主义一起反对革命。他们究竟是怎样认识共产主义的呢?他们不是把它理解为城乡之间、工业无产阶级与小农之间的休戚与共,而是理解为"战时共产主义",它从农民那里拿走了一切,并没有给他们以生产和生活上必要的、不可缺少的商品。因此,我们可以预料,如果工业兴旺发达起来,苏维埃的经济政策将不会遇到农民执拗的反对共产主义的想法。

在评价小农心理的时候,我们不应该忘掉另一些情况。在俄国小农中间,旧的传统,在思想感情上古朴的乡村共产主义的传统,并没有完全消失。由于一种把一切财富都归功于上帝、看做上帝的财富的原始的宗教观,旧的传统得以保持和增强。托尔斯泰的信徒们、社会革命党人、民粹派和某些教派的宣传也助长了这些旧传统。共产主义观点的这些萌芽,将通过无产阶级国家采取的措施得到培植和发扬。

首先,尽管有着各项新经济政策,土地没有变成农民的私有财产,它仍然属于无产阶级国家所有。农民获得土地是为了使用,但是他们既不能出卖也不能继承土地。剥削雇佣劳动受到禁止。此外,小农经济已经被纳入整个国民经济,不仅通过实物税,尤其是通过关于经营和使用土地的一系列法令、规章和机构。最后,苏维埃政权非常有意识地、有计划地把农业发展引上生产合作社经营的轨道。合作社的出现部分地也是出于饥荒重压下的农民自己的倡议。近几年的歉收和饥荒使得农民建立劳动组合、合作社、大协作组合等的兴趣有所增长,邻里、亲戚结合在一起共同购置和使用机器、马匹等。此外，苏维埃政权也在努力尽可能多地建立大型苏维埃农场，促进合作农场和农业合作企业的建立和发展。当然，已经发展成为现代农业大企业的国营农场和农业合作社，还只是小农经济这个汪洋大海中——小农经济经营单位的数目估计有1200万户——的一个小岛，但是，它们作为生产技术样板和社会样板可以起到巨大作用，而且已经起到巨大作用。

此外，还有一点我们必须注意。我们不要让自己受到迷惑，用观察法国农民解放的眼光来研究俄国的农业变革，尽管从表面上看来，这两个重大事件之间存在着许多类似之处。我们不应忘记，法国农民解放运动的产生与一次资产阶级革命联在一起，资产阶级革命的性质可以用两个词表明：财产与个人主义。与此相反，俄国土地革命是无产阶级革命的一部分，无产阶级革命的主要思想是：劳动与团结一致。这为小农态度的变化创造着一种与法国革命时期截然不同的社会环境。

首先，俄国的小农从经验中体会到，不论在什么情况下，他们的兴衰都与工业的发展以及无产阶级的经济与社会生活的提高联系在一起。如果他们没有一个兴旺发达的现代工业支持，没有无产者为这种工业所作的贡献的支持，他们就不能更合理地从事自己的经营。从这种关系来看，我说，苏维埃政权曾经考虑并努力贯彻的最好的土地纲领、最有效的土地改革乃是俄国经济的电气化。它将建立城乡之间的坚强与牢固的团结，使工业无产者与小农在经济、文化利益上紧密地结合起来。

因此，我得出这样一个结论：尽管布尔什维克的土地改革虽然没有能够在一朝一夕通过彻底地实现共产主义来解决土地问题，然而它绝不曾使发展偏离共产主义社会的方向和目标。恰恰相反，它实现着一个又一个的革新，从经济方面、社会方面、文化方面引导小农走共产主义道路并坚持这一道路。甚至小私有者的心理也将随着改变了的劳动条件和生活条件而变化。

小资产阶级的改良社会主义者把俄国共产党的土地政策看做似乎是革命天堂中的原罪。按照他们的看法，从资本主义承袭的原罪随着革命来到布尔什维克的世界，这种原罪无疑在整个资本主义复兴过程中起过作用。依我看，这种看法是完全错误的。如果苏维埃俄国坚定不渝地走共产主义道路，即使没有布尔什维克的土地政策，它也免不了必须同资本主义共处。领导俄国革命的党从最初起，在制定它的有关最终目标、共产主义的经济政策时，从来没有忘记过探索通往共产主义的道路，它从政治现实上来考虑与权衡俄国实现共产主义所面临的具体环境。因此，布尔什维克为自己的经济政策确定了有限的眼前的目标，当前的目标，不过这些目标都是为共产主义做准备的。列宁在1917年4月曾概述了这些目标。他称之为夺权后的最迫切任务是什么呢？大工业、运输业、银行的国有化，国家垄断对外贸易，工人监督生产。就连临时政府的第一批法令也没有明显地超出这些要求。废除生产资料私有制、地产私人所有制等进一步的措施是后来慢慢采取的。

无产阶级革命迫使我们朝着这个方向前进，迫使我们超越4月提出的口号：工人监督生产等。为什么？大部分企业主用破坏活动，或者是关闭工厂和逃走的办法来对付苏维埃政权的规定。如果不让工厂停产，不让经济遭到彻底破坏，工人们除了夺取这些工厂的管理权，占领这些工厂，别无他法。此外，还有另一个原因，苏维埃俄国必须装备红军，供应红军，装备正在同用全世界最先进的军备工业装备起来的军队进行战斗的红军。如果只是局限在最初的比较温和的经济措施，是不能做到这一点的，它要求占有和利用现有的一切生产资料和财富，利用一切生产力。此外，资产阶级固然被剥夺了政治权力，但是他们还拥有大量的辅助性社会手段，可以肆无忌惮地用来反对工人国家。我们必须从根本上打击资产阶级势力的根基，这个根基就是所有制。这一点通过把现有一切生产资料和土地国有化而实现了。最后还要谈到另外一个考虑，苏维埃俄国抵抗反革命进攻的保卫战使广大群众承受了惊人的、从未有过的牺牲和匮乏。群众愉快地忍受了这一切，是因为实行了某种——我究竟应该怎样说呢？——粗陋的原始的消费共产主义。所以，从经济上看，俄国革命远远超越了最初制定的目标而向前迈进。

现在有人悲叹，革命受到打击，革命正在逃遁，这不符合事实。俄国革命已经很有秩序地撤回到最初的阵地上，它甚至还守住了许多制高点和要塞，比它最初打算占领或已经占领的还要多。不错，资本主义又回来了，它的政权曾经被摧毁，它似乎曾经被永远地赶出苏维埃俄国的革命的神圣土地。资本主义回来不仅是以小农面貌出现，也以承租人和租借开采人的面貌出现。十分明显，这些先生们参与俄国经济，并非出于要建设并提高俄国的经济从而服务于文化的崇高情感；他们追求一个"更加现实的"目的：谋取利润，尽可能多的利润。但是，同志们，资本家回到俄国来，不再是自己工厂的绝对的主人。为什么不是呢？因为他们不再是国家的当家人。租借开采人、承租人追逐利润的欲望，将受到工人国家法律的制约，受到运用苏维埃暴力手段来贯彻这些法律的制约。

的确，在新经济政策这块土地上，将非常激烈、非常尖锐地爆发资本与劳动之间的对立。但是，苏维埃国家是作为受无产阶级委托的、一切生产力、一切自然资源、一切劳动力的管理人员进行工作的。无产阶级的利益是它的最高准则。它通过法令规章和法定条件使国内外资本家不可能对自然资源进行掠夺式的开采。不论资本家如何利欲熏心，它尤其要阻止资本家在灭绝人性的掠夺性开采基础上提高他们的利润。无产阶级国家深知，苏维埃俄国的最大财产是创造一切财富的劳动者。它也深知，俄国无产阶级不但因此要保持今天的朝气蓬勃的干劲，这还不够，它还必须在体质上、精神上、职业才干上、道德文化修养上提高到更高的水平，才能成为完美的共产主义的创造者和体现者。

因此，作为无产阶级战斗组织的工会、合作社，在租让和租借的工厂里资本与劳动的不可避免的冲突中，将重新发挥巨大作用，开展非常有益的活动。与我们在资本家在政治上仍处于统治地位的非苏维埃国家里所看到情况相比，那将会是什么样的呢？在那里，国家政权无非是阻止工会与合作社活动的制动器。在那里，国家政权干预资产阶级和无产阶级之间的冲突，总是有利于资本，除非工人群众已经强大到能够阻止国家那样做。但是，在苏维埃俄国，国家政权在工人与工业资本、商业资本和高利贷资本的一切冲突中，将做工会的后盾，合作社的后盾。

然而，我们还必须考虑到"国家资本主义"的另外一面。苏维埃共和国不仅作为租让权和出借权一方来推行"国家资本主义"，它也得当自己工厂的"国家资本家"。在俄国工业和俄国经济中，只有一部分——而且现在只是很小的一部分——被以所谓"租赁方式"交给资本家开发利用。另一部分，而且是最重要的部分，大工业、运输业等关键的项目，仍保留在苏维埃政权手中。苏维埃政权，工人国家本身，是苏维埃俄国最大的企业家。现时俄国经济不是同正在向共产主义发展的国家联结在一起，而是加入资本主义全球经济中，在这个时期，这意味着什么呢？这就是说，这个全球经济的成文法和不成文法，在一定限度内对第一个工人国家里社会关系的形成还能起到影响作用。苏维埃国家作为企业主，为了它所代表的阶级的利益，也必须关心它的工厂的"赢利"。是的，我的看法不限于此。甚干当过渡时期度过以后，甚至当我们有了地地道道的共产主义时，社会在它的经济中还要生产剩余价值，为了进一步发展经济和文化也必须积累。由此得出什么结论？这就是工人国家作为企业主，有时也会同个别工人或工人小团体的利益和要求发生冲突，面对这些人，工人国家必须代表整个无产阶级的当前利益和未来利益。不言而喻，这种冲突一定不能按照个别人、无产阶级的个别团体、经济的个别部门的眼前利益、暂时利益来裁决。不能，这种冲突今后必须按照无产阶级作为阶级、作为整体的利益来裁决。

不言而喻，在苏维埃俄国不会不发生这种冲突。由于下述实际情况就会产生冲突：俄国无产阶级今天还不能从自己的队伍里提供人员去占据所有的管理、领导岗位和一切重要岗位。来到这些岗位上的人，经过全面的经济技术和职业教育，拥有经验，但是缺少必要的共产主义态度。同志们！在这方面，一项非常重要的任务再一次落到工会和合作社头上。它不仅要作为一个建设机构，还要作为一个教育机构，而且是作为"既向上又向下"的教育机构。向下，提高无产阶级群众，使他们尽可能地成为有能力、有才干的生产者。这样做，也许有时无产者会觉得艰苦。但是，在评论这种所谓的艰苦问题和我们的朋友列宁昨天所说的落后问题时，我们不要忘记，在俄国以外的国家，在高度发达的资本主义国家里，无产阶级多少个世纪以来经过资本主义的残酷无情的训练，才获得今天的生产能力和劳动能力。在英国，这种训练的开端就是血的立法，而且今天仍用饥饿的皮鞭、阶级剥削和阶级统治的毒蝎来惩罚。苏维埃俄国这个工人国家将借助于工会和合作社，用另外一种温和得多和人道得多的共产主义方法来教育它的工人群众。但是，国家必须教育他们遵守劳动纪律、掌握专门技能等。这本身就包含了冲突的可能性。

然而同时，工人国家为了尽可能迅速、尽可能彻底地按照共产主义方向改革经济，也将借助于工会和合作社教育一批充满共产主义精神的职员、公务员，即管理人员和行政人员，尽可能迅速和彻底地改革经济，使之朝着共产主义的方向改变。职员和公务员必须意识到，当工人国家的代理人和最受信任的人意味着什么。

还有另一个事实。苏维埃俄国尽管贫穷，尽管经济遭到破坏，我可以断言，它是今天拥有最先进的劳动保护法和社会救济的一个国家。这不是纸上空谈。工会和合作社密切配合苏维埃政府机关，监督劳动立法和社会救济，并使它们得到进一步的、更好的实施。工会和合作社是社会改革的有效体现。工会和合作社的活动与社会改革的关系，以前曾被改良主义分子先生们——正如我已经指出过——推崇为掏空资本主义、避免革命的手段。我们这些"极端分子"反驳他们说，一场借助于工会和合作社的真正革命的社会改革，在无产阶级夺取政权以前是不可能的，现在已经表明，我们的论断是多么正确。只有在夺取政权以后，它才谈得上是按照共产主义方向变革经济的手段。随着经济改革，社会改革的面貌为之一新，获得了完全不同的意义。它将从无产阶级对资本主义的防御和抵抗转变成共产主义的建设工作。无产阶级夺取政权，在苏维埃制度中建立无产阶级专政，是道路转弯处的一个高耸的里程碑，在这个道路转弯处，一个更高的发展正在到来，上述一切社会因素的任务已经改变。

我无须指出新政策对其他方面的影响。昨天我们的朋友列宁已经非常明白地讲过了。但是我认为，必须强调一下新政策的这一个方面，因为它指明了两个事实。首先，它指出无产阶级夺取政权和保住政权并没有翻越大山，而是刚刚站在山前。必须通过无产阶级国家政权的整个政策，尤其是经济政策，才能翻越大山进入共产主义的天堂。这中间会出现一系列困难问题：城乡关系问题，体现在苏维埃国家中的工人的政治权力与体现在工会和合作社中的无产阶级经济机构之间的问题，以生产工人为一方、工厂中的职员和公务员为另一方的二者之间的关系问题，中央和地方苏维埃机构中的种种官僚主义问题。这些棘手的问题，任何一个国家的无产阶级在夺取政权以后都必须深入研究。

因此，在俄国革命中，我们可以从事物的有关发展上学到很多的东西。不但要从看来是正确的东西中学习，而且也要从似乎是错误的或者真正是错误的东西中学习。然而我们首先得把中心问题搞清楚，中心问题就是夺取并保持政权，就是无产阶级掌握国家政权。把社会改造成为共产主义的可能性就取决于这个中心问题，这就是无产阶级本身的事业。所有其他的考虑都要从属于通过无产阶级维护政权和为了无产阶级而维护政权这一问题。如果需要一个证据来说明掌握国家政权对于共产主义革命起着何等的决定作用，那么这个证据就在我们面前的两个典型例子中。一个是苏维埃俄国，另一个是搞联合政府的德国。

在苏维埃俄国：维护无产阶级国家政权；大工业国有化；扩大劳动保护法；保障八小时工作日；坚决反对随意加班加点——只有证明为了工人国家本身更高的利益有必要加班的地方，才允许加班；发展社会救济；发展教育事业，尽管十分贫困，没有一个国家这样做过。总而言之，经济开始重建，经济生活中已取得小小的进步——而最重要的是无产阶级状况的些微的然而可以明显感到的改善。

与此相反的是德国：从斯汀尼斯到谢德曼联合政府，甚至直到希法亭—克里斯平联合政府，无产阶级没有掌握国家政权；国家企业的斯汀尼斯化取代国有化；借助于资产阶级的国家权力削弱八小时工作制的实行；削减社会救济机构；听任学校宗教化；中产阶级在极端贫困中无产阶级化；经济日益遭到破坏。总而言之，劳动群众日益贫困化，这种贫困化简直意味着千百万人的死亡。

我想，这些事实最清楚不过地说明，无产阶级手中保持国家权力究竟具有何等决定性的意义。但是，并非这一目标本身在苏维埃俄国导致了"新政策"，导致了"不可避免的"弊端，新经济政策是俄国特殊条件的产物，毋宁说，我从新政策中看到了在这种形势下从资本主义过渡到共产主义的唯一道路。

苏维埃俄国走向共产主义的道路不仅以坚持"新政策"为前提条件。除"新政策"外，还要辅之以加深对共产主义的认识，最显著地突出共产主义的理想核心，最显著地突出共产主义所包含的并使它充分发扬的伟大文化价值。因此为了把经济提高到一个新的更高的阶段，无所不包的有计划的国民教育工作,特别是青年的培养与教育,必须与新政策同时并进,它必须是共产主义的培养与教育。

同志们!如果我在这里哪怕是粗略地叙述一下俄国革命在文化工作方面做了多么大量的工作,也会超出我的任务范围。俄国革命是一个文化传播者,是如今在任何地方都找不到比它更为巨大的文化力量。大家可以回忆一下革命在国民教育、思想品德教育和艺术方面采取的一切措施。在这里,我只想强调一下红军成为怎样的文化因素。经过革命"黩武主义"训练的红军战士,作为名副其实的文化传播者回到偏僻的村庄。在这五年中,俄国革命在文化方面做了伟大的工作。单单从这方面来评价文化工作,那么它已经是不朽的了,没有无产阶级国家政权,怎么能够作出这等成就。可是,苏维埃政权作为能够从经济上、文化上把社会改造成共产主义的强大力量而生存下来,其前提是什么呢?我认为,不可缺少的前提是,共产党即无产阶级的、起领导作用的革命阶级政党与这个党外的最广大的无产阶级群众之间的密切的有机联系,俄国革命就是在这个牢固团结的基础上诞生的。由于这种团结,俄国革命一直持续到今天。共产主义的未来也必须由这种团结来保证。党和群众的有机团结,不在于严格地实行一种表面的、机械的做法,它也不是从外部强加给无产阶级的一种力量,不是的,它是从群众自身涌现出的一种活生生的现实。苏维埃俄国共产党从事的活动是无产阶级群众革命认识、革命意志、革命自我行动的最完美、最有力量的表现。现实的生活和行动,在纵横交错的渠道中,自下而上地从群众那里流到党那里,又经过千百个可见和不可见的渠道,从党那里又流回群众那里。我们听到有人责骂苏维埃俄国是一个党内集团、一个领导集团的令人麻木的、置人于死地的专政。这种谩骂得到一些陈词滥调的滋养,它们无非是对苏俄国家状况的反布尔什维克的造谣和诽谤的蹩脚模仿。无产阶级在这里不仅夺取政权,而且也保住了政权,不再受资产阶级严厉控制。面对着这种叫骂，如果我们想正确地估价苏维埃俄国是何等的创造性生活的源泉，我们只要看一看无产者群众和农民群众的行动。何等迫切的勤奋好学！何等的教育热忱！难以数计的从前浑浑噩噩的人现在又是如何充满活力！

因为有了苏维埃政权，在共产党的影响下，劳动群众中非凡的才能得到蓬勃发展，最美好的精神和道德财富得以发扬光大。你们看看苏维埃机关，看看各种社会机构，到处生机盎然，当前世界上没有任何另外一个国家里能找到这种状况。千百万人在努力前进，奋发向上。在他们的愿望和行动中，共产党的智慧在闪光，共产党的心脏在跳动。当然，我们，我们这些从外国来的人，看到一些血腥之灾，看到了一些严重的弊端。但是尽管如此，压倒我们感情的是：那是何等新鲜、何等强有力的生活啊！精神是振奋的。在这里，生活是一种乐趣，在这里，劳动是一种乐趣，在这里，死亡是一种乐趣，如果已经别无他择的话！

同志们，我要总结一下。如果我们全面地看看俄国革命做出的成绩，那么，那些所谓"热爱秩序"的人——即那些想逃避革命的人，所有那些痛恨革命、害怕革命的人，或者至少喜欢用相当少的代价换取"美好革命"的人——也许会问道：取得这些成就，难道必须要有一场革命的风暴吗？用民主的方式，改良的方法，不是也能做到吗？我说，不能！因为没有革命，苏维埃俄国就不会有它那创造性的革命政权，就不会有苏维埃制度、工人国家，就不会有无产阶级专政。没有这个决定性的转折，也就没有一个崭新的生活，高尚的生活，没有解放的、具有历史意义的生活。

俄国革命的确不需要为所谓的成就微不足道而羞愧，相反，它的成就是惊人的，其成就之大是令人钦佩的。无产阶级革命要实现一桩比任何资产阶级革命都要更加伟大、更加丰富、更加深刻的事业。资产阶级革命只是改变了国家机器，改变了政治力量的对比关系，以及与此有关联的事物，它并没有创造性地触及社会的经济。此外，例如法国大革命以后，经过了上百年，它的最大成就共和国，通过公社起义才得到保障。无产阶级革命不可能满足于把"旧的、腐朽的东西"，资本主义国家机器，"重新锻造"成苏维埃国家，它也必须彻底改革社会经济以及连同经济在一起的整个社会上层建筑。这是一项巨大的任务，不是一夜之间就可以解决的问题，它也不可能是个别伟大人物的事业，而必须是无产阶级整个阶级的事业，是数十年才能完成的事业。马克思在他同麦克斯·施蒂纳的论战中写道，如果无产阶级革命要持续几十年，我们也不可以气馁。因为革命的任务不仅是建立新的社会关系，而且要造就新的人，教育要从事建设新的社会关系的人。

在考虑到世界上第一个无产阶级国家时，我们必须牢记这一点。俄国革命取得比它以前任何一次革命都要大的成就。它没有退回到它的出发点，而是超越了起点，向远方大步前进了。它用铁扫帚从俄国土地上清除了一切封建机构和封建残余。它做得非常彻底，在欧洲没有任何一个国家的资产阶级革命曾经做到这步田地。你们看看英国！尽管资产阶级革命和长期的资产阶级阶级统治，那里今天依然存在着大量的封建制度的残余。你们看看德国这个最近刚刚经过资产阶级革命的国家，在那里，革命的成就，共和国的国家形式还不稳固，连共和国的领导人也不由得被卡普暴动、奥尔格什暴动吓得发抖。相反，在苏维埃俄国，根本不能想象沙皇制度还会回来，也难以想象这里会出现一个与小资产阶级民主派联盟的改良主义者所梦想的那种现代资本主义国家。无产阶级革命已经把很多崭新的、有益的生命幼芽植入各种机构和千百万人的意识中，这种生命已不可能再被磨灭和毁掉。

苏维埃俄国作为无产阶级国家巍然屹立，它是从资本主义向完全的共产主义变革时期的无产者国家的第一个类型。当然不是唯一的类型，这一点必须注意——建立无产者国家的历史条件是各种各样的。不过它的确是第一个，而目前是唯一的一个无产阶级专政的国家。作为这样一种类型，它的一切所作所为，它的所有的成就，以及它的错误和弱点，都是有益的，都是有意义的，对于世界无产阶级，对于世界革命，也都是有益的，都是有深远意义的。怎样夺取政权，怎样保住政权，俄国无产者和俄国共产党已经为之付出高昂的学费。今天，他们为了学会怎样把作为世界无产阶级中孤零零的一个无产阶级国家逐步改造成为共产主义社会，还必须付出最高昂的、最令人痛苦的学费。从这一点上看，我觉得布尔什维克的政策具有决定性的和发人深省的意义。有些人认为，布尔什维克的政策是左右摇摆的，是一连串的错误和偏差，而轻蔑地不屑一顾。实际情况却恰恰相反。

　　布尔什维克、俄国共产党人的政策，作为整体表现出非常出色的统一性、完整性和路线上的坚定性。这种政策是在世界历史范围内使马克思主义从理论走向实践的首次尝试，它是把无产阶级从历史的客体提高到历史的主体的具有世界历史意义的第一次伟大尝试。它是在自由中"创造"世界历史的第一次尝试。当然，人们要根据已有的条件，但是最重要的事情是要自觉地去创造历史，再也不容忍作为资产阶级社会中那些盲目蛮干的客观势力的一出无政府主义的闹剧的历史。

　　列宁同志昨天说，我们还有很多东西要学习。你们在俄国学，我们在外国学。他认为，我们所掌握的俄文还不足以正确地理解俄国人所想的、俄国人所感觉的第三次世界代表大会决议。从某种意义上说，列宁是完全对的。外国无产阶级还没有学会读俄语，也就是说，还不会按照俄国方式行动。正如共产国际应该是革命斗争从这里向全世界扩展的一个中心，它同时也应该是我们相互学习和交流经验的一个大学校，列宁号召我们：学习，争取时间！赢得时间就赢得一切！他的这个看法跟歌德在写到人类的发展时所用的至理名言恰相符合：

>"我的产业是多美,
>多么广,多么宽!
>时间是我的财产,
>我的田地是时间。"①

时间,是的,同志们,不能理解为悠闲地无所事事地期待。不,时间,要积极主动地利用每一分钟。你们在俄国要学会使用抹子,建设无产阶级国家。我们在外国,需要学会用剑,在革命斗争中夺取政权。只有这样才能完成解放人类的世界革命。新的生活将在世界大战的废墟上开花结果。因为在这样的年代,所有历史性发展的最高级、最伟大、最富有成果、最富创造性的形式是革命,是作为无产阶级群众独立的自愿行动的革命。(热烈的、持续不断的掌声)

主席:

我们现在继续进行今天的议程。议程的第二项是报告人库恩·贝拉同志讲话。

库恩·贝拉(匈牙利):

党员同志们,现在还不是编写俄国革命五周年史的时候,即使这个时候到来,那也不是第四次世界代表大会的任务,大会的参加者主要是创造历史,但是他们不应该编写历史。尤其是,我们的任务是仔细地、批判地搜集俄国革命的一切经验,并在我们的革命斗争中批判地运用搜集起来的这些经验。我们所有的人,所有为俄国革命奋斗过的人,所有在俄国西部领导过革命斗争的人,我们这些人在俄国革命经验的基础

---

① 采用冯至先生的译文。见冯至等著:《德国文学简史》上卷,人民文学出版社1958年版第205页。——译者注

上，都提出过或多或少的、不成熟的、不完善的、一般化了的理论。在我们中间，几乎没有人没有犯过这种错误。我认为现在可以说，经验的含意正是根据俄国革命的经验，我们必须避免进一步犯错误。我们必须避免任何乌托邦式的幻想，必须把搜集起来的所有经验有批判地运用到西欧的局势中去。我们必须尝试，根据俄国革命的经验在西方创造性地制定出同样革命的现实政策。俄国共产党的政策一向是这样的，现在也还是这样做的。

在列宁同志和克拉拉·蔡特金同志报告之后，现在我的任务是突出地讲一讲无产阶级革命的主观因素，俄国共产党在无产阶级革命中的作用，当然只能勾画一个轮廓。党员同志们，请允许我在这个问题上，把伟大的俄国革命与国际革命中遭到夭折的一个分支即匈牙利革命做一个对比。

回顾一下我们所经历的这五年的历史，我们看到一个奇迹，苏维埃政权站稳了脚跟。虽然有已经覆亡归天的德国帝国主义的进攻，虽然有各国资本家的联合进攻，虽然有俄国的和国际的孟什维主义的颠覆活动，但它仍巍然屹立。苏维埃政权坚持下来，并照亮了国际无产阶级的道路。决定俄国革命、俄国苏维埃政权存在下来的那些因素，是匈牙利所缺少的，缺少这些因素必然导致匈牙利无产阶级专政的崩溃。

在这里，我不想探讨那些有利于俄国苏维埃政权，而对匈牙利的苏维埃的形势却起着灾难性影响的国际的和内政方面的原因。我只想说明匈牙利无产阶级革命不仅没有列宁同志昨天所说的那种退却计划，而且甚至连退却的余地也没有。但是，关于俄国革命，我主要想指出，使所有关于苏维埃俄国热月的预言化为泡影的情况是，存在着一个以俄国共产党的形态出现的集中的、有纪律的、充满无限献身精神的工人政党。匈牙利在不利的国内外形势下，尽管无产阶级和贫苦农民普遍有献身的行动和满腔的热忱，但缺少一个这样或近似这样的党，这于是导致了无产阶级革命的失败。撇开前线上的军事失利不谈，当时社会民主党引起工人阶级的犹豫不决造成了这种失败。俄国无产阶级，它的光荣的军队，当时和后来在一些反革命的阵地前也曾遭到一连串的失败。在俄国也曾有过短暂的时间，在最危急的形势下，俄国工人阶级的大部分陷于动摇。也曾有过短时期，一部分工人阶级的情绪变成是反对革命的，尽管不是主动这样干，而是被动为之。有些时候，摇摆不定的、饥饿而又疲惫的工人阶级，可能诱使一些浅薄的观察员有理由去预言苏维埃俄国的热月。我只提醒大家想一想喀琅施塔得暴动时期。不过，一部分工人阶级的这种摇摆不定已经起不了什么作用。我们在匈牙利，没有一个成熟的共产党，我可以很冷静地说，我们在那个时候还不可能有一个这样成熟的共产党。我们还没有一个成熟的党，能在工人阶级摇摆不定的危急时刻，不顾工人阶级的一切消极被动甚至暂时的思想上的对抗，仍然能够用强有力的手牢牢掌握住国家政权的舵。由于同社会民主党的合并，积极的少数派，也就是曾经以鲜明的阶级觉悟、坚定的信仰和决心，领导匈牙利无产阶级斗争直至取得政权，并深深影响了广大无产阶级群众的共产党，已经不再能够领导斗争，不能在危急的时刻做最需要做的事。与此相反，党员同志们，在俄国，过去和现在都有一个经过数十年斗争锻炼的共产党，它在俄国革命危急时刻所起的作用，同它对无产阶级广大群众的影响同样巨大。

党员同志们，这个党，它的阶级性过去和现在都非常鲜明，在革命的五年里，已成为名副其实的俄国人民的党。德国社会民主党在格尔利茨党代表大会上，最终扔掉了它的阶级的假面具，宣布自己不是阶级的政党而是"人民的党"，作为世界上最大的群众性政党之一的德国社会民主党，成为一个真正的小资产阶级政党，从而成为德国大资产阶级的奴仆。相反，俄国共产党在俄国专政的整个时期竭尽全力维护党的阶级性，从那时起，从它掌握了国家政权的时候起，真正成为俄国人民一切劳动阶层的一个政党。在社会民主党的队伍里，人们是不肯相信这一点的，甚至有些共产党人对这一事实也持怀疑态度。我想举一个例子，这一实例证明俄国共产党的确是一个俄国人民的党，每一个共产党人可以说都是俄国人民劳动阶层的一个代表。

去年，在俄国我们进行了一次清党，清党要达到的目标就是把所有那些可以说是不受欢迎的人清除出党。清洗是在党支部的公开会议上、在企业全体非党群众参与下进行的。每一个非党的工人和每一个非党的农民都有机会对一些共产党人留在党内提出异议，非党的工人和农民确实真正行使了这一权利。在俄国，当一名共产党人——我想再一次重复这一点——意味着是人民的一个代表。这样一来，俄国共产党真正成为劳动人民的一个党，在革命的五年里，它维护并极其鲜明地表明了它的阶级性。

那么，这一令人惊异的发展原因何在呢？原因当然就在于俄国共产党的革命政策，极其灵活的政策。不过我们一定会提出疑问，党怎么能够有这样的政策，怎么会对工人阶级有如此的影响？俄国党在十月革命前不仅能够一下子赢得工人阶级的大多数，而且，我想说，在革命期间，每天15次、100次地赢得工人阶级的大多数，这怎么可能呢？秘密主要在于共产党的组成，不论现在还是过去，没有一个资产阶级政党，也没有一个无产阶级政党，能像俄国党那样拥有一个如此认真挑选的、稳固结合在一起的、思想上一致的核心，或者说是——如布哈林同志所说的——总参谋部。

这个党，这个总参谋部，这个核心，这个基本的小组，是在长年斗争中形成的。在斗争中，凡是有任何形式机会主义嫌疑的人，不仅自动地而且被从组织上清除出党。凡是在这个小圈子里不称职的人，就不能再参加这个斗争行列。与此相对照，俄国共产党在斗争中不仅形成了自己的核心，还围绕着这一核心培养了一批骨干，在这些骨干中，真正团结了所有适合于领导群众的人，他们不是不愿意服从党的纪律的同路人、知识分子，而是真正能够领导工人群众、工人阶级大多数的工人领袖。

在俄国革命的五年里，俄国革命发展的特点之一是，在这五年的斗争中，几乎所有与工人运动和工人阶级有某种共同点的孟什维克和社会革命党人都被俄国共产党吸收了。在孟什维克和社会革命党中，除了一些同工人运动从来没有关系的摇笔杆子的人以外，再也没有什么人了。可惜的是，这些骨干今天已经很稀少了。但是，他们成为培养新骨干的起点，党通过这些新骨干对工人群众施加影响。当然，在共产党掌握了国家政权的今天，对广大工人群众的这种影响，不仅表现在宣传鼓动方面，而且通过国家政权的各种机构，也表现在日常的行政管理方面，这后一方面过去也曾保证了社会革命党对群众的影响。正如过去凡是在有工人的地方，凡是能够谈论工人的地方，都可以找到一个社会革命党人，如今，则凡是工人所到之处，凡是需要工人办事的地方，都可以见到一个布尔什维克，一个共产党人。正如列宁同志昨天着重指出的那样，苏维埃的公共机构，苏维埃的行政机关，尽管可能有很多偏差，然而，由于有了共产党，它们仍然成为无产阶级民主的形式。我们可以说，苏维埃机关通过共产党的作用，已经成为无产阶级民主的机构，而不是相反。拿匈牙利苏维埃的历史作一个比较就可以说明这一点。

我们匈牙利有过苏维埃——我指的是哥尔特所设想的或是德国独立社会党所设想的苏维埃，但是，这个苏维埃没有共产党的领导。在无产阶级民主的最广泛基础上选出来的机关，没有成为真正劳动群众的机关，它不代表无产阶级的舆论。而在俄国这里，党员同志们，在这里孟什维克要求苏维埃自由选举，在这里，他们从马尔托夫到米留可夫都站在一条战线上，主张苏维埃的自由选举，并反对布尔什维克专政，这些苏维埃机关，倒是无产阶级民主的机构，而不是像匈牙利那种没有坚强的共产党领导的自由选举的苏维埃。在匈牙利的苏维埃和工会里，各个派别没有统一的领导。工会要求独揽领导权，因为它比苏维埃的确拥有更多的无产阶级内容，而在苏维埃里不光是纯粹的无产者参加。那是苏维埃和工会的一场斗争，工会有理由提出，它比苏维埃更能够充分地表达无产阶级的舆论和无产阶级的阶级特性。从这些斗争中产生了——我可以说——社会民主党的工会领袖们反对苏维埃机关的一场改良主义、工团主义的斗争。工人宁可去找工会，那里总算还有改良主义工会领袖那方面的领导；不愿去找苏维埃，这里没有共产党的领导。在俄国，苏维埃在共产党的帮助下成为人民的机关，成为真正的无产阶级民主的机构。在匈牙利，正是由于没有共产党的领导，我们没能做到这一点。但是，党员同志们，在如此一个大国里，怎么可能把如此众多的国家机关、如此众多的工人组织统一起来呢？怎么可能在这样一个国家里，在一个它的一部分领土比英国、法国、德国加在一起还要大得多的国家里，党的领导在每一个小的地方都起作用呢？

在俄国这样一个国家里，怎么才能实行中央集权？党员同志们，我想用一个比较来回答这一问题。在德国，社会民主党执政以后，作为一个党几乎解体，与其说社会民主党去影响政府机关，不如说政府机关去影响社会民主党。执政的社会民主党内的决定因素，是由党的官僚政治产生的社会民主党的国家官僚政治。在俄国情况却相反，在这里，党总是为让党的领导人去影响苏维埃机关和国家机关而操心，而不是相反。做到这一点，当然就需要某些东西，这也就是我在前天的一次讲话中所听到的，也是许多对俄国共产党认识不足的人所不能理解的东西。

前天，在这里有一位党员同志讲了下面这句话：莫斯科不是普鲁士的士官，我们也不是新兵。我要接着说：莫斯科的确不是普鲁士的士官，而是代表世界革命的优秀领导。可是那些不懂得根据俄国革命经验而制订的集中纪律重要性的人，是共产主义的坏新兵，是共产党的坏新兵。共产党对整个国家机器的指导和领导，在像俄国这么大的一个国家里，是一项有着几乎无限困难的任务。这五年的历史表明，为了能够完成革命对党所提出的任务，党的人员至少不得不进行了10次或50次的重新组合。没有共产党的铁的纪律，要运用像新政策这样的一种武器是完全不可能的。只有经过所有党员的彻底的重新组合，才有可能使党在不至于引起巨大动荡的情况下贯彻新经济政策。

但是怎样来解释这种纪律呢？怎样来理解它呢？当然人们常常谈到，在列宁领导下的老布尔什维克是一个"阴谋组织"。可惜我没有参加过这种"阴谋"，我不知道都是些什么样的"阴谋家"。但是根据我的经验，我知道正是这些所谓"阴谋家"都成了最好的群众领袖。为什么？因为正是在俄国革命的这个"阴谋时代"建立了纪律，并教育党员遵守这些纪律。

纪律当然不仅来自群众，而且来自领导，而党员必须对它的领导有牢固的信任。俄国共产党的这个领导集体，这个核心，在全体共产党员中的确是一个有权威的团体。很有可能，过去也的确如此。在实行了新经济政策以后，俄国共产党的许多党员都不明白那是什么意思。现在也还有些地区，群众还不太明白，我们怎样通过新经济政策走向社会主义，新经济政策又是什么意思。但是群众对他们的领导有这种信任，即使他们还不能马上理解一项政策措施，而且这种理解是一个较长发展过程的结果，他们也会执行这一措施，并确信他们现在还不理解的将来是会明白的。我必须在这里引用一下奥地利诗人安岑格鲁贝的诗句："要让父母尊敬你，你应该先尊重他们。"俄国革命的领袖们尔后也是这么做的，这就说明了共产党和群众对他们领袖的信任已经形成。另一方面，俄国共产党的这种铁的纪律又是实现他们空前灵活策略的最好手段。我不想谈为什么这些策略是灵活的，这种灵活性的根源和由来大家都清楚。世界上没有一个国家像在俄国共产党里那样，马克思主义成为有血有肉的事物，而最好的马克思主义的分析，如果没有足够灵活的组织和机构去奉行灵活的策略，它也只不过是一纸历史文件而已。没有强有力的纪律，没有在斗争中受过纪律教育的、训练有素的骨干，没有在这些斗争中形成的组织机动性，贯彻实现这一灵活策略是不可能的。

现在，在俄国革命的第六周年，我认为，俄国共产党面临着党必须在整个革命中解决的最重大问题，即在一个政党、工人政党的领导下，实施新经济政策，要做到使新经济政策摆脱小资产阶级本能对它的影响，使党免遭小资产阶级本能的后果的干扰。共产党凭借自己的纪律，凭借自己的机动的组织，经受了这种考验。

现在，在俄国革命的第六周年，俄国共产党革命期间给予我们的最重要的教训之一就是中央集权和集中的纪律。我认为，共产国际的最好的指导原则之一，就是第二次世界代表大会关于共产党在无产阶级革命中的作用的提纲。这个写得很好的提纲所起的作用，与俄国共产党在俄国革命中起过的作用相比，无论如何都是相形见绌的。西方党的每一个领导者和组织者都应该彻底而详尽地研究这个作用，研究俄国共产党的全部活动，根据西方的形势批判地运用这些经验，为西方党夺取并牢牢掌握政权做准备。从国际革命前途的角度来看，运用这些经验绝非次要的事。

同志们！我与任何唯意志论的哲学毫不相干，可是我认为，如果我们要面向未来，看到无产阶级革命的前途，那么共产党的主观因素就是最重要的因素之一。可惜，我们不能决定客观因素，我们顶多可以通过共产党去影响它。但是，我认为可以这样说，在1919年，当我们经历遣散危机时，我们本来几乎可以有一个类似俄国共产党那样的党，而如果我们有那样的党，我们本来不仅能够胜利，而且也能够保住政权。

就是在目前，在世界革命多少有些冷清的这个时代，共产党主观因素的重要性仍未降低。在考虑世界革命前途时，我们面临的问题是，我们怎样才能建立这样的共产党，使其在西方的环境中，在西欧国家里，也许用别的手段与方法，在革命前和革命后能够一再地赢得无产阶级的大多数。

是否有可能建立这样的共产党？同志们，我认为，这种可能性是有的。近来，我深入地研究了俄国共产党，可以断言，俄国党的群众、党员并不比德国无产阶级的水平高。我甚至可以说，德国无产阶级的群众在文化上要比俄国共产党的群众高得多。当然，俄国共产党有五年之久的经验，有了这些经验，他们就能够更加适应党的灵活策略。

不过，有可能在所有党内做到这一点。我认为，培育世界革命主观因素的主要问题，就是要形成这个革命核心和造就革命的基本骨干。同志们，我认为可以断言，我们会成功地建立这样一个核心，造就这样一批骨干，组织这样一支先锋队，我们同样可以有把握地领导西方无产阶级群众去夺取政权，并在他们的支持下保住政权，就像俄国党所做过的那样。因此，这个任务——从世界革命前途来说——是最重要的一个任务，俄国共产党给予我们的这个原理，是俄国革命五年中最重要的一条经验。（热烈鼓掌）

（会议休会时间：下午3时）

第十次会议

(1922年11月14日)

会议开始：晚6时15分
主席：诺伊拉特

俄国革命的五年和世界革命的前途（续）

托洛茨基（俄国）（代表们起立，以暴风雨般的掌声欢迎托洛茨基同志作报告。）：

同志们！

每个革命政党的伟大的、核心的政治目标都是夺取政权。用哲学家的话来说，在第二国际，这一目标是一种原则性的观念，也就是一种与实践关系不大的相当渺茫的东西。只是在几年前，我们才开始按照国际的精神，学会将夺取政权变成一个实践的目标。我们在俄国有一个与此息息相关的日子，即1917年11月7日，在那一天，一个共产党领导工人阶级夺取了政权。这一事实表明，目标不仅仅是一个哲学的观念，而且尤其是一个实践的观念。

我们如何夺取了政权，这段历史可以讲上几个小时，但是我不想这样做。然而这一历史表明，这里涉及的不是自动地、"客观地"进行的事件，而是非常实际的政治努力和政治措施。

在夺取政权的时刻,我们的政治策略发展成了最具体的革命战略。11月7日,我们党运用在某种程度上表现了以前所有政策潜力的这种革命战略夺取了国家政权。但这并不意味着——后来才完全清楚地证实了这点——国内战争的结束。相反,在夺取政权之后,我国的国内战争才全面展开。这一事实不仅有其历史渊源,而且也可从中使西欧乃至国际各党吸取某些重要的教训。

我们的国内战争11月7日以后才全面开始,后来我们又不得不在北方、南方、西部和东部地区连续进行了将近五年的国内战争。为什么会出现这样的情况呢?这是我们十分轻易地夺取了政权这一事实的一个后果。经常有人说,我们对我国的有产阶级进行了出其不意的袭击。这一说法在某种意义上讲是不错的!我国在政治上只不过刚刚摆脱沙皇的野蛮统治。农民几乎没有政治经验,小资产阶级的政治经验极少,中等资产阶级由于杜马等组织经验多些,贵族在地方自治中有某种组织。因此,反革命的庞大的后备军就是富农,在某些时候也包括中农、中等资产阶级、知识分子,还有全部小资产阶级。这些后备军可以说尚未受到触动,几乎原封未动。直到资产阶级开始明白他们失去了政权意味着失去什么之后,他们才力图用一切手段动员潜在的反革命后备军,当然他们把十分重要的岗位让给了贵族和贵族军官等。因此,旷日持久的国内战争是对我们轻易地取得政权的历史报复。

但是,结局好,全局皆好!在这五年之中,我们毕竟保住了政权。我们现在可以比较肯定地向全世界的工人运动指出,你们那里的共产党在夺取政权之前会更困难,但在夺取政权之后就容易多了。在德国,一切可以动员起来对付无产阶级的力量均被动员起来了。意大利就更不用说了,那里即使在暂时成功的革命爆发之前,即在今天就已存在完整的反革命力量了。墨索里尼及其法西斯党徒,他们因1920年由于缺少一个革命政党而遭到失败的革命而在全国扩大了影响,现在夺取了政权,资产阶级将这一政权交给了他们。于是这个墨索里尼就体现了一切反对革命的力量，包括革命可以争取的某些力量的总和。我不想详细地论述这一题目，因为这是另一个报告的任务。

在法国、英国，我们到处都看到了资产阶级从俄国的先例中学乖了，他们吸取了民主资本主义国家的全部历史经验，组织和动员了一切可以动员的力量。这表明，所有这些力量现在就在给无产阶级制造障碍，而无产阶级要夺取政权，就必须以革命的手段使所有这些力量中立和失去活动能力，同这些力量进行斗争并战而胜之。真的到了无产阶级夺取政权的时刻，反革命就几乎不会再有新的后备力量了。无产阶级在西欧和世界其他地方夺取政权后，将比我们在俄国有更多的活动余地去从事其创造性的工作。

国内战争在我们俄国不仅仅是一个军事现象——当然，如果尊敬的和平主义者允许这样说的话，这是军事性的，但又**不仅仅**是军事性的——它基本上是一个政治现象。这是一场争取政治后备军，主要是争取农民的斗争。由于无产阶级在国内战争中以其严格的策略向农民表明一个事实：他们只能在贵族和无产阶级之间进行选择，由于这种坚定而严格的革命战略，无产阶级在较量中取得了胜利。

因为农民不断在资产阶级、民主党和无产阶级之间摇摆，他们在确无第三条出路的最后时刻才决定站到无产阶级这一边，不仅用选票，而且用武器支持了无产阶级。

民主政党，包括社会党，过去一直是封建反革命的帮手，我认为，这在西欧也不会有多大的不同。同志们，你们知道，数日前我们的红军占领了符拉迪沃斯托克，从而结束了各条战线上连绵不断的国内战争。我认为，自由党著名领袖米留可夫在巴黎出版的报纸上对这一结局写的几句话，是颇为精彩的。他在这里描述了民主政党的作用。"这一悲惨的历史"——民主政党的历史总是很悲惨的（笑声）——"是以反布尔什维主义阵线宣布（文章写于9月7日）同心协力开始的。梅尔库洛夫（东部地区反革命首领）承认，非社会党人，即右派分子的胜利在很大程度上应该归功于民主党人。可是民主党的支持——米留可夫说——只被梅尔库洛夫用来推翻布尔什维克的政权。接着是本来把民主党人视为暗藏的布尔什维克的那些人掌握了政权。"

这些话可能显得很乏味，因为我们对这类言论已经厌倦了。可是回忆一下就知道，这种历史总是重演的。最初是高尔察克如此，接着是邓尼金、尤登尼奇如此，英国和法国的占领军如此，从前在乌克兰的彼得留拉亦如此。在我国所有边境地区老是单调地重复同一过程：农民被社会民主党赶到反动派那边去了，他们被反动派欺骗和利用，接着是悔恨的时刻到了，最后是布尔什维克的胜利。然后，同样的历史又在国内战争战场的某一其他地方开始。虽然这一机械的过程是简单的和尽人皆知的，但是我们现在就可以说，这一过程在各国内战的最尖锐的时刻仍将被社会党人所重复。

我们犯过许多错误。昨天列宁同志已经提到这点。可是我认为，在国内战争中我们做得相当好，行动坚决，毫不留情，我相信，一本从内战的角度为国际无产阶级书写的关于这几年我们的革命政策的书，将会是一部颇有教益的书。

夺取政权后我们不仅开始了以国内战争的手段捍卫国家，而且也开始了国家的建设和——特别困难的是——"新经济"的建设工作。我可以放弃许多我本来想讲的话，因为我们昨晚和今天听取了蔡特金同志的确实十分精彩的报告。我将只作一些最必要的补充。在作为首要前提条件的政权巩固之后，社会主义经济建设取决于多种因素：生产力发展水平，无产阶级的一般文化水平，以及国内和国际的政治形势。

我按其基本意义的顺序列举了这三个因素。但是，作为主观历史因素的苏维埃政府发现这三个因素的顺序颠倒了：首先是政治形势，其次是无产阶级的文化水平，最后才是生产力的发展水平。我们必须以主要由国内战争所要求的那种规模和速度来进行我们的经济活动，而经济适宜性并不总是同政治必要性并行不悖的。最重要的是人们理解（如果人们确实想对我们的所谓左右摇摆的政治路线的历史有所了解）政治必要性和必然性并非总是与经济适宜性并行不悖的。

我们从马克思主义的基础知识中就学过，人们不能从资本主义社会一步跨进社会主义社会，我们当中任何人都没有如此机械地解释过恩格斯的名言"从必然王国进入自由王国的飞跃"①；谁都不曾相信，人们一朝一夕就能改变社会。在这里，恩格斯指的是一个长的时期，从长期的历史立场看，这意味着真正的"飞跃"。现在，我们在搞国有化和进行社会化的试验中确实相当迅猛（用这个词的狭义）。我已在此提到过，我们主要是在国内战争的压力下才这样做的，因为如前所述，贵族、资产阶级和小资产阶级在我们夺取政权之前，不可能确信我们工人阶级是不可逆转的历史力量和他们必须屈服于无产阶级的约束，他们在11月7日以前不可能取得这一重要的教训，只是在夺取政权之后我们才使他们受到教训。这表现在哪里呢？表现在每个工厂、每家银行、每一个律师事务所和医生的诊所（当然指的是操业的，即比较富有的律师和医生）在夺取政权之后立即变成了反革命的基地。

为了在夺取政权后仍将中小工厂交给厂主经营一个时期，必须同他们达成一个协议，必须要求他们服从新政权的法令。这是绝对办不到的。这些人中没有一人想真诚地对待我们。没有人想真诚地对待我们，这是一桩坏事。那时我们相当困难的任务是教训他们，使他们认识到必须真诚地对待我们，而这只能通过没收他们的政权赖以存在的东西由国家管理。不这样做怎么行呢？他们之中有人将工人赶出了工厂，关闭了

---

① 见《马克思恩格斯文集》第9卷第300页。——编者注

企业，或者将其住宅变成反革命的避难所，等等。

在这种情况下，国内战争的需要高于对经济适宜性的考虑是完全自然的。因此，对资产阶级的剥夺，不是有步骤地进行，不是按照我们当时在组织和利用资产阶级财产的工作上所能胜任的程度逐渐地进行，而是按照我们必须制服以死亡直接威胁我们的敌人的程度进行的。这一点很重要。当然，西欧各党在夺取政权之后如能或多或少地更容易行事，那么它们也将有可能更有计划地、更谨慎地进行剥夺。人们将根据在经济上和组织上也能利用剥夺来的财产的程度来进行剥夺。但是，政治军事考虑当然总是优先于经济安排。现在再回到我们的问题上来。

在我们所没收的工矿企业等远远超出我们所能利用的范围以后，在我们将资本主义社会全部机构均作为敌人的堡垒破坏以后，我们就感到有必要以某种方式将这一巨大的、相当杂乱无章的遗产组织起来。国内战争在继续，经济的组织工作也是在国内战争的军事和经济需要的压力下进行的。于是就出现了战时共产主义。这首先意味着必须利用各种手段，主要是通过武装力量为国家和军队筹集口粮。此外，这也意味着不得不迫使被资产阶级及其掌握技术的走狗们破坏了的混乱的工业提供军队和国内战争所需要的东西。鉴于从前居领导地位的全部机构已被打碎，我们现在除了试图通过一个集中的国家机构来代替这一机构外，别无其他的可能性。可是这实际上只是战争需要的一个临时性机构。

你们会问，我们是否曾指望，不经过大的挫折，即通过大体上直接的道路从这一阶段过渡到共产主义？我们不能不承认，在这一时期我们确曾希望西欧革命发展的速度更快些。的确如此！现在我们也可以肯定地说，如果德国、法国乃至全欧洲的无产阶级在1919年夺取了政权，那我们这里的全部发展就完全是另一个样子了。

1883年马克思在写给俄国民粹派的一位理论家的信①中说，假如欧洲的无产阶级在俄国的农村公社——农村土地公有制——完全从历史上消失之前夺取政权，俄国的农村公社也能成为向共产主义发展的起点。他的论断完全正确。我们更有理由设想，如果欧洲无产阶级在1919年取得了政权，当时就会带动我们这个拥有临时性组织和临时性经济机构的落后的国家，在技术上和组织上帮助我们，我们尽管需要对我们原始的战时共产主义作许多修正，但却可不经过重大的挫折逐渐地向前迈进，最终完成向共产主义的发展。我们曾这样期望过，这不是犯罪，因为不言而喻，没有人能够预言这一发展速度将会比较慢还是比较快。甚至第二半国际在1919年也承认了专政。这的确并非幻想，不仅从发展趋势，而且从发展速度的角度观察也是如此。如果我们暂且忘记我们曾向前跃进，后来又曾向后倒退过，并向一次像这次大会这样的国际会议汇报大体上发生了什么，那么我们可以说：沙皇的统治1917年3月被推翻，1917年10月无产阶级夺取了政权，后来又开始保卫其政权，同时开始了组织国家和经济；在五年期间，他们将土地、最重要的工业企业、全部铁路和最主要的水运公司变成了国家财产，只将非常微不足道的小企业——我还将更详细地谈论这点——留给了作为租赁者的资产阶级。工人国家控制了商业，对市场有决定权。国家向耕种属于国家的土地的农民征收实物税，并利用这些税款来发展由国家承办和为国家生产的工业。每个人都会说：是啊，对一个相当落后的国家来说，社会主义的进步是很大的。可是现在的不幸在于，这一进步不是通过普遍的、向

---

① 原文有误，在马克思的书信中查不到1883年写给俄国民粹派理论家的信。在《共产党宣言》1882年俄文版序言中有类似的思想，该序言最初于1882年2月5日在俄国民意党人的《民意》杂志第8—9期用俄译文发表。参见《马克思恩格斯文集》第2卷第8页。——编者注

着同一方向发展的道路，而是跳跃式地或通过走"迂回曲折的路线"取得的。于是我们的敌人对我们说，这是投降的开始。关键就在这里。

为什么我们不得不退却呢？这个问题必须更详细地回答。经济组织最重要的任务是将生产力和劳动力分配给国民经济的各个部门，首先分配给农业和工业。而对这些力量进行社会主义的分配和组织，又需要一套办法，这套办法，即使在最发达的国家中，获得胜利的无产阶级也需要花上几年，甚至几十年的时间才能逐步制订出来。我们的弥补措施只够用于军事工业。为什么呢？很清楚。请设想一下整个局势吧。在资本主义制度下，生产力的分配是按照自由市场、竞争和供求的法则进行的。由于危机和繁荣周期，某种平衡总是在建立之后又被破坏。这一情况一直延续到1914年。后来爆发了战争。在经济学上，战争意味着经济的大破坏和最大的混乱。接着发生了两次严重损害生产机构的财产、损害经济的革命。我们面临着这种混乱以及我们一直称之为无政府状态的资本主义的"谐调"的副作用，从它在各生产部门之间建立起来的某种必要的社会关系的意义上讲，它也的确是某种"谐调"。我们面临的这些副作用由于战争造成的破坏而走了样，又因技术人员的破坏而复杂化了，同时我们还面临着向军队提供食品和给工人一块面包的问题。

我们早期的集中的方法足以解决前面提到的后一个问题。但是，人们绝对不可能一下子就为社会主义经济搞出一个先验的统计表来，即首先完全否定资本主义的组织方法，然后根据对经济的需求、劳动能力和原材料的全盘计算使社会主义诞生，这是绝对不可能的。因此，我们在首先夺取了政权之后，就利用了资本主义的方法和物质财富生产机构以及经济组织、生产和劳动力的分配。根据经验不断地从两个不同的角度进行新的调整：一方面是现有的物资可能性，另一方面是被革命改变了的需求。通过这些调整，我们就越来越接近于能够真正通过集中的计划来领导经济的状况，在这种状况下，集中的计划是建立在事先取得的经验和所积累起来的财富的基础之上的,并且是很灵活的,足以发展对地方需求乃至个人需求的必要的适应能力。

也就是说,正在形成的利用资本主义手段的社会主义经济恰恰是在资本主义的无政府状态和上述这种状况之间发展的。我们的情况正是这样。我不喜欢用"国家资本主义"这一术语。列宁也曾说过,人们只能在某种限度内有保留地使用这一术语,因为在我们目前经常称之为"国家资本主义"的概念和真正的国家资本主义之间当然有很大的区别。改良主义者一直认为,社会主义可以逐步通过国有化来实现。在法国,饶勒斯的纲领是这样说的:逐步使民主共和国社会主义化。与此相反,我们总是强调,这样最多只能达到国家资本主义,因为只要资产阶级在进行统治,作为资产阶级集体工具的国家资本主义也只能服务于压迫和剥削工人阶级。

但是我们俄国现在的形势完全不同。我们的形势是,工人国家掌握了工业并利用资本主义市场和资本主义核算的方法领导这些工业。在俄国的发展中,我们曾经有一个时期——我认为,在其他国家和民族的发展中,可以看到许多类似情况——俄国资产阶级在农奴制时期就有了利用农奴劳动的工厂,那时人们称之为封建领地式的工厂。这是按照旧法统的形式发展现代生产。但是,这是在沙皇和贵族的统治下发生的。现在我们面临的是一次伟大的历史试验,它受历史必然性的支配。在试验中,一个新的阶级使用仍无法取代的旧的方法来建设一种新的经济,因为没有新的方法可供使用,新的方法只能从旧的方法中发展出来。

我们从农民那里开始了这种向新政策的转变,其政治原因列宁也曾提到过和解释过。这首先是在国民经济范围内分配生产力和劳动力的总任务的一个部分。由于农民在经济上的分散和在文化上的落后,做起来最困难,因此我们就恰好从这一广阔的领域开始执行新的经济政策。

我将举一个例子说明,新经济政策不仅是对农民的一个让步,而且是无产阶级的社会主义发展的一个必要的阶段。这个例子就是铁路。铁路——铁路运输和铁路网——恰好是在俄国的资本主义制度下就已大部分国有化、并且通过技术自己达到了某种程度的合理化和集中化的企业。我们从国家接收了铁路的一半,另一半——较少的一半——是从私人公司没收的。现在,全部铁路网都掌握在我们的手里。当然,真正社会主义的行政机构不应当从这条或那条铁路线的所有权的立场,而应从全国运输利益的立场出发,把铁路视为一个整体。它应当按照国家经济生活利益的需要把机车和车厢分给各条路线。机车有不同的型号,因为它们是在不同的时期由不同的公司在不同的工厂制造的;不同的车间重新组装并同时修理不同型号的机车。应当将机车按型号分类,将路段分给不同的车间。应当要求实行机车及其部件标准化,即技术一致化,并严格执行。资本主义社会由于其生产机构部门繁多和臃肿庞杂而浪费了大量的劳动力。因此,有必要着手推行运输业和铁路的标准化,因为这些部门的标准化最容易进行。

如同我们所正确指出的那样,标准化是技术的社会主义。使经济标准化与使经济电气化是同等重要的。没有标准化,技术就不会取得最大的成功。现在我们已试着这样做,但是立刻遇到很大的障碍。铁路属于一个公司的事实造成了这样的结果:每条路线都作为一个整体通过市场同整个经济结算,它们的账单总摆在桌面上。这一事实在经济上是必要的,但是如前所述,在技术上是很有害的。从经济上讲,这在目前的条件下是不可避免的,因为人们是否经营一条路线,完全取决于它在经济上有多大的必要性。人们是否用这条铁路运东西,这可以通过市场规律或通过社会主义经济总统计报表来控制。后面这一方法我们尚未使用。这是社会主义结算的最精密的方法,这种方法还有待发展。由于战争和革命,人们已丢弃了旧的方法。新的方法尚未出现,旧的方法就被取缔了。如果人们愿意,虽然可以实行铁路网的这种标准化和进行新的社会主义技术建设，但是却失去了各铁路线同整个经济之间的联系。应当如何分配车厢和劳动力，目前只能用资本主义的计算方法来确定。通过统计每次人员旅行和每次货物运输的收费并进行结算，人们就能算出每条铁路和全部运输业的总体情况，并在以后也能进行集中领导。因此在这方面我们不得不退却，让各条铁路线或多组铁路线作为或多或少独立的企业存在一定的时间。这表明，人们只有抽象的技术目标和本身完全合理的需要，即只有形式上的社会主义目标，是无法实现从资本主义向社会主义发展的某些经济阶段过渡的。

当然，这在更大的程度上也适用于工业企业。例如，我们在乌拉尔、南方和勃良斯克州等地有机械制造厂，人们可以根据莫斯科中央机关的统计表册中记载的情况给它们分配煤炭、原材料和其他物资。这样我们就完全失去了同实际的接触，这就是说，我们不了解工厂生产状况的好坏，它是否节约用煤，因为中央统计相当不准确，而我们又不掌握那些企业的经济和商务的核算，这种在某种程度上作为社会主义有机体的细胞的每个企业，不能作为自主企业而进行经营，还必须向工人国家表现出自己的效益。新经济政策提供了这种可能性。新经济政策无非是工人国家通过利用核算、结算和估价企业的实用性这些资本主义的发展所创造的方法来比较缓慢地建设社会主义经济。我们想通过这种方式来恢复市场。

但是，市场需要一种普遍的等价物。我们这里的这种等价物的状况相当糟糕。列宁同志已经比较详细地谈过，必须使卢布稳定，我们在这方面的努力并非毫无成果。我们的工业现在不断地抱怨缺少企业资金，在这些抱怨中人们经常听到资本主义拜物教的腔调，尽管我们没有资本主义了。我们确实没有资本主义了，因为我们虽然把我们的情况称为"国家资本主义"，但如前所述，这只是一种习惯的叫法，我宁愿避免使用这个词。然而拜物教是旧时代留给我们的，并仍然存在于一些同志的头脑中。我们立即又扶起了这个魔鬼。

人们抱怨说，我们的财政委员会没有给足够的钱；如果我们稍微再多给我们的工厂几个可怜的卢布，我们就能继续进行生产了。作为这些可怜的卢布的补偿，我们就会立即得到亚麻布、鞋或其他必需的东西。我们正经历一场企业资金危机。这意味着什么呢？因为我们现在利用资本主义方法分配生产力，因此我们的一切困难当然都具有我们在资本主义社会中已司空见惯了的模样。比如冶金企业没有足够的企业资金。这意味着什么呢？这意味着我们首先很穷，要振兴工业必须从将我们的技术和财政力量用在最需要的地方着手。但是，最需要的地方是消费开始之处——工人、农民和红军战士。因此很清楚，财政资金首先流向那里。只有当成品工业发展了，重工业才可能健康地发展。现在成品工业在为市场生产，这就是说，它已进入各种国营的和私营的企业竞争的场地，只有这样，人们才会习惯于很好地劳动。这一目标既不能通过道德教育和说教达到，亦不能靠集中的经济完全达到，而只能通过每个工厂的经理都不受上边的，即国家的监督，而是受下边的，即消费者的监督，监督其产品是否有销路和是否合算，即产品是否好，才能达到。这样可以最好地监督企业主的行为及其管理。由于成品工业使我们有可能取得国家的实际财富和获得利润，我们也就为重工业打下了基础。

由此可见，工业的财政危机可以从整个经济发展得到解释。当然，我们的财政委员会不可能立即靠发行债券来支持每个自称可以用企业资金进行生产的企业。这是什么意思呢？当然，首先这意味着市场会出售这些多余的债券，并售出如此之多，以致卢布下跌到极其可怕的程度，即全部债券的总购买力比现有的卢布数量还低。其次，这意味着我们将使债券成为造成经济混乱的一个因素，因为既然我们已经利用资本主义的方法，我们就必须谨慎地纠正它，不能用抛出债券和使经济完全混乱的办法来肆意进行干预。

诚然，人们完全有理由评论新经济政策说，这里孕育着巨大的危险，因为你如果将手指给魔鬼，你也必须将手、胳膊乃至整个身体给他。市场，竞争，自由买卖粮食——这一切的后果如何？首先是商业资本的作用提高了，商业资本的积累在日益增加。一旦有了商业资本，它也会挤进生产活动，挤进工业，它也会从国家租赁工业企业。因此我们不再限于商业，而且在工业里也有了积累。这样我们就看到真正的资本主义——因为投机者、中间商和承租人是在工人国家中发展起来的真正的资本家——在日益强大，掌握了越来越多的国民经济部门，并以此来消灭正在成长的社会主义，最后也将夺取国家政权。因为我们同奥托·鲍威尔一样清楚，经济是基础，政治是上层建筑。由于新经济政策让资本主义力量自由发展，而资本主义力量又总是具有令人厌恶的通过资本积累来壮大自己的倾向，我们就时刻有被资本主义完全击败的危险，可是鲍威尔却总是把这视为赖以自救的和避免完全垮台的唯一前景。从理论上抽象地讲，并不完全排除高尔察克和邓尼金占领莫斯科。我们那时在进行斗争，这是军事斗争。当有人问我们是否真地存在高尔察克攻进莫斯科或者在此之前霍亨索伦王朝的师团到达莫斯科的危险时，我们曾回答说：这当然是一种可能性，在战斗中如果我们的军队失败了，这种可能性就能变成现实。但是我们想胜利，而不想失败。今天的情况如何呢？我们今天也处于一场战斗中。农民的农业是基础。如果说在国内战争中其实是为了争取农民的心；如果说以红军为一方，以贵族和资产阶级为另一方曾为争取农民站到自己一边来而进行过斗争，那么今天工人国家和资本主义之间的斗争则主要不是争取农民的心，而是夺取他们的市场。在斗争中我们必须正确地估价敌人的手段和自己的手段。我们的手段是什么呢？我们的主要手段首先是国家政权，这是经济斗争中极好的手段。资产阶级的全部历史和我们时间不长的历史均证明了这点。其他的手段是：掌握最主要的生产力包括掌握国家的运输工具和占有土地,后者使我们有可能向农民征收实物税。此外还有军队和一切其他的手段。这是我们的优势。

尽管发展中的资本主义,即所谓的国家资本主义在继续发展,它不会变成真正的资本主义,而会变成真正的社会主义。所谓的国家资本主义越发展,就越接近社会主义。对我们来说这并不危险,危险在于获得了自由天地的真正的私人资本主义的发展。这种真正的资本主义同我们的国营经济和国营工业进行竞争。那么我要问:它有什么手段呢?它没有国家政权,得不到国家政权多大的同情。相反,国家政权尽力限制它。为防止年轻的小伙子过于高傲和防止他的树木长到天上去,这种限制是必要的,用以剪除多余的树枝的剪刀总是掌握在工人国家的手里。

主要的手段有税收。此外,国家也掌握租赁出去的工业企业。在这里我得引用几个数字,因为恰好在这一点上人们说我们投降了。如果我们不去谈运输业(全部运输工人为956952人),因为运输业完全由国家掌握,而只把纯粹作为托拉斯管理的工业企业计算在内,那么目前我们在我国经济十分困难的情况下使100万工人有了工作。相反,我们租让出去的工厂只有8万工人。然而不仅这是重要的,企业的技术水平也很重要。关于技术水平,下面的事实会给你们一个概念:租让出去的企业中工人数目平均为18人,而国营企业中则为250人。

由此可见,最重要的、技术设备最好的企业完全掌握在国家的手中,由国家经营。我刚说过,在国营企业有100万人就业,在租让出去的、特许的企业中有8万工人。可是即使这8万工人也并非全在私人的企业中,因为这些企业的半数不是由私人资本家,而是由消费合作社或是租赁国家企业并自负盈亏的个体代销处经营的,这样在从国家租赁的纯私人资本主义的企业中就业的人不多于4万—4.5万,而在国营企业中有100万工人。这些都是最新的情况。在这种私人资本真正超过国家资本之前,我们还有充裕的时间去考虑一切,并在必要时去改变一切。

然而我认为，如果在今后几年西方不爆发革命，我们的私人资本将能获得较长时间的发展，但是绝对不会达到国家资本的发展规模。

在商业领域，私人资本现在就已起较大的作用了。用数字去估价它是相当困难的。我们的专家们常常不像他们所自诩的那样是专家，这不仅是由于缺乏诚意，而且也由于客观的原因。他们认为，私人商业资本现在约占商业流动资金的30%，另外的70%则属于由国家资助的和原来由国家领导的国营机构和消费合作社。

这两个过程并驾齐驱，同时也互相对立。尽管如此，它们在同一时间内却互相支持。私人资本聚集在我们的国家托拉斯的周围，同它们进行竞争，但也由它们来养活。另一方面，如果我们的国营企业不得不停止从某些较小的私人企业进货，自己就不能进行经营。现在，我们的国营企业正经历着**社会主义原始积累**时期。如果我们得不到贷款，我们就不得不作为受到孤立的民族国家——尽管不尽符合李斯特所提出的原意——继续发展我们的经济，我们的积累方式不是资本主义的，而是社会主义的。另一方面，**资本主义的**原始积累过程又重新开始了。两个过程哪一个进展得快些，现实将得出结论。较多的有利条件和王牌掌握在工人国家的手中。当然，人们也可能失去这些有利条件和王牌。分析一下目前的形势，我们发现一切有利条件均在我们这一边，但是有一点除外，那就是：在我们这里现在第二次经历原始积累时期的私人资本的背后有世界资本。我们仍然被资本主义所包围。因此，人们可以而且应当提出一个问题，即我们刚开始的仍以资本主义手段经营的社会主义是否会被真正的资本收买过去。

但是收买总是有两方，一为买方，一为卖方。我们这里的政权掌握在工人国家的手中。最重要的工业部门和对外贸易被垄断了。因此，垄断对我们具有原则的意义。它是对想收买刚刚兴起的社会主义的资本主义的防范。关于让步的情况，列宁同志已经说过：大辩论，小让步。

（笑声）人们经常强调，世界资本主义正处于一场严重的危机中，人们需要苏维埃俄国，英国需要俄国的市场，德国需要粮食，等等。抽象地讲，这似乎是完全正确的，如果人们用和平主义的观点，从人的健全的理智——它总是和平主义的（笑声）——的立场出发观察世界。看来英国资本好像将以全力驶向俄国，以便在经济上占领俄国；而德国则将趑趄不前。可是实际情况并非如此。为什么呢？因为我们正处于经济平衡被破坏了的危机时期，资本没有可能制定和实现庞大的经济计划。对英国而言，俄国固然是一个大市场，但并不是明天的市场。在一天之内俄国市场消除不了仍然高达 100 万人的英国失业大军。俄国市场也许在 3 年、5 年或 10 年后会达到这一目标，可是这样一来人们也必须制定 10 年的计划。这是不可能的。在这个动荡的世界中，现在一切都如此不稳定！

因此，各资本主义国家政府的全部经济政策都只从今天计算到明天。这就决定了世界的全局。因为人们意识到俄国并不是明天的救星，所以他们一再拖延开始提供已经宣布了的许可证和贷款，如此等等。担心我们可能被这些许可证淹没和压死，是完全没有道理的。你们看到了，我们现在在我党中央机关刊物上刊登了关于一个大的租让——对厄克特①的租让——的一系列长文，文中我们冷静地估计了——我承认，也许有某些计算错误——这一租让对我们有利还是有弊。这是什么意思呢？这意味着，决定权掌握在工人国家的手中。工人国家在考虑，它是否愿意提供这些或那些租让权。

总而言之，如果将自由市场让给真正的资本主义，那它的发展就是

---

① 约翰·莱斯利·厄克特（John Leslie Urquhart，1874—1933），英国工程师和工业家。十月革命前曾在俄国巴库油田任工程师，后任在俄开办的一些英国公司的经理。为了从与苏维埃俄国的经济合作中获得好处，1921 年就取得对其原有产业的租让权问题同苏维埃政府进行谈判。他所提的条件被苏俄拒绝。——译者注

不可避免的。工人国家失去对真正的资本主义控制的危险比欧洲工人阶级夺取国家政权的可能性要小得多。对我们来说,这是一种一直持续到欧洲和世界其他地区的工人阶级取得国家政权的政策。

我认为,对业已寿终正寝或者至少已生命垂危的第二半国际的自作聪明者的回答大体上应该是这样的。为纪念我国革命4周年,奥托·鲍威尔写了一本关于我国经济的小册子,他在书中以完美的逻辑就新经济政策讲述了我们的社会民主党阵营的敌人习惯讲述的一切。首先,新经济政策当然是一种投降,但却是一种很好的投降。因为1917年他就曾预言,俄国革命的最终结局不是别的,只能是资产阶级的民主共和国。可是据我回忆,在1919年,这些先生们,奥托·鲍威尔和第二半国际的这些先生们的预言却与此完全不同。因为他们当时承认社会革命的时代已经开始。没有人会相信,资本主义在全世界走向灭亡的时候,它会在由工人阶级统治的革命的俄国开始其黄金时代。

就在1917年奥托·鲍威尔还纯真地相信资本主义坚如磐石的时候,他写道,俄国的革命只能以建立资产阶级的国家而告终。社会党的机会主义者在政治上总是印象主义的。因受革命浪潮的冲击和影响,他于1919年认识到:这是社会革命时代的开始。可是现在鉴于——谢谢上帝——革命的浪潮并未掀得那么高,他又急忙回到了他1917年的预言,因为他的口袋里总是装着两种预言供他随意选用。(笑声)接着他又说:"我们现在在俄国看到的正在恢复的经济是一种资本主义经济,由新资产阶级所控制的资本主义经济,它依靠数百万个农户,国家的立法和行动必须适应它。"可见,他在一年前即已宣布,我们的经济和国家是由新资产阶级控制的。此外,我已向你们讲述过的企业租让,大约有4万工人在比较差和比较小的企业工作,而在国家最好的企业里有100万人,这当然也是"苏维埃政权向工业资本投降"。为了更好地烘托这一切,他还讲道:"经过长时间的犹豫,苏维埃政府现在终于(!!)决定承认沙皇时期所欠的外债。"

当然，鉴于某些同志并非总是准确地记住了我们的历史，我想提醒你们，1919年2月4日我们通过广播向各资本主义国家的政府提出了下面一些建议：

1. 承认前俄国历届政府所欠的债务；
2. 以我们的原料作为支付债款和利息的保证；
3. 出租开发权——按照各国政府的意愿；
4. 以协约国的军队对某些地区实行军事占领的形式作出领土让步。

这些都是我们于1919年2月4日通过广播向资本主义世界提出的建议。同年4月，我们又对非正式的美国全权代表布利特更详细和更准确地重申了这些建议。同志们，现在如果你们将这些建议同我们的代表在热那亚和海牙提出的或者确切地说拒绝的建议相比，你们就会看到，在这条道路上我们不是朝着逐步退让，而是朝着对其他国家更坚定地坚持我们要求的方向发展了。

当然，这一发展导致了"民主"，这是很清楚的，而且早已在奥托·鲍威尔和马尔托夫之间商量好了。鲍威尔教训我们说，这再次证实了马克思关于经济基础的变革必然继之以全部政治上层建筑的变革的学说。诚然，随着经济基础的变化，上层建筑也在变化，可是首先，经济基础并非完全按照奥托·鲍威尔的指挥，也不是按照在这个问题上更有权威的厄克特先生的命令改变的。其次，如果经济基础真地改变了，也是以我们不致对这一过程失去政治控制的速度和范围为限度的。资产阶级也对工人实行某些改革，向工人阶级作出某些让步。我们不应该忘记，某些试验一开始就相当大胆，如普遍选举权。马克思曾把英国在法律上规定缩短工作时间称做一个新原则的胜利。什么原则呢？工人阶级的原则。但是从这一未来的原则的局部胜利到英国工人阶级夺取政权之间有一个漫长的历史时期。然而我们不需要拖延这么长的时间。我们必须并且能够平心静气地说，如果一方面对资本主义方法的让步以及另一方面对资本主义世界的让步继续发展下去，不断地积累、深化和加剧，当然我们最终也会达到基础难免变化，致使工人国家的上层建筑必然崩溃的地步。可是这正是事物的辩证法：首先，上层建筑一旦建立，它本身又成了影响基础的因素；这个基础也在这个上层建筑中获得了最牢固的支持；其次，我们估计，必然会成为先锋队的西方广大的后备军走上舞台不是十分遥远的事，而是要经过某一段历史时期。如果人们不是从数量上，而只从质量上衡量历史事件（诸位作为辩证论者都知道，量会转化为质的），如果人们进一步将历史的发展从时间的因素（即使用爱因斯坦相对论去解释）中解脱出来，如果人们认为历史不受时间的限制并把它看做是永恒的，那么新经济政策对我们来说当然是有致命危险的。因为如果新经济政策永远执行下去，社会主义就决不会取得胜利。奥托·鲍威尔先生的全部智慧大致就是这样。只是他最后还是认为，我们必须加速上层建筑的变革。他说："重建资本主义经济是不能在共产党专政下实现的。在国民经济中实行新的方针要求在政治中也实行新的方针。"

因此，在奥地利已经做到了这点的人（笑声）对我们说：你们知道吗，资本主义在贵党的独裁统治下是繁荣不了的。正因为如此，我们才保持我们党的专政！（与会者大笑。掌声。）

同志们，还有一个重要的问题我没有回答。我指的是生产率、劳动效率的问题。

社会主义是一种经济制度，资本主义是另一种经济制度。社会主义的优越性不能通过作报告，而只能通过提高劳动效率来证明。因为，正如同使人的劳动效率得到提高的资本主义经济方式优越于封建的经济方式一样，社会主义对资本主义也有同样的优越性。我们现在很穷，这是一个重要的事实，如果人们从这一方面来看我们，那我们的敌人就可以提出许多更严重的理由来反对我们。农业生产和工业生产同战前相比下降很多。去年的农业收成约为战前平均收成的 3/4，这一年的工业产量约为战前工业产量的 1/4。乍一看来，这里好像潜伏着一个巨大的危险。我们依靠工业，而农业则为私人资本积累提供基础。然而我们不应当忘记，农民为自己，为自己的需要生产其绝大部分的产品。如果他们在这一年获得了战前的 3/4 的收成，他们在向国家缴纳 3.14 亿普特的实物税后，最多只能向市场出售 1 亿普特的粮食。投放到市场的这部分农产品，只能是为了私人资本和掌握在国家手中的商业资本的需要。而这一数量是相当小的，其增长速度不会比工业发展更快。

无论如何我们还没有用事实证明，社会主义是比资本主义更优越的经济方法，因为我们的国家比战前，也比革命前穷了。这是一个事实。这一事实是由另一个事实决定的，即作为经济变革体系的革命是一种代价高昂的行动。世界上的一切革命均证明了这点。试以法国大革命为例，法国专家、现任法国司法部长科勒拉特在热那亚对李维诺夫（或者契切林）说："你们根本无权在经济问题上发言，因为你们将贵国的状况同我国作一对比就清楚了。"以资本主义为基础的今天法国的状况脱胎于法国大革命，我们今天看到的法国及其财富、文明和腐败，没有法国大革命是不可想象的。同一位科勒拉特在 7 月 14 日当然也谈到法国大革命是现代民主之母。读到他的言论后我查阅了一些历史著作，如法国历史学家泰恩的著作和饶勒斯撰写的社会主义史，发现了下面一些事实：首先，热月 9 日，即反革命时期开始之后，法国的贫困化真正出现了。革命开始 10 年之后，即在第一执政波拿巴的统治下，巴黎每天只得到 300—500 袋面粉，实际上每天至少需要 1500 袋。这就是说，当时拥有 50 万人口的巴黎在资产阶级革命的第十个年头只得到它最需要的粮食的 1/8 到 1/4。

再举一个例子。在同一时期，在法国革命的第九个和第十个年头，全国58个省中有37个省的人口减少了,原因是饥饿和瘟疫等。请看,这是在第十个年头!而我们则刚处于革命的第六年的开始。我们现在所介绍的情况不值得羡慕,但却比统计数字提供的法国资产阶级民主革命10年后的状况要好得多。无论如何我们看到,历史虽然经受了暂时的破坏,但是由于它通过提高人类的劳动还是达到了自己的目的。这就是历史的不和谐的表现,对此我们是没有责任的。刚好在最近几天,我读到一篇讲演,我想特别推荐给法国同志。这是著名的贝特洛之子、法国化学家贝特洛的讲演,他作为法国科学院的代表讲了下面一段话(我从《速度》杂志上将它翻译过来了):

"在历史的各个时期,在科学领域同在政治和社会现象领域一样,武装冲突的可观而可怕的特权总是在用血与铁来加速新时代的诞生。"

当然,他主要指的是战争。他关于战争特别是关于捍卫新的历史原则的战争起了巨大推动作用的观点,也是正确的。但是他对武装冲突只是泛泛而论。那种意味着破坏的革命冲突,同时也意味着新时代的诞生。由此人们可以断定,革命的费用和代价并不是"额外的费用"(faux frais),不是无谓的开支。我们要求我们的朋友——他们会给我们的——再给我们五年时间,以便我们在革命的第十年在经济上不仅通过推测,而且通过有形的事实来证明社会主义对资本主义的力量。

但是,如果资本主义世界还存在数十年,如果确实会这样,那么这将意味着对社会主义的俄国判处死刑。然而我们在这方面不需要怀疑或者改变我们在共产国际第三次代表大会上所提出的观点、论断和命题。英国外交大臣寇松勋爵在他于11月9日,恰好是德意志共和国的诞辰那天所作的一篇报告中精辟地分析了世界形势。我不知道同志们是否读过这篇报告。因此我想读读其中的几段话。他在本月9日说:

"由于战争，各国的力量均受到了削弱和挫折。我们承受着沉重的税务压力，这使我国的工业受到很大的影响。在一切劳动部门均有大批失业者。至于法国的境况，这个国家债台高筑，并且得不到赔款。德国处于政治动荡的状态，其经济生活因可怕的货币危机而陷于瘫痪。俄国仍然处于欧洲各民族大家庭之外，它仍在共产主义的旗帜下（俄国并不完全同意奥托·鲍威尔的意见）（笑声）并在全世界进行其共产主义的宣传。（事实并非如此！）（笑声）

意大利经历了一系列的内部动荡和政府危机。（危机远未过去，而是刚刚开始。）（笑声）

近东处于完全混乱的状态。这样一种形势令人吃惊。"

俄国共产党人也作不出比这更漂亮的世界性的宣传。欧洲最强大的帝国的最有资格的代表人物在苏维埃共和国成立五周年时断言说，"这样一种形势令人吃惊"。他说得对。只是人们必须改变这种令人吃惊的形势。

有一次，一位意大利记者问我们现在如何看国际形势，我以相当陈旧的方式回答说："资本主义已无力进行统治——寇松先生完全证实了这点，工人阶级还没有这个能力。这是我们时代的特点。"三四天前，我从住在柏林的一位朋友那里收到最近一期《自由报》的剪报，上面写道："考茨基战胜托洛茨基"（笑声），还说，《红旗报》不敢对我向考茨基投降表示反对——虽然《红旗报》总是敢于反对我，尽管有时我是正确的。可是这是第三次代表大会的事情，而不是第四次代表大会的事情。（掌声和笑声）因此我当时才说："资本主义已无力进行统治，工人阶级还没有这个能力。这是我们时代的特点。"现在《自由报》洋洋得意地对此解释说："托洛茨基在这里称之为其观点的，是以前考茨基的意见。"因此是一种抄袭行为！是啊，你们知道，答记者问并不是一件舒服的事情，从来都不是自愿搞的，而总是听从我们的朋友契切林的命令。在我们这里确实有一些事情集中了，答记者问须经外交委员会批准。（笑声）如果必须答记者问，当然总是讲些随时可讲的老生常谈的话。（热烈的掌声）我并未想过，资本主义已无力进行统治，而社会主义还没有行使政权的能力这一论断是我的一个发明。现在人们发现这一论断的精神之父是考茨基。我曾真诚地作过努力去了解我在何处投降了。无产阶级还没有这种能力的事实恰好在于工人阶级的身上还存在着考茨基主义的强有力的传统和影响。（笑声）这恰好表明无产阶级还没有成熟到可以夺取政权的程度。我对意大利记者表达了这一思想，但是并未提及考茨基，因为大家都知道这是什么意思。

资本主义正处于一次历史性危机之中。今天，工人阶级还没有能力通过夺取政权来结束这次危机。

在第三次代表大会上——这应当在此处提及——我们曾不仅在发言中，也在提纲中努力尖锐地指出资本主义的历史性危机同经济危机的区别。你们也会记得，当时由于这一原因，一方面在委员会里，一方面在全体会议上进行过讨论。现在，一个非常现实的利益要求我们恰好在这个问题上证实这些论点，因为一些同志当时从历史性危机的条件出发曾设想事情会这样发展：危机自动加剧，在经济上使无产阶级革命化，无产阶级强化其进攻方法，直至举行起义。我们曾强调指出，在资本主义历史性危机的范围内，周期性的波动和经济形势的变化是不可避免的。继1920年开始的严重的经济危机之后，在整个资本主义世界不可避免会出现某种改善，即首先停止恶化，然后多多少少有所改善。但是当时一些同志认为，这是一种蓄意寻找推迟革命手段的机会主义倾向。

让我们设想一下，如果我们接受了这种关于危机不断加剧的机械的理论，如果我们今天面临着在最主要的资本主义国家危机已被好转或停滞所取代——危机之后的停滞已意味着好转——的事实，我们今天的形势会怎样。在最强大的国家美国我们看到的是繁荣。繁荣会延续多久和是否具有保证较长时期的进一步发展的坚实的基础，还是一个问题。欧洲的情况是大家所熟悉的。全世界的分化亦如此。这些事实存在着并决定着历史性大危机。但是也存在着经济的好转。有些同志当时认为，危机在任何情况下都是比繁荣更革命的因素，他们要求我们承认这一原理，要求我们承认，没有理由将经济形势好转的可能性列入我们的提纲，如果我们听从他们的意见，那么我们今天就必须改变、修正以及重新从理论上检查我们对当代革命性质的看法。

如果我们真的这样做了，那将是一大错误。我们没有这样做是完全正确的。我们现在在我们的第二国际和第二半国际的对手面前已经武装起来了。我们之所以将这一时期视为革命的时期，不仅是因为1920年的一次严重的经济危机取代了1919年的表面的繁荣，而且也是由于我们对整个世界形势及其有关问题的估计。我认为，这将是一个对某些同志颇为有益的教训，因此我们极为关心我们的提纲能获得第三次代表大会的批准。

虽然我们当时在我们的提纲和讲话中宣布了新阶段的开始，虽然某些同志指责我们将新阶段定得过长，目标定得太远，但是我相信，我们的提纲是正确的。我回忆起列宁同志在第三次代表大会或者在代表大会的某一委员会上发言中讲过的话："同志们，我们当然极为关心加快革命的速度，但是如果革命一年后尚未到来，两年后亦未到来，那么我们在俄国就坚持到底和等待下去。我们决不要求你们急于从事。"一些同志互相看了看并想：两年！这对某些同志来说是可怕的事。现在已经过去一年零三个月了。我们比较接近了革命，但是尚未完全接近。俄国现在能够比较容易和有最大的把握说：如果世界革命还需要一年或两年时间，那么它将发现苏维埃俄国比现在还要稳固得多。

正是由于我们在1919年没有在国际范围内打倒资产阶级这一事实，才出现了这种前途。在这种形势下，我们开展了争取无产阶级广大群众、发展我们的组织和改进我们的方法的斗争。我们曾不得不将工人阶级的局部要求写在我们的旗帜上，并在这方面带领工人阶级前进。当我们也主张局部要求的时候，那么我们同旧的社会民主党有什么区别呢？区别首先在于对时代性质的估计上。这是最主要的。战前作为统治阶级的资产阶级是能够作出让步的。整个19世纪可以看做资产阶级向工人阶级和工人阶级的特殊阶层作出让步的时期。这些让步都是按照资产阶级的小算盘作出的，以便它的政权、它的统治不被动摇。新的时期——今天可以肯定地说——不是战后才开始的，而是在1913—1914年就开始了。1913年的危机不仅是繁荣阶段之后的经济危机，而且是已妨碍生产力发展的资本主义的新时期的开始。资产阶级失去了继续让步的可能性。战争更加剧了这一形势。但是这没有给我们以权利去机械地或宿命论式地理解我们的任务，因为甚至在新的革命时期也很可能有这一个或那一个党走向堕落，而我们也可以想象，为争取实现局部要求的斗争正是通向堕落的一条道路。

在第三次代表大会上，绝大多数代表都曾劝告前面提到的共产国际中的那些人遵守纪律，指出他们正面临着这样一种危险，先锋队有可能在广大工人阶级群众消极被动和尚未成熟，以及资本主义国家仍很稳固的情况下，仓促冒进，而使自己撞得头破血流、粉身碎骨。这是最大的危险，而第三次代表大会警告的目的就在于提醒人们注意这一危险。如果说在这方面存在退却，那么这种退却是同俄国的经济退却一起进行的。这些或那些同志可能这样理解这个问题，即认为共产国际总的倾向是反对左的危险。

这当然完全颠倒了事实。当时常常被人们称做"左倾危险"的东西仅仅是我们自己可能犯错误的危险。与此相反的右倾危险，现在是、将来仍然是共产党由于受整个资产阶级社会的影响而堕落，这种影响是由准备时期的相应的特点决定的。因为在1919年不满的巨大浪潮席卷了各个国家，全部政策都反映着这一革命运动的时候，资产阶级的确在政治上迷失了方向。今天，在相对安定的时期，在为了局部要求人们也必须争取工人的心灵的时刻，就出现了资本主义世界又拥有在我们的世界性的革命政党中建立代理机构的较大可能性的形势。因此，我们不仅有权指出时代的革命性质，而且有义务加速这一时代的进程。其方法是认真地整顿共产国际，使国际在决战的时刻完全武装起来并做好战斗的准备。因为西欧各党所面临的困难比我们在革命中遇到的困难要大，简直无法相比。例如，和平主义和改良主义的幻想还远未消除。假如在法国由于出现了事先未预见到的新的形势而使革命没有较早地发生，那就不可避免地会有一个和平主义和改良主义的兴旺时期。在对战争的幻想和对胜利的陶醉之后，小资产阶级的和平主义和改良主义的幻想将在法国以左派集团的形式占上风。在这一时期，这种幻想的巨浪也可能波及到工人阶级。我们的法国党最为关切的是将那些在我们的队伍中可能充当和平主义和改良主义幻想传播者的人及时地从其队伍中清除出去。

这同样适用于英国。我不知道现在举行的大选将产生什么结果。但是，如果保守党同国家自由党重新执政，这一好景就不会延续多久。在英国，保守思潮被和平主义—民主主义思潮所取代是不可避免的。那么请你们设想这样一个形势吧：在法国是"左派集团"，即民主主义—和平主义政府，在英国是同独立自由党联合组成的工人政府！在德国会出现什么形势呢？在德国，社会民主党呼吸到了新鲜的空气。我们将在一个更广泛的基础上看到威尔逊主义的翻版。我们绝对无法预防和平主义—改良主义倾向巧妙地愚弄和麻痹工人阶级的这一新的时期的到来。由于时代是革命的，矛盾是无法解决的，资本主义本身内在的矛盾是极其严重的，所以，这一时期只不过相当于行将燃尽的蜡烛的最后的闪烁。当然，如果在此以前革命没有爆发——革命的爆发并不是确定无疑的，在这种和平主义处于高潮的过程中，不言而喻会出现最大的心理危机，待这一高潮过后，法国和英国的工人阶级就会从中认识到，寻找一个没有欺骗过他们的政党的必要性。一定有这么一个党,一个在这种和平主义谎言可能乃至不可避免盛行的年代里没有欺骗过世界工人阶级的政党,一个讲真话的政党,讲出严峻的残酷的真情的政党。这个党必然是共产党。

因此,我们今天比过去任何时候都有义务严格考查和不断监督我们的队伍。一位法国同志——弗罗萨尔同志——曾说过,"政党是伟大的友谊",后来这句话经常被引用。这是一个很漂亮的表达方式,只是在特定的意义上我才愿意引用它。我们切不可忘记,只有经过严格的筛选,党才能形成伟大的友谊。而且这种筛选必须是认真的,如有必要,还必须是毫不留情的。换言之,党必须首先是最优秀的,才能形成伟大的友谊!(热烈的、经久不息的掌声)

(会议休会时间:晚8时25分)

第十一次会议

(1922年11月15日)

会议开始：中午12时30分
主席：柯拉罗夫

主席：

四位报告人汇报了俄国革命的情况，我想，任何一个代表团都不会持不同的立场。如果仅仅是为了发表声明表示团结，那么代表大会已有过多次机会举行盛大集会，以表示它与俄国无产阶级的团结，因此，主席团决定只让与报告人持不同立场的代表团发言。谁要求发言？鉴于没有人要求发言，我们就转入下一项议程"资本的进攻"。现请报告人拉狄克同志发言。

拉狄克作关于资本的进攻的报告

同志们！我们已经讨论过和还要进行讨论的所有策略问题，实际上都是一个问题：资本向无产阶级发动的世界性进攻和无产阶级的防御措施。无论我们讨论法国共产党的战斗能力问题，还是讨论统一战线和工人政府问题，以这种策略问题为基础的这些实际问题，都只是**资本的进攻**。

在我们的队伍中，资本的进攻问题被理解得过于狭窄，人们把它主要视为一个压低工资和延长劳动时间的问题。另一方面，社会民主党人则硬将世界革命的全部历史分为彼此机械隔离的两个阶段：无产阶级的进攻阶段和资本主义的反攻阶段；他们把第二个阶段看做不久即可定局，看做反革命的胜利。因此我认为，如果我们简要地回顾一下世界革命发展的具体形式，我们就会更好地理解形势和共产国际应当采取的态度。尽管可能只是提纲挈领地帮助你们回忆一些最重要的事实，我还是想先承担起这一任务。

1. **无产阶级的进攻**。无产阶级认为，在前一项议程中我们详细讨论过的俄国革命，是一个具有国际意义的事件。但是毋庸置疑，世界资产阶级比世界无产阶级更加懂得俄国革命是无产阶级国际攻势的第一幕。只要读读中欧列强领导人在1917年和1918年初写给其政府的秘密备忘录就够了。在这里我想指出切尔宁伯爵的备忘录，借以说明在三月革命之后和十月革命胜利之前，中欧列强立即极其清楚地认识到，在战争期间，由于社会民主党的破产，各资产阶级集团能够在毫无反抗力的人民群众的脊背上互相厮杀；战争结束后，随着俄国的三月革命，资本的战线被打开了一个缺口，世界舞台上出现了一个新的历史因素。**鲁登道夫**在其回忆录中描述了德国的军事形势如何迫使他听任布尔什维克党人回到俄国，尽管他已认识到了危险，他后来如何更感到有义务镇压俄国革命。世界资本的不幸在于，它的内部斗争给俄国革命以喘息之机，使俄国革命能够组织起来。

同志们！德国失败之后，无产阶级革命的第二个浪潮开始了。德国和奥地利的崩溃将霍亨索伦王朝和哈布斯堡王朝的皇冠抛到大街上或泥坑里，造成了这样一种形势，即迫使精神上极为疲惫、深受战争和社会民主党政策之害的无产阶级起来夺取政权，因为再无其他的因素能够试图夺取政权了。共产国际诞生时对世界形势所抱的幻想备受嘲讽。从前的中央集权主义者和现在的第二国际成员们传播说,在共产国际成立并将世界革命的胜利定为自己的政策目标的时候,我们是如何的乐观和如何的目光短浅。请允许我给你们读一份几乎与共产国际第一次代表大会开会的同时由**劳合-乔治**写的文件。这一文件劳合-乔治及其同伙一直秘而不宣,今年才被意大利前首相尼蒂在其《不平静的欧洲》一书中披露出来。劳合-乔治在致凡尔赛会议领导人的这一秘密备忘录中讲了下面一段话:

"今天的形势完全不同了。**革命还处于初期发展的阶段**,在俄国还进行着最残酷的恐怖统治。欧洲充斥着革命的思想。对战前的生活条件,工人阶级的胸中满怀激愤之情,这不是由于蔑视,而是由于**忿怒和抗争**。全欧洲的人民均以怀疑的目光看待现今的一切政治、社会和经济机构。在德国和俄国等一些国家里,这种激愤的情绪要求进行公开的反抗;在法国、英国和意大利等另一些国家里,这种激愤之情则表现为罢工和某种消极怠工。一切迹象表明,人们既渴望进行社会和政治变革,也渴望增加工资。"

在无产阶级进攻的压力下,他认为 1914 年的生活条件是有损人的尊严的。我们知道,他后来改变了他的观点:

"这种不满情绪大部分是值得欢迎的;如果我们以创造 1914 年那样的生活条件为目标,那我们就永远得不到持久的安宁。这样我们就只会冒将欧洲人民群众驱入极端分子怀抱的危险,极端分子关于人类重新振作的基本思想在于他们要彻底摧毁现存的社会大厦。在俄国,这种人已经获得胜利,然而这一胜利的代价是骇人听闻的。数十万居民丧失了生命,铁路、城市和整个俄国的国家大厦几乎全部被破坏;可是在某些方面他们却控制了俄国人民群众,尤为引人注目的是**他们建立起一支庞大的军队。这支军队看来领导有方,纪律严明,绝大多数人准备为其理想而献身**。

再过一年,**充满新的热情**的俄国将忘却它的和平需要,因为它拥有一支无与伦比的军队，忠于他们要为之奋斗的理想。"

在列举了这些很值得我们向广大人民群众介绍的特点之后，劳合-乔治又描述了当时资本主义所面临的现实危险。这一描述可充作对社会民主党，特别是对德国社会民主党的指控。

他说：

"我在当前的形势中可以看到的最大的危险是，德国可能将其命运交给布尔什维克，以其财富、才智和出色的组织能力为这些革命狂热者服务，他们梦想布尔什维主义征服世界，而且是用武力征服世界。这种危险不是虚无缥缈的幻影。现在的德国政府很软弱；它不为人所尊重；它的权威很小；尽管如此它仍在台上。它如果下台意味着让对德国来说还不成熟的斯巴达克联盟上台。可是斯巴达克分子经常阐述并总是奏效的理由是，只有他们才有能力使德国摆脱战争将它拖进的这种不堪忍受的处境。"

接着他又说：

"如果德国向斯巴达克联盟投降，德国的命运同俄国布尔什维克紧密连到一起就不可避免了。如果真的出现这一情况，**整个东欧就会被拖进布尔什维克革命的漩涡**，在一年之后我们就会**面临近3亿的敌人，他们将由德国的将军和教官训练成为一支庞大的红军**，用德国的机枪装备起来，随时准备向西欧发动新的进攻。"

同志们！我们可以向劳合-乔治奉送德国军事教官，但是当时欧洲资产阶级的这位最明智的领袖眼前浮现的这幅图景，并非只是使克列孟梭等人惊恐不安的图景。这是在无产阶级革命的第二阶段、德国革命开始时世界形势的一幅景象。世界资本通过**在西方采取的防御态度与在东方开展的第一个资本主义攻势**相结合的手段，避免了这一形势的出现。

如果你们现在拿起1919年的罢工统计数字——我不想列举这些数

字来使你们厌倦，你们就会看到，不仅在德国，而且在英国和美国都有无产阶级的进攻浪潮。1919年英国工人争取到工资的增加，这次增加的工资比他们在整个战争期间增加的工资还多，那时他们为了挽救协约国的资本主义而劳动是完全必要的。他们在整个战争期间增加的工资每人每周不超过7先令，而在1919年就争取到增加工资1英镑。他们为大约700万人缩短了3—4小时劳动时间，1919年60%—80%的工人开始每天劳动8小时或更短的时间。作为对矿山国有化要求的回答，英国政府成立了桑基委员会，它原则上接受了矿工的要求。在整个美国，不仅罢工的浪潮此伏彼起，而且对当时的形势具有典型意义的是，在这个个人主义的国度里铁路工人竟然能够认真地讨论起铁路国有化的计划来了。

在德国，资产阶级拿出数十亿的钱来压低食品等的价格，以缓和工人群众的不满。"社会主义在前进"——社会民主党人和政府喊道。一个"社会化委员会"在工作，以便给人以工人阶级能够通过和平道路实现其目标的印象。

在整个西线，即在工业资本国家，资产阶级对工人阶级采取了纯防御的态度，以避免由于大规模的抵抗将西欧和美国的工人阶级推进共产主义的怀抱。

同时，资产阶级转入了它的首次进攻，转入了对苏维埃俄国的进攻，我们称之为协约国对苏维埃俄国的干涉。同志们！世界无产阶级同世界资本的这一次大较量的特点是，俄国无产阶级不仅在世界资本主义体系上打开了第一个缺口，而且单独在这一缺口中为自己的生存而战，而西欧的无产阶级却满足于自己状况的改善。在中欧的无产阶级中，只有**匈牙利**工人进行了有利于改善苏维埃俄国处境和匈牙利无产阶级本身解放的牵制性的进攻。他们的这次出击完全失败了。匈牙利苏维埃共和国被消灭了。

同志们！苏维埃俄国不仅击退了世界资本的进攻，而且于1920年在世界革命发展的迄今两个重要时期的转折点上，在经济发展趋势转变的关键时刻，苏维埃俄国**由防御转入了进攻**。在波兰的战斗意味着这一过渡的尝试。我现在无须沉湎于幻想，如果俄国的无产阶级在华沙的胜利是彻底的胜利，这对世界局势将意味着什么。我只需提醒这样一个事实，即在俄国无产阶级手持武器转入这一进攻的同时，西欧工人阶级头一次有较多的人参加的进攻——**意大利**的占领工厂的运动——也开始了。稍加思索就可以想像出第一个无产阶级国家的边界超越了维斯瓦河和在意大利夺取了政权会产生什么后果：**这会使东欧和东南欧的农业国陷于两个无产阶级国家的夹攻状态，甚至会使它们听从欧洲的工业无产阶级的支配**。如果我们今天想对苏维埃俄国和意大利工人1920年的失败获得一个概念，那么，具体地想一想当时形势中实际存在的这些可能性就可以了。

苏维埃俄国对华沙军事进攻的失败和无产阶级在意大利进攻的失败有许多原因。苏维埃俄国在军事上和意大利工人阶级在政治上均太软弱。毫无疑问，这一失败是无产阶级革命的第一阶段的一个历史转折点。后来鲁道夫·希法亭曾大肆宣扬说，在马恩河畔战胜布尔什维主义者的是独立党人。这位现在力争成为资本主义德国在国外的一位代表的、学识渊博的奥地利马克思主义的代表没有理由将战胜苏维埃俄国说成是自己的功劳：红军不是被德国中派领导人的唇枪舌剑击退的，而是被波兰自卫军的刺刀和法国帝国主义——据我所知，它还没有参加第二国际和第二半国际——的大炮击退的。红军在华沙进攻的失败和意大利工人进攻的失败——这一失败是世界革命迄今发展的第二阶段的开始——是与世界资本1919年和1920年向西欧工人作出让步的基础上所形成的表面繁荣的衰退以及与世界经济危机的开始同时发生的。

2. **资本的反攻**。我现在来谈谈这一阶段。这一变化的基础是一个从长期看将注定资本主义失败,但暂时却极大地加强了世界资本的地位的事实:这就是众所周知的经济形势的转变,也就是,一方面由于直到目前才在经济上明显表现出来的战争的后果,另一方面由于凡尔赛和约的结果,世界资本已达到其发展极限的事实。各国均开始出现了经济危机。经济危机对世界资本为对付无产阶级而采取的政策有什么意义,英国资本主义的主要喉舌《威斯敏斯特报》——大家知道,该报现在是阿斯奎斯的喉舌——关于形势讲的几句很简单的话对此作了最清楚的说明:

"工人阶级可以确信,只要有为生存权利而互相斗争的饥饿的人存在,地球上任何力量都保证不了他们的生活水平不下降。这种人的存在造成了不管怎样的生活水平都必将难以为继的条件。"

在世界经济危机到来之初,《威斯敏斯特报》就是这样写的,这是资本在全世界得到加强的基本事实。因为在西方工业国家——关于德国我还要谈谈——有数百万工人失业,仍在就业的工人的战斗力就受挫了。有可能利用失业工人反对就业者,这一个简单的事实破坏了工会的进攻力量和工人的战斗勇气。

我不想让统计数字充斥我的报告,听别人读数字不是一件轻松的事情。共产国际执行委员会让一位很有资格的同志,即**弗·列德尔**同志撰写了一份关于资本在各国开展攻势情况的详细报告。因为报告很晚才送来,我们可惜还未能付印。可是我们将用各种文字发表这一报告。现在我只想引用几个基本数字,借以说明已经发生了的重要的变化。

如果你们看看英国的数字,就知道1918年发生了1250起罢工,有110万工人参加,这些罢工共达673万个工作日。1919年罢工数增加到1411起,250万工人罢工,达3400万个工作日。1920年罢工1715起,罢工人数减少了,但仍大约有200万人,罢工达2700万个工作日。这些罢工的结果是给600万—700万工人每周增加工资共约700万英镑。这一时期劳动时间缩短的情况分别为：1919年，650万工人每周缩短6小时；1920年，50万工人缩短3个半小时。结果是60%—80%的工人每天工作8小时或少于8小时。

1921年只有11.8万工人罢工。800万工人每周工资减少1100万英镑。到1922年8月，工资再度降低，750万工人每周工资又减少350万英镑，只有1.8万工人增加了工资，而且为数很少，每周只增加3000多英镑。

英国资本并不满足于这些结果。不是个别的文人，而是英国资本家的负责机构英国工业家联合会组织发表了一份备忘录，伦敦的《经济学家》杂志作了如下的引述：

"可能有必要再前进一步。工人将必须准备接受**一种现金工资，在生意兴旺之前，这种工资将保证他们有一个比工业萧条之前，甚至比战前一般生活水平还低的生活水平**。此外，为了能在不让矛盾不适当地激化的情况下削减工资，应当使这一举动尽量广泛和统一。"（1922年2月11日—3月11日）

我们在美国看到了完全相同的过程。企业主并不满足于压低工资和缩短劳动时间，在整个西方到处都爆发了反对工会已争得的权利的斗争。在美国掀起了"自由雇佣企业"运动，即争取自由车间的斗争。工会应当放弃让组织起来的工人占领车间和排斥未组织起来的工人的权利——工会经过数十年斗争争得的权利。今年铁路车间工人罢工时我们看到，美国最高法院采用了英国作出塔弗—维尔判决时也曾用过的，并使当时的英国工人阶级十分愤慨的那种策略，法院要求工会对为争取经济利益的斗争给资本家造成的损失负责。

在英国，我们看到了以完全取消工厂委员会为目的的斗争。英国资本家的一位领袖人物在概括这一问题时说：必须决定是企业主还是苏维埃在工厂说话算数。与此同时,英国保守党在议会上提出了禁止工会活动并将其经费用来进行政治斗争的提案,以便打击工党。

我不再列举瑞典、荷兰、挪威和瑞士等许多国家的事实,因为它们基本上没有提供新的情况。在另一场合,我将谈谈德国问题。显然,就全世界而言,这涉及一个**大规模的经济政策计划**,其基础是世界大战的结果。世界资本在战争期间曾计划通过经济区一体化——联合——来消除战争的经济后果。一方面是中欧计划——德国帝国主义的支柱,另一方面尚且有威尔逊主义,这些无非是建立大的帝国主义区域的计划。在这里,世界大战的参加者平分负担,以便消除战争的后果。德国帝国主义的中欧计划同德国帝国主义本身一起破产了。威尔逊关于建立英美大帝国的计划实际上是国际联盟计划的基础,可是这一计划却由于各国资本主义集团的矛盾而终成泡影。

凡尔赛和约意味着另一个计划,就经济政策而言,它意味着将资本主义重建的费用加在战败国的身上。这一计划由于苏维埃俄国的反对和德国财政上的无力而破灭了。在这种形势下,世界资本为重建资本主义别无他路可走,只能将重建的费用转嫁到各国广大工人群众的身上。我们在战争期间曾指出,世界大战的唯一失败者将是工人阶级,今天,世界资本也说:是的,只有牺牲工人阶级,资本主义的重建才有可能。这一计划将成为资本的世界性计划。经济状况越恶化,事情就越清楚,世界资本同它在拿破仑战争之后的境况相反,已无力克服世界危机了。

如果你们读读欧文给梅特涅的备忘录,你们就会发现,他提出了英国用什么办法解决经济上遭到的巨大破坏的问题,对此他回答说,在当时的经济危机之后英国使用了机器。英国提高了生产力,因而能够克服危机并在经济上成为第一流的强国。世界资本正处于需要大量资金进行重建的形势。今天,意大利如支付十分之一的战争赔款,它就可免除向英国和美国供应煤炭的义务;可是它并没有这么多的钱。克服危机的第二条道路是扩大销售地区；但是这条道路走不通。因此，资本的进攻不是暂时利用工人阶级的弱点，而是一个为期十年的大规模的计划。

如果这一攻势崩溃了，世界资本就会被工人阶级击退——至少在欧洲重要的国家。由于这是如此重大的事情，是一场生死存亡的斗争，所以很明显，一方用罢工的手段，另一方用解雇罢工工人、降低工资和延长劳动时间等手段，是决定不了胜负的。**因此，我现在要讲一讲资本进攻的政治方式问题。**

同志们！当我们在三个国际柏林会议上和在我们的全部宣传鼓动中非常频繁地指出世界资本阻止俄国等国的工厂国有化的斗争是这一攻势的组成部分时，许多人认为这有些牵强。人们不太了解斯汀尼斯为了政权的全部斗争同世界资本对无产阶级进攻的联系。因此，请允许我简要地谈谈我们很少论及、但却是很重要的问题的这一方面，即为资本在经济上取得胜利创造条件的斗争。

如果世界资本想把工人阶级拖回到1914年以前，如果世界资本想让工人阶级屈服，那么很清楚，世界资本的领导人只能通过将国内对付工人阶级的斗争同世界政治斗争相配合的一套办法来实现这一目标。执行这个作为世界资本进攻基础的计划的第一个前提已在热那亚和海牙被揭露。英国挫败了工人对主要工业部门实行国有化的努力，去年，英国工人不再为矿山和矿井的国有化而斗争，而是不得不为保持原有的工资而斗争，甚至在这一斗争中他们也失败了。在美国，国有化运动已销声匿迹。在德国，1919年工人的前进受到阻止时，社会主义的进军停留在标语牌上；现在我们面临的是政府将铁路出售给私人工业。工业掌握在工人阶级手中的唯一国家是俄国。

因此，反对苏维埃俄国，以通过财政封锁迫使我们放弃工厂的斗争，并非资本仅只为了在俄国攫取更多的利润才想实现的一个特殊目的，而是资本主义世界攻势的一个重要组成部分。我还要说，资本主义世界攻势要求这样来解决德国问题：（1）资本主义在德国的土地上得到拯救；（2）它为协约国的资本主义重建工作提供资金。在斯汀尼斯身上体现得最明显的德国资本的政策在寻找摆脱灾难性处境的道路，而且在理论上已经找到了出路。

出路在于出售国有土地、矿山和铁路，以便在美国和英国市场上筹措大笔借款；斯汀尼斯的财政计划的目的是支付这笔借款的利息和支付战争赔款，计划的内容是：以减轻工业的负担——加重广大群众的负担——作为德国资本重新积累的手段。看上去，这似乎纯系德国的内政问题，与世界资本的攻势没有联系，但是，只要指出这一政策同法国政策的联系就能看到这里涉及的问题要多得多。如果说，法国资产阶级中的军人部分和一部分产业界人士想以下面的方式继续对革命发动进攻：占领鲁尔区，建立一个莱茵缓冲国，将鲁尔煤和焦炭纳入法国工业区，从而将德国南部同德国北部分离，建立一个法国的附庸国，通过莱茵缓冲国，将奥地利和巴伐利亚同法国连在一起，那么法国产业界的另一部分人的主导思想则完全不同，他们想建立一个德法钢煤辛迪加，这个辛迪加一方面给法国人提供重建的必要资金，另一方面使斯汀尼斯有可能不顾德国国内目前的力量对比推行其政策，从而使法国不必进行军事冒险。法国的报刊和法国世界政策的附和者经常谈到这关系到什么问题：如果斯汀尼斯的计划，即限制官员机构，解雇不必要的工人，在德国加强劳动强度和增加劳动时间，无法实现，那么资本主义在德国和法国均得不到挽救。

但是斯汀尼斯自己难以将这些付诸实行，当他提出铁路私有化计划时，遇到了很大的阻力。因此，斯汀尼斯的计划必须由法国提出最后通牒和由法国政府向德国政府提出要求才能付诸实施。如果只由斯汀尼斯端来饭菜，德国社会民主党决不会下咽，但如果作为法国提出的和平条件，德国社会民主党和德国工人阶级将会吞下去。同志们，如果这一计划实现不了，这肯定不是由于德国社会民主党的阻挠而失败。假如在这种形势下计划失败了，那只是由于英国资本主义的阻挠，因为在美国资本的支持下建立一个中欧钢煤辛迪加将威胁和排挤英国资本主义。这就是说，如果计划失败了，是由于反革命内部的对立，而不是由于目前德国工人阶级的微不足道的抵抗。斯汀尼斯的这个计划和对国民经济发展的整个看法并不仅仅局限于德国。

请你们读读在法西斯胜利之前墨索里尼的讲话和纲领吧。在这里我只想引用清楚地说明问题的社会政策方面的几段话。如果你们读读墨索里尼的税收计划和经济政策计划，你们就会发现，在德国，以重工业代表的身份活动的力量同样也在意大利大肆活动。墨索里尼在法西斯党人的纲领中说：

"修订阻碍生产的社会法律；在更简便、更合理和更有效的基础上建立新的税收制度。"

如果你们听听墨索里尼下面的话，你们会立即了解这种基础在哪里：

"人们最后必须有勇气公开讲出下面**一个绝非蛊惑的真理：今天工人群众是税务负担最少的人，尽管他们赚的钱比税务负担过重的中产阶级要多**。人们也不要忘记，用征收可怕的直接资本税来阻碍生产，对低等阶级来说，这也意味着一种间接税，只不过用更糟糕的形式罢了，因为阻止资本主义经济发展的结果是失业和降低工资。**没有比提出用征税加重富人负担来保护穷人的要求更错误的了。**"

如果你们要了解法国，那么谈谈凯约的《法国向何处去？》一书或者《曼彻斯特卫报》改版专号上凯约和其他法国专家写的文章就够了。从中可以看到，全部政策的目标在于以程度要远远超过资产阶级从前对税收的畏惧程度，来给劳动群众加上最重的负担和尽可能保护资产阶级。

同志们！资产阶级的这些计划要求采取相应的政治措施，因为我们看到全欧洲在**向右转**。戛纳会议后**白里安的倒台**和**彭加勒**的上台执政是在相同的外部力量对比范围、相同的国民联盟内部发生的变化，尽管如此，这种变化无疑是由于想通过强有力的反革命政策，将可能从资本手中滑脱的主动权交到资本的最活跃的分子手中。

如果你们思考一下目前**英国大选**的政治意义，如果你们读读保守党人在竞选期间的演说和劳合-乔治对他们的回答，一眼看上去，这好像是一所疯人院！劳合-乔治推行保守党的政策，而保守党也提出了相同的纲领。形式上未发生任何变化，这一反应的唯一的意义表现在两句话里面：（1）在博纳·罗的纲领性的话"使国家安定！"和（2）在摆脱了自由党影响的保守党中最冷酷无情的保守派上了台的这一简单的事实。即使在政府中只有少数人是迪哈德分子，毫无疑问，局势激化时，这部分最反动的保守党人也会掌握大权的。重要的是集结资产阶级的力量，以便从他们这种普遍的衰败中尽可能寻找出路。博纳·罗的第一个行动是企图取消劳工部，他说，国家应当尽量少干预经济，这与墨索里尼声称他在经济上是个老自由派有异曲同工之妙。按照这个词本来的含义：不干预经济！这就是说，给资本以利用它所占的优势肆无忌惮地反对工人阶级的可能。

3. **法西斯的胜利**。同志们！反革命阴谋组织非常清醒地表达了这种政策。一个令人沮丧的事实是，如果读读反革命的秘密文件，注意一下反革命集团的通报和短文等，人们就必须承认：他们对我们的行动，对革命战略的最新思想，直至其细小步骤的了解，比我们对他们的了解要胜过千倍。（"讲得很正确！"）现在，尽管在欧洲有反革命的合法统治，但仍然存在着集结了最死心塌地的反革命分子的反革命地下活动。

我们只是从其行动上看出这部分目标明确的反革命分子所遵循的计划。毫无疑问，以鲍威尔上校为首的德国反革命集团同俄国的保皇党人和匈牙利的霍尔蒂进行最密切的合作，同墨索里尼串通一气，他们同法国军人党的联系有朝一日将在政治上暴露无遗。如果观察一下这一反革命右派的策略，人们会发现下面的事实：他们非常清楚地知道，在中欧有可能出现三个无产阶级革命的策源地：工业化的德国、捷克斯洛伐克和意大利。因此，他们的计划目标就是在德国、捷克斯洛伐克和意大利之间设置障碍。在巴伐利亚建立反革命堡垒的图谋与使奥地利屈从于反革命需要的图谋是同时进行的。

日内瓦条约，取缔奥地利议会，取消仍存在于维也纳的由无产阶级分子组成的软弱无力的国防军是这种图谋的开端。在反革命公然将维特尔斯巴赫家族扶上王位的时刻，通过蒂罗尔同奥地利之间的联系将得以建立。霍尔蒂的匈牙利被移到了中欧。法西斯分子在意大利的胜利是这一有时是有意识推行的、有时是由情势自发产生的政策的一部分。我认为，了解法西斯分子的胜利及其本性对共产国际是很重要的。因此，你们会允许我对这个问题多谈些意见，也许这超过了意大利的重要性。希望更加熟悉情况的博尔迪加同志向我们进一步阐明这一问题，并纠正我的看法。

我认为法西斯的胜利不仅是法西斯分子武装的自然而然的胜利，而且是世界革命时期开始以来社会主义和共产主义遭受的最大的失败，比苏维埃匈牙利的失败更惨重，因为法西斯主义的胜利是当前意大利社会主义和整个意大利工人运动思想上和政治上破产的结果。如果人们说法西斯分子是资产阶级反革命，那就不需要再去证明，谁捣毁了工人的组织并建立起资产阶级的政权，谁就是反革命。

因此，如果以资产阶级已在那里获得胜利这一乏味的事实来进行敷衍，那就是不想了解也许就在最近几个月将对德国和捷克斯洛伐克运动具有最重大意义的东西。（"讲得很对！"）问题在于：**法西斯为什么能取得胜利，其基础是什么和它在欧洲反革命中具有什么特点？** 也许提出一个问题上述问题就很容易回答了：墨索里尼在社会上和政治上同斯汀尼斯和博纳·罗是一丘之貉还是另一种人？我认为，墨索里尼是另一种人，尽管他的纲领与博纳·罗和斯汀尼斯的纲领没什么不同。他是另一种人，这一点具有极其重要的意义。让我们回忆一下这一事实：法西斯分子原是些什么人，他们是怎样产生的？资产阶级下层人士——在战争中起过社会作用的知识分子、药剂师、小学教员和兽医等——在战争结束后复员了。（知识分子在意大利所起的作用一直比在其他国家大得多，只要回忆一下我们的意大利兄弟党在战前大约有70位编制外的讲师，就可看到知识阶层在意大利是如何广泛了。）他们是作为民族主义者在战争结束后复员的：他们垂头丧气，因为虽然意大利胜利了，但是意大利并未得到整个民族主义纲领所要求的东西。

他们回到了一个经济上已遭完全破坏的国家，国家没有能力养活他们。他们看到革命的工人运动在兴起，他们对这一运动持敌视态度，这不仅因为这是一个工人运动，而且因为他们作为拥护战争的干涉主义者曾进行过反对社会党的斗争。而社会党又极力拒绝这些阶层，而且不只拒绝他们，甚至残废军人也一概加以排斥。如果人们现在看一看许多社会主义公社在1919年曾因残废军人参加过战争而遗弃他们的事实，如果人们看一看社会党如何没有能力将在群众中普遍存在的对某种新事物的酝酿和人们在老路上再无法前进的感觉化为行动，人们就能够理解法西斯主义的诞生了。请诸位想想，1919年12月大选时，墨索里尼在米兰只获得4000张选票，尽管他主张由工人代表监督议会，将土地分给农民和逐渐实行工业国有化；法西斯分子一部分是同丹农齐奥一起占领阜姆的人士，一部分是分散的小团体。当时革命的浪潮席卷全国，不仅发生了罢工，而且资产阶级的意大利完全解体了。

我在准备我的报告时，在我的材料中发现了波兰反革命文人诺瓦钦斯基写的一篇文章，该文对意大利的堕落情况作了很有意思的描述。文章叙述了1918—1922年意大利文学的发展。这篇文章作为例子是很有趣的，我打算一方面同意大利同志详细地讨论这些事实，一方面从文学杂志上来检验这些事实。情况表明，1918年以来意大利的文学是和平主义的、社会改良主义的和色情的，这是资产阶级腐败的最有力的证明。在战胜工人阶级之后，意大利的文学就成了民族主义的了。

我国驻外国的一位外交代表告诉我，1920年初，意大利的外交官在一次交谈中曾对他说："是啊，我们看到了革命的胜利，可是革命至少应给人们以继续工作的可能性。"这就是当时资产阶级的意大利的状况。社会主义的力量壮大了，它也消耗了这种力量。德国资产阶级报纸的一篇通讯用下面几句话报道了墨索里尼夺取政权的决心，记者问墨索里尼，你是否将冒险通过非法途径夺取政权？墨索里尼回答说，不管合不合法，反正我要掌权。社会党人由于没有用行动来对付这样的话，结果受到了挫折。墨索里尼感到，如果他不夺取政权，他的军事组织和他所争取到的广大群众就会起来反对他。社会党未能领导群众进行斗争，帮助了法西斯力量的诞生。工人占领了工厂，意大利资产阶级束手无策，连库内奥的老狐狸卓利蒂也说：我不能派军队去工厂，不然我在大街上就要挨打。他们只是在意大利改良主义分子的帮助下，才使工人离开了工厂。于是，意大利资产阶级已经不再恐惧，意大利资产阶级转入了反攻。

现在就产生了一个问题：资产阶级反攻时为什么不使用它所拥有的国家机器、警察、资产阶级法庭和资产阶级政党？

资产阶级的政党已经瓦解，它们进行过战争，把国家和国民经济毁坏了，它们对士兵、官员和小资产者没有发言权了。但是墨索里尼分子、民族主义小资产阶级知识分子却表现了一种新的夺取政权的愿望。

法西斯分子提出了新的信条，他们说：社会主义未能带来什么新的东西，可是我们将在工人和资本家之间进行调停，我们将强迫资本家满足工人的要求。但是你们工人必须工作。你们必须建设国家。

罗莎·卢森堡曾说过，资产阶级的最好的捍卫者是那些抱有幻想的人，抱幻想的只能是小资产阶级。由于意大利的社会主义已证明是一种幻想，于是法西斯分子就能提出小资产阶级的幻想与社会主义唱对台戏。他们袭击了工人组织，而工人组织却不知道进行抵抗。在城市和工业中心群众还坚持团结，可是在工人分散的小城市和农村，他们却成了法西斯主义的牺牲品。法西斯首先用武力征服他们的组织，然后再诱惑他们。毫无疑问，即使工业中心的工人群众在内心里不愿跟法西斯走，法西斯也会在农村和小城市不仅用武器，而且用蛊惑人心的政策来争取工人的。它的进攻首先是助长了改良主义。

在里窝那，改良主义者只是一小撮人，在上次工会代表大会上有50万张票赞成同资产阶级联合。毫无疑问，改良主义虽在战争中受到挫折，但是由于无产阶级不知道抵制法西斯主义这一事实，一部分工人遂被赶进了改良主义的怀抱；由于社会党没有向工人指出应当怎样采取革命行动来抵制法西斯，一部分无产阶级便追随了改良主义分子，那些改良主义分子曾许下诺言，通过同资产阶级联合，参加资产阶级的政府，来防止无产阶级处境恶化。然而这是打错了算盘。改良主义分子同害怕法西斯胜利的那部分资产阶级——他们不相信法西斯分子能管理国家——进行谈判是法西斯分子加速推翻法克塔政府的原因之一。

同志们！既然现在法西斯没有遇到工人阶级的抵抗就取得了胜利，那么我们就可以说，我们在意大利的发展已达到最低点。

我曾避免因为这一发展而去指责个别的同志，尽管我们也不能像古罗马元老们那样走上前去欢迎一位打了败仗的统帅。然而有一点我们不能不讲出来，如果我们的意大利同志和意大利社会民主党不理解法西斯胜利和我们失败的原因，那我们就将受法西斯的长期统治。建立一个地下组织不仅要求意大利共产党人所特有的勇敢，而且要求人们在政治上打击法西斯主义。只有当意大利共产党人能不顾他们所经历的一切险阻给工人群众以对社会主义力量必胜的新的信仰，他们才能够立即开始对法西斯进行斗争。

法西斯分子是小资产阶级，他们在资产阶级的支持下上了台。他们将被迫不去执行小资产阶级的纲领，而是执行资本主义的纲领。因此，这种猖狂的反革命是欧洲最软弱的反革命力量。墨索里尼是拖着一条长长的小资产阶级知识分子的尾巴上台的，头一个困难就是他遇到了多达70亿的国家赤字。他制定了节约和精简官僚机构的计划，可是在他的后面已有数十万人在等待政府的职务。墨索里尼动员了一支黑衫党大军，在国王接见他和批准他任首相的那天，墨索里尼说：你们复员吧，现在只需要一支军队！然而人们在全意大利到处跑，并非为了看墨索里尼的漂亮的眼睛。他们曾以充当白色雇佣军谋生，如果墨索里尼只依靠正规军而将其10万党徒打发回家去，这些人就会找他算账。

当墨索里尼及其法西斯党徒帮助资产阶级镇压工人阶级的时候，他们吸收了所有的反革命的资产阶级分子。我们看到，法西斯的一翼是农业集团，另一翼是工业集团。意大利北方的工业资产阶级同意大利南方的地主不得不进行斗争时，就会发生冲突，并使法西斯瓦解。墨索里尼所代表的是独裁政治，与民主势不两立。但是，由于他把广大的民主群众吸收到他的政治中来了，他又有了民主的一翼。

法西斯的优点恰好也将是其灭亡的原因：由于它已变成一个小资产阶级政党，它就四面出击，并满怀战胜我们的狂热情绪。但是由于它是一个小资产阶级的大党，它就不能执行意大利资本的政策，否则就会在自己的营垒内部引起反抗。如果说塞拉蒂同志数年前曾对我们的农业纲领提出过抗议，那么现在意大利党的复活就将取决于我们是否懂得组织农民反对法西斯。如果我们的朋友，意大利共产党人想成为一个清一色的小党，那我们可以对他们讲，一个清一色的小党是很容易在监狱里找到归宿。在那里它倒能保持其清一色的精神。但是，如果意大利共产党想要成为一支力量，它就必须动员无产阶级和小资产阶级群众反对法西斯。在理论上作出关于统一战线的决议，对法西斯进行理论上的研究，甚至一小部分共产党人的英雄主义精神都无济于事，我们必须成为群众为解放而大声疾呼出来的声音。

4. **同资本的反攻进行斗争**。同志们！资本发动的全面进攻正以日益强大的力量在经济和政治领域展开——我们尚未越过其高潮，这次资本的进攻当然首先向我们提出了一个问题：进攻的前景如何？我们在这里遇到的是否像1849年取代了革命浪潮的反革命浪潮？这里发生的是不是革命和反革命的循环？这是基本的问题，对这一问题的回答是我们制定今后策略的前提。应当指出：**1849年反革命胜利的基础就是随着加利福尼亚金矿的开采而明显出现的经济高涨。**

对此我不准备详细论述。人们在马克思遗稿的第3卷中可读到有关论述。① 欧洲的反革命胜利了，因为资本主义的蓬勃发展给资产阶级带来了利润，并迫使资产阶级同农场主妥协，也因为它给年轻的工人阶级带来了面包——这使无产者脱离了革命的思想。现在席卷全世界的反革命浪潮的最明显的特点是，这种反革命并不是以普遍的经济高涨时期为基础，而是企图以政权手段阻止经济的衰落。只要想想英国政府的处境就可以看出反革命不仅没有解决什么问题，反而使局势恶化了。举一些最简单的事实就够了。在只能延长但却解决不了东方危机的情况下，在美国的竞争日益加剧、英国的市场缩小的情况下，在马克灾难性贬值和印度局势恶化的情况下，英国资本主义应该消除失业。保守党将试图以

---

① 马克思的论述见《马克思恩格斯文集》第2卷第173—187页。——编者注

暴力手段阻止事态的发展，但是它只会加速这一发展。

他们将加速混乱，在这一点上劳合-乔治是完全正确的，因为他说："你们只会破坏一切"，因为他从其资产阶级立场出发，既反对工党的胜利，也反对保守党的胜利。再看看法国反动派的政策，它无疑暂时加强了法国的政策，但却为此付出了代价。可以说，在东方，法国和英国曾处于战争状态，只是由于两国临渊而退，协约国的关系和欧洲的和平才得到拯救。

可是自从英国帝国主义的最极端的一派获胜以来，不管它显得如何亲法，英国帝国主义和法国帝国主义更不可能妥协了。至于德国，毫无疑问，维尔特政府的破产和一个由斯汀尼斯扶植的政府的建立将极大地加剧矛盾。**反革命不可能带来面包与和平，因此，在这里我们必须应付一个反革命浪潮，应付一场肆无忌惮却毫无取胜之望的进攻。**反革命的攻势延续多久取决于我们在多大程度上能够转入反攻。反革命的社会基础无论如何都是很狭小的，他们既无突击力量，亦无进行长期的和胜利的战争所需要的途径和基础。

同志们，现在我们就谈到了这个问题的第三部分。我们面临的是**工人阶级的抵抗问题**。同志们，我们共产党人也不能自诩地说立刻就理解了时代的征兆，在资本已大举发动进攻的去年，我们还在不得不去解决就无产阶级进攻问题而进行的争吵。然而毋庸置疑，我们无论如何是最早理解了时代的征兆的，并且最早站出来引导无产阶级进行抵抗和尽可能转入反攻。1921年1月在德国使用公开复信的策略时我们本来就这样做了。三月事件表明，这是一个经验主义的步骤。如果我们对促使我们采取这一步骤的形势考虑得周到一些，三月事件就不会发生了。自从第三次代表大会以来，我们越来越系统地掌握了事态。由于我们讨论了统一战线的策略，共产国际证明它不仅能够领导无产阶级进军，而且能够领导他们进行自卫。

同志们，什么是我们的自卫计划呢？阐明计划的基础同时也是对我们的策略问题的回答。无产阶级进攻时期的特点是越来越广泛的群众直接参加对资本主义的冲击。如果你们回忆一下1919年德国无产阶级的情绪，毫无疑问，那时不只是共产党人和独立社会民主党人，而且车间里的谢德曼党的工人也坚信社会主义在进军，并认为只在方法上与共产党人不同；如果你们再回顾一下1919年社会主义在英国第一次变成广大群众内心向往的问题和1920年夏天因为一个外交问题，即为了支持苏维埃俄国，在英国确实存在群众性大罢工可能性的事实，那么毫无疑问，工人群众冲击的时代的特点就在于他们自觉地为政权而斗争。

我们现在所处的时代的特点是，**虽然世界资本的危机没有克服，虽然政权问题客观上一直仍然是一切问题的核心，但是无产阶级广大群众已失去对他们在可见的将来能够夺取政权的信心。**他们被迫转入了自卫。

同志们，我们反对同资产阶级联合的想法，我们对此持反对的态度是有道理的。我们姑且不提这样一个事实，即即将发生的并不是社会民主党和工党同资产阶级的联合，而是工党乃至一部分自由党被赶出资产阶级政府。即使面对这一事实，工人阶级的大部分仍持消极的态度。否则，怎能解释社会民主党在格尔利茨声明愿同斯汀尼斯联合——每个工人都清楚，这是社会民主党的一次投降——之后，虽然在某些地方工人小组开展了活动，但是并未出现德国工人抗议的风暴。工人阶级失去力量的感觉也许是独立社会民主党和社会民主党如此容易联合的最实际的原因（德国代表插话："非常正确！"），因为工人相信，他们的力量在消失。出于这一原因，甚至曾反对同资产阶级联合的独立社会民主党的工人也同意同社会民主党联合，以保存最后一点力量。

既然情况如此，既然目前在最广大的工人群众中夺取政权的思想不仅不迫切，而且受到整个形势的遏制，既然工人阶级的大多数人感到没有力量，那么，**作为目前紧急任务的夺取政权就不在日程之上了**。这是一个历史事实。如果共产党人对每个问题，甚至在国家对口腔卫生方面的规定问题上都说，只有在无产阶级专政下牙齿才能无痛苦地拔掉（笑声），那么重复这种论调也许具有宣传上的意义，但是这抹煞不了下面的事实，即我们自己的同志，共产党的工人认为目前夺取政权是不可能的，尽管可以肯定，很多国家也许会比某些人想象得要早地在建立无产阶级专政的直接斗争面前发抖。因此，即使我们不考虑统一战线策略，而只提出我们与广大工人群众相结合的政治任务，我们也必须首先为对**广大工人群众最有现实意义的问题而斗争：工资和劳动时间问题，住房问题，反对白色恐怖和战争危险的问题以及工人阶级日常生活的一切问题**。共产主义并不要求人们将头埋到沙土中去并且说，像我这样一个优秀的共产党员不适于对这类事情斤斤计较。即使我们只想将我们已经争取过来的工人团结在共产主义的旗帜下，我们也必须将我们的斗争**集中到这些问题上来：只有扩大、深化和提高这一斗争才会出现建立无产阶级专政的斗争**。

工人在工厂中看到，在每次罢工时都感到，如果他们不同其他工人一起斗争，他们就不能为最紧迫的切身问题而斗争。

他们还看到了更多的事情。他们看到，工人是不考虑党派的，工人群众在这些问题上意见是一致的。正因为他们有这样的感觉，共产党的政策就必须对他们的问题作出回答，告诉他们**应当如何处理工人的共同要求和他们的政治分歧**的实际问题。同志们，如果我们不善于以无产阶级统一战线思想的传播者的身份对群众讲话，那我们就会变成孤家寡人。在这种时候给我们工人以力量，使他们留在共产党内，甚至重新成群结队地团结在党的周围，这不仅是我们的目标，不仅是先锋队对无产阶级专政必要性的日益深刻的认识，而且使人感到，我们是工人阶级中**团结的因素**。自1920年底两党合并的党代表大会后我在柏林和同志们交谈以来，我再没有这种感觉了。由于提出了无产阶级专政的口号，我们就将所有根据迄今为止的革命经验愿意接受无产阶级专政思想的人从社会民主党中分离出来了，不愿意接受这种思想的工人只是眼睁睁地看着分裂；而我们的同志则感到，对一段时间内在群众的意识中已被总的形势推居次要地位的最终目标的宣传和对分裂的宣传，均未能使他们争取到新的更多的工人群众，尽管这种宣传是绝对必要和意义重大的。

他们感到，必须同工人谈论他们所想的和所感受的东西，当工人失业没有饭吃，甚至即使有工作也要忍饥挨饿时，是什么事使他们心情沉重。对工人群众来说，统一战线的思想是工人阶级团结起来为反对衰落的资本主义加给他们的苦难而进行斗争的思想。

第二个问题是，既然统一战线是必要的，**那么我们应该怎样实行统一战线呢？**我们是否应该这样来实行：面对无产阶级最广大的群众，要求他们同我们一起在共产主义的旗帜下而斗争？我们是否应该这样来实行，对工人说：我们拒绝同工会和领导机构进行任何谈判？

稍加思索就可以指出，以为可以用这种形式实行统一战线的想法是完全荒谬的。尽管社会民主党的工人知道他们的党是反对专政的，但是他们仍然认为这个党代表他们的利益，因此他们仍属于社会民主党。如果这些工人群众相信谢德曼、格拉斯曼、列诺得尔和茹奥想为八小时工作日而斗争，他们就会问我们：是啊，说得很正确，我们应当共同战斗，可是你们就此同谢德曼、列诺得尔和韩德逊谈过没有？

对此我们应当回答他们：谢德曼是叛徒吗？如果在对谢德曼的评价上他们同我们一致，那我们就不必再宣传这些，他们会跟我们走。那么评价不同呢，如要实行统一战线，就必须抛开这种评价而同第二国际的领袖们谈判。第二国际和共产国际的区别并不在于我们主张无产阶级专政，他们则想以民主的手段为实现社会主义而斗争，而在于他们不想进行斗争，甚至不想为一块面包而斗争。如果他们失去了声誉，如果我们用事实证明他们不想斗争和他们为什么不想斗争，统一战线的道路就畅通了。

那么许多同志会说：既然我们了解这点，我们就不必先在工人阶级中助长幻想，然后再去批驳这种幻想了。可是问题恰恰不在于助长幻想，而是相反，即批驳幻想。我们必须用行动，而不是用语言去批驳。在我们的党内有很可笑的怪人，他们很担心社会民主党也许不会让人揭露，可能会进行斗争。我认为，如果社会民主党想进行斗争，任何有健全头脑的人都会表示欢迎。如果社会民主党指责我们：你们在衣服里藏着匕首，你们想拥抱我们，为的是刺杀我们，那么我们就说：**这要看你们**，假如你们表明想进行斗争，那我们至少能共同走一段路。对此我们不害怕。

因此，我们参加三个执行委员会的联席会议时并未打算在那里玩弄手段，大吵大叫，借以显示我们会争吵，而别人不会。我们去了，**是为了尽可能从上层组织无产阶级的统一战线**，从而使工人阶级有可能即使不立即转入反攻，但至少能够保住自己的阵地。这个计划失败了。它并不是因世界工人代表大会的问题而失败的。如果你们分析一下形势，你们就会看到，这一计划之所以失败是因为第二国际和第二半国际**用一个投降的计划来反对我们的抵抗计划**。

同志们，在那次会议上俄国问题起了很大的作用。因此，我也不能不谈谈这一问题。许多同志认为，这是社会民主党施展的一个诡计，他们企图利用我们反对第二半国际成员孟什维克的斗争，将孟什维克从共产国际排挤出去。同志们，我对社会民主党领袖的智力水平并不给予很高的评价。但是在韦尔斯头脑中不存在的事物在现实中依然存在。

社会民主党——第二国际和第二半国际——在俄国问题上向我们提出了下面的要求：合法化——并非说他们是这样讲的，而是说他们讲的内容——让孟什维克和社会革命党人合法化，然后我们就支持苏维埃俄国。这是什么意思呢？苏维埃俄国在为什么而斗争？苏维埃俄国在为保持工厂和土地掌握在工人国家的手中而斗争。孟什维克和社会革命党人的纲领是什么呢？现在，孟什维克通过马尔托夫和达恩的文章极其明确地提出了他们的纲领：回到资本主义，放弃国有化的生产。马尔托夫用下面的话阐述了这一立场：铲除俄国资本主义发展的障碍！由此可见，如果苏维埃俄国让企图部分地通过同协约国资本联合的办法来迫使苏维埃俄国投降的政党合法化，第二国际和第二半国际就愿支持苏维埃俄国。如果说我们在热那亚会议期间感到，这些人由于十足的愚蠢和盲目看不到苏维埃俄国在斗争以避免使国际工人阶级退回到革命的起点，即退回到全世界的工厂均掌握在资本的手中和还没有一个无产阶级国家的1914年，那么第二半国际的政党孟什维克现在的立场则表明，这不仅是愚蠢和盲目，而且是他们的纲领：在俄国停止为社会主义而斗争。因为按照马尔托夫的说法，世界革命已在全俄被击退。

那么第二国际和第二半国际在捍卫西欧无产阶级最基本的切身利益问题上的立场如何呢？当我们说：为八小时工作日而斗争，当我们说：反对减少工资，这时他们当然没有公然对我们说：不行。他们对我们说：在解散工会国际之前，我们不会同你们合作。这是什么意思呢？这意味着：要等到我们共产党人放弃反对牺牲各国八小时工作日的工会官僚的斗争，放弃反对在德国延长每班劳动时间和在不幸的星期五出卖英国矿山工人斗争的工会官僚的斗争，放弃反对不仅在全线败退，而且已经投降了的工会官僚的斗争，他们才同我们合作。中断柏林谈判的社会意义和政治意义在于：**我们带来了一个抵抗运动的计划，而对方却要求我们，共产国际及支持它的那部分工人阶级应当放弃斗争**。这就是在世界工人代表大会问题上清楚地表现出来的社会意义。第二国际和第二半国际的领袖们不愿意进行斗争，因此从上层建立统一战线就失败了。

同志们，我们现在面临的问题是：我们要不要放弃不仅从下层建立统一战线,而且也从上层建立统一战线的努力?对此我们的回答是:我们**不仅不放弃**这个计划,**而且必须更加努力去实现这个计划**。社会民主党领袖们的情况是,他们很清楚地知道,开始进行这一斗争的第一个结果将是同资产阶级联合政府的决裂。在他们被赶走之前,他们就不得不离开联合政府。然后,如果斯汀尼斯、博纳·罗和彭加勒大权在握,而且鉴于整个形势已经明朗,他们就不得不通过自己的群众开始进行斗争。我们必须清楚,他们将极力进行反抗,但是我们应该努力创造条件,迫使他们放弃这一立场。如果说他们在5月间成功地破坏了建立广泛的统一战线的第一个尝试,那是因为我们未能在群众中大力宣传这一思想。当我们的柏林党组织未能将来自500个工厂的代表团带到帝国议会时就已经很清楚,人们不会对韦尔斯的《红旗报》的大喊大叫感兴趣。在莱因兰和埃尔伯费尔德的情况好些,但是在地方产生的效果要比在首都慢。

在法国,法国同志们破坏了这种政策,没有这种政策他们不仅将降为一个政治小集团,而且变为一个空头政治家集团。

在意大利,我们的朋友博尔迪加想出了一个聪明得出奇的主意:在工会里搞统一战线,但不在政治领域搞统一战线!如果我们讨论关于统一战线的斗争,我们首先必须自己说:这种斗争我们**还没有在统一的共产党的阵线中进行过。我们只向这方面迈出了最初的几步。**

此外,如果我们的压力太小,我们就必须增强和加大压力,但是尽管如此,也许还是不能**一下子在国际范围内**促使现在已经联合的第二国际和第二半国际同我们合作。然而这并不是说,我们应当放弃领导人之间的谈判。我们应当**转向压力最大的国家**。在这些国家我们同敌人对峙,我们将通过正面斗争冲破敌人的防线,而且是在工人群众压力最大的地方冲破这一防线。当然我们不知道在国际范围内能否做到这点。**如果能做到这点——这对第二国际更加不妙**,因为这将证明,第二国际注定要灭亡，它不懂得从资产阶级的车上跳下来，将随同这辆车一起滚进深渊。工作将很艰巨，需要许多时间，但这是引导群众进行斗争，并把他们团结到共产主义旗帜下面的唯一途径。

同志们，请允许我在我发言的最后部分简要地谈谈斗争的口号。

5. **斗争的口号**。如果说要求增加工资，保持八小时工作日和扩大工厂委员会运动是我们行动的出发点，那么实际情况是，仅仅这些要求是不够的。不仅共产党的工人，而且完全超党派的工人都理解并可能要求，如果 500 马克不够生活，那就应当每天给他们 1000 马克。但是他们将会看到，增加纸面上的工资并不是出路。如果说我们在斗争的最初阶段只用这些口号还能够过得去的话，那么随着斗争的发展就有必要在斗争的过程中提出政治性和组织性的口号。这一时刻将是我们**从防御转入反攻**的时刻。

基于我们对衰落的资本主义和对无产阶级任务的总的分析，我们在共产国际第二次代表大会上就提出了这些口号。后来我在第三次代表大会上所作的关于策略的报告中又对之加以阐述。我们首先提出了监督生产的口号。由于下述原因监督生产的口号是必要的：（1）它向工人指明了前途；（2）它向工人表明，无产阶级有能力阻止经济衰落。

这一口号向工人指明了经济复兴的前景和摆脱混乱的道路。围绕这一口号的斗争将导致夺取国家政权的斗争，因为资产阶级将用一切手段阻止任何让他们出钱的建设。

因此，各国共产党不仅必须经常通过一篇文章或某一次代表大会提出监督生产的口号，而且应当使之成为自己运动的中心问题。各党必须善于向工人讲明，如果不通过在工厂和车间监督生产而在实际上夺取政权，经济混乱将与日俱增。监督生产的口号是一个给群众指明出路，并给其近期的斗争以思想的口号。如果我们在我们的斗争中提出关于赋税的口号——通过统计实际价值加重资产阶级的负担，而又没有能够保障这一口号得以实现的无产阶级的监督机构,那么这个口号就等于放空炮。

同志们,各国共产党必须在研究纲领问题时最广泛地讨论这些问题。假如共产国际的某些同志认为,统计实际价值问题只是一个德国的特殊问题,那么毫无疑问,在法国和意大利等许多国家货币不断贬值的情况下,这个问题将成为无产阶级斗争的出发点之一。如果不提出关于我们同武装力量的关系的口号,我们就不能投入这场我们同资产阶级统治发生冲突的斗争。将武装力量集中到参加工会的工人的手中的要求,同无产阶级自己的斗争的关系最为密切,并将在各国自动地提出来。

6. **工人政府**。现在我来谈谈在我们反对资本进攻的斗争中起很大作用的一个问题,这一问题在季诺维也夫同志关于我们在讨论反对资本的进攻时不能不讨论的**工人政府问题**的策略论述中曾起过很大的作用。季诺维也夫同志在其论述中从思想上区分了工人政府的可能形式,我赞成这种区分的尝试,我只是提出波兰、南斯拉夫、保加利亚和罗马尼亚等国的一种工农政府的类型来作些补充。在这方面,对我们来说重要的是,不去从思想上加以区分,而是提出一个问题:**工人群众——不仅共产党人——在谈论工人政府时他们想的是什么?** 我只想指出这一思想已得到反响的国家:英国、德国和捷克斯洛伐克。在英国,他们想的是工党。那里的共产主义尚未形成群众力量。在资本衰落的国度里这一思想是同统一战线生动地联系在一起的,因此,如同工人自己说的那样,统一战线意味着共产党人和社会民主党人在工厂罢工时不是互相拆台,而是并肩前进,这样工人政府的思想对工人群众就具有相同的意义了,**他们想的是所有工人政党的政府**。对这些群众来讲,这在实践上和政治上意味着什么呢?我们应当回答这一问题。我们对这一问题的态度如何?如果研究一下实际上有多大可能建立这种工人联合政府,人们就能找到1000个有趣的答案。我们可以说,工人政府虽然不是必然的道路,但却是可能的道路。我们可以用季诺维也夫同志的话似是而非地说，工人政府并不是必然的，而也许是最不可能的道路。在政治上，这一问题将取决于**社会民主党是否直至其灭亡都将同资产阶级合作**的事实。如果情况如此，那么工人政府只能是共产主义的无产阶级的专政。我们决定不了社会民主党的政策。如果我们在我们反对资本进攻的斗争中走到群众面前，我们需要决定的是我们是否能对他们说，**我们愿为工人联合政府而斗争，并为此创造条件**。

这个问题，如果我们从所谓的理论上去斟酌，它就会成为使群众感到迷惘的一个问题。我认为，如果斗争涉及到统一战线，我们就应当明确无误地说，**如果社会民主党的工人群众迫使其领袖们同资产阶级决裂，我们就准备参加工人政府**，假如这个政府将成为阶级斗争的一个机关的话。我的意见是：假如这个政府愿意同我们一起斗争的话。当然，如果形势达到烤熟了的鸽子自天而降的程度：帝国之内毫无变化，斯汀尼斯拥有煤炭，保皇党人掌握军队，谢德曼只掌管威廉大街①，我们也被邀请到这条大街上来；如果我们的迈耶尔同志穿上燕尾服（笑声），挽起了颇不顺从的鲁特·费舍同志的胳臂（笑声）将她带到首相府，如果存在这些历史前景，那么对这一思想就应该提出下面的异议：首先，一位少尉会带十个人来将迈耶尔、谢德曼和鲁特·费舍同志搞掉；然后，工人政府即宣告完结。可是，在反对资本进攻的斗争中重要的并不是议会中的联合，而是**可以动员群众的讲台和进行斗争的纲领**。问题是：社会民主党是否会被资产阶级从联合政府中抛出来，躲在一个安静的角落里抗议；让他们在联合政府中腐烂，还是由我们帮助群众强迫他们开始战斗？人们可能会问：何必去为他们将如何行事而大伤脑筋？如

---

① 威廉大街在柏林。德国首相府设在这条街上，因此威廉大街就成了德国外交政策的象征。——译者注

果这只涉及社会民主党的领袖们，那我们当然宁愿让他们腐烂下去。然而如果这涉及动员社会民主党的工人群众，我们就必须拿出一个积极的纲领来。这同无产阶级专政有多大矛盾，同内战有多大矛盾？这种矛盾好像前厅与房间的关系。（"说得很正确！"）如果房门锁上了，可以破墙而入，甚至可以从烟囱钻进来。（**乌尔班斯**插话："从烟囱里流出了血！"）我第一次听说无产阶级主要在屋顶上筑街垒。如果资产阶级在某一个国家甚至将政府交给了社会民主党和共产党——匈牙利的例子表明，在历史上不排除这种可能——那么接着出现的将是最激烈的斗争时期，也可能出现11月9日德国资产阶级所面临的那样的形势，那时他们干脆销声匿迹了。他们可能处于这样一种形势，即将政权交给我们，希望我们不会有能力保住政权。不管我们是通过内战参加政府，还是由于资产阶级的无能而取得政权，工人政府的结果都是内战。如不进行内战，工人阶级就不能保住政权。这并不意味着我们共产党人会说：没有内战我们就不能生活，如同汤姆·索亚自以为是地认为，必须穿过地下通道去解救黑人，虽然门都开着；也不意味着我们说：没有内战我就不掌权，没有内战我就不高兴（笑声），而是由于季诺维也夫同志所列举的简单的原因：资产阶级有时可能表现出无能，但是不经过激烈的斗争他们不会最后放弃政权。如果社会民主党没有能力进行战斗，我们就将不理睬他们而继续前进。工人政府建立之处，将只是为建立无产阶级专政而斗争的一个出发点，因为即使一个在民主基础上产生的工人政府也不会为资产阶级所容。情况将表明，人们不得不这样做。社会民主党的工人必须成为共产党人，他们为了捍卫自己的政权必须进行内战。因此我认为，在实践中，在事物的发展中，没有大的沉沦的危险威胁我们，对我们造成威胁的是真正的阶级斗争，而不是像在不伦瑞克和图林根这种偏僻、不经过内战人们就能坐到政府里的小地方的议会制政府问题。我不想以此表示，人们应当对这些问题持无所谓的态度。工人政府的口号是一个必要的方向性的口号，这一口号使统一战线有了统一的政治目标。工人为了争取建立工人政府和为了监督生产而团结战斗的时刻，将意味着我们反攻的开始，因为如果我们不仅仅捍卫瞬息即逝的东西，**而是为了夺取新的阵地而斗争，反攻就开始了。**

共产党人不能勉强地开始这一反攻。三月斗争的一个大错误正好是他们企图以我们党的战斗意志来代替广大群众的斗争。我们党的战斗意志必须在我们对群众进行宣传和组织的方式中表现出来。最能说明工人运动状况的是，甚至在我们拥有最强大的党组织的国家里，我们共产党的宣传鼓动仍是十分抽象的，宣传鼓动缺乏那种坚信真正为了不久即可达到的目标而斗争的热情。

一切都还给人以纯粹宣传的印象，如果我们党员不想让我们的全部讨论因内容空泛而失败，不想让我们所有的代表大会具有只在理论上讨论发展趋势的党的秘密聚会的意义，那我们的党就必须在实践中执行完全不同的政策；不是在政治路线方面的不同，而是在他们斗争能动性方面的不同。同志们，在这里讨论资本进攻问题的时候，我们必须指出一点：我们必须先改变我们自己，然后才能改变非共产党的群众。

许多同志对事情是这样设想的：只有在革命浪潮高涨和无产阶级群众发动进攻的时刻，共产国际才能繁荣、健康。

共产国际不仅是夺取政权的党，而且是为政权而斗争的党。因此，如果说，现在几乎是政治活动的淡季，因而党就不能进行斗争，那纯粹是一派胡言。这样就把共产国际变成了无产阶级世界革命的寄生虫，而不是变成世界革命的战士。**我们的口号应当是寸土必争**，而不是失望的情绪和坐待革命。我们的全部争论只有一个目的，那就是我们应当认识到，我们只能在一定的条件下，不是在作出决定和研究决议的小房间里，而是在完成我们任务的实际斗争中，在实现无产阶级统一战线的斗争中以及在解决历史向今天提出的问题的斗争中建设共产党。谁认为统一战线路线同各国共产党的联合和巩固过程是对立的,谁就不懂得共产国际的任务,不懂得如果我们想成为统一战线的执行者,如果我们想为建立无产阶级的统一战线而斗争,我们就必须拥有巩固的党。(热烈的掌声)

(会议休会时间:下午3时55分)

第十二次会议

(1922 年 11 月 16 日)

会议开始：中午 12 时 20 分
主　席：先是柯拉罗夫，后是马尔赫列夫斯基

主席：

现在开会。请博尔迪加同志作关于法西斯主义的报告。

博尔迪加作关于法西斯主义的报告

尊敬的同志们，很抱歉，由于我们代表团同我们党的联系中出现的令人奇怪的情况，使我失去了掌握有关这个问题的全部原始材料的可能性。

有一份由我们的陶里亚蒂同志起草的书面报告，这份报告我不仅未带来，而且我根本没有机会看过。

有关准确的统计数字，我不得不请那些想更详细地了解情况的同志去读这份报告，这份报告肯定已送到这里，并在这里翻译后分发了。

此外，在最后一刻，我们的材料又得到了补充，因为昨天我党中央的一位代表来到了莫斯科，向我们报告了法西斯分子最近的活动给意大利同志们的印象，我将在我报告的最后一部分谈谈这些情况。

拉狄克同志昨天在这里作的报告中谈了共产党对法西斯主义的态度之后，我也得谈谈这个问题的另一方面。

我们的拉狄克同志批评了我们党对当前意大利的重要政治问题——法西斯问题——的态度。他对我们的立场——我们所谓的立场——提出了批评，据说我们想建立一个小党，并相应地看待所有的问题，以致我们把自己局限于党的组织及其直接作用的方面，未能把我们的注意力集中到重大的政治问题上来。

由于时间关系，我尽量不啰嗦。在讨论意大利问题和我们同社会党的关系问题时，我们也必须研究我们在意大利由法西斯主义所造成的新形势下应当如何行动的问题。

现在我就直接转入我的正题。

首先让我们探讨一下法西斯运动的起因。

谈到法西斯运动的直接的和外部的起因，可以追溯到1914年和1915年意大利参加世界大战之前的一段时期。其最初的发端是那些支持参加战争的集团。在政治上，这些集团是由不同倾向的代表人物组成的。

有以萨兰德拉为首的右翼集团，即一些大工业家，他们对战争感兴趣，在赞成协约国进行战争之前甚至曾支持过反对协约国进行战争。

另一方面也有资产阶级左派的倾向：意大利激进党人，即左派民主党人，以及由于传统而主张解放的里雅斯特和特里安的共和党人。在干涉主义运动中居第三位的是无产阶级运动中的某些人：革命的工团主义者和无政府主义者。属于这些集团的首先是——这也许是一个人事事件，但却具有特殊的意义——社会党的左派领袖：《前进报》领导人墨索里尼！

我们大致可以说，中派集团没有参加法西斯运动，它适应了传统的资产阶级政策的环境。

留在法西斯运动中的是极右和极左集团：极端无政府主义分子、极端工团主义分子和极端工团主义革命分子。

这些政治集团在1915年5月违背全国多数人的意志，甚至违背对突然发生的政变无力进行反抗的议会的意志，将战争强加给意大利，从而获得一大胜利。然而战争结束后，他们发现他们的影响缩小了。在战争期间他们就已觉察到了这一事实。

他们把战争当成了轻而易举的事，可是当人们看到战争时间拖得很长，这些集团本来就未真正拥有过的人民性就完全失去了。

战争刚刚结束，这些集团的影响降到了最低点。

到1918年底复员期间和复员之后，在1919年和1920年上半年，战争后果所引起的普遍不满，使这一政治思潮的威信扫地以尽。

但是，仍然可以看出，当时几乎销声匿迹的这一运动同今天在我们面前开展的强大运动之间的政治和组织联系。

"法西斯战斗小组"从未停止存在；法西斯运动的领袖始终是墨索里尼，它的报纸是《意大利人民报》。

在1919年10月底的大选中，法西斯分子在他们的报纸出版地和他们的政治领袖所在地的米兰遭到惨败，他们获得的选票少得可怜，尽管如此他们仍然继续进行他们的工作。

由于群众所具有的革命热情——其原因无须我在此详细论述了，无产阶级的社会主义革命派在战后一段时期内得到了很大的加强，但是，他们不善于利用这一有利的形势。

这一派最后还是失去了活力，因为没有一个党看到所有这些有利于加强一个革命组织的客观的和心理的条件，没有一个党能够在这种局势中建立一个稳定的组织。我并非断言说，社会党——如同季诺维也夫同志这几天所说的那样——可以在意大利发动革命，但是它至少应该为工人群众的革命力量建立一个稳固的组织。它并未完成这一任务。

因此我们只能眼睁睁地看着意大利一直反对战争的社会主义运动所享有的威望在下降。

随着社会主义运动在意大利社会生活的危机中接二连三地犯错误，对立的运动——法西斯主义——便开始壮大了。

法西斯主义特别善于利用在经济形势中引人注目的危机，这种危机对无产阶级工会组织的影响已经开始明显起来。

在最困难的时刻，法西斯运动得到了丹农齐奥的阜姆远征军的支持。法西斯从阜姆远征军中得到了某种道义上的力量，在那里也出现了其他组织和武装力量，尽管丹农齐奥运动和法西斯主义是很不相同的两回事。

我们谈了社会主义无产阶级运动的情况，对其错误共产国际一再进行过批评。

这些错误的后果是资产阶级和其他阶级的情绪完全转变。无产阶级四分五裂，情绪沮丧。看到胜利被别人从自己手中夺走的工人阶级的情绪发生了重大的变化。可以说，意大利资产阶级在1919年和1920年上半年几乎心甘情愿地坐观革命的胜利。中产阶级和小资产阶级倾向于扮演消极的角色，他们不愿追随大资产阶级，而愿追随即将取得胜利的无产阶级。

这种情绪现在发生了彻底的变化，我们没有目睹无产阶级的胜利，反而看到资产阶级如何在聚集力量进行防御。

当中产阶级看到社会党不懂得组织自己，看到自己能够取得优势的时候，就表现出不满，它逐渐失去了对无产阶级命运的信任，并改换了门庭。

资产阶级的资本主义进攻在这一时刻开始了，它主要利用了中产阶级的情绪。由于法西斯是由完全不同的成分组成的，它就解决了这一问题，这样它甚至有能力阻止资产阶级和资本主义的进攻。

意大利的事件是资本主义进攻的典型例子。正如拉狄克同志昨天在这个讲台上所说的那样，这次进攻是一个复杂的现象，对此不仅应当在降低工资或延长劳动时间方面，而且应当在资产阶级对工人阶级采取的政治和军事行动的总的方面进行考察。

我们在意大利法西斯主义的发展时期看到了资本主义进攻的一切表现形式。

我们共产党从其诞生的最初时刻起就对形势进行了讨论分析，并向意大利无产阶级指出，他们的任务是在资产阶级进攻面前团结自卫。我们党起草了一个统一的计划，根据这一计划，无产阶级本来应该是起来反对这种进攻的。

如果我们想把资本主义的进攻视为一个整体，那我们就应当全面地，即一方面在工业领域，另一方面在农业领域研究形势。

在工业领域，资本主义的进攻首先直接地利用了经济形势。

危机开始了，失业在蔓延。一部分工人不得不被解雇，这正中雇主的下怀，因为他们可以将那些在工会中居领导地位的工人和极端分子赶走。对雇主来说，工业危机是使他们有可能要求降低工资和修正此前他们不得不向他们工厂的工人在纪律上和道义上所作的让步的出发点。

这次危机开始时，在意大利建立了雇主的阶级协会——全国工业协会，它领导了这场斗争，让各工业部门的行动均接受其领导。

在大城市里，反对工人的斗争不可能以立即使用武力开始。城市工人一般都组织了人数很多的小组，他们能相当容易地举行大规模集会和进行认真的抵抗。因此，人们首先将工会斗争强加给无产阶级。这些斗争以失败告终，因为经济危机正处于最严重的阶段，失业人数在不断增多。胜利地进行在工业中出现的经济斗争的唯一的可能在于将活动从工会运动转到革命上来，在于真正的共产主义政党的专政，然而意大利社会党并不是这样一个政党。

它不懂得在关键的进击中将意大利无产阶级的行动转移到革命上来。意大利工会组织为改善劳动条件进行的斗争取得巨大成果的时期已成过去,继之而来的是罢工将成为工人阶级防御性罢工的新时期,工会经历了一次又一次的失败。

由于农业阶级,特别是农业雇佣工人以及那些没有完全无产阶级化的阶层在意大利的革命运动中具有重大的意义,统治阶级为对付红色组织对郊外的影响,不得不采取斗争的手段。

意大利有一个广大的地区,从农业角度来看是最重要的地区,即波河平原,那里我们面临的形势很像地方性的无产阶级专政,或至少像农业工人专政。1920年底,社会党在那里占领了许多乡镇,这些乡镇后来对农业资产阶级和中产阶级实行了地方性税收政策。我们在那里有很兴旺的工会组织,很大的合作社和许多社会党支部。甚至在运动掌握在改良主义者手中的地方,城外的工人阶级也采取了革命的态度。他们迫使雇主向组织缴纳一种税款,一种可以说是雇主在工会斗争中被迫接受合同表示屈服的保证金。

于是出现了城外的农业资产阶级无法生存下去并被迫撤进城里的局面。

意大利社会党人犯了一些错误,主要表现在侵占土地问题和小佃户在战后想成为小有产者而购买土地的问题上。

改良主义组织强迫这些小佃户依旧充当可以说是农业工人运动的奴隶,在这种情况下,法西斯运动在那里找到了一个重要的支柱。

在农业中没有出现同大规模失业相联系的危机。这种危机本来可以使地主有可能在单纯的工会斗争方面胜利地进行反攻。

法西斯通过依靠农村中的地主阶级和利用社会党及改良主义者组织方面的错误在农村阶级中的中间阶层所引起的不满,在这里开始发展并开始使用暴力和武器装备。法西斯主义也依赖总的形势,依赖小资产阶级各个阶层——小商人、小地主、复员的士兵和在战争期间任职后对其当前的处境感到失望的军官——的日益加剧的不满情绪。

他们利用了所有这些人；由于他们将这些人组织起来，分组编队，他们就能够开展破坏意大利乡村的红色组织的政权的运动。

法西斯使用的方法是很典型的，它网罗了战后在社会上不能各得其所的所有复员军人，利用了他们的军事经验。

法西斯不是在大的工业城市，而是在我们可以视为意大利农业专区首府的城市，如博洛尼亚和佛罗伦萨开始建立其军事组织，为此，它依靠了国家机构，对此我们还要谈及。法西斯分子拥有武器和运输手段，享有在法律面前不受惩处的权利。即使在他们尚未达到其革命对手数量的地方，他们也享受这种有利条件的好处。他们首先组织了被称之为"原始的远征"的远征行动。他们的行动大体上是这样进行的：

他们涌进某一小地区，破坏无产阶级组织的核心机构，强迫市政委员辞职，必要时打伤或打死对方的领导人，最好的待遇是强迫他们离开该地区。有关地区的工人无法抵抗这些受到警察支持的、由全国各地纠集来的武装部队。从前不敢同无产阶级在本地区进行较量的法西斯地方小组现在占了上风，因为工人和农民受到恐吓。他们知道，如对这一小组采取任何行动，法西斯分子就会以更大的力量重新进行讨伐，对此人们是无法进行抵抗的。

这样，法西斯就在意大利的政治生活中占据了统治地位，并且可以说是按计划一个地区一个地区地向前进军，这种计划在地图上一看就一目了然。

博洛尼亚是他们的起点。1920年9月和10月那里曾建立过社会主义行政机构，同时还进行了红色武装力量的大规模动员工作。

冲突发生了，会议因外部的挑衅而中断，可能是在内奸的帮助下，有人向资产阶级少数派的坐席开了枪。

这一事实导致了法西斯首次大规模的袭击。

肆无忌惮的反动派大搞破坏和纵火活动，并对无产阶级的领袖采取了暴力行动。法西斯分子借助国家政权的力量占领了城市。

在具有历史意义的1920年11月21日，恐怖伴随着这些事件开始了。此后，博洛尼亚的市政委员会未能再重新掌权。

法西斯从博洛尼亚出发走上了一条我们在这里无法详加描述的道路；我们只是说，这条路分成两个地理方向：一条通向西北工业三角地区米兰、都灵和热那亚；一条通向托斯卡纳和意大利中部地区，以便包围和威胁首都。一开始事情就很清楚，在意大利南部不可能出现法西斯运动的原因，也正是大规模社会主义运动不可能出现的原因。

法西斯并不是一部分落后的资产阶级的运动，因此，它首先不是在意大利南部，而恰好是在无产阶级运动最发达、阶级斗争表现得最明显的地方出现的。

根据这些情况，我们应该如何解释法西斯运动呢？它是一种纯粹的农业运动吗？在我们指出运动主要起源于乡村地区之后，我们更不能这样说，我们不能把法西斯主义看做资产阶级中一部分人的独立的运动，看做与工业资本主义相对立的代表农业利益的组织。此外，法西斯主义甚至在其活动只限于农业地区的那些省份和大城市，建立了它的政治和军事组织。

我们看到，在1921年法西斯参加大选并组成一个议会党团之后，在议会里出现了一个独立于法西斯的农业党。在后来的事件进程中我们看到，工业雇主支持了法西斯。

最近对新的局势起了重要作用的是全国工业协会发表的一个声明，它主张授权墨索里尼组织新的内阁。

然而在这方面的一个更为有意思的现象是法西斯工会运动的出现。

如前所述，社会党人从未有一个农业政策，农村的并非极为明显地属于无产阶级的某些人的利益又与社会党的利益相对立，法西斯党徒非常善于利用这一实际情况。

法西斯是一个必然使用各种最残忍和最野蛮的暴力手段的运动，但是它善于将这些手段同最无耻的欺骗宣传结合起来。法西斯企图同农民，甚至同农业工人一起建立阶级的组织，在某种意义上它甚至反对地主。我们有法西斯领导下进行工会斗争的事例，它们同红色组织早期使用的方法有许多相似之处。

我们不能把用强制和恐怖手段搞起来的法西斯工会运动，看做对雇主进行斗争的一种形式，另一方面我们也不能得出结论说，法西斯本来就是农业雇主的一种运动。事实是，法西斯是统治阶级统一的、大规模的运动，它能够运用和利用一切手段，使某些农业和工业雇主集团的所有局部的和地方的利益为它服务。

无产阶级不懂得联合成一个为夺取政权而共同斗争的统一的组织，并为此而牺牲小集团的直接利益。它不懂得在一个有利的时机解决这一问题。

意大利资产阶级利用了这一情况，以便试图建立自己的组织。这是一个非同寻常的问题。统治阶级为了捍卫自己手中的政权建立了一个组织，并执行一个统一的反无产阶级的资本主义进攻计划。

法西斯搞出了一个工会运动，其用意何在？是为了进行阶级斗争吗？绝对不是！法西斯从事工会运动的口号是：一切经济行业均有权组织工会；工人、农民、商人、资本家和大地主等均可以组织协会。他们均可按照相同的原则组织起来。但是，一切组织的工会活动均应服从民族利益、民族生产和民族荣誉，等等。

这是阶级合作，而不是阶级斗争，一切利益均被融进所谓的民族团结之中。我们知道民族团结的含意就是：无条件地保持资产阶级国家及其机构，以便对付革命。我们认为，可将法西斯的建立归于三个主要因素：国家、大资产阶级和中产阶级。

  这些因素中的第一个因素是国家。在意大利，国家机器在法西斯的建立过程中起了重要的作用。关于意大利资产阶级政府连续不断地发生危机的消息使人们相信，意大利资产阶级的国家机器如此不稳定，一次袭击就能将它推翻。

  情况并非如此。资产阶级恰好是随着其国家机构的巩固而得以建立起法西斯组织的。

  在战争刚结束的时期，国家机器经历了一次危机。这次危机的显而易见的原因是复员，所有过去参加战争的人现在一下子全被抛进劳动市场，而过去致力于提供一切手段以对付外部敌人的国家机器在这一危机的时刻则可以变成一个对付内部的革命以确保政权的机构。这对资产阶级来说是一个非同寻常的问题。它既不能立足于技术，也不能立足于军事，通过公开反对无产阶级来解决这一问题，它必须立足于政治来寻求解决。

  在这一时期出现了战后头几个左派政府，在这一时期，尼蒂和卓利蒂的政治路线占了统治地位。

  恰好是这一政策使法西斯有可能保证其后来的胜利。

  他们不得不先向无产阶级让步，在国家机器需要巩固的时刻出现了法西斯主义，法西斯对这些政府提出了批评，并指责它们在革命者面前表现怯懦。这纯粹是蛊惑人心的宣传。

  实际上法西斯之所以能够取得胜利，应该是由于战后头几个首相的民主政治所作的让步。

  尼蒂和卓利蒂曾对工人阶级作出过让步。社会党的某些要求——让士兵复员，实行政治治理，对逃兵实行大赦——得到了满足。他们之所以作出各种让步，是为了在稳固的基础上恢复国家机器而争取时间。尼蒂是"Guardia Regia"，即"王室卫队"的创建者。这是一个不那么具备警察性质，但却具有完全新的军事性质的组织。改良社会党人的一个大错误是他们未将这个问题——他们本来就能够根据宪法通过抗议国家建立第二军队的事实来解决这个问题——视为根本性的问题。社会党人没有认识到这个问题的严重性，把尼蒂当成可在左派政府中与之进行合作的人。这再次证明，这个党是如何没有能力理解意大利政治的发展进程的。

卓利蒂完成了尼蒂的事业，在卓利蒂内阁里，国防大臣博诺米支持法西斯的最初的尝试，他自愿为正在形成中的运动和甚至在恢复平民生活之后仍继续领取其绝大部分饷银的复员军官效劳。

他在极大的程度上让国家机构为法西斯服务。他为法西斯分子建立一支军队提供了全部必要的资金。

这个政府在工厂被占领的时刻认识到，武装起来的无产阶级夺取了工厂，农业无产阶级为其革命的热情所驱使正准备夺取土地，现在，即在反革命力量组织起来之前就开始进行斗争，将是一个极大的错误。

这个政府为组织反动力量做了准备，它有朝一日将摧毁无产阶级的运动，它可以依靠曾经是社会党党员的全国总工会的背信弃义的领导人的权术。政府通过承认工人监督法——它从未执行过，甚至从未表决过——在危机的形势下挽救了资产阶级的国家。

无产阶级夺取了工厂和土地，然而社会党再次表明，它没有能力解决产业工人阶级和农业工人阶级统一行动的问题。这一错误使资产阶级他日有可能实现反革命的统一，而这种统一又使资产阶级既能战胜工厂里的工人，又能战胜农村中的工人。

如同我们所看到的那样，国家在法西斯运动的发展过程中起了极其重要的作用。

在尼蒂、卓利蒂和博诺米内阁之后，法克塔政府上台了。这个政府是为掩盖法西斯在扩张地盘的进军中充分自由的行动服务的。1922年八月工潮时期，工人同受到政府公开支持的法西斯分子之间发生了严重的斗争。我们可以举出巴里的例子。虽然法西斯分子动用了全部力量，但他们用了整整一周的时间也未能战胜退到自己的住宅、手持武器自卫的巴里工人。法西斯分子不得不撤退，并在战场上留下许多法西斯分子的尸体。可是法克塔政府做了什么呢？在晚上，政府让成千的军队、数百名宪兵和"王室卫队"的士兵去包围老城，让他们去冲锋陷阵。在港口那一侧，有一艘鱼雷艇向住房瞄准。机枪、装甲车和大炮开进了阵地，睡梦中的工人遭到了袭击和毒打。工人协会被占领。国家到处都采取了这样的行动。人们看到，在法西斯在工人面前不得不撤退的地方，国家政权都进行了干预；国家政权向进行抵抗的工人开枪，逮捕和审判工人。工人唯一的罪行是进行自卫，而真正犯下了卑鄙罪行的法西斯分子却被当局有计划地释放了。

因此，第一个因素是国家。

法西斯的第二个因素，如同我已说过的那样，是大资产阶级。工业、银行业和商业大资本家以及大地主当然对建立一个支持他们向劳动人民开展进攻的战斗组织感兴趣。

但是，第三个因素在法西斯力量的建设中也起了很重要的作用。

为了撇开国家另外建立一个非法的反动组织，他们必须招募另外一些人，另外一些与他们那一伙中以上层统治阶层面貌出现的人完全不同的人。他们找到我们提到过的中产阶级的那些阶层，用维护这些阶层利益的办法进行笼络，从而罗致了这些人。这就是法西斯企图实现的目的。我们不得不承认，这也是它实现了的目的。法西斯在同无产阶级关系密切的阶层中争取到了拥护者，在对战争不满的人中间，在所有那些由于成为法西斯的拥护者而重新获得力量、振作精神并穿上了反对无产阶级运动外套的小资产阶级、半资产阶级、商人、商贩、特别是资产阶级青年知识分子——他们后来都成了狂热的爱国主义者和意大利帝国主义分子——中间找到了拥护者。这些人给法西斯带来了大量的拥护者，使法西斯在军事上得以组织起来。

这就是使我们的敌人能够搞起这个运动以便同我们进行较量的三个因素。这个运动在野蛮残忍方面是无与伦比的，但是我们也不得不承认，它是一个牢固的组织，拥有政治上很精明强干的领导人。社会党从未认识到正在兴起的抵抗运动的意义，《前进报》没有理解资产阶级利用无产阶级领袖们的后患无穷的错误所准备的东西。它不想提及墨索里尼，因为它担心过于突出他等于替他作宣传。

因此我们看到，法西斯主义并不是新的政治学说，但是，它拥有一个很大的政治和军事组织，拥有一家运用大量新闻技巧和折中主义手腕的重要的报纸。但是法西斯没有思想，没有纲领，在它掌握了国家政权的今天面临着具体的问题，不得不致力于意大利国民经济的组织工作。只要它从其消极的工作过渡到积极的工作，尽管它有组织才能，但仍将呈现出弱点来。

我们考察了产生法西斯运动的历史因素和社会现实，现在我们应当研究法西斯所信奉的思想体系以及它借以赢得各种各样的人们追随它的那个纲领。

根据我们的判断得出的结论是，就思想体系和传统的资产阶级政治纲领而言，法西斯并没有带来任何新的东西。总而言之，法西斯的长处和特点在于它的组织、纪律性和等级制度。除了这种特殊的军事表现外，它也还是面临着充满无法克服的困难的处境：经济危机，这种危机将永远是革命的起因，而法西斯是不可能改变资产阶级的社会结构的。不懂得克服资本主义制度的经济无政府状态的法西斯还有另外一个历史任务，我们可以称之为对政治无政府状态，对作为政党的资产阶级组织的无政府状态的斗争。意大利统治阶级各阶层建立了传统的政治集团和议会集团，它们不依靠组织严密的政党而互相争斗。它们为了其特殊的局部利益而进行竞争,而为了进行竞争,这些陷于议会深谷中的职业政客们施用了各种阴谋诡计。资产阶级反革命的攻势需要在社会斗争和政府政策方面将统治阶级的力量团结起来,法西斯满足了这一需要。它高高地居于一切传统的资产阶级政党之上,逐渐地夺取了这些政党所有的一切,它在这些政党的活动中取代了这些政党;由于无产阶级运动的失策,法西斯得以将政权和中产阶级的人力用于自己的计划。然而,传统的资产阶级政治已经失败无数次,法西斯主义不可能产生胜过资产阶级政治的思想体系与社会改革和国家行政改革的具体纲领。

所谓的法西斯学说的关键部分没有多大价值,它给自己涂上了一层反社会主义和反民主的色彩。谈到反社会主义,显而易见,法西斯是一种反无产阶级力量的运动,因此它理所当然地宣称反对一切社会主义或半社会主义的经济形式,但是为了支持私有制它除了用关于共产主义在俄国已告失败的陈词滥调来自我安慰之外,未能拿出什么新的东西。民主制度必然被法西斯国家所取代,因为民主制度不懂得消除革命的和反社会的倾向。这不过是废话而已。

法西斯并不是依靠贵族、僧侣和高级军政官员并想以专制君主政体取代资产阶级政府和君主立宪制民主政体的一种资产阶级右派倾向。法西斯体现了一切资产阶级分子联合起来反对革命的斗争,因此,摧毁民主机构对它来说并不是绝对必要的。从我们的马克思主义立场来看,不必将这种状况视为荒谬的,因为我们知道,民主制度只是统治阶级借以反对无产阶级的所有骗人的保证的总括。

同时,法西斯还将反动的暴力和骗人的手腕结合起来了,因此资产阶级左派总是很善于欺骗无产阶级,证明资本主义的大局利益高于中产阶级的一切社会需要和政治需要。当法西斯从对自由民主主义的所谓批判开始宣传极端的爱国主义和胡诌人民的历史使命,从而向我们表露其积极的思想观点时,它编造了一个历史神话。一旦人们运用真正的社会批判来揭露表面胜利的国家意大利时，这个神话就失去了严肃的依据。至于对群众的影响，我们在这里看到的是对资产阶级民主典型立场的模仿：如果有人声称一切利益均需服从压倒一切的民族利益，那这就意味着原则上支持一切阶级进行合作，实际上只支持保守的资产阶级机构去对付无产阶级的革命的自我解放斗争。资产阶级的自由民主党也总是这样做的。

法西斯的新鲜之处在于它组织了资产阶级的执政党。在意大利议会舞台上发生的政治事件使人们相信，资产阶级的国家机器的危机已达到如此程度，只要外部一击就能将其摧毁。实际上这只是资产阶级统治方式的危机，其原因在于意大利各政治集团及其传统的领导人的软弱无能，他们没有能力在严重危机的时刻领导对付革命者的斗争。

法西斯建立了一个能够在这个国家起到主宰国家机器作用的机构。

但法西斯除了进行反对无产者的实际斗争外，还提出了一个关于社会组织和国家行政的积极而具体的计划，不过，实际上它只是重复了民主党和社会民主党的陈腐的论点。它没有建立自己的完整的建议和方案体系。

例如，它经常说，它的计划包括了对国家官僚机构的限制，从限制政府各部的数目直到限制各行政部门。诚然，墨索里尼现在放弃了豪华的首相专车，可是另一方面他却增加了大臣和助理国务秘书的数目，以便安置他的禁卫军。

法西斯在君主政体还是共和政体的问题上作了共和的或莫名其妙的各种各样姿态之后，决定忠实于纯君主政体，同样，它在一再地喊叫议会腐败之后，也完全接受了议会制的实践。

看来，法西斯很不愿意接受纯粹反动的倾向，因此它给工团主义留出了最广阔的活动天地。在1921年罗马代表大会上，法西斯作出了几乎是可笑的努力，企图将其理论固定下来，它还企图将法西斯的工团主义称为知识分子型的工人运动的主流。可是，这条所谓的理论路线早已被丑恶的现实所批驳。法西斯将其工会组织建立在肉体暴力和雇主们为了摧毁红色组织而授予它的对劳动事务的垄断的基础之上，然而它并未能将其影响也扩展到对工人有利的专门劳动技能比较强的那些部门中，它只是在农业工人中和某些像码头工人那样专业化程度不够高的城市工人中取得了成果，但是它并未争取到最先进和最有知识的那部分无产阶级。在工会方面，它甚至对职员和工商业者的运动都未给予新的推动。法西斯的工团主义没有任何严肃的理论基础，法西斯的思想体系和纲领是资产阶级和小资产阶级思想和要求的大杂烩。有计划地对无产阶级使用暴力，并不妨碍他们从社会民主党的机会主义源泉里汲取营养。

意大利改良主义者的态度在这方面提供了一个例证。在一段时期里，他们的政策好像是受反法西斯的原则和建立一个资产阶级—无产阶级反法西斯联合政府的幻想支配的；现在，他们却站到了胜利的法西斯的一边。这种接近并不令人奇怪，它是由许多情况决定的。许多事情预示了这种接近，其中包括丹农齐奥运动。这个运动一方面同法西斯有联系，另一方面企图根据一个起源于阜姆宪法的据说是以无产阶级，甚至以社会主义为基础的纲领参加无产阶级的组织。

我还想举出一些我认为对法西斯现象颇为重要的事情，但是时间不允许我这样做。其他意大利同志如参加讨论，将会补充我的发言。我不想再提所有涉及到这一问题的易使人动感情的方面和意大利工人与共产党人所受到的苦难，因为我认为这不是问题的本质。

我还要谈谈**最近**在意大利**发生的**、代表大会想详细了解的事件。

最近的事件

我们代表团是在最近的事件发生之前离开意大利的，到现在为止对情况了解得相当少。

昨天晚上，我们党中央的一位代表到达这里，向我们报告了这些事件。我保证向你们详细地介绍他告诉我们的有关意大利最近发生的事件的事实，并将原原本本地向你们重述这些事实。

我已向你们讲述过，法克塔政府给法西斯分子提供了执行其政策的最广阔的天地。对此我只举一个例子。在各届政府中都有大量意大利天主教农村人民党的代表，这种情况并未妨碍法西斯继续进行反对这个党的组织、个人和机构的斗争。现政府只是一个徒具虚名的政府，它的唯一的活动是支持法西斯分子旨在夺取政权的进军，而我们却认为这种进军纯粹是属于地理概念的占领地盘。

实际上政府为法西斯政变创造了条件。可是在这期间事态发展了，发生了新的政府危机，人们要求法克塔下台。由于党派众多，上次大选后内阁成分如此复杂，以致按照传统的资产阶级政党的老一套的方法无法保证一个稳定的多数。人们总是习惯地说，在意大利是"庞大的自由党"掌权。可是这并不是一个名副其实的政党，它作为政党从未存在过，它没有形成一个组织。它只是来自北方或南方的这些或那些政客的个人集团的大杂烩，也是由职业政客控制的工业或农业资产阶级集团的混合物。所有这些议员实际上构成了每届议会组成的核心。

但是对法西斯来说，改变这种形势的时刻到了，假如它不想陷于严重的内部危机的话。这也涉及到一个组织问题。人们必须满足法西斯运动的需要，并支付这个组织的费用。这些物质手段在很大程度上已由统治阶级预支了，看来也由外国政府预付了。法国政府的一次秘密会议讨论了包含着1915年支付给墨索里尼的大笔款项的预算。社会党查阅了这类文件，但是当时它不想进一步追究此事，因为它声明，墨索里尼是一个失败者。另一方面，意大利政府总是为法西斯分子执行任务提供方便，比如法西斯分子可以成群结队地免费乘坐火车。尽管如此，由于法西斯运动已造成了巨额开支，如果他们不直接掌权，形势将变得更困难。他们不能等待新的大选，虽然他们已胜利在握。

法西斯分子已拥有一个强大的政治组织，成员达30万人。他们自己声称，实际人数比这还要多。他们甚至能够用"民主"的手段取得胜利。但是事不宜迟。

10月24日，法西斯全国委员会在那不勒斯举行了会议。现在有人声称，全部资产阶级报刊都为之作了宣传的这一事件，只是转移人们对政变注意力的一个花招。在某一时刻，人们对与会者说：停止讨论吧，有更好的事情需要做，大家都回到自己的岗位。法西斯开始进行动员了。此事发生在10月26日。首都依然一片安静。

法克塔曾声明说，在他再次召开内阁会议以观察事情的进展之前，他不想辞职。可是，尽管他发表了这一声明，他仍向国王提出了辞呈。

人们开始就组织新内阁进行谈判，法西斯分子向其活动的中心罗马进军，他们在意大利中部和托斯卡纳特别活跃，人们听任法西斯分子为所欲为。

萨兰德拉被授权组织新的内阁。但由于法西斯的态度，他拒绝组阁。

可以设想，如果不任命墨索里尼来满足法西斯分子，他们甚至会不顾其领导人的意志像强盗一样行动，在城市和乡村抢劫和破坏一切。

在公众舆论中存在着某种激愤，法克塔政府声明：我们实行戒严。人们宣布戒严并估计国家政权机构同法西斯分子会发生严重的冲突。公众等了一整天，我们的同志对这种可能性颇为怀疑。

法西斯分子所到之处均未遇到严重的抵抗，但是在军队里却有某些反对法西斯的人士，士兵愿意同法西斯进行斗争，而大部分军官却支持法西斯。

国王拒绝签署戒严令，这意味着他接受了法西斯在《意大利人民报》上提出的条件：只要请墨索里尼组织一个新内阁就可以了，这样就找到了一个合法的解决办法，否则，我们就向罗马进军，把政权夺过来。

在取消戒严令几小时之后。人们就听说，墨索里尼到罗马去了。人们已准备作军事抵抗，集结了军队，在城市周围部署了西班牙骑兵。可是协议已经达成，10月31日，法西斯胜利地开进了罗马。

墨索里尼组织了新的内阁，其成员诸位都知道了。

在议会中只有35个席位的法西斯党却在政府中占了绝对多数。

墨索里尼在内阁中不仅占据了第一把交椅，而且还掌管了内政部和外交部。

其余重要的部门，分别由法西斯党党员掌管。

在其他各部，法西斯分子也大肆扩展其权势。

但是，由于尚未同传统的政党完全决裂，政府里也有两名社会民主党的代表，即资产阶级左派分子，以及自由党右派和一名卓利蒂分子。

王室君主制度的代表是国防部的迪亚兹将军和海军部的托安·雷韦尔海军上将。

在内阁中起很重要作用的人民党，在同墨索里尼妥协过程中表现得很策略，它以党的正式机构不能在罗马集会为借口，将接受墨索里尼建议的责任推给了一些议员的一次半官方的会议。可是人民党还是敦促墨索里尼作出了某些让步。人民党的报纸声明说，新政府在人民代表机构的选举制度方面没有带来什么大的变化。

妥协也扩大到社会民主党，在一个短暂的时期里，人们相信改良社会党人巴尔代西会参加政府。墨索里尼很狡猾，派他的一名少尉夫征求巴尔代西的意见；等到巴尔代西表示他很高兴接受这一职务时，墨索里尼却声称，这一步骤是他的一个朋友自作主张采取的，结果巴尔代西并未入阁。

墨索里尼没有接受改良主义的全国工会联合会的代表，因为内阁中的右派分子表示反对。但是墨索里尼认为，在他的"民族大联合"已独立于任何革命政党的今天，最后应当让这个组织的一位代表参加到"民族大联合"中来。

在这些事件中，我们看到了传统的政治集团和统治阶级各阶层——地主、银行资本家和工业资本家——之间的妥协。这些阶层倾向于拥护一个得到小资产阶级支持的政治运动所产生的新政权。

我们认为，法西斯是统治阶级利用其所掌握的一切手段保卫政权的一个工具，他们甚至吸取了第一个无产阶级革命——俄国革命——的教训。遇到经济危机时，只靠国家是不足以维护政权的，需要有一个统一的党，一个统一的反对革命的组织。法西斯党同整个资产阶级的关系在某些方面很像俄国共产党同无产阶级的关系，它们都是国家机器的组织良好和纪律严明的领导机关和监督机关。意大利的法西斯党通过其政治委员几乎占据了国家机构中的一切要津。它是帝国主义没落时期资产阶级国家的领导机关。我认为，这是对法西斯和意大利最近事件的详细的历史的解释。

新政府的第一批措施表明，它不想改变意大利传统机构的基础。

当然我不是说，形势对无产阶级和社会主义运动有利，尽管我预言法西斯将是自由和民主的。各民主政体国家的政府除了发表声明和作出许诺外，从未给无产阶级其他东西。譬如，墨索里尼政府就曾保证尊重新闻自由。但是，它没有忘记补充说，新闻也必须表明它配享自由。这是什么意思呢？这就是说，政府虽然声称尊重新闻自由，但将听任其法西斯军事组织进攻共产党的机关报，如果它们愿意，就可以像过去那样镇压共产党。此外，人们也不能不承认，法西斯政府对某些资产阶级自由派作出了让步，但是人们不应当对墨索里尼政府关于拟将其军事组织变成体育协会或类似的组织的保证寄以过多的希望。我们知道，数十名法西斯党徒曾被警察拘捕,因为他们抵制墨索里尼颁布的复员令。

那么这些事件对无产阶级产生了什么影响呢?无产阶级已陷于这样的处境,他们在斗争中起不了重要的作用,不得不采取几乎是消极的态度。

至于共产党,它一直清醒地认识到,法西斯的胜利将意味着革命运动的失败。问题主要在于应当知道,共产党的策略是否能在捍卫意大利无产阶级和捍卫自己方面取得最大的成果,因为我们从不怀疑,它目前没有力量对法西斯的倒行逆施发动进攻。如果在资产阶级和法西斯之间不是达成妥协,而是爆发一场军事冲突、一场内战,那么无产阶级倒可能起某些作用,可能建立总罢工统一战线并取得成功。但是现在形势表明,无产阶级并未参加行动。虽然正在发展的事件意义重大,但也应当看到,政治舞台上的变化并非如表面看来的那么突然,因为在法西斯最后出击之前情势就日益尖锐了。导致六人丧生的克雷莫纳冲突可能是反对国家政权和反对法西斯斗争的唯一例子。无产阶级只是在罗马进行了战斗,革命的工人队伍同法西斯队伍发生了冲突,有人受了伤。第二天,"王室卫队"占领了工人住宅区,夺走了工人的一切自卫手段,开进来的法西斯队伍残忍地向工人开枪。这是在意大利这次斗争期间出现的最血腥的一幕。

全国劳动联合会在共产党建议举行总罢工时解除了共产党的武装。劳动联合会要求无产阶级不要听从革命小组发出的危险的指示。它甚至传播起共产党已解散的消息;这是我们的报纸无法出版时出现的情况。

在罗马,对我们共产党来说,最血腥的事件是查抄《共产党人》编辑部。10月31日,报纸正要出版,10万法西斯党徒占领了城市,就在这一时刻,印刷厂被占领了,除了我们的主编陶里亚蒂同志外,其他全部编辑均从侧门逃走了;陶里亚蒂同志正在他的办公室里,法西斯党徒冲进来将他逮捕了。我们这位同志的态度简直是英勇极了,他大无畏地声明说，他是《共产党人》的主编。陶里亚蒂同志被带到墙的前面，等待枪决，同时，法西斯党徒把人群往后赶，以执行处决。只是由于法西斯党徒得到消息说，其他编辑从屋顶上逃跑了，纷纷前去追捕，我们的这位同志才得以逃脱。这未能阻止我们的这位同志几天以后在都灵庆祝俄国革命五周年的会议上作一次讲演。（掌声）

但是，我上面所报告的事实是完全个别的情况，我们党组织的状况相当好。《共产党人》没有出版并不是由于政府的一个什么决定，而是因为印刷厂不愿印刷。后来我们通过非法途径在另一家印刷厂印刷了。出版的困难不是技术性的，而只是经济性的。

在都灵，《新秩序报》大楼被占领了，那里用于自卫的武器也被没收了。但是我们在另一个地方继续印刷报纸。

在的里雅斯特，警察也占领了我们报纸的印刷厂，可是我们仍在地下继续出版这一报纸，我们党仍有合法工作的可能性，我们的处境并不太悲惨。但是人们无法知道事态将如何进一步发展，因此我不能不在讲述我们党和我们工作的未来形势时持谨慎的态度。

刚到达莫斯科的同志是我们党的一个重要的地方组织的领导人，他的看法很有意思。他认为，我们从现在起将能比以前更好地工作。许多其他战士也持这种看法。我不想将这一看法视为不变的真理，可是，说出这种看法的同志是一位真正在群众中工作的战士，因而他的看法具有很大的价值。

我已对你们讲了，敌人的报刊传播了有关我们党已经解散的骗人消息。我们辟了谣，并澄清了事实真相。我党中央的政治机关，我们的地下军事中心和我们的工会中心正在全力以赴地工作，同各省的党组织的联系几乎都恢复了。留在意大利的同志一刻也没有失去理智，他们正在做一切必要的工作。《前进报》遭到法西斯党徒的破坏，几天以后才能重新出版。社会党中央大楼也遭到了破坏，秘密文件全部被付之一炬，片纸无存。

关于最高纲领派对共产党同全国总工会之间论战的态度,我们既不掌握宣言,也不掌握声明。

至于改良主义者,他们仍然发行出版的报刊所使用的语言清楚地表明,他们将同新政府合作。

关于工会问题,我党工会委员会的雷波西同志认为,我们可以继续进行工作。

这是我们得到的截至11月6日的情况。

我发言的时间已经很长了,我将不谈我们党在法西斯全部发展时期的态度问题,我把它留在代表大会讨论其他议程时谈论。我们只想提出一个问题,即未来的前景如何。我们曾断言,法西斯将不得不考虑政府政策所激起的不满情绪。

但是我们清楚地知道,如果人们在国家之外还有一个军事组织,那么控制不满情绪和不利的经济形势是比较容易的。

在无产阶级专政时期,在更广泛的意义上来说,这是对的,因为历史发展对我们有利。法西斯的组织工作搞得很出色,并有稳定的前景。在这种情况下可以预见,法西斯政府的地位决不会是不稳固的。你们已经看到,我并没有夸大我们党的斗争条件,在这里我们不想感情用事。

意大利共产党也许犯了错误,人们可以批评它,但是我认为,此时此刻同志们的态度证明,我们为建立一个无产阶级的革命政党——它将构成意大利工人阶级起义的基础——做了扎扎实实的工作。

意大利共产党人有权要求获得承认,虽然人们并不总是赞成他们的态度,但是他们仍然感到,他们对革命和共产国际无所抱怨。

讨论资本的进攻和法西斯主义问题

主席：

现在开始讨论拉狄克同志和博尔迪加同志的报告。请什麦拉尔同志发言。

什麦拉尔（捷克斯洛伐克）：

同志们，在捷克斯洛伐克，我们进入了——根据我的分析——一个新的时期，在可见的时间内，就能出现一种符合法西斯运动的国际标准的政府形式。我们现在在捷克斯洛伐克正经历一场经济危机和政治危机，两个危机都很深重，并且是根本性的，甚至触及了资产阶级国家的基础。资产阶级除了企图以政府的形式使用法西斯的方法外，不可能再有另一条走出危机的道路。我将试着简要地介绍这两个危机，然后阐明我们的策略立场。

首先谈**经济危机**。在今年夏天举行的执行委员会扩大会议上，我就列举了这一危机的特点。国家已经过于工业化，它拥有的工业机器、工业机构和工人队伍可以生产出供应6000万—7000万买主的产品。然而它只有1400万人口。由于中欧和东欧国家各行其是，德国马克的贬值，以及原协约国集团各大国在政治上、技术上和贸易上的优势，捷克斯洛伐克没有出口的可能性。这是经济危机的核心问题。今年夏天我就曾在这里说过，在这一危机中必然会出现的资本的进攻表现在捷克斯洛伐克资产阶级自新年以来就有了一个规模宏大、思虑周密和顺利推行的计划，即将全国工人的工资平均降低50％。

今年夏天，我们就处于反对资本进攻的这一个阶段，到现在已过去4个月了，我们必须应付一个崭新的现象。现在的问题不再是降低工资，而是捷克斯洛伐克的资本主义作出了一个十分明确、自觉和果断的决定，将绝大部分工业最终废弃。3个月前，我们曾看到捷克斯洛伐克克朗的牌价急剧上升的现象，4周之内捷克克朗在苏黎世的牌价从8—9生丁提高到18—20生丁。这次升值是由捷克斯洛伐克银行人为地制造的。那么捷克斯洛伐克货币人为升值的目的何在呢？目的在于：如果说出口还可能的话，那么在国外购买原料就变成绝对不可能的了。在捷克斯洛伐克商会和银行的讨论中，有人公开提出了一个思想，即让捷克斯洛伐克的国家领导故意促进这种升值，以便通过牌价上升，使全部中小工业企业失去出口、进口原料和生产的可能性——如果以前还存在着这些可能性的话。应当消灭全部小工厂，即不仅应在过渡时期关闭它们，而且应当将它们从捷克斯洛伐克国家的建设中最终予以排除。这同战前周期性危机时美国农场主使用的方法很相似。在农产品大丰收时，他们就毁掉咖啡和粮食等一部分农产品，以便保持其经营计划和昂贵的价格。这是我们在邻国看到的那种策略的发展了的形式。这些国家人为地反对工业的发展，以便不使无产阶级增加。我们在捷克斯洛伐克面临的形势是，由于资本主义当今的政治机构，生产力将不仅在过渡时期促使现有的技术良好的工业企业自行关闭，而且最终将毁掉它们，以便争取喘息时间。捷克斯洛伐克所经历的经济危机是很严重的。我想提醒大家注意，一些征兆表明，在几个月的过渡时期里，削减工业能使社会严重紧张的关系得到缓解，但是不会持久。

工厂被毁掉了，居民未动，集中于从前拥有工厂的城市周围的工人原地未动，今后会从这里出现什么样的情绪呢？这次削减工业是在建设民族国家的内部平衡的口号下进行的。从民族主义立场来看，这是一个同以丧失领土而告终的失败了的战争一样的结果。而且不仅如此。如果捷克斯洛伐克失去了1/3的领土，它也将失去住在这片领土上的居民。但是，如果捷克斯洛伐克不是水平地，而是垂直地削减其工业建设，那它就失去了工厂,从而失去了居民赖以谋生的可能性——但是居民仍然存在。在这种情况下国家的危机将会变得很严重和很难解决。

其次谈谈第二个问题——**政治危机**。捷克斯洛伐克国家结构的有趣之处在于,1/3 的居民由于民族主义的原因(国家是由捷克人、斯洛伐克人、德意志人、波兰人、匈牙利人和乌克兰人组成的),原则上处于反对派的地位。议会的权力必须由捷克斯洛伐克居民的 2/3 多数形成,在能够构成议会多数派的这一部分人中,共产党人组成了一个群众性的政党。自从共产党成立以来,在捷克斯洛伐克还没有举行过大选,我们党成立之后的第一次政治选举——全国市政选举——原定于今年举行。虽然按照法律应当举行选举,但是由于担心共产党取得胜利,一项新的法律得以通过,选举被推迟一年。把选举再推迟一年将是很困难的。那时选举的统计结果可能表明,捷克斯洛伐克的资产阶级—社会民主党的多数已不复存在。刚刚诞生的资产阶级的民族国家将陷入资产阶级议会制靠它完成不了自己任务的境地。资产阶级民主的危机再一次如此深刻,它同工业危机一样将几乎危及国家——资产阶级意义的和资产阶级形式的国家——的存在。

同志们,现在谈谈第三个问题。在一种崭新的行使政权的形式克服经济危机和议会制危机之前,我们在十字路口上还将经历民族斗争的巨大浪潮。有人在不信仰共产主义的各阶层人民中制造了这样一种假象,似乎民族的独立受到了威胁。有领土收复主义和民族主义倾向的德意志人和匈牙利资产阶级与小资产阶级中的民族主义分子可能也会利用这种形势。由于存在这种可能,群众的意识变得很复杂。在资本主义的政体中,小的民族只能或者被人当做铁砧用,或者被人当做铁锤使。这种民族主义浪潮可能将更大的不安情绪带到群众中去,而资产阶级世界则可能利用这种情绪为法西斯的目的服务,反对工人的阶级斗争。

由此我们就看到了三个重要的现象:一场直接的经济危机,一场包括无法实行议会制度的、直接涉及国家基础的民主危机，以及各民族由于担心失去民族独立而表现出来的恐慌情绪。一切罪责都被推给了共产党人。捷克斯洛伐克的资产阶级现在就已将其最后一批权威人士派到政府里去了，在马萨里克、贝奈什和什韦赫拉破产之后，捷克资产阶级再推不出其他权威人士了。政府除了摈弃民主制度并声明最高的任务是保持民族国家外，别无其他出路。我认为，出于这一考虑，不久将形成一个政府，这个政府不是依靠议会，而是依靠白卫组织和索科尔协会会员①，依靠西伯利亚雇佣军②和其他一些存在于人民中，并深得不信仰共产主义的居民人心的组织。

  同志们，当我这样分析形势，当我们全党从对事态的这种分析出发时，能否有人相信我们会愚蠢到指望用温和的斗争方法来缓解阶级对立和在这方面只有一种打算？在这种情况下谁会认为在捷克斯洛伐克可能出现一个想把共产主义"理成"欧洲"发式"的思潮？这是不可能的，也是不符合实际的。我们完全清楚，在这种复杂的形势下，共产党当然应当估计到它将成为可怕的攻击的对象。我们的青年组织已经被迫转入地下。新年过后，现在的议会多数派可能想通过一项保护共和国的法律。资产阶级反革命力量的组织、索科尔协会会员、雇佣军和其他类似的组织有计划地受到新闻保护，并得到资助和国家的支持。资产阶级反革命的合法中心在日夜工作，并利用民族口号和欺骗宣传，成功地煽起了反对我们的情绪。我们在这里必须讨论我们怎样才能对付这一危险。

  我不想再谈最终的步骤了。在座的人都知道，这些最终步骤是什

---

① 索科尔（Sokl，捷克文"鹰"），有教育和政治倾向的捷克体操协会，建于1861年。——译者注

② 指在第一次世界大战中由捷克人和斯洛伐克人组成的原奥匈帝国的一个兵团，后被俄国俘虏。十月革命后他们曾在西伯利亚发动叛乱。——译者注

么，是生死搏斗，是夺取政权和实行专政的斗争。我在这里现在只谈我们在第一阶段应做的事。在第一阶段，我们必须采取一种策略和提出相应的口号，尽可能的使群众离开反革命，并把这些群众争取到我们一边来。我们对群众的影响越大，我们就越能削弱反革命的进攻。应当提出什么样的标语口号，我们将在讨论策略问题时考虑。

如果我们在事情发展的第一阶段提出一些局限性的口号，而这些口号连我们自己也不认为是信条，是不可更改的，那么我们提出这些口号时就必须十分肯定，才能使群众相信这些确实是我们的口号，尽管这些口号对我们来说只是一种手段，一种动员群众和通过他们自己的直观教育引导他们前进的方法。1917年3、4月间，当列宁提出将银行和最大的企业组成辛迪加、取消商业秘密和将消费者组织起来的要求时，他并未对所有群众和克伦斯基说：这是一个诡计、一种欺骗，是我们的一个方法，而是说：我们想为这个口号而斗争，我们认为这个口号是可行的。由于这个口号是以这种形式向群众提出来的，它就吸引和引导群众走向斗争。在下一阶段他们通过自己的经验认识到，他们应当突破这个口号。

至于现在积蓄力量的策略，我想说，我们应当更巧妙些，因为我国资产阶级也研究了俄国布尔什维克夺取政权之前的策略。他们熟悉我们策略中的辩证法。他们知道，对我们来说，昨天还是很好的口号，今天就可能变成绝对不适用，反之亦然。

因此，我们必须善于运用策略。可是为了能运用策略，党内应当进行整顿，党内必须有信任、权威和纪律，否则我们在资产阶级面前就会把我们的意图暴露无遗，我们就会局限于说教式的夸夸其谈，就会由于担心在宗派斗争中被另一位同志击败，而妨碍我们自己去战胜资产阶级。在事件发展的每个互相关联的时期拥有使用策略的自由和灵活性是绝对必要的。（插话："非常正确！"）

如果一个共产党的领导得不到共产国际的信任，得不到我们全部革命斗争的总参谋部的信任，那我们就可以心平气和地说：你们这些领导人滚蛋吧！可是，如果一个党的领导得到共产国际的信任，那他们也应当拥有充分的权利，能够不受怀疑和不满的干扰而自己进行活动，以便动员群众。

我没有时间具体地阐述捷克斯洛伐克过渡时期的这种策略。我只想在这里声明，我们认为，工人政府这种提法在现阶段不是信条，不是彻底消除弊端的办法，而是我们想借以动员群众的一个口号。对在奥尔格施政府或法西斯政府中起了很大作用的信仰国家社会主义的工人，我们至少想争取他们同情我们这一边。我们想借助这个口号尽可能使同资产阶级结成联盟的一切无产阶级成员摆脱和平主义人士的影响。此外，我们想通过这一手段发起一个旨在建立独立的无产阶级组织的运动，并想在这一口号的掩护下找到打入军队的道路，因为要阻止法西斯的企图得逞，除了努力争取无产阶级之外，在军队里进行宣传是我们必须建立的第二道防线。以上我只是简单地谈了我们的方针，由于时间有限，我不可能详细说明。

普尔曼（美国）：

同志们，帝国主义战争破坏了资本主义世界经济中各个具有重要地位的国家之间的正常的均势和相互关系。甚至受战争危害最少的美国也体验到了这点。力量雄厚而又有阶级意识的美国资产阶级利用了工业萧条，并对在战争过程中地位得到大大巩固的工人组织展开了猛烈的进攻。在战争订货减少的借口下，他们开始普遍削减工业，许多工厂停工造成了可怕的失业大军，其数量甚至达到600万人。为了给已组织起来的工人阶级以致命的打击，他们建立了一个资本超过1500万美元的企业家协会。他们在"自由雇佣企业"和工人对无限制的劳动自由拥有所谓的"权利"的口号下开始了进攻。

　　第一批牺牲者是没有参加工会组织的工人，那些没有参加工会组织的工人所在的工厂首先遭到关闭。在这些工厂重新开工时，只有一部分原来的工人被重新雇用，而且劳动工资被降低了。在某些工厂工资降低60%以上。紧接着是工会组织不完善的工业部门里的工人受到了冲击，最后进攻的矛头直指力量强大的工会。

　　资本主义进攻的结果是：工人阶级的经济基础遭到了破坏，他们的战斗队伍被分裂了。在这一时期，有组织的工人的数目大为减少。仅美国劳工联合会就失去100多万会员，劳动时间延长了，工资减少了，劳动条件恶化了，同较长的工龄有联系的权利和晋升权被取消了。

　　在冶金工业部门有组织的工人由80万减至27.5万人，劳动工资减少22%—40%。一个劳动日由8小时增加到9小时—10小时。

　　在钢铁工业，最近几次罢工时有组织的工人达35万，现在实际上已没有组织了。在这个部门工资减少了22%—40%，钢铁巨头坚持实行12小时工作日制，对轮班生产的工人甚至坚持实行24小时工作日制。

　　在罐头工业，原来有组织的工人为20万人，现在剩下不到1万人了。在这个部门工资减少了25%—35%，8小时工作日制变为10小时工作日制。

　　在服装制造业，有组织的工人大约减少了8万人，劳动工资减少了15%—25%。

　　在油田和金属采矿工业，根本谈不上有什么组织，那里的白色恐怖实行绝对的统治。

　　在汽车工业，雇工减少的数目是同留下的工人的劳动效率的提高成正比的。例如，威利斯—奥弗兰公司从前雇用了14000人，每天生产550辆汽车，后来工人减至7000人，每天生产500辆。今年有65万名矿工连续罢工5个月，同雇主达成的临时协议保证目前的劳动条件维持到1923年3月。工人所作的牺牲和他们的英雄气概并未收到明显的结果，尽管他们还是部分地阻击了资本主义的进攻。

由于政府的干预和工会官僚的背叛，铁路工人的罢工也遭到了失败，他们被迫同意将工资减少15%以上。罢工初期，政府曾持消极和貌似中立的态度；可是当工人的抵抗更加猛烈时，政府就赶忙公开去支持铁路巨头们了。一般地讲，在所有的工业冲突中，政府都帮助了资本家，将司法和军事机构的全部力量供他们使用。这特别表现在科罗拉多州高级法院作出的要求工会对因罢工而造成的全部损失负责的判决中。政府干预的最明显的例子是西弗吉尼亚，在那里政府的军队镇压了工人。在伊利诺伊州的赫林，伊利诺伊商会资助并怂恿当局迫害工人。在铁路工人罢工时，高等检察官多尔蒂指使法院对工会作出了一个实际上剥夺其任何罢工活动能力和宣布任何罢工活动均属非法的判决。在执行法院这一判决时，多尔蒂公开声称政府将支持争取"自由雇佣企业"的斗争。

继资本主义进攻之后，接踵而来的是对共产党和工会的左派的袭击。逮捕和流放工会积极分子，私刑处死，严刑拷打政治犯，往他们身上涂焦油和粘羽毛①已经司空见惯。甚至黄色社会党人也被剥夺了宪法权利。劳动局和法定的工业仲裁法庭被用来压迫工人。在许多州都建立了支持铁路巨头、钢铁巨头和矿山巨头实行白色恐怖的州警察组织。

至于美国的法西斯组织，我们那里有一个由一群军官组成的"美国军团"。他们以向其成员提供储金、养老金、奖金和医疗服务等欺骗手段，将许多退役的士兵骗进他们的队伍。资本家还拥有一支私人侦探和

---

① 中世纪的一种刑罚：在"犯人"的身上先涂上焦油，然后插上羽毛。——译者注

工厂警卫大军。在资本主义的进攻中,一个以"三K"闻名于世的秘密组织起了很大的作用。"三K党"特别在南方很活跃,但其活动也扩展到了北方。它对黑人实行恐怖统治,强迫他们为了低微的工资而从事货真价实的强制性劳动,以各种法律为借口,帮助庄园主维持真正的奴隶制度。在选举的时候,投票受到了严厉的监视,黑人行使形式上的权利受到阻挠。

资本主义的进攻在变本加厉,但是工会官僚们并不积极进行抵抗;相反,他们越来越消极,最后背叛了工人的利益。工会官僚们未进行任何斗争就放弃了工人在大战期间通过斗争得来的成果。美国劳联的头头塞缪尔·龚帕斯现在正在努力争取同美国军团建立友好关系和建立联合委员会,同时反对共产党人和工会左派分子。

在矿工联合会里,工会官僚们恰好在罢工行将取得胜利的时刻背叛了矿工。

在铁路工人罢工时,铁路线路工人和车辆维修工人国际联合会领导人E.F.格拉布尔阻止他的拥有40万会员的组织参加罢工,尽管绝大多数会员赞成参加罢工。铁路工人联合会的失败在很大程度上是由于这种背叛。

在政治方面,这些已变成执政的资本主义政党的工具的工会官僚们反对工人阶级进行政治活动和建立一个真正的工人党。一个重大的障碍是工人组织不健全,这就使得资本家有可能对工人阶级发动进攻,并阻止工人组织的巩固和加强。

尽管在过去一年中共产党内部存在纷争,它还是对资本主义的进攻作出了反应,并且尽了最大的努力。共产党采取许多措施以便将工人团结起来共同抗击资本主义的进攻,党一再努力建立失业工人组织,但是由于当时共产党同工会没有牢固的关系,我们的努力并没有取得客观条件允许我们期待的成果。党将其注意力集中到打进工会,并积极参加了在工会中建立左派的活动。在党的领导下，具有很大影响的左派队伍在工会中得以组织起来。为了同工人建立密切的联系和发展强大的群众组织，我们建立了一个合法的政党，不论工人在何处卷进了斗争，党总是试图运用统一战线的策略。

由于美国资本主义达到了发展的顶峰和建立了效率最高的生产体系，它就被迫向两个方向寻找出路。第一条出路是向工业落后的国家输出财政资本，第二条出路是扩大国外市场。这样美国资本主义就卷进了同欧洲资本主义的激烈的竞争。因此，美国资本家将不得不加强对美国工人阶级施加压力。可是工人的斗争，特别是冶金工业和采矿工人的斗争将不再是孤立的。美国和欧洲的矿工和金属工人采取协调一致的行动，将使工人阶级有能力采取攻势。现在工人深怀不满情绪，政府从未这样明显地向工人暴露过它的阶级性。因此我们可以预料，在不久的将来爆发的工业冲突将具有革命的和政治的性质。

党必须时刻准备战斗，增加其成员的数量和争取群众的信任，其方式是将工人的力量组织到为实现其直接要求的斗争中去，并发展他们的力量。

党必须更有力地推动其党员在工会中开展活动，积极参加他们的日常斗争，参加他们反对工会官僚的斗争，并让他们为采取政治行动做好准备。党必须在每个工厂、每个矿山和每个车间建立支部，并通过将全部战斗力量吸引到自己的队伍中来，以取得对革命斗争的领导权。

我们认为，这是美国共产党应当考虑的最重要的任务。

乌尔班斯（德国）：

同志们！首先我要声明，我并不是受德国代表团的多数人的委托发言的，而是谈谈代表团中少数人的意见。

季诺维也夫同志和托洛茨基同志都将共产国际必须同中派严格划清

界限视为本届代表大会的任务,可是我认为,拉狄克同志的报告没有给代表大会和共产国际作出什么特别的贡献,反而给中派和中派的朋友提供了利用他的论证和论述来支持自己立场的机会,从而严重地削弱了代表大会观点的统一。拉狄克同志在他的报告中似乎过于陶醉于他所提出的问题,他只是突出了确实以强化的形式出现的资本的进攻,但却忘记了指出这种强化的进攻也引起了无产阶级的反抗。他只是谈了自卫斗争,但却未指出已在国际上出现的比单纯的自卫斗争更为重要的运动。

拉狄克同志在他的发言中讲了下面一段话,我引用这段话是为了证明他恰好突出地表现了资本进攻的这一个方面:

"目前的特点是,无产阶级广大群众已失去对他们在可见的将来能够夺取政权的信心。"接下来又说:"目前进行夺取政权的斗争是不可能的,将来有一天是可能的,但是现在是不可能的。"如果说这样的话和这样的调子贯穿了他的整个报告,相反却不强调另一方面,即日益强大的无产阶级的运动,那么这种论证就只会证实所有中派分子的看法。拉狄克同志至少应当避免出现这种情况。这使他既同季诺维也夫同志对立,也同托洛茨基同志对立。

由于发言时间有限,我当然不能详细论证这点。我只能引出上面的两段话。他对统一战线和工人政府的策略估计也是从这种对资本进攻的错误估计和无视工人运动的积极力量出发的。对统一战线的这种估计最典型地表现在拉狄克所列举的九人委员会和世界工人代表大会的例子上。

拉狄克同志说:"我们到柏林去参加九人委员会是为了在可能的条件下组织统一战线。"又说:"第二国际和第二半国际没有准备进行斗争。"是啊,他的弦外之音不是说有同第二国际和第二半国际一起进行斗争的可能吗?(**拉狄克**插话:"完全正确!")既然你肯定这点,那我就干脆说,对我们来说,并不存在同德国独立社会民主党及社会民主党一起进行斗争的可能,因为根据它们的历史,它们是不可能进行夺取政权的斗争的。它们曾反对过工人阶级,无产阶级日益发展的阶级斗争的结果只能是它们的组织被粉碎,只能是第二国际在这场斗争中被粉碎。

第二国际和阿姆斯特丹派工会的政策使得它们今天走得如此之远,它们自己甚至通过粉碎工人阶级的组织来削弱工人阶级。但是,对形势的看法的基本区别就在于此,我想强调的就是这种区别。

在谈到世界工人代表大会时拉狄克同志说,这个委员会没有能取得成果,首先是因为群众没有动员起来,其次不是因为第二国际和第二半国际用抽象的推论来反对组织群众的计划——拉狄克同志大致是这样讲的。当他指出缺点就在于500个工厂没有动员起来,没有派代表团去帝国议会时,他的话是正确的。但是,就像当时情况所表明的那样,两手空空是不能在九人委员会中进行这种谈判的。谈判需要有政治准备,需要群众对此做好思想准备。然后在下面的压力下,同领导机构进行谈判才能取得成果。但是,看来拉狄克同志是过高地估计了同领导机构的谈判,因为他说:"我们现在也想从上层来组织统一战线。"只有在无产阶级的斗争中下面的群众联合起来,从而实现了领导机构的暂时的合作和德国社会民主党、独立社会民主党或第二国际作出让步,统一战线才会形成。但是这些组织不可能进行真正的斗争。(**埃尔斯·鲍姆**插话:"对这一异议我们想以后再讨论!")从同一分析中也产生了拉狄克同志对工人政府的评价。他在这里谈到为了进入专政的正厅,必须先穿过前厅,这几乎不亚于认为可以从烟囱钻进去的左派。是这样的,拉狄克同志。接着你公开讲,你认为从前厅进来是必要的,你甚至将支持那些认为进入正厅必须在前厅等候较长时间的人。我认为,最好不要排除这条道路:在暴风雨中应当自己试着从烟囱里钻进来,而不应在前厅久等。(拉狄克插话:"无产阶级太高大了,从烟囱里是钻不进来的。")无产阶级有足够的力量穿过烟囱,并在正厅里建立起无产阶级专政。

虽然拉狄克同志强调他对工人政府的评价同季诺维也夫同志的发言一致，但是实际上是同季诺维也夫同志的观点相矛盾的，会议记录将证明这点。我认为，对统一战线和工人政府的这种态度完全由于对形势的错误估计。无产阶级的运动大部分已进入积极活动的阶段，这种苗头不仅表现在法国为争取八小时工作日的运动中，也主要表现在德国的工厂委员会运动中。奇怪的是，拉狄克同志竟然对此只字未提。德国的职工代表运动是无产阶级政治觉悟日益提高的典型标志。工人看到，如果他不同其他工人并肩前进，甚至连拉狄克同志所说的历史的小面包都得不到。这是对的。可是他看到了更多的东西，这就是说，如果他为这块面包而斗争，那他就要同公安警察和国家政权的其他机构相对立。他看到了事情的政治方面。他看到，争取增加工资的斗争是不够的。他看到，必须在政治上利用经济斗争。争取监督生产的斗争正是这样一种政治因素，对此，工人阶级已完全意识到了。我认为，在工厂委员会运动中开展这种斗争是工人运动的一个积极的迹象，它来自工人政治上的觉醒。

同志们，我们应当看到，工厂委员会运动不仅像争取成立九人委员会和召开世界工人代表大会的运动，甚至像拉特瑙被暗杀时所出现的示威游行那样具有组织特征，而且还有更为积极的方面。在这种工厂委员会运动中，工人——先是局部地组织起来，接着也已按照地区组织起来了——开始向国家政权显示其力量，使工人监督委员会不顾国家和国家官僚机构的意志首先在城镇发挥作用。这些监督委员会取得了成果，在德国有这方面的例证。工人阶级考虑得很周到。

我知道，这还远不是为了夺取政权而进行的最后的斗争。我没有把无产阶级所取得的成果估计得过高，然而对无产阶级的觉悟在这场运动中得到提高这一事实，我们不应当视而不见。我们应当把这一事实作为一个积极的方面，在这里向共产国际加以强调，而不应闭口不谈。不应当只指出另一方面。如果只指出另一方面，就只会加强中派及其支者。我们突出这一积极的方面,也将是对意大利最高纲领派的行动的一种平衡,因为恰好是意大利的例子和博尔迪加同志的发言清楚地表明,只谈工人阶级的统一是没用的,当务之急是在争取满足无产阶级生活最起码的要求的斗争中建立统一战线。

(会议休会时间:下午5时)

第十三次会议

(1922 年 11 月 17 日)

会议开始：上午 11 时 20 分
主席：先是柯拉罗夫，后是马尔赫列夫斯基

埃贝莱因作代表资格审查委员会报告

同志们！在决定召开世界代表大会之后，主席团向共产国际各支部寄去了出席世界代表大会的代表名额分配计划。按照这一计划，共有 61 个国家的 350 名代表被邀请出席共产国际代表大会。根据主席团的决定，对到会同志的资格审查首先由一个筹备委员会进行。这个委员会于 1922 年 10 月 16 日成立，其成员是特里利谢尔、皮亚特尼茨基和埃贝莱因同志。后来，执行委员会扩大会议选举了一个正式资格审查委员会，除上述三位同志外，又增选了塔尔海默同志（德国）、卡巴克奇耶夫同志（保加利亚）、舍弗洛同志（挪威）和葛兰西同志（意大利）。

这个委员会审查了到会同志的代表资格。审查表明，代表资格基本上没有问题。主席团早就作出过具体的指示，每个代表应携带一个需由该党党中央签字盖章的特别的代表资格证明。绝大多数代表遵守了此条规定。

现在我想报告到会代表的数目和代表资格被承认的数目，最后将请求批准资格审查委员会的工作。如有可能，我将同时向你们报告有关各党现有党员的数字，但我要指出的是，并非所有的党都能准确地提供其党员的数字，因为一些党完全处于地下状态，所以列不出准确的数字。

此外我还想指出，被邀请的代表的数目不单纯按照党员的数目，在分配代表名额时也考虑了各党在当前革命斗争形势下的政治作用；而且，还考虑了有关国家的特殊的政治和经济状况；最后，也考虑了有关党的非法程度和被敌人迫害的程度。

德国党现有22.6万名党员，根据党费名单在上一季度有182400人付清了党费。从德国党邀请了20位同志，有23位同志出席。资格审查委员会承认这23人均有表决权。他们的代表资格没有问题。

法国党报告说有78828名党员。邀请了20位同志，24位同志出席，承认23人有表决权，1人有发言权。

意大利党报告说有24638名党员。邀请了20位，21位出席，承认21位同志均有表决权。

俄国党报告说有324522名党员，这里只算了俄罗斯的党员数字，乌克兰、白俄罗斯、近东和远东的党员另算。邀请了75位同志，75位同志均莅会，并享有表决权。

捷克斯洛伐克党报告说有170000名党员，其中上一季度交清党费的有125000人。邀请20位同志，17位莅会并享有表决权。

除了这些大党外，拥有760000会员的**青年国际**和**工会国际**各有20位代表名额和相同数目的表决权。两个组织各有20位代表莅会。他们的代表资格是有效的。

英国党报告说有5116名党员，但据我们所知只有2300人全部交了党费。从英国党邀请了10位代表，7位莅会并受到承认。

美国共产党报告说有8000名党员。邀请了10位代表，9人莅会，8位代表有表决权，1位代表有发言权。此外，从美国还来了拥有14000

名党员的工党的代表，来的3位代表都取得了发言权。另外，从美国还来了**黑人**组织的代表；他们报告说他们的组织大约有500名成员，来了两位同志，均被允许与会，并取得了发言权。

波兰党报告说有10000名党员，其中7000人交清了党费。对波兰党应当考虑到该党的工作完全处于非法状态。邀请了10位同志，来了20位同志，20人均被允许与会，并拥有表决权。拥有2000名成员的共产主义同盟的2位代表也属于波共代表团。

乌克兰共产党报告说有80000名党员。邀请了10位同志，来了15人，10位同志有表决权，5位同志有发言权。

日本共产党有250名党员和800名虽已申请入党、但按照日本党的章程，入党前还必须经过一个预备期的党员。邀请了6位日本同志，来了4位。4位同志均有表决权。

挪威工人党报告说有60000名党员。邀请了6位同志，5位同志出席，5人均有表决权。

南斯拉夫共产党报告说有80000名党员。邀请了6位同志，这些同志到达后为了代表名额分配问题发生了严重分歧，党中央安排了6位代表，但只来了4位同志。为补足名额，主席团邀请的另外两位同志到会，因为在这次代表大会上要解决党的分歧。这里还成立了一个南斯拉夫问题委员会，特邀的两位同志，按惯例只享有发言权，但他们对此提出了抗议，并要求给他们以表决权。代表资格审查委员会拒绝给他们表决权。同志们指出，在选举中央委员会时，已到达的这两位同志中一人以4票对4票被否决，另一人以3票对5票被否决。代表资格审查委员会认为事情很清楚，这两位同志没有当选。但是鉴于这个问题对南斯拉夫党很重要，党内分歧很尖锐和严重，代表资格审查委员会转请主席团进行裁决。主席团对此表明了态度并决定，给予已抵达这里的两位同志表决权，同时强调指出，这不算对南斯拉夫党的党内分歧表态，调解工作应在政治委员会内进行。

此事已经在一个特别的决议中通告通知同志们了,因此我们也请你们承认这些同志的代表资格。

保加利亚党有40000名党员。邀请6位代表,6位代表均出席,他们的代表资格有效。

芬兰党有25000名党员,其中20000人已付清党费。6位代表受到邀请,7人出席,他们的代表资格均被承认有效。

西班牙共产党约有5000名党员。邀请了3位代表,来了4位,承认3人有表决权,1人有发言权。

罗马尼亚共产党约有2000名党员。邀请了4位代表,来了3位,3位代表在本届代表大会上均有表决权。

瑞典共产党有12143名党员,在上一季度有7843位党员付清了党费。邀请了6位同志,6位代表莅会,均有表决权。

拉脱维亚共产党有1500名党员。邀请了6位代表,来了8人,6人有表决权,2人有发言权。

瑞士共产党有5200名党员。邀请了3位代表,来了3人,均有表决权。

奥地利共产党有16000名党员。邀请了3位代表,来了6人,4人有表决权,2人有发言权。

荷兰共产党有2500名党员。邀请了1位代表,来了4人,1位同志有表决权,3位同志有发言权。

比利时共产党有517名党员。邀请了1位代表,1人莅会,有表决权。

中国共产党报告说有300名党员。其中180人交清了党费。邀请了3名代表,1人出席,有表决权。

印度共产党未报党员人数,因为那里的同志完全处于地下状态。邀请了4位代表，来了1人，有表决权。

从**爱尔兰**共产党邀请3位代表，来了4人。3人有表决权，另1位有发言权。

从**阿塞拜疆**共产党邀请了2位代表，来了3人。2人有表决权，1人有发言权。

格鲁吉亚共产党报告说有18811名党员。邀请了2位代表，8人莅会。2位代表有表决权，1位代表有发言权。

立陶宛共产党有1000名党员，500人已交清党费。邀请了1位代表，来了2人，2人均有表决权。

爱沙尼亚共产党有2800名党员。邀请了2位代表，来了3人，2人有表决权，1人有发言权。

丹麦共产党报告说有1200名党员，其中780人已付清党费。邀请了2位代表，来了3人，1人有表决权，2人有发言权。

波斯共产党有1000名党员，500人付清了党费。邀请了2位代表，来了3人，2人有表决权，1人有发言权。

土耳其现有两个党，一是康斯坦丁堡党，一是安卡拉党。安卡拉党有300名党员。邀请了2名代表，来了6人，2位代表有表决权，2人作为来宾，2人被拒绝与会。康斯坦丁堡党人数不详。邀请了2名代表，来了3人，2人有表决权，1人有发言权。

澳大利亚共产党有900名党员，其中750人付清了党费。邀请了2名代表，来了4人，2人有表决权，2人有发言权。

阿根廷共产党约有3500名党员。邀请了2名代表，2人都来了，并享有表决权。

南非共产党报告说有200名党员，100人付清了党费。邀请了1名代表，来了2人，1人有表决权，1人有发言权。

爪哇党党员人数不详，该党可能约有13000名党员。邀请了1名代表，来了1位同志，有表决权。

加拿大共产党有4810名党员。邀请了1名代表，来了3人，1位代表有表决权，2位代表有发言权。

葡萄牙共产党有2900名党员，1702人付了党费。邀请了1名代表，来了2人，1人有表决权，1人有发言权。

智利共产党约有2000名党员。邀请了1名代表，这位同志昨晚刚到，他的代表资格尚未审查。

乌拉圭共产党约有1000名党员。邀请了1名代表，这位代表有表决权。

巴西共产党约有500名党员。邀请了1名代表，有表决权。

墨西哥共产党约有1500名党员。邀请了1名代表，有表决权。

亚美尼亚共产党。邀请了1名代表，来了2人，1位同志有表决权，另1位同志有发言权。

基发①共产党。邀请了1名代表，这位同志尚未到达。

布哈拉共产党。邀请了1名代表，来了1人，有表决权。

蒙古党约有1500名党员。邀请了4名代表，来了1人，给予发言权，因为蒙古党尚未参加共产国际。

朝鲜共产党。邀请了1名代表，来了4人。但鉴于党内争吵激烈，无法确定到底谁是真正共产党的代表和他代表哪一派，因此允许2位同志作为来宾与会，拒绝2位代表参加大会。

冰岛工党有4700名党员，但是今天仍在追随孟什维克主义。党内有一个拥有450名共产党人的派别，这一派被允许与会，有1位代表出

---

① 基发和下面的布哈拉均为乌兹别克人建立的国家。19世纪下半叶成为俄国保护国。1920年分别建立苏维埃人民共和国。1924年分别并入苏联土库曼和乌兹别克两个加盟共和国。——译者注

席，承认他有发言权。

阜姆①共产党报告说约有 150 名党员。1 位代表在途中，尚未到达，但承认他有发言权。

邀请**巴勒斯坦**共产党派 1 名代表，这位同志也正在途中。

白俄罗斯共产党约有 5000 名党员。邀请了 1 位代表，有发言权。

希腊共产党。邀请了 1 名代表，该同志尚未到会。

匈牙利共产党。邀请了 3 位代表，共产国际主席团确定 7 位代表，代表资格审查委员会承认他们有表决权，因为匈牙利共产党处于完全非法状态，在匈牙利本国还不能真正开展工作。

此外，还邀请了**土耳其斯坦**的 1 位代表，该同志已到达，并享有发言权。

土耳其斯坦共产党的维吾尔支部来了 3 位代表，1 位代表有发言权，2 位代表作为来宾。

克里米亚共产党有 1 位代表出席，有发言权。

高山共和国（高加索）有 1 位代表与会，有发言权。

埃及党也派了 1 位代表，有发言权。

此外，获得发言权的还有**妇女国际**的 1 位代表和**援救饥饿者协会**的 1 位代表。

被邀请参加和出席这次代表大会的各国共产党代表情况就介绍到这里。

被邀请参加代表大会的总共有 350 名代表，到会的共 394 人。其中

---

① 阜姆（Fiume）现为南斯拉夫最大的海港里耶卡（Rijeka），原属克罗地亚，1919 年意大利诗人丹农齐奥率远征军占领该市。1920 年意大利同南斯拉夫签订和约宣布阜姆为"自由国"。1921 年意大利派去专员。第二次世界大战后归还给南斯拉夫。——译者注

340位代表有表决权，48位代表有发言权，6位代表获得了来宾证书。

另外，共产国际主席团还特别邀请**意大利社会党**的5名代表出席代表大会。5位代表均到会，有发言权。

从捷克斯洛伐克的反对派邀请了3位同志，他们均到会，有发言权。

2位同志被邀请参加纲领起草委员会的会议，也有发言权。

此外，还从法国邀请了弗罗萨尔和加香两位同志。这两位同志尚未到达，但据最近一封电报他们正在途中。

还邀请了**挪威**的特兰美尔同志，他也尚未到达。在这些特别邀请的同志中目前已到达10人，这10人均有发言权。

此外，美国的农业委员会来了1位代表，他也被允许与会，有发言权。

我想再向诸位简要地报告一下代表资格审查委员会不得不作出的几个拒绝决定。

波斯共产党国外局派来2位代表。共产国际半年前就已将这一国外局解散了，尽管如此，看来它仍然存在，因为它派了2位代表到这里，但是代表资格审查委员会不得不予以拒绝。

在承认**奥地利**共产党代表资格问题上遇到了困难，从奥地利来了3位带有10月17日和19日在维也纳签发的授权证书的同志，其中1位同志10月19日就从维也纳出发了。10月22日我们收到奥地利共产党中央委员会的一封电报，宣布取消这3位同志的代表资格，并将全部代表资格均转给该党驻执行委员会的代表格律恩同志。电报称，奥地利党财力有限，承担不了3位代表赴莫斯科的旅费。但是这3位代表未理睬这封电报，均抵达莫斯科。这样就出现了一方是拥有三重代表资格的格律恩同志，另一方是3位拥有其党中央有效证书的代表，他们均出席了大会。代表资格审查委员会根据这4位奥地利同志的建议，决定承认前

3位同志的代表资格有效，第4位同志也有表决权，这样奥地利党在这里就有了4位代表。

由**东方部妇女局**局长卡斯帕洛娃所代表的妇女局申请派出1位有表决权的代表，这一申请被拒绝。

如遇到许多代表均持有效证书到达时，代表资格审查委员会一般是这样分配表决权和发言权的：一般直接来自该国的同志取得表决权，不是直接从该国来的，而是已在莫斯科停留了较长时间的同志获得发言权。

另外，根据主席团提议，允许出席代表大会并享有发言权的还有参加工会国际代表大会的代表，给予来宾请帖的还有来莫斯科出席青年代表大会的代表。对合作社代表大会的同志亦如此，允许其中2位代表与会，拥有发言权，由于这个问题已列入议程，这2位同志必须在委员会里工作。

代表资格审查委员会就报告这些情况。我受审查委员会的委托请你们承认这些代表，并声明代表资格审查委员会的决定有效。

讨论通过代表资格审查委员会的报告

拉迪奇（南斯拉夫）：

我代表南斯拉夫代表团的三位同志发表如下声明：

主席团替两位同志说话，并准许他们参加代表大会，享有发言权，这样主席团就认为这两位同志代表特殊的派别发言了。但是这两位同志和派别并不认为自己是特殊的，他们甚至在执行委员会的会议上谈到代表团时说，他们不是一个派别。根据他们的声明，这两位同志根本不代表派别，如果可以谈这样一个派别的话，那么这一派在代表团中是有1位代表的。因此我们认为，这两位同志不能由代表大会决定作为代表团成员。如果代表大会作出这样的决议，鉴于在南斯拉夫可能产生的后果，另外三位代表只好退出代表大会。这就是我代表这三位同志发表的声明。

安贝尔-德罗（瑞士）：

为了解决南斯拉夫共产党内的危机，执行委员会认为，有必要邀请佩佐维奇和斯塔尼奇以及党内少数派的其他代表来莫斯科，在这里阐述和捍卫其立场。

主席团认为，使前来参加代表大会的佩佐维奇同志和斯塔尼奇同志有可能和南斯拉夫的代表一起不仅有发言权，而且有表决权，并参与代表大会的工作，这可以说是解决党内现存分歧的道义上的保证。

这一权利是主席团为了平息党内分歧给予他们的，不应被视为对出现的分歧问题的预先表态，也不应作为一个可以援用的先例。

代表大会在听取委员会的报告之后，才会对南斯拉夫共产党的危机表态。

拉狄克（俄国）：

同志们！我不想谈南斯拉夫党内分歧的内在原因，我只想回敬南斯拉夫代表几句话。他说，如果代表大会承认这两位同志的代表资格，他们就不得不退出代表大会。

这位同志的声明表明，他太不了解共产国际的精神和全部工作了。我头一次看到，一位代表声称，如果代表大会的决定不合我意，我就不服从。这类事情只有那些现在不在共产国际之内的人才干得出来，比如德国共产主义工人党才干这类事情。但是在这里，每一个代表团，每位代表，都必须懂得，我们应当服从最有权威的代表大会的决定。因此我认为，南斯拉夫同志的这一声明是很不妥当的，它只会损害我们的运动。

至于事实本身，主席团这样做的理由，在主席团的说明中业已讲明，我只想补充几句。南斯拉夫党是一个地下党，在这样一个组织中出现分歧比可以合法活动的党容易千百倍，而消除这些分歧则比合法的党困难千百倍。在这种情况下，如不尽一切努力使同志们保持团结，那就等于主席团在犯罪。我还要说，这两位同志甚至获得了许多选票。党没有充分利用它可以支配的代表名额。因此从形式上看，主席团的决定无非是考虑了南斯拉夫党内的状况罢了。

主席：

收到了法国代表团的一份声明，请宣读。

安贝尔-德罗（瑞士）：

法国代表团请授权给它在代表分配上作出变更，并在来莫斯科的同志们到达之前保留其代表资格。

主席：

鉴于南斯拉夫代表团对代表资格审查委员会和主席团的决定提出了指责，我首先请大家对此进行表决，然后如没有其他意见，再对代表资格审查委员会的整个报告进行表决。

同志们，我们现在进行表决，在南斯拉夫代表资格问题上反对主席团决定的，请举手。

没有人反对。我申明，没有人反对主席团的决定。

现在我们对代表资格审查委员会的报告进行表决，反对代表资格审查委员会报告的，请举手。

代表资格审查委员会的报告就这样一致通过了。

继续讨论资本的进攻问题

同志们，现在我们可以继续讨论资本进攻的问题。现在继续按照报名发言的名单进行发言。同志们，主席团建议报名到此为止。报名发言的还有拉维斯泰因（荷兰）、施特恩（奥地利）、韦布（英国）、赫恩勒（德国）、片山潜（日本）、罗斯默（法国）和韦尔蒂（瑞士）。

主席团还接到通知，南斯拉夫代表团服从主席团的决定。（叫好声）

那么同意结束发言报名的，请举手。

发言报名到此结束。请拉维斯泰因同志发言。

拉维斯泰因（荷兰）：

同志们，在托洛茨基同志作完报告之后报名发言，要想避免不赞成俄国革命的一位重要的思想家的既重要又精彩的论述之嫌，大概是不可能的。同志们，尽管如此，这些论述仍提供了发表一些意见的机会，我指的不是托洛茨基发言的主要部分，而是他对世界革命的前景，特别是对西欧可能的政治发展的论述。

托洛茨基同志大体上是这样讲的：他指出了西方各党内的改良主义与和平主义幻想的危险。根据过去一年的经验，人们对此当然没有不同的意见。但是，他是这样论述这种危险的：政治状况可能在最近为这种观点和这种幻想提供极为有利的土壤，因为西方国家的政治发展可能很容易导致建立集团，从而导致建立小资产阶级和平主义阶层的政府，即所谓的"左派集团"，然后工人政党对它的支持就会自动地提到日程上来。在这种情况下，共产党人支持这样一个集团的危险，或者至少这样一个集团将在共产党人的队伍中引起进行支持的强烈兴趣的危险是相当大的。托洛茨基同志举出了英国和法国作为这种发展的例子。比如他说，虽然英国保守党和民族自由党在下届英国大选中有把握获胜，但是，这一联合政府可能不会持久，工党很可能取而代之。

在托洛茨基同志发言之后，拉狄克同志详细地谈了这件事，他们的发言给我——我想也给其他许多同志——一个印象，那就是拉狄克同志在这个问题上不完全同意托洛茨基同志的论述。我丝毫不想贬低拉狄克同志全篇报告的价值，但我首先想强调指出，我特别喜欢他的报告中详细地指出了整个中欧的极端反动的，即保皇主义的，或者——如果你们想这样说的话——法西斯反动派的危险的那一部分。可以说，这种危险在历史上是屡见不鲜的。这样一种运动，部分可以同法国大革命时期的农民运动——旺代运动和朱安党运动相比，部分可以同西班牙敌视科尔特斯政府的保皇主义反革命相比，部分也可以同十二月分子的波拿巴主义相比。

拉狄克同志指出了整个中欧反革命的这种现实的，可以说是极端的和谋反的危险，可以说，从西西里到易北河都如此。因此在我看来，他这样做是很重要的，因为无疑他认为，比如在德国工人运动中和德国共产党内，人们并未经常意识到这一危险的全部规模。听了德国反对派——如果我可以这样说的话——一位同志昨天同拉狄克同志进行论战的发言后，我暗自发问：这位同志是否意识到了，明天在巴伐利亚，从而也在蒂罗尔、奥地利、匈牙利以及其他地方是否会实行不仅反对共产党人，而且也会反对社会民主党人和整个工人运动的君主统治和白色恐怖，这实际上取决于一个人，即鲁普雷希特亲王的意志？

同志们，如果让这位德国同志清楚地看到这一事实，我想他也许会以另一种调子发言的。

拉狄克同志的发言中特别使我满意的第二点是，他清楚而明确地承认在西欧，即在拥有古老的资产阶级文化和传统的国家（这与中欧不同，中欧从未完全拥有资产阶级的文化和传统），在政治领域，即在所有资产阶级阶层因而也在一切资产阶级政党中,形势也明显地向右发展,法国和英国当然是最重要的例子。

今天在英国发生的事情,在这方面是具有代表性的。拉狄克同志说,那里在政治领域里发生的事情乍看起来简直是发疯了,保守党人可以说是没有纲领,未作什么许诺就投入竞选斗争了,人们得用放大镜才能看出劳合-乔治先生和博纳·罗之间究竟有什么区别。完全正确。但是博纳·罗是反动派在英国中等资产阶级和中产阶级广大群众中的典型代表,是其目光短浅的典型代表。这些阶级只有一个口号:取消和减少因帝国主义战争而使他们痛苦呻吟的沉重的赋税压力。

其次是尽可能回到战前的老状态,即让国家在整个经济生活中,特别是在社会政策方面尽可能节制,甚至可以说应当清心寡欲。

这部分地采取了骇人听闻的、荒谬的形式。人们在像荷兰这样一个古老的资产阶级国家里看到了这点。荷兰反映了资产阶级世界的各种思潮,荷兰的资产阶级特别清楚而准确地了解整个资产阶级世界发生的一切事件。人们不应当忘记,荷兰也是一个具有重大影响的帝国主义国家。资产阶级的极端主义者要恢复赤裸裸的旧自由主义思想,直到完全回到科布顿的自由贸易主义。

例如在我国就有属于这种思潮的狂热分子和政客,他们企图完全取消社会立法,取消一切工人保护立法。这一思潮虽未以这种极端的方式出现,但却在几乎所有的资产阶级政党中,甚至在受这些资产阶级政党影响的一部分工人中引起强烈反响。在所有老牌的资产阶级国家,如英国、法国、比利时和荷兰,目前这是压倒一切的政治现实。我们不应忘记,特别是在这些国家里,帝国主义和帝国的利益也迫切要求推行这种政策。如不大大地限制赋税和紧缩社会立法支出,在英国和荷兰简直不可能为了纯粹的帝国主义目的筹集必要的资金。

现在，在这种形势下，工人政党，乃至一切还有些改良主义与和平主义倾向的资产阶级集团，都遭到排挤，在政治上被逼得走投无路。例如在最近的几次大选之后，在标准的资产阶级国家荷兰（它虽然是一个小国，但却是一个纯粹的帝国主义国家的样板），像大石油托拉斯——荷兰壳牌皇家公司——老板科林这样的大资本家就不顾普遍选举权和民主的国家机构而进行专制统治了。

我认为，英国也在朝这个方向发展，英国工党受到了排斥，甚至可以说被逼得走投无路。有人或许认为，一个韩德逊和一个克林兹将达到远比他们精明强干和有教养的党的同志如荷兰的特鲁尔斯特拉未能实现的目的，即由小资产阶级的中派组成最大的党，把我国数十万工人团结在它的旗帜之下，然后借助于小资产阶级中派上台？只要帝国主义国家和帝国主义利益仍然存在，这就是完全不可能的，现在不可能，将来也不可能。

法国的发展亦如此。我认为，组织左派同盟的时代在那里也已经一去不复返了。激进社会党在战前就破产了。通过战争，所有赤裸裸的反动的政党和意识形态都得到了加强。比如容克党（在法国也有这种政党），法国行动党，天主教党以及所有极右的政党。法国著名的前总理凯约在其很有教益的一本小书《欧洲向何处去，法国向何处去》中对法国的发展作了很好的描述。可惜在允许我发言的这么短的时间内不能更详细地谈论此事，但是我认为有一点是肯定的：**没有迹象表明资产阶级的改良主义、激进主义与和平主义在西方国家也复活了。**

从上述一切得出了什么结论呢？当然，从上述的这种形势中，更清楚地产生了在共产党的领导下建立统一战线的必要性，大力团结一切无产阶级分子的必要性。可是我还要指出的是，至少对我所列举的这些国家，这些从历史上看其政治生活纯属资产阶级意识形态的纯资产阶级国家来说，关于工人政府的设想和口号完全是凭空臆造，可以说是乌托邦的。在这些拥有大量海外领地的帝国主义国家中,在英国、法国、比利时和荷兰——我想说,这些国家加在一起构成了一个类型,人们首先更应该想一想**东方**事件的巨大影响。是的,我认为,这种影响是绝对存在的。因为人们时刻不应该忘记,在这些国家中,资本主义是同海外领地联系在一起的,我想说,两者很像生死与共的连体双胞胎。这种联系在战后到处都更紧密了,譬如我们在我国看到,印度尼西亚同荷兰的联系实际上是战后才巩固的。海外领地中的任何动荡都必然会在帝国主义宗主国中引起最深刻的反应。因此,英国的韩德逊和克林兹、法国的龙格和勃鲁姆依靠资产阶级改良主义分子还能够组成政府,对我来说简直是不可想象的。韩德逊和克林兹、龙格和王德威尔得、特鲁尔斯特拉和弗利根之流充其量只能在帝国主义统一战线中当个部长。工人政府的定义可是一定不能套用在帝国主义的统一战线上的。

最后,我还要说,对所有资本主义国家来说,凡是无产阶级还没有取得胜利的地方,不管其历史、文化和宪法有何差别,无产阶级统一战线都是伟大的策略方针。相反,工人政府这一策略则最多只是考虑到中欧的特殊的情况,也许还把一些其他国家考虑在内。对这些国家,工人政府具有很大的价值。但是,共产国际必须在全体无产阶级的统一战线的前提下,在全世界进行斗争并取得胜利。

施特恩(奥地利):

同志们!在考虑资本进攻的问题时,我认为有两个问题具有特殊的原则意义。第一个问题是,资本主义的这种进攻意味着什么?是否意味着我们也许会进入一个较短或较长的时期,在这个时期里,世界反动派在它同世界无产阶级进行的决战中占了上风?第二个重要的问题是,我们如何能在强加于我们的为了局部要求而进行的斗争中,避免变成改良主义者或被当做改良主义者?

关于第一个问题——资本进攻意味着什么，那些认为资本进攻意味着世界共产主义的敌人的优势在发展的人看看奥地利就够了。就其发展而言，奥地利是一个发展的榜样，它也许将成为那些今天尚未料到面临着类似发展的国家的样板。人们在奥地利可以清楚地看到，资本的进攻无非是企图使用无用的方法拯救自己的最后挣扎手段。在奥地利，资产阶级竭尽全力来阻止自己的灭亡。它将工人的实际工资压到了最低的程度。为了拯救自己免于灭亡，它在进攻中使用了最狡猾的手段，但是其结果只是崩溃和衰落日益加速和临近。我们在奥地利已达到这样的程度，甚至资产阶级的最明智的代表也陷于他们不得不公开承认资产阶级政治已经破产和在奥地利不可能有任何作为的境地。

日内瓦条约无非意味着世界资产阶级看到了奥地利资产阶级的这种岌岌可危的处境并想去援救它。世界资产阶级清楚地知道，奥地利具有比其领土幅员大得多的意义。因此，世界资产阶级去援救奥地利；它企图通过更残酷的资产阶级专政在向工人阶级的进攻中走得更远，以便得到资产阶级所需要的东西，即再获得一个喘息的机会。

在这点上，奥地利问题具有国际意义。不仅因为在战略上奥地利连接了捷克斯洛伐克和南斯拉夫，连接了法西斯意大利和德国，连接了匈牙利和巴伐利亚，而且也因为我们在奥地利能清楚地看到，资产阶级是多么害怕无产阶级在摆脱了溃败处境之后，即使在最困难的条件下也将转入反攻。此外，还因为资产阶级想在一次大的较量中在那里保护其统治地位。

同志们，我想，人们就此也可以指出，我们的国际在最近一个时期面临着新的任务。在像奥地利那样的形势下，有必要按照统一战线的精神开展国际活动，但是没有人进行这种活动。奥地利无产阶级自身力量太弱，难以抵御奥地利资产阶级同其他国家的世界资产阶级联合发动的进攻，其他国家的无产阶级应当进行声援。因此我认为，共产国际的任务就在于不仅把自己组织成一个政党，而且还要作为党发挥领导作用，并积极开展活动。

在像奥地利这样的形势下，共产国际应当向有关国家的工人和有关国家的共产党做工作，向他们指明这一形势的国际意义，并敦促共产党为了奥地利无产阶级的利益和世界无产阶级的利益进行活动。当然不是要求进行暴动，不是要求搞该国无产阶级无力搞的活动，而是按照统一战线的精神开展活动，这就是说，有关国家的党应当在自己的国家里，要求全体无产阶级为了奥地利无产阶级的利益进行有组织的斗争。正如人们在这里向法国人所说的那样，如果你们想按照统一战线的思想积极活动，就不应等到你们成为一个完全理想的党，共产国际也必须说，你们不应等到我们变成一个牢固团结的国际政党。只有我们在任何时候都不满足于说各党应如何行动，而是在每一个需要采取国际行动的具体的场合，给这些行动发出指示，并在实际上参加世界资本同世界无产阶级的总的斗争，我们才会变成一个国际性的世界政党。我们看到，在国际上，斗争在扩大，各国资本和劳动之间的个别的斗争，正在发展成为各国资产阶级集团反对这些国家无产阶级的斗争。因此，共产国际也必须观察这一发展，并相应地干预这一发展。

同志们，我们在奥地利在另一方面也有一个颇有教益的例子。我们是在特别困难的条件下运用统一战线的。我认为，奥地利的经验表明，统一战线策略在一个小党对抗一个大党的地方也能成功地运用。这是运用统一战线策略的最困难的情况，因为大党能够向工人提供错误的情报，颠倒是非，诬蔑小党。甚至在我们不能通过报纸和集会向群众讲话的时候，奥地利也表明，即使这样，统一战线策略也能取得成果。我们还在奥地利看到，基层的统一战线策略同上层统一战线策略有什么联系。我们看到，即使在大党想高傲地无视小党存在的地方，对他们的上层机构进行工作也可能有好处，因为这样可以加强基层群众的压力。我们在5月1日看到了这点,那天,社会民主党想排斥我们,但是社会民主党的工人却不顾社会民主党领导的口号,同我们联合举行集会,并在这些集会上给我们共产党人争得了发言权。

我们在几乎完全属于社会民主党的有轨电车工人的斗争中,看到了这种策略的特殊的成果。我们根据统一战线策略,支持电车工人的结果是,在最近选举电车工人工会干部时,社会民主党的候选人全部落选,而当选的全是共产党人和持不同观点的人。在社会民主党人对这次选举提出质疑之后,他们以更少的选票再次落选。对日内瓦条约我们也成功地运用了这一策略。日内瓦条约公布时,社会民主党人无耻地表示他们准备接受这一条约。我们运用了统一战线的策略对这种态度进行了坚决的斗争,指出,如果社会民主党人不准备捍卫他们所酷爱的民主,将会出现什么危险。我们至少使社会民主党不得不决定进行表面的斗争。这时就出现了某些同志所担心的情况,即社会民主党是被迫进行斗争的,他们可能以革命者的姿态出现。由于改良主义者被迫进行斗争,他们就给我们提供了运用统一战线策略的条件。

因为,如果奥地利社会民主党说,必须接受日内瓦条约,不然我们就得饿死,那么也许有许多工人相信这句话。但是,如果奥地利社会民主党言不由衷地说,必须撕毁日内瓦条约,它带来的是奴役,我们则说,从中吸取教训,阻止条约的实行,而结果又表明社会民主党并未阻止条约,那我们就比较容易推动运动继续前进。我想一般地说,我认为,越能在群众的压力下推动改良主义者前进,统一战线策略提供的成功的可能性就越大。我们在这方面没有沉溺于幻想,不认为社会民主党和改良主义者有朝一日会想进行斗争,但是我认为,不排除我们可能迫使他们违背自己的意志进行斗争。当然这不会是真正的斗争,不是自愿的斗争,这将是一个在关键的时刻被背叛取代的斗争。但是对于我们来说,这种被推着前进和群众逐渐参加运动就已很有好处和很有意义了。

工人政府问题也应当在这个意义上得到理解。我认为，工人政府的口号无非是共产党统一战线策略的一部分。我们对工人政府这一口号的理解是这样的，我们并不要求工人政府成为一个理想。工人政府并不是理想，它可能带来严重的危险。我们对工人政府所期望的，无非是那些真正想为自己的要求而斗争的人们所必然期望的，希望它成为为了局部要求而斗争的一个结果，希望它作为一个同社会民主党想借以逃避斗争的联合政府相对抗的口号。

我认为，由于联合政府成立的时代不同，有两种联合政府。如果存在着直接夺取政权的可能，正处于为了政权而进行最激烈斗争的联合政府的目标，就是摧毁工人的战斗意志，挽救资产阶级政权。如有可能，我们可以用无产阶级专政来对抗这种联合政府。现在还有另一种联合政策，这种政策无非意味着社会民主党不想为局部要求而斗争。为了揭露这一事实，我们只好通过一个口号明确地指出：如果你们想为了你们的要求而斗争，那你们应该做些什么呢？这个口号就是工人政府。

我并不是说，我们可以提出这个口号，因为我们知道社会民主党不会进行斗争，而是说，我们必须提出这个口号，尽管我们知道社会民主党是不会进行斗争的。这并不是出于虚伪，而是因为我们说过：我们目前还不能为专政而斗争，但是我们愿意为了你们的要求而斗争，我们也准备支持成立工人政府，如果你们确实认真考虑这样做的话。这不是虚伪，相反它将具有揭露的作用，因为我们确实认真准备支持任何严肃的斗争。

最后我想说，我认为，现在运用统一战线策略，性质的确与以前相比有所不同。首先，统一战线策略曾是对无产阶级实行全线撤退的一种掩护，我认为，现在统一战线策略是对组织力量、积蓄力量和准备新的进军的一种掩护。是的，反动派在全线向前推进。这点我们在中欧看得很清楚。但是，无产阶级也在积蓄力量，统一战线策略能够掩护无产阶级积蓄力量，并可能阻止个别遭受镇压的组织过早地出击。实际上这只不过是一次新的进攻的开始和准备，因此我们现在可以说，资本的进攻并不是反动派单方面在前进，资本的进攻的另一面是无产阶级在做准备。我们看到两个营垒在互相向对方进军。比如在奥地利，每个具体的阵地在这次进军中都是重要的，无产阶级必须在每个阵地上为每一个具体的局部的要求而斗争。在这场斗争中目前不能运用别的策略，只能运用统一战线策略。

哈里·韦布（英国）：

同志们，我想不仅从资本主义进攻在英国发展的角度，而且也从资本主义在其他国家发动进攻的角度来谈资本的进攻。1921年和1922年，资本主义在英国，在不列颠的进攻比在欧洲其他任何国家都来得猛烈。在这两年中，无产阶级的处境和劳动阶级的经济状况恶化了，这在不列颠现代工人阶级的历史上是空前的。1921年，我们经历了同英国政府密切合作的英国煤矿主所制造的对大批煤矿工人的解雇。你们大概知道，政府曾答应不在1921年3月前取消对煤矿的监督。但是，1921年3月，英国政府就取消了这种监督，以防止有组织的产业工人采取防范措施和达到他们的目的；此外，这还可以在煤矿工人和工人阶级的其他部分之间打进楔子，使其他工人不能援助矿工。

在1921年矿工的这次伟大斗争中我们看到了什么呢？我们看到了不列颠工人自从签订停战协定以来寄以很大期望的三国联盟的无能。工人们知道了这种无能的最重要的细节。如果矿工在其困境中能得到运输工人和铁路工人的支持，那么毫无疑问我们今天在不列颠的处境会完全是另一个样子，而不列颠产业工人处境的改善，对全欧洲无产阶级的处境不会不产生影响。在那些日子里，大不列颠进口了150万吨煤。（**拉狄克**："从美国运来的！"）阿姆斯特丹国际和第二国际由于不能动员工业力量和政治力量去支持矿工而表明它们已经一起彻底破产。矿工联合会的弗兰克·霍奇斯在最近召开的工联代表大会上所作的关于参加红色工会国际的报告中声明说，他个人曾经为实现统一行动而努力，阻止向不列颠进口煤炭。当时霍奇斯不得不承认，阿姆斯特丹国际完全没有能力控制形势。可是，我们共产国际的成员也应该同时认识到，我们自己的国际机构也有些失灵，因为在阿姆斯特丹国际对适应形势的要求感到无能为力的那些日子里，共产国际也未能借助其对红色工会国际的影响来动员工人。诚然，当时红色工会国际刚刚诞生，但是这丝毫改变不了现有的各国共产党没有同革命的工人进行合作的事实。当时进行这种合作本来是可能的。

（**拉狄克**："当时我们没有能力采取行动。"）

1922年，资本主义的进攻表现在大规模解雇机械制造工人上，同1921年解雇矿工完全一样，这是资本主义向英国无产阶级大举进攻的最突出的例子。在不列颠，机械制造工人进行斗争反抗资本主义进攻的同时，七个欧洲国家的冶金工人也在进行反对国际资本家阶级的各个部分的斗争。在解雇矿工12个月和在共产党的建设方面取得了重大进展之后，今年，我们在部分无产阶级同资本主义的进攻进行斗争的地方同样缺少各国共产党的合作。今天我们看到，英国资本家阶级在将其铁掌击向矿工和摧毁机械制造工人的抵抗之后，正在将其注意力转向运输工人。英国运输工人运动的最集中的组织和最强有力的组成部分是全国铁路工人联合会。

在1919年的最后日子里，发生了延续14天的全国铁路工人大罢工。在这短短的时间内，铁路工人向不列颠的统治阶级表明，他们能够迅速动员自己的力量，并有能力挫败雇主恶化他们经济状况的企图，在这14天中，铁路工人几乎取得对企业主和国家政权的胜利。可是这时他们却被詹·亨·托马斯先生之流的铁路工人领导人欺骗了。

现在我们看到，资本家阶级的代言人——资本主义的经济学家——粗暴而公开地宣称，必须将铁路工人的境况降到矿工和机械制造工人的水平。资本家阶级非常坦率地以付给拉纳克郡和南威尔士矿山工人的工资为例，公开对铁路工人讲，虽然有关于浮动工资等级的合同和有所谓托马斯杰出的领导，铁路工人仍不能指望为他们劳动得到的东西比竞争保证他们得到的东西更多。但是资本主义的这种进攻在英国也表现在另一方面。

在这1922年，我们不仅要忍受资本主义野蛮的、赤裸裸的、无耻的进攻，而且还得听从阿姆斯特丹工会国际和工党领导人的领导。他们是第二国际的主要代表。他们欺骗工人说，目前的经济状况符合他们的期望。韩德逊先生据远比战前坏得多的经济形势宣扬在工业上停战的思想。这些人疯狂地努力去帮助资产阶级建立对生活水平更为低下的工人阶级的奴役制度。

季诺维也夫等同志也阐述了像法西斯主义这样以政治力量的形式进行的资本主义进攻。英国和美利坚合众国一再宣称，民主的代表制度甚至将使工人阶级能够满足其愿望，而不必像俄国那样去走革命的道路。可是我们现在看到法典里又增加了紧急状态法，这一法律是1921年解雇煤矿工人之前通过的。解雇事件清楚地表明，统治阶级已预见到了这点，因此让议会强行通过这个法律，工党对此未作任何抵制。这一法律使得统治阶级的政府有可能在任何紧急危机的情况下宣布处于紧急状态，从而使它能够召集陆军和海军预备役，组织特种防御部队，动员中产阶级力量和采取一切措施准备内战。在爱尔兰对"黑棕部队"① 的使用清楚地表明，如果英国资本主义受到与其他资本主义国家同样的威

---

① 黑棕部队（Black and Tans），又译为爱尔兰王室警吏团，指1920年英国派往爱尔兰镇压革命的军队。——编者注

胁，它所采取的措施比其他国家的措施更为严厉。

当英国独立工党（ILP）退出第二国际和向共产国际提出一系列问题的时候，共产国际回答说，为使无产阶级通过激烈的内战在英国取得胜利，我们必须做好准备。共产国际的负责同志认为，等待着我们的不是一般的内战，而是一场激烈的内战。当"黑棕部队"在爱尔兰进行战争，并强迫铁路工人为英国帝国主义运输武器弹药和军队的时候，一个代表团问劳合-乔治，政府是否签署了这个法令。劳合-乔治回答说："关于会签署法令的说法是不确的，而确切无疑的是，你们应当清楚，政府绝对有权批准法令。"

然而季诺维也夫同志却说，劳合-乔治站到了资本主义世界的和平主义一边。可是，正是劳合-乔治在谈到征服爱尔兰人民时，讲了这番话的。1919年《曼彻斯特卫报》在论及铁路工人罢工时，曾谈到中产阶级对劳动阶级的态度，它写道，永远取缔工会活动的协议实际上已经达成，这是一个危险的政治征兆。《曼彻斯特卫报》说，"组织公民卫队同在俄国组织白卫军是一回事，而白卫军同赤卫队又是完全一样的重要。"

可见，一切都表明在大不列颠将进行一场激烈的斗争。

现在我想就欧洲各国共产党的要求和共产国际讲几句话。特别是在西欧，共产国际必须坚持各党的中央委员会互相支持的做法，这样英国共产党、德国共产党、法国共产党、意大利共产党和斯堪的纳维亚国家的共产党就能进行合作，共同研究它们的问题和运用统一战线。这将使工人阶级能够对资本主义进行真正的防御斗争。此外，共产国际同那些有民族革命运动的国家的共产主义小组加强合作也是必要的。它必须尽快地敦促埃及、美索不达米亚、巴勒斯坦、波斯以及其他类似国家的共产主义小组进行合作。共产国际对英国共产党给予更多的关注也是重要的。诚然，我们在数量上是弱小的，但是国际必须考虑到，英国是构成世界革命道路上最大障碍的那个大帝国的中心。共产国际不应当藐视英国共产党。如果说德国对革命道路的下一步是很重要的，那么一旦建立起一个强大的英国共产党，我们就能着手解决协调大英帝国中民族革命运动正在发展的那些地区的运动问题。在共产国际的帮助下，我们能够建立起联系，使世界这些地区的统一战线由一个空洞的公式变成活生生的现实。

共产国际必须研究中东和远东的运动的另一个理由，是社会民主党在这里还没有扎根。共产国际一致认为，社会民主党由于搞机会主义和背叛活动已变成世界革命发展的主要障碍。我想建议共产国际坚持将那些仍然站在改良主义议会制立场上的共产党员开除出党。我代表大不列颠共产党声明：我们无保留地坚持以二十一条为基础，我们最坚决地反对任何放弃二十一条中的任何一条的倾向。因此我们声明，共产国际必须坚持使它同过去的改良主义的国际区别开来的二十一条不受到任何损害。

赫恩勒（德国）：

同志们！与乌尔班斯同志不同，我想指出，德国代表团多数同志完全同意拉狄克同志的发言，既同意他对形势的分析，也同意他对党和共产国际提出的与此相应的实际要求。

对乌尔班斯同志的发言简单讲几句。我认为，我们的任务不是在这里聚精会神地聆听，在托洛茨基同志、拉狄克同志或其他同志的发言中是否有某种讲法或某种语气，可以被某些人曲解或歪曲为机会主义，我们在这里有更重要的事情要做。可是，时时处处怀疑我们所运用的策略是德国党内的反对派——这种倾向可能不仅德国党内有——的一种典型作风。统一战线的口号——他们怀疑，工人政府的口号——他们怀疑，致领导机构的公开信——他们怀疑，三个执行委员会举行联席会议——

他们怀疑，俄国的新经济政策——他们怀疑，第三次世界代表大会的决议——他们怀疑。

处处怀疑，时时怀疑，一再怀疑，（德国人插话："怀疑，但不思考！"）一再保留！执行我们的策略，但很勉强。当然统一战线的策略孕育着很大的危险，当然有出现右倾的可能，这是很清楚的，并应当坦率地讲出来。我想把统一战线比作一道狭窄的山脊。我说，那里很滑，路很狭窄。如果我们停步不前，只是探讨是否有怀疑或危险，那我们就不会前进。我们必须迈出步子，以便学习运用统一战线。问题就在这里。因此，我认为，有必要清楚而明确地说，反对派的这种方式和方法，这种惊恐万状的政策，在客观上必然会对党起麻痹和消极作用。（德国人插话："讲得很对！"）

接着我想就乌尔班斯同志对形势的估计，特别是对德国形势的估计讲几句话。他认为可以断定，已出现无产阶级的反攻，他这一论断的依据是德国的工厂委员会运动。乌尔班斯同志，如果我们在德国看到了广大群众革命觉悟的迹象，那么我们大家都会感到很高兴。然而令人遗憾的是不能不指出，德国的工厂委员会运动还没有像我们所期待和要求的那样掌握广大的群众。（德国人插话："讲得很对！"）德国的工厂委员会运动还没有超出党员的范围，尽管吸引了一部分同情者。诚然，一部分中间派的工人支持我们，但是这只是一个开端，还谈不上无产阶级真正从退却转入了进攻。我想这样说，无产阶级的抵抗在加强，开始变得有力量。可是我们的任务不在于去探讨我们现在是否已进入了进攻时期或仍处于防御时期。我们的任务是先把关于进攻和防御问题的全部讨论搁置起来，真正到群众中去，组织他们进行抵抗。（德国人插话："讲得很对！"）

我正想以德国的情况为例简单地阐述这一事实。资本的进攻在德国开始于1920年，它是有征兆的，那时第一个表面繁荣时期已告结束，企业主第一次缩减其企业和关闭其工厂。在对工人进行突然袭击的头一个尝试因卡普叛乱而失败，工人也未利用其胜利之后，资本的进攻开始了。

1920年夏天，雇主联合会发表了不再增加工资的声明。这时反革命首次组织了非法的武装队伍。第一次通货膨胀浪潮出现了。同志们，当时我们还没有统一战线的理论，但是我们的党组织老斯巴达克联盟在反通货膨胀的示威游行中和在反对削减10%工资的罢工中——我在此想起了符滕堡拒绝纳税事件——自发地运用了这一策略。

同志们，我不可能在此谈细节问题。但是在1920年夏天就情况已表明，国家的政治进攻是如何同企业主的经济进攻结合在一起，政府是如何唆使保安队和公安警察袭击工人，农业地区的企业是如何被称做与人民生命攸关的，从而限制了工人罢工的权利，企图取缔工人罢工权利的仲裁法出笼了。

此外，我还回忆起1920—1921年的冬天，斯图加特冶金工人第一次自发地提出了四五条要求，接着，在1921年1月出现了著名的公开信。正在形成中的统一战线的策略方针由于三月行动而暂时中断，因此第三次世界代表大会没有制定新的策略，它只是使这一策略得以系统化。代表大会使无计划的、地方性的、因而同大的错误联系在一起的行动现在有了准绳，并使有计划地运用统一战线成为可能。

德国的情况证明，通过现成的方案学不到统一战线策略，在任何情况下都必须采取新的形式，这一点是很有教益的。时而同上层组织打交道，时而接近广大群众。我们已经看到，德国党如何在运用统一战线策略方面越来越有把握，以及如何学会了将议会活动同群众行动结合起来。这肯定是一种很难的艺术。

情况表明，由于资本的进攻，越来越多的、在此以前还没有参加过无产阶级斗争阵线的新阶层活跃起来了。我回忆起1920年底邮政职员发起的一次运动，回忆起同年发生的铁路工人罢工，回忆起将更广泛的青年工人卷入斗争的第一次较大规模的徒工罢工。

我们看到，一方面是资本的组织在经济上、政治上和军事上更强大了，资本家们是如何善于寻找统治无产阶级的新的、越来越狡猾的方法；但是另一方面，恰好由于有必要抵御进攻，战斗的无产阶级的队伍扩大了，更训练有素了。我赞成在我之前发言的同志的意见，现在我们的任务恰好在于努力使各国共产党彼此联系得更紧密。法国党和德国党之间所做的工作应当加以推广，这样不仅在一个国家内部的统一战线能同资本的统一战线对抗，而且无产阶级的国际统一战线也能真正同资本的统一战线相抗衡。

同志们，我们在德国还有另一条经验。我已经说过，德国党的反对派总是顾虑重重，他们总是担心机会主义可能溜进来，因此总是要求采取措施，防止出现机会主义。德国的经验告诉我们：统一战线策略运用得越坚决、越坚定，党的清洗工作就会做得越好。（插话："讲得很对！"）我们在1921年秋天看到了这点。在第三次世界代表大会后，党采取了第一批步骤，支持德国全国总工会的十点要求。社会民主党企图通过其诽谤运动进行反击，它想把共产党人打成罪犯，说他们仍在靠三月行动的财富生活。当时党清洗了一大批机会主义分子，清除了共产主义工人小组。今年，我们看到了类似的情况。在党日益强大，工会转入反攻的时刻，在德国社会民主党和独立社会民主党合并的时刻，动摇分子又脱离了党。由于坚持运用我们的策略，由于工厂委员会运动以及这一运动不断稳步地加强，他们将很容易被清除出党。

同志们，关于法西斯问题我再讲几句话。我认为，在共产国际里法西斯问题必须得到认真研究，必须得到认真分析，这不仅像拉狄克同志所正确地指出的那样，是因为各国都有类似的现象，而且是因为这些类似的现象已经互相串联，它们有某种进攻计划，组织上的联系络绎不绝。

我想指出，我们可以把德国的法西斯运动划分为两种类型：一种是我想用"巴伐利亚"一词来描绘其特征的南德型；一种是北德型。巴伐利亚的法西斯依靠广大的小资产阶级和中产农民阶层。极端保皇主义反革命同这些广泛的本来倾向民主的阶层是有联系的。主要在易北河东部地区出现的北德型的法西斯则依靠完全不同的阶层，那里的农业联盟雇工小组成功地把部分农业工人，而且是相当多的农业工人拉拢到黄色工会。除此之外，还有组织严密的、非法的前线士兵组织，如罗斯巴赫组织就是一个极其明显的法西斯组织。所有这类运动都像在意大利一样，是由失去社会地位的知识分子领导的。

像在其他国家一样，我们在德国也面临这样一个问题：法西斯已经通过炸弹谋杀和武装示威等活动再度表现出对工人阶级的进攻，而德国党正在做什么和必须做什么来反对法西斯呢？在这方面，德国党应当首先在德国国防军和反革命的农业工人协会等组织中，大力进行分化瓦解的宣传。在广大群众看到危险的时刻，德国党必须将无产阶级自卫提到日程上来。在此之前不要想入非非，不要试图勉强地建立自卫的队伍！但是在群众看到和感到危险的时刻，德国党就应当强调无产阶级的自卫要求。

最后我想指出，正是因为各国共产党在运用统一战线策略，正是因为它们以广大群众的日常要求和切身利益为出发点，目前它们的任务是使共产国际更团结和更集中，执行严格的纪律，更鲜明地突出自己的形象，从而不仅看到和参与这一运动，而且领导运动从防御转入进攻。（热烈的掌声）

主席：

已报名发言的还有3人。此外，罗斯默同志请求发言，宣读一份抗议书，最后拉狄克同志将作总结性发言。我们最多还有一个小时的时间供发言使用，我们应该怎么办呢？

在报名发言的人中，有尚未发言，但已提出发言要求的那些国家的代表，如果这些同志不想放弃发言，那就得限制每位发言者的讲话时间。我提议每人发言时间不超过十分钟。

克拉拉·蔡特金（德国）：

同志们！我建议现在就结束讨论（插话："非常正确！"），因为我们认为，我们判断形势和作出结论所能考虑的最重要的观点已经都谈了，因此我们建议其他要求发言的人放弃发言，请拉狄克同志作总结发言。他作为报告人还得谈谈必须谈的问题。

韦尔蒂（瑞士）：

我建议拒绝这一提议。在我们听了数小时有许多重复的报告之后突然简单地扼杀讨论是不行的，我们瑞士代表团对这个问题还有一个建议要提，因此我们一定要求发言。

拉狄克（俄国）：

同志们！只要原则上不涉及新的事情，人们为说明一个特别的提案随时可以发言。到现在为止我没有发言，而且作为报告人也没有提议结束讨论，但是我认为，现在的讨论已处于这种状况：对立的立场都已谈了，现在各国的同志讲述的都是我们完全熟知的有关他们国家资本进攻状况的事实。我看不到有什么理由就这点继续听取各国的报告，这样下去我们明天还要牺牲一天的时间。

主席：

现在对克拉拉·蔡特金同志关于结束讨论的建议进行表决。谁反对这个建议？建议通过。关于这个问题的讨论就此结束。

在拉狄克同志作总结发言之前，请罗斯默同志读一封抗议信。

罗斯默（法国）：

同志们，据华沙电讯消息，宪兵依据只在波兰还有效的沙皇的法律，逮捕了以3.2万张栋布罗瓦盆地的矿工选票当选为国会议员的斯特凡·雷巴茨基同志。

在华沙以2.7万张选票当选的斯特凡·克鲁利科夫斯基同志也被投入监狱。这种粗暴地违反数万工人选民意志的行径，是共产主义运动在解放了的波兰民主共和国所遭受的一系列卑鄙的迫害中的一个新的环节。

现在，这个共和国的政府在对勇敢地宣布自己信仰共产主义的议员东巴尔滥判死刑之后，企图不让革命的无产阶级不顾暴戾恣睢的白色恐怖而选进议会的代表讲话。

共产国际代表大会在全世界工人面前对国际资本的走狗政府所采取的这种野蛮的行动表示愤慨，并对在极其困难的条件下以不屈不挠的英雄气概捍卫自由和人道事业的波兰无产阶级表示钦佩。

主席：

我们现在对这封抗议信进行表决。

（一致通过）

拉狄克作讨论资本的进攻问题的总结发言

同志们，关于资本进攻的讨论，部分地变成了对执行委员会的报告和对策略的再次讨论，这是不可避免的，因为如同我在报告中所指出的那样，对资本进攻的态度是共产国际当前最重要的行动和策略问题。因此，同志们在讨论中不能不重复一些话，而我现在也必须这样做。为了在我的小结中回答在这里发过言的同志，我也不得不再一次涉及在季诺维也夫同志的报告中本已充分论述过的问题。

关于资本进攻的性质、形势和前景问题，博尔迪加同志关于法西斯的很有意思的发言，比我在此仓促中所能作出的论述更值得详细讨论。此外，拉维斯泰因同志的发言也值得重视，他认为，可在我的发言和托洛茨基同志的发言中看到某些矛盾。这是一个误解。如果说我注意的是资产阶级阵营**向右转的倾向**，即他们的进攻，而托洛茨基同志谈的是**和平主义的新浪潮**和社会改良主义的欺骗，那么区别就在于我谈的是**今天和明天**，而托洛茨基同志谈的是**后天**，即资产阶级在其进攻失败之后的态度。

还是回到构成讨论的主要内容的策略问题上来吧。资本的进攻迫使我们采取统一战线的策略，而在这一策略中，我们看到了右倾的危险和左倾的危险。我们在讨论执行委员会的报告时曾说，**右倾危险比左倾危险严重**，现在我仍坚持这一观点。当前威胁到我们的斗争和我们的策略的右倾危险，不仅在于一部分共产国际的成员在革命的两个高潮之间的时期过分地丧失了共产党的面貌，而且主要在于在资本进攻的压力下，大部分无产阶级消极了，他们不向敌人进攻，甚至不进行自卫。从工人阶级的全局立场出发，广大的无产阶级群众的战斗意志的这种削弱是最大的危险，我们认为，策略问题在于：我们如何加强战斗意志？而为了不削弱和压制这种战斗意志,我们应当避免些什么?我认为,如果**共产国际的总路线主要针对工人群众的消极态度,针对他们不能进行自卫,即针对社会民主党,针对第二半国际**和针对共产党内不去适应形势而是屈服于形势的分子,那么**左倾错误正合中派的心意**(插话:"讲得很正确!")。在此我想将乌尔班斯同志教训我的话回敬给他。与乌尔班斯同志不同的是,我将试图证明我的论点。

乌尔班斯同志在他的发言中犯了一个错误,即没有正确地估计形势的错误,这个错误比他讲的全部反对我们策略的话更严重。他在发言中宣称,之所以说我的报告正合中派的心意,是**因为我过高地估计了资本主义进攻的力量和因为我没有看到无产阶级的抵抗运动,无产阶级的反攻已经开始了**,作为他的论断的证据,他列举了法国为维护八小时工作日的斗争和德国的工厂委员会运动。我认为问题的关键在于:要想克服这一危险,首先必须看到危险。如果确实如乌尔班斯同志所说的那样,对资本的反攻已经开始了,那么右倾的危险就不会这么大。高喊共产国际有堕落的巨大危险,同时又说工人阶级已经起来反抗——这意味着阻碍自己现实地认识事物的道路。

我不知道我们是否已经越过了资本主义进攻的高潮,既然乌尔班斯同志指出法国的斗争,那我要问:是什么斗争?它是法国无产阶级抵抗的最初的步骤。既然乌尔班斯同志谈到德国的工厂委员会运动,那我只想回答,在这个问题上,我完全同意赫恩勒同志的意见,我们不应当过高估计这一运动,诚然这对我们来说是一个伟大的运动,因为我们将在这场运动中试图组织在地区上连成一片的斗争基地。这一职工代表运动尚未将非共产党的广大工人群众卷进来,但是,即使把他们卷进了运动,就能说这已是无产阶级的一次进攻吗?这只是防止工人阶级状况恶化的一次自卫行动。如果要说是一次进攻,那么群众就应该在工厂委员会运动中取得成果,他们至少应实现对部分工业的监督。你们不过刚刚开始组织微弱的自卫斗争,就大喊大叫反攻开始了。

这样分析事物意味着再被击退十次的危险。**无产阶级的退却运动尚未停止**。工人刚开始在某些地方站住了脚,你们就喊叫反攻开始了。你们没有看到工人消极观望的危险,你们只需看看德国的运动,就能判断出矿工们被说服接受加班协议意味着什么。这意味着什么呢?这意味着工人愿意劳动更长的时间,并在实际上放弃八小时工作日。不是工会领导人,而是工人自己通过时间更长的劳动实际上放弃了八小时工作日。

既然情况如此,那么我们就不能不说:如果我们真想同资本的进攻进行斗争,我们就必须看到资本进攻的实际规模,并在有危险的地方看到危险。已有足够的危险,不需要我们再去另行编造。

同志们!我们已对资本的进攻作了全面的分析。当然,从不断抨击社会民主党的政策转为时刻孕育着危险的统一战线策略,对我们来说并非易事。在季诺维也夫同志的前几个论点中,对统一战线的这些危险给予了很大的重视,因为我们说过,**我们必须使工人群众团结起来进行自卫斗争,但是共产党人不可忘记他们不只是为了一块面包而斗争**。而且我们只是工人运动的较弱小的那一部分,同第二国际和第二半国际相比,我们的新闻工具不多,可是它们的新闻工具却很强大。在这一统一战线中存在着这样的危险,即还不太坚定的共产党人会过分地依赖社会民主党,我们会失去长子权,我们会不善于同社会民主党工人一起进行反对资本的斗争,同时给群众明确指出斗争的革命前景,不善于超出社会民主党所能容许的范围去进一步发动群众。我们清楚地看到了这些危险,因此我们在执委会扩大会议上讨论了我们在争取统一战线的斗争中和在反对资本进攻的斗争中的策略问题。今天我们仍在讨论这个问题。

同志们,现在乌尔班斯同志在这里对在同资本进攻的斗争中运用这一策略提出了一些指责。他先是批评我们在三个执行委员会联席会议上如何运用了策略。我们错在哪里，他没有讲。他说，这是胸中无数的策略。我认为，这是没有头脑的责难，因为乌尔班斯或者应当说：不要同头面人物谈判，或者他应当说出我们在同社会民主党和第二半国际谈判中的错误在哪里。（**乌尔班斯**插话："他批评了行动准备工作的缺点！"）那么请允许我向你提出这种指责。执行委员会提出了论纲，从理论上为我们的行动做了准备。各党都知悉此事，代表是从各个党请来的。你们知道，这是为了什么。我们想迫使社会民主党同我们一起为争取八小时工作日、反对新的战争危险、反对削减工资和反对资本向苏维埃俄国发动进攻而斗争。各党都知道，这意味着什么。现在谈判开始了。因此我们必须在每个城市和每个国家对第二国际和第二半国际施加最大的压力。谁能施加这种压力？设在莫斯科的执行委员会？参加会议的代表？各党都必须施加压力。现在我要指出的是，我们去柏林时，第一件事就是对各个组织发出号召：动员群众，从工厂派代表到帝国议会去，组织群众集会。结果如何呢？两位烟厂的女工，还有三位同志进了帝国议会，并在那里到处转悠。我相信，我们的柏林党组织是最好的组织之一，但是，如果柏林的党组织尚且如此，那么就请你，敬爱的乌尔班斯同志，去动员柏林、汉堡和其他没有懂得在这种情况下让广大群众参加战斗的党组织。虽然同第二国际和第二半国际举行会议并不是一个组织上的问题，而是使社会民主党走投无路，并在工人群众的压力下被迫同我们共同进行斗争的第一个尝试，但是党组织做的工作是很少的。我看到，乌尔班斯同志在这个问题上是软弱无力的。现在我谈谈他的第二个指责。

他说，我们抱有的最大的幻想是认为社会民主党能进行斗争，认为自1914年以来一直被我们当做资产阶级代理人对待的社会民主党的领袖们突然会被迫进行斗争。从那时起就听说他们是资产阶级代理人的乌尔班斯同志，当然就说：资产阶级的代理人怎能会进行斗争？但是尊敬的党员同志，政治如果是一件这么容易的事情，如果我一说他们是资产阶级的代理人，他们就永远被人唾弃和堕落了，那么政治就太容易了。

就社会民主党领导人总体而言，毋庸置疑，这些领导人是自觉反对革命的，但是这些领导人在德国、在法国和在英国并不是生活在一个真空里，他们也不只是生活在乌尔班斯同志同我的论战之中，这些领导人在德国依靠一个拥有数百万成员的政党和追随他们的数百万人。这些领导人或者公开而明确地站在资产阶级一边，或者试图从资产阶级的车上跳下来。

请你们回忆一下一个简单的事实。1918年11月5日，谢德曼和艾伯特同司令部进行谈判：如果皇帝摘下皇冠，皇太子和皇冠就将得救。11月9日，谢德曼跑到帝国议会大厦入口的斜坡上喊道：共和国万岁！有人提出异议说，他这样做是为了背叛我们。（**插话**："完全正确！"）可是后来发生了一件小事，乌尔班斯同志根本未作分析，比如霍亨索伦王朝的崩溃，革命和反革命。谢德曼之流背叛了我们。但是他们也为将威廉推下皇帝的宝座出了力，只有不想看和不想理解使他感到不舒服的事实的人才能否定这点。季诺维也夫同志在扩大会议上和他关于策略问题的发言中讲了一句很漂亮的话，**按说社会民主党是无产阶级的叛徒，但是如果他们必须拯救自己时，也会背叛资产阶级。**

现在谈谈第二个问题：我们能对此有所作为吗？同志们，如果用我们的革出教们的方法能消灭整个政党的话，那我们只需请季诺维也夫同志签署一个命令，让谢德曼及其同志滚蛋就可以了。因为这是不可能的，所以我们必须同他们进行斗争。现在的问题是，我们将在什么时期消灭他们。他们可能同资产阶级勾结得如此紧密，以致他们不可能倒戈，同样在一场坚持不懈的斗争中由于群众造反，他们可能连同资产阶级一起被我们投进狼窝。**但是也有可能我们必须转入一个这样的时期：在他们同资产阶级不能搞联合之后被迫同我们联合，并在这种联合中再**

次企图背叛我们，只有在同我们的联合中他们的政策遭到破产而群众跑到我们这边来之后，我们才能战胜他们。谁看不到这种可能性，谁靠数钮扣来决定"他爱我，他不爱我"，谁就会完全上当或者一半上当，"我应当害怕，还是不应当害怕？"这样的人使我想起了海涅谈过的少女：她们除了自己的贞操外一无所有。乌尔班斯同志，你现在甚至连贞操都失去了，因为你原则上不反对工人政府。而在原则的问题上，乌尔班斯同志，人们对这种有污点的贞操是不屑一顾的。

可是工人政府的口号意味着什么呢？乌尔班斯同志暗示托洛茨基、季诺维也夫和我之间存在对这个问题的巨大分歧。我们在资产阶级报刊上读到很多关于布哈林的骑兵如何同季诺维也夫的步兵战斗，以及在某一天托洛茨基将列宁逮捕和在另一天列宁将托洛茨基逮捕的奇闻。但是在这里企图牵强附会是不必要的。我们都不是动物，我们的思维存在着细微的差别。这个人同另一个人看问题的角度是不一样的，一个人从这个国家的角度看问题，而另一个人更多地从另一个国家的角度来看，于是就产生了某些差别。问题是：**执行委员会是否认为我们应当在群众中领导争取建立工人政府的行动？第二个问题是：什么是工人政府？**目前，工人政府在德国意味着**我们对社会民主党说，我们想同它一起反对资产阶级联合政府，并可能支持或参加工人政府。执行委员会是否持这一立场？**我说，**执行委员会持这一立场，这是最重要的政治问题。**既然乌尔班斯同志说，在工人政府的问题上他的立场是：这**不可能**，那么如果现在资产阶级联合政府真的垮台了，乌尔班斯同志就将进行下面这样的鼓动，他将走到汉堡造船工人面前并对他们说，你们比我们强大七倍，我们提出共同建立工人政府的要求，我们想为它而斗争，但是成立工人政府是不可能的。这当然是愚蠢的行为。在此我不能不对什麦拉尔同志讲几句话。他犯了一个大错误，因为他过去每次出面都执行机会主义的政策，他认为，他必须不断地画十字，并且说：你们不认为这是机会主义的立场吗？如果你们认为是机会主义的立场，那我就想放弃我的立场。我完全同意什麦拉尔同志的意见，在捷克斯洛伐克为争取建立工人政府的斗争在最近一个时期就可能爆发，甚至最近几个月内就能爆发。可是什麦拉尔同志立刻又对左的东西眼馋，并且说：我也不相信工人政府，但是由于其他人相信，我们也只好表现出相信的样子。如果人们想这样领导运动，那么历史就不会前进。1万马克换1美元，工资下降，联合政府破裂了，因为斯汀尼斯反对稳定马克，在这时，对群众采取这样的态度是很荒唐的。现在也许可以达成妥协。但是我认为，在这场危机里，在资产阶级不能使任何东西稳定的时刻，在这种混乱的形势下，共产党是稳定的因素。它必须给群众指明出路，并且说，你们害怕专政，我们主张专政，你们以为可以通过某一和平的道路做到这点，那就试试看吧。你们能在德国取得多数，占有无产阶级的多数，你们必须走向专政，我们将同你们并肩战斗。在这种情况下自称同群众有最密切联系的我们的同志将出面说：让资产阶级联合政府见鬼去吧。至于工人政府，我们是赞成它的。另外一些人会说，我不相信，但是你们相信。（笑声）同志们，愉快起来吧，我们同你们一起行动！

可以开展这样一个运动吗？我们必须告诉群众，我们要做什么和我们用什么去对付资本的进攻。我们必须对他们说，我们的具体目标是，把在政治上已分裂的工人阶级统一起来，去对抗资本的进攻。如果工人阶级的多数在能够决定赞成专政之前就取得政权，那我们就同工人阶级经历斗争的各个阶段，坚信斗争将使他们接受我们的立场。

对德国的反对派我只想讲几句话。同志们，别开玩笑了，鲁特·费舍同志在这里已谈过策略问题，她批评了中央的策略的细节，我们认为她的批评是正确的。这是一种符合共产国际的策略和政策的批评。可是乌尔班斯同志原则上拒绝了共产国际的策略，但是他又声称，这不是原则上的拒绝。博尔迪加同志也想拒绝统一战线，他也说：总的说来我承认统一战线，但是在具体问题上我要区别对待。谢谢上帝，我们不是在资产阶级的议会里，不能制造迷惑人的假象。

你们或者应当接受策略的论点，或者应当明确拟定你们的纲领并提交给代表大会。用这种来回兜圈子的办法，这种"既反对又赞成"，"我想同意，但是不想同意"，"不喜欢"，"想"和"应当"等诚然可以在党的地方组织中推诿，在这一派或那一派中获得多数，但是用这种手段是不能搞无产阶级政治的。

同志们！对所有这些摇摆均不可等闲视之，我今天读了一位柏林党组织的同志——格施克同志——写的一篇文章。有人告诉我，他是一位优秀的革命工人。关于塔尔海默纲领草案，这位同志写了下面一段话：

"甚至马克思在其宣言中就已描述过某种类型的知识分子，他们称赞某些理论，用这些理论在工人阶级中制造混乱，转移视线，从而自觉或不自觉地帮助资本主义渡过危机。"

因此他坦率地承认，塔尔海默以其纲领草案不自觉地帮助了资本家，这也许是可能的。可是他却信誓旦旦地说：

"需要批评的最根本问题是关于工人政府的文章。**由于承认在资本主义国家中工人阶级就有可能取得实力地位，并按照无产阶级的思想加以发展，我们迄今所遵循的明确的路线就完全模糊了并给了改良社会主义者一个武器，而不需要他们付出多少心血。**"

因此他说，如果我们在资本主义国家取得实力地位，这就是改良主义。在资本主义国家中，工会、共产党和工厂委员会就是实力地位，如果我们善于利用它们的话。如果我们在议会里有精明强干的同志，善于利用议会来为工人阶级的利益服务，那么这也是一种实力地位。但是在资本主义国家里占据实力地位是改良主义。革命的政策肯定在于让我们的软弱无能的状况继续存在下去,直到资本主义帮我们的忙,自行崩溃。

这位同志接着说的话也是很有意思的:

"不久前《红旗报》刊登了**托洛茨基**同志向莫斯科的干部所作的一个报告的摘要。他在报告中说,工人阶级夺取政权后不仅必须接收资产阶级国家,而且还必须在一段时间内利用旧的生产形式,包括核算、交易所和银行等,继续管理资产阶级国家。这是对合作和联合政策的辩护,即使阿姆斯特丹国际也设想不出比这更好的辩护。"

当托洛茨基说,在夺取政权后我们必须进行核算而不能像在雾中行船时,那么他就给社会民主党提供了一个最好的论据,他们不仅主张进行核算,甚至主张在资本家的统治下做投机买卖。

这些话印在《策略和组织》杂志上,对此编辑部在同一期杂志中并未进行批驳。这是什么意思呢?如果这是一位好同志——据说他是一个优秀的革命工人,这就表明在一部分最优秀的革命工人的头脑中仍有许多模糊的认识。**而你们作为这些工人的领导人,非但没有澄清这些模糊的认识和制定明确的路线,反而带来了你们的怀疑的迷雾。**你们的疑虑的危险何在呢?危险就在于我们在资本进攻的情况下,不能将共产党集中到一条明确的路线上来,而没有明确的路线就不可能进行斗争。如果你们说,无产阶级的反攻已经开始了,那我要说,我们还根本不能组织无产阶级进行自卫,我们还不善于将共产国际各成员党变成抗击资本进攻的战斗中心,在意大利没有实行统一战线的策略,在法国也没有实行,在德国你们有了微弱的开端,而对这些开端你们却顾虑重重,你们没有用领导群众参加斗争和以共产主义思想充实斗争的方法在斗争中克服各种危险。

同志们,有人在这里对我讲,我在报告中曾说过,工人群众作为整体现在没有自觉地为政权而斗争,他们认为这个问题现在没有现实意义。有人对我说,这种观点很危险。那好,同志们(**乌尔班斯**插话:"当时的提法有很大的不同。"),也许你能谈谈,原来是怎么提的。(**乌尔班斯**:"工人群众失去了对夺取政权的信心。")我接受这一提法。如果现在大多数工人群众相信他们能夺取政权和建立起专政,那么乌尔班斯同志,你为什么还同意党提出的建立工人政府的口号?

我认为,如果共产国际没有认识到新的、第二阶段在于广大群众现在没有冲锋陷阵,那么没有比这对共产国际更危险的了;只有在冲锋时广大群众才相信目标。共产党员是工人阶级的先锋队,他们相信无产阶级专政,但是不信仰共产主义的工人群众只是由于环境所迫才进行斗争。**很清楚,工人阶级的多数人现在不想夺取政权,谁否认这点,谁就是瞎子,谁就将没有能力在今后的发展过程中克服群众目前的情绪**,相反,他只能跟着党的车轮跑,并且满腹牢骚,因为他不懂得党必须这样行事。

党员同志们,我们现在应当避免的错误在历史上就曾出现过。在1906年俄国革命失败后俄国无产阶级的处境最困难的时候,孟什维克就曾说过革命结束了,资本主义和沙皇统治稳定了,俄国走上了普鲁士式的和平发展的道路。与此相反,布尔什维克说,资产阶级和沙皇统治解决不了任何一个基本问题,因此,革命没有结束,革命的第一个浪潮过去了,第二个浪潮尚未到来。但是,在布尔什维克中出现了关于在这两个浪潮之间应做些什么的争论。柏林的同志们对使用"**召回主义**"一词颇为不满,他们认为这是一个骂人的词。他们用孟什维主义来表述,而我们这些比较准确地掌握了俄语的人则回敬他们另一个词:召回主义。然而事情并非如此。召回主义在于有人说:革命必须到来,革命将要到来。他们讲的同我引用的那位同志在其文章中讲的话大体上相同:革命**必然**会到来。但是,布尔什维克的领袖们不是神秘主义者,他们知道，历史是在经济发展的基础上由阶级创造的，如果一个客观上革命的阶级的先进分子不成为革命的先锋战士，革命也远不可能必然到来，尽管形势是朝着革命的方向发展的，重要的是有一个**由有觉悟的先锋队领导**的革命阶级。当召回主义者说，由于革命即将到来，因此我们不想进入议会，不想参加工会，不想参加合作社时，布尔什维克曾对此进行过斗争。有各式各样的召回主义者，如同过去有，现在也有半孟什维克和半中派一样，也有半召回主义者和 1/4 召回主义者，要识别他们必须抓住他们的尾巴。因此，列宁、加米涅夫和季诺维也夫都同半召回主义者和 1/4 召回主义者进行过斗争，并且说：是的，后天会爆发革命，但是我们今天首先必须组织群众进行斗争。同志们，确实存在着召回主义情绪的危险，这只是群众消极态度的另一方面。

  召回主义者——今天的共产主义工人党（KAP）——在等待群众行动起来，你们想用人们在恐惧中所做的事来填补这段时间。儿童们害怕时就唱歌和喊叫，我们说，这种策略是危险的，你们必须放弃这种策略。不论在共产主义工人党的公开言论中，还是在其思想残余中，这种策略都必须得到克服。你们不应总是在行动时捆住党的手脚，阻止它开展活动。《布尔什维克报》对我的第一个讲话的报道给人这样的印象，好像我说过你们妨碍了党的工作。我并未讲过这样的话。我说过：你们的怯懦将妨碍党，因为党估计到在你们的背后有一部分党员支持。（德国代表团有人插话："我们什么时候这样做了？"）我马上就一一告诉你们，是在**实际价值问题**出现的时候，即在制定税收计划，让资产阶级纳税和减轻工人阶级负担的问题出现的时候。难道你们想不起所有关于国家资本主义危险的发言了吗？在**工人政府**问题出现的时候，你们这样做了。难道你们忘记了在**统一战线问题**出现的时候你们自己在这里的发言了吗？一遇机会你们就说：同志们即使没有出卖自己，至少说也是上了当！在九人委员会开会期间，你们的全部政策在于担心布哈林和拉狄克表明他们不是叛徒和白痴。这种政策如不结束,就是一种毁灭党的政策。

我们在听了鲁特·费舍同志发言之后,又听了代表一个强大党组织的乌尔班斯同志的这样一个发言,我们要说:尊敬的同志们,澄清这些事情吧,不然你们会给党造成损失。你们并不想给党造成损失,因为你们——我坦率地讲——代表了一大部分无产阶级。为对付消极的危险,有必要团结一切无产阶级的革命的有生力量,因此我们更应当依靠他们。

同志们,我还想简单地谈谈右倾危险。英国同志韦布在这里发过言,他向执行委员会呼吁:不要放弃二十一条。我今天头一次听说,好心的韦布同志不能入眠,因为只能提二十条。我可以安慰他,季诺维也夫同志说过,下一次同右派谈判时,条件将是四十二条。也许这会使韦布同志满意。但是他所代表的党并不像他这样激进。我们必须在他所代表的这个党犯下重大的行动错误时对它进行一些批评。我手头有一份英国共产党的竞选号召书。

英国共产党是怎样运用其统一战线政策的呢?他们说:我们是工人阶级的一部分,而且是其左派。但是我们想同所有其他的工人政党合作。拿俄米在哪里,我鲁特就到哪里。[①] 我不是指鲁特·费舍同志(笑声),而是指圣经上助人为乐的路得。于是竞选号召书说:工党如何呢?工人们很出色,他们想战斗,但是领袖们不那么好。号召书接着又说:过去和现在都有领袖们背叛的情况,这种背叛是可能发生的。但是号召书仍然说,团结起来反对资本家。真是活见鬼,如果这是一种统一战线策略,那我们最好不去理它。执行委员会在号召书中具体地向工人们指出,工党的全部政策不是别的,正是对工人利益的背叛。但是执行委员

---

① 参见《旧约》。拿俄米是路得的婆婆。鲁特与路得同音。——译者注

会接着又对工人说：如果工党胜利了，并执掌政府，它将彻底背叛你们，并向工人表示，他们追求的不是别的，正是资本主义。这样工人就将脱离工党，或者工党在工人的压力下不得不进行斗争，如果这样我们就将支持它。我们提出了一个明确的口号：投它的票，同时准备同它进行斗争。如果韦布同志来到这里，告诫我们应防止机会主义，那我们就对他说：韦布同志，请你赶快乘火车回英国，到那里去反对机会主义，我们将支持你们的斗争。

统一战线问题和进攻问题是明年和今后数年的最重要的问题。社会民主党的领袖们很可能长期同资产阶级勾结。如果出现这种情况，我们的希望就在于我们能够通过社会民主党的群众压力将其领袖们推到斗争路线上去，至少在最近一个时期。形势将表明，革命进展将缓慢得多，贫困也许会加剧，直到群众投入斗争。那时我们可能不得不进行大规模的正面进攻，但是只有我们强大了，我们才能这样做。

共产国际的策略必须针对最近一个时期制定，虽然这个时期的前景应当包括整个时代。我们对前途的看法不仅依然是原来的看法，而且资本主义进攻的时间越长，资产阶级就越表现出它没有能力巩固其政权，我们关于资产阶级没有出路的观点不是宣传性的空论，而是深刻的理论信念。

可是什么是前厅和什么是著名的烟囱，在理论上是无法论证的。我宁愿预言数百年，但是不敢预言明年，因为事情如此错综复杂，只有不太懂理论和不怕出丑的人才能作出预言。现在的任务是团结工人进行斗争，为此，如果需要同社会民主党进行谈判，我们就必须利用这种手段。我们这样做正是由于科学地认识到阶级矛盾的发展在激化；如果这种斗争激化了，我们就会成为决定性的力量。

在两个大的斗争时期的间隙，再没有比这种怯懦，这种空谈原则更危险的了。我们必须同群众一起投入实际的斗争，而不应把共产主义视为易碎的瓷器。我们的力量还很弱小，如果我们看不到这点，那是很危险的事情。但是，只有我们说，我们必须按照当前的要求去做，我们才能强大。我们面临的现阶段要求我们团结群众为最迫切的实际目标而斗争，而这一斗争必将导致为建立无产阶级专政而进行的斗争。（热烈的掌声）

季诺维也夫讲话

同志们！我刚刚收到沃尔顿·纽博尔德同志从格拉斯哥发来的一封电报，他在电报中说，我们的党在苏格兰的马瑟韦尔的选举中获得了胜利。（掌声）

英国党的一位独立候选人在那里当选了。诚然，我们不会过于重视议会民主制，也不会过分重视在这座漂亮的大厦中获得一个席位，但是这一胜利毕竟具有原则的意义。看来，我们的影响在这个重要的资本主义国家的确开始扩大了。我认为，在英国现有的条件下，这个胜利的确是共产国际的一个不小的胜利。（掌声）

主席：

在翻译拉狄克同志的发言之前，我们必须先解决几个小问题。韦尔蒂同志想提一个建议，现在请他宣读和说明这个建议。

瑞士代表团的建议

韦尔蒂（瑞士）：

同志们，在我代表瑞士代表团提出建议之前，我想简单地谈几点意见。到现在为止，我们主要是从关于策略和资本进攻的报告里听到一些情况，这些情况没有使我们瑞士代表团完全感到满足。我们今天从讨论中发过言的同志那里获悉，他们也有同感。同志们，看看在这次代表大会上人们是如何努力说明首先在各国共产党内部建立统一战线的必要性，那是很有意思的。有意思的是季诺维也夫同志试图用宣布已不存在派系斗争的办法，在匈牙利党内建立统一战线。

各国统一战线策略问题——拉狄克同志在其总结发言中特别强调了这点——在这里的讨论中占了不小的位置。我本想也对此发表一些意见，但是如果代表大会不让我们瑞士人发言，我们只好服从。早在执行委员会提出统一战线策略口号之前，我们就运用了这一策略，并在很多方面取得了很好的效果。对此我们可以在另一场合交谈。也许我们还能利用时间向未到莫斯科的同志们也介绍此事，因为他们可能对此感兴趣。

同志们，诚然这些报告很有意思，我们基本上可以同意听取对目前形势和未来展望的论述。但是我们瑞士代表认为，我们并不是某些共产党的联合会。由于这些原因，人们在这里就要提出疑问，不仅要问各国共产党的统一战线策略是什么样子，各国党应如何运用这种统一战线策略，而且要问我们更为关心的问题，即在国际范围内，共产国际自己如何执行统一战线？同志们，到目前为止，这方面的情况我们听到的很少，特别是在这次代表大会上可以说一无所闻。我认为，在这次代表大会上应当得出某种明确的结论，然后这些结论不需要由代表大会，而应由各种实践来证实。应当得出的结论是：一个国家的个别的反动现象不能也不允许被视为只与这个国家的共产党和无产阶级有关，这些现象必须被视为共产国际的事情。如果现在还不是共产国际的事情，那我们就应当把它变成共产国际的事情。

在这资本进攻加剧的时期，第四次代表大会必须制定出一条强有力的路线和指出一条进军的道路，而不应只作空泛的叙述和空洞的预言。

法西斯在意大利的胜利,德国和捷克斯洛伐克形势的发展,迫切要求我们这样做。我很难设想,在这种情况下第四次代表大会对此不予表态。代表大会至少应要求西欧和中欧各国的党,在无产阶级统一战线的基础上采用议会和议会外的手段,并通过协调的行动,筑起一道抵御法西斯的大堤,给意大利无产阶级,特别是意大利共产党以各种形式的援助。

同志们,至于后一点,我们相信,瑞士党——看来在这里人们很容易忽视它,也许还有奥地利党,现在和最近就将面临或者已经面临许多非常现实的问题。正是由于这些党很小,也许还由于其他原因,要它们解决这些问题相当困难,或者它们根本无法解决。

在这里我不想也不可能就这个问题谈更多,但是我现在代表瑞士代表团提出如下的建议:

立即建立一个委员会,该委员会应雷厉风行地研究全部这些迫在眉睫的问题,如由于法西斯的胜利,由于德国和捷克斯洛伐克的形势而出现的问题,并向执行委员会提出报告和建议。至于这个委员会是否应具合法或非法的性质,我请领导机构或代表大会自己决定。

同志们,我想用下面几句话来结束我的发言:有人在这里说过:法西斯是一出滑稽戏。我知道,这个意见不是轻率的,但是我认为,如果我们从另一方面来观察法西斯及其对意大利无产阶级造成的后果,对共产国际和全体国际无产阶级造成的可能后果,那会更好些,对法西斯的牺牲者更尊敬一些和更接近现实一些。我认为,为完成这些任务,我们不能只是通过决议和进行研究。我们在这里必须认真地考虑按上述方式应该采取什么行动。(掌声)

主席:

我们应当审议关于在本届代表大会上所讨论的问题的决议草案。

1. 关于"俄国革命的五年和世界革命的前途"报告的决议;

2. 关于"资本的进攻"的报告的决议；

3. 关于策略提纲和公开信的决议。

关于上述问题的决议草案的审核工作，主席团请你们委托起草执行委员会报告决议的那个委员会去办理。

当然各代表团仍然有权更换这个委员会的成员。

对这一建议有没有反对的意见？（建议获得通过）

至于韦尔蒂同志的建议，我不能不说，执行委员会已研究过这个问题，并决定由未来的执行委员会同有关党的代表举行联席会议。

东方委员会向代表大会建议，成立一个研究埃及形势的特别委员会，并提出下列同志为这个委员会的成员：

贝龙（法国）

葛兰西（意大利）

片山潜（日本）

奥尔昌（土耳其）

拉维斯泰因（荷兰）

韦布（英国）

对此有没有反对意见？没有。那么成立一个由这些人组成的委员会就此通过。

（会议休会时间：下午4时45分）

第十四次会议

(1922 年 11 月 18 日)

会议开始：11 时 45 分
主席：柯拉罗夫

共产国际和各国共产党的纲领

主席：

今天的议程是：共产国际和各国共产党的纲领。首先请布哈林同志作报告。

布哈林（俄国）：

同志们，你们都知道，在这次代表大会上我们将不通过最终的纲领，其原因是许多党对这个问题尚未表态。我要向你们提出的草案，甚至俄国党也还没有讨论过。因此，大多数代表团认为，在这次代表大会上不是最终通过纲领，而只是讨论纲领，并推到下次代表大会再通过，这样做更妥当些。但是，我们敢于将像纲领这样重大的问题列在世界代表大会的议程上，敢于在这里讨论像共产国际纲领这样复杂的问题，这一事实标志着我们的力量有了很大的增长。在我们今天研究这个问题的时候，我们现在就可以信心十足和心安理得地说，共产国际的确将解决这个问题，而在我们的敌对的阵营，即在第二国际和第二半国际那里，目前占统治地位的是理论上的完全无能。（**克拉拉·蔡特金：**"说得很对！"）

　　我想把战前第二国际内部的纲领的基本理论问题作为我要论述的各种问题的第一部分。我在此提出一个论点，即在战前第二国际的这种理论中，已埋下第二国际在战争期间崩溃的深刻的理论根源。总的说来，我们可将马克思主义、马克思的思想和马克思的思想结构分成三个主要阶段：第一个阶段是马克思和恩格斯本人的马克思主义；接着是第二阶段，这是第二国际的马克思主义，模仿者的马克思主义；现在我们经历的是马克思主义的第三阶段，布尔什维主义或共产主义的马克思主义，这种马克思主义在某种程度上，在相当大的程度上正在重新回到马克思和恩格斯本人原来的马克思主义。这种马克思和恩格斯本人原来的马克思主义是1848年欧洲革命的产物，因此，这个真正正统的马克思和恩格斯的马克思主义具有非常革命的灵魂；马克思主义理论的这种革命精神恰好是由于马克思和恩格斯的学说是在整个欧洲处于动荡不安和无产阶级作为革命的阶级登上世界历史舞台的时刻诞生的。后来出现了另一个时期，思想也发生了变化。这一全部的历史发展再次向我们展示了我们在几乎全部思想历史上均可看到的现象，即一个在某种条件下诞生的思想在另外的条件下具有另一种面貌和另一种形式。马克思主义亦在变化。在上一世纪中叶欧洲革命的时代过去之后，在资本主义体系的发展中出现了一个完全不同的历史时期。这是资本主义地区突飞猛进的发展时期，这一发展主要是由于资产阶级的殖民政策，大陆工业的繁荣主要是建立在对殖民地人民的剥削之上的。大陆工业的这种繁荣兴旺在欧洲各国人民内部造成了各种社会分化。工人阶级的地位在经济意义上得到了巩固，因为在同一时期资本主义的发展使资产阶级和大陆工人阶级之间形成了一个巨大的利益共同体，这一事实和大陆资产阶级同大陆无产阶级的这种利益共同体为工人阶级内部的，当然也为社会党内部的巨大的心理和思想的转化提供了基础。

接下来是马克思主义发展的第二阶段，即社会民主党的马克思主义阶段，马克思主义的模仿者的所谓的马克思主义阶段。所谓的正统派和改良派之间的斗争，体现在以考茨基为一方和爱德华·伯恩施坦为另一方的所谓正统的社会民主党同修正主义的社会民主党的著名的争论，有人说这种争论是正统的马克思主义的一个胜利，但是在我们看来——如果我们回顾一下全部历史——这是"正统的"马克思主义彻底地向修正主义的马克思主义投降。我可以在此提出这样一个论点，即在世界大战之前就已存在的这场争论中，所谓的正统马克思主义，也就是卡尔·考茨基的马克思主义，在最重要的理论问题上向修正主义投降了。从前我们没有看到这点，但是现在我们看得一清二楚，并能很好地理解为什么会这样。试以**贫困化理论**问题为例，你们都知道，考茨基的马克思主义给予这个问题的形式比来源于马克思本人的形式要温和。考茨基声称，我们在资本主义的发展时期看到的是，工人阶级的地位相对恶化，向资本主义发展的内在规律恰好在于工人阶级的地位虽然改善了，但与资产阶级的境况相比却恶化了。在伯恩施坦的进攻面前，考茨基就是这样论述这一所谓的马克思主义的论点的。我认为考茨基的这一论断是错误的，因为这一理论立场是以欧洲和美国工人阶级的实际的和经验的状况为基础的。

可是在马克思主义的理论中，马克思分析的是一个抽象的资本主义社会，他断言，资本主义发展的内在规律将导致工人阶级处境的恶化。考茨基的马克思主义是怎样分析的呢？他认为，工人阶级完全指的是大陆的工人阶级，无产阶级这些阶层的境况日益好起来了。但是考茨基的马克思主义忽视了大陆工人阶级境况的改善是以消灭和掠夺殖民地各国人民为代价的。马克思指的是整个资本主义社会，如果我们想比马克思具体一些，那我们就不仅应当考虑美国和欧洲范围，而且应当考虑整个世界经济。这样我们就会得到一个与考茨基一伙完全不同的理论概念，这就是说，从理论上看考茨基的论点是错误的，这是对修正主义进攻的投降。

我们再来看看另外一个问题，即**崩溃论**和无产阶级的起义。考茨基在同修正主义者论战时也大大冲淡了灾难论和崩溃论。至于革命，即崩溃的结果，即使我们读读考茨基的最革命的论著，例如他的《取得政权的道路》，我们也在其中发现许多可笑之处，发现一种夸张得荒唐可笑的机会主义。试以他在《社会革命》一书中对总罢工的不同的判断为例，考茨基在书中声称，如果我们有能力进行革命，我们就不需要进行总罢工；如果我们不能进行革命，我们也不需要总罢工。这是什么意思呢？这意味着地地道道的机会主义，这种机会主义过去我们注意得很不够，可是现在看得很清楚了。

现在我们来谈谈第三个理论问题，即**国家论**的问题。对此我不得不讲详细一些。战争开始时我们也曾断言说，考茨基主义突然放弃了他自己的理论。我们是这样看的，也是这样写的。可是事实并非如此。我们现在可以心平气和地说，我们的论断错了。实际情况完全相反：社会民主党和考茨基主义分子的所谓背叛，是建立在这些理论家战前就曾支持过的理论基础之上的。他们是怎样论述国家和无产阶级夺取政权的呢？他们是这样设想此事的，好像这只不过涉及到应当从一个阶级的手中转到另一个阶级的手中的任何一件东西。这也是考茨基的想法。

我们再来看看帝国主义战争的情况。如果我们把国家视为一种统一的工具，它从前在一些人的手里，换个时代又落到另一些人手里。如果我们将国家视为一种近乎中性的东西，那么假如爆发战争，而且无产阶级有希望通过这种方式夺取这个国家的政权，人们不得不保卫这个工具那就是完全可以理解的了。在世界大战期间，保卫国家被置于最突出的地位。考茨基提出和肯定了保卫国家的问题，是完全合乎逻辑的考虑，而且只不过是这种理论的一个必然的结果。

无产阶级专政问题亦如此。考茨基甚至在同修正主义者论战时也未展开这个问题。对这场论战中的这个最重要的问题他几乎只字未提。他大概说过：下几代人将决定这个问题。这是"问题分工"。

同志们！如果我们研究一下所有这些逻辑思路，如果我们打算从社会学中找出与此相仿的东西，那我们就必须说，我们在这里看到的是一种所谓的马克思主义思想，这种思想是建立在这个大陆某些工人阶层的贵族立场之上的，这些工人阶层处境的改善是用掠夺殖民地工人的方法换取来的。关于考茨基主义社会学基础的这一论点实际上已得到第二国际理论家的承认。这些人已如此厚颜无耻，现在甚至认为不需要再戴假面具了。考茨基在其纲领性文章中正好谈到这一分析判断，他认为这一分析中无任何坏的东西：

"就其本质来说，无产阶级并不是完全一致的。我们已经看到，无产阶级变为两个阶层：一个阶层由于特殊的经济状况或由于受到立法优惠能够组成强大的组织，并通过这些组织充分捍卫其利益；他们形成了无产阶级的上升的部分，即无产阶级'贵族'，他们知道如何成功地抵御资本主义的压迫倾向，有时甚至达到这样的程度，对他们来说，反对资本主义的斗争不再是同贫困进行斗争，而是为政权而斗争。"

将反对贫困的斗争同为政权而斗争对立起来也是一个"十足马克思主义的"说法！接着他又写道：

"但是，除了这些纪律严明的、训练有素的、战斗力强的（即对将军们卑躬屈膝的）部队外，还有由那些（你们看，他不能否定这点！）处于非常不利的环境下，还不能组织起来抵抗资本主义压迫倾向的人组成的大军。他们仍处于贫困状态，并在贫困的泥潭里越陷越深。"

接着考茨基企图在他和我们不依靠工人贵族，而依靠大多数被压迫阶层的共产国际之间寻找策略上的差别。为判断策略方针他找到了下面一段话：

"由于他的无知和缺乏经验，他在热烈地追求福利和自由的过程中很容易成为一切欺骗宣传家（即共产党人！）的俘虏，这些欺骗宣传家出于自己的考虑或者由于轻率（即"社会学分析"）向他作了最动听的许诺，并带领他同训练有素、组织严密、习惯于四平八稳和任何时候都只接受他们力所能及的任务的人们进行斗争，等等。"

杰克·伦敦写了一部小说《铁蹄》。杰克·伦敦并不是一个特别杰出的马克思主义者，但是他熟谙现代工人运动的问题。他很清楚，资产阶级不仅企图，而且实际上也实现了将工人阶级分裂成两部分，它收买一部分，即无产阶级中受过教育和具有专门知识的那一部分，并通过这些工人贵族镇压任何工人阶级的起义。然而，杰克·伦敦从工人的立场出色地描写的东西，却不为第二国际的这位理论家所理解。考茨基利用工人阶级的悲剧和内部分裂来支持资产阶级社会。社会民主党的职能就在于此。在多年的战争和革命之后的今天，我们看到，有人为此恬不知耻，甚至自己描绘这些粪土，并在理论上加以论述。这种考茨基的马克思主义的社会学基础已经清楚的不能再清楚了。如果我们再研究一下我已经谈过的同类问题，我们就会像对第二国际理论中的问题犹历历在目那样，获得一个更为清楚的概念。

如果我们读读考茨基的最新著作，特别是他最近出版的新书，并将关于贫困化的理论作为头一个问题来加以研究，我们就会发现，他在这些著作中对这一理论只字未提。绝对令人不可思议的是，在资本主义倾向完全赤裸裸地呈现在我们面前，一切均激化，资本主义的一切面纱均在我们面前脱落了的时候，考茨基对最重要的问题却闭口不谈！但是如果我们读读几部其他著作，而不只读考茨基的书，我们就会找到理解这种缄默究竟意味着什么的钥匙。

德国有一本由一个名叫亚伯拉罕的人专为青年写的书，此书在青年中广为传播，据我所知，此书还被译成了许多其他语言。这位亚伯拉罕先生厚颜无耻地和嘲弄式地提出了一个论点："修正主义挽救了马克思主义！"我们不需要马克思主义理论，修正主义和伯恩施坦为工人阶级"挽救了马克思主义的真正的原理"。这就是其主要的论点。这位先生在分析工人阶级的处境和对我们共产党的观点试图作出评论时，提出了下面两个论点：（1）从前情况没有这么好，处境不断有所改善（他对殖民地各国人民和苦力避而不谈）；（2）最令人惊异的是：目前的币值混乱和某些阶层真正贫困化的形势不能按任何合乎规律的认识加以分析。这就是说，我们没有能力分析这一切。如果我们将这一切视为认真的论断，那么我们可以说，他们向我们作的是一种神秘的解释，是故弄玄虚加胡闹。（笑声）这种策略的目的就在于，那些人想用一种如此愚蠢的说法，在工人阶级面前回避问题，使我们现在不能作出任何解释，因为事情如此复杂，以致我们什么都不理解。他们之所以不理解这点，是因为实际上我们正处于崩溃论实现的时期。

他们没有能力分析**革命**，没有能力进行从中能得出革命性实际结论的分析。他们回避问题并且说：在我们的时代没有规律性。

现以危机论为例。关于危机论，考茨基声称，我们现在从理论上研究资本主义制度的发展时，应当非常坦率地说，危机论必须在我们的研究工作中占"比较小的地位"。这是什么意思呢？这意味着考茨基认为资本主义世界最近变得**比较和谐**了。这一论断当然是地道的愚蠢的表现。相反的是，我们现在可以提出论据，即事实表明危机论是完全正确的。我们现在甚至可以断言，战争本身是经济危机的一种完全特殊的形式，恰好这种特殊的形式我们应当在理论上理解和从理论上进行分析。

如果这些人现在分析革命，如果他们想分析一场有血有肉的无产阶级革命，他们就说，这不是真正的革命，我们想等待"真正的"革命。

有些资产阶级学者否定在自然和科学中的飞跃，虽然这些事实是经验的事实。考茨基也如此，他说：俄国爆发了革命，但这不是无产阶级的革命，不是实际的、真正的革命。崩溃已出现，我们正处于这个崩溃的时期，世界上有史以来最大的危机已到来，可是考茨基却视而不见。他说：我们在理论上研究危机时应当更谦虚些。这是发疯的机会主义者的真正的蠢话，他们完全失去了现实感，他们坐在自己的小房间里，屁股发达（笑声），但却完全失去了头脑。

例如其中的一位先生甚至声称，通过战争资本主义还得到了加强。因此他们看到了"理论上的均衡"。最单纯的自由主义者、和平主义者、牧师和资产阶级经济学家都或多或少地看到了资本主义世界的经济弱点，他们当中任何人都没有否定这点。后来跑出一个社会民主党人，一个所谓的"马克思主义者"，他说：通过战争资本主义更强大了。听起来这好像是要求人们进行一场新的战争。如果资本主义经过一场战争之后变得日益强大，那就让他们再试着打一场战争！第二国际的理论家们现在很认真地代表这一滑稽可笑的立场。

此外，让我们来看看**国家论**。国家论对所有第二国际的理论家均毫无例外地变成了对资产阶级共和国的直接的辩护词。不讲其他的话，不试图去理解什么东西，绝对没有任何思想，只是一味地为资产阶级共和国辩护。你们可以同这些人讨论一千次，他们是绝对地既聋且哑，他们只会一点：为资产阶级共和国辩护。在这点上，资产阶级学者、自由党人和社会民主党人之间绝对没有区别。假如我们读读库诺的理论著作，我们就会看到，一些资产阶级教授如弗朗茨·奥本海默及这一学派的其他人，或者龚普洛维奇学派的资产阶级学者比库诺更接近马克思主义。库诺在其著作中声称，国家可以说是一个普通的福利机构，它作为一个好父亲，对所有的孩子，不论是工人阶级的孩子，还是资产阶级的孩子，均一视同仁。历史就是如此。有一次我说过，这是一种巴比伦国王哈姆拉比就曾提出过的理论。第二国际的代表和大学者却处于这样的理论水平。

可是还有比这更明显和更无耻的理论背叛，那就是考茨基对**无产阶级革命和联合政府**的观点。写出这样的东西的确意味着在理论上已丧尽良知。例如考茨基关于革命的理论！你们是否知道在这个问题上的最新发现是什么？是下面的一些看法：(1) 资产阶级革命是用暴力进行的；(2) 无产阶级革命恰好由于它是无产阶级的革命，因此必然不许用暴力进行，或者如另一位先生所说的，暴力总是反动的。我们知道，恩格斯在一篇用意大利文写的文章《论权威》中关于革命是怎样讲的。他写道：革命是天下最有权威的东西，因为革命就是一部分人用刺刀、大炮和枪杆强迫另一部分人接受自己的意志的一个历史事件。[①] 这是革命的马克思主义的观点。后来出了一位可怜的考茨基先生，他对我们说：刺刀、大炮和其他暴力手段纯系资产阶级的手段！这些手段不是无产阶级，而是资产阶级想出来的。街垒是一种纯资产阶级的设施。（笑声）用这种办法可以证明一切。如果考茨基到我们这里来说：在资产阶级革命之前，资产阶级运用过思想，而这是地地道道的资产阶级的方法！那么我们就应当照样说，我们也不许运用思想，也许考茨基现在正好没有思想。（笑声）把这种方法信以为真，是绝对的愚蠢。

还有**联合**的问题。这是考茨基所有理论发现的顶峰。考茨基认为，他是正统马克思主义的代表。马克思说过，他的学说的灵魂是关于无产阶级专政的学说。马克思在某一部著作中曾说过：在我之前其他人也知道一些阶级斗争的情况，但是我的学说在于资本主义的发展必然要导致

---

① 参见《马克思恩格斯文集》第3卷第338页。——编者注

无产阶级专政。① 马克思自己就是这样解释其学说的。这是马克思主义学说的基本特征和特殊之处。后来考茨基来了，并写道，马克思在他批判社会民主党的纲领的那篇著名的文章中说：

"在资本主义社会和共产主义社会之间，有一个从前者变为后者的革命转变时期。同这个时期相适应的也有一个政治上的过渡时期，这个时期的国家只能是**无产阶级的革命专政**。"②

马克思是这样讲的。

考茨基是怎样讲的呢？我在此引用他的原话：

"根据最近几年的经验（他说得很漂亮），对政府问题我们今天可以把这句话作如下改动，我们说：

在纯粹由资产阶级和纯粹由无产阶级统治的民主国家时期之间，有一个从前者变为后者的转变时期。同这个时期相适应的也有一个政治上的过渡时期，这个时期的政府一般将采取联合政府的形式。"（笑声）

由此可见，这实际上已不再是从马克思主义到修正主义的一种过渡形式，它比最地道的修正主义还恶劣。这里有各种背叛的行径，因为按照马克思的观点，在过渡时期之后也存在共产主义，而在这里共产主义却完全消失了。共产主义到哪里去了？这里没有共产主义，因为现在是从纯资本主义政府转变为纯无产阶级民主政府的过渡时期。共产主义在哪里呢？没有共产主义的位置。用联合政府取代专政究竟意味着什么，你们可以自己判断。因此，一些资产阶级理论家意味深长地说，在第二国际的理论家那里连马克思主义的影子都不见了，这是不足为奇的。例

---

① 参见《马克思恩格斯文集》第 10 卷第 106 页。——编者注
② 《马克思恩格斯文集》第 3 卷第 444 页。——编者注

如在德国有一位名叫汉斯·德尔布吕克的教授，他是一个很聪明，但也是喜欢冷嘲热讽和很狂妄的人，他读了第二国际的一些著作之后在一期《普鲁士年鉴》上写了下面一段话：

"我们这些有社会政策思想的资产阶级同他们（指考茨基等）的分歧只是程度上的差别。先生们，在这条道路上再向前迈几步，共产主义的迷雾就消散了。"

这是一段很好的引语。一个资产阶级的威廉二世时代的教授对所谓的马克思主义的理论家和所谓"国际的"、"革命的"社会民主党的理论家说：在我们有社会思想的人，即在资产阶级的威廉二世时代的教授和考茨基及其同志之间没有区别。这是一段很能说明情况的引语。

由此可见，在理论中也有一种独特的策略和战略，而这种理论上的策略和战略是与实际的政治策略和战略完全相同的。在各阶级、政党、社团和小集团的棋盘上，我们已经看到各种变化，而最大的变化是，无产阶级由于社会民主党和工会领袖的政治背叛，由于工人组织的这些阶层同资产阶级结成联盟而分裂。与这一过程并行的还有一个曾经是所谓的马克思主义者同资产阶级的科学在理论上结成联盟的过程。现在我们在第二国际的理论主义的理论看到了这一形势。正如同在政治上现在只有共产国际维护真正革命的和现实的立场一样，在目前的形势下也只有共产国际在理论上真正代表马克思主义。

现在我谈谈另一个问题。在同第二国际的理论家们辩论之后，我想就重新分析当前时代讲几句话，我在这里讲只谈谈基本上尚未得到充分研讨的问题。首先我提出一个问题：从什么角度来研究整个资本主义的发展最为适当？在对资本主义发展的全部研究中肯定必须有某一个理论轴心，我们在这里最好选择什么样的轴心呢？在这里我们当然可以选择各种轴心，我们或者可以讲工人阶级的状况视为决定性的因素，或者突出资本的集中，或者可以从形成新社会成分的立场出发，提出纲领的结构设计原理，或者将资本主义发展的任何其他特点也视为决定性因素。可是我认为，必须从**资本主义矛盾的扩大再生产**的立场来研究资本主义的全部发展；我们必须从这一立场出发来研究资本主义发展的全部过程。现在我们已处于资本主义在瓦解的这一发展阶段。我们对资本主义发展的考察部分已经是回顾性的，但这并不妨碍我们从资本主义的矛盾的这种经常不断再生产的立场来考虑资本主义时代的各种事件，乃至我们也必然要涉及的估计。战争是资本主义竞争所孕育的全部矛盾的表现。我们只需提出战争是资本主义社会的无政府主义结构的扩大再生产就够了。如果说这种矛盾的再生产已导致资本主义社会无法存在，那么我们就可以将一切其他的东西——工人阶级的团体，社会的划分，工人阶级的状况，社会结构——也从这一立场加以说明。

我认为第二个问题是帝国主义问题。我不想进一步对帝国主义时代作出完整的分析，因为对我们这些人来说，从理论上回答这个问题已经是不言而喻的事情了。我只想强调我认为很重要的一点，那就是：我们应当如何解释财政资本的暴力政策的特殊形式和这种暴力的最深的根源在哪里？人们对此作了多种解释。有人说，这与资本主义的垄断特征及其他东西有关。这一分析是正确的，但是我认为回答这个问题的一个很重要的因素是：如果说从前全部政治经济学，甚至马克思主义的经济学都谈到竞争和研究了竞争的现象，那么它们实际上只研究了竞争的一种形式，即所谓工业资本主义时代所特有的形式。

这是各种工业家斗争的时代，其竞争的方法是降价出售。你们在马克思那里看到的几乎全是这种竞争。但是在帝国主义—资本主义时代出现的不只是这些竞争形式，而且还有降价出售的方法根本不能起作用的经济竞争形式。加入一个煤炭辛迪加同一个钢铁辛迪加为剩余价值而斗争，很显然，这两个辛迪加不能以降低价格来进行竞争，这样做是荒谬的。这些集团只能用封锁和解雇罢工工人等暴力手段来进行斗争。资产阶级的主要集团现在是已纳入国家机器的托拉斯式的集团，这些集团实际上无非是联合起来的企业。

当然，企业的这种形式，相互竞争的集团的这种结构，极为重视把暴力手段作为它们的斗争方法，是完全可以理解的。劳动的国际分工，农业国和工业国的存在，这些帝国主义国家内部生产部门的各种形式的组合，造成了这些国家不能执行其他政策的形势。降低价格的政策几乎不能实行，因此就出现了经济斗争的新形式，而这又导致了这些国家进行军事侵略。

现在我想谈谈在纲领中应该提到的第三个问题，即**强调国家的作用**，特别是国家在当前的作用。我们必须坦率地讲，马克思，甚至正统的马克思主义者对国家问题都没有进行很好的研究。大家都知道，马克思的模仿者曾涉猎过，后来又以背叛的方式解决了这个问题。可是我们扪心自问，革命的马克思主义者中有谁很好地研究了这个问题？这意味着什么呢？这意味着：马克思主义理论产生于有着浓重的自由贸易主义色彩的时代，自由竞争完全占统治地位。这一状况的根源在于这一时期具有的特殊的标志。然而我们不能以此为满足。从各方面来看，既从资产阶级的立场，也从无产阶级的立场来看，国家的作用现在都是很重要的。一方面是因为我们应当粉碎一个组织，另一方面这个问题之所以重要，是因为我们应当建立起新的东西，并将我们的国家权力用做改变经济关系的杠杆。总的说来，这一切原因都迫使我们在纲领中比以前更着重地强调国家的作用问题。

此外我还认为，我们应当在纲领中对统治阶级的**教育垄断**再讲几句。过去在确定纲领问题时几乎对此只字未提，但是现在在无产阶级致力于夺取政权和改组社会的时期，夺取政权的前后我们的干部和我们的行政管理人员的培训问题，以及我们领导干部的知识能力等问题均起重大的作用。所有这些问题都极为重要,但过去并未显得这样重要,因为这并不总是我们所面临的现实问题。现在这些问题已成为绝对现实的问题,因此我们也应当在确定我们的纲领时对这些问题给予比以前更多的重视。

此外我还认为,我们应当在我们的纲领中**论及在资本主义社会中社会主义成熟的特殊标志**的问题。马克思学说中有一处经典的论述,即新社会已存在于旧社会的母体之中。但是由于在第二国际的队伍中,人们把这一理论搞得一塌糊涂,所以我们对这个问题的论述应比以前具体些。我在此不可能详细地谈这个问题,但是我想说,我们都意识到无产阶级革命对我们提出许多要求,在某一时期,无产阶级革命是同生产力的下降联系在一起的,这是无产阶级革命的一个固有的规律。可是我们的对手企图向我们证明,这些代价之所以这么高,是因为资本主义对社会主义来说还根本没有成熟。这是他们的主要理论论点。在这里,他们把封建统治下资本主义成熟的不同方式混为一谈。但是我们应当强调这两个现象的原则区别,无论如何我们必须在纲领中指出社会主义社会的条件。

新的社会成熟的两种方式的区别就在于资本主义在封建统治下就完全成熟了,不仅工人成长起来了,而且统治阶级以及从工人到居统治地位的资产阶级的统治阶层和社会全部机器都成长起来了——这一切都是在封建社会的母体中成熟的。但是社会主义绝不可能这样成熟,即使在最有利的条件下也不可能成熟,虽然我们可以描述资本主义成熟的数学界线。工人阶级不可能在资本主义社会的母体内就已掌握生产。这是一种胡说,一种自相矛盾的说法(contradictio in adjecto)①。因此,社会主

---

① 指"圆形的方桌","木制的铁床"一类的形容词与名词的荒唐的矛盾。——译者注

义在资本主义社会里成熟的特点与资本主义在封建社会里成熟的特点是完全不同的类型。在封建统治时期,资本就有了它的管理和统治阶层,而无产阶级不仅在经济上而且在政治上和文化上都是受压迫的,他们没有自己的工程师,没有自己的技术专家等等,只有在他们有了学习的可能,即**只有在无产阶级专政已实现的时候**,他们才能学习掌握这一切。只有到那时候,他们才能冲进大学的大门。无产阶级在文化上是未开化的,我们不得不说,他们的知识很缺乏,同资产阶级相比很落后,这意味着无产阶级在资本主义范围内不可能成熟到作为社会的组织者。只有在建立起自己的专政之后,他们才能成熟,变成一支组织力量,变成社会的领导者,变成这个社会的真正的创造者。否则是不行的。我们必须强调资本主义的成熟和社会主义的成熟之间的这一原则区别。我们的敌人援引了一个愚蠢的思想,说我们在资产阶级的社会里就能像资本家在封建社会里一样成熟。遗憾的是情况并非如此,我们应当知道在这个问题上存在什么特殊的分歧。

此外,我还应当涉及一个尚未充分分析过的、在我们的文献里亦未充分分析过的问题,这就是**长入社会主义**的问题。在修正主义的论述中,人们对这个长入社会主义的问题谈得很多。修正主义的观点认为,资本主义可以长入社会主义。应该说,我们只用法令和纯暴力手段是不能完成我们的任务的,这是一个巨大的、长期的和有机的过程,在一定条件下而言,这是真正向社会主义长入的一个过程。但是我们同修正主义者的区别在于什么时候开始这种长入。不想革命的修正主义者声称,在资本主义的母体中这个长入过程就开始了,而我们认为,这个过程开始于建立无产阶级专政之后。无产阶级应当粉碎旧的资产阶级国家,夺取政权,并用这个杠杆来改变经济关系。在这种情况下,我们将经历一个很长的发展过程,在这期间,社会主义的生产和分配方式将日益增加并逐渐排除资本主义经济的一切残余,直到资本主义社会完全变成社会主义社会。

此外还有一个问题也同上述问题有联系，这就是**社会主义的"民族模式"**的问题，当然是作为生产形式的民族模式问题。革命前我们都毫无例外地这样设想过此事，我们谈论计划经济和集体经济，而没有具体地加以思考。可是现在，特别是经历了俄国革命之后，我们看到，我们将面临一个有各种民族模式的社会主义生产形式的伟大时代。我们来看看资本主义，对比一下法国的资本主义和美国的资本主义。法国的资本主义有其特点，美国的资本主义也有其特点。我们来看看法国人的高利贷资本主义的特点和美国的最纯粹的财政资本主义的特点，或者德国和英国的辛迪加和托拉斯的历史，这是不同的道路和不同的特点。当然，随着时间的推移，这一切都将同世界经济的增长一致起来。然而社会主义只能在已有的基础上成长，因此可以说，不同的社会主义形式在某种意义上将是从前资本主义形式以另一种形式的延伸，这就是说，不同资本主义国家的不同特征，将表现在社会主义的生产经济的特殊形式之中。以后这也将同无产阶级的世界统治的发展和社会主义世界生产的增长一致起来。在发展的开始阶段，甚至在各国的无产阶级都夺取政权之后，也将有不同的社会主义生产形式。我们可以很坦率地说，同其他国家的社会主义相比，俄国的社会主义看起来将具有亚洲的特点。我们能够国有化的东西，同我们不能国有化的东西之间的比例，工业和农业之间的关系等——我国经济发展的所有这些落后的特点都将在我国社会主义的落后的形式中表现出来。如果我们考虑了这一切因素，如果我们事先已经估计到了这些，那我们就可以谈谈其他的东西，例如谈谈**新经济政策**问题。

这是我已阐述过的第八个问题。我想就此再简单地讲几句。

人们可以从两个完全不同的立场，从策略的立场或从革命的策略和战略的立场，然后从**经济合理性**的立场来阐述这种新的经济政策，这是两个不可能总是一致的立场。一些同志,其中包括列宁同志和托洛茨基同志,已经从战略和策略的立场论述了这一问题。但是我在这里不想从这一立场,而想从经济合理性的立场来阐述这个问题。

我敢断言,任何一个国家已掌握政权的无产阶级所面临的最重要的经济组织问题,是该国的无产阶级能够合理地改革、组织和有计划的经营的生产形式同他们在其发展的开始阶段无法进行合理的改革和有计划的经营的生产形式之间的比例问题。这是无产阶级将面临的最重要的经济问题。例如无产阶级没有正确地确定这个比例,而是占有过多的东西,无产阶级就必然面临下述情况:生产力非但得不到发展,反而受到阻碍;无产阶级不能组织一切;无产阶级不能以其计划硬行代替小生产者和个体经营的小农。这个阶层本来确实给社会提供了一些实惠的东西,可是无产阶级由于取代了他们的作用,就什么也得不到了,流通可以说被堵塞了,这意味着生产力进一步下降和整个经济生活进一步下降。

在这种情况下,无产阶级还会面临另一种局面。如果无产阶级试图自己掌握更多的东西,那它就需要有一个庞大的行政机构,它需要许许多多的官员,许许多多的干部,以便取代所有这些小生产者和小农等的经济职能。这种企图以国家官员——不管你怎样叫他们,他们实际上是国家官员——来代替这些小经营者的做法制造了一个庞大的官僚主义机构,其费用远比由于无政府状态在小生产领域出现的额外开支要大。于是我们就将面临这样的形势,即无产阶级国家的全部行政机关和全部经济机构并不意味着生产力发展的形式,而是生产力发展的桎梏。无产阶级国家的经济机构恰好意味着它本应发挥作用的反面,因此必须坚决摧毁它。是通过某种反革命,或者由小资产阶级来摧毁,还是如同我们所做的那样,由党自己来精简和改组这个机构,都是一个样。假如无产阶级自己不这样做,这个机构就会被其他力量来摧毁。全体同志均应清楚地看到这点。

因此我断言：新经济政策虽然一方面是俄国的一个特有的现象，但另一方面它也是一个普遍的现象。（插话："讲得很对！"）它不仅仅是一个战略退却，而且是解决一个重大的组织问题和社会问题，即解决我们应当合理改革的各生产部门同我们没有能力进行合理改革的生产部门之间的关系的问题。同志们，坦率地讲，我们曾企图把我们这里的一切都组织起来，甚至把农民和千百万的小生产者也组织起来，因此，我们曾有过如此庞大的官僚主义机构。因此，我们也曾有过政治危机。因此，我们也不得不实行这种新的经济政策，以便进行自救，像列宁同志公开讲的那样，拯救全体无产阶级的事业。并非像一些同志所议论的那样，同某种人必须隐瞒的见不得人的疾病有些相似。这不只是对全力向我们反扑过来的敌人作出的让步，这也正确地解决了一个组织和社会问题。坦率地讲，如果我们在执行旧的经济方针时，出现了我们的红色民警在莫斯科驱赶卖面包等食品的老年妇女的情况，那么从经济合理性的立场来看，这就是一座精神病院。如果正确地认识到了这点，那就应当把精神病院变成比较好的东西。一些同志认为，从正统的马克思主义的立场来看这是一个错误。这并不是我们的错误，而是我们党对我们在第一次无产阶级革命中由于没有经验和无知而实施的政策所作的必要的纠正，这是我们的观点。我要说，新经济政策问题也是国际性的问题。我们的特殊之处当然在于我们能合理地改革的东西同我们不能合理地改革的东西之间的具体比例，俄国的特殊之处就在这里。

我们有许多农民、小资产者等，可是如果我们看看最先进的工业国家，如德国或美国——你们是否认为在那里这些问题不会立即出现？会立即出现的！我们一开始就能将比如美国的农场主组织起来吗？不能！对这些阶层应当保持自由和经济活动。德国的情况亦如此，你们是否认为，胜利的无产阶级能够立即按照共产主义的方式将全部农户，特别是巴伐利亚的农户组织起来？不能！你们是否知道，你们要求农民供应粮食，他们会提出什么要求？他们会要求自由活动，能出卖农产品。因此，你们在德国也必须时刻注意这个问题，你们将经常被迫仔细计算你们想按多大比例发展受约束的社会主义经济和你们必须在多大程度上保持自由经济。

新经济政策问题的情况就是这样。可是这个问题是同另一个完全不同的问题联系在一起的，这就是说，在革命中，经济合理性的原则是同另一个对无产阶级来说也是必要的原则，即**纯粹政治斗争适宜性**原则相矛盾的。我经常列举这方面的例子，比如你们修筑街垒，为了修筑街垒你们把电话线杆锯下来了，这决不意味着提高生产力，这是不言而喻的。（笑声）革命亦如此，假如资本主义的资产阶级全力向你们出击，并在小资产阶层中有直接执行大资产阶级使命的代理人，那么无产阶级应当采取什么行动呢？无产阶级必须不惜任何代价粉碎大资产阶级设在这些小资产阶级中的代理公司。随着斗争的激化无产阶级也将被迫剥夺这些小资产阶级的经济基础。然后就会出现不合理的情况，从纯经济角度看这是不适宜的，但从政治斗争和内战应当胜利的立场来看则可能是适当的。经济的合理性和政治斗争的适宜性这两种立场不是一回事，它们经常是矛盾的。但是居首要地位的必须是政治斗争的适宜性，因为假如事先不建立无产阶级的国家，就不能建设社会主义。因此我们必须经常注意我们不做多余的事，不做从政治斗争的立场看是不适宜的和从经济立场上看是不合理的事情。当然我不可能进一步阐明这些想法，但是这些想法是不言自明的，我们也可以从不同的阶级、阶层和集团的立场来阐述这一问题。应当考虑的是我们同中产阶级的关系，同所谓的知识分子，即同新中产阶级的关系，然后考虑我们同农民和农民各阶层的关系，所有这一切我们都应当在这里的纲领中加以确定。为此，我们当然想运用俄国革命的经验，因为如果我们不在理论上理解和总结我们迄今为止经历的最伟大的革命的经验，那简直愚蠢极了。

现在我来谈谈第四部分，即**我称之为新的带有普遍性的策略问题**的部分。在此之前，我观察了各种纯理论性的问题，现在我想观察一些带有普遍策略性的、因而在某种意义上也可称做纲领性的问题。

首先非常粗略地谈谈一个问题，即**殖民地**问题。这个问题在我们纲领中占有的篇幅，应当比以前大得多。（插话："很正确。"）现在我们正试图起草一个国际纲领，考茨基之流的著作所散发的贵族气味必须彻底清除。我们应当认识到，在世界革命过程中，我们的具有最重要意义的后备军存在于殖民地国家，因此，我们必须比以前更详尽地研究这一问题。

第二个策略问题是保卫国家的问题。这个**保卫国家**的问题，在世界大战开始时，对我们共产党人来说是绝对清楚的，我们直截了当地拒绝保卫国家。现在这个问题有些不同了，有了一些变化，变得复杂了。问题变得更为复杂的原因在于我们现在在一国之内建立了无产阶级专政，而一个无产阶级专政的国家的存在立即改变了整个形势。我们马克思主义者和辩证论者尤其必须估计到这种巨大的变化。我只想举一个例子。

当我们是处于在野地位的革命政党时，我们当然片刻都不能想从任何一个资产阶级国家得到用于我们的革命活动的经费。有这种想法那是太愚蠢了。在我们从任何一个敌对的国家取得金钱的时刻，我们就完全破坏了我们事业的名声。因此，如果国际资产阶级企图证明我们是德国帝国主义的代理人或卡尔·李卜克内西是法国资产阶级的代理人，那么他们从自己的立场出发处理这个问题是完全正确的。我们正确地认识到，我们任何时候都不允许这样做，我们任何时候都反对这种企图。但是现在有了一个无产阶级国家，它可以向某一个资产阶级国家借债，如果它想从原则上拒绝这样做，那也是很愚蠢的。举这个小例子在于说明，在我们已经有了一个无产阶级国家之后出现了这样一个原则性的变化。

保卫国家的问题亦如此。无产阶级的**国家**（Land），即无产阶级的国家（Staat）——因为在所有这些问题上"Land"这个词是无阶级性的，是有阶级性的"Staat"一词的同义词——意味着什么是很清楚的。① 如果资产阶级谈保卫国家，那他们是指保卫资产阶级的国家机器，而我们谈保卫国家，则指保卫无产阶级的国家。因此我们想从纲领上明确指出：无产阶级国家不仅可以和必须由这个国家的无产阶级，而且可以和必须由各国的无产阶级来保卫。同战争开始时问题的提法相比，这是一个新的发展。第二个问题是：无产阶级国家可否从整个无产阶级的战略适宜性出发，同资产阶级国家结成军事联盟？在这里贷款和军事联盟没有原则的区别。我敢说，我们已如此强大，可以同其他国家的资产阶级结成军事联盟，以便利用这个资产阶级国家来摧毁另一个国家的资产阶级。今后在一定力量格局之下会出现什么情况，你们可以很容易设想。这是一个纯粹战略—策略**适宜性**的问题。我们应当在纲领中这样地提出问题。

如果采取这种国防形式，即同资产阶级国家结成军事联盟的形式，该国的同志们的义务是帮助这个联盟取得胜利。如果在另一个发展阶段该国的资产阶级自己被打败了，那将会出现另外的问题（笑声），对此我没有义务去说明，但是你们是很容易理解的。

此外，我们还应当提到一个策略问题，这就是**红色干预权**的问题。我认为，这对所有的共产党都是一个试金石。关于红色军国主义的喊叫甚嚣尘上，我们应当在纲领上确定，每个无产阶级国家都有权进行红色

---

① 在德语中，Land 和 Staat 均有"国家"之义，但 Land 更多地是一个地理概念，有"土地"、"陆地"和"农村"等义。Staat 则更多地是一个政治概念。保卫国家用"Landesverteidigung"，含"保卫国土"之意。——译者注

干预。(**拉狄克**插话："你是一个团长，因此你才这样讲！"笑声。)《共产党宣言》中写道，无产阶级应当征服全世界。但是用一个手指是实现不了这个目标的（笑声），必须使用刺刀和步枪。因此，扩大每一个红军以之为基础的制度就是扩大社会主义，就是扩大无产阶级政权和革命。在纯技术上能使干预得以实现的特殊情况下，运用红色干预权的道理就在这里。

至此我已谈完各种问题，现在我来谈谈——我可以简要地谈谈——对纲领的总的看法，特别是对纲领的结构的看法。我认为，各国党的纲领至少应由两部分组成：（1）对各党都适用的总纲的部分，共同的总纲部分应当写在每个国家的每个党员的党员证上面；（2）纲领必须有一个阐明有关国家工人运动的特殊要求的民族部分；（3）也许可以——但是这不是纲领本来的部分——再加一个阐明纯策略问题的行动纲领，可随意迅速修改，可以每两周修改一次。（笑声）一些同志说，策略问题，如在德国计算实际价值，统一战线的策略以及工人运动问题也应在纲领上加以确定。瓦尔加同志说，对此提抗议是一种怯懦的思想。(**拉狄克**插话："讲得很对！")但是我敢断言，希望确定这些问题无非是有关同志的机会主义立场的流露。（笑声）这些问题和这些口号，如统一战线、工人运动以及计算实际价值，都是建立在很不稳定的基础上的口号，这一基础就是工人运动内部的某种意志消沉的情绪。这些同志想在纲领中确定无产阶级所处的这种防御地位，也就是说想使进攻成为不可能的事。我要尽力反对这样做，我们决不会允许作出这样的纲领性的规定。(**拉狄克**插话："我们，这个'我们'是指谁？")"我们"是指共产国际的最优秀的分子。（笑声和掌声）

同志们，我认为，在这一理论部分中必须有下面这些小章节：首先是对资本主义的一般的分析，这一部分对殖民地各国人民是特别必要的，然后我们应在这些章节中对帝国主义和资本主义的解体进行分析，接着分析社会主义革命的时代。

作为纲领的第二部分我们应当描述一下共产主义社会。我认为，在纲领中描述共产主义社会是必要的，有必要讲讲共产主义究竟意味着什么和各过渡阶段之间的区别在哪里。

第三部分应当包括推翻资产阶级和无产阶级为政权而斗争。

第四部分应当论述一般的战略问题，但是不谈诸如同社会民主党和工会的关系等问题。

因为这些问题的性质并不是不稳定的，因此这些战略性的策略问题可以在纲领中加以确定。

至于民族部分，论述这些问题不是我的任务；对此，必须根据各国的情况和各党的纲领进行专门的研究。

同志们，在这里我还想对一些同志的意见——包括书面意见——和文章谈几点批评意见。

在讨论这个问题的过程中，产生了下面一些文件和意见：

1. 各党都已收到的纲领起草委员会的第一次讨论的报告。
2. 意大利党中央对这个报告的答复。
3. 瓦尔加同志的几篇文章。
4. 鲁道什同志的一篇文章。
5. 拉波波特同志的一篇文章。
6. 什麦拉尔同志的一篇文章。
7. 德国党的一个纲领草案。
8. 保加利亚党的一个纲领草案。
9. 我起草的纲领草案。

关于纲领委员会的第一次讨论，在讨论中出现了两种观点。分歧恰好在于我们是否应当在纲领中确定诸如工人政府之类的策略问题上。我在此谈谈其中的一种观点。

意大利党中央在一封信中对纲领起草委员会的讨论作了回答,他们同意我对问题的看法,但是他们的解释是令人奇怪的。他们声称,人们不能在纲领中确定这些事情,因为人们不能强迫各国党接受"信条"。意大利党中央之所以赞成我的观点,并不是因为将这些问题纳入纲领是机会主义的和不可能的——在这种情况下我们就得每隔两周修改一次我们的纲领,而是因为共产国际不可能强迫各国党接受信条。

我很感谢意大利的同志赞成我的观点,但是对他们这种令人奇怪的解释,我却不能向他们表示感谢,一点谢意都没有。

现在谈谈瓦尔加同志的文章。瓦尔加同志是一个很正直的人,因此他认为,所有在这个问题上不想采取他的立场的人都是胆小鬼。我曾说过,他的正直是机会主义的正直,而我们的胆小是不愿意当机会主义者的胆小,我们的胆小就小在这里。我们怕变成机会主义者,而瓦尔加同志却不胆小,不怕成为机会主义者,他同我们的区别就在这里。

瓦尔加还要求,在资本主义崩溃的时代,应对各国进行分类研究。他甚至还想搞出一部包括各种附录的各种社会科学的百科全书以代替党纲。我认为,对各国进行分类研究并在纲领中予以确定,也是很担风险的,各国内部的变化可能进展得很快,假如在德国爆发了一场胜利的革命,那我们就将立即看到整个世界局势完全改观。因此我认为,对各国进行具体的分类研究是不适当的,从可能发生的迅速变化的立场来说这是不适宜的。之所以说不适宜,是因为这样一来我们的纲领就太长了,没有一个工人能将它读到底。

至于什麦拉尔同志的文章,我把他在文章中所表达的愿望分为两类。他在文章中一方面要求我们完全运用俄国革命的经验,并很正确地提出了各生产部门、生产领域、生产形式和各社会阶层之间的关系问题,并询问我们对这些问题的态度。他这样提出问题是完全正确的,但是当他同瓦尔加和拉狄克一起要求在纲领中确定这类问题,诸如工人运动和公开信等问题时,他就不正确了。

我基本上同意鲁道什同志的文章。

至于拉波波特同志的文章,我无论如何也找不到什么思想。

对德国兄弟党的纲领我想发表以下几点一般性的意见,我认为这个纲领有下列缺点:

1. 写得太富学究气。

2. 描述得太具体。

比如对各种具体问题,对凡尔赛和约的后果等都有一大段叙述,我认为,这些东西是不应该写到纲领里的。德国党的纲领草案的这种描述的方法和具体的历史叙述也是它太长的原因。这不是纲领,而是一个包罗万象的长篇宣言。我从德国党的纲领草案获得了这样一个印象。从语言修辞上看,许多地方写得很精彩,从理论上看是很出色的。

3. 草案写得太欧洲化了——德国同志自己也承认这点,我认为,从中欧的立场看也有些太德国化了。

4. 德国党的纲领的最后一个集所有缺点之大成的缺点是写得太长。它没有包括对资本进行一般的必要的分析,没有包括对共产主义的一般的、也是必要的描述,尽管如此,它仍然是太长了。

对**保加利亚党**的纲领,我想讲以下几点意见:

它有一些部分也写得太具体,不符合一个党纲的要求;可以把这些部分用做评论。此外,纲领的结构也欠佳,因为它在某种程度上是巴尔干问题和普遍性问题的结构混合物。有一处,即保加利亚同志谈党的作用的地方,我得讲讲实质性的意见。在这段的末尾,他们甚至说要举行武装起义。他们说,我们将通过群众性的罢工行动转入武装起义。这是很革命的话。但是在应当谈党的作用的地方,我认为纲领过于强调党在议会中的活动了。

议会外活动同议会内活动之间的关系,如果我们考虑到这部分在纲领中所占的篇幅，甚至显得很不协调。因此我认为，如果我们对此作出少许修改，可能会更好些。

最后再谈一点小意见：如果说在保加利亚的纲领中详细叙述的党的要求是为所有属于共产国际的党确定的，那就太过分了。如果这只是为巴尔干国家确定的，那么这里就缺少对共产国际也适用的要求。我认为，对此也应作出少许修改。

当然我不会去兜售我自己的"商品"。（笑声）这是不言而喻的。然而我还是请各位同志讨论一下这些问题，特别是在代表大会之后，请在更大的范围内从理论上审查纲领的各部分。

在我的长篇报告结束时，我希望我们大家开完第五次代表大会后能有一个有用的、真正革命的和真正正统的马克思主义的纲领。（热烈的掌声）

塔尔海默（德国）：

同志们，你们面前有四个不同的纲领草案：布哈林同志的草案，保加利亚党的纲领，德国党的纲领和意大利党的行动纲领。从这些纲领草案中，挑出德国党的草案逐条地兜售，称它必定会胜过其他的草案，这并不是我的任务。这是一个初稿，在形式和内容上均有待完善和补充。但是我坚持认为，这一点适用于现有的一切草案，德国党的草案也不例外。因此，现有的这些草案是最终定稿和进行国际性讨论的基础。我认为，最后的文本只能是集体工作的结果。我完全同意布哈林同志的意见，纲领最后定稿应当由下次代表大会决定，今天我们只能开始和准备最后定稿的工作。为此，必须尽快地，但也要尽可能准确地找出存在的分歧之点，这将构成我的发言的主要部分。我将不再重复布哈林同志的精彩发言，以论证第二国际和第二半国际在理论和纲领上的破产，我想作几点小的典型性的补充，最简短地谈一下这个问题。

首先我想指出，考茨基在其纲领性的文章中走得如此之远，他甚至放弃了马克思主义关于资本主义经济学说的观点的基础，典型的例子是他关于资本主义的最终目的和调节法则是剩余价值生产的观点，现在考茨基突然发现，资本主义受消费需求的支配。我认为，对资产阶级经济学的投降再不可能有比这更完全、更彻底和更根本的了。

此外，我还想就考茨基对社会主义经济道路所提出的改良社会主义的建议讲几句话。布哈林同志很正确地提到，我们同考茨基的区别并不在于从资本主义向社会主义过渡的速度的设想，重要的是，我们认为，这个过渡开始于夺取政权之后，而他却认为，在夺取政权之前和没有政权就能实现过渡。

今天，考茨基在所有这些问题上都完全回到了伯恩施坦的立场。伯恩施坦所提出的这些改良建议和所走过的道路，现在考茨基全部接受下来，并声称现在这是真正的马克思主义。我不想继续从理论上，而是想从实践上阐述这些问题。这些建议指的是什么呢？首先是指大家所熟悉的市政社会主义的道路，其次是指行会社会主义的道路，一种新的舶来品。为了证明其最新的伯恩施坦主义的陈旧的观点，在其全部著作中均以一位特别冷静的理论家的姿态出现的考茨基，却犯了一个最令人难以置信的错误，比如行会社会主义。行会社会主义设想，工会可以在不夺取政权的情况下逐步实现社会主义，可以说背着资本主义社会实现社会主义。但是，只要看看工会的状况，看看它们在衰落的资本主义经济中的财政状况，就会认识到，这纯粹是幻想；在今天，工会最难以保持斗争基础的地方，不能期望它们背着资本主义实现社会主义。

改良主义者的第二个癖好是市政社会主义，即市政化。每个对西方的事物有所了解的人都知道，一个突出的特点是各国不仅普遍破产，而且市政的财政也普遍破产。今天市镇的问题是这样的：不是依靠自己的力量向社会主义过渡，而是抵抗想将市政设施私有化的资本家的进攻。

还有第三个设想。为了使过渡特别温和，他们建议以补偿的方式没收资本主义的财产。诸位都知道，马克思就此曾说过，人们也许可以用补偿的方式赎买英国的地主。但是他这句话的意思并不是说人们在夺取政权之前能这样做，而是在夺取政权之后才能走这条道路。欧洲大部分地区的情势如何呢？假如我们设想已取得政权，现在的任务是赎买资本家，那么尽人皆知，社会主义建设的最重要的条件之一是消除压在经济头上的巨额债务负担。今天，这种赎买资本家的温和的方法，同考茨基关于行会社会主义或市政社会主义的设想一样，是一种幻想。

此外，我还要请你们注意恰好在此时此刻特别有意思的考茨基的一个妙论，即考茨基所论述的一方面是国家官僚问题，另一方面是国家资本主义或国家社会主义的问题。按照考茨基的观点，官僚机构实际上还只在两个国家起很大的作用，一个国家是法国，旧的意义上的"无共和党人的共和国"。考茨基所说的第二个国家是苏维埃俄国。显然在德国民主已实现到这样的程度，以致国家官僚机构都消失了。然而实际结论却是，在德国和其他资产阶级民主国家里，社会民主党并未能触及官僚机构，而是让它原封不动地在那里存在。社会民主党的全部实际政策只限于用社会民主党的官员来补充资产阶级的官员。

可是现在的情况正好相反。在研究国家社会主义和国家资本主义时，考茨基突然发现：这种国家官僚机构依然存在着，而且没有能力接收资本主义的企业。它僵化保守，不灵活，因此只有资本主义的官僚机构才能接收这些企业。

如果运用到德国和普遍地运用，那么这实际上意味着什么呢？这直接意味着联合，同斯汀尼斯之流携手合作，推荐斯汀尼斯的官僚们成为实行社会化的职业阶层。在第二国际和第二半国际、德国独立社会民主党和社会民主党实际上同流合污之前，考茨基就已对此给予了理论上的祝福和为之找到了理论上的根据。假如现在在德国组成了有社会民主党人参加的斯汀尼斯政府,假如这个斯汀尼斯政府设法为私人资本争取仍为国家经营的企业,那么考茨基对此也已给予了理论上的祝福。

我只想说这几个问题,因为这些问题有其现实意义。因为这些问题从理论上清楚地揭露了第二国际和第二半国际的投降行径。

此外,我还想对布哈林同志关于马克思的模仿者集团及其解体的发言作几点小的补充。

我想在这方面提醒大家注意:历史情况是这样的,同德国的这些马克思的模仿者和第二国际的其他集团的斗争在第一次俄国革命之后就开始了。当时的出发点是关于群众性大罢工的讨论,后来斗争领域扩大了,主要斗争领域是在理论上讨论帝国主义的根源和与此相关的裁军政策问题。就这些问题,人们在德国进行了最初几次的理论上的较量,双方都为后来的发展奠定了基础,一方后来变成了马克思主义中派,最后变成了独立社会民主党和现在的统一的德国社会民主党,另一方变成了德国共产党。

此外,对布哈林关于在第二国际和第二半国际的纲领中,特别是在格尔利茨纲领中出现的理论上的投降的发言,我再作一点说明,并加以强调。

布哈林在此所强调和列举的一切,如取消贫困化论和危机论等,这一切都在对格尔利茨纲领的评论中讲得十分清楚和尖锐,康普夫迈耶尔、伯恩施坦和施坦普费尔都极其清楚地证实了对这些理论的否定。

现在谈谈争论的问题,我将主要谈及以下几个问题:

1. 基本部分,用积累论从理论上论述帝国主义。

2. 我认为,对实际制定总的纲领或各党的纲领来说,主要的问题是夺取政权前的过渡措施的问题和分阶段的要求问题以及其他问题。

3. 对夺取政权后过渡性的经济措施——战时共产主义和新经济政策——的简要的说明。

4. 纲领的结构和形式。

我先谈谈第一个问题，即从理论上论述帝国主义的问题。当然谈不上在此展开深入的理论讨论，对我来说，重要的只是要澄清我认为必须进行的理论讨论如何开始的问题。很显然，只有事先在文章中和其他辩论中从理论上进行充分的讨论，才能就这些问题作出判断。我想要做的是使问题准确化，然后再强调其实际理论意义和纲领意义。此前我曾说过，德国的老社会民主党里在纲领理论上和策略上的分歧恰好是同关于帝国主义的理论问题联系在一起的，在这里起作用的是两个问题，主要的问题是：帝国主义是否是资本主义发展的必然的阶段，就资本主义而言是否是必然的？第二个问题是从理论上论述这种必然性。在德国，这个问题是马克思主义左派同马克思主义中派的分水岭。这个问题的核心显然是：在经济上帝国主义是积累、资本增长或扩大再生产的问题。这种扩大再生产，这种资本的增长，即资本扩展到非资本主义的地区，是一个历史事实，这个事实不是从帝国主义时期才开始的，大家知道，它是从资本主义出现以来就存在了。自从资本主义出现以来世界就充斥着殖民战争，对殖民地的征服和贸易战争，等等。

我们在解释帝国主义时，不仅要论及以扩大殖民地的形式进行的资本主义扩张这一事实，而且也要论及今天在帝国主义条件下扩张的特殊形式。卢森堡同志是这样表述这种扩张的特殊形式和在帝国主义时代资本主义扩张的这种特殊条件的：

"在帝国主义时代所进行的是为攫取地球上最后剩下来的非资本主义地区的斗争，重新瓜分这个地区，最后与此相联系的是扩大资本主义的和政治的实力基础。"

这些事实早已为人所共知，因而是不成为问题的。问题在于如何说明这些事实，并进行判断：这个充满灾难和危机的帝国主义时代，是历史上的偶然现象还是必然现象？与此相关的是政治上的判断：是否有可能从这个帝国主义时代倒退，使历史车轮返回到自由贸易的时代；回到自由资本主义时代，恢复自由贸易、世界和平与和平主义，或者，是否只有一条前进的道路，即用革命的方式去改变这个帝国主义时代？是否只有社会主义这样一条出路？政治策略也取决于如何判断这个问题。

假如我设想，帝国主义只体现一部分资产阶级的利益，而资产阶级的整体利益则是同自由贸易主义的方法相一致的，那么在策略上的结论应该是什么呢？结论是：在策略上存在联合一部分资产阶级反对另一部分资产阶级的可能。在这里，联合政策的理论和纲领基础已经得以奠定。当然，相反的观点所得出的结论与此正好相反。

从纯理论上看，问题是这样的：资本扩张和积累在资本主义范围内能否是无限制的，或者，除了资本主义本身这个范围以外，这种积累是否还遇到其他界限？用最简单的表达方式这就是说：资本主义是否有可能无限制地增长和无止境地扩展，或者说这种增长和扩展是否有绝对的理论限制？有人指责阐明积累理论的论述，说这种论述是一种宿命论，死死地注视着资本主义自动崩溃的时刻，资本主义再找不到扩张的地区和它必定完全自动崩溃的这个时刻只是一个想象中的界线，一个极限值——数学家可能这样表述。这究竟取决于什么，则完全是另一回事。也就是说，资本主义在其帝国主义阶段不得不使阶级对立激化，不得不经受最严重的政治灾难和社会政策灾难。由此可见，对资本主义的灭亡起决定性作用的并不是这种思想极限，而是帝国主义走进的严重的危机时期。

为了论证这点，我不能不引用卢森堡同志的有关论述，她在一部同批评积累的人进行论战的著作中谈到这个问题时说：

"在一个纯粹资本主义的环境里进行积累是不可能的，因此，资本自它问世之日起就有向非资本主义阶层和国家扩张的欲望，使手工业者和农民破产，中间阶层无产阶级化，推行殖民政策、'开发政策'和资本输出。资本主义的生存和发展，向来只有通过向新的生产领域和新的国家不断扩张才成为可能的。但是，全球扩张的态势导致了资本同前资本主义的社会形式之间的冲突，引起了暴力行动、战争、革命，简言之，灾难自始至终是资本主义的生命要素。"

于是卢森堡同志问道：资本主义的这一客观的界限是否必然会达到？她问道：这一时刻真的能到来吗？她是这样回答的：

"当然这只是一个理论上的虚构，这恰恰因为资本积累不仅是一个经济进程，而且是一个政治进程。
帝国主义既是延长资本主义生存的历史方法，也是最迅速地结束资本主义生存的最可靠的手段。这并不是说，资本主义必然会循规蹈矩地达到这个终点。奔向资本主义发展的这个终点的趋势已表现在将资本主义结束阶段变成灾难时期的各种形态之中。"（《资本的积累》第425页①）

接着她进一步阐述说：

"资本通过军国主义越是残酷地消灭国内外非资本主义的阶层和压低全体劳动阶层的生存条件，世界资本日复一日积累的历史就越将变成一连串的政治和社会灾难与痉挛。这种灾难和痉挛加上周期性的以危机形式表现出来的经济灾难，将使积累不可能再继续进行，并使国际工人阶级起来反抗资本的统治成为必然之事，即使它在经济上尚未达到其自然的、自设的界限。"（同上书第445页②）

这是一方的看法。
同志们，现在再用几句话谈谈一开始就大力反对这个理论的另一方

---

① 原文如此。该书版本已无从查考。——编者注
② 原文如此。该书版本已无从查考。——编者注

的看法。希法亭在其《财政资本》一书中简单地重复了马克思的这个模式，他说，资本主义可以无限制地扩张。接着不能不提到这一派的头目奥地利人鲍威尔，他发展了一个非常奇妙的理论，即资本主义的增长有条件地受人口的增长，特别是受工人人口增长的调节。这就是说，他把马克思的人口论颠倒了，马克思的论述恰好与此相反。

现在我想以几个事例向你们谈谈这种观点的政治后果，就此我想强调指出，有那么一些人，他们不承认积累的理论，也没有承担这种政治后果，这并不表明他们的论证正确，而只表明他们缺乏教训。

因此我在此列举那些从这个理论出发继续坚持不懈地进行推论的人。

首先是考茨基。从1912年到1922年，他连续写了许多文章，1912年4月26日考茨基在《新时代》上写道：

"军备竞赛是由经济原因，但不是由经济必然性而产生的。"

这是一个特别巧妙的经院式的手法。

"停止军备竞赛丝毫也不是经济上不可能之事。"

这样，你们就获得了理解考茨基在战争期间采取的独立社会民主党立场的理论线索。

接着在1912年开姆尼茨党代表大会上，伯恩施坦唱了同一个调子。有趣的是，这两个立场对立的人1912年就在这个问题上走到一起了。伯恩施坦在开姆尼茨党代表大会上说：

"对此我可以作出许多回答，我们现在所要求的东西，即裁军，是幻想和反动的。问题不能这样提……世界历史常常走在错误的道路上。"

这使我想起了一则小轶事，一个军官看到一只鸽子在飞，他说：请看，鸽子的飞行姿态是错误的。

"我们想自觉地干预事件进程，口号是：给世界以和平，给人们以快乐。"

在这种快乐的情绪中，考茨基和伯恩施坦早在 1912 年就臭味相投了。

再看看战争期间的希法亭。我在此简要地援引希法亭在这段时间——1916 年 11 月—12 月——发表的一篇文章，题目是《崩溃论》，副题为"作为贸易政策手段的对等和暴力"。下面是几段引语：

"即使全世界大体上同时发展了资本主义，资本主义仍能继续存在，而帝国主义则是以存在巨大的经济差别为前提的。"

还有：

"工人阶级只能赞成一种对等的贸易政策。"

最后：

"这样，自由贸易由于同帝国主义贸易政策相对立，从而同整个帝国主义相对立，就不可避免地变成了无产阶级的战斗要求。"

接着又说：

"从这一立场看来，殖民政策失去了它的意义，这样一来殖民地在政治上属于谁就无所谓了。从纯经济立场来看，英国殖民帝国的发展对所有其他国家的国民经济是有好处的，使它们节省了引进技术和发展的费用。"

这是什么意思呢？

这正是我们前面提到的思想，即关于可通过倒退到自由贸易来克服帝国主义的思想以及从中得出的理论结论。按照这一思想，工人阶级不必前进，为社会主义而斗争，而是后退，它应当同资产阶级的相应的阶层联合。

同志们，接着在这个问题上出现的高峰是希法亭1922年新年时发表的一篇文章。他在文中证明，帝国主义矛盾的时代已告结束，现在开始了帝国主义大和谐的时代。这是他从1912年以来一贯坚持的路线。当时希法亭就说：

"为了增加利润，资本主义有两个手段：竞争和协商。资本主义越先进，协商就越将取代竞争。这也适用于资本主义国家的国际政策……上一次战争遗弃了两个重要的力量中心，它同时表明，战争是如何具有破坏性的。如要取得成就，就必须改变方法，用协商取代斗争。"

协商是希法亭根据一个分析于1922年向资本家提出的建议。

同志们，这个从理论上解释帝国主义的问题不仅在德国，而且在俄国也起作用。我特别请俄国同志注意这个问题，合法的马克思主义者图冈-巴拉诺夫斯基、司徒卢威和布尔加柯夫支持关于资本主义有无限积累可能性的理论。我想用几句话来谈谈这一理论的根源。俄国初期，马克思主义的任务是向民粹派证明，资本主义的发展在俄国是可能的和必要的，现在这些马克思主义者证明了这点，但是他们的证明有些过分了。（插话："也包括列宁？"）是的，列宁也如此。他们证明，资本主义是不受限制的和永恒的。这样他们就为社会主义不可能实现作出了理论上的论证。同志们，在这方面，德国也有类似的情况。图冈-巴拉诺夫斯基、司徒卢威和布尔加柯夫最后都跑到资产阶级阵营里去了。也有例外，但是我认为，这是由于他们在理论上反复无常。

我之所以详细地提出和论述这个问题，是由于我认为这不是一个次要的问题，而是一个重要的理论问题。我认为，我已驳斥了德国和奥地利的"奥地利马克思主义者"对这一理论所作的批判。拒绝这一理论的同志们——有许多俄国同志拒绝了这一理论——有义务——不是在此时此地,而是随时随地——在理论上研究这个问题。

现在我来谈谈对起草共同的纲领和各党的纲领具有决定性意义的问题,在这个问题上,我同布哈林同志存在着尖锐的对立,这就是过渡性要求、阶段要求或最低纲领的问题。布哈林同志认为,我们必须将这些具体的过渡性要求,这些阶段要求同本来的纲领分开。为此,他搞了一个自称为行动纲领的"雅座"(chambre séparée),在这里人们可以为所欲为。(**布哈林**插话:"可是这个'雅座'谁都可以进来。")谁都可以进来,很好。那我们就把这扇门打开,看看在那里从纲领上讲可以发生什么事情。(插话:"你认为可以发生什么事情?")问题正在这里。对于把夺取政权之前的过渡性要求纳入纲领,我们在德国也有不同的意见。像布哈林同志一样,人们从中预感到机会主义的特殊的危险,因此我们必须仔细地研究这样一个问题:在多大程度上可将策略原则——我指的不是具体的原则,不是具体的日常口号,而是策略原则,对此我们必须加以区分——同其他原则和目标分开?我敢断言,如果认为这样把策略、原则和目标分开可以获得保证,那就犯了一个严重的错误,并恰好让我们想消除的危险存在下去。(德国人插话:"讲得很对!")

只要看看第二国际的历史及其解体就会认识到,恰好是这种将策略原则同目标割裂开来的做法成了他们滚进机会主义的起点。这在德国是怎样开始的呢?是从伯恩施坦和考茨基辩论策略时开始的。最终目标并未改变。此外,如果我们今天概括一下共产党人同改良社会党人的区别,那我们要说:我们在最终目标上有区别,我们想实现社会主义和共产主义,而他们并不想实现社会主义和共产主义。我们怎样证明这一判断呢?我们是这样论证的,我们说,这些人运用的策略和所走的道路是另一种策略和另一条道路。这就是主要论据。因此我说,我们同改良社会党人的特殊区别不在于我们在"雅座"里把改革要求、阶段要求或其他要求分开，并将它们从我们的纲领中排除，而在于我们将这些过渡性要求和过渡性口号同我们的原则和目标最紧密地结合起来了。当然，这种结合本身并未给人以保证，如同我有一张准确的地图不一定保证我找到正确的道路一样。我可能不用去看地图。我认为，列宁同志不久前关于俄国的讲话，即俄国主要应当研究读和写的概念，在另一种意义上也适用于西方各国共产党：重要的是学习认识现实（**拉狄克**插话："也要学习斗争！"）因此我说，机会主义的危险恰好存在于布哈林同志觉察到有危险的地方的另一侧，存在于从现有的出发点通往社会主义，通往无产阶级专政的道路上。

由于人们在这条道路的很长的路段上未安装照明设备，在这种黑暗中可能犯许多错误。我觉得特别有趣的是布哈林关于意大利共产党的信件所讲的话。意大利共产党在信中写道，它反对过渡性要求，因为不应当将这些要求搞成宗教信条。

许许多多的这种过渡性要求和过渡性措施必须变成宗教信条，我们应当要求各党这样做。

同志们！这些过渡性要求和最低纲领的问题不是新的东西，对这个问题甚至在俄国的土地上也曾有过激烈的争论，因此我认为，读读刚好涉及这一问题的文件是有好处的。1917年秋天，在俄国的这个地方讨论了俄国党的纲领，那时提出了一个问题：在俄国，党在行将夺取政权的形势下——当时这一形势已相当明朗——是否应当抛弃最低纲领而只保留最高纲领？我认为，引用列宁同志的论述是很重要的，当时列宁同志说——如果引语长了一些，请你们原谅：

"如果我们的全部纲领不能在斗争的各种情况下和各个时刻为我们服务，即通过执行它，而不是通过不执行它来为我们服务，那么这个纲领真的成了可怜的一纸空文了。既然我们的纲领是对社会从资本主义到社会主义的历史发展的论述,那它显然也必须论述这一发展的一切过渡阶段,包括基本特征,这就是说,也应当能够随时以接近社会主义的精神指出无产阶级应当采取什么态度。由此可见,无产阶级根本不可能有被迫放弃其纲领或可能被这个纲领遗弃的时刻。

实际上这表现在下面这一事实上面,即由于事件进程而掌握了政权的无产阶级任何时刻都不可能也没有义务不为实现其纲领采取某些措施,即以社会主义精神采取某些过渡性措施。有人说,社会主义纲领在无产阶级进行政治统治的任何时刻都可能完全失灵和不能为其实现作出指示,在这一看法的背后下意识地隐藏了另一个看法:社会主义纲领根本不可能实现,任何时候都不能实现。

以上谈的是党纲的总纲部分即理论部分,下面来谈谈最低纲领。在这里我们马上就要碰到尼·布哈林和弗·斯米尔诺夫两位同志提出的表面上'十分激进'其实完全站不住脚的建议,那就是:**根本取消**最低纲领。他们认为,把党纲分为最高纲领和最低纲领已经'过时了',既然说的是向社会主义过渡,那何必还要这样划分呢?根本不需要任何最低纲领,只要向社会主义过渡的措施的纲领就够了。

上述两位同志的建议就是如此,可是他们不知为什么不敢提出相应的草案(既然修改党纲已列入最近这次党代表大会的议程,这两位同志本来是有责任拟出这样的草案的)。很可能,这两位提出了似乎很'激进的'建议的同志自己还在犹豫不决……不管怎样,他们的意见应当加以研究。

战争和经济破坏逼迫各国从垄断资本主义走向国家垄断资本主义。这是客观的形势。但是在革命的环境中,在发生革命的情况下,国家垄断资本主义**直接地**转化为社会主义。因为在发生革命的情况下不走向社会主义,就不能前进,这也是战争和革命所造成的客观形势。我们的四月代表会议是估计到这一形势的,因而提出了'苏维埃共和国'(无产阶级专政的政治形式)以及银行和辛迪加国有化(向社会主义过渡的**根本措施**)的口号。到现在为止,所有的布尔什维克彼此意见都是一致的。而弗·斯米尔诺夫和尼·布哈林两位同志却想跑得更远,要根本抛弃最低纲领。这就是不听中肯的谚语的中肯的劝告,谚语说:

'**上战场别吹牛,下战场再夸口。**'(喊声:请听,请听——笑声。)

我们正奔赴战场,正在为我党夺取政权而斗争。这个政权应该是无产阶级和贫苦农民的专政。我们在夺取这一政权时,不仅不怕越出资产阶级制度的范围,反而要清楚地、直截了当地、明确地大声疾呼:我们一定要越出这个范围,我们要毫不畏惧地向社会主义迈进。我们的道路是通过苏维埃共和国,通过银行和辛迪加国有化、工人监督、普遍劳动义务制、土地国有化以及没收地主的农具和牲畜等等走向社会主义。在这个意义上讲,我们已经制定了向社会主义过渡的措施的纲领。

但是,我们不应该在上战场的时候吹牛,我们不应该抛弃最低纲领,因为这就等于瞎吹:(请听,请听!)我们什么也不'求资产阶级'我们什么都要自己来实现;我们不愿意在资产阶级制度的框子内做些鸡毛蒜皮的事情。

这样就是瞎吹,因为首先应当夺取政权,而我们还没有夺到。首先应当真正实现向社会主义过渡的措施,把我国革命进行到世界社会主义革命的胜利,到以后'**下战场**'的时候才能够而且应当抛弃这**再也无用**的最低纲领。

现在我们能不能担保说,它再也没有用了呢?当然还不能,原因很简单:我们还没有夺到政权,还没有实现社会主义,甚至还没有看到世界社会主义革命的开始。

我们应当坚决、勇敢、毫不动摇地向这一目标**前进**。可是,这一目标明明没有达到却宣布已经达到,这岂不可笑。抛弃最低纲领,就等于公开宣布(老实说,这就是吹牛):'我们已经胜利了。'

不,亲爱的同志们,我们还没有胜利。"①

我认为,还有一些解释这点的其他论述可以给我们进一步讨论纲领提供论据。

列宁接着说:

---

① 参见《列宁全集》中文第2版第32卷第363—365页(第1、2段引文,中文版中没有)。——译者注

"我们不知道几时胜利，是明天还是再晚一些时候。（我写这篇东西是在1917年10月6日，我个人的想法是倾向于明天，我们也可能耽误一些时候才能夺到政权，但明天终究是明天，决不是今天。）我们不知道，我们胜利后西欧的革命是不是很快就来到。我们不知道，我们胜利后是不是会出现暂时的反动时期、暂时的反革命胜利时期，这不是没有可能的，所以我们胜利后一定要挖上'三道战壕'来防止这种可能性。

这一切我们都不知道，也**不可能知道**。任何人也**不可能知道**。因此现在抛弃最低纲领是可笑的，只要我们还生活在资产阶级制度的框子里，只要我们还没有砸烂这个框子，向社会主义过渡的根本措施还没有实现，敌人（资产阶级）还没有打垮，就算是打垮了，也还没有消灭，最低纲领就是**不可缺少的**。以上这一切都会办到，也许要比许多人想象的要快得多（我个人认为明天就应该**开始**），但毕竟还没有办到。

请看看最低纲领的政治部分。最低纲领预定要建立资产阶级共和国。但是我们要补充一点，我们并不受这个范围的限制，而要立刻争取更高类型的**苏维埃共和国**。我们应当做到这一点。我们应当奋不顾身和坚忍不拔地向新的共和国前进，**而且我深信，我们一定能够这样前进**。但是无论如何也不能抛弃最低纲领，因为第一，还没有苏维埃共和国；第二，'复辟活动'的可能性并未排除，首先必须能经受并战胜这些复辟活动；第三，在由旧制度向新制度过渡时，可能暂时采用'配合形式'（最近《工人之路报》指出这一点是有道理的），例如，既有苏维埃共和国，也有立宪会议。我们先**经历了**这一切，然后再抛弃最低纲领**也不迟**。"①

最后列宁说：

"经济部分也是一样。我们一致同意，**害怕**向社会主义前进是最卑鄙的行为，是对无产阶级的事业的**背叛**。我们一致同意，走这条道路应采取的最初步

---

① 《列宁全集》中文第2版第32卷第365—366页。——译者注

骤主要是银行和辛迪加的国有化。我们要先实现这些步骤以及类似的其他措施，**那时就看得清楚了**。那时就会看得更清楚，因为比最好的党纲还要胜过百万倍的实际经验将无限地扩大我们的眼界。这方面也许，甚至肯定地、甚至无疑地非采取过渡的'配合形式'不可；比如说，我们不能使雇用一两个工人的小企业一下子实行国有化，甚至无法对它们实行真正的工人监督。尽管小企业的作用将微不足道，尽管它们将被银行和托拉斯的国有化束缚住手脚，尽管如此，但只要资产阶级关系的小角落还存在，那怎么能抛弃最低纲领呢？我们是勇敢地进行世界上最伟大的革命、同时又要冷静考虑事实的马克思主义者，我们没有权利抛弃最低纲领。

如果现在我们抛弃最低纲领，这证明我们没有胜利就失去了头脑。可是无论在胜利前、胜利中或胜利后，我们都不应当失去头脑，因为一失去头脑，我们就会丧失一切。"①

同志们，这是1917年10月6日列宁写下的话。那时他说，"无产阶级专政和我们的胜利是明天的事，但是我们还没有取得胜利，我们仍在今天。"同志们，从世界角度看来，我们可以有理由说：世界革命的胜利肯定不在今天。也许不在明天，即不在1917年所说的明天。从世界角度看来，我们必须说：从今天的状况到在全世界实现无产阶级专政的这段路程是要用数年，也许要用数十年来计量的。如果我们不仅把大资本主义地区，而且也把殖民地、半农业地区等包括在内，肯定是得用数十年来计量的。为我们面前的如此漫长的路程，人们应当树立起准确的路标，我现在要问：这些策略路标，这些准则可能是什么样的呢？布哈林同志的主要反对意见在于他认为，我们不能将具体的日常要求纳入共同的纲领，因为这些具体的日常要求是短期的，它们可能在几周和几个月内就发生变化。其次，这些具体的日常要求在各国很不一样，因此

---

① 《列宁全集》中文第2版第32卷第366—367页。——译者注

我们不能将它们硬行划一。对此我回答如下：具体的日常要求的详尽的细节既不需要纳入共同的纲领，亦不必纳入各国党的纲领，但是我们必须定出策略准则、策略原则或我所说的方法，从这些原则和方法我们显然和肯定可以引申出所有这些具体要求。

同志们，不仅有这种各国不同的、每周和每月都在变化的过渡性的问题，而且还有许许多多绝对必须在共产党的纲领中确定的过渡性问题和具有普遍性的重大问题。我认为，共产国际的共同纲领在这一大段路程上有一个空白点，这样一个共同纲领对西方各国党的实际价值是微乎其微的。（德国同志插话："讲得很对！"）今后一段时间，工作的重点恰好在于这一过渡阶段以及如何确定这一阶段。我想提及我认为必须纳入这种共产党纲领的这样一些过渡性问题。我认为，生产监督问题、国家资本主义问题、各党的税务政策和财务政策方针均属于这类问题。（插话："讲得很对！"）这些问题每天都摆到各党面前，并变换着形式。（**布哈林**："啊哈！"）是这样，但是必须有可以指导实际行动的方针。为了进行对比，请你们读读爱尔福特纲领，这个纲领包括了今天当然已经过时的税务政策原则。布哈林同志，你不会否认，包括德国在内的各国税收和财政状况每年均不相同，即使如此，这样的方针也是重要的、有益的和必要的。

同志们，第二个重要的过渡问题是对待资产阶级民主的态度问题。我在布哈林同志的纲领草案中看到，他对资产阶级民主作了出色的批判，但是请你把共产国际看做一个整体，按其成员的顺序，比如说从印度数到苏维埃俄国，这对一个共产国际来说够吗？（**布哈林**插话："是不够。"）远远不够！首先，在资产阶级民主还不存在的情况下，即在还必须同封建专制政体作斗争的情况下，我们必须为共产党人对待民主的态度确定准绳。其次，在像德国所面临的反对保皇主义的暗杀活动，保卫共和国那种情况下，我们必须为共产党人的态度确定方针。再次，在像德国1918年11月所处的必须摧毁民主和建立专政的形势下，我们应当为共产党人的态度确定方针。我认为，对所有这些过渡阶段均必须规定基本方针，而不是规定细节。1848年的《共产党宣言》证明这是可能的。请你们就此读读最后一章。那里谈了共产党人对其他政党，对资产阶级民主和小资产阶级等的态度。这一章用简要的语言规定了基本态度，我们的纲领亦应如此。一个纲领——在此我引用我认为很合时宜的卢森堡同志的一句话——应当为所有重要的过渡阶段提供依据。一个在这些阶段中对我们无用的纲领，或者在某些场合可用，在某些场合不能用的纲领，其政治价值很小。

此外我发现，布哈林同志是不彻底的。既然他从他对过渡要求的拒绝之中得出了结论，那他就应当强烈地反对保加利亚党的纲领，也应该反对德国党的纲领。他肯定会这样干的，完全肯定会这样。

这个问题我就谈到这里，现在我简要地谈谈过渡性要求问题，战时共产主义问题和新经济政策对西方国家的运用问题。对此，我完全同意布哈林同志的发言。我只想补充几点意见。

对此，同志们说的很正确，战时共产主义和新经济政策的出现都是来自必要性，为情势所迫。这不是以前既定计划的产物，而是必要的步骤。战时共产主义和新经济政策的这种必要性并不是由俄国特有的原因，而是由普遍性的原因决定的，那我就要问：这些东西对西欧如何呢？

托洛茨基正确地论述了，布哈林同志也出色地证实了，在国内战争的需要和经济上的必要性之间存在着矛盾。至于战时共产主义，它主要是国内战争的产物。我们认为，既然我们预见——我们预见到了——我们在西方也将在夺取政权之后经历一个国内战争时期，另一方面也预见到这个时期可能会比较短，那么人们可以设想，这种战时共产主义在西方起的作用可能比在俄国这里要小。诚然我们不能具体地预见什么，但是我们应当指出，在国内战争时期我们必须让一切经济需要服从于战争的需要。

再谈谈在西方执行新经济政策问题。在西方也存在着小农的需求，尽管没有这么多。但是我要提醒大家注意，人们习惯于这样看问题：这里是俄国，它执行某种经济政策；这里是德国，它也将执行某种经济政策。他们忘记了一点，在德国面临这个问题的时候，存在的将不是一个孤立的德国，很可能是一个德国和俄国的经济联盟。这意味着什么呢？这意味着德国的经济区会有俄国的小资产阶级广大群众，而俄国的工业因素将得到加强。

依我们看来，这一政策对俄国是一个前进的政策，但对西方来说，这很可能将是从西方本来可能达到的水平上倒退。

同志们，经济政策对西方各党的重大意义是以在纲领上确定我们对中间阶层、小农、小工商业者和小手工业者的态度为基础的。我认为，我们不应当在这里从纲领上确定不具有经济必要性的东西，但是应当在纲领里明确，对这些阶层的照顾可能不得不向国内战争的需要让路。

此外，再就保加利亚党的纲领讲一点意见。

我们在我党的纲领和保加利亚党的纲领中提出了要求：在夺取政权后成立小手工业者和小工商业者合作社。对此我只想补充一点：这种合作社在工业中和小工商业中所起的作用同在农业中所起的作用很不一样。试以拥有比较发达的工业的德国这样的国家为例。历史地看，不久就将出现我们把这些小工业阶层纳入大工业的时刻。小农和中农的情况与此不同。对他们来说，合作社的思想必须延续较长的时间，这种合作社的性质将与工业合作社大不相同。

最后再简单地谈谈纲领的结构。对此我只想提一点意见：我们基本上可以同意布哈林同志的建议。我们在我们的纲领中没有对资本主义时期进行分析。我们是从分析帝国主义时期开始的。我们认为，对资本主义时代的这种分析是必要的，这一分析必须同对帝国主义时代的分析结合起来。

我还想补充说，我认为也必须考虑瓦尔加同志的建议，在这之前，也应当分析资本主义前期的剥削方法。如果我们真的想有一个世界共产主义的纲领，我们也应当研究这个问题。

最后谈谈纲领的形式。布哈林同志批评我们的纲领太长。同志们，我们也不同意搞得这么长，但是我们的情况很像那位给其友人写信的法国神父："我写给你一封长信，因为我没有时间写短信。"我们没有时间起草一个简短的纲领。纲领写得短些，也许比布哈林的纲领还要短，是绝对必要的。在此我想引用恩格斯谈纲领问题时讲的几句话，他说：一个纲领应当尽可能简要，它应当将许多东西让人用口头去说明。此外，当然应当通俗，尽可能做到易懂。我们承认，在这点上德国党的纲领也有待修改。

同志们，我的发言现在就要结束了。我认为，我们应当使我们共产党的纲领无懈可击，就原则和目标而言，应当绝对无懈可击。但是我们不要认为，我们不在我们需要走过的一大段道路上安装路灯，或者——换一种说法——我们不把一大段道路纳入我们的地图，我们就能达到这一目标。

布哈林同志和其他几位同志担心，如果标示出这条道路，他们也许不能在这条道路上跃进了。同志们，我要说，比如在1917年10月6日保留了最低纲领的我们的俄国同志很快就完成了这种跃进。因此我认为，我们是否会有一个引导我们取得胜利的纲领，确实不取决于这种不标示路标的做法。（热烈的掌声）

（会议休会时间：下午4时）

第十五次会议

(1922年11月18日)

会议开始：晚7时50分
主席：柯拉罗夫

共产国际和各国共产党的纲领（续）

卡巴克奇耶夫（保加利亚）：

同志们，共产国际面临着起草其纲领及其主要支部纲领的重要任务，是什么形势给共产国际提出这一重要的任务呢？

共产党纲领的必要性

第二国际已经破产了。从1871年到帝国主义时代的开始，即到20世纪初，资本主义的和平发展和日益增长的繁荣，在第二国际内部制造和助长了机会主义的倾向，并在社会民主党的纲领上留下了它的烙印。社会民主党的最典型的特征是让工人阶级适应资本主义，同资本主义制度妥协，无限期地脱离社会主义。

社会民主党之所以赋予最低纲领——即在资本主义社会的界限之内和在资本主义社会的基础之上党可以实现的要求——以重要的意义，而将最终的目的——通过无产阶级革命夺取政权和建立无产阶级专政——遮掩起来,其原因就在于此。

新的革命时代

但是,现在一方面是帝国主义的出现和在资本主义世界范围内爆发的、最后将各资本主义大国推进1914年的帝国主义世界大战的帝国主义战争,另一方面是1905年的俄国革命以及接着在土耳其、中国和波斯发生的革命,结束了资本主义的和平时期,并开辟了战争和革命纷至沓来的新时代。这一时代使整个资本主义世界陷入了普遍而深刻的经济和政治危机。在这个时代,无产阶级的革命运动开始了新的进程。帝国主义、战争和危机加剧了阶级对立,并给阶级斗争以新的有力的推动。

无产阶级中有阶级觉悟的革命分子脱离了社会民主党,他们懂得通过同机会主义进行不妥协的斗争和同民族资产阶级的决裂来恢复革命无产阶级的国际团结。

这样就为建立共产国际创造了条件,国际的基础是1919年在莫斯科奠定的。

工人阶级的革命的共产主义运动的特点是采用了新的斗争方法,这就是通过群众的行动、通过总罢工和武装起义夺取政权的斗争。无产阶级努力的核心不再是最低纲领,而是为建立无产阶级专政而进行的革命斗争。

俄国革命的经验

不言而喻,共产党过去和现在都不能使用社会民主党的旧纲领。如果说巴黎公社这个无产阶级夺取政权的第一次尝试使马克思有可能明确地规定无产阶级革命和无产阶级专政的目标和方法的话，那么使世界上最大的国家的无产阶级掌握了政权并已存在了五年的伟大的俄国革命就具有更伟大的历史意义了，因为它向全世界无产阶级指出了无产阶级专政的形式和方法。因此，俄国革命的榜样必须成为共产国际及其支部借以确定无产阶级专政的目标和形式以及夺取政权的手段的最重要的源泉，如果我们想拟定共产国际及其支部的纲领，我们首先必须从俄国革命的经验中汲取泉水。

共产国际在其第一次代表大会上指出和确定了它的原则。共产国际第二次代表大会为其组织奠定了基础。第三次代表大会确定了共产国际当前的策略总路线。现在到了拟定共产国际及其支部的纲领的时候了。假如第四次代表大会不能最后完成这项任务，那它至少应当确定共产国际各支部今年的工作所必须依据的基础，以便在下次代表大会上最后拟定一个纲领。

保加利亚共产党的纲领

提交给代表大会的保加利亚共产党的纲领是按照下述体系编写的。

纲领由两部分组成：第一部分包括对原理的总的阐述，即纲领的理论基础；第二部分列出了党为之实现而奋斗的具体的目标和要求，即名副其实的纲领。

理论部分分四点：

1. 简要地阐述帝国主义战争所造成的革命性危机和共产党成立时的形势；

2. 分析资本主义生产和资本主义社会的发展、工人阶级的产生、资本主义社会本身所创造的社会革命的条件；

3. 分析资本主义的帝国主义时代、帝国主义战争及其后果、阶级对立的激化、内战、作为无产阶级世界革命开端的俄国革命；

4. 帝国主义和帝国主义战争对巴尔干半岛发展的影响；在保加利亚：党的新的斗争形势和党在这个时期的目标。

纲领的第二部分，即名副其实的纲领，先指出党的最终目标，然后提出党在社会革命和无产阶级专政时期——被称做由资本主义向共产主义过渡的时期——为之实现而奋斗的要求。

我们在我们的纲领中，对巴尔干各国共产党起来进行斗争和准备发动革命的巴尔干总的形势给予特殊的地位。我们认为这样就提供了巴尔干半岛其他各国共产党可以利用的一个纲领模式。同时我们在我们的纲领中，把巴尔干共产主义联盟的任务称为在巴尔干半岛准备革命和将革命引向最后胜利所必需的一个组织的任务。

共产党的最高纲领

现在的问题是，共产党是否应当有一个最高纲领和一个最低纲领，或者只应有一个过渡时期的一般性的纲领。

共产党不能接受一个像战前社会民主党制定的那样的最低纲领，因为共产党认为，资本主义处于一场深刻的危机之中，这一危机将很快和不可避免地导致资本主义的完全解体和崩溃。今天无产阶级的任务不是——如旧的最低纲领所规定的那样——去适应，而是要加速资本主义的崩溃和革命的胜利。

另一方面，只要资产阶级仍掌握政权，他们的阶级统治即使在最民主的国家中也靠专政得以维持，最低纲领中的政治要求（民主）现在就不能实现。但是最低纲领中的经济要求，主要是由于经济危机、通货膨胀和资本主义的衰落而不能实现。

共产党认为，资本主义社会已进入革命性危机的阶段，我们正处于无产阶级世界革命的起点。

因此,无产阶级和共产党的主要任务是夺取政权和实现最高纲领。

共产党能否有一个最低纲领?

现在的问题是,在夺取政权之前——即在今天看来比 1918—1919 年所设想的要长得多的一个时期——共产党是否可以放弃在资本主义社会范围内的一切要求。当然不可以。但是这些要求同旧的最低纲领中的要求的意义和重要性是不同的;它们仅仅是工人阶级在当前的危机中迅速起来为之斗争的过渡性要求,以便在此之后立即提出最高纲领的最高要求。

今天,这些要求具有革命的意义和革命的重要性。在某种程度上,这些要求意味着扩大和强化无产阶级的阶级斗争中的一个阶段。

这些要求中的一部分具有更多的临时性质,取决于当时不同的斗争条件;这些要求必须作为口号,作为当前的要求被提出来。

其余的要求是针对较长时期的,因此是共产党为之奋斗和将奋斗到夺取政权的最重要的要求;这些要求必须写进纲领。可是鉴于这些要求也具有临时性质,因此它们对最高要求和斗争条件不具决定性的意义。另一方面,由于为实现这些要求的斗争不断和不可避免地导致夺取政权和实现最高要求的问题,因此不应该在纲领中给这些要求一个独立的位置,这些要求应置于最高纲领中的最高要求之后。

俄国共产党的纲领

为了确定纲领的最高要求,有必要运用俄国革命和俄国共产党纲领的经验。

俄国共产党的纲领包括了旧的社会民主党纲领所缺少的和构成旧纲领主要错误的一个漏洞的内容：在俄国党的纲领中，具体地阐述了无产阶级在社会革命期间夺取政权，建立无产阶级专政，消灭资本主义的国家和旧的政府，以及建设新国家和社会主义社会等方面的任务。

共产党纲领的主要目的，恰好在于阐述革命的无产阶级的这些主要任务。那么是否可以在这方面不去理睬具有普遍历史意义的俄国无产阶级革命的经验呢？答案是十分明确的：不可以。

共产国际及其支部必须利用俄国革命的丰富经验，因为这些经验为全世界无产阶级的纲领提供了实际的内容，并以具体的形式指明了世界革命的要求和斗争的手段。

当然这并不是说，必须照抄俄国党的纲领，而是说，应当把俄国党的纲领当做仔细研究每个国家现实情况和每个党在充分考虑其特殊处境的情况下确定其纲领的指南。

共产党的策略和党的纲领

另外一个问题是，纲领是否必须回答党在目前的时期所面临的所有的策略问题——关于统一战线和工人政府等问题？我们在考虑了共产党的原则和当前历史时期条件的情况下，必须在纲领中规定我们策略的总路线，但是我们不能规定这一总路线在每一具体时刻的特殊的运用。

共产党的纲领是否应当是一个行动纲领？

有人提出一个问题：共产党的纲领是否应当是一个行动纲领？共产党的纲领应当是一个行动的纲领，但是它应比行动纲领更进一步，是一个原则性的纲领。这意味着，共产党的纲领不可能是一个拥有当前临时要求的纲领，而是从理论上和原则上对我们的历史构想的阐述。同时，共产党的纲领还必须指出革命的无产阶级在取得政权之前的过渡时期和在无产阶级专政时期为之奋斗的主要要求。

保加利亚共产党在议会斗争中的策略

现在我想回答对我们的纲领草案所提出的批评。布哈林同志说，我们过于重视议会主义和过于轻视革命斗争的手段。这种指责是没有根据的。

保加利亚共产党在共产国际第一次代表大会以后，即在它加入共产国际的同时，立即（在1919年5月的党代表大会上）通过了一个包括共产国际的原则和策略的"纲领宣言"。这个"纲领宣言"运用了俄国革命的经验，确定了党的下述主要任务：通过工人阶级群众和贫农群众的斗争夺取政权，这一斗争必须发展成为武装起义和建立由工人和农民苏维埃行使的无产阶级专政。但是与此同时，保加利亚共产党并没有放弃参加选举斗争，参加议会斗争和市政斗争。与某些在俄国苏维埃胜利之后放弃参加选举斗争和议会斗争的共产党不同的是，保加利亚共产党以更多的精力和更大的成果继续参加了这些斗争。在议会选举中，保加利亚共产党成功地将1/4的选民聚集在它的旗帜之下，并且控制了许多城市和乡镇代表机构。它通过宣传和以革命要求的名义进行的原则性斗争取得了这些议会斗争的胜利。党在议会和市政机构里的斗争是同广大工人和农民群众的斗争，同党的群众性活动和同党员人数的不断增加以及他们对群众影响的不断加强紧密地联系在一起的。

党为摧毁资本主义国家及其从议会到警察与军队等机构和为建立苏维埃共和国而斗争。因此，保加利亚共产党的策略与共产国际的策略是不矛盾的，它与共产国际第二次代表大会通过的关于议会制的论点是完全一致的。甚至不仅如此，它还使共产国际通过的议会策略得到了证实。

在这个纲领草案中对议会活动赋予的意义并未超过其应该得到的重视。把这一部分放在纲领中论述苏维埃共和国的第一节或者放在评述资产阶级民主的那一节，也许会更好些。评述资产阶级民主的一节是这样写的：在民主的伪装下，资本主义国家通过牺牲由无资产的和被剥削的劳动群众组成的大多数人的利益，支持由有产者阶级组成的少数人的政权和特权。当前，资产阶级通过迫害和血腥的恐怖来维持其已经摇摇欲坠的统治。即使他们建立了民主的共和国，实际上依然是靠建立在警察、军队和整个资本主义国家机构基础上的专政来进行统治。

"议会和立宪制度只不过是资产阶级专政的工具罢了。"

革命的斗争方法

我们的纲领草案列举了为夺取政权而斗争的革命手段。纲领声明说：

"无产阶级将通过无产阶级夺取政权和建立其阶级的专政来实现社会革命。"接着又说："帝国主义战争开辟了社会革命的时代。在这个时代里，党在全世界无产阶级的斗争中的最高纲领具有特殊的和直接的现实意义。俄国革命和其他各国革命运动的经验清楚地指明了无产阶级的要求和实现这些要求的手段，即组织工人，以及工人群众为其直接的利益而斗争，直到举行总政治罢工和武装起义。"

"革命的阶级（工人和贫苦农民）以武力夺取政权，镇压资产阶级和反革命的反抗，并以此来保证其统治和革命的彻底胜利。"

这样就在我们党的纲领草案中指明了革命斗争的最重要的手段。

共产党的革命要求

说我们党的纲领中的要求写得太具体和太详细，这样的批评是没有根据的。诚然，我们党的纲领没有满足于一般的含糊的公式，而是试图赋予共产党的最高要求和最低要求准确的定义，但是，纲领并没有探讨夺取政权后可能直接妨碍我们工作的多余的细节问题。

我们日复一日地一再强调，无产阶级必须准备夺取政权和建立无产阶级专政。目前发动革命的时间还不能确定，但是资本主义世界所遭受的经济和政治总危机，可能使比如中欧或巴尔干的革命在不远的将来爆发。面对这个当前我们必须经常注视着的前景，各个共产党，走在革命运动前列的无产阶级，有义务拥有一个关于在他们夺取政权之后，立即需要完成的任务的明确而详细的纲领。另一方面，一个不繁琐，但却具体而详细的最高纲领，是进行共产主义宣传教育和将工人和农民群众团结在共产党旗帜下面的强有力的手段。最后，如果不建立在无产阶级现实革命运动的基础上，一打纲领也毫无价值。这种看法是正确的。

此外，任何没有理论基础和明确革命目标的无产阶级运动注定没有力量，只能起资产阶级手中的一个工具的作用。这一看法也同样是正确的。

在社会革命目前的这一个时期，由于共产国际和各国共产党的作用与日俱增，由于社会爱国主义者同受他们影响的工人群众一起，构成了资产阶级统治的一个最主要的支柱，共产国际及其支部必须拥有一个以我们的理论，即以马克思主义的理论为坚实基础的纲领，一个最明确地阐述革命无产阶级要求的纲领。

主席：

同志们！我们听取了三个关于共产党纲领的报告，现在的问题是下一步应该怎么办。是应当开始一般性的讨论，以便代表大会通过一个纲领草案，还是将讨论和最后表决推迟到下次代表大会？德国代表团已一致决定将讨论和最后表决推迟到下次代表大会，但是俄国代表团请求主席团给他们就这个问题发言的机会。

主席团认为，不可能就是否立即开始讨论并通过一个纲领，还是应将讨论和表决推迟到下次代表大会的问题作出决定。但是主席团认为，应当同意俄国代表团的请求，给他们一个就这个问题表态的机会。

（会议休会时间：晚8时15分）

第十六次会议

(1922年11月20日)

会议开始：12时
主席：柯拉罗夫

共产党人在工会中的任务

洛佐夫斯基（俄国）：

以同形形色色的改良主义进行坚决的不妥协的斗争为己任的共产国际，必然在其活动刚开始的时候就遇到改良主义的最重要的堡垒——现有的工会。正因为如此，共产国际在其最初的几个声明中，阐明了它对改良主义的工会和国际工会运动最杰出的领袖们在战后初期所采取的立场应持的态度。共产国际第二次代表大会确定了共产党人对工会运动的方针，并拒绝了由于急躁和对共产党政策的基本任务的不理解而产生的分裂和瓦解工会的理论。

第三次代表大会重新讨论了工会运动的问题。

这也是不令人奇怪的，因为工会已成为国际资产阶级的最后的避难所和资本主义统治所依靠的主要基础。共产国际第三次代表大会在其草拟的详细的指导原则中，再次论及国际工会运动的最重要的问题，并且特别紧迫地强调了竭尽全力在争夺工会方面同改良主义者斗争的必要性。

共产国际执行委员会最近一次扩大会议终于认为，有必要详细讨论在一些共产党人中出现的企图消灭红色工会国际的倾向。很清楚，这种倾向虽然以很理想的考虑为理由，但是实际上是软弱和无能的结果，他们无法组织自己的力量去反对改良主义。

第四次代表大会必须再前进一步。共产党在工会中工作的基本原则的总方针已经确定。现在我们应当将许多任务具体化，并再次强调已被实际的国际阶级斗争置于重要地位的问题。为了说明这些问题，我们首先必须观察当前共产党人争取工会革命化的斗争所处的形势。

只要粗略地看看国际工会运动，就可以确信国际工会运动正经历一场深刻的危机。这场危机之所以出现，一方面是由于资本的强大攻势，另一方面是由于国际工会运动的领导核心在理论上和实践上摇摆不定。在1920年的最后几个月里，资本家的进攻有了固定的形式，具有有计划地组织起来的性质，其目的在于千方百计地通过降低劳动力的价格来降低生产成本。资产阶级企图通过对工人阶级施加压力来克服其战后的困难。危机愈激化，资产阶级的进攻策略愈残忍，因为他们的目的是无论如何也要取得他们在战争期间已习惯了的高得出奇的利润。在货币坚挺的国家进攻的形式与在货币疲软的国家是不同的，但是进攻的目标基本上都是八小时工作日，不断地降低劳动工资，并开始对工会存在本身进行讨伐（如在美国为推行"自由雇佣企业"的斗争）。

除了这种纯粹在经济上的进攻外，资产阶级最近两年还建立了特殊的组织，其任务是消灭工会组织和灭绝其领袖。在这方面意大利可作为典型的例子（不久前那里的整个共产主义运动遭到了破坏），意大利拥有在破坏和消灭工人阶级组织的道路上走在所有"文明"国家的前列的可悲的名声。整个法西斯运动同其他国家的类似的运动一样，无非是先发制人的反革命，意大利的工人尚未享受社会革命的一切好处即被迫承受反革命的一切坏处和负担了。资本的这种全面的进攻只遇到国际工会运动领导机构的极其微不足道的抵抗，阿姆斯特丹国际不管时机是否恰当，总是大讲特讲他们对资本的胜利和国联的国际劳工局为人类做出的伟绩。实际上资本主义的进攻活动一开始，他们就采取了一种观望的态度，在整个资本进攻时期，他们从未对重大的斗争采取主动，充其量是被愤怒的工人群众驱赶着前进。这方面最典型的例子是英国最近一次解雇工人，美国煤矿工人罢工，法国冶金工人运动，以及德国和意大利的一系列罢工。阿姆斯特丹国际经常到处起消极的作用，总是企图尽早解决冲突，分化瓦解工人阶级的队伍，从而破坏他们的斗争。工会对资本的进攻所表现出来的这种无能为力及其领导人公开不愿意领导工人群众进行斗争的做法，使广大工人阶级群众大失所望。这就是大批工人离开工会的原因。1921—1922年工会的发展不仅停止了，而且迅速地倒退了。成千上万的工人离开了工会组织，工会在瓦解并因而受到削弱，失去了抵抗资本进攻的能力。法国总工会在1920年初拥有200万会员，目前在两个并存的工会组织中只剩下60万人。在意大利，工会会员的人数从200万减少到70万。英国的工会会员减少了130万。美国工会失掉了约150万会员。我们看到，在捷克斯洛伐克、瑞典、挪威、荷兰和丹麦，工会会员也同样减少了。只是在德国和奥地利，工会会员大体上保持了原来的水平，但这并不是由于这些国家的工会领袖们的革命思想非常突出，而是由于奥地利和德国无产阶级所处的悲惨的境遇和由于这两个国家工人的组织性比较强。除了会员数目下降外，工会中普遍的不安和对自己力量缺乏信心的情况也在发展。阿姆斯特丹国际多年来一直宣布要进行重大的改革——来源于国际劳工局的改革，现在却沉默了。花已凋谢，火已熄灭。他们自己也失去了对由他们建立的组织的巨大社会创造力的信心，虽然他们仍然参加国联的国际劳工局，那是因为他们像囚犯绑在车上一样，被牢牢地捆在这个劳动局上了，他们将分享这个在各方面均颇引人注目的机构的命运。他们不能放弃阶级合作，因为他们的全部活动都是建立在这个原则的基础上的。不仅如此，这种合作还日益紧密，因为工会同资产阶级之间的阶级合作的破裂不仅将意味着资产阶级的完蛋，而且也意味着阿姆斯特丹国际的完蛋。

如果说阿姆斯特丹国际的领袖们在一切必须反对资本进攻的场合表现出了最大的谦虚和极度的消极的话，那么在同革命工人斗争时，他们却极其放肆、好斗和果断。第三次代表大会和第四次代表大会之间这段时间的特点，是对工人运动的革命的一派进行围剿。阿姆斯特丹国际决心在任何情况下都不做少数派，宁愿分裂也不将工会的领导权交给共产党人。这是阿姆斯特丹国际的口号，这一口号来自该国际的总的立场，因为不然他们就难于挽救资本主义社会和资本主义制度了。法国的阿姆斯特丹派分裂了工会运动，因此我们在那里有两个工会。当共产党人开始威胁捷克斯洛伐克的阿姆斯特丹派的舒适的地位时，这一派就学其法国同行的榜样，将捷克斯洛伐克的工会分裂了。

当西班牙共产党人和工团主义者在矿工联合会中取得多数时，改良主义的全国工人同盟就将这个最大的行业工会组织分裂了。在德国，他们在建筑工人联合会、铁路工人联合会和运输工人联合会中开展了有计划的反对共产党人的运动。德国的方法是将被选举担任某一职务的共产党人开除，不承认其竞选资格，并用这个办法使革命领袖同革命群众分离。

阿姆斯特丹派在德国坚持不懈并顽固地推行其策略，企图尽力将最优秀的富有战斗力的分子从各工人联合会中赶走。

"为了强大起来，我们必须清洗我们的队伍"，全德工会联合会中央机关报《通讯报》在一篇题为《敌人在左边》的文章里这样无耻地声明说。"滚出工会去"是阿姆斯特丹派的口号，他们从这一口号中得出了实际的结论。共产主义的危险越大，群众的革命的阶级觉悟越高，阿姆斯特丹派分裂工会的企图就越明显，因为他们不需要革命的工会，他们宁要天主教工会和黄色工会，也不要革命的工会。大量的事实都可说明这点，例如德国改良主义的矿工联合会对同天主教协会和民族主义的波兰协会签订协定就颇为高兴，但是它决不想同体力劳动者与脑力劳动者联盟合作，竟然将这一联盟的会员称做没参加工会的人。联盟是一个由共产党人领导的革命的组织，可是德国矿工联合会的可敬的绅士们却宁要天主教徒，不要共产党人。阿姆斯特丹派并不满足于在一国之内向工会施加压力，在阿姆斯特丹国际最近于罗马举行的代表大会上，他们同各行业国际秘书处的代表共同协商后再次决定，不允许革命工会参加这些国际秘书处。在这方面，他们执行了一个很坚决的策略，因为涉及到对革命工会进行斗争时，阿姆斯特丹派总是很坚决的。去年被开除出国际工业联合会或未被接纳入会的有：俄国的五金工人联合会、矿工联合会、木材工人联合会、建筑工人联合会、纺织工人联合会、农业工人联合会、职员联合会、邮电职工联合会、皮革工人联合会和运输工人联合会等。将这些联合会开除的表面上的理由是，它们通过全俄工会联合会参加了红色工会国际，实际上它们之所以被开除是因为它们进行了革命，同苏维埃国家联合在一起，有共产主义精神，并且是苏维埃国家和无产阶级专政的基础。加入了阿姆斯特丹国际的国际秘书处很愿意接纳反革命的工会，却不想接纳革命的工会，因为革命的工会可能破坏他们的和平生活和他们的胃口。

对革命的工会进行的这种讨伐说明了什么呢？就其本质而言，这种讨伐无非是国际资本讨伐工人阶级的一个反映，是资产阶级同无产阶级进行的社会斗争的一个反映。站在街垒另一侧的阿姆斯特丹国际用他们当前拥有的大炮轰击国际工人运动。今天的工会运动的领导人完全清楚，如果工会运动保持统一，它虽然缓慢但还是要往左的方向移动，在共产党人控制了工会运动的时刻，不仅资产阶级要完蛋，改良主义也将寿终正寝，因此，他们有意识地执行分裂和排斥政策。他们想使工人阶级丧失力量,不能夺取政权,并使工人阶级分化瓦解和士气低落到不能掌握生产手段和交换手段的程度。阿姆斯特丹国际在用一切手段和方法拯救现代文明。

阿姆斯特丹国际在其反对共产党人的斗争中不是孤立的,他们有无政府主义者做同盟军。两年来,我们看到无政府主义者特别加强了反对共产主义的斗争。1920年以来,这种敌对情绪越来越尖锐。最近一个时期,就其行动的特点而言,他们已同改良主义者毫无区别,当然理由不同,进攻者自己打着另一种旗号,但是其政治内容是相同的:无政府主义者竭力限制共产党人在工会中的工作,往他们的脸上抹黑。无政府主义组织甚至剥夺共产党人在工会运动中工作的权利,美国的世界产业工人联合会(IWW)、意大利的工团主义者、西班牙的无政府工团主义者以及法国的一些工团主义者组织在去年就进行了这样的进攻,其口号是反对政治,并将工会国际同共产国际和共产党对立起来。众所周知,无政府主义者把政治、政党和国家的概念描绘成一种怪兽。至于什么政治、什么政党和国家,对他们是无所谓的。他们的形而上学的思维方法将一切都混为一谈,因此他们习惯于用永恒的和绝对的语言进行思维。我们发现他们赤裸裸地断然否定任何政治斗争和工会同共产党之间的任何联系。这种脱离现实的理论被称做独立的理论,去年无政府主义者在这一理论的旗帜下对共产国际和红色工会国际发动了进攻。工会和政党必须完全脱离关系——所有的声明都是这一思想。无政府主义者在许多决议和号召中都不厌其烦地一再重复这一基本思想,但是这一思想并没有因为披上了纯工会的外衣而变得更清楚和更革命。

然而,无政府主义分子并不满足于在思想上反对共产党人,去年发生的许多事件表明,阿姆斯特丹派的成功使得无政府主义者坐立不安,一些无政府主义组织已开始将拥护红色工会国际和主张两个革命的工会国际实行联合的会员开除。意大利工团主义者联盟开除了这样的人,荷兰的工团主义者也恶毒地威胁共产党人，其他国家的无政府工团主义集团亦步其后尘。这一切活动的目的都在于使工会运动脱离政治运动，使革命的工会脱离红色工会国际和建立自己那一边的小国际。在这方面，一切无政府主义组织都在执行无政府主义者国际会议的方针。这次会议于1921年12月举行，主张建立一个独立自主的、革命的和工团主义的新的国际。今年6月有人进行了一次这方面的尝试，发起者纠集了一些组织的代表。只要指出在这个新的国际中扮演领导角色的是德国的乡土主义者——这些典型的托尔斯泰主义者和政治素食主义者，就可知道这个组织的性质了。

用什么说明无政府主义反对共产国际和红色工会国际的斗争激化了呢？在十月革命后初期，无政府主义集团，特别是无政府工团主义组织甚至参加了共产国际，当时参加共产国际的有西班牙全国劳联和意大利工团主义者联盟等组织，这些组织为什么后来不仅退出了共产国际，甚至退出了红色工会国际？无政府主义者之所以反对共产国际、红色工会国际和俄国革命，是由于国际工会运动的总体形势，无政府主义的进攻只是国际资本进攻和阿姆斯特丹国际进攻的一种反映，是一连串进攻中的一个环节。虽然无政府主义者满嘴革命词句，但他们始终是小资产阶级思想的传播者。在资本主义社会聚集自己的力量反对共产主义的时候，当资产阶级国家所拥有的一切抵御共产主义危险的力量建立起统一阵线的时候，无政府主义者在这一阵线中占据了适当的位置是很自然的。当然，他们常常是以无政府主义者在苏维埃俄国的处境和他们对任何国家和任何专政的原则立场来解释他们对共产国际和红色工会国际的攻击的。但是，我们感兴趣的并不是无政府主义者的言论，而是他们的行动。他们的行动是这样的：在共产主义运动处于最困难的时期，在国家机器和国际资本野蛮的暴力向共产主义运动扑来的时刻，在旧工会的强大的机构转而反对共产主义和共产主义运动的时刻，无政府主义者抛出了他们的反共纲领,并开始了争取所谓工会运动独立的斗争。一个无政府主义—改良主义的阵线出现了,并加入了资产阶级的阵线,反共阵线通过无政府主义者的小资产阶级的欺骗宣传实现了。因此共产主义运动被迫不仅同资本而且也同结成一个集团来对付共产主义危险的改良主义和无政府主义进行斗争。和以往一样,在这里无政府主义证明自己是改良主义的同盟军,这是不奇怪的,因为他们只是小资产阶级这同一个事物的两个方面。

无政府主义者和革命的工团主义者特别喜欢强调工会对政党应保持中立,他们把这称做他们的特殊贡献和革命工团主义工会运动的一个特点。他们未用"中立主义"而用了"独立"一词,可是实际上两个词是一个意思。什么是中立主义呢?中立主义是工会运动中的一种思潮,它的口号是:对各政党一视同仁,或者说工会运动对政治保持完全的、绝对的独立。大家知道,政治是无政府主义者和无政府主义—工团主义者"讨厌的东西"(bête noire),他们将政治同议会制、政治活动和政治斗争与议会选举以及与此有关的竞选活动混淆起来了。中立主义既是最极端的改良主义者的口号,又是无政府主义者和无政府主义—工团主义者的口号。美国工人运动最有威望的领袖之一约翰·米切尔在其《有组织的劳动》一书中特别明确地强调了这种中立主义,坚持现代社会制度由三个要素,即由资本、劳动和社会组成的思想。这位令人尊敬的领导人所提到的社会是什么意思,人们很难猜度;显然它指的是自由主义的社会改革家们,因为他同这些社会改革家们一起参加了以空谈社会立法和改善工人阶级境况为宗旨的各种联盟和协会。这位先生在多大程度上保持独立和中立,从下面的事实中可以看出来,他死后人们发现他有不多不少整整50万美元的遗产,这都是他作为美国工会运动的领导人赚的。这种中立是资产阶级对无产阶级施加影响和让无产阶级利益完全服从统治阶级利益的最恶劣的形式。

独立论就其本质而言，是建立在同样的原则之上的，但它提出了与中立主义政治家不同的目标。无政府主义—工团主义者和无政府主义者所宣扬的独立是纯粹工会运动论，是工会运动高于工人运动的一切其他形式的理论。这一理论不仅剥夺了政党的领导权，甚至剥夺了它们生存的权利。去年，这种独立的思想特别表现在形形色色的无政府工团主义者同红色工会国际所进行的论战中。法国、意大利、荷兰、瑞典和美国的工团主义者的狂妄同他们在工人运动中的特殊的作用成反比，他们不断地攻击共产党，并声称，工会自己将进行革命并取得胜利的果实。对这一理论，共产党人可以回答说："那好，请用事实来证明你们的理论的正确。"特别是在目前斗争最严峻的时刻，我们有权要求工人运动的领导人不仅发表宣言，不仅作出进行革命的许诺，而且要兑现这些诺言。最好的理论是由事实证实了的理论，我们的共产主义理论不仅由俄国的革命，而且也由其他国家的革命证实了。

但是，无政府主义者和工团主义者的理论还没有得到这样的证实。相反，无政府主义在俄国革命的实践中表明它实际上是一种小资产阶级的反无产阶级思想。马赫诺运动是好斗的无政府主义的最实际的表现，这个运动证明，无政府主义本质上是一个反无产阶级的、小资产阶级的、同"Kulaki"（农民的剥削者）沆瀣一气的因素。因此，我们对反共的独立论不仅持怀疑和不信任的态度，而且认为，如果这一理论在一个国家中拥有影响和占有优势，那么它对该国的工人运动就是极端有害和危险的。将政治和经济分为两个并行独立的部分，实际上意味着将统一的无产阶级的工人运动一分为二。工人运动可以有不同的形式：根据不同的条件、地点和时间，不同的政治形势和力量对比，这些和另一些斗争的形式和方法可能更合适些。但是有一点是完全清楚的，那就是在我们将政治性的工人运动同经济性的工人运动彼此分开，或者对立起来的时刻，我们就撕断了在斗争过程中有有机联系的东西，我们就削弱了无产阶级，使它失去对团结紧密、组织良好的阶级敌人进行胜利斗争的任何可能性。资产阶级不理会这套理论，他们并没有将政治同经济分开，他们非常善于利用一切由其机构所创造的东西，国家政权、文学、科学、艺术、教会和企业家的经济组织——这一切组成了一个统一的牢固的集团。对无产阶级从资本主义的桎梏下解放出来的追求，这个集团总是进行阻挠。政治——俄国共产党的纲领是这样讲的——是经济的集中表现。我认为，这是对政治和经济相互关系的最生动和最精确的表述。我们共产党人认为，政治是工人阶级为了自身的解放而开展的运动，是工人阶级同整个资产阶级社会的对立。旨在加剧这种对立的活动，加深阶级之间的鸿沟、为实现其目标而使无产阶级联合起来的活动，在千百万群众中间建立正确的关系的活动——所有这些活动都叫**政治**。只有头脑简单的人才能将政治斗争同无产阶级许多政治活动之一的议会活动混淆起来。无政府主义者和无政府主义—工团主义者在中立主义和独立论中将政治同经济这样对立起来，反映了他们想使共产党同工会发生冲突和依靠超党派的组织反对共产党的愿望。就其本质而言，独立论不仅反对政党，而且也反对共产主义，因为共产主义不是没有实体的，共产主义不能存在于时空之外而没有一定的组织，共产主义有一个实体才能存在。诚然，整个工人阶级是这样的一个实体，但是有着共产主义本能的工人群众是在一定的组织中体现其共产主义觉悟的，这个组织就是共产党。因此，如果将工会同共产党对立起来和在独立的旗号下谋求它们之间的斗争尖锐化，那么这种图谋不仅是针对党的，而且也是针对共产主义、工人阶级和社会革命的。

无政府主义—工团主义者在反对"政治"的斗争中以工团主义来对抗共产主义。可是什么是工团主义呢？工团主义主要是指整个工会运动，即有关国家的全部工会的总和。在这种情况下，将工团主义同共产主义对立起来就失去任何意义了，因为随着工会掌握全体有组织的工人，它也就掌握了参加了共产党的那部分工人。因此，将工会同共产党对立起来也意味着让信仰共产主义的工人自己反对自己。很清楚，在工团主义的概念中也包含着另外的意义，实际上工团主义也指工人运动内部和工会内部的某种思想倾向，这种思想倾向的特点在于它主要依靠工会。可是工团主义的基本特征是什么呢？就过去20年中工团主义在其各种派别中所形成的形象而言，它是工会运动高于工人运动其他形式的理论。因此我们看到，工团主义是以无政府主义、敌视政党和反政治倾向为基础的。工团主义声称，工人阶级在工会中建立其先锋队，并将通过工会来实现其任务。在这方面，法国工团主义者和共产党人就共产党在马赛代表大会上通过的关于工会运动的决议所进行的论战是很有意思的。党代会谨慎地表达的关于共产党是无产阶级先锋队的思想遭到工团主义者粗暴的反对。

工团主义作为工会内部的一种思潮正致力于起草自己的纲领，确定自己的策略、自己的斗争方式和方法，并在阶级行动中将工人群众团结起来。共产党也提出了这样的目标。因此，在有工团主义工人运动的国家里，我们看不到工会和政党之间的对立，不管形形色色的工团主义如何顽固地认为两者之间是对立的。实际上，我们看到的是一个叫共产党的党与另一个叫工团主义党的党这两个政党之间的对立。当然，工团主义者一想到他们实际上是一个政党就可能感到惊愕，因为在他们看来，政党是极可恶的东西——在这个意义上，工团主义者是以无政府主义者的继承人的姿态出现的。在这些国家中，这种对政党的否定态度来自腐败的议会传统，来自西欧国家的资产阶级运动乃至所谓的社会主义运动的领导人的良心和骨气的极大的弹性。在改良主义的实践和议会白痴症的土地上，出现了这种将政治同贿选活动相提并论的现象。工团主义者的不幸，在于他们根本没有看到他们的理论的本来的根源，因此在他们看来，工团主义是从无产阶级群众运动中有机地生长出的一个现象，而共产主义则是由人工培植的运动,是一个由某些显然敌视工人阶级的可疑的"政客"由外部移植进来的运动。作为一个理想的运动和从其健康的、最现实主义的形式看来,工团主义在许多方面接近共产主义,因为它不仅提出了相同的目标——如推翻资本主义等,而且宣传相同的主要方法——无产阶级专政。那么在工团主义者和共产党人之间应当建立什么样的关系呢?首先,如前所述,工团主义不是一个统一的思潮。相反,我们在工团主义中可以看到许多思潮,因此,工团主义提出要反对共产主义就更莫名其妙了。我们看到的主要有与无政府主义几乎没有区别的无政府—工团主义者;其次是已能同无政府主义划清某种界线的工团主义者—革命者;最后是接近共产主义的工团主义者—共产党人。由此可见,工团主义本身并不是什么成熟的东西,没有固定的形式,它是无政府主义和共产主义之间的许多思潮的大杂烩。当然,由此也可以清楚地理解共产党人在有革命的工团主义工会运动的国家里的任务。共产党人首先必须就团结工人运动的左派采取主动。与我们最接近的是工团主义者—共产党人,这是当前工团主义内部从战争和从俄国革命确实学到许多东西的一派,他们知道什么是无产阶级专政,知道在过渡时期无产阶级专政是必要的和不可避免的。他们不是从一本抽象的、无政府主义的关于革命的小册子的立场,而是从经验的立场,从那些真正想亲身学些东西的人的立场来对待专政的。这方面最典型的例子是法国的"工人生活小组",我们可以将它称为无党派的共产主义小组。就其本质而言,这个小组是共产主义的,有许多共产党人属于这个小组,但是他们在共产党内没有进行实际活动的余地。顺便提一下,这在法国也是不足为奇的,因为法国共产党不是一个能对这个国家全体革命工人拥有政治权威的组织。这个党还处于初建时期,还有思想分歧,还没有统一和团结到能够掌握法国群众运动的程度,虽然客观形势对一个严肃的共产党是极其有利的。

毫无疑问，共产主义和工团主义是两种不同的理论，是对待工人运动问题和对待实现工人阶级面临的任务的方法的两种不同态度。鉴于我们同工团主义者存在意见分歧，共产党人必须同工团主义的一切反共倾向进行坚决的思想斗争。共产党人也决不能容忍导致否定政党的理论和实践，不管是谁执行和捍卫这种理论和实践。因此有必要同目前在工人运动中仍然存在的一切无政府主义派别进行系统的、顽强的和有计划的思想斗争。但是，这决不容许妨碍共产党人同工团主义者不仅在反对资本的进攻，而且在反对改良主义的斗争中实现实际的接近，采取共同的行动和进行密切的合作。怎样才能实现这些呢？只有通过革命的行动。共产党越软弱，政治上越束手无策，工团主义就越强大，对共产主义就越咄咄逼人。在共产党对一切事件进程居领导地位的地方，在共产党及时采取主动和善于找到我们的阶级敌人的要害之处，并能及时击中它的地方，工团主义者均被迫同共产党人合作，即使他们很有力量。但是，在党内不断产生内部摩擦的地方，在党对自己的共产主义方向没有把握的地方，在党不敢采取主动和不断四下观望别人说些什么的地方——在所有这些地方不可能在工团主义者和共产党人之间建立起正常的关系，因为为了对自己缺乏主动和没有能力领导工人运动进行辩护，变不利为有利，共产党人自己就开始提出独立论了。

对共产党人来说，工会和政党之间的相互关系问题是根本不成其为问题的，共产党人的任务是以统一的共产主义精神和统一的共产主义意志来武装一切工人组织。共产党只有有计划地和有系统地完成这一任务，它的存在才有意义。一个不仅在理论上而且在实践中赢得工会的党，才是一个真正的共产党，因为这是社会革命的前提。因此，第四次代表大会不必讨论这方面的理论问题，因为这个问题早已解决了。可是，如果我们仍然必须再次讨论这个问题，并不是为了确定新的原则，而是为了检查一下我们原来就有的很好的原则是怎样实施的。对此我们必须坦率地讲，许多共产党人将这些原则执行得很糟糕。特别是党和工会的关系不可能在所有的国家中完全一样。虽然我们在理论上对这个问题的认识是一致的，但是大家都知道，在这方面存在着许许多多的实际做法。由于工人运动的性质，它所处的环境的特殊性，整个政治和社会形势的不同，传统的不同以及有关国家的社会党所起的作用不一等因素，党和工会之间的关系大不相同。

在像英国和美国这样有老的工人工会运动和年轻的共产党的国家，党和工会的关系与在有老的政治运动和比较年轻的工会运动的国家（俄国和其他国家）不可能一样。如果我们正确地确定了必须争取一切工会拥护共产主义，必须以共产主义精神武装工会，并力争工会遵循共产主义策略的目标，如果我们致力于这一目标，这并不意味着我们在不同的国家可以同时乃至用同样的手段实现这一目标。试以英国为例，这个国家有强大的工会运动，有反对政治和反对社会主义的老传统和一个拥有数千名党员的不大的共产党，在英国谈不上工会同本来意义上的党之间的关系。工会对党持敌视的态度，因此在这些国家不必谈党同工会的关系，而应谈党同一部分革命的工会以及同工会内部站在阶级斗争发展立场上的反对派的关系。各国在这方面的任务是颇不一样的。

很清楚，如果党把自己的工作局限于很小的党支部，这对英国是极其有害的。在英国必须致力于形成一个大的反对派的工会运动，必须使我们的共产党小组变成团结反对派的核心，必须建立完整的反对派，给它以固定的形式，团结其他各部分，随着反对派的力量的增长，共产党本身也将壮大起来。在党组织和反对派——就其全部本质而言它很复杂，是由各种成分组成的——之间必须建立起这样的关系，使人们不能指责共产党人想使整个反对派运动自动地服从自己。

在这种情况下，必须以最大的谨慎、最明确的态度和坚韧不拔的精神来实现这一目标，即争取工人群众拥护共产主义。在美国我们也面临基本相同的任务。我们在那里有一个很小的共产党和一个以工会教育同盟（Trade Union Educational League）为表现形式的相当大的持反对态度的工会运动。美国共产党人的任务是什么呢？他们必须根据这个同盟的纲领在工会运动中开展工作。什么是同盟的纲领呢？红色工会国际的纲领。当然，同盟的纲领的内容不像共产国际的纲领那样广泛，没有后者那么清楚和明确。美国工会教育同盟的纲领没有美国共产党的纲领那样生动、明确和尖锐。但是，同盟也不可能具有与共产党相同的性质，因为它团结的是全部反对派。我们在美国的任务是团结所有反对龚帕斯的人。党对这个同盟的工作必须表现出最大的耐心，特别是因为同盟在很短的时间内做了大量的组织工作和教育工作。我们在美国的任务是支持同盟扩大其力量，号召所有共产党的同情者积极支持这个同盟，尽力支持他们进行反对毒害美国工人运动的龚帕斯主义的斗争。当然有党扩大影响的方法问题。但是在工人运动中扩大影响并不是通过决议，通过中央委员会的某些恰当的决定，而是通过共产党人在有关工人组织中进行的工作。因此，我们应当尽可能少谈，甚至根本不谈对同盟活动的监督，因为谈论这点只会导致机械的监督，或者准确地讲，只会导致企图机械地干预党实际上既不能做也不能完成的工作。共产党在工会中扩大影响的任务主要是党的组织任务，首先必须建立一个团结的严肃的政党，必须从工人运动的各部分将尽可能多的工人吸引到我们的组织中来，党员必须通过内部的纪律紧密团结，只有这样我们在工会中的影响才会不断扩大。

党在工会中的影响是同它在群众中的工作和群众的政治反应成正比的，党的任务就是在组织上固定这种政治影响。必须强调指出，我们在工会中的组织工作总是落后于政治工作，德国可以作为最好的例子。我们在德国有一个很强大的共产主义运动，粗略估计，共产党在德国大约影响了1/3的阿姆斯特丹派工会的会员，但是如果从组织上算一算我们的力量，人们立刻就会看到，所有广大的群众在组织上缺乏联系，跟随我们的群众彼此缺乏足够的团结，我们不能从组织上巩固我们在那里的政治成绩。我们在政治上影响的迅速扩大与在组织上对革命思想的这种增长的极其缓慢的巩固之间的矛盾，是德国工人运动中的一个具有威胁性的、十分危险的因素。这意味着，党在紧张的政治斗争的某些时刻，可能陷于没有足够数量的组织中心，因而不能集中也不能最稳妥地领导全部革命力量的境地。当然，在德国，"党和工会"的问题过去和现在都与英国和美国很不相同，在德国，主要是党同体力劳动者与脑力劳动者联盟的关系问题激化了。大家知道，当时这个联盟甚至是由斯巴达克联盟的成员建议建立的，后来共产党改变了它对工会的策略，许多德国共产党的工会会员经常把这个拥有15万工人的联盟看做妨碍他们国家的共产主义运动的组织。这里表现出了对实际问题的某种抽象的态度和对我们要求夺取工会的口号的错误理解。一些共产党人是这样看的：既然我们的策略不是分裂工会，而是夺取工会，那么联盟就因而失去了存在的理由。然而这是最地道的形而上学的观点。联盟存在着，在德国的具体情况下，它今后几年还将继续存在下去；只要它存在，它当然要扩大其会员的数量。任何一个组织都不能不争取新的成员，否则联盟会完全失去会员，如果会员逐渐死去的话。

党必须强制其党员执行共产党的政策。所有关于这个问题的讨论和最近几个月的全部斗争本来都应该在这一基础上进行。但是实际上共产党员必须执行共产党的政策的问题并没有被提出，党同联盟的关系问题反而被提了出来，这样就使整个事情变得复杂和模糊不清了。幸亏在体力劳动者与脑力劳动者联盟最近举行的代表大会上，对这个问题基本上作出了结论。错误观点的根源在于有人只想在老的工会内部开展工作，并想不惜任何代价结束一切独立组织的存在。

在意大利，工会运动同政治运动是密切地结合在一起的。工团主义联盟的例子并不说明问题,因为这个组织对工人运动无任何影响,最重要的力量是全国总工会和共产党。对意大利来说,任何关于党同工会关系的讨论都是多余的和不必要的。

在法国,党同工会的关系的问题具有颇为特殊的性质。我们看到,在法国有一个老的工团主义的工会运动和一个年轻的共产党,共产党主张工会运动自主和独立的热情并不亚于工团主义者自己。大家知道,法国工团主义者对于反对红色工会国际第一次代表大会的决议特别起劲。在这次代表大会上,两个国际之间建立了联系并决定各国的革命工会和共产党在采取各种进攻和防御行动时必须合作。最引人瞩目的是,这个决议不仅遭到工团主义者的反对,而且在共产党内也遭到了反对。共产党员特别突出地强调了独立自主的必要性,为此主要指出了法国工人运动的传统。既然谈到传统,我们不能不说这是一个坏的传统,这个传统是在法国社会党的机会主义的基础上产生的。这在社会党执行改良主义政策的时期是可以理解,也是很自然的,因为当时独立于社会党,无非意味着对机会主义和改良主义保持独立,每个共产党员都应当为这种独立性而斗争。但是假如我们有了一个不许患其前身社会党那样疾病的共产党,那么这种独立论就失去了意义,在这里,历史传统是无济于事的。

在1906年必须反对患了议会白痴症的机会主义党的时候,亚眠宪章是适用的,当时这个宪章是合时宜的。但是如果将这个纲领运用到所有国家和赋予它国际意义,而不考虑由俄国革命和共产国际所实现的巨大变革,那就必然不可避免地拘泥于死板的公式,不顾现实,因而有将其命运窒息于这些公式中的危险。

在这方面法国是一个奇妙的国家,在那里共产党员要求对自己的党保持独立,同工团主义者一起在法国统一总工会(CGT-U)的指导委员会中通过一个决议,将开除一位工会领导人出党视为敌视全国统一总工会的行动。

严格地讲，在法国有两个党，但并不是两个共产党——左派党和中派党，而是两个不同的党，其中一个是共产国际的法国共产党支部，另一个被称做工团主义党。我们不应当掩盖事实真相：工团主义者是一个自己不称为政党的党。在共产党内大概有四个派别，在工团主义党内有四个或五个派别。

如果有人对无政府工团主义者说他们是一个政党，他们会跳起来，感到莫名其妙和惊诧："我们是一个政党，不对，我们不是一个政党，我们只是工人。"按照工团主义者的观点，政党是由非无产阶级分子组成的，而他们的党是在有组织的工人的核心中自动形成的。

那么法国共产党，特别是它对工会运动的态度的特点是什么呢？为了说明这个问题，我想引用几个例子。

首先我们想谈谈共产党的一般特点：共产党的每个成员都意识到有必要在无产阶级内部进行工作，在党和阶级之间建立有机的联系，都认识到党是工人运动的先锋队。工团主义者对此可以有自己的观点，但是假如你是一个党员，你正是为了这个目的，而不是为了其他目的入党的。

在法国共产党巴黎代表大会之前，罗斯默同志提出的指导原则受到很有意思的讨论。

在反对这些指导原则的问题上，参加了我们共产国际的一些朋友与同样反对这些原则的无政府主义—工团主义者结成了联盟。如果在共产党人和党外人士之间结成了联盟，那就是一个必须不惜任何代价也要治愈的一种疾病的症状。法国共产党的一些党员同志如此惧怕这些原则，在党中央否决了这些指导原则后，《国际》杂志甚至写道："中央委员会挽救了党，因为在所提出的指导原则中包含着极其危险的东西。"党代会后，《共产党公报》发表了一篇党的执行书记苏蒂夫同志讲述有关这些指导原则的历史的文章，其中有些话很值得在这里引用一下：

"一天，左派向中央委员会提出了一项决议案，其中包括完全不能令人接受的关于工会政策的建议。这个决议案说：共产党认为，它最准确地表达了工人阶级的愿望和最有能力实现工人阶级的解放。"

一项决议认为，共产党最好地表达了工人阶级的愿望，一名共产党人、法国党的执行书记就提出了抗议。工团主义者可以对此提出抗议，这是他们的权利，我们可以同这些同志辩论。然而一个共产党员，而且是党的书记有这样的抗议，我们就不理解了。假如党不表达工人阶级的愿望，那么什么是它的工作呢？研究议会制和撰写报刊论文？对党的任务共产国际有不同的看法。

每个党员都必须坚信他的党能比任何其他政党更好地表达了工人阶级的愿望，没有这种信念我们将一事无成，我们将经常被迫处于消极状态。一个没有这种坚定信念的党不是共产党。假如党的书记都惧怕这一思想，那就很清楚，这个党有毛病了。

苏蒂夫接着又说："指导原则提出了在法国统一总工会中建立一种共产党的法国总工会的要求，这一情况具有特别重大的意义。"这样说是不对的。这个决议案说，共产党人不仅必须按区域，即按照部门和地区组织起来，而且也必须按照社团组织起来。

法国共产党有这样的党员，他们刚开始在工会中工作就放弃了他们的党员证。他们一入工会就忘记了他们是共产党员。在党员大会上他们是共产党员，可是在会外他们保留了为所欲为的权利。他们有时以工会独立自主的最积极的拥护者的姿态出现。

共产国际不想控制工会，一个声称想控制工会的共产党对共产国际的策略可以说是一窍不通。但是，共产党必须努力使每个共产党员在任何场合都是一个共产主义者。我们必须努力用共产主义精神武装工会运动，同时使参加了工会的党员永远是共产党的党员。共产党不是通过动员建立起来的，入党不是根据某一个命令，正因为入党是自愿的，党员就承担了自愿的、然而同时也是固定的义务。假如一个党员说我们在我们的工会策略上完全独立，那是完全不允许的。

此外还有一个小例子，在我们收到的最近一期《阶级斗争》杂志上发表了由莫纳特、尚贝兰、奥利昂热和沙尔比等六位同志署名的一篇文章，更确切地说是一篇宣言。这六位同志中只有莫纳特不是共产党员。这篇宣言宣称："我们当中有人是党员，有人不是党员，但我们都是革命的工团主义者，这就是说，我们认为工会在争取无产阶级解放的革命斗争中起主要作用，党只起辅助作用，而不起领导作用。"

我们要问，这些革命的工团主义者为什么要入党。我们根本不能理解，一个党员明明知道为什么要入党，而又不容指责自己在追求一个议员的位子，既然认为党是次要的，为什么又偏偏要留在这个党内。这个问题可以从历史上加以解释，法国共产党的成分参差不齐，它是由不同思想的阶层组成的，每个阶层的旧思想都被带进了党内，并在党内扎了根。

在向共产国际第四次代表大会提出的指导原则中，包括下述一个要点："假如在一个国家中存在一个真正革命的工团主义运动，同时还存在一个在工会运动中没有足够力量和足够影响的党，那么很清楚，就必须使党同工会的相互关系与力量对比协调起来。"必须建立这样的关系，因为没有工会国际和共产国际的合作，革命的工人运动就会被资本的进攻扼杀。

无论如何，在法国，我们一方面看到了一个自己站在工会运动独立自主立场上的共产党，另一方面看到了更强有力地主张工会运动独立自主的工会。当然共产国际相信，无政府工团主义者关于工会将自己进行革命的许诺是没有任何严肃的基础的。我们也对实现"一切权力归工会"的口号的可能性持怀疑态度。但是每一个国家都存在政党同工会的关系，存在着共产党同工会的关系。法国的现实斗争，矛盾的激化，资产阶级猛烈的进攻，这一切都迫使法国工人——不仅有工团主义者，甚至还有共产党人——改变他们对党同工会关系的看法。不管他们想怎样和能够怎样"自主地"确定他们的关系，生活将教育他们应如何生活，并向他们指明，胜利不存在于写出"工会自主和独立"的地方，而存在于工人运动的一切形式都贯穿着统一的精神，统一的共产主义意志的地方。

革命的工人同资产阶级之间的斗争越尖锐，改良主义同现代资产阶级社会的联系和一致就越清楚。上面我已指出，阿姆斯特丹派对革命工会的进攻是随着资本的进攻而加强的。在工会运动的团结问题上，这种联系表现得特别清楚。这个问题不只是我们在研究，我们知道，工会运动虽然慢慢地，但终究会认识到同资本统治进行斗争的必要性。只有当工会或者被彻底摧毁，或者被分裂成几个敌对的派别，资产阶级的咄咄逼人的行动才能取得胜利。资产阶级之所以得到拯救，是因为工人运动的混乱、工人运动的瓦解和它在斗争中建立起的组织在组织上的分裂。这就是说，工会运动的团结危及资本的统治，因为资本的压力迫使这些强大的改良主义组织向左转。它们越是向左转，工人阶级胜利的希望就越大。因此，资产阶级想分裂工会，将工会变成支离破碎的东西，然后再把相互攻击的组织各个击破，就是很自然的了。

必须指出，阿姆斯特丹派在这个问题上紧跟他们的主子。去年，开除革命工会的事件特别多，例如大家知道，法国总工会的分裂，实际上是在法国资产阶级及其代理人的公开的"思想"影响下发生的。同样大家也知道，捷克斯洛伐克阿姆斯特丹派的分裂活动是在经济大萧条和资本家向工人施加压力的情况下进行的。德国工人处境越困难，阿姆斯特丹派关于左的危险的叫嚣就越响亮。为了摆脱这一危险，他们公开提出了清洗队伍的建议。令人遗憾的是,国际工会运动的分裂问题被提到了日程上。这并不取决于我们。分裂不是由我们共产党人造成的。在过去几年中,我们力求在工会内部进行斗争,努力将工会引到新的轨道,使工人组织革命化,但是我们总是有系统、有计划地提出掌握工会而不是破坏工会的口号。分裂不是由我们提到日程上的。那么我们的任务是什么呢?面对着这种对工人阶级的一切权益的最严重的威胁,共产党人应该怎么办呢?共产党人必须十倍努力地去工作,竭尽全力反对这种分裂活动。我们不容许分裂——这应当是共产党人的口号。我们不容许分裂,因为分裂会削弱每个国家的工人运动;我们不容许分裂,因为目前分裂将使工人阶级倒退许多年,削弱工人阶级的抵抗能力,给企业主以对付工人阶级的新武器和巩固其统治的新的可能;我们不容许分裂,这不应该只是一个口号,我们的一切实际行动都必须以此为出发点。

共产党人在工会中采取任何步骤都必须考虑建立和巩固我们的组织的团结。在已经出现分裂,在没有征得我们同意和违背我们意愿建立起并行的组织的地方,共产党人必须为使分裂的组织重新统一而进行极其严肃而有计划的斗争。斗争必须在两条战线上进行。一方面必须反对改良派,反对不顾一切想分裂并进而削弱工人运动的资产阶级的代理人;另一方面必须严肃而坚决地反对将分裂工会运动视为拯救工人阶级的所谓的左派。这种激进主义与我们的革命的马克思主义立场毫无共同之处。我们在法国看到无政府主义激进分子在改良主义者的挑衅下乐于自我孤立。捷克斯洛伐克的激进分子甚至认为,工人组织最好同其他的工人组织脱离。这是农业工人联合会领导人的立场,一年前,他们还千方百计地想置身于捷克斯洛伐克统一的工会运动之外。统一的工会运动是我们的口号,因此,共产党不应将其党员从改良主义的工会中拉出来,因为如果我们将他们拉了出来,并将他们纳入革命的工会,我们就不能对改良主义的组织给予必要的影响和迫使它们同革命的组织联合起来。

在这种情况下，共产党人必须认真重视实行统一战线的策略。十分明显，如果在并行的工会之间达不成谅解，就不能击退资本对工人阶级最根本权益的进攻。共产党必须向群众解释清楚工会间达成谅解、共同保卫劳动工资和改善生活状况的必要性。我们必须迫使并行的工会的领导人为了采取共同的行动而达成谅解。这应当成为共产党自己的实际行动纲领。在这点上我们既不应被热情多于理智的改良主义者和无政府主义—工团主义者的攻击所困惑，也不应被甚至来自共产党人的攻击所困惑。我们必须十分顽强地、十分积极地、有计划地执行这种在行动和实践中必然使并行的、互相竞争的组织联合起来的策略。

争取建立工会运动统一战线的斗争是各国共产党的最重要的课题。我们知道改良主义分子为什么要分裂工会运动，他们不仅想摆脱人们对他们不断的批评和革命的义愤，而且想通过分裂活动使社会主义革命本身无法进行。

在阿姆斯特丹派决心永不做少数派之后，合乎逻辑的发展是他们必然要分裂全世界的工会运动。随着工人对他们改良主义的许诺的信任日益降低，他们更感到有分裂全世界工会运动的必要了。资本的进攻每天都在国际改良主义的棺材上钉一个新钉子，因为改良主义的力量在于资产阶级的让步。但是，资产阶级之所以让步，是因为他们惧怕革命运动。无论如何在战争结束不久，在改良主义分子起调解人作用时，他们能够向工人炫耀其策略的成果。普通工人没有注意到，之所以允许进行一些改革并不是由于执行了改良主义的策略，而是由于违抗了这一策略，因为资产阶级改良主义的产生，是同革命的不满情绪的增长和革命的爆发同时出现的。在革命的浪潮退落的同时，资产阶级从防御转入了进攻。今天就连最普通的工人都知道，改良主义已经破产了。事实表明，改良主义连最初几年取得的所谓成就都保不住了。国际劳工局和国际联盟以及凡尔赛和约的全部动听的许诺现在都赤裸裸地现了原形。已感到末日来临的日益衰落的改良主义企图不惜任何代价瓦解工人阶级,使工人阶级不能取代日益衰落的资产阶级。作为对有计划地分裂工会运动的做法的回答,我们全体共产党人应当共同声明,每个共产党应当单独声明:我们将不惜任何代价阻止分裂。

阻止分裂越来越困难了,已决定脱离革命工人的阿姆斯特丹国际为此采取了必要的措施,开除共产党人已成为司空见惯的现象。共产国际和各国共产党面临着如何对待这种开除的问题。阿姆斯特丹派开除共产党人为了什么目的呢?他们想把共产党的领袖孤立起来,失去同情共产主义的工人阶级。他们想割断最优秀的革命分子同工人阶级的联系,以便继续对工会会员施加思想和组织影响。很清楚,共产国际不能容忍将共产党人排除在工人运动之外的策略。共产党人主张团结,但是他们不能为了团结而牺牲共产主义。最近一个时期的任务是仔细考虑采取一些最严肃的实际措施,来对付这种传染病似的开除活动。

大家知道,开除的办法主要是针对领导人。在德国采用的是开除当选的共产党人的做法。捷克斯洛伐克的办法简单些,在那里,工会中央领导机构宣布开除总共拥有11万工人的化工协会和木材工人协会。每个国家都有自己的迫害共产党人的方法,因此,共产党反对改良主义分子破坏工会也必须有自己的斗争方法。

但是,总有几个对各国都适用的带普遍性的问题。首先必须强调指出,我们共产党没有充分利用章程上的一切可能性来反对开除活动。所有的工会章程都谈到会员由于明显违反章程可以将他们开除出工会,可是据我所知,章程并没有规定共产党人只是因为他们是共产党人就应当被开除。许多人被开除和当选的干部得不到批准,只是由于他们是共产党人。根据工会章程进行斗争是否可能?我们认为,在许多国家能够进行这种斗争。

工会章程为这种斗争提供了足够的可能性。如果我们只想向大家指出我们的形式上的权利,这不会给阿姆斯特丹国际留下任何印象。如果我们对此稍微有所怀疑,我们就是极其幼稚的。不能这样理解充分利用每个工会会员享有的一切合法权利。我们必须在工会会员中大规模地开展宣传鼓动工作,必须在每次大会、每一次代表大会上,在凡是发生了开除事件的各行业的工人集会的地方,讨论开除问题。在一些国家中我们的同志局限于在报纸上发表一两篇文章,事情即告结束。实际上,即使只有一个共产党员被开除出工会,这件事也应该成为我们在这个工会的会员中不断进行有利于恢复会员资格的政治宣传的材料来源。应当在工厂中开展大规模的反对开除的运动,随时都可以讨论开除问题。特别是在目前这个对整个工人阶级极其危险的资本进攻的时刻,每个工人都知道这些开除行动具有明显的背叛性质。

共产党宣传鼓动的任务是揭露这些开除事件的真相,并使每个工人明了暗中的原因。不许工会官僚们在这类事情上为所欲为,只有当他们知道这样的事件将成为不断谴责他们的内容,不是谴责几天,而是谴责他们几年,他们才会在决定将共产党员赶出工会和开除出工会之前好好考虑考虑。此外,每个地方联合会都选举理事会,中央机构拒不批准选出的理事会。在德国就有过这种情况。

问题在于下一步该怎么办?重新举行选举?可是重新选举的结果仍将是现在的政治结构。在拒不批准选出的理事会的同时常常也将当选者开除,那么应该怎么办呢?在这种情况下,也应当只局限于做鼓动工作,还是应当试图前进一步?显然,我们在这个问题上不能只局限于抗议。如果地方联合会选举了共产党员,而且选举是按照章程进行的,开除共产党员或拒绝批准就意味着无耻地侵犯工会会员最起码的民主权利。如果会员同他们选出的工会干部的关系不是偶然的关系(如果共产党员当选的原因是因为他们是共产党员),工会地方小组为了挽救工会、维护工会运动的团结,就应当拒绝执行中央的规定,必须制止阿姆斯特丹派独断专行的做法。当然这可能导致严重的冲突。中央的代表可能以拒绝服从命令为由，将整个地方小组开除，但是任何一个地方小组都没有义务满足中央的非法要求。我们不想分裂，可是这决不意味着我们可以允许改良主义分子随意改变工会。

尽管我们反对分裂，但是改良主义分子的进攻活动总是针对我们的，因此，共产党人最重要的任务就是任何时候都不能让被工会开除的会员失散，把他们聚集起来的问题至关重要。在共产党员中，有的同志患了组织上的拜物教症，因此认为团结和联合被开除的工人违背工会运动的统一。这是绝对错误的和极其有害的立场。谁团结被开除的人，谁联合被改良主义政策驱散的会员，谁就实际上在为重新恢复遭到破坏的统一而工作，谁就在为被分裂和被拆散的组织重新统一创造条件。由于工会的处境、斗争条件和特点不同，有必要建立不同的组织，比如在德国可将某些人安排在被开除会员的联合会里，将另一些人团结统一到体力劳动者与脑力劳动者联盟中。在德国没有统一的反对分裂政策的斗争形式和方法，每个实际步骤都必须个别考虑，必须根据情况采用这种或那种实际手段。必须看到，在某种情况下停止向工会中央机构上交会费是可能的和允许的。假如中央领导将地方小组的当选机构开除，在最后解决这个问题之前，地方小组可以停止上交会费，在某些情况下，甚至必须停止缴纳。

这并不意味着应当宣扬拒绝向工会本身缴纳会费。相反，每个工会会员仍在继续缴纳其应交的会费，会费保留在地方的金库里，仍按工会章程规定的数额结算，但在冲突解决之前不向上缴纳。这是普遍适用的斗争手段吗？当然不是。在某种形势下，在某种条件下这可以是斗争的一个方法和手段。对我们来说，实际上这种斗争只有具有群众性质，才能取得一定的成果。当然，每个共产党员自己均应尽力阻止这种开除行动，但是必须动员所有对此持同情态度的地方和中央的组织参加抗议活动。同情被开除者的抗议应该采用什么方式呢？抗议的方式在这里也很难确定。可是毋庸置疑，为了结束开除的浪潮，开展这种抗议活动是必要的，采取统一的集体的行动是绝对必要的。这些组织究竟以组织的形式或财政的形式，还是其他的方式进行抗议，也是一个具体的问题。毫无疑问，每个国家都会根据当地的条件，找到千百个抗议这种开除的实际方式。重要的是，党不局限于作出决议，而是要清楚地认识到，如果我们阻止不了开除的浪潮，如果我们不能击退阿姆斯特丹派的进攻，国际工人运动就要分裂，战胜资产阶级的时刻也会推迟。

应当考虑到，自第二国际和第二半国际合并以来，开除的传染病迅速蔓延，不仅蔓延到各国，而且也传染了各工业部门的国际组织，例如去年有许多革命的工会被从相应的国际秘书处中开除或未被接纳。未被接纳的有俄国的冶金工人联合会、纺织工人联合会、职员联合会、木材工人联合会、皮革工人联合会、运输工人联合会和邮电职员联合会等。唯一被接纳加入国际联合会的是食品工人联合会，但也是有条件的。各国革命的工会都面临着革命工会的联合应采取什么形式的问题。以前国际宣传委员会是按照工业部门建立的，可是有计划地将整个工会从国际联合会中开除，可能迫使革命的工会离开宣传委员会，另外组建新的国际联合会办公室。这不是遥远的未来的问题，而是现实的问题。在这方面共产党应当做些什么呢？我们必须看到，甚至少数在工业联合会国际委员会任职的共产党员对开除他们的革命同志也持相当冷漠的态度。这主要说明，并非所有自称共产党员的人都真正是共产党员。在不久的将来，各国革命的工会将被迫按照工业部门联合起来，以便同心协力为在每个工业部门建立一个统一的国际组织而斗争。共产党人必须以各种方式支持这些在国际范围内像各国革命的工人一样从事相同工作的组织。

不管共产党人在工会运动中的斗争多么艰巨，不管改良主义分子如何向我们提出分裂的挑战，我们仍将继续捍卫共产国际第二次代表大会上就已提出的口号：不是破坏，而是夺取工会。过去几年证实了这一策略的正确性。许多共产党人的急躁情绪，以及对改良主义的官僚常常斗争不力，导致了破坏工会理论的出现。如果共产国际接受这一立场，那它现在的处境会怎样！它甚至连目前在各国工会中所完成的工作的十分之一都实现不了。共产党员必须在改良主义分子聚集的地方和有群众的地方孜孜不倦地工作。让改良主义为了讨好资产阶级而迫害我们去吧。让他们企图连根铲除共产主义的影响去吧。让他们同资产阶级勾结企图粉碎日益强大的反对派去吧。这一切都是枉费心机。共产主义不是天外飞来的，不是他人传授的，而是从工人群众的母体中有机地生长出来的，共产主义为在劳动群众中正在成熟的和强烈酝酿着的东西提供了形式。共产国际是一个不自觉的历史过程的自觉的表现，因此，放弃在工会中坚持不懈、顽强而有计划地进行的工作，提出退出群众组织和另建自己的小联合会的口号，简直是胡闹。不，破坏工会的是另外一些人。资产阶级在进行破坏活动。改良主义分子的策略在破坏和削弱工人阶级的工会组织。共产党人不会搞这种活动。现在只有少数人还没有从过去几年的经验中学到东西。在美国、德国和一些工团主义集团中总还可以找到这类特殊的人物，他们认为，将共产主义的好人同改良主义的坏蛋分开，并建立自己的小而且纯的微型工会，工人运动就会壮大。实际上工人运动作为一个整体只能因此受到损失。工人运动可能受到损失，因为这样一来共产主义这个酵素、共产主义觉悟、共产主义力量和共产主义主动精神就将脱离其自然的环境，这等于人为地关闭革命的发动机，这将是对工人阶级和共产主义的最大的打击。

由此产生了共产党的口号——夺取工会。可是夺取工会意味着什么呢？这样我们就谈到了我们共产党在许多国家工作的一个薄弱方面。有的国家将夺取工会理解为夺取领导岗位，假如工会秘书和主席是共产党员，许多共产党就放心了，直到发生第一次震动和第一次冲突。冲突开始了，他们才蓦然看到他们还没有夺取群众，而且夺取领导岗位还不意味着夺取工会。我们在捷克斯洛伐克、德国和许多其他国家都有这样的经验。这种策略意味着什么呢？它意味着，我们共产党认为没有必要将共产主义情绪变成共产主义觉悟；这意味着，共产党没有在同一个工会中建立通过严格的纪律而相互联系的普通的共产党支部；这意味着，我们共产党听任某些意想不到的潮流和这个或那个领导人的情绪来决定群众组织的命运。令人遗憾的是，在许多国家还根本未对群众进行大规模的共产主义教育工作。夺取工会正是意味着夺取群众，对这些群众进行共产主义启蒙教育；将最先进的分子用共产主义精神组织起来，以使整个工会从上到下的各级组织都具有共产主义精神和共产主义觉悟。

只有共产党人自己组织起来了，只有他们自己团结起来，并知道他们要干什么，他们才能够和可以提出团结全部反对派的动议。我们不能局限于只团结自己的队伍。目前工会运动拥有数千万人，工会是名副其实的群众组织，因此，相互关系问题、党同其支部以及这些支部同全部反对派的关系问题，是我们共产党在工会运动中的策略的最重要的问题。我们的共产党支部和共产党小组正是共产党和工会之间的中介装置和纽带。应当怎样建立这种关系呢？如何在这些部门中正确地去组织工作，在每个国家可以通过制定一个切实可行的行动纲领来予以确定。共产党人在工会中工作的初期，我们的宣传工作纯属抽象性质。这些工作有宣传共产党的口号，宣传社会革命和同资产阶级斗争的必要性，但是这种宣传并非总是来自有关国家的具体的实际需要。将莫斯科同阿姆斯特丹加以对比也常常具有抽象的性质，因此我们前进得如此缓慢，并如此缓慢地将我们的触角伸向了群众组织。

共产党人的任务是将其宣传搞得更具体和更实际些，使它适应当前的环境，无论如何要从有关国家和有关工业部门的工人的具体需要中看出具有普遍性的要求，从实际斗争来确定工人阶级的总任务，并在这一实际斗争的基础上提高群众的觉悟,只有这样进行工作才能使我们获得必要的成果。如果我们这样行动,我们就能最好地实现夺取工会。夺取工会恰好在于迫使工会实现我们的实际纲领和实施我们的建议,即使领导人不愿意这样做。这样,只有这样,才能实现夺取工会。诚然,为了实行这一策略,为了打进一切工人组织和将我们的口号变成劳动人民注意的中心,除了进行生动的组织工作和教育工作外,还需要做相应的新闻工作,遗憾的是共产党对我们工会的机关报重视的太不够了。工会运动在党的总的新闻工作中占极小的位置,并不是所有的党都出版工会报刊,即使出版也很不经常,特别是工会报刊常常陷于财政困难,好像工会运动问题是次要的问题,好像在必要时也可以削弱工会的新闻工作。

不夺取工会就不能进行社会革命,而为了夺取工会,我们就必须在最近一个时期对我们的工会报纸给予特别的重视。必须发展工会报纸,使它更实际,必须扩大我们的报纸宣传鼓动的范围。在我们的报纸上,不仅应当讨论一般性的政治问题和国际问题(这些问题是极其重要的,应当进行讨论),而且也应当讨论具体的实际的斗争问题,如工资问题、组织建设活动问题和社会保险问题等。总之,一切使工人群众强烈关心的问题,都必须经常在我们的工会报纸的版面上得到反映。我们所有的党报都必须记住,不占领改良主义分子的这个堡垒我们就不能前进一步。

然而,如果我们只满足于宣传鼓动那就糟糕了,在组织上巩固我们政治工作的成果,对每个国家的共产党来说都应居首要地位,否则,群众在政治上的进步和组织上的巩固如果不相协调,将导致一系列失败。夺取工会是一项长期的、艰巨的、系统的和具体的组织任务,不会立即取得直接的结果,但是它可以保证共产党为建设共产主义大厦有一个坚实的无产阶级基础。在对待工会运动和夺取群众及工会的态度上,抽象的东西越少和实际的东西越多,共产国际第二次代表大会上提出的任务就实现得越快。

我们建立在实际而具体的行动纲领基础上的工会工作，必须以将各国的工会运动统一到红色工会国际中为目标。应当指出，在第三次和第四次代表大会之间的这段时间里，关于红色工会国际问题，在一些党内出现了散伙的情绪。有人作了这样的判断：我们既然主张统一战线，主张工会运动的统一，主张夺取而不是破坏工会，那就应当解散红色工会国际。这样将达到工会运动的真正统一，并大大有利于共产党人完成夺取工会的任务。当时，这个思想是由保尔·莱维及其在德国的拥护者提出的，其他国家的一些共产党人也有这一思想。起初，许多同志还不清楚散伙论的本质。不少同志认为，这不是原则性的分歧，而只是一个是否适当的问题。但是这些同志错了，在红色工会国际问题上的散伙情绪实际上是要解散共产国际。解散红色工会国际实际上意味着什么呢？这意味着放弃将革命的工会运动团结到一个国际中心的任务，意味着让国际工会运动的革命分子成为散兵游勇。如果这只涉及工会中的共产党党团和共产党支部，那问题倒很简单，工会运动中的共产党人不需要建立一个新的国际，共产国际完成了领导和团结各国共产主义运动的任务，而且完成得很好。红色工会国际的任务是团结各种各样、五花八门的革命工会运动，参加红色工会国际的既有共产党人，也有各种工团主义者。所有左派革命工人和全部不要阶级和平、而要无产阶级反对资本及其代理人的斗争的人都属于这个国际。因此，解散红色工会国际主要意味着缩小国际共产主义活动的基础，并必然会导致共产主义组织的解散。执行委员会扩大会议结束了这种散伙的情绪，现在很难找到一个这种散伙情绪很严重的党。虽然不存在散伙的情绪，但却存在对红色工会国际的消极态度，许多共产党人认为，红色工会国际问题虽然很有意思，但却是次要的问题。对共产主义工人运动来说，这是一个极其有害的错误看法。革命的工会运动必须有其中心，不然共产国际同各派革命工人之间的联系就中断了。加强红色工会国际也意味着加强共产国际。共产党在这里是为自己和为共产国际而工作，因此各党必须在其全部工会工作中和在其对工会运动的全部政策中重视国际共产主义运动的这一极其重要的任务。红色工会国际建立之后，在很短的时间内就变成了一支巨大的力量，在全世界任何一个角落，都有人在为我们的纲领和红色工会国际的策略进行尖锐的斗争。红色工会国际同共产国际的密切联系遭到了特别猛烈的攻击，正因为如此，从深度上和广度上加强夺取工会的工作，以及把这些工会吸引到世界革命工会运动中心的工作，需要各国共产党全力以赴去完成。我们这样做并不是分裂工会，而是将工会联合起来。我们不是建议将各工人小组拉出原来的组织，并将它们并入红色工会国际。我们建议——没有人能否定我们的这一权利——工会接受红色工会国际的纲领和策略。我们不想在组织上搞分裂，不想分裂、瓦解和破坏工会，而只想在思想上夺取这些无产阶级组织，使它们在革命的纲领和策略的指导下联合起来。我坚信，共产国际在工会运动方面面临的巨大困难将会被成功克服。各种形式的工人运动联合起来组成统一的集团和我们鲜艳的共产主义旗帜在所有工人组织中飘扬的日子不久即将到来。

克拉克（英国）：

同志们！我想代表英国代表团声明，我们完全同意提出来的总的纲领。现在我想就阿姆斯特丹国际的领袖们和英国的工会运动讲几句话。我认为，对英国工会运动同阿姆斯特丹工会国际的关系存在着很大的误解。大家应当知道，整个英国工会运动都参加了英国工联代表大会，这个工联代表大会的每个成员，即所有我们在工会里组织起来的人，也自动属于阿姆斯特丹工会国际，其结果是，英国工会组织的每个干部和会员的组织成员的身份也属于阿姆斯特丹工会国际。

现在，人们在英国可以看到某些完全改变了革命工人阶级的前途的强大的倾向。在过去四五年中，人们致力于弥合英国熟练产业工人和非熟练产业工人之间的社会差别和经济差别，而资本主义的进攻所造成的工资逐渐减少，越来越将英国无产阶级压到同样的水平。

再就车间代表和工厂委员会运动谈几句。车间工会代表制度在英国已存在大约30年了。可是最近恰好在工人最需要这一机构的时候，法律措施却使它完全陷于瘫痪。在这次代表大会上，人们对英国车间代表运动目前的消极态度提出许多批评。但是，请同志们允许我说，由于大批工人失业（正常时期在大型机械厂和造船厂工作的全部工人的35%现在失业了），过去组织工厂委员会运动的大部分人现在已不在工厂，而是在工厂之外。在这么多了解工厂委员会的意义和作用的工人阶级的成员失业的时期，人们不可能有工厂委员会。但是，我们正在重新组织力量，我们不仅努力团结企业内部的力量，而且我们英国工会运动的革命派还在这个运动史上首次将我们的宣传带进了工会。

有人已在此指出，虽然英国有一个强大的工会运动，可是我们只有一个很小的共产党，它实际上在工会里没有什么影响。

情况确实如此，但是这有许多原因。革命的共产党人或老的革命的民主党人，过去曾拒绝承担帮助在工厂里发展无产阶级运动的责任，这是他们的一个最大的过失。革命者曾一再拒绝在工会里工作，以加强无产阶级的力量。直到最近，我们才学会统一战线的策略，参加了工会运动，并试图夺取工会运动。至于英国工会运动中的官僚同革命者之间的斗争，这场斗争至今尚未达到很大的规模。可以说，其原因是由于我们在阿姆斯特丹工会国际中没有影响，我们还没有形成一支使阿姆斯特丹国际的领导人感到恐惧的力量，但是我不想强求你们同意这一看法；大约20%的英国工会会员无论如何是同情共产党的。在这之前，我们已容许阿姆斯特丹国际掌握了全部机构。但是假如我们开始同他们争夺工会的领导地位，他们就会将我们当做危险的敌人看待。

如果观察一下政治领域同经济领域里的强大的工会运动的关系，我们就会看到，仍然构成强大的工会运动真正政治一翼的工党，已将地方工人委员会和工会委员会置于它的影响之下，将它们都置于政党——工党、工会运动的政党——的卵翼之下。它制定了一条原则，我们共产党人或共产党员中的任何人都不许被工会派到这些工人委员会和工会委员会中去，因为工党在其最近举行的全国代表大会上拒绝接纳共产党员。这是斗争的开始，在这里，阿姆斯特丹工会国际对共产党人进行了第一次攻击，从英国共产党人的立场出发，我们欢迎这次进攻。

至于红色工会国际目前在英国的力量，我们不能说，到现在为止英国已有一个强大的工会作为全国性组织参加了红色工会国际。但是由于共产党的活动，由于党在过去 12 个月中或者自红色工会国际上一次代表大会以来，我们为打进整个工会运动而进行的斗争，我们已在我们的队伍里团结了各种工会的 140 个地方小组，而且是在苏格兰的工业中心。此外，在伦敦郡还有 200 个各种工会的地方小组参加到我们的队伍中来。红色工会国际的力量在每个工业中心和每个煤矿地区都慢慢地组织起来了，这些力量的影响已达到无产阶级运动的空前的程度。

我可以代表英国支部说，工会国际在英国的工会运动中是有伟大前途的。

兰辛（美国）：

同志们，在洛佐夫斯基同志如此详尽地阐述了工会运动的问题之后，只有关于共产党人在美国工会中的任务的几个问题我还想代表美国代表团谈谈。你们也许知道，虽然美国资本主义高度发达和工人有激进的传统，可是我们的工人运动却很落后和反动。这些工会的领导多年来实际上未遇到任何挑战，一直掌握在同一类人的手中。这些领导人惯于执行劳资合作政策，工会变成了对外封闭的协会，只研究职业问题，对组织非熟练工人和部分主要在重要工业部门工作的熟练工人根本不感兴趣。

当然，他们也提出了工会政治中立的口号，并要求工会只致力于工会的目标。这些工会的性质虽然反动，但它们在美国资本主义进攻之下也身受其害。它们甚至遭到了猛烈的进攻，进攻的目的显然是要将这些工会完全摧毁。这些工会失去了会员，从前已争取到的条件也恶化了，有组织的工人运动人数减少到 43 万人以下。在这里应当考虑到，美国有 1.1 亿人口，其中 3600 万是领工钱的（即非月薪的）工人。

工会遭到一个又一个的失败。今年春天出现了一个明显的变化，工人真地开始抵抗资本的进攻，甚至强迫其反动的领导人号召工人进行抵抗了。

我们可以从矿山工人和铁路工人最近的罢工中学到很多东西，这些斗争使美国共产党受到许多极为重要的教育。罢工清楚地表明，工人群众有斗争意志，如果他们有正确的领导，工人巨大的潜力就可以得到适当的发挥。此外，这还表明，反动的工会官僚背信弃义地夺去了在罢工中真正获胜的工人的胜利果实，共产党人可以利用他们的背叛行为去团结激进分子，为争取比较好的领导和比较好的组织形式而进行思想斗争。这也表明，资本家越来越迫使美国政府亲自对日常的经济斗争大力进行干预，政府被迫摘下其虚伪的假面具，今天已有成千上万的工人认清了民主的幻想。禁止铁路工人参加任何罢工活动的法令，使工人认清了他们在社会中的阶级地位。许多工会和中央机构要求进行总罢工，而总罢工等于对政府进行罢工。可是这个建议遭到美国劳工联合会执行局的拒绝，争取工人阶级进行独立的政治行动的呼声在工会内部也高涨起来，龚帕斯奖友罚敌的政策在许多地方已被永远抛弃。

这些迅速发展的客观条件，为建立一个大规模的激进的运动提供了基础和可能。此外这还表明，我们有必要掀起一个这样的运动，不管我们是否对这个运动拥有领导权，不管共产党员能否控制这个运动，这个运动都会出现。

洛佐夫斯基同志说过，将这种控制视为一种纯机械的过程，如同我们大多数党员在许多方面所做的那样，是错误的。他说，我们不要进行机械的控制，而应努力进行思想控制。如果美国共产党善于将其全部精力用于这一伟大的激进的运动，那么实行这种思想控制对美国共产党来说是可能的。掀起一个这样的激进运动的最好方法，或者如我更喜欢说的那样，掀起这样一个激进运动的不可或缺的前提，是自觉地发展我们已建立的合法的党。它必须成为一个真正的党，一个能领导群众的党，一个真正捍卫工人阶级利益的党。它必须成为一个目标更远大的党，而不是一个为了某些目的的工具。我们必须建立起一个能够在我们的旗帜下把工会中最优秀的分子团结起来的党。

我们应当用这种方法从政治上和经济上发展这些将来领导同世界上最强大的帝国主义进行共产主义斗争的并行的运动。

美国的激进运动已变成一个受到普遍承认的因素，并在各工会中扩大其影响。但是你们无疑会理解，我们在美国必须采用很基本的口号。在更好的组织形式和更好的斗争方法的基础上统一工人阶级力量的口号，激进运动纲领的这一部分今天已被11个州的劳联大会、两个国际工会和数千个地方工会和中央工人协会所接受。反对龚帕斯及其反动政策的思想斗争发展得很迅速。

当然我们已预见到，如果这场斗争的力量和影响越来越大，龚帕斯及其追随者就会采用开除的办法。我们必须估计到未来的这种政策。共产党人和激进分子将因为从事革命活动而被开除。可是假如我们对这种开除采取对抗措施，那么这些措施必须符合每个国家的情况。在我们决定采取什么最后措施之前，应当深入地研究这一形势。

当我们将这一想法运用到美国时,我们发现,共产党人反对官僚的斗争还处于初期阶段,从事革命活动就被开除的政策尚未被普遍执行。因此,由于从事这种活动而被开除的共产党人或激进分子应当拒绝承认这种开除的合法性。他们应当向工会中的激进分子做工作,要求这些分子留在工会里,为重新入会而斗争,并在这种斗争中运用工会章程提供的一切可能性。假如会员和地方小组被开除,他们当然必须尽可能同工会的激进分子保持密切的联系,而不应参加独立的革命工会。这在其他国家也许是一个好的策略,但却使被开除者不能进行争取重新入会的斗争。我们应当随着美国形势的每个变化而采用新的方法。

在一些欧洲国家里,建立独立的革命工会就解决了同开除进行斗争的问题,可是在美国这仍是一个问题。美国工会运动深受分裂思想之害,因此,许多最优秀、最积极和最革命的力量退出了工会,按照建立理想的工会的原则在工会运动之外联合起来了。但是经验告诉我们,这些独立的工会没有能力团结群众,即使在没有工会组织的工业部门也团结不了群众。今天我们看到了一个像世界产业工人联合会(IWW)这样的组织,被敌视苏维埃俄国的、其宣传接近反革命的无政府主义——工团主义分子所控制。大家都不能不承认,这个组织过去曾以比较激进的斗争方法使美国的工人阶级受到过鼓舞。

有许多独立的、多多少少有些革命性的工会。美国共产党的最重要的问题之一,是找到使一切革命力量团结起来的令人满意的方法,并适当地利用暂时参加了独立工会,即参加了联系群众较多的组织的那些激进分子。在工会国际第一次代表大会上有人提出了一个纲领,我们党同意这个纲领,这是一个在每个工业部门都有一个统一的工会的基础上团结工人阶级的纲领。现在我们应当执行这个纲领,我们已经开了头。

必须把团结的口号带到包括独立的革命工会在内的美国各工会中去。革命工会应当公开声明,它希望重新参加群众组织。它应当为重新参加群众组织进行有效的宣传。群众工会中的一切激进分子都应当为在工人阶级团结的基础上重新接纳这些工会而进行同样的斗争。我相信，只要我们看到了这个必要性，我们就能实现这个目标。激进运动和独立的革命工会的领导人都是共产党员，他们应当坐到一起讨论执行这一政策的措施。

最后我还想指出，看来我们的敌人——资本家和反动的工人领袖——比我们自己更重视工会在反对资本主义的经济斗争中的作用，而直到现在我们还没有意识到共产党人和一切激进分子同工人阶级的群众组织进行合作的必要性，直到现在我们还没有完全认识到这点。看来，我们很怕被传染，并失去我们共产党人的面子，假如我们"过多地"从事工会工作。

如果我们想通过建立支部（共产国际已作出最后的决定）贯彻执行在工会中开展工作的这一政策，我们就应该认识到，我们这样做，不只是为我们的党争取新的党员；我们这样做，是为了参加工人的日常斗争，并将这些群众为争取经济目标的斗争发展成为反对资本主义的总的革命斗争。此外，也是为了将目前的工会变成为共产主义而斗争的一个革命工具。

（会议休会时间：下午4时）

第十七次会议

(1922 年 11 月 20 日)

会议开始：晚 6 时
主席：卡尔

讨论共产党人在工会中的任务问题

黑克尔特（德国）：

同志们，今天早上洛佐夫斯基已经讲了，在工会问题上，我们必须有一条明确的路线，首先必须拒绝任何一种会引起冲动的政策，任何会导致因不耐烦情绪或其他看法而支持工会分裂的政策。他说，如果我们接受了"分裂工会"的口号或者对此让步，那么整个共产主义运动就会遭到破坏。我觉得他这句话说得对极了。我也认为，如果我们宣传工会的分裂，或者顺从别人的劝诱，向那些想分裂工会的人让步，我们共产党人就犯了一个极大的错误。我希望在这次大会上大家能一致同意，必须同任何分裂倾向作无情的斗争。因为假如我们真要宣传建立统一战线，我们就必须在整个工人阶级面前表明，我们主张维护和恢复工会联合会。一方面为建立统一战线而奋斗，另一方面却又同情分裂，这等于是使自己在全体工人群众面前出丑，甚至不仅出丑，而且还会遭到群众的蔑视，我们会因此而犯下大罪。

但是，现在有些国家的工会已经分裂了，它们的分裂不是因为现在阿姆斯特丹分子搞分裂才出现的,而是早在战前或战争期间这些国家中就存在平行的组织。在上一次代表大会上我们已经讲过,我们同志的任务是在这些平行的组织中做工作,使所有的组织重新联合为一个组织。但是在这方面我们的共产党员同志们却没有使用自己能够并且应该使用的全部力量。我们早就应该不仅在一个工会发生分裂的国家里,而是在所有工会发生分裂的国家里觉察到,那里的共产党人没有团结一致为共同目标奋斗,而是在互相攻击。所以我在这里想说一下,任何一个共产党人如果不支持另一个组织中的共产党人,同他们团结一致为共同目的而奋斗,就等于积极支持改良主义和帮助那些想瓦解工会运动的人。因此,责成所有存在着平行组织的国家中的共产党人消除它们之间的争端,并且找出一个共同工作的基础,这是我们的最高准则。老实说,我们德国同志很敬佩意大利同志,不知他们是如何使党内的同志理解,为了同一目的,必须在法西斯组织中也开展工作,应该把自己的支部也打入到这些组织中去。

建立支部的策略在共产国际内部甚至在第三次世界代表大会以后还受到猛烈的攻击。例如在我们德国共产党内对这个问题曾经有过非常激烈的争论,当时有一批同志声称建立支部不好,就是在这批人及其周围人中间,要求取消共产国际整个工会工作和放弃整个国际共产主义工会运动的取消主义倾向发展起来了。我们同这些人进行了斗争。德国共产党内的弗里斯兰危机就是在这个问题的基础上发生的。我们把这些人从组织中清除了出去,并且在德国组织内部展开了一场坚决的斗争,以便使我们所掌握的一切革命阶层统一认识。当然,在斗争中往往出现争吵,有些党员话说得不够聪明,表现得不够理智。但情况并不像洛佐夫斯基同志所说的那样,即马斯洛夫同志干了一件蠢事,写了一篇极其荒唐的反共产党人的文章,全靠黑克尔特和布兰德勒同志才挽救了局面等,几句话就解决了反对所谓革命的联合会的党内反对派问题。

同志们！我不想把挽救联合会的勋章挂在自己的胸前，因为我不能把马斯洛夫所做的事情随随便便地说成是糟糕透顶的、极为恶劣的事情，而不指出联合会会员的态度对马斯洛夫的言行是起了作用的。我们必须让双方共同承担责任，才能作出公正的评判。在这个问题上，党的责任在于它应该预见到，如果我们事先没有在联合会中做好充分的工作，这种分歧是必然要发生的。在联合会中，我们曾相信他们都是共产党员，他们会做工作的。我们在联合会中的同志反对建立党组，而我们的党内同志则听之任之。由此我们与联合会之间就产生了严重的分歧，幸亏在10月初的联合会代表大会上协议得以达成，双方同意为今后的和谐合作打下基础。但是在联合会中不建立党组的坏例子在其他共产党内也有。

在这里，我不得不指出目前因上述错误而遭到损害的两个党。一个是法国共产党。去年法共答应负责在统一总工会中开展工作，建立党组。但是它没有这样做，致使事情发展到了彻底分裂而使法国工会运动完全陷入混乱的地步。假如法共听从别人的忠告，制定一个能够团结一切革命力量的纲领，在马赛代表大会上它本来有可能夺得对法国革命运动的领导权，但是法共没有这样做。在马赛代表大会上几乎没有谈到共产党人应该在辛迪加中做工作的问题。现在已经脱离党的马古同志对法共陷入这一危机起了重要作用。我认为，我们必须从中吸取教训，今后应该改变做法。假如党经常对面临的问题明确表态，它也就有可能在工会领导人和党之间建立起密切的联系，这样就会使蒙穆索和莫纳特这样的人成为法国共产党的真正能干的领导成员，使法共成为一个真正的党，而不会让那些想背着无产阶级搞自己的政策的人爬上领导岗位了。我们不能让旧的分歧继续存在下去了，共产国际必须责成党和统一总工会的领导人，为了法国工人阶级的利益携起手来。

下面谈一谈**捷克斯洛伐克**。那里也存在过相类似的思潮。反对建立党组的人主要是身为党员的工会领导人。有些同志公开表示：为什么要建立党组？这只能带来争吵，只要共产党人担任工会的领导，就一切都好了。

但是，我们的捷克同志必须看到，实际情况是并没有因此而一切都好了。假如他们在一年前就好好地建立了党组，塔耶尔莱之流就不可能有目前这样的势力。

但是我相信，我们在德国所取得的反面经验以及在捷克斯洛伐克和法国所看到的例子教育了我们，今后要更好地重视上一次代表大会上所作的决议。

我再说一说德国的情况。我们并不想断言我们为夺取工会而采取的每一个步骤都是正确的，但是洛佐夫斯基今天上午谈到农业工人组织的时候说，有上万人退出了农业工人组织，而党却对这些农业工人毫不关心。关于这个问题确实还有一些不同于洛佐夫斯基所说的原因。

德国农业工人运动失去了几十万成员，这是事实。但是我们那里存在着官僚，这些官僚除了搞"社会主义"的国家政治以外不干别的，工人阶级的利益被干脆置于社会民主党的资产阶级国家政治之下。由于他们不关心农业工人的利益，农业工人起来造反了。农业工人在德国革命以后曾有 80 万人组织了起来，而战前却根本没有组织。德国农业工人联合会最兴旺时成员人数达 27000 名。战争期间成员人数减少到 3000 名，也就是说，我们应该重新组织农业工人，但是农业工人被联合会的官僚利用来为自己的目的服务。

1919 年，我们曾经一度试图着手做农业工人的工作，我们成立了一个所谓的共产主义农业工人联合会，但是我们的计划失败了。假如革命没有停止，而是继续发展，假如我们能够直接给农业工人一些好处，情况也许就不同了。但是事情不是这样，社会民主党人仍然把农业工人抓在自己手中。

今年却有几十万人退出了联合会。我们的同志面临抉择：难道我们应该在还没有能力同这些工人群众一起进行斗争的情况下把他们重新联合为一个由共产党人领导的组织？难道我们不该害怕，假如我们着手成立一个联合会的话，阿姆斯特丹分子就会趁机对共产党人再一次发起进攻，说什么这里有一个例子可以清楚地说明共产党人搞分裂？

假如要我们在还没有掌握领导权的情况下去着手成立一个新组织，这实在超过了我们力所能及的范围。

我并不反对，假如在某些问题上我们表现得稍微积极一点，也许事情会好些。但是由于我们的力量太弱，与我们相对的阿姆斯特丹分子的组织却有上万人，所以我们很难采取什么行动。在很多情况下，我们还不得不使一些想采取某种愚蠢行动的急躁的同志稳定情绪。

现在根本还谈不上在矛盾如此尖锐、问题如此复杂的时候去依靠尚未真正受过教育的工人阶级采取任何行动。为了扩大影响，需要有一个坚固的良好的组织机构，不仅如此，还必须使广大的工人群众相信我们共产党的政策。现在我认为，我能够以我们党的名义保证，不要几个月，我们肯定会更好地进行斗争，因为现在我们党得到了越来越广泛的无产阶级阶层的信任。由于党现在已经有广大同情党的群众作基础，而且党有了一个组织机构，党借助于这个机构能够领导运动，所以它现在可以采取完全不同的行动了。

然而，我们不能说在这个问题上有一个万灵药方。今天上午，洛佐夫斯基讲得很对，我想在这里再强调一下：我们必须根据每个国家的特殊情况为该国制定一个工会纲领，纲领中要明确规定我们的任务，以便使群众理解我们的任务。另外，我们还需要为每一个工业部门，其至也许要为每个工会制定不同的策略。假如卡尔同志还给我几分钟时间的话，我还想对这个问题略加阐述。

例如在德国，我们可以依靠建筑工人很好地进行斗争。如果我们占领一整块地盘，我们可以打击还没有托拉斯化、还没有在全国范围内组织起来的企业主阶级。但是铁路工人的情况就完全不同了。在铁路工人中间我们也同样有革命的工人，但是在这个部门中与我们对立的企业主是整个国家和整个国家政权。国家制订了法律，国家可以通过法律来约束工人。假如我们对建筑工人说，佩普洛夫完了，我们不再喜欢它了，我们自己成立一个组织——那么，我们可以同建筑工人一起为改善生活条件而斗争。但是，假如我们对铁路工人也这么做，那就肯定要失败，因为我们面对的是整个国家。国家可以践踏我们，革命分子当然马上会被解雇。去年就是这样，我们失去了大约2000名优秀的同志，他们被解雇了。

建筑工人与铁路工人之间的区别迫使我们采取了不同的策略，在其他组织中也同样如此。在冶金工人中，我们已经达到了迪斯曼之流不再敢大批开除我们的地步，因为几乎有一半的成员作为我们的后盾，工人的反抗力量太强大了。而在农业工人中，我们却不知道阿姆斯特丹分子的政策趋向如何。我们可能必须着手重新组织农业工人，因为我们不能容忍裂痕再继续扩大下去。

作为我的发言的结束语，我请求：第一，应该作出决议，责成所有的共产党非常认真地对待建立党组问题，并且在今年贯彻第二次和第三次代表大会的决议；第二，必须为每个党组，如果必要的话，还为不同的工业部门制定行动纲领，以便使我们能够团结工人一起为我们的目标进行必要的斗争；第三，制止我们的同志在不同的革命组织或平行的工会组织中互相斗争而让我们的敌人拍手称快。（鼓掌）

洛里当（法国）：

法国代表团派一名工会会员、法国统一总工会中最重要的省联合会之一的书记上台发言，以此表明法国代表团是何等重视工会中共产主义行动的问题。

　　季诺维也夫讲过,工会问题是法国运动的最主要问题之一。我们完全同意这种看法,并且对洛佐夫斯基的讲话还要补充的是:每一个国家都必须根据本国的历史发展和组织情况来解决工会问题。

　　法国代表团全体成员,从右的到极左的,一致同意洛佐夫斯基的报告。

　　报告的第20条有必要加以进一步说明、研究和阐述。

　　这一条的内容是什么呢?它要求某些国家的共产党人,特别是法国共产党人与工团主义者在对资本采取进攻和防御的问题上,就共同斗争和合作的形式与方法当场达成协议。

　　表面看来这似乎是一种让步,为什么要让步?首先是因为法国存在着一个拥有30万成员的很大的工团主义的革命组织,即统一总工会。其次是因为分散在没有组织起来的群众中的工会会员的头脑中存在着对各政党,其中也包括对共产党的不信任。

　　人们对法国的传统谈得很多,今天也还是如此。然而,人们没有意识到,传统是意味着过去,有时候甚至意味着忘却。

　　对我们起指导作用的生活在不断变化,但是法国的传统却一有机会就要表现出来,常常甚至没有任何机会也要表现。

　　只要我们打算在某一行动中开展共产党工作,就会有同志向我们提起传统。好吧,既然有传统,我们就简短地谈谈传统吧。

　　法国工团主义运动的高潮实际上发生在什么时期呢?在巴黎公社以后,大约1878年至1880年,那时候法国政党中有一个维护马克思主义理论的人,他就是茹尔·盖得,是马赛代表大会上的茹尔·盖得,不是战争时期的那个茹尔·盖得。他主张工会应该与党建立密切的关系。

　　真正的法国传统产生于这个时期,但是法国共产党后来忘记了它的传统,它陷入了最狭隘、最糟糕的议会主义,而茹尔·盖得的弟子——

勒巴和德洛里之流，他们今天还是北方的议员——忘记了茹尔·盖得的工会传统，陷入了最危险、最令人反感的城堡和平①政策的工团主义。

我们大家还能回忆起1911年谢基埃尔在参议院所作的发言，在紧接着这次会议之后的代表大会上，他又一次肯定了自己的发言。他在发言中称革命的工团主义者是应该置于法律之外的直接行动的人。在这种情况下，一个政党怎么可能得到工人群众的信任呢！后来又发生了什么事情呢？

1906年亚眠代表大会——有名的亚眠宪章就产生于这次大会——不过是法国工人阶级中强有力的、头脑健全的人物发起的一次主要是针对政党的行动。

大会通过的"宪章"至今还在工会中被用来对付我们。宪章包括两个方面，一方面是对内的，也就是工会自治；另一方面是对外的，这就是工团主义行动。工团主义并不使自己满足，但是它满足一切要求——这归根结底满足不过是一种纯粹的政治术语，而且是一种含糊不清的危险的政治术语。

接着发生了战争。在战争中两种组织形式都经历了阴暗时期。政治组织形式早就与资产阶级结为一体，而对工会形式人们还能够寄予某些希望。（**洛佐夫斯基**插话："战争使统一得以实现。"）是的，但这种统一是坏意义上的统一。这里我想顺便向我们所失去的饶勒斯表示敬意，这样，虽然我们对他的学说有不同看法，人们也不能说我们损害了他的威望。

战争期间曾经有过一场斗争，目的是使党在政治关系和工会关系上能够走上正确的轨道。在这场斗争中党内同志和专门从事工会运动的同

---

① 城堡和平原指中世纪城堡的贵族亲属间关于城堡周围地区不得进行战斗的协议。——编者注

志没有被区分开来。为了恢复国际联系，一个委员会得以设立，委员会的成员有洛佐夫斯基、托洛茨基、洛里欧、罗斯默、苏瓦林、莫纳特、佩里卡、西罗拉以及其他一些同志。

斗争开始于战争时期，停战以后还在继续。工团主义者和社会党人——这一点必须加以强调——都知道神圣的统一是如何在贬义上实现的，他们一方面攻击社会党的领导人，同时也攻击统一总工会的领导人。这就是共产国际的委员会。

然后就是图尔代表大会，党分裂了。

同志们，在这里，我们不得不批评我们政治上的朋友以及我们自己没有领会并理解图尔分裂的重要性，没有想到持不同意见者会力图在工会运动中重新获得他们在政党内所失去的东西。

为什么？因为在法国社会党领导人和法国总工会领导人之间当时存在着战斗团结。

他们通过肮脏、血腥和罪恶的纽带互相勾结在一起。

他们被迫竭力分裂工会，他们不得不这样做，也这样做了。

此外，法国社会党中持不同意见者组成了所谓的"工人国际法国支部"，他们想保持与工人群众的联系。持不同意见者要保持与工人群众的联系，除了借助于据称有200万成员的总工会以外还能有什么其他办法呢？

第三，他们必须损害共产党，扑灭法国工人阶级的那种通常不无道理地被人们说成是神秘的、使法国工人群众受俄国革命吸引的热情。

因此，他们必然对俄国革命进行攻击，并且宣传和加剧他们的这种攻击。

那时候，我们法国有一个从图尔分裂中产生出来的共产党。当俄国革命和苏维埃制度受到攻击时，法国共产党做了些什么？

法共面前有两条道路，一条是议会道路，这是社会党人走过的老路，法共不能走，群众也不允许它走；另一条道路是应该深入到工人运动中去，但是它没有这样做。

诚然，我们可以在法国问题委员会讨论法国共产党危机问题的时候调查一下，看看这个问题究竟是谁的责任。但是我们不得不说，危机的主要原因是党对工人运动执行了一条撒手不管的政策。

为什么党不愿意对工会有所行动呢？为了使自己心安理得，它首先抬出党的传统，要么是谈论那种坏的传统，那种与1879—1880年的盖得不再相同的盖得的传统，那种使工会成为选民学校的坏传统；要么是非常简单地提一提1906年的传统以及由于社会党的那种坏传统而引起的反作用。

毫无疑问，工会运动是建立在1906年的传统之上的。1921年12月在巴黎召开了统一总工会代表大会，我们被开除出旧总工会而面临分裂，这时候，比我们更好斗的无政府主义者和纯粹工团主义者马上向我们提出问题：你们要在工会运动中做什么？你们是否接受亚眠宪章？当时是我回答了剧院职员协会的科洛默，我说，我们现在接受亚眠宪章，因为我们没有时间讨论这个宪章，而我们又必须在一个前提下取得相互谅解，我们打算在下一次统一总工会代表大会上对亚眠宪章进行讨论。

当蒙穆索登上圣艾蒂安代表大会的讲台向我们声明，工团主义本身是好的，但不再能够满足所有要求的时候，他就同法国工团主义运动的传统决裂了。既然蒙穆索没有束缚自己，共产党人为什么要自己束缚自己呢？

另外，共产党还有一个更加重要的职责，就是必须考察一下，它的党员在工会中做了些什么。但是法国共产党没有这样做，它的政策却是充当反共产党人的帮凶，反共分子利用这种情况操纵了党的新闻机构，甚至操纵了《人道报》。

此外，有几件事情必须在这里说一下。有人说我们本来也许可以在法国阻止工会分裂。刚才我已经分析了，这次分裂是政治性的。我们没有相应地组织起来抵制不同意见者和旧总工会的分裂企图，当时我们有一个少数派小组，小组的名字是"革命工团主义委员会"，其中多数是共产党员，但是它所走的道路完全不符合共产党所走的道路，为什么？因为共产党认为，最合适的是永远不发表自己的意见，并遵循多一事不如少一事的原则。

1921年统一总工会代表大会召开之前，人们本来可以把正在进行斗争的共产党人召集起来，给他们传达马赛大会关于工会问题的提纲，马赛代表大会必须就革命工团主义者是否接受分裂的问题作出决定。但是共产党员没有被召集。据说没有召集是有原因的，主要的原因是因为当时还没有一个关于工会问题的纲领。怎么能够想象一个共产党在分裂了一年之后，竟然还没有一个关于工会问题的纲领？

当洛佐夫斯基打来电报说我们不应该促进分裂，而是应该阻止分裂的时候，这份电报就像是从天而降的石头，打得我们晕头转向。我们不理解，为什么？因为党从来没有对我们这样说过。

最后我还想顺便指出一个错误。当被开除出旧总工会的工人阶级优秀分子（其中多数是共产党员）在巴黎召开代表大会时，有人在离巴黎100公里的马赛同时召开了党代会，这样就把正在巴黎参加大会的共产主义战士孤立在自己队伍之外了。

现在谈谈圣艾蒂安大会的准备。统一总工会中央机关，一个临时的中央机关，提出了一个纲领草案，草案中写道，工团主义运动必须反对任何形式的国家，包括无产阶级的国家。这是对共产主义原则本身的直接攻击，而党却对此麻木不仁。有一个区联合会，即北方区联合会起草了一个与此相对立的纲领草案。当北方区联合会正在竭力反对无政府主义者和"自由意志论者"，反对纯粹工团主义者的时候，我们却不得不看到，共产党的一份报纸，即由勒努同志领导的《国际》为贝纳尔和坎东等纯粹工团主义者即反共分子的文章提供了庇护所。在这家报纸上，市侩梅里克以极大的喜悦和满意的口气谈到另一位反对共产党人的韦迪耶同志的文章。

（**勒努**插话："必须说明一下，你所说的情况发生的时候，我正好在莫斯科参加今年年初召开的执行委员会扩大会议。"）

洛里当（法国）（继续）：

勒努同志的话不能证明我在这个讲台上讲的情况不符合事实。他当时不在法国，但是那家报纸，一家党报成了反共文章的庇护所。

我们现在谈谈圣艾蒂安代表大会。弗罗萨尔对我们说："我尽到了责任，我在圣艾蒂安把工团主义者召集起来开了会。"

你们必须知道，同志们，由于法国共产党不采取任何行动，所以我们工会中的共产党员早在圣艾蒂安代表大会之前就要求弗罗萨尔召开一次党员大会。国际的希望与在工会中战斗的共产党员的愿望不谋而合。

一天晚上，工会中的共产党员被召集开了一次会，但仅仅就这一次，而无政府主义者、纯粹工团主义者、蒙穆索思潮的追随者却每天晚上开会。共产党员可以去散步、上剧院或到其他任何地方去。圣艾蒂安代表大会不再使他们感兴趣。

甚至还发生了任何党都不会允许发生的事件：反共分子在圣艾蒂安代表大会上散发了共产党议员拉丰的一封信。拉丰是一个律师，自称是工人运动的保护人。至于谈到他的信，假如我们说它是反共的，这还算是说得非常缓和的。（**多尔穆瓦**插话："这是从马克思那里摘引的一句话！"）圣艾蒂安代表大会以后，我们面对的是捍卫工团主义委员会的成立问题。该委员会由纯粹工团主义者和"自由意志论者"组成，他们声称，蒙穆索把自己出卖给了共产国际。

我们本来应该在工会中成立共产主义小组，以此作为对纯粹工团主义者和"自由意志论者"的回答，但是当我们谈到这个问题的时候，有许多同志站起来叫道：如果你们不想破坏我们与工会现有的关系的话，请你们不要触动工会。然而，他们所说的我们与工会之间的关系却从来没有存在过。

当盟约被发现以后人们才明白，他们所说的关系实际上是许多纯粹工团主义同志与一个秘密小团体的一些人之间的经常来往，他们的目的是对联合会的组织发起猛烈进攻，他们想在成功之后把主要职位在参加盟约的同志中间分派。当工人看到这份盟约时，当然都叫起来了。这本来是一个向纯粹工团主义者和"自由意志论者"发起进攻的极好机会，可是法国共产党却把这个机会白白放过去了。

从党保持沉默这种做法可以得出以下结论：党内有参与起草盟约并且签了字的同谋者。

（**洛佐夫斯基**插话："盟约的18个签名者中有3名法共党员。"）

主席（打断发言）：
发言时间已过。

黑克特尔（德国）：
让他讲下去！
有人建议让发言者继续讲下去，有人反对吗？没有。

洛里当（法国）（继续）：
接着就是今年法国工人运动中的一桩大事件——勒阿弗尔罢工。关于这次罢工人们谈论得很多，但多数都是瞎说，看来还有必要在这里把事实真相略加说明。

我们应该说，党把自己的报纸即《人道报》完全用于为勒阿弗尔罢工服务。它使罢工的消息不胫而走。是党赋予这次罢工以它所应得的重大意义，是共产党通过自己报纸上的报道使这次罢工在整个法国甚至全世界都家喻户晓，所以党有权利从事勒阿弗尔罢工的斗争。但是看来事实并非如此。有人说党没有权利参与这一斗争，有人说，假如党派一名代表去勒阿弗尔的话，罢工的工会会员肯定会拒绝接待。

只要谈一谈共产主义青年团的活动就行了。法国共产主义青年团不会让这种种借口唬住，很明显，正是两个青年同志的行动激起了勒阿弗尔罢工。宪兵向工人开枪以后，当天共产主义青年团就向士兵发出了号召，张贴了致士兵书和告民众书。（鼓掌）

当时正在战斗的勒阿弗尔工会会员很愿意接受共产主义青年团给他们寄来的东西，他们没有把东西退回去。

不久前有一个同志对我说，——我不认为他的看法没有缺陷——是的，但是勒阿弗尔的工会中的人把青年团和党区分开来了，他们把青年团看做是革命的因素，而把党看做是不可相信的政治因素。

现在我们谈谈持续24小时的罢工，这次罢工是根据无政府主义者和纯粹工团主义者的要求发起的，星期天决定，星期二举行。罢工的命令不是通过统一总工会，而是通过党报即《人道报》传达到省。

我本人于星期一11点钟在里尔得到命令，事先我一点都不知道，我是在党的机关报《人道报》上看到罢工命令的。我心里想，必须参加，这一点是无可争议的，有意见以后可以提，但此时此刻我无论如何必须参加罢工。

在几小时以内，我们把整个北方区都动员起来，举行了罢工，北方区参加罢工的有15万名工人。

不仅在北方区，而且在其他各区共产党都尽到了自己的责任。尽管如此，我们却没有发言权，没有权利说我们对罢工有什么想法，没有权利说这次罢工决定得太仓促，宣传得太早。为什么？因为共产党一点都不关心统一总工会内部发生些什么情况，它不想了解统一总工会在做些什么。确实，在个别党员同志与统一总工会的同志之间有着友好的关系，个别党员同志还经常去拜访统一总工会的同志，给他们看某个工会的提纲、某篇文章或著作，但是只要涉及工人运动的严肃的事情，就谁也不去了，因为恰恰在这种时候谁也不能去了。

罢工的那几天，《人道报》，当时还有《国际》，出版数量达8万份。

这一切工作有什么用？它们只不过给了共产党沉默的权利，使反共分子有权利说：看这些共产党员，人们称他们是革命的，而他们却甚至没有勇气开一开口！

接下来，就是统一总工会州委员会的最近一次会议，我们讨论了四个非常严肃的问题，主要是统一战线问题。有人说，弗罗萨尔在统一战线问题上尽到了自己的责任。是的，要做到这一点甚至是很容易的。从3月份以来，实际上工人一直在贯彻统一战线政策。

例如我们发动了里尔冶金工人罢工。联合工会由40名积极分子组成，与这个工会组织相对立的还有一个持不同意见的冶金工人工会，据说有5000人。我们要求建立统一战线，但没有同法国共产党取得一致意见，因为法共根本不想建立统一战线，我们是根据共产国际的精神要求建立统一战线的。

通过统一战线的实现，我们工会得到的只是收获，它非但没有缩小，反而扩大了。它在工人群众中间的影响很大，虽然只有40名积极的会员，但是能够把参加罢工的非党工人联合起来，让他们建立一个委员会，甚至援助他们，使他们同我们一起在革命的旗帜下前进。

因此，实际上我们已经实现了统一战线，以后回到法国说我们同意建立统一战线，那简直是件轻而易举的事情，因为实际上我们国内已经实现了统一战线。

统一问题也是如此。

在州联合会委员会最近一次会议上，统一问题被提到了议事日程上。共产党恪守它的策略，丝毫不关心州联合会委员会会议上提出的问题，而是听任事情自然发展。

你们是否认为反共分子也是如此？完全不是。他们提出了一个建立统一的方法。他们说，我们愿意统一，但我们要的是没有领导人的统一，我们要的是没有领导人的总工会和没有领导人的统一总工会；这样一来会发生什么情况呢？他们就会建立反共专政，把法国工会引向现在正在柏林成立的无政府主义国际。

法国共产党对这个问题的回答是听之任之。

工厂委员会的情况也同样如此，我们在上一次州联合会委员会会议上讨论了这个问题。与此同时，法国共产党却在忙于我们称之为不光彩的巴黎会议。

我们必须讨论工厂委员会这个问题，但是没有任何文件和资料。我们联合会委员会中的共产党员有些在这个角落，有些在那个角落，我们在考虑该怎么办，而党却沉默不言。

佩里格事件中攻击更加厉害得多。这是怎么一回事呢？

佩里格的共产党支部坚持要把区联合会书记开除出党，理由是作为共产党员的工会书记永远不应该忘记自己是共产党员，因为这位区联合会书记说过：在党内我是共产党员，但是在区联合会中我就不再承认党了。

这就是在我们那里占统治地位的思想方式！

佩里格支部声明说：好吧，既然你在区联合会中不再承认党，那你就从党内出去！

统一总工会中马上站出来一批辩护者，甚至蒙穆索也叫嚷着说党伤害了下级，报刊上出现了对党的间接非难。对此，《人道报》没有予以回答，党没有回答。

为了使法国工人运动摆脱这种谩骂，我们州联合会委员会不得不起来驳斥这种非难。

法国共产党对工会采取这样一种容忍的策略，造成了什么结果？

同志们，这些结果肯定会对你们的决定形成压力，所以我不得不回顾这段历史。某些同志也许会原谅我，因为我已力求尽可能讲得适度。

那是什么结果！反共分子到处有他们的活动天地，而共产党在工人群众中却没有任何影响。在与莫斯科命运休戚与共的法国工人群众面前，共产国际——尤为可悲的是——和莫斯科，到处受到攻击、诽谤和轻蔑。

整整几个月我们都看到，所有的法国工人报纸如何趁社会革命党人案之机来反对莫斯科的法官，所有反动的报纸和一切所谓的法国工人报，如总工会机关报《人民报》，分裂分子的机关报《公众》，社会民主党人的机关报等所有的报纸是如何攻击莫斯科法官的，而共产党却无所表示，丝毫没有表示。（许多人插话："这不对！"）

（**帕克洛**插话："这不对！太卑鄙了！" **加香**："太可怕了！"）

洛里当（法国）：

中派的同志声称，他们中间没有一个人忘记在大会上站出来捍卫俄国革命。这是他们所能做的最起码的事情。我相信，他们中间没有一个人忘记这样做，但是，党本身也应该站出来反对这种谎言和诬蔑性的攻击。（鼓掌）

只有一个组织提出了抗议，这就是统一总工会北方区联合会，就是这个组织在夏皮罗事件中也提出了抗议，而党对这件事却没有勇气谈及。

当人们因为社会革命党人事件和夏皮罗事件而要对俄国革命提出控

诉时，又是我们不得不在州联合会委员会中捍卫俄国革命，所以共产党失去了人们对它的尊敬（**加香**插话："这样来谈论一件如此严肃的事情，至少是歪曲事实，几个月来不仅党报天天在捍卫莫斯科的共产党人和莫斯科的法官，而且我们在日常行动中也是这样做的。我自己在下议院同分裂分子和资产者进行斗争，单枪匹马地捍卫莫斯科。"）（**帕克洛**："这可是您的不诚实，洛里当！"）

洛里当（法国）：

请您允许我提一个问题，加香！您知道，我是很尊重您的。您知道，我也很尊重事实，即使它是针对我本人。我向您提一个问题：法国共产党本身从其整体来说是否通过它的领导机关做过任何事情来反对社会革命党人煽动性的攻击？

加香（法国）：

党报天天都在表示抗议，对这一点我必须加以说明，我也已经说明过了。

（许多人插话："这不正确！"）

洛里当（法国）：

加香，我请求您回答我的问题：党从整体来说是否做了什么事情？……没有！

加香（法国）：

总书记到这儿来作证了，我想这已经够明白的了！

帕克洛（法国）：

把我们说成是社会革命党人的帮凶，这太可怕了！

主席（打断发言）：

现在发言时间已过。（有人喊："让他讲下去！"）有人建议再一次延长发言时间。（鼓掌）（有人喊："10分钟！"）建议延长10分钟，有人反对吗？没有。

洛里当（法国）：

我争取尽快结束。

共产国际的问题难道如此可怕，以致无法解决吗？有一点必须强调指出：在法国，任何人，包括左派，都没有想到要损害工会的自治。但是，我们希望共产党员在工会中也应该像一个共产党员，应该在工会中成立共产主义小组。

任何人都不能对共产党关心工人运动，从而在企业中建立支部的权利有争议。

让我们举北方作为例子，在那里存在着盖得主义的组织体系。我们在共产主义联盟中有8000名党员，他们几乎全是无产者（只有两三名律师，这几名律师还让我们感到是个负担），党和工会在这件事上都很顺利。

1921年鲁贝—图尔—图尔宽纺织工人举行3个月罢工的时候，北方共产主义联盟把自己的报纸《诺尔省和加莱海峡省无产者报》完全投入对罢工的支持，报纸甚至因此受到迫害。从北方区联合会方面来说，还可以举出一些例子作证，如它针对统一总工会的会章拟定了一个与之相对立的草案，对社会革命党人案提出了抗议，参加了统一战线，并且对夏皮罗案提出了抗议。

在工会、合作社事业和自由思想等一切领域中，我们共产党人都必须以共产党人的身份进行战斗，以便使我们的思想能够得以实现。（**多尔穆瓦**插话："这倒是可能的。"）多尔穆瓦同志说，这倒是可能的！是的，但是你们不这样做。

洛佐夫斯基的提纲宣告在各地都要建立共产党的领导。统一总工会的机关中坐镇的是共产党人，在运河工人、筑路工人等联合会中当书记的是共产党人，在最重要的区联合会中当书记的是共产党人，在地方联合会，在工会，到处都有共产党人。

但是各地的共产党人都想干什么就干什么，而不关心自己的党。

一个严酷的事实是：一个拥有 8 万党员的党和一个拥有 30 万成员的统一总工会，后者却不在共产党的 8 万党员的影响之下。同志们，你们对这件事是怎么想的？如果共产党只有 2000 或 3000 名党员，这也许还能理解，2000 或 3000 对 30 万吗！这样的话人们也许可以说，我们没有任何办法。但是我们是 8 万，而与我们相对的是 30 万，我们应该感到自己强大得足以把我们的思想灌输到其他人头脑中去，特别是可以在工人工会中充分发挥我们的影响。

洛佐夫斯基刚才说，马克思主义要正视现实。在法国，共产党不是一个真正的党，人们不信任它；相反，工人的组织即统一总工会却是革命的、无产阶级的，它对工人大众很有影响，对此，我们必须加以考虑。

我们做出了让步，我们希望，这仅仅是一种形式上的让步，我们希望事情的发展将是逐渐建立反对资本主义的攻守同盟。如果我们是真正的共产党员的话，我们将会把统一总工会紧紧团结在我们的周围。

洛佐夫斯基的提纲说，在工会中有共产党员。还必须补充一句，在党内也有共产党员。

在党内有一支强大的坚定的共产党员队伍，在工会内有一支强大的正直的共产党员队伍。这两股力量必须联合起来,为建设一个真正的共产党,一个摆脱一切职业政治家和野心家的党,一个真正成为工人阶级的灯塔和法国无产阶级的忠实领导者的党而斗争。

这样你们就可以放心,不会再出现党和工会的关系问题了,因为党将成为一个真正的无产阶级的党,党将站在正确的位置上,即站在正在同世界资本主义进行搏斗的组织的前面,而不是像今天那样站在其后面。(热烈鼓掌)

主席:

同志们,罗斯默同志请求把他放在发言人名单的最后。(克拉克呼喊声)那位同志对一直没有英文翻译表示抗议。他说,议程安排有变动,而英国同志却一点也不知道是怎么一回事。那位同志说,从现在起,他将每一次都提出抗议。我们现在委托马歇尔同志为讲英语的同志翻译所讨论的问题。只要我当主席,我就亲自译成英文。

赫塔·施图尔姆(德国):

同志们,我们这里从加强统一战线的角度谈论工会问题的时候,主要是从形式方面加以考虑,也就是说围绕着这样一些问题:如何才能保持工会在组织上的统一;共产党和工会应该建立什么样的关系,以便能以共产主义的精神来影响工会。在这两个问题上我们都遭到改良主义者即阿姆斯特丹工会官僚的反对。这两个问题当然都是政治问题,因为在保持和加强工会组织统一方面能够达到什么样的程度,这恰恰取决于共产党的鲜明性、团结性和战斗力。这个问题在关于其他问题的议程即关于资本的进攻和策略问题的议程上已经讨论过了。

但是,我想在这里从工会中**女工**在这些任务中所起的作用的角度谈一谈问题的两个方面之间的紧密联系。这个问题具有重要的意义,因为女工是工人中的一个阶层,这个阶层在生产和工会中所占的比重及其重要性在日益增长。欧洲各国按照各自的经济结构,妇女占就业人数的20%—45%。在战争期间,这个数字大大提高,战后时期也一直保持在高于以前的水平。在一些年轻的资本主义国家,如朝鲜、日本,几百万工人中女工甚至占50%以上。

另一方面我们都知道,女工阶层属于布哈林同志在纲领中所说的被资本主义及其帮凶实际利用来加强和维持自己势力地位的那些阶层。资本主义及其帮凶利用女工来反对男工,就像他们利用殖民地人民来反对欧洲工人一样,(因为)欧洲工人是在牺牲殖民地民族利益的情况下才能够获得某些暂时的胜利的。

很清楚,工人阶级的一切阶层越是有意识地紧紧团结在一起,那些即使不是敌对的、但却消极地站在一边的阶层的范围越小,工人的统一战线和工会的组织上的统一就会越巩固。因此,我们必须现在就把女工阶层团结到统一战线中来,因为在资本进攻的时候,假如广大的女工群众不积极参加斗争的话,不仅女工的切身利益要受到损害,而且整个工人阶级的利益都会受到损害。

资本总是有计划地在反抗最小的地方发起进攻。我简单地谈三点。首先大体谈一谈八小时工作日制和**工人保护**问题。无论在哪里,资本家总是先鼓动女工放弃八小时工作日制,促使她们所谓自愿加班,然后以企业的实际的或据他们所说的技术上的必要性为理由,先在这些企业中,然后在所有的企业中,让男工也在与女工相同的条件下工作,这已经成了一般经验。我们已经看到,几乎所有国家都在准备从法律上废除八小时工作日制和工人保护,但是实际上这早已经被广泛实施了,部分是通过颁布法令的办法,部分则是不顾现有的法律。

第二个问题是**工资问题**。由于工业中采用了机器,作为最心甘情愿、最廉价的剥削对象的女工也开始被抛入劳动市场,从这一时刻起,工资问题就同时成了亟待解决的问题。现在工资问题又成了现实问题，因为资本主义在其危机时期已经不再有能力满足工人的要求。它被迫回到最原始的剥削方式，一方面通过延长劳动时间和增加劳动强度来加强剥削，以补偿由于企业机器技术设备的老化而造成的劳动生产率的降低，另一方面通过降低实际工资以加强剥削。女工的低工资导致男工的工资也随之下降，因此，"同工同酬"的旧口号现在可能又成了工会中讨论和斗争的中心，而且讨论得比以往任何时候都更加激烈。

第三个问题是**失业问题**。目前失业问题的性质同工业中女工劳动刚兴起的时候类似。以为取消妇女劳动也许会使男工的日子好过一些的幻想又在工人的头脑中作祟。在这个问题上我们必须进行最坚决的斗争，以防止有人在女工和男工之间挑拨离间，使双方成为竞争的对手，互相斗争，而不是像我们力求使在业工人和失业工人携手并进那样和衷共济。

第二个重要特征是：工会中的广大群众越是认识到斗争与自己最直接、最切身的利益有关，共产主义在工会中的影响就会越大。如果说在一般情况下应该让工人明白，他们必须为自己切身的日常要求而斗争，那么对于女工来说就更是如此。一般说来，由于女工比较落后，她们比男工更不能理解为了比较长远的目标而斗争的必要性。显而易见，工会官僚是不会这样去做工作的，因为他们知道，在他们动员群众起来为日常要求而斗争的同时，他们正在造就一支反对自己的战斗队伍。

但是，假如我们要问在这一方面共产党做了些什么工作，我们不得不回答：做得极少，尤其在动员女工方面，他们所做的工作比组织一般工会工作方面更少。不言而喻，这不是偶然的，因为一般说来，共产主义运动的一切弱点在共产主义妇女运动之中都会反映出来，甚至会变得更加严重。因为共产主义妇女运动只不过是整个共产主义运动的一部分，它与后者休戚相关。但是，由于妇女群众与社会生活联系少，她们在政治上、组织上、思想上和经济上都比较落后，所以共产主义运动在组织上和思想上的弱点在妇女工作中造成的影响必将更大。如果说与整个工人阶级相比，绝大多数国家共产党的党员人数还很少，那么女党员的人数则无论从绝对数还是相对数来说，都显得太微不足道了。在情况最好的党即捷克斯洛伐克共产党内，女党员的人数占20%左右；在意大利，在一个相当重要的党内，女党员人数连20%都不到。从我们所掌握的数字来看，各国共产党中女党员人数平均占10%左右。这种情况说明，相比之下，这么少的女党员要掌握广大的女工群众，当然比男党员掌握他们队伍以外的工人群众更加困难。

此外，现在并不是所有的党都认识到必须有计划地安排工会女工革命化的工作。既然在共产国际内部对于是否应该在工会中建立支部这一问题尚有争议，既然党必须全力以赴，使每个党员都感觉到有责任加强工会工作，而这一点无论在理论上还是在实践上都还没有成为理所当然的事情，那么党内在对女党员进行工会问题的教育方面几乎是什么工作都没有做，也就无须感到奇怪。

我们可以断言；只有在极少数的几个比较优秀的党内，如俄国、保加利亚、德国，此外还有奥地利等国的共产党内，这项工作已经开始，而在其他的所有国家的共产党内，这个领域还几乎完全是空白。

现在，我们在实际工作中直接面临的两项组织任务是：

第一，各地在工会内建立共产党支部的时候，必须注意有计划地使工会中的女党员参加到各支部中去。

同志们，表面看来这一点似乎是不言而喻的，提出这一要求好像多此一举，但实际上并非如此。据我们观察，在共产党内，特别在一些年轻的共产党内，妇女运动与党缺乏紧密的联系，有些脱离整个党的运动，尤其在工会工作中更加缺乏这方面的联系。常常有些党的主管部门以及党内负责干部从来不知道女党员中有哪些人参加了工会组织，她们在哪里工作，她们如何与自己的支部取得联系。摸清女党员个人的这样一些情况以及做出细致的安排，这虽然是一件很费力的琐碎的工作，但是这项工作极有意义，它是完成其他任务的不可缺少的牢固基础。

第二，必须从党的最高领导层，即从党的执行机关起就关心这项工作，使党内负责领导工会工作的部门——不管它们叫工会科或工会处还是工会委员会——与共产党中央妇女委员会之间有直接的密切的联系。这些部门必须很好合作，就应该以什么方式统一组织这项工作以及采取哪些步骤进一步训练和有计划地组织女工会会员去完成她们在广大群众中的任务等方面制订出计划。

这项工作的前景是很有利的，因为在女工群众中我们面对着一大批后备军，这批人由于还没有组织起来，所以她们很少有偏见。女工群众受政治领导层和工会官僚的束缚程度比较小。由于她们有比较朴素、由此也许比较健康的、较少受到扭曲的阶级本能，她们更能够坚定地站稳阶级斗争的立场，她们更能够维护阶级的利益，而不会顾忌今天使我们难于在参加工会几十年之久的社会民主党工人群众中产生影响的那种种关系。

我想作一个比较，兴许对我们会有教育意义。由于1918年11月政治事件，在许多国家实行了妇女政治投票权。我们看到，资产阶级已经懂得要把绝大多数还没有接触过政治问题的妇女群众拉到自己的营垒中去，不仅资产阶级的妇女成了资产阶级政党的最好的代理人，而且还有一大批女工也被拉入了国家主义的阵营，被拉入了资产阶级政党、教会，即她们的阶级敌人的营垒，从而增强了资产阶级的力量，虽然仅仅是在议会领域。对于阶级斗争来说，工会所具有的意义完全不同于议会，在这个领域中，我们可不能再这么干了。一个党只要能够表现得目标非常明确、非常热情积极，善于从妇女群众的利益、忧虑和迫切需要出发，并领导她们为实现自己的要求而斗争，这个党就能够把妇女争取到自己一边来。依靠这些群众，我们将大大加强共产党人反对工会官僚的斗争，依靠这些群众我们将成功地使更多的群众离开反对阶级斗争的工会领导人，把她们争取到革命的阶级斗争营垒中来。（鼓掌）

塔斯卡（意大利）：

我先声明一下，我是以整个意大利代表团的名义发言的。我之所以能够这样做，是因为意大利共产党很快就认识到了工会工作的重要性，还在里窝那分裂之前就开始在工会中建立支部，因此，我们可以共同总结经验，采取统一的行动方式。

我想先就几个比较次要的问题简单讲几句。首先，我必须声明，代表团同意关于推迟讨论失业工人在工会中的作用问题的建议。但是，我们代表团认为，在改良主义领导人企图侵犯失业工人参加工会的权利的时候，强调一下共产党在捍卫失业工人这种权利方面所承担的任务的特殊重要性是很必要的。

我们也同样决定，不要求讨论共产党人在国家工会、企业主公会以及我们那里的"法西斯"工会中开展工作的问题。

我们必须明确声明，共产党人只有在必要的时候才不得不在法西斯工会中开展工作，也就是说，只有当这样做成为共产党人在工会领域内不被根除的不可缺少的条件的时候，即已经没有任何可能性可以为党的利益而在红色工会中开展工作的时候，共产党人才不得不在法西斯工会中开展工作。

洛佐夫斯基的提纲多次谈到统一和分裂问题，这是工会运动中最直接、最紧迫的问题。在这个问题上，我们完全同意他的观点，一方面是由于他所阐述的原因，另一方面还有一些其他的原因。

依靠企业主阶级或多或少的支持的改良主义分裂政策，力图使工会中的少数派难以用纯粹工会的形式采取捍卫行动，剥夺红色工会开展具体工作的一切可能性，使红色工会不可能为捍卫工人日常利益而进行斗争，而这一斗争对于红色工会的继续存在和发展是必不可少的。

此外，必须着重指出，假如仍然处于少数的共产主义工会被排斥在工人组织之外，在统一组织范围内不再能够得到保护，那么共产党合法工作的联络就会变得更加困难，因为工会往往是合法工作的极其宝贵的据点。

洛佐夫斯基的报告中有几点必须加以说明。对共产党员必须制订出更为具体的标准，以便使共产党员在工会工作中能够加以掌握。

有一点我们不大明白，如果我们在某个工业部门的国际联合会中或者在国内联合会中拥有多数，在这种情况下是否应该离开阿姆斯特丹派。请洛佐夫斯基同志把这个问题讲得更清楚一点。

至于我们，我们同意第二种解决方案，也就是说，如果在国内联合会中占有多数的话，应该离开阿姆斯特丹派，因为我们认为，这种解决方案所包含的分裂危险比较小。

如果红色工会国际力图使自己越来越变成一个宣传机关，变成一个工会组织的国际中心，那么要避免任何分裂危险当然是不可能的，但是，我们必须寻找危险最小的解决途径。

我现在没有时间来谈共产国际与红色工会国际之间的组织联系问题。但是我认为，这个问题在共产国际代表大会上必须解决，因为准备参加红色工会国际代表大会的共产党员同志必须就他们在代表大会上应该支持的立场达成一致意见。

我还想要求洛佐夫斯基说明一个问题，就是关于工厂委员会问题。

工厂委员会运动在德国具有越来越重要的意义，这个问题与分裂问题有着紧密的联系。我们希望就这个问题给我们谈一谈，因为这个问题在其他国家也将成为现实问题。

关于建立支部的问题，我和我们的看法是，红色工会国际必须努力为同工团主义者、无政府主义者甚至无党派群众的合作创造条件,以便能排挤改良主义者,对抗他们的影响。但是,我们认为必须保证共产党支部的建立,保证把在工会中工作的共产党人团结起来,以便利用一切可能性,沿着革命斗争的方向开展我们的工作。

我们不同意洛佐夫斯基同志的总纲第20条。这一条写在第17条之后,第17条中说,共产党员不能够也不应该以抽象的无政府主义—工团主义原则的名义,放弃自己在工会中建立支部的权利,不管这些工会采取何种态度。任何人都不能剥夺他们的这种权利。而在第20条中却说,在工团主义组织势力很强大的国家(法国),以及在那些由于一系列的历史原因的影响,对党的不信任感还始终在革命工人某些阶层的头脑中占统治地位的国家,共产党人必须与工团主义者达成协议,按照本国和有关工人运动的特点,就地拟定出在反对资本的所有防御和进攻行动中共同斗争和合作的形式和方法。

由于这一点是写在第17条之后,所以意大利同志就有这样的印象,似乎在法国应当用这一切来代替建立共产党支部的直接工作。关于这个问题,我们很希望能够得到进一步的说明。如果这种提法是指统一战线,那我们就不反对,因为不仅法国应该如此,而且所有的国家都应该如此,并且不仅要同工团主义者达成协议,而且还要同一切革命者达成协议。但如果这是说明法国的共产党人完全出于地方的原因而放弃斗争的特殊形式,在这方面他们必须先征得工团主义者的同意,那么我们就不同意把可能会得出这样一种解释的措辞写入总纲。

洛佐夫斯基解释说,党和工会之间的关系是一个力量对比的问题;这一点是正确的,但是我们双方必须达到充分的互相理解。共产主义原则和方法的运用始终受力量对比的制约,但是这并不意味着原则应该被力量对比所代替。

洛佐夫斯基说,不是理论创造运动,而是运动创造理论。当然,我知道洛佐夫斯基所说的意思完全不同于人们对这句话的错误理解，但是，这句话确实听起来像伯恩施坦的说法。伯恩施坦曾经说过：运动就是一切。我们不能让那些对此感兴趣或者有这种倾向的人钻空子，从这种意义上来解释洛佐夫斯基的话。

即使在法国由于它的历史发展的原因，工会确实不得不在无产阶级革命中起领导作用，这也不能成为放弃建立共产党支部的理由。相反，正是由于这个原因人们更应该继续建立并且发展支部，以保证我们在无产阶级革命中的领导作用。

我们完全清楚法国的困难。但是，由于工会问题是法国问题的基础，我们觉得不能够把某种模棱两可的说法写入总纲。它应该写入法国问题委员会的决定，法国问题委员会应该对共产党在法国工会中的工作给予必要的指示。决定中必须把一切都说清楚，并且把凡是这里不可能谈到的有关共产党员在工会中的义务都写进去，以便使由于当地的条件而不得不作出的让步，不至于成为促使很多同志所指出的极其困难的状况延续下去的因素。

由于这个原因，我们认为，必须把这些提法从总纲中删去。法国之所以反对建立支部，可以说出来的唯一理由是工人对法国共产党的不信任。但这是一种必须坚决予以突破的循环论证。我们相信，为共产党人在工会中开展工作创造条件，已经成为法国共产党生死存亡的问题。正因为这个原因，应该在法国问题委员会的决定中，而不应该在关于工会运动的一般原则中谈论这个问题。

关于工会从属于党的问题我还想说几句话。总的说来，我们的意见是：一个共产党能够发展的保证在于它能够对工人阶级的每一事件发表自己的意见。但是，如果法国共产党同工人的生活，同工人生活的一切形式都没有任何组织上的联系，它怎么能够对法国工人所关心的每一个问题表示自己的态度呢？提出一些口号，这是很容易的，但是党必须是从对工人生活的直接了解中提出口号,这是使工人群众理解这些口号是他们自己的口号,是符合他们要求的口号的唯一保证。

我们当然反对把工会从属于党。共产党人应该参加到工会中去,在工会中有计划地开展工作,以取得群众的信任,从而根据党的工会政策的精神完成自己的任务。在取得了群众的信任之后,不应该采取改良主义的"专家"那样的态度,而是必须为共产主义总目标的利益把自己的全部经验投入到为党服务中去。必须使非党群众感觉到,他们的口号不是从天上掉下来的,也不是从遥远的地方取来的,而是从工人的直接经验中产生出来的,只要稍微做些工作工人群众就能够理解的。假如法国共产党人也像其他所有国家的共产党人一样以这种精神工作的话,我们将能够弥补共产主义运动在目前斗争过程中所遭受的损失。古代有一个神话,讲的是一个巨人,这个巨人即使受了伤,成了残废,但是只要他一接触大地,就会重新获得力量。我们共产党也只有使自己接触到大地,也就是与工人群众打成一片,才能够使自己重新获得力量,为革命的最终目标继续奋斗,只有这样,我们共产党才能成为一个巨人。(鼓掌)

加登(澳大利亚):

同志们!我以澳大利亚代表团的名义声明,我们同意洛佐夫斯基同志的提纲。列宁说,西方党的最重大的任务在于组织工作。我想对盎格鲁撒克逊支部这方面的工作说几句话,因为众所周知,盎格鲁撒克逊的运动在组织方面很薄弱。你们看到,德国党能够使自己在群众中获得一定的影响。法国工人中间尽管意见分歧,但是你们将看到,党对群众的影响一定会显现出来的。意大利的情况也是如此。至于说到盎格鲁撒克逊的运动,那么你们就会发现,那里的共产党的力量很弱,它还不像其他党那样对群众有影响。

我相信,澳大利亚共产党尽管是一个小党,但是,就盎格鲁撒克逊运动而言，它已经找到了组织工作的正确的基调。澳大利亚共产党不到 1000 名党员，但是它能够领导包括新南威尔士州 23.7 万工人在内的大约 40 万工人，即全部有组织的工人。它也是布里斯班和昆士兰州中有组织的 11 万工人的领导人。

澳大利亚共产党是以支部体系为基础组织起来的。每一个工会都有共产党的支部，最多 20 个，最少 2 个，但是没有一个工会没有支部。支部负责人必须每周碰头一次，讨论他们那里的组织问题以及澳大利亚工人阶级的问题。他们在每次讨论中决定自己的策略，然后回到各自的工会、工厂、企业和矿山，贯彻既定的政治路线。政治路线是由政治执行委员会与各支部的负责人一起确定的。你们会发现，在工人阶级的每一个现实问题上，支部的领导人是当地工人阶级的直接指导者，指导他们在当时的形势下该如何行动。

新南威尔士州的工人委员会包括 120 个工会，尽管如此，其执委会完全处在共产党的监督之下，12 个成员中有 11 名共产党员，他们领导着 120 个工会，决定着每个工会的政策。在澳大利亚工党中，我们有着与英国工党中相同的组织基础，就是说，党是建立在工会运动之上的；我们也面临着与英国党相同的困难。1919 年，我们同澳大利亚工党发生了争论，在党代会上，我们以 6 票被击败。我们孤立了，不再参加任何政治活动，而把我们的全部力量转向了工业领域。每个人都着手去组织工人阶级，努力去打破各个行业部门之间的界线，建立各个工业部门的统一的工会，以便把我们的全部力量联合为一个由六个部门组成的联合会。就是说，我们力求使所有的运输工人、建筑工人、矿工、农业工人联合在联合会的每一个部中，通过这种方法把澳大利亚整个工人阶级联合在六个部里。由于我们把自己的力量放在内部，所以我们能够使澳大利亚唯一的阶级斗争组织，即世界产业工人联合会得到整顿。世界产业工人联合会改变了自己的策略，同我们联合起来，开始着手在行业部门联盟中建立工业部门联盟；它们在联盟内部进行工作，以便打破行业部门联盟的界线，把它们在全澳大利亚的全部力量联合在六个大的工业联合会中。

这时，我们决定开始开展政治活动。当时在澳大利亚有澳大利亚社会党、社会工党和工党内的不同意见派。澳大利亚社会党为了成立共产党，召开了一次新南威尔士州站在阶级斗争阵地上的全体工人代表大会。工会决定参加这次大会，并且派遣代表前往。大会决定成立共产党。不久以后发生了分裂，但是最终又联合了起来。目前我们是澳大利亚唯一的共产党。其结果是，共产党领导着整个工会工作。至于说到工党，我们觉得我们有能力对这个已经完全被机会主义渗透、由改良主义者掌握着领导权的党的政策进行引导，我们觉得，工人阶级中的积极分子本身就能够左右这个党的政策。

1921年，工党发出呼救，要求工人给予全力帮助。我们决定参加工党召开的这次大会。1921年，澳大利亚最大的代表大会在墨尔本召开，出席大会的有70万工人派遣的代表。结果怎么样呢？我们觉得自己有能力改变工党的政策。工党相信能够保持一个白色的澳大利亚，它相信国有化。我们把国有化改为通过政治的和工会的革命行动实现工业社会化。但是工党不同意，它退出大会。1921年10月工党又召开了一次自己的追随者的大会。他们用"通过宪法手段"代替了"通过政治的和工会的革命行动"这句话。今年6月，又一次代表大会召开，会上工会与共产党一起向工党声明，它们只能同意1921年6月会议的政策。1922年的大会重申了1921年6月的政策，并且又前进了一步，即它们向工党表示，参加共产党的大门还向工党敞开着，并且工党可以完全保留宣传和组织的自由。这个建议在1921年曾经遭到工党的拒绝，而现在我们看到，通过我们在工会一年的工作，我们达到了以前未能达到的目的。

当资本向工人发起进攻的时候，我们把所有的工人紧紧团结在一起，不让支部一个接一个地被分化瓦解。我们宣告："澳大利亚工人阶级必须站稳立场，统一意见，统一行动。"我们决定坚持这一路线。企业主求助于政府，政府决定召开一次大会。有几个工会起来反对，但是我们派了代表去参加大会。我们看到，在这次由政府召开的大会上，来自澳大利亚各州的 18 名工人代表中有 9 名共产党员。大会结果如何？企业主在大会上离席而去。他们说我们的全部工作就是阐述列宁和托洛茨基的教条，说我们不过是俄国的雇佣兵，说我们不是为澳大利亚工人阶级谋福利的。我们又向群众发出了号召，群众集合在我们的旗帜周围。澳大利亚是世界上第一个能够抵抗资本进攻，并且发出如下声明的国家："你们不应该继续压低我们的劳动工资，不应该就劳动时间问题继续讨价还价，再也不能延长劳动时间了。我们要缩短劳动时间，而不是延长劳动时间。"澳大利亚是世界上唯一的、群众集合在一个口号之下的国家，这个口号就是："不许触动劳动工资和劳动时间！"整个政策都是由澳大利亚共产党掌握的，这个党从人数上来说很小，但影响却很大。

此外，我们那里并不是每一个想成为党员的人都可以入党的。如果工会中有人提出入党要求，我们先把他的名字告诉他所在工会中的党支部领导人，申请入党的人要经受一段时期的考察。假如他反对他所在工会为了工人阶级利益而提出的建议，就可能成为不接受他入党的理由，我们就声明，他不适合当一名澳大利亚共产党党员。我们相信影响群众的重要性，我们利用一切手段，通过左右群众的政策和组织群众来扩大我们的影响，因为我们认为，群众时刻在准备着投入战斗，他们决心要为自己的生存条件不继续恶化而斗争。共产党的任务就是根据这一精神进行工作，领导群众沿着这一方向前进。

现在就分裂问题再讲几句。工会中的分裂运动是 1918 年开始的。

两年半中我们一直在为反对改良主义而斗争，斗争的结果是信奉阶级斗争的人的影响日益扩大，改良主义者失去了自己脚下的基地。革命派在工会中继续积极地工作，因为工会掌握着宣传机器——新南威尔士州工人委员会，而后者又左右着新南威尔士州的整个政治。革命者把这一机器掌握在自己手中，使宣传工作能够顺利进行。工会中出现分裂的时候，反革命分子要求开除所有的革命工人。我们走到工人群众中去，从他们那里得到全力支持，我们劝告世界产业工人联合会直接深入到工会运动中去，像"白蚁"那样去做工会运动的工作。必须说明一下，白蚁只会进攻伐倒的木头而从不触动任何有生命的东西，而我们做工作的结果是把一个有12万名成员的农业联合会争取过来。在矿业部门中，我们把所有的工人，包括采矿工、机械工和锻工，共有4.5万人团结在自己的周围。在陆路运输业中，我们团结了所有的铁路工人，从火车司机到行李搬运工，总共5.8万人。我们在澳大利亚总共有17个建筑工人联合会，它们已经宣告要成立一个统一的组织——建筑工人产业联合会，总共包括4.2万工人。所有这一切都加强了阶级斗争，证明了只有通过政治的和工会的革命行动才能够推翻资本主义。

我们开展阶级斗争活动的结果是，把一切力量团结在一个打破了具体行业部门界线的大联合会中。

还有一点要说的是，政治路线一旦确定，我们就把具体内容打印出来，在每周一次的碰头会上交给各支部负责人，以便于他们用来指导各联合会的行动。

最后我把工人委员会关于建议支持工党的指示摘录如下：

"1. 工人委员会承认阶级斗争，并且把这一事实作为自己制订组织和宣传计划的基础。

此外，工人委员会还承认，在资本主义社会中，这种阶级斗争就是政治斗争,是夺取政权的斗争,工人委员会无论在卷入这场斗争的各政党面前,还是在斗争本身面前,都不能保持中立。因此,工人委员会宣布以下几点作为自己对现有各政党的态度的基础;

2. 澳大利亚工会运动既含糊地承认阶级斗争,又承认和支持改良主义政党即澳大利亚工党。完全支持工党及其方法和目的就是意味着,由于工党的政治家们掌握了资产阶级国家机器,已经觉醒的工人阶级的革命的自信心及其要求开始进行反对资本主义制度的阶级斗争的愿望变成了社会和平思想,而这种思想就是意味着否定阶级斗争。

3. 工人委员会认为,工党是工人阶级运动的一部分,当工人的日常斗争涉及维持基本工资和每周 44 小时工作制的问题时,工党有时候会通过自己的组织和宣传支持工人的利益。因此,只要有利于支持工人的迫切要求,工人委员会有时会支持工党。工人委员会还认为,鉴于资本家阶级对工人阶级发起了有组织的进攻,在这一关键时刻,工党重新执政对工人阶级是有利的。其原因是:

(1) 工党会比民族主义党更加有力地反对资本家对基本工资的进攻;

(2) 工党的执政便于工人阶级开展宣传和组织工作;

(3) 它还将向工人证明,在资本主义国家范围内,工党不可能通过立法持续地改善工人的状况。

4. 工人委员会在日常斗争中努力争取改善工人的生活条件,同时它也完全意识到,在资本主义制度下不可能使工人阶级在经济上得到保障。因此工人委员会要力求把工人阶级的日常斗争引向消灭资本主义和建立无产阶级政权的斗争。而只有当工会与工人阶级的革命政党为了整个工人阶级的利益完全统一行动的时候,才能相应地组织并进行这一斗争。"

这是我们发给各支部让它们在工会中散发和决定它们群众工作的指示的一个例子。我们认为,假如盎格鲁撒克逊各国——英国、美国和爱尔兰等——也执行同样的政治路线,它们的共产党将能够左右这些国家工人群众今后的政策。

帕夫利克（捷克斯洛伐克）：

尊敬的同志们！我想先强调一点，就是我对洛佐夫斯基同志的提纲一点儿都不满意。我所期望的要比这多，因为如果上次代表大会的提纲还继续有效，人们就必须考虑到，上次代表大会是在大约15个月之前召开的。在这15个月中，不仅在捷克斯洛伐克，而且在其他国家中有些情况已经发展了。我想先说明一下，在捷克斯洛伐克无论是工会还是政党都已经达成了协议，正在采取统一行动。我想指出，根据洛佐夫斯基报告的译文，必须把被开除的人重新组织起来。这是什么意思？这是第一次代表大会旧提纲的一个设想，根据这个安排，被开除的人要重新组织起来。这就是说，洛佐夫斯基直到今天仍然以此提纲为出发点，而这一提纲完全不是为了新的时期，不是为了已经发生变化的局势而制订的。

现在我要问的是，应该如何去组织被开除的人？在产业联合会中？如果我们有这样一个接受被开除者的联合会的话，阿姆斯特丹分子马上就会来了。在我们那里，不仅共产党人被开除，而且接受被开除者的联合会也被开除，被开除者的联合会有好几万成员。所以我要问一下：把被开除者组织成一个产业联合会，这是否可能？或者还是选择一种对被阿姆斯特丹分子开除的所有小组都合适的组织形式也许更好些？这个问题没有得到回答，所以我说，洛佐夫斯基的报告完全是以第一次代表大会的提纲为基础的。

最使我感到不安的是，人们没有为今后提出明确的目标。我并不是想得到针对我们共和国具体情况的特殊指示，但是我希望为今后制订出一个明确的纲领，一个使我们这些代表可以在所有国家照着办的纲领。特别是必须清楚地说明，应该如何把被开除者组织起来。

洛佐夫斯基还认为，凡是共产党员占多数的地方，我们不必考虑联合会是否属于阿姆斯特丹工会，都应该在莫斯科国际那里登记。这会造成什么后果？捷克斯洛伐克的阿姆斯特丹分子是够狡猾的，他们会千方百计不让我们达到多数。当他们得到足够的证据，看到在个别团体中共产党党组已经成为多数派时，被开除出去的就不仅仅是个别人，而是站在这些党组一边的成批的人，直至整个团体被开除。

洛佐夫斯基在报告中有些地方说得不清楚。我们要立足于统一路线，这当然是正确的，但是一旦想归属莫斯科国际的同志都到那里去登记，马上就会发生分裂，这样一来我们也就无法前进了。

我还想就我们的朋友黑克尔特的发言讲几句话。黑克尔特认为，有必要在这个问题上提及捷克斯洛伐克。他说，如果捷克斯洛伐克建立了党组，塔耶尔莱之流的势力就不会这么大了。但事实恰恰相反，正因为我们建立了党组，正因为在联合会中至今还有这么多党员工人，所以我们更应该注意，使他们能够继续留在联合会中。但是结果怎么样？捷克行业逐个召开了代表大会，在大会召开之前，阿姆斯特丹分子把革命小组全都开除了，因为他们不愿意让革命小组出席代表大会。不能说捷克斯洛伐克没有成立党组，相反，凡是在我们站住脚的地方，我们都使大多数参加组织的工人跟着我们走。而这是主要问题。我认为，必须找到一条中间道路。一些国家的形势发展已经超出第一次代表大会提纲中所叙述的状况，必须为那些国家创建一些新的东西。也就是说，必须创建一个能够把被阿姆斯特丹分子开除出来的所有小组合并在一起的联合会。

捷克斯洛伐克有两万名纺织工人被开除。他们曾经努力争取让捷克纺织工人联合会（布吕恩联合会）接受他们，但遭到拒绝，他们又同赖兴贝格的社会爱国联盟进行协商。这就是我们那里的情况。我们正在成长中，到目前为止一切办法都已经尝试过，但由于阿姆斯特丹分子顽固不化而不得不遭到失败，现在我请求，在这方面最终能给我们指出一条道路。对于我们来说只有一条路可走，除此之外别无他路。这一可能性就是：假如还继续有联合会被开除的话，这些联合会就应该采取措施创建一个总联合会，把所有被开除的会员吸收进来，以便使这批群众有安身之地。假如我们不能在最短时间内做到这一点，尤其是现在捷克正处在大危机时期，这些人的态度就会有冷淡下来的危险。委员会有责任对此加以考虑，并且在各个方面给我们作出相应的具体的指示。

韦尔奇克（捷克斯洛伐克）：

同志们，工会问题不仅是共产党的要害问题，而且也是整个国际的要害问题。在党的建设中，我们对这个问题没有给予应有的重视。洛佐夫斯基同志说："**群众在工会中，哪里有群众，我们就应该在哪里。**"但是他没有指出一条具体的道路。洛佐夫斯基在报告中谈到工会的统一，其中包括与社会爱国党人的统一。黑克尔特同志说，**谁今天想要分裂，谁就是帮改良主义者的忙。建立独立的红色工会并不意味着我们的强大，而是说明我们的软弱。**但是，同志们，另一方面我们必须看到，红色工会国际的路线并不是始终很清楚的。群众需要有一条明确坚定的路线来指导自己的运动，而我们从未有过这样的方针路线。我们虽然得到过指示，但都比较含糊，既不作肯定也不作否定。红色工会国际的观点可以作两种解释，共产党人当然总是从左的方面来解释。但是当群众沿着红色工会国际指引的方向行动起来，分裂不可避免地出现时，莫斯科就警告我们要谨慎，但是领导权却从我们党的手中滑掉了。

在党的领导中双方都以提纲和决议为依据互相斗争，我们的同志在工会中也是如此，甚至还依据提纲和决议破坏纪律。提纲和圣经一样，可以证明一切，黑的和白的都能证明。

法国发生了分裂，接着阿姆斯特丹分子又在捷克斯洛伐克制造分裂，甚至连德国也由于社会爱国党人而遭到与我们相同的遭遇，我们的同志还没有强大到足以防止这一切的地步。想搞分裂的人今天还不敢挑起分裂，但以后肯定会这样做。由于严重的经济危机，黄色工会想通过减员来减轻工会基金的负担。在大批工人失业的情况下，有几十万失业者需要救济，在这种时候，假如能够以所谓的破坏纪律为理由，把一些会员开除出工会，这对于黄色工会来说真是求之不得。我们现在就处于这种情况。

我想用几句话谈一下捷克斯洛伐克的发展情况。工会组织分为捷克斯洛伐克人工会和德意志人工会，两个民族的民族工会和基督教—社会工会。捷克斯洛伐克工会委员会是阿姆斯特丹国际的成员，大约有 80 万会员。德意志人总工会有 350 万人，国家社会党人约有 20 万。德意志人总工会也是黄色工会国际的成员，它根本不想联合。在这里起作用的不仅是民族关系，还有经济关系。德意志人，包括社会党人，属于受民族**压迫**的。当然，这不是社会主义的观点，但这是把德意志人中的资产阶级和德意志人中的社会爱国党的工人联结在一起的纽带。除此以外，应该考虑的是，有 70% 的资本企业掌握在德意志的资产阶级手中，但是资产比较单薄的资本家即捷克的爱国党人却掌握着国家政权，在捷克族资产阶级和德意志族资产阶级之间存在矛盾。这本来应该要求工人阶级不分民族地组成统一战线，以反对互相竞争的德意志族资产阶级和捷克族资产阶级，然而，改良主义者却反对这种建立在阶级斗争基础之上的联合。工人阶级只有通过失业和贫困造成的悲惨境遇才能够认识到，唯有推翻资产阶级才能使自己得救。

当两个民族的资本家一起向无产阶级发起进攻的时候，他们之间的敌对情绪暂时退居后位，无产阶级必须以共同行动来回答资产阶级的共同行动。然而，工资将降低 40%—50%，工会却没有战斗能力，每一次斗争都以工人的失败告终。党在工会问题上没有一条坚定的方针路线。由于无纪律现象，中央委员会失去了权威性。例如阿姆斯特丹分子召开的农业工人联合会代表大会，虽然农业工人联合会主席、中央委员博伦同志同意了关于不惜一切代价参加代表大会的决定，但是没有派人去，结果是表决就等于阿姆斯特丹分子获胜，但是，实际上大多数工人是支持莫斯科的。

紧接着黄色工会开始破坏我们的组织；开始开除人，开除个别同志，开除地方组织甚至联合会。在这种形势下柏林大会召开了（7月17日），在大会上，工会的形势问题受到讨论，洛佐夫斯基同志让我们同意关于停止缴纳会费的决定。在正常情况下这对于社会爱国党人来说是一种损失，但是在目前经济危机的情况下，这样做却意味着改良主义者的胜利，因为地方组织不交会费就算自动退出联合会。

洛佐夫斯基说，群众转向了民族主义者和基督教社会党人。我们那里不是这种情况。经济危机不是自然形成的，而是由资产阶级人为地扩大的，他们的目的是使生产和出口处于瘫痪，从而挫败无产阶级。大规模的失业促使跟着工会组织走的人对工会越来越冷淡。

在捷克斯洛伐克，总是群众在哪里我们就到哪里。从最近的一次代表大会上可以看出，有30多万工会会员站在我们的行列之中。这次代表大会决定，在我们那里成立一个新型的、类似大联盟（One Big Union）①这样的组织。

形势的发展迫使我们不得不坚持建立这样的组织，即使有人指责我们说，这种做法等于要完全毁灭或严重破坏工会运动，但是我们仍然不得不坚持这条路线。

代表大会应该对我们今后的工作作出决议。应该采取的行动必须预先得到明白确切的规定，但是应该考虑到分裂是已经发生，还是正处在发展阶段。今后的方针路线必须只能允许有**一种**解释，这样我们党一定

---

① 大联盟是19世纪末20世纪初工联主义者提出的把所有工人不分行业组织在一个工会中的构想。——编者注

会全力拥护并贯彻第四次世界代表大会的决议和提纲。至于黑克尔特同志所说的共产党人的互相攻击，决议和提纲的含糊不清大大助长了这一现象；为了消除互相攻击，必须明确指出，**现在的情况怎么样以及应该怎么办**。我们知道，工会问题是关系到党的生死存亡的问题，所以语言明确具有十分重要的意义。假如你们建议我们捷克斯洛伐克的同志要在黄色工会中坚持下去，这必然会造成不信任。由于社会爱国党人在有计划地进行分裂活动，我们必须很好地运用统一战线的口号，把社会爱国党人中的其他人争取过来，把他们组织起来，进行反对资产阶级的阶级斗争。我们必须为这一任务指出一条正确的道路。

库彻（美国）：

同志们！我不是到这里来给你们讲一段漫长的历史的，只不过想尽可能简短地讲几个具体情况。

实际上我之所以要求发言，是因为有一个自称代表美国工人运动的人发言，他完全错误地描述了形势，歪曲了事实。我想让你们自己来判断，他这样做究竟是出于缺乏理解力，还是出于恶意。

首先我要强调一下，我不是作为美国反对派运动的代表，而是作为一种特殊的运动即独立工会的代表，受美国统一工人委员会的委托到这里发言。我到这里来是为了对自称是代表美国工人阶级的宣传小组的攻击表示抗议。

独立工会按其工作和结构来说是产业联合会。有人指责独立工会是造成美国工会运动薄弱的原因，理由是独立工会中有激进分子。有人对你们说，"工会平行主义"是一切祸害的根源，即使是这样，以独立闻名的工会也不是一切祸害的根源，因为独立工会绝不是搞"平行主义"。

独立工会产生的原因，部分是由于多年以来有无数激进的工会会员和少数派被开除，他们不可能再回到已经加入联合会的自己原来的工会中去，所以被迫联合起来，建立自己的组织。另外，美国劳工联合会仅仅把熟练工人联合在纯粹的职业组织中，而对广大的非熟练工人和半熟练工人群众干脆置之不理，所以受到歧视的这些工人完全自发地建立了他们自己的、往往只不过是地方性的工会，这些工会保持着孤立。它们拒绝参加联合会或联合会的工会。

为了使所有这些小组的活动统一和联合起来，成立统一工人委员会是必要的。委员会的任务是协调工作，并且把工会合并为"一个工业部门一个工会"。现在的独立工会从来没有推行过分裂政策或者强迫少数派脱离所谓的"总"运动的政策。我们的工作在没有参加组织的工人中间有着广阔的天地，我们的工作方向是把工人联合在产业工会中，我们发现，工人是响应这一号召的。一般说来，工人认识到行业工会的弱点，即使激进派想参加联合会，群众也不会跟随他们，这样做只能使现在已经得到工人信任的激进派信誉扫地。

无视这些事实却说什么美国统一工人委员会完全靠损害加入联合会的工会才得以扩大，这只能说明这些自称是美国工人代表的人缺乏知识。

人们指责我们，说我们企图成立一个平行的联合会，而我们只不过是力求把联合会以外的各种力量聚集起来，以便在整个运动中制定一个统一的政策和统一的目标，使我们有朝一日有一个能够并且愿意为了工人同联合起来的资本主义势力进行斗争的统一的运动。

我们同意红色工会国际的纲领，反对美国某些人为了个人目的而歪曲纲领目标。

所有对美国的运动一无所知的人断言，独立工会是以建立"理想"工会为目标而人为地创造的。事实并非如此。美国的独立工会运动是自然发展的产物，只要它在不断发展，我们就必须承认它是一个因素，并且在我们的工作中加以考虑。

我们在季诺维也夫同志开幕词的速记稿中看到,他把美国共产党员的人数估计为8000人。但是我们从刚才发言的工会教育协会代表的报告中却看到,协会认为工会中有422000名积极的会员。季诺维也夫指出了这两个报告的不一致性,他说,党如此弱小而在经济领域内却有这么大的影响,这很不正常。

至于说到美国的问题,我希望你们,特别是俄国和德国的同志能够把这看做是你们的任务,在你们最后决定取消或解散那些作为革命小组或独立工会而存在的团体之前,先考察一下美国运动的各个阶段。我在这里是要抗议一些运动滥用正式的报章杂志的做法,这些运动只阐明它们自己的观点,而不拿出说明这一观点的具体事实。如果这仅仅是一个关乎事实的问题,倒也罢了,但问题是他们把事实歪曲得太厉害,以致容许这种出版物等于对工人运动犯罪。我想指出,独立工会在红色工会国际成立以后就曾马上要求加入红色工会国际,大批战士和大批激进工人很自然地觉得自己是向着革命工会的,大家一致同意参加红色工会国际。在这一点上反映了这些工会中工人的情绪。

还有一点需要强调。前面有一个美国人发言说,独立工会应该解散,应该参加美国劳工联合会,他们的口号是:"到群众中去!"但是在联合会中找不到群众。先前那位发言的人谈到美国问题时说,在美国有3600万工人可以考虑参加联合会,但是,联合会中的工人从未超过450万,今天似乎比200万多不了多少,甚至还不到200万。群众不愿意加入联合会,而是站在联合会的对立面,他们想说服群众参加联合会的希望肯定要落空。联合会名誉扫地,以致群众都不响应它的号召。如果口号是"接近群众!",那很好,那就让我们去接近群众吧,但是请别让我们到已经衰败的联合会中去寻找群众。持这种观点的人的主要理由是,应该参加到联合会中去改造它,但是像联合会这样的组织已经无法改造，只要理解美国的运动就会知道，任何改造联合会的想法都是徒劳的。

本来还有许多事情是我想在谈到破坏美国工人运动队伍或在其中制造不安定的宣传鼓动问题时再讲的，现在我不想说了。我想提以下建议：我们独立工会承认，只要美国劳工联合会中还有一些具有优良品德的人，只要那里还有一个机构至少可以被利用来为某一目的服务，我们就应该在联合会中进行工作，但不是为了改造它（因为这几乎是不可能的），而是为了揭露反动官僚所运用的方法，以及继续宣传我们关于按产业部门进行联合的主张——并非因为我们希望这一步能够实现，只不过把它作为一种宣传手段。因此，我们同意关于工会教育协会应该把自己的工作局限于联合会本身这一主张。独立工会理当有权自己负责独立工会和没有参加组织的工人中间的工作。

如果工会教育协会通过它在联合会中的工作证明了自己的价值，独立工会也受到鼓舞，并且得到支持，在独立工会和没有参加组织的工人中间继续开展工作，也就是说，如果每个组织都在自己的领域内工作，那么就有可能取得最后的胜利。在这两条工作路线之间应该有一个中间组织来协调两个团体的工作，使之一致起来，同时使两个组织采取联合行动。这种可能性向美国运动敞开着。但是有人却责备说，这是要开创一个平行的运动。事实并非如此。要建立的不过是一个促使两个团体携手合作、共同行动的中间环节。我们知道而且看到过很多事情，足以证明联合会曾表示同意把所有的共产党人开除出自己队伍，难道这些团体应该干脆被赶出工会而被抛在一边吗？这种情况是会发生的，因为我们至今还没有一个机构能够为留在联合会中进行宣传鼓动。在这样一个机构创立之前，一切工作都不得不独立于联合会。我们必须建立一个组织，把所有不可能返回联合会的人吸收进来。只要工会教育协会还没有一个至少是类似争取开除者重新加入联合会的斗争组织，只要你们还没有建立一个中央委员会，或者建立一个统一这两个团体行动的委员会之前，你们就别指望美国会出现统一的运动。对于这一点你们认识得越早越好。

不幸的是，在那些自称是领导人或代表的人中间，很多人对美国的运动缺乏真正的了解。主要问题是人们对应该怎么办的问题仅仅进行过纯理论的讨论，从来不接触实际。问题只有一个："实际情况如何？"然后根据实际情况采取行动！而这些人却闭门造车，先拼凑出一套理论，然后力图使事实去适应理论。我不想更多占用你们的时间，只是想强调一下这一点。这是我们的观点，我们深信，特别是在考察其他的国家，而这些国家的运动又处于分裂状态的时候，整个问题应该得到全面的讨论，这是一个无论在美国还是在英国都必须解决的问题。

罗斯默（法国）：

我完全同意塔斯卡同志的发言。不过我所得的结论与他的不同，我要求保留提纲草案中的第 20 条。关于法国共产党的态度我不想再多谈，洛里当同志在这里所作的详细叙述，使代表们对法共在工会运动方面的工作——更确切地说是无所作为——有了一个清楚的概念。

他所说的情况完全属实，其中有些事情也许看来无关紧要，例如关于《人道报》在社会革命党人案件期间的态度问题。但是洛里当之所以提到这件事，是为了强调在这个问题上，由于党没有采取任何行动，北方工会联合会不得不主动采取行动。

当然，他不是想以此来说明《人道报》从未提及这一案件，他只是想说，《人道报》没有像法国工人所期待的那样来回击资产阶级和社会民主党报纸上的谎言。

至于说到法国共产党领导人对工会问题的观点，今天早上洛佐夫斯基宣读了党的行政书记的一篇文章中的两个片断。这篇文章具有特殊的意义，因为它的作者不是一个普通党员，而是中央委员和党的行政书记。就在他同其余的中央委员一起签署了一项声明，宣称自己愿意奉行共产国际的政策之后，紧接着他就写了上述文章。在发表了冠冕堂皇的声明之后，他写了一篇说明一项有关工会问题的倡议的文章，其中摘引了倡议书中的一段话，这段话说，共产党是最能体现工人阶级愿望的、最有能力捍卫工人阶级利益的党。但是他立即补充说：这种说法过于极端，而且很危险，中央委员会"当然"不能接受。

当然还可以举出其他一些段落，但是这样做不怎么必要，而且对于我们来说也有点不太光彩。正如塔斯卡同志在他的发言中所说的那样，工会问题是法国问题的核心，只要党一天不解决这个问题，人们就不会把党当做共产党来看待，这是不言而喻的。

那么究竟为什么要把我们在委员会会议上已经同阿扎里奥同志多次争论过的第20条写入向大会提交的提纲呢？

阿扎里奥同志所讲的同塔斯卡同志今天所讲的完全一样，即为什么在提纲和总决议中要涉及法国的特殊情况？如果有必要对法国问题作特殊的指示的话，在讨论法国问题时，在讨论关于结束这一辩论的决议时，我们还会有时间的。

我们认为，提纲中还是应该专门写上一段，为什么？正是因为法国共产党中存在的这一情况。

在大会之前，你们对法国党的所作所为多少已经有所了解。现在，你们对此有了完全准确的了解。你们知道，法国共产党在工会问题上不仅没有跨出第一步，而且它根本就不想跨出这第一步。更为严重的是，如果有个别党员要求党摆脱这种消极状态，要求党表示出自己要成为真正的共产主义工人党的意志，他们就肯定会遭到中央委员们的粗暴的拒绝，并且受到出于政治原因而与工团主义者串通一气来反对他们的那些同志的恶毒攻击。

这就是法国目前的状况。共产党没有自己的工会政策，而它面对的统一总工会却与群众保持着自然的联系，并且通过自己的工作在法国较好地维护了共产主义，或者说至少在当前情况下，最好地维护了共产主义，比法共好。

法共表示同意共产国际的决议，假如把这个决议重新提交它讨论的话，它还会再一次表示同意。但是一切还会照旧，不会有任何变化。它的政策仍然还会同以前一模一样。

所有的经济斗争都是由统一总工会发起的，共产党只限于保证给统一总工会以无条件的支持。

提纲的第 20 条说明了法国的总形势。法国存在着强大的工团主义革命运动，同时也存在着共产党，但是还不是一个真正的共产党。我们不想丝毫改变上述总看法，也不想使共产国际的原则和方法有任何削弱。

我们满怀信心地希望，到一定的时候这些原则和方法即使在法国也不再会被看做是高不可攀的东西，在那里也会得到应用，就像意大利已经达到的那样。

左派同志对党和统一总工会的关系问题与至今居于党的领导地位的同志有着完全不同的看法。他们认为，只有当他们的观点得到贯彻时，党同统一总工会的关系的性质才可能既符合工会本身的利益，又符合党和整个工人运动的利益。正如刚才我所说的，我们的理论与工团主义同志们的理论不一致，只要他们仍然是革命工团主义者，而我们仍然是共产党人，我们之间在理论上必然存在着严肃而重大的分歧。

我们是否应该掩盖这些分歧？不。或者继续以前的做法，党对统一总工会采取放弃政策？这不是共产党应有的政策，这同共产党的本质是水火不相容的，从某种程度上来说，这一政策正是法国共产党目前所面临的全部困难的根源。

与此相反，我们认为，我们承认我们同工团主义者之间在理论上的分歧，有必要的话甚至还要强调这一分歧，这不会带来不好的后果，也不会破坏统一总工会与党之间必须存在的合作。然而，我们相信，只要党充分强调并以最大的热情阐明自己的方针路线，经过与统一总工会的同志共同讨论，也许还会同他们发生摩擦，但最终会使工作的条件变得有利得多。革命的工团主义者今天对党还不尊重，他们将来是会尊重的。要是法国共产党不从根本上有别于老社会党，工团主义者今天对法共还能有什么尊敬可言呢？

刚才有人已经说过，在争论中经常提到的工会要隶属于党的这种说法是行不通的，这种说法绝对不是对党与工会之间关系的共产主义的观点。假如我们研究一下法国目前的情况，那么倒不如应该说实际上是党隶属于统一总工会。

假如某个工人组织起草了某项决议，表决通过某项议程，其中包括偶尔谈起的反共的说法，那么这一决议或议程就会被转到《人道报》发表；假如《人道报》的有关编辑要加上一段简短的按语，声明这篇文章中有一些任何共产党人都不可能接受的东西，那就会引起轰动。人们已经是非常习惯于对任何通知，不管它的性质如何，也不管它具有何等重要性，都一律不加批判、不加评论地接受。

我不得不说，这也是《人道报》领导人所采取的立场。

加香（法国）：

请允许我澄清一下事实！

统一总工会确实曾经两次派代表来《人道报》，他们来抱怨以下两件事：

1. 没有发表统一总工会机关或赛纳区工会联合会所起草的一份正式决议；

2. 有一篇交给《人道报》某编辑的正式文章没有按原稿发表，而是在文章中间插入了按语。

他们的代表到《人道报》来，只不过简单地说了以下几句话：我们绝对不是要否定《人道报》有批评我们文章的权利，但是，《人道报》是工人阶级的报纸，所以它应该先发表我们的文章，然后再按照自己的判断进行评论，我们只要求不要把按语插在文章中间。

这是他们唯一的不满之处，我们被要求——这是他们的权利——对此进行审查。

我承认，《人道报》的领导是对负责"社会生活"专栏的编辑同志说过：我们认为，应该先发表统一总工会的正式文件，然后再加按语。

至于说到您所暗示的第二件事情，情况是这样的：统一总工会给我们送来一篇文章，文章没有发表，为此统一总工会向我们表示抗议，于是第二次派来了代表。

这一次《人道报》的领导也表示同意，应该把文章登出来，然后再加评论。

以上是对您所暗示的、但是——请允许我这么说——讲得不确切的事情的详细说明。

罗斯默（法国）：

假如在这里把共产党员在工会问题上对《人道报》的小满意都列出来的话，需要的时间将大大超过大会所允许我的一刻钟。

在法国问题委员会中我们会有时间来讨论这些事情和看法，我们还将对最近发表的几篇社论进行讨论，这些社论中都直接或间接地谈到了这个问题。

我只想用一些例子来说明一下法国目前的状况，因为在谈到提纲第20条时，我同塔斯卡同志讨论过这个问题，我指出了共产党在工人斗争问题上总是缺乏积极主动性，总是局限于当统一总工会的助手，为其提供帮助。我对塔斯卡同志坚持这一点，即我们在拟定第20条时已经考虑到的这种情况应该被写入总纲。

因为如果这一提纲具有一般的性质，那么它研究的就是工会行动的具体问题，谈的就是国际产业联合会的统一、分裂和宣传，而不再是第二次代表大会上所讨论的那类问题：第一次确定党在工会中的作用以及党与工会的关系。

阿扎里奥同志还希望委员会在提纲草案中写上一条，再一次强调党在工会运动中的作用和共产国际的策略。我们对他说，再把这一条写入提纲是多余的。我们说，对于你们意大利人来说重新强调这一条是多余的，因为按其内容来说你们已经实现了这一条。假如你们是因法国的缘故而希望再一次写上这一条，这是不会有任何好处的，因为法国的问题要难解决得多。

法国的工作要从头做起，在意大利你们已经系统地运用了共产国际所确定的策略，法国的情况却完全相反，工作还没有开始。必须开始这项工作，只有这样，法国党才能成为一个共产党。我认为，正因为这个原因，在一个具有一般性质的文件中写入专门有关法国的一条是很有必要的。当然如果问题涉及一个原则问题，涉及有损共产国际在党与工会关系问题上的基本原则，我们将会第一个站起来反对。但是，我再重复一遍，这里所涉及的是一个实际问题，是要说明一种现状，以便从中得出所应采取的行动方式。

因此，我请求塔斯卡同志和我们的意大利同志不要再坚持自己的关于取消第20条的要求。相反，我们可以保证，这一点不会被理解为好像我们要以某种方式损害共产国际已经通过的关于党与工会关系问题的提纲的原则。

主席：

同志们，洛佐夫斯基的结束语推迟到明天。主席团决定，今天晚上让一位土耳其的同志来发言，他要讲一件十分紧迫、十分重要的事情。

奥尔昌（土耳其）：

同志们，你们大家都在报纸上看到了有关在小亚细亚共产党员被大批逮捕和在君士坦丁堡土耳其工人工会被解散的消息，为了使你们正确理解这一镇压行动和凯末尔主义新动向的意义，我觉得有必要向大会报告一下安卡拉①和君士坦丁堡共产党的活动和民族主义政府的政策。

土耳其共产党是在资产阶级民族主义政府——这个政府以往很善于置身于工人和农民所发起的自由运动的前列——转向反对劳动人民大众的最基本利益时成立的，因此，土耳其共产党一成立就面对两大敌人：帝国主义和民族资产阶级。党认为，反对头号敌人即帝国主义的斗争具有压倒一切的重要性，因此决定，只要政府反对帝国主义我们就支持，但同时我们还继续为了工人和农民的利益，要求进行民主改革，并且致力于组织工农。这些决定与第二次代表大会关于民族和殖民地问题的决议是一致的。党从成立以来，一直没有改变这一政策。我想援引党的告军队书、告工人和农民书为例来证明这一点。党在告军队书和告工农书中要求他们一直斗争到最后胜利，另一方面党又在告军队和希腊劳动大众书中号召他们起来斗争，瓦解只为希腊资产阶级和英国帝国主义的利润而互相残杀的军队。

最近党又发出了一个通告，要求君士坦丁堡的居民建立反对反动派和帝国主义的统一战线，不要让苏丹逃跑，把他提交最高人民法院。

---

① 当时称安哥拉，1930年改称安卡拉。——译者注

从独立运动中产生的大国民会议政府一直宣称，要依靠地中海沿岸各东方国家捍卫国民公约和反对帝国主义，但是三年来，它的活动却证明了这不过是一种欺骗政策。下列事实是很令人深思的：

1. 当政府想要同莫斯科建立初步关系的时候，前往莫斯科的代表声称，土耳其有一个很强大的共产党，这个党主要把农民团结在自己的周围，许多乡镇甚至已经由农民委员会管理；

2. 为了欺骗苏俄，这个政府在成立初期建立了一个名为"绿军"的所谓的布尔什维克党，这个党完全由资产阶级分子组成；

3. 苏维埃派遣的第一批使者到达安卡拉以后，它在"绿军"的残余分子、高级干部和知识分子中组成了一个官方共产党；

4. 为了讨取帝国主义政府的欢心，前往参加伦敦会议的代表团在所有的都市宣扬，不久前人们处决了约20名共产党员，其中有我们最优秀的同志苏卜西和埃德海姆·奈契特。代表团还声称要把关在监狱里的其他共产党人都杀掉，使这个国家不再遭受布尔什维克的危害；

5. 1921年同法国人签订的协定证明这个政府背离了东方国家，以牺牲国民公约进行妥协；

6. 就在洛桑会议召开之时，这个政府终于对共产党和土耳其工人工会采取了镇压手段。

安卡拉政府的对内政策就是阻止任何有民主改革纲领的集团或政党开展独立活动，把一切反对派扼杀于摇篮之中，用冠冕堂皇的许诺欺骗人民。这一政策具体表现为以下事实：

1. 它镇压了一个在大国民会议内部组成的"人民小组"，这个小组提出了一个宏大的改革规划；

2. 它拒绝了制定宪法过程中人们提出的关于职业选择制度的建议；

3. 为了镇压大国民会议内部的反对派小组，它成立了"统一行动小组"，为了确保自己对各阶层广大人民的统治，它还在所有地区建立了完全由资产阶级分子、地主分子和其他野心家组成的小亚细亚集团；

4. 它违背诺言，根本不进行任何有利于劳动群众的改革，相反，却千方百计阻止工会和工人联合会的成立，使农民在苛捐杂税的重压下破产。

党与群众的关系

党提出的口号在被剥削的广大工农群众中得到强烈的反响，他们中间最有阶级觉悟的分子参加了党。尽管政府对共产党一再采取镇压手段，但是有越来越多的工人和农民依靠党。在短短的时间内党取得了显著的成绩。在其活动的第二阶段，即从1922年3月到10月，党在宣传和教育以及红色工会组织和共产主义青年团组织方面做了大量可贵的工作。当政府发现共产党对群众具有很大影响的时候，它意识到必须制止党的活动。

君士坦丁堡

我还想给你们讲一些关于君士坦丁堡工人运动和共产主义小组在君士坦丁堡的影响的情况。在那里，不久前人们以工人工会进行共产主义宣传为借口解散了工会。那里的工作更加困难了。同志们，我没有必要在这里给你们描绘那里的同志同反动的土耳其政府和整个帝国主义这个共产主义的明显敌人进行斗争的艰苦而悲惨的情景。尽管困难重重，尽管到处笼罩着恐怖，君士坦丁堡共产主义小组经过几乎两年来的地下工作，他们在工厂和工场，在一切有劳动人民的地方建立了支部，出版了合法的和地下的小册子、杂志、宣言和论文，散发了大量的定期从共产主义组织得到的共产主义出版物，他们很善于在群众中赢得重要影响。

当然，今天晚上我不可能把君士坦丁堡共产主义小组所做的一切都叙述一遍，但是为了使你们对其工作有一个基本概念，我想向你们提一下，为了实现反对资本总进攻的无产阶级统一战线，7月，这个小组召集君士坦丁堡最主要的工人组织开了会。

但是，至今被我们看做是最有阶级觉悟的工人组织"国际工人联合会"却对建立统一战线这一创举起了破坏作用。这些同志说什么工人阶级还没有做好准备，首先还必须对工人阶级做启蒙工作。我们反驳道，不要统一战线的是领导人，但是统一战线将通过行动和在行动中实现。我们还说，假如我们今天不能成功地建立统一战线，以后资产阶级就会把没有联合起来的所有的工会组织统统消灭。事实证明我们是对的，今天我们就看到了后果。

政府的新动向和对前景的瞻望

关于凯末尔主义的新动向可以概括如下：在伦敦会议上还对帝国主义满怀仇恨的土耳其民族资产阶级，由于看到了有参与剥削土耳其劳苦大众的可能性，所以把自己的走到极端的战争政策转变为让步和出卖政策。伦敦会议以后，民族资产阶级不再是革命的。现在，他们在洛桑会议上想获得它自己生存以及它所代表的大资产阶级的利益所需要的和平环境，安卡拉政府准备牺牲劳苦大众的利益，在国民公约方面作出让步。

正如你们所看到的那样，安卡拉政府并没有置身于资本对无产阶级和共产党人所发起的总进攻之外，就在克拉拉·蔡特金同志在代表大会开幕词中谴责意大利、波兰、罗马尼亚、希腊、拉脱维亚等地区迫害共产党人的行为的时候，我们收到了关于穆斯塔法·凯末尔政府对土耳其共产党采取野蛮镇压手段的电报。我们有理由称这些镇压行动是野蛮的，因为警察用剃须刀和尖锐的铁器惨无人道地折磨被捕者。

穆斯塔法·凯末尔政府在进行大规模逮捕的时候，指控被逮捕的同志为苏俄搞间谍活动，因而犯有叛国罪。根据最近收到的报告，大逮捕还在继续。被捕的人数已经超过200人；在君士坦丁堡还查封了土耳其工人行会联合组织，迫害共产党人。迄今为止还没有一个国家在正常情况下这样大规模地逮捕人。但是，尽管有这些镇压和恐怖行动，工人和农民现在认清了真正的朋友和敌人，更加紧密地团结在党的周围。我们可以举几个例子来证明。

1. 在安卡拉弹药厂共产党员工人遭到逮捕的时候，非共产党员工人问为什么要逮捕他们。有人回答说，被捕的人都是共产党员，非党工人说，你们逮捕的是捍卫无产阶级利益的人，所以你们也可以把我们抓起来，以前我们不是共产党员，但现在我们是了。

2. 有一个工人党员号召工人起来反对这一专横的行为，要求工人联合在共产党的周围，他的号召得到在场的绝大多数工人的支持，于是发生了冲突，军方急急忙忙赶到现场，费了很大的劲才恢复秩序。

3. 在农民组织中逮捕人的时候，遭到农民的激烈反抗。

4. 在君士坦丁堡尽管笼罩着专政以及帝国主义和资产阶级的联合恐怖，但共产党人还继续战斗在自己的岗位上。

同志们，从我所说的情况中你们可以看出，土耳其和君士坦丁堡的共产党始终按照共产国际的指示，支持民族解放运动。共产党根据总形势致力于组织和教育无产阶级的工作，要求进行有利于广大劳苦大众的民主改革。但是，民族主义的资产阶级政府不顾我党的友善和好意，始终对我党进行迫害。现在我们看到，它决意要消灭一切革命的共产主义运动。

正当帝国主义势力联合起来以实现对土耳其的完全奴役，政府最需要劳苦大众和整个国际无产阶级支持的时候，它却在其盲目的反共政策中采取这样的行动,这确实很不寻常。不用等多久,劳苦大众以及在战斗的三年中曾经支持过他们的国际无产阶级就会起来反击,这将清楚地说明这个政府的极端愚蠢和它所犯下的严重罪行。

同志们,土耳其代表团向共产国际第四次代表大会建议,以国际无产阶级的名义,向正在帝国主义和卖国政府的专政下受煎熬的土耳其劳动人民以及在监狱中勇敢地期待着伟大的解放时刻到来的被捕的同志们发出以下公开信:

致土耳其共产党人和劳动人民的公开信

第三国际第四次代表大会在伟大的无产阶级革命五周年之际,向土耳其工人和农民致以最热烈的祝贺,祝贺他们在反对西方帝国主义和争取独立的英勇斗争中所取得的胜利。

土耳其的同志们!你们给整个被奴役的东方和一切殖民地国家树立了革命独立运动的生动榜样。

但是,最近的事件表明,民族资产阶级政府打算把你们付出巨大牺牲而得来的胜利果实占为己有。安卡拉的民族主义政府为了换取某些有利于土耳其大资产阶级的让步,已准备同帝国主义者妥协。

土耳其政府已经开始实行这一新政策,它解散了土耳其共产党,取缔它的一切组织,进行大规模逮捕,野蛮地虐待被捕同志,最后还封闭了君士坦丁堡的土耳其工会。在劳动群众的反帝斗争中,土耳其共产党一直支持资产阶级政府。土耳其共产党为了对付共同敌人,甚至还表示愿意在党的纲领和理想方面作暂时的让步。

土耳其政府之所以对共产党采取这种态度,是因为它要把工人阶级和农民的有阶级觉悟的代表赶走,以免这些代表要求政府履行它当初为争取我们的支持而许下的民主改革诺言;同时它还想以一个真正的资产阶级政府的姿态出席洛桑会议。土耳其资产阶级政府胆敢对你们和你们的代表犯下罪行，必然会激起全世界无产阶级的最大愤慨，而站在世界无产阶级最前列的是俄国无产阶级，他们在你们最困难的时刻，在所有帝国主义和资本家勾结起来绞杀土耳其劳动人民的时候，并不怕作出任何重大牺牲。

民族主义政府准备取得帝国主义的谅解，所以想消灭你们的真正代表，并且断绝他们同你们国外朋友的联系。

共产国际第四次代表大会强烈抗议这一野蛮行径，并且认为它有义务郑重声明：代表大会愿意支持任何政府或政党，只要它们不充当帝国主义宪兵，愿意继续对帝国主义和反动派进行斗争，并且愿意实现有利于土耳其劳动群众的民主改革。

被捕的同志们！作为全世界无产阶级总参谋部和保卫者的共产国际，向你们这些代表土耳其劳动人民的有阶级觉悟的、最具有高度献身精神的同志，致以最诚挚的敬意。

同志们，不要忘记，监狱的黑暗决不能遮住革命的阳光！

同志们，不要忘记，在革命胜利的前夕，统治阶级变本加厉的野蛮行径恰恰表现了他们的软弱无力。当资本主义在内部矛盾的压力下逐渐崩溃，当帝国主义的内部冲突达到极点的时候，国际资产阶级还会加倍迫害共产主义新社会的先驱和创造者。

但是，任何白色恐怖都吓不倒相信最后胜利必然要到来的人们。有一个同志被捕或遇害，就有千百个同志从被剥削的无产阶级群众队伍中站出来，继续以更大的力量为解放事业而奋斗。

同志们，第三国际认为，它的首要任务就是要尽一切办法把你们从刽子手的魔掌中拯救出来。

世界革命万岁！

作出巨大牺牲的土耳其共产党人万岁！

共产国际万岁!

苏维埃俄国万岁!

(决议获得一致通过)

(会议休会时间:晚11点30分)

第十八次会议

(1922年11月21日)

会议开始：中午12时
主席：诺伊拉特

继续讨论共产党人在工会中的任务问题

洛佐夫斯基（俄国）：

同志们，昨天在我的报告之后所进行的讨论表明，首先，我们在原则方面、在事情的本质方面意见是一致的。但是，关于共产党人在工会中进行实际工作的形式和方法问题，我们中间有一些不同意见。据我看，有些同志所谈的看法是不正确的。我从黑克尔特同志的反对意见谈起。

我在发言中指出，德国发生了一些事情，而我们的同志又处理得不够灵活，其结果对共产主义运动产生了不利的影响。我只想举两个例子来说明，即手工工人和脑力劳动者联盟与农业工人联合会的例子。我们和德国共产党的同志们一致认为，手工工人和脑力劳动者联盟中并非一切正常。这个联盟是怎么回事呢？它是一个组织，其中有工团主义者、共产党人和无党派人士；在这个组织中还有许多落后工人，他们在理论和实践方面对共产主义还没有一个清楚的、确定的看法，但是他们都是一些优秀的、有战斗力的革命者。当然，对这样一个组织与对一个同共产党有直接关系的组织，我们施加影响的方式方法应该有所不同。

如果共产党内出现了迷惘和混乱，我们可以从党的政策和组织方面采取坚决的措施以及一般的政治性措施加以制止。然而，如果一个非党组织中出现了这种混乱，我们只能开展广泛的教育、政治和组织方面的工作，以便提高这些非党群众的共产主义阶级觉悟。

我同黑克尔特同志之间的意见分歧并不在于应不应该开展工作，以提高无产阶级群众的共产主义觉悟，而是在于应该怎么样和以什么方式去影响他们。我们的德国同志对联盟提出的批评已经张扬出去，这种批评从其基本出发点来看当然是正确的，即联盟是一个混乱的组织。但是德国同志们对联盟所采取的一系列措施，则是完全错误的。之所以说是错误的，是因为他们的行为会使一些优秀的革命分子对共产党产生反感，在这方面最有代表性的是党的干部与工会干部在柏林举行的一次讨论。在鲁尔区，当矿工与雇主发生冲突时，老矿工联合会提议，通知雇主，矿工打算在两周后宣布罢工，每个工人必须在一份个人的罢工通知书上签字。这是很不正常的一种绕弯子的做法，但是这还是会给雇主施加一定的压力。改良主义的联合会之所以作出这项决定，是因为它认为，罢工可能招致的灾祸会使因雇主的进攻而激怒的工人群众平静下来。然而联盟成员们则宣布他们不能接受这个策略。他们说，这是一种机会主义的方式，他们只承认革命的斗争方法，因而不同意在这样的通知书上签字和发出这样的通知书。

德国共产党反对联盟的这项策略，它曾向联盟成员们说明：改良主义者采取了一定的步骤，你们就照此办理，但是你们得向工人们说明："仅有这一步骤是不够的，在反对资本的斗争中，必须采取更为彻底的革命方法。假如你们不在这个老矿工联合会所建议的声明上签字，革命的工人就会说，你们只会说空话，而反对并肩战斗。"在这件事情上，联盟是错误的，因为它从抽象的"永恒"原则出发，而不是从真正的实际需要出发。

我们在柏林进行了一次讨论，莱茵-威斯特伐利亚州共产党组织的书记柯尼希同志也参加了这次讨论。在讨论会上我向柯尼希同志提三个问题。我说："莱茵-威斯特伐利亚州联盟组织有多少人？"回答是7万人。有多少党员？回答是：2.9万人。而对我提的最后一个问题，即"既然你有2.9万名共产党员，那为何不能对联盟产生影响呢？"柯尼希同志坦率地回答道："共产党员中间也很混乱。"接着我说："如果共产党队伍中也这么混乱，那么党要想根除非党的联盟盟员中的混乱，自己就必须首先进行彻底整顿。"

当然，同整个德国工人运动相比，联盟的力量是微不足道的，它只有15万人，然而其中鲁尔区的矿工就占12万人，这是个绝不能忽视和熟视无睹的数字。

红色工会国际和共产国际成功地解决了德国共产党与联盟之间正在露头的冲突。在联盟的上一次代表大会上，红色工会国际的所有建议最终都被采纳了。

黑克尔特同志提出了一个问题，即我们应当如何将那些退出工会的工人组织起来。我们如果接过这项任务，那我们就支持了分裂政策。我认为，我们应该全面地考虑这个问题，我们拿德国农业工人联合会作例子吧。农业工人联合会曾有50万人，或许还要更多。在两年中，这个联合会失去了20万至30万会员。我们面临着抉择：要么我们袖手旁观，说："行，你们可以走"；要么德国共产党担负起这项任务，把退出联合会的工人组织起来。

难道因为我们把退出工会的那些人组织起来就会遭到谴责，说我们分裂工会运动吗？当然不能。如果我们不把这些工人组织起来，那我们就不是共产党员。对于我们马克思主义者来说，组织本身并不是目的，它只不过是达到我们目的的手段。我们为工会运动的统一而斗争，但我们不能为了一些抽象原则而不去组织几十万工人。

现在，我来谈谈法国。许多同志会说，洛里当同志的讲话是反对工团主义的战斗号召。我不这么看。他的讲话是向共产党员的尊严发出的呼吁。洛里当对我们说的都是些最为一般的、然而对每个共产党人来说同时也是最不可缺少的事情。他所期望的也是我们所期望的。我们希望共产党员无论在工会还是在合作社，每时每刻都必须保持共产党员的身份。他们必须处处表现为共产党员，他们不应该单独地零散地行动，而应该通过共产党人的集体意志联合起来行动。首先，我们要提一个问题，即法国共产党有没有它自己的工会政策。它虽然对工会问题作出过许多决议，但根本没有什么工会政策，因为对于贯彻工会政策不存在过集体的影响和意志。我们希望，共产党员贯彻落实我们的实际口号、我们的思想、观点以及我们关于阶级斗争的决议和方法。因此，无论何时何地，只要有3个共产党员，这些党员就要始终（如果必要的话）达成一致意见。

我到圣艾蒂安时，曾经问我们的共产党员同志们：为什么2000—3000名无政府主义者在工会中的影响比拥有10万名党员的共产党的影响还要大？这是不是说，1个无政府主义者相当于50个共产党员呢？只有在共产党员不愿做共产党的工作，而且每个共产党员都同党离心离德时，才有可能发生这种情况。倘若一个党员没有战斗性，那么他就不是一个共产党员。我指的不是口头上的战斗性，而是真正积极地同资产阶级进行斗争的战斗性，在斗争中，共产党员必须始终站在斗争的前列。当一名共产党员，并不仅仅指具有一张党员证，而是意味着对共产党的纲领和共产党的策略的正确性深信不移。

我问道，共产党的机关刊物是否确实发表过无政府主义—工团主义者反对共产国际、反对红色工会国际和反对法国共产党自己的文章？他们承认，情况属实。无政府主义—工团主义者真的在法国共产党的机关报上进行过他们的宣传吗？是的，这是千真万确的。我可以举几百个这方面的例子。真有一个无政府主义—工团主义者和共产党员的同盟吗？（**洛里当**插话："签署了一个秘密协议。"）确实是这样！共产党员同无政府主义—工团主义者签署了一个秘密协议。

然而法国共产党对这个协议的发表有何反应呢？当协议发表时，法共中央委员会没有采取任何措施去规劝那些秘密签署协议的反共产主义、反共产党的党员要遵守纪律。

加香（法国）：

请允许我讲几句话。有一个工会委员会受委托处理工会内的工作，委员会主席是左派的托马西同志。关于这件事他未向中央委员会作过任何报告，这个责任必须认真查清。人们不应该把责任总是推在某些固定的人身上。（**帕克洛**插话："这是对另一派的责备。"）

洛佐夫斯基（俄国）（接着说）：

您可以相信，我此刻不想责怪任何人。我认为，您和我在这一点上是一致的，即一个委员会的主席，不管他属于哪一派，属于左派也好，右派或中派也好，只要不履行他的义务，他就必须被清除出党。（鼓掌。**洛里当**插话："非常正确！"）工会委员会和中央委员会对在反共协议上签名的共产党员都没有采取什么措施。我认为这是一种反常现象，无论是左派、右派还是其他派别的同志们玩忽职守，都由集体来承担责任。

现在我们可以断定，共产党作为整体在法国工会运动中的影响与其力量很不相称。倘若共产党加强联系、统一步调，那么它的影响就会大十倍。

其次，我在这里还要谈一个也许是有点棘手的问题。还在圣艾蒂安代表大会之前，我看到弗罗萨尔同志的一篇文章，他在文中写道："在工会运动中，我们遵循着让·饶勒斯的光荣传统。"我们怀着极为崇敬的心情怀念饶勒斯。但是，尽管如此，他的传统并不是共产党的传统。我们可以声明这一点，而不必担心这会损害对他的怀念。饶勒斯是第二国际最杰出的领导人之一，他为了自己强烈的信念而献出了自己的生命。但是对他的名字的崇敬并不能使我们断言，他所做的一切都是正确的。饶勒斯的策略是共产党完全不能接受的。假如共产党靠传统活着，那么它能获得的成绩只能是寥寥无几。有我们必须珍惜的有益的传统，也有我们应当摈弃的不良传统。

法国工会运动还有另一种传统。法国北部的工业无产阶级的传统与巴黎小手工业工人的传统是迥然不同的，工业区的力量在于把工会运动同政治运动结合起来。如果说应该考虑传统，那么我宁可说法国北部的传统比较好。

关于法国，最后再谈一点。法国共产党在最近整个时期对工会运动问题没有明确表过态，甚至它害怕表态，并越来越迁就工团主义者。但是法国共产党在完全承认工团主义者的自主权的同时，它不应忘记，它自己也同样是独立自主的，它应该有勇气发表自己的看法，而不应该总是仰工团主义者之鼻息。

现在我来谈谈**意大利**的问题，谈谈塔斯卡同志的讲话。塔斯卡同志在这里给我们描绘了一幅悲惨的图画，其中甚至提到伯恩施坦及其改良主义。究竟我的报告中有什么东西为塔斯卡同志所描绘的绝望的图画提供了材料？什么东西使他这么惊恐？我当时说明的是：生活不可能去适应论点，而论点必须根据生活的要求来形成。在这些话中他认为看到了某些使人想起伯恩施坦的东西。我所说的那些话当然与伯恩施坦的原则毫无共同之处。

改良主义者说，通过改良可以轻而易举地实现最终目标。而我们则说，在日常斗争的基础上，我们将组织起一支能征善战的军队战胜资产阶级，实现我们的最终目标——共产主义。

我们的最终目标是共产主义。我们通过什么方式才能达到这一最终目标呢？可以有种种方式，因为不同国家工人阶级的状况各有其特点，每一个国家所处的阶段也不同，即处在通向我们目标的那条道路的不同阶段上。我们必须考虑每一国家各自的特点，并根据不同的特点采用这种或那种策略。这样看问题与伯恩施坦的放弃最终目标毫无共同之处。因此塔斯卡同志的担心是没有任何根据的。

目前，我们面对着强大的改良主义联合会，我们必须在联合会内做大量的教育工作，以改变工人群众的思想。我们距离这个目标还很远，因为我们还必须克服一系列历史性困难，而这些困难就是由于议会社会主义传统而形成的某些共产党与工会之间的不正常关系。

我的提纲中的第20条实质何在呢？这一条谈的是：在共产党还不够强大，党内还在进行斗争的那些国家里，工会和党之间必须建立起与目前形势相适应的相互关系。众所周知，法国工会内建立了一个自己的名为工团主义的党。我们的任务是把离开当前共产党的优秀分子同离开工会的优秀分子联合起来。在共同行动的基础上，这两个组织的优秀分子相互间就会越来越接近，这样，就会形成一个真正的、统一的、富有战斗意志的共产党，这个党将成为法国无产阶级的名副其实的先锋队。工团主义党和共产党这两个党不会沿着两条平行的、互不交叉的路线发展，这两条线终究会相遇，法国共产党终究会组织起来。

当我们确定我们在这个或那个国家工作的原则时，我们必须从各个国家的工会组织与共产党之间已形成的相互关系出发，从实际的力量对比出发。由于这个原因，我们在提纲中写了第20条。我们这样做，就是遵照拉萨尔的劝告：是什么说什么，不管事实如何，都要讲实话。

塔斯卡同志在他的讲话中谈到，红色工会国际无非是一个宣传机构，如果它想入非非，想成为联合国际革命工会运动的中心，那么它就会因此造成世界工会运动的分裂。这是一种不正确的看法。我们当然是一个宣传机构,但同时我们也是一个组织。红色工会国际的特点是,它既联合直接附属于它的那些革命组织,又联合属于阿姆斯特丹工会联合会的革命少数派。红色工会国际是一个名副其实的国际组织,这个组织无论在道义上还是在政治上在工人群众中都享有很高的威望。倘若我们作出决定,让各国同情我们的工人群众退出阿姆斯特丹联合会,并且只让他们直接同红色工会国际建立联系,这才意味着分裂。然而由于我们不想分裂,所以我们说:尽管困难重重,我们还是留在阿姆斯特丹工会中,并且在那里为红色工会国际的利益工作。

塔斯卡同志谈到了工厂委员会,这个问题在第二次代表大会上已经讨论过,我认为现在没有讨论的必要。在德国,工厂委员会运动目前已成为一个巨大的群众运动。我再说一遍,我们在这里不讨论这个问题,因为这个问题在讨论关于共产国际总策略的提纲时还要进行讨论。

此外,谈谈各个国家的组织什么时候可以声明加入红色工会国际的问题。这是一个策略问题。如果一个国家的总工会联合会已站在我们一边的话,我们就会说,你们必须加入红色工会国际。为了清楚起见,我想举一个例子来说明这个问题。我们曾向意大利工人联合会的正式代表建议加入红色工会国际,这些代表同我们一起签署了一个文件,后来他们又自己撕毁了它。不管这个正式组织现在是否加入我们这个组织,我们反正都是反对分裂的。有一点是清楚的,即在工会中必须开展共产主义革命活动,我们必须鼓励改良主义的组织采取行动。我们必须找出我们在每个国家工作的方式方法,这种方式方法能把广大工人群众的思想全部引导到我们这方面来,从而保持工会运动的统一。

然而,许多工会组织显然错误地解释了我们在加入红色工会国际这个问题上所提倡的慎重策略。例如,在挪威,有80%的工人同情我们,挪威工会总部曾两次决定加入我们这个组织,但是他们之所以仍然踌躇不前，就是因为挪威工会会员中有20%的人同情阿姆斯特丹。假如一个工会组织中只有10%或20%的会员有改良主义倾向，它加入我们这个组织是不是分裂？毫无疑问，这不是分裂。我们声明：少数派必须留在工会中，而且必须服从多数。如果我们是少数派，那么我们也这么做，但是多数绝不能服从少数。假如我们的追随者在一个工会组织中占多数，那么正式加入红色工会国际就是他们的义务。

现在来谈谈国际工会联合会问题。谁都不能怀疑国际的宣传委员会有进行全国性或国际性宣传的权利。一个辛迪加①，它加入了一个进行宣传活动的组织，同时它又是相应的国际工会联合会的一个成员。它在国际工会联合会中继续做它的工作，而且力求使它那个组织中尽可能多的人摆脱那个组织的思想影响，引导他们相信我们的政治信念。我们不想在国际的产业联合会中制造分裂。当俄国和保加利亚工会建议国际工会联合会接纳它们为成员时，它们被拒绝了。它们再回来，又被撵出去，它们再次回来，因为它们不想分裂。但是假如阿姆斯特丹分子只不过是工会的上层人物，而工人要追随我们，我们就不能在建立自己的国际组织问题上畏缩不前。

现在我要谈的最后一个问题，是**捷克斯洛伐克**问题。在捷克斯洛伐克，目前有两个不同的工会组织。在捷克，分裂几乎以与法国同样的方式发生。在那里也有大批革命工人被开除出工会，后来他们组成了少数派，并召开了一次代表大会，以恢复统一。

目前我们所面临着的是既成事实，我们必须同两个平行的组织打交道。我想指出在捷克斯洛伐克我们同志工作中很能说明问题的一个情况。差不多在10个月以前，也就是在3月份，共产党人有可能在各工会总部的代表大会上获得多数。但是情况怎样了呢？在捷克斯洛伐克，

---

① 辛迪加（Syndikat）：一些国家的工人按行业组成的联合会。——译者注

虽然比在法国少一些，但仍有相当大的一部分共产党人想"独立于"党。以博伦同志为首的庞大的农业工人联合会在代表大会前拒绝缴纳会费，而且由于它坚持这种立场长达6个月之久，因此它的代表被禁止参加代表大会。

面对这种情况，党的态度怎样呢？（我顺便说一下，博伦同志是农业工人联合会的领导人，同时也是党中央委员会委员。）它无动于衷。如果不是有50位同志仅仅因费用问题而没有参加代表大会的话，改良主义者本来会获得同共产党人恰好同样多的选票。但是在那种情况下，捷克斯洛伐克共产党却害怕在这次代表大会上获得多数票，因为它随后不得不去克服很多困难。然而最终的结局怎么样呢？改良主义者开除了革命的辛迪加，在对我们的同志来说极其困难的情况下制造了分裂。

我从圣艾蒂安归来后，便同捷克斯洛伐克的同志们进行了协商，我们拟定了一些适宜抵制分裂的方式。我们确定了一系列斗争方法，并且明确说，我们不想分裂。

还有一个问题，我希望你们注意，我们的捷克斯洛伐克同志们在其代表大会上决定成立一个统一的组织。这就是说，取消分散的独立的联合会（类似法国摩泽尔地区所发生的情况），这些分散的产业工人联合会应该成为一个全国统一的工会组织的各个分会。当这些同志把这个方案寄给我们时，我们对他们说：注意，这是该组织的未来，不是它的现在！现在在倾向共产党的工人中还有很多宗派偏见很难克服，突然要成立一个完全统一的组织，这一企图无疑会招致他们的反对。

这个问题我们将在红色工会国际代表大会上详尽地讨论，会上要全面研究组织问题和地方支部与总部的关系问题。然而必须强调的是，共产国际和红色工会国际曾向同志们说过：要慎重，在这条道路上会有很多困难，你们会遇到阻力，遇到来自你们自己队伍内部的阻力。（**洛里当插话**："摩泽尔地区辛迪加在联合过程中也遇到同样的困难。确实是这样。")我的结论很简单,即国际共产主义目前是一股很大的力量。我们可以说,它是全世界唯一革命的力量。我们之所以如此激动、如此热情、有时甚至是激烈地探讨每个国家的问题,是因为一个国家的不正确的策略也会影响别的国家,一个国家的犹豫不决和摇摆不定就会损害统一的共产主义阵线,导致整个国际共产主义倒退。我们要把我们在各个国家的工作组织好,使我们的影响日益扩大。我们不要第二国际时期法国、荷兰和德国那样的共产主义,当时社会主义带有民族性。我们与其他国际不同的是,共产国际和红色工会国际是真正的世界性组织,在这个组织中国际利益高于民族利益。

通过互相批评、共同工作以及共同改善我们在各国的工作,我们一定要使共产国际有可能将它的任务——推翻资本主义——胜利地进行到底。(鼓掌)

主席:

现在我们要选举一个委员会,其任务是,在工会提纲①提交大会表决以前,把它再审订一下。主席团建议选以下同志为该委员会成员:

洛佐夫斯基(俄国)

罗斯默(法国)

黑克尔特(德国)

兰辛(美国)

塔斯卡(意大利)

帕夫利克(捷克斯洛伐克)

柯拉罗夫(保加利亚)

---

① 委员会最后通过的提纲见本书第35卷收录的《共产党人在工会中的行动方针》。——编者注

对这个提议谁还有什么要说的吗？

墨菲（大不列颠）：

建议选克拉克同志代表英国参加该委员会。

主席：

有人提议，除上述各位以外，还选克拉克同志代表英国参加该委员会。

有人反对吗？没有。既然对整个提议没有反对意见，那么这个委员会就此当选。

讨论共产国际和各国共产党的纲领问题

同志们，我们再来讨论一下纲领问题，首先由布哈林同志代表俄国代表团发言。

布哈林（俄国）：

我代表俄国代表团发表下列声明：

鉴于对过渡性要求应该怎样表述以及它们应该放在纲领的哪个部分的争论完全错误地给人一种原则性对立的假象，俄国代表团一致认为，不能把在各国支部的纲领中写上过渡性要求以及纲领总纲部分对过渡性要求的一般表述和理论论证看成是机会主义的。

俄国代表团代表：
列宁　托洛茨基　季诺维也夫
拉狄克　布哈林

主席：

主席团仔细研究了这个问题并起草了一个提案。下面由季诺维也夫同志就这个提案讲几句话。

季诺维也夫（俄国）：

我直截了当地把提案宣读一下。据我们所知，本提案也得到了一部分有机会知道它的代表团的支持，首先得到了德国、俄国、捷克斯洛伐克、波兰、保加利亚的代表团以及其他一些国家的代表团的支持。

提案的内容如下。①

主席：

主席团的意见是，本提案无须讨论即可通过。虽然大多数代表团已经表示赞成，但是，我们认为，尽管如此，所有代表团还要有机会表明态度。因此，休会20分钟。（休息）

大家注意。据我所知，所有支部都原则上同意主席团的提议。但是意大利代表团说，虽然它也原则上赞成我们的提议，但它打算发表一个声明。现在据我所知，如果意大利支部要发表声明的话，其他支部也要发表声明。因此，我只得请意大利支部不要发表声明。

博尔迪加（意大利）：

意大利代表团同意不宣读自己的声明，而把它写进会议记录，但是代表团不能放弃这一声明。

（**拉狄克**插话："那最好还是宣读一下！"）

---

① 见本书第35卷收录的《关于共产国际纲领和各国共产党的决定》。——编者注

主席：

意大利支部已经同意不在这里公布他们的声明，而只写进记录。

拉狄克（俄国）：

这是误解。意大利代表团并没有放弃这一点，他们只是希望把他们的声明放到记录中去，但是凡是记录中记载的东西必须在会议上公布于众。

主席：

好，假如意大利代表团坚持要把声明放进记录，我们就把这个声明公诸于会议。

博尔迪加（意大利）：

有这样的先例。如果拉狄克同志认为，在会上不宣读的声明不能写进记录，意大利代表团就坚持要宣读他们的声明。

贝龙（法国）（宣读声明）：

意大利代表团虽然投票同意关于推迟讨论纲领问题的决定，但是希望在记录中注明，它更愿意在这次代表大会上讨论并通过共产国际的纲领。它同意报告人布哈林所主张的撰写纲领的标准，并认为，尽管推迟最终定稿时间，但纲领的形式问题本来应该在本次代表大会上更详尽地加以阐明。

主席：

还有哪个代表团想发表声明？没有。有人反对主席团的这个提议吗？没有。

一致通过主席团的提议。

在进行下一项议程之前，请季诺维也夫同志发言。

季诺维也夫（俄国）：

我只想再简略地强调一下，我们为什么提议不经讨论就通过这个决定，我希望以此能表达绝大多数与会者的意见。

我们的意见是，在目前情况下不充分的、时间太短的讨论只会有损于讨论的内容。为此，我们提议，而且肯定会得到大多数与会者的同意，不经过简短的讨论即通过决议。如前所说，简短的讨论只会有损于这个极其复杂的问题。

我希望我们所找到的这个解决办法是最好的办法。

主席：

我们进行下一项议程：关于**工人援助**问题。由明岑贝格同志发言。

明岑贝格作关于工人援助问题报告

同志们！我的报告分两部分。我先用几分钟时间谈谈所进行的救济饥荒活动；在第二部分中，我想谈谈经济援助的一些现实问题。

不言而喻，我在这里不是要探讨饥荒的起因、规模和过程本身，大多数代表太熟悉这些情况了。关于去年俄国的大饥荒，关于列宁称之为苏维埃俄国重建过程中的巨大困难，整个新闻界和整个舆论界作了最广泛的报道。只要再扼要地提一提以下事实就够了，即大约有 4000 万人直接遭受饥荒，几乎 300 万人死于饥荒。

重要的是，不是靠外援、不是靠资产阶级或工人援助，而完全是依靠苏维埃俄国就战胜和克服了饥荒。

今天我本来不打算列举什么数字，但在这个问题上我不得不提到两个数字，因为广大的群众对克服饥荒过程中的实际救济工作毫无所知。

到1922年8月1日为止，各国政府、红十字会、美国救济总署、南森①、教友派教徒以及工人救济组织等整个国际社会运往俄国3300万普特粮食；而俄国自己筹集了16500万普特粮食以及3100万普特种子粮，一共筹集了19600万普特粮食。外国团体所支援的粮食是饥肠辘辘的俄国为战胜饥荒而筹集的粮食的1/60。

伏尔加地区的饥荒激发了工人的友爱行动，我们毫不夸张地说，这在社会主义工人运动史上是没有先例的。这一行动是自发的，没有任何一个组织领导，没有任何一个党的领导机构向工人提出这一要求。德国、奥地利、荷兰的工人一听到呼救，就筹集了大批物资。这一行动席卷全世界，在日本，在印度，在北美和南美以及全部欧洲国家都发起了救济饥荒活动。

在大多数国家，这一行动持续了一年多，群众的热情几乎毫不减弱。在这个行动过程中举行了很多次激动人心的集会，它们体现了对俄国工人阶级的兄弟般友爱。在英国，尤其是在荷兰，大批工人的妻子把她们仅有的首饰（大多数是戒指）献给了苏维埃俄国的灾民，工人子女倒空了他们的储蓄罐，捐献出他们的铅笔和练习本以示援助；在德国，狱中的囚犯用自己微薄的生活津贴支援俄国灾民。

在过去10年中，在无产阶级内部还很少有哪次行动像这次支援俄国饥荒行动那样，如此普及，包括的阶层如此广泛。我不想用一些数字来使你们感到厌烦，但是，我想从保加利亚的报告中选几行宣读一下：

---

① 即南森国际难民办公室。——编者注

"无论是婚丧喜庆,还是添人增丁,无论家庭发生什么大事,人们总是惦念着俄国的灾民,一幅幅动人的情景出现了:妇女放弃了履行教徒的风俗习惯,把一向用在这方面的钱捐赠给了俄国灾民;许多人戒烟达几个星期;另一些人放弃了理发;有的同志甚至一个月内多次不进午餐,把节省下来的钱交给救灾组织。"

这并非个别现象。我援引这段话是为了证明这一行动范围之广,甚至包括了非共产党人,唤起并增强了人们对俄国的关注和友爱。

季诺维也夫同志在他的报告中指出,这一行动是去年共产国际最值得注意的行动之一。除极少数特殊情况外,几乎所有共产党和共产主义小组都参与了这一行动并帮助开展这次活动,这无疑是正确的。但是还必须强调指出,就在这里,一些党员同志和党小组对这一行动有着完全不同的看法和评价。德国有一批同志把这一行动只看做是仁慈的施舍活动,并且只从这方面予以评价。我认为,把过去的活动和即将开展的经济援助活动只看做是募捐活动,一种慈善性质的活动,这是极为错误的。其重要性并不在这方面,而是在于政治方面。

过去的救灾活动应该完成伟大的政治任务,但是这个任务只完成了一部分,这恰恰是因为共产党人有时还需要在群众推动下,才能以必要的广泛的方式领导这项活动。

饥荒发生后,紧接着发生的是什么呢?紧接着而来的是,许多资产阶级政府企图加强他们对苏维埃俄国的讹诈策略。1920年9月至10月,波兰和法国军国主义分子的战争叫嚣充斥全世界。正如在英俄战争和波兰—俄国战争中所做的那样,英国工人阶级成功地对英国政府施加了压力,阻止了英国计划进行的反对苏维埃俄国的军事援助。现在,在工会国际——这一点,在这里必须承认——和广大的中立群众的局部支持下,共产国际的救荒行动造成了一种气氛,这种气氛阻止了法国内阁按照当时来自灾区的最初消息而预计的规模,来实现它反对俄国的计划。

在救灾行动发展过程中，有利于灾民、有利于苏维埃俄国的舆论和压力日益增强，甚至连法国这样的反动政府看来也不得不拨出款项支援灾民。

救灾活动的另一项政治任务是在同第二国际、第二半国际及其所属工会的斗争中提出的。在自发的声援灾民的群众集会的直接影响下，第二国际和第二半国际的官方领导、它们的工会和政党于1921年8月和9月宣布，要广泛开展有益于灾民的活动。但是数月之后，当群众对最高领导机关不再直接施加压力时，他们便动摇不定，而且立刻企图利用这次大饥荒反对俄国，尤其是反对苏维埃俄国。所有的社会民主党报纸大张旗鼓地展开了一场粗暴的攻击运动，它们几乎异口同声地叫嚷：你们看，共产主义、布尔什维主义向何处去！真是野蛮。大家可以回忆一下韦尔斯议员在上次社会民主党会议上的讲话。他说：布尔什维主义是什么？它是通过同类相食向资本主义倒退！数月之久，所有西方国家的社会民主党报纸唱的都是这个调子。这时共产党的任务是挺身而出，反击这种煽动性的宣传，并指出饥荒的真实原因并不在于布尔什维主义，而在于那些阻止取消封锁的人，那些支持对俄国的军事扩张的人。但是，在这方面，我们的报纸只完成了它们的任务的一部分。（"非常正确！"）社会民主党的报纸开展的反俄运动比共产党报纸支持俄国的运动范围要广得多，声势要大得多。同志们，过去的救灾活动的伟大的政治意义恰恰在于，通过公开说明伏尔加地区大饥荒，使广大的工人群众关心苏维埃俄国。通过报告、通俗杂志和其他活动召集群众，向群众讲清俄国革命的发生和发展过程，把牺牲和饥荒看做是这整个链条中的一部分。凡是我们的委员会和党懂得这一点的地方，我们就能获得很好的政治效果。

我只提一提美国和日本这两个极有典型性的国家。在北美，通过救灾，通过他们的活动，在广大的工会会员中第一次能够以共产主义思想来开展工作,广大工会会员第一次走到一起来参加由共产党掌握的救援活动。日本报告的情况也是如此。日本成立了12个大的组织,主要是工人组织、工会联合会,其中甚至还有资产阶级的妇女联合会,这些组织在一个委员会中共同工作。通过这种方式,广大群众第一次能够参加关于苏维埃俄国、关于无产阶级革命等问题的讨论。

简言之,我还想借此机会提醒大家注意一个政治因素,即这项活动在苏维埃俄国国内的影响问题。资产阶级组织不仅企图在国外利用大饥荒反对苏维埃俄国,它们还企图在苏维埃俄国国内煽动并操纵挨饿的工人、农民反对苏维埃政府。在美国的救灾行动中,每一个盛豌豆泥的汤碗边上贴着一张标语,上面用很大的字母写着:你们在布尔什维主义政权统治下陷入了这般可怕的境地,我们美国市民帮助你们。几个月来,工会国际派了很多代表到受饥荒地区,他们到处要工人、农民接受同情阿姆斯特丹工会国际的声明。同志们,我们现在已经在萨马拉、萨拉托夫、奥伦堡、乌拉尔和克里米亚,把全部机关都变成了分配机构和专门供应食物的机构,目的是筑起一道堤坝,抵挡人们无耻地利用苏维埃俄国的困境进行的攻击,并且以共产国际的名义向农民和挨饿的工人提供我们能够向他们提供的一小块面包、一小块肉。俄国的工人、农民当然不可能像这儿的共产党第四次世界代表大会的与会者那样站在一定的高度,有那样的思想修养,事物在他们头脑中的反映还是比较简单和原始的。迄今为止,人们只是通过西方工人支持苏维埃俄国的声明和决议等大会报道才知道有共产国际。在救灾活动的过程中,他们第一次亲身体会到共产国际的存在,他们亲眼见到了真正支持他们的实际行动。因此救灾活动在俄国国内也取得了有利于共产国际的非常积极的政治效果。

同志们,关于救灾活动的实际过程我再说几句。关于这次活动的实际过程的绝大部分情况,大多数同志也是在这儿通过连续的报道才得知的。从共产国际执委会来说,我们当然曾经力图在救灾活动中实现工人的统一战线。我们曾经同第二国际和第二半国际的最高机构以及工会国际进行协商，结果是在柏林召开了两次联席会议，但在组织上没有取得什么积极的效果。只是在意大利和捷克斯洛伐克暂时成立了一个由各个党、合作社和工会的代表组成的联合委员会。但是，几个月之后，当经费使用问题提到议程上的时候，委员会散伙了，因为捷克斯洛伐克社会民主党无论如何都要求把钱交给阿姆斯特丹。

救济俄国饥民的工人援助活动是在两大范围内进行的，一是在工会国际范围内，另一是在共产国际的组织范围内。

关于阿姆斯特丹工会国际的性质问题，我想再说几句。阿姆斯特丹工会国际的工作是受所有社会民主党支持的，也受当时还存在的独立的中派的党的支持。同样，在表明了群众的救援决心的自发的群众集会的压力下，阿姆斯特丹书记处说了些非常激烈和非常聪明的话。

一些报纸上发表了宣言，宣言上说：工人们，援助苏维埃俄国吧，不然苏维埃俄国垮台了，不幸就会降临全欧洲！中派和其他社会民主党机关报对此宣言保持缄默。后来当报刊上的鼓动势头减弱，阿姆斯特丹工会国际也逐渐把这件事情置之脑后。半年来，可以说这项工作已经完全停止。根据1922年4月的单据，工会和社会民主党通过这次救援活动总共筹集了140万荷兰盾，他们用这笔钱把4万个孩子抚养了几个月，还给5万名铁路员工发放了一次口粮。

国际合作社的援助就更少了，几乎是微不足道，因为实际上只有捷克斯洛伐克和意大利的合作社赠送了一些衣服等物品。

现在我简短地谈谈共产国际的救灾活动情况。原计划把所有的工会和工人党联合成一个强大的战胜俄国饥荒的统一战线，这一计划落空以后，共产党力图直接在企业和工会中争取尽可能广大的群众支持它们的救援活动。这项工作在个别国家取得了优异的成果，例如在瑞士、荷兰和斯堪的纳维亚以及美国部分地区，共产党通过开展这项活动，把大批有同情心的工人和大量不关心政治的工人争取过来支持这一行动。

这项活动在物质上取得了意想不到的优异成果,当我们发起这项活动时,我们谁也没想到会筹集到像现在这么多的款项。你们从埃贝莱因同志的报告中已经得知,今天西方国家的党在组织上还是多么薄弱,而且,美国、英国、瑞士、瑞典和挪威的失业现象严重,大大地妨碍了这项活动的开展。而奥地利和德国又由于物价飞涨,工人的生活状况恶化,甚至连优秀的共产党员有时也很难要求同志们再继续捐献了。

通过这项活动,共产党的救灾委员会筹集到的实物和钱币,实际价值总共达250万美元以上。

为了更好地说明这笔金额的意义,我只想再拿个数字来作比较。在瑞士,有25万名工会会员和社会民主党人,他们单独开展了一项活动,他们只筹集到8万瑞士法郎。相反,只有几千党员的瑞士共产党的救济委员会,筹集到总共54万瑞士法郎,也就是说超过了50万。(鼓掌)这个数字清楚地表明,共产党的委员会成功地深入到了广大不关心政治的阶层中间,并且得到他们的金钱支持。

刚才我说,具有2000多万成员的整个工会国际筹集到140万荷兰盾。而仅仅荷兰共产党这么个小党的委员会直到大约半个月前就筹集到大约50万荷兰盾。我认为,荷兰党只有4000或5000名党员,他们筹集到将近50万荷兰盾,而另一方面,拥有几百万会员的阿姆斯特丹工会国际直到3月15日只筹集到140万盾。我认为,这两个数字证明,只要各个共产党灵活机动地进行宣传鼓动,就能够得到优异的成果;另一方面,这两个数字也表明了广大工人群众伟大的牺牲精神。

在筹集来的250万美元中,大约3万吨食品和其他救济物资被运往俄国。在俄国,这项工作在11月就已经开始了。12月,第一批食品运到了喀山以及灾区的其他地方。我不想罗列一些关于我们俄国的工作的统计数字来继续耽误你们的时间,特别是我们在灾区工作的同志没有作精确统计，有些拿到救济物资的人没有被统计进去；但是，我认为，宁肯忘了把某人统计进去，也不要像有些资产阶级机构中所发生的那样，忘记救济了。在饥荒的那几个月中，大约有20万—22万人完全由我们供应食物，此外我们还给一些重要工种的工人，如铁路工人和各机械厂的工人发放了口粮，配给了食物。目前，救济儿童的工作还在继续进行。我们接管了一些受灾地区的儿童之家，其中1.4万个孩子完全由我们抚养，儿童之家也直接由我们供给。

共产国际的救济活动从一开始就不同于资产阶级的和资产阶级慈善团体的所有活动，区别在于，我们从这项活动的一开始就试图把救灾（即单纯地提供简单的食物）同帮助重建灾区被饥荒摧毁了的俄国农业和工业联系起来。

由此我来谈谈我的报告的第二部分——经济援助问题。首先我要作一个简要的回顾。多年以来可以看出，西欧和美洲的工人，除了通过共产党从政治上支持苏维埃俄国以外，还愿意给它直接的实际经济援助。1919年秋季，尤其是1920年春季，美国、瑞典、挪威和德国的大批工人移居俄国，并打算在这里重建俄国经济，他们满怀理想，但缺少技能。这样的试验大多数都彻底失败了。我仅提一下在德国家喻户晓的科洛姆纳事件。大约一年来，确切地说主要是在救灾活动之后，在西欧，尤其是在美国工人中表现出一种越来越强烈的愿望和决心，要在经济上援助苏维埃俄国。在德国，很多企业馈赠了机器，或者正在为俄国制造一些工具、农具和其他辅助工具。在意大利，首先是合作社协会力图而且目前正在着手提供经济援助。他们打算耕种10万公顷土地。在英国、瑞士和捷克斯洛伐克，人们成立了一些协会和小组，例如建筑工人小组和其他小组，他们要带着工具和少量资金移居俄国。在南非，尤其是在美洲，也有这样的倾向。那里有各种大的团体，如鲁特格尔斯同志的荷兰工程师企业，它在库兹巴斯有数千名黑人工人，承担了矿山和铁路线的建筑任务。

在美国，有一个苏维埃俄国之友委员会，它同共产国际有着密切的联系，目前也提供了经济援助——运送了20台拖拉机到彼尔姆工作。我们有个技术援助组织，它拥有各种分会，几千名会员。这个组织运送了许多台拖拉机到俄国去。我们有希尔曼同志的企业，这个企业正在为俄国筹集100万美元的贷款，还同裁缝联合会达成一项协议，以便接管一些重要的裁缝作坊，等等。

前几天，俄国政府组建了一个以艾伊杜克和马尔滕斯同志为首的特别委员会，该委员会春季将把8000名美国工人带到俄国去。

我认为，共产国际有责任对这些现象表明自己的态度。在美洲，目前至少有2万人直接或间接地对这项活动感兴趣，欧洲大概也有这么多人。共产国际必须对这些现象表明态度。也许这些现象并不好，但是你必须把它们组织、联合成为大规模的广泛的经济援助活动。目前，在欧洲和北美渴望移居俄国的工人中，绝大多数人的心情是，援俄和自救兼而有之。他们确信，若干年之后，美洲和欧洲才会发生全国性的变革，而俄国现在正处在好转阶段。因此，他们想：我们还是打起背包到那里去。共产国际再三表态反对这种倾向，而且必须强烈地表示反对。对于要把8000—10000移民带到俄国这样的计划，我们在共产国际面前有责任对俄国的同志们说，我们的最大最大的顾虑在于，这不仅涉及这里的移民工作，而且由此会削弱大多数国家的革命动力。我们没有理由把大批失业者带到苏维埃俄国，以此来减轻法国、捷克斯洛伐克的严重的经济危机。我认为，人们必须像迄今为止共产国际所做的那样，无条件地坚持这样一种立场，即我们共产党反对欧洲和美洲的工人大量移居俄国。大批工人移居俄国，这并不是支持俄国，而只是为西方资本主义国家减轻危机。

但是如果在个别情况下，某些工厂需要一些受过专门培训的俄国没有的技术工人，那就另当别论了。在这种情况下，西欧和美洲工人在俄国工会的监督和同意下迁居，也许是可以的。

同志们！对于这些现象，你们不管如何表态，你们必须表态，而代表大会不管用什么方式都必须对此作出决定。或者外国工人移入国内是好事，那就必须支持；或者这是坏事，那么必须表示反对。

我个人认为，经济援助问题是应当受到共产国际最广泛支持的一个问题。不过人们必须完全明白这种经济援助的性质。必须打破这种幻想，即经济援助似乎是解决世界问题的一种新行动、新途径，它会带来阶级的生产斗争，以及个别同志诸如此类的说法。这里一定要划清界限。

有一些同志对经济援助顾虑重重，他们把它视为小资产阶级机会主义的危险。他们担心经济试验会失败，从而必定会给政治宣传造成严重的反作用，他们指责科洛姆纳以及其他事件。

的确，救灾，尤其是经济援助，是共产国际支持苏维埃俄国时所使用的一种极为棘手的手段，它包藏着很多严重危险。但是没有哪种策略和斗争方法是不包含任何危险的。对于统一战线，对于统一战线的可行性，我们讨论了几乎一年。代表大会一致认为，这个策略不论是偏右还是偏左，都有很大的危险。尽管如此，代表大会还是一致赞成这个策略。如果一种策略是可能的、有用的和有价值的，那么它包含有危险性这一点完全不能成为不采用它、不实行它的理由，而是应当创造足够的国际国内条件，从而使这种危险减少到最低限度。

同志们！我认为，经济援助问题首先是个目的性和可行性问题。首先，你必须问一问，所使用的力量与通过运用这些力量所得到的结果是否相称。在这里，代表大会决不能怀疑，共产国际的立场是，对重建俄国经济生活的首要的最好的支持就是，共产党和其他工人党对本国政府施加更大的压力，以便使它们承认苏维埃俄国，同苏维埃俄国建立有利的贸易关系并在本国进行革命。对此，目前受委托担任此项工作的同志们毫不怀疑，任何同志都不会认为经济援助会抵消或削弱对苏维埃俄国的政治援助。我们坚信，本国的政治斗争和革命斗争现在是、将来也仍然是对苏维埃俄国的最好最必要的支持。

现在，摆在我们代表大会面前的问题是：在今天这种特殊的世界政治和世界经济形势下，世界无产阶级和共产国际难道只有政治斗争这一种手段，来支持苏维埃俄国和促进它恢复经济建设吗？

对于苏维埃俄国的重要性，大家意见是一致的。代表大会一致认为，列宁、托洛茨基、季诺维也夫的报告重申了对每个同志来说几乎是常识性的东西，即没有苏维埃俄国就绝对不可能继续进行和重新发动无产阶级革命。国外法西斯浪潮掀得越高，我们就越要支持苏维埃俄国这个全世界无产阶级大军的唯一防线。在这个极为困难的处境中我们提个问题：对于支持苏维埃俄国，难道世界无产阶级只有政治力量吗？我说：不。还有最低限度的经济力量。尽管我们没有机器，没有工厂（这些都归资本家所有），但是我们有专业知识、有组织知识和技术。我们应当通过这次经济援助活动把这点微薄的经济力量动员起来，运用这些力量来为苏维埃俄国同帝国主义进行的经济战服务。

同志们！最后，谈一谈个别同志对策略问题所提的不同意见。有人说，经济援助也许是对的、是好的，但我们今天不能再这么干了，我们疲劳过度了，长达一年之久的救灾活动使我们精疲力尽，不能再继续干下去了。

同志们！在反对经济援助活动的所有理由中，这是个最值得注意的理由。确实，一部分无产阶级，主要是中欧无产阶级经过长久的援助活动已经无力捐助了。因此，毫无疑问，以往所进行的募捐活动必须完全停下来，以往所运用的方法在这次活动中不能再用了。但是产生了另外一个问题，即我们一致认为，这项活动原则上是必要的、重要的，是好的，那么我们如何从技术上、组织上来开展这项活动呢？目前形式的募捐必须停止，可以用别的方法来动员无产阶级的微薄的经济力量支援苏维埃俄国。

另一条被提出的理由是：共产党干部在经济上已经一贫如洗了。现在所有要求都是徒劳的，人们已经无钱可捐了。这条意见反对的不是这项活动，而是那些提出这种论点的同志。我们从未向共产国际或向任何共产党提出过无理要求，要他们把他们的干部和工人的钱财完全掏空，以至交不起党费。我们所要求的是，各个共产党要利用它们的干部影响那些虽然不关心政治、然而是同情俄国的阶层支持我们的行动。我们发现，哪里的党小组能正确理解这个宣传鼓动和要求，哪里的人们就干得很成功，并取得丰硕的成果。

有一种比较重要的反对意见是，有人说经济援助活动影响了党的政治革命斗争，它夺走了我们的优秀同志，这不符合事实。在党内，例如在德国党内，20万名党员并不全是政治上很积极的人。一旦共产党成为公开的党，凡是经我们的宣传鼓动争取过来的人都可以加入党，那么这个党的很大一部分党员在政治上可能不会积极地参加纯粹政治性的日常工作。

还有成千的工人和党员同志们无事可做，各共产党经过适当的挑选，可以在各地找到很多特别适合负责进行经济援助活动的力量，就像有些人适合担任青年工作、党的工作和教育工作一样。

但是有人会说：党的政治性会受到损害，会带上一种小资产阶级博爱的特色。这只表明这些党不会运用这个策略。这种理由无异于有人说人们必须反对统一战线，因为统一战线被某某党小组错误地运用了。恰恰是经济援助活动，为提出和探讨俄国问题以及与之相联系的一般革命问题，为在日常政治斗争中影响广大群众，为研究无产阶级革命，提供了许多方便。

最后，谈谈主要理由。同志们说：这会得到什么结果呢？我们动用了无数党费，每周在报纸上开辟半个栏，效果是什么呢？我将在最后谈谈物质上的效果，现在我只是谈谈政治上的效果。

同志们！我们深知，我们工人和共产国际通过我们的经济力量是不能建设苏维埃俄国的。这一点不用考虑了。如果真有这种可能的话，我们执委会早就划拨款项了。不言而喻，我们没有能力这样做。如果说人们根据个别的成就对我们所能做的工作估计过高，那么今天大多数同志对我们在经济上所能做的工作则估计过低。大多数同志对目前通过国际无产阶级、通过广泛的援助活动所能动员起来的经济力量还毫无所知。在救助饥荒的运动中，无产阶级直接或间接地筹集到 500 万美元，这就是 1000 万金卢布。你们还记得列宁同志的话吧，列宁说：去年经济政策所取得的最伟大的成就在于，我们为重建重工业节省了 2000 万金卢布。整个庞大的国家机关筹集了这 2000 万金卢布，而在救济饥荒过程中，虽然没有一个共产党、工会、合作社和其他工人党是竭尽全力的，但无产阶级也筹集了 1000 万金卢布。只要大家稍作努力，筹集到的经济力量至少可以增加一倍。我可以设想，在某种时期，工人的经济援助活动简直会成为一种胡闹、一种讽刺。但是在苏维埃俄国目前的经济形势下，无产阶级的经济力量也能起很大的帮助作用。

还有第二点论据，即工人援助会目前在苏维埃俄国已经建立了一些自己的企业：水产业、农场、鞋厂等。一度有 3 万名工人直接在工人援助会所属的企业中工作。你们回想一下托洛茨基同志的话，他说过：国营企业有 100 万工人，而资本家企业中有 4 万名工人！

同志们！只要我们稍加努力，我们的工厂企业就可能有 5 万名或更多的工人；大概占国营企业所雇用的工人的 1/10，至少相当于小资本家企业雇用的工人数目。

我再说一遍，我们之所以开展经济援助活动，我们之所以主张这样做，并为之奋斗，主要是因为苏维埃俄国目前的经济状况允许世界无产阶级给予实际的援助，而不会使革命的政治特征受到任何损害。

因此我们主张开展这项活动。我已经说过，三个季度以来，俄国已经成功地办起了一些企业。在喀山，我们有三个农场，一年获得的利润可以抚养100多个孩子。我们成功地组织起一个渔场，在那里捕捞到大批的鱼，它们现在正被运到受灾地区进行分配。目前，我们正在同俄国政府协商我们所提供的100万美元贷款的使用问题。

也许我们将借此改革部分皮革工业。目前，有人希望我们到森林中参加几百万根枕木的采伐工作，为明年春季修筑铁路做准备。由此可见，以往的经验证明，我们能够在苏维埃俄国的建设中作出实际的援助。

我说过，为了我们俄国的企业获得新的资金，我们现在已经发行了100万美元的债券。弄清这些债券的去向是很有意思的。不仅工人、共产党人，而且许多资产阶级人士也认购了这种债券。柏林德国银行和布鲁塞尔国家银行同样认购了工人贷款债券，也有相当数量的中间阶层和团体认购了这种债券。荷兰工人用他们的储蓄存单认购了总数达7.5万荷兰盾的债券，那些存单几周后就可以换成现金。因此，我从不怀疑这100万美元贷款到春季就可以被全部认购完，从而为俄国企业的扩建获得新的资金。由此我也回答了以下这个问题，即为这项活动动员资金究竟是否值得。是的，经验证明了，而且前景也将证明，我们能够动员一定数量的资金，人们能够用这笔钱在俄国国内做些实际工作。

但是，这批贷款在经济援助中所起的纯粹物质方面的作用是次要的，继续进行经济援助的主要意义在于，我们能够继续通过这项活动争取那些以往通过共产党的宣传也许很难争取过来的思想水平比较低的最广大群众。经济援助活动为我们提供了通过电影和报纸等接近不关心政治的群众的可能性，而这项活动重大的宣传价值正在于此。出于这个原因，我们认为，必须在代表大会上提议，无论如何要以经济援助的形式将救灾活动继续进行下去。

其次，是努力把目前已有的所有团体集中起来。我们已经开始同荷兰鲁特格尔斯工程师联合起来。总的说来，这些致力于经济援助的机构，趋向于联合所有积极的团体，联合一切力量。

关于这项活动的政治倾向问题，我认为有必要再简单地说两句。这就是要清楚地认识到，一方面，我承认，我们的文章中说什么这次经济援助活动开创了阶级斗争和人类历史的新时期，它还将导致这一新时期的胜利，这样夸大其词是错误的。但是另一方面，有人把这一活动同博爱、人道之类的东西混为一谈，则是对这次活动的政治意义的完全错误的理解。这一行动是而且应该是共产党在较短的时间内大力帮助苏维埃俄国这种政治努力的一项辅助活动。等到德国发生革命和法国也同样闹革命的那一天，这种活动就成了多余的、愚蠢的、遗憾的活动，而在当前的世界政治形势下，考虑到俄国的条件，经济援助活动却是对政治行动的一种非常有用的、直接起作用的辅助活动，并且是对苏维埃俄国最好的援助和支持。（热烈鼓掌）

（会议休会时间：下午4时）

图书在版编目(CIP)数据

共产国际第四次代表大会文献(1)/童建挺主编.
—北京:中央编译出版社,2012.12(2019.8 重印)
(国际共产主义运动历史文献/王学东主编;34)
ISBN 978 – 7 – 5117 – 1540 – 1

Ⅰ.①共…
Ⅱ.①童…
Ⅲ.①共产国际 – 代表会议 – 会议文献
Ⅳ.①D165

中国版本图书馆 CIP 数据核字(2012)第 292643 号

共产国际第四次代表大会文献(1)

出 版 人:	刘明清
出版统筹:	薛晓源
责任编辑:	李媛媛
责任印制:	尹 珺
出版发行:	中央编译出版社
地　　址:	北京西城区车公庄大街乙 5 号鸿儒大厦 B 座(100044)
电　　话:	(010)52612345(总编室)　　(010)52612335(编辑室) (010)52612316(发行部)　　(010)52612346(馆配部)
传　　真:	(010)66515838
经　　销:	全国新华书店
印　　刷:	北京环球画中画印刷有限公司
开　　本:	710 毫米×1000 毫米　1/16
字　　数:	520 千字
印　　张:	40.5
版　　次:	2012 年 12 月第 1 版
印　　次:	2019 年 8 月第 2 次印刷
定　　价:	240.00 元

网　　址:	www.cctphome.com	邮　箱:	cctp@cctphome.com
新浪微博:	@中央编译出版社	微　信:	中央编译出版社(ID: cctphome)
淘宝店铺:	中央编译出版社直销店(http://shop108367160.taobao.com)		
	(010)55626985		

本社常年法律顾问:北京市吴栾赵阎律师事务所律师　闫军　　梁勤
凡有印装质量问题,本社负责调换,电话:(010)55626985